Adaptive and personalized learning–

AN ADAPTIVE VOCABULARY AND GRAMMAR PRACTICE EXPERIENCE DESIGNED TO TRANSFORM THE WAY STUDENTS LEARN

> More students earn **A's** and **B's** when they use McGraw-Hill Education **Adaptive** products.

Clayton Campbell

LearnSmart®

Proven to help students study more efficiently and improve grades, LearnSmart is an adaptive learning program that provides each student a fully customized vocabulary and grammar practice experience. By identifying the student's strengths and weaknesses and responding with personalized instruction that guides the learner to understand and retain the foundational vocabulary and grammar of the language, LearnSmart helps the student learn and master this critical course content.

LearnSmart delivers—with target precision—the content needed, exactly when it's needed.

Fueled by the Proven and Adaptive LearnSmart Engine

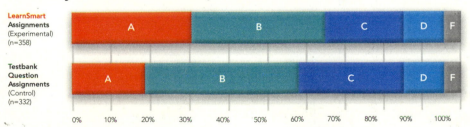

LearnSmart Assignments (Experimental) (n=358)

Testbank Question Assignments (Control) (n=332)

A   B   C   D   F

0% 10% 20% 30% 40% 50% 60% 70% 80% 90% 100%

More students earn A's and B's when they use LearnSmart.

> Over **8 billion questions** have been answered, making McGraw-Hill Education products more intelligent, reliable, and precise.

www.mheducation.com

What's New for the Fourth Edition?

Many changes enhance this edition. These changes were based on extensive feedback and confirmation from you, our language teaching professionals and learners. We invite you to examine the latest *Avanti!* program to see how our partnership with you and your students has allowed us to identify and address some of the most common needs in today's Italian language classrooms. Welcome to the latest edition of *Avanti!*

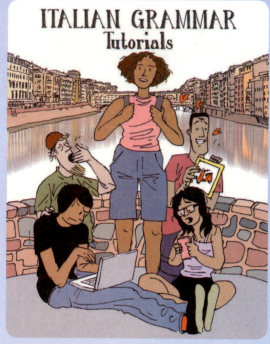

- **Grammar Tutorial Videos:** A major highlight of the fourth edition is the addition of 25 grammar tutorial videos presented by an engaging cast of animated characters, with related practice activities, assignable in **Connect.**

- **More integrated culture:** Additional **Regioni d'Italia, Culture a confronto,** and **Un po' di cultura** activities have been added throughout every chapter to expose students to authentic language and to promote their understanding of cultural products, practices, and perspectives.

- **High-frequency vocabulary:** A corpus analysis of the vocabulary presentations, end-of-chapter vocabulary lists, and glossary confirmed that the active vocabulary is among the top 2000–4000 most frequently-used words in contemporary Italian. This same digital analysis was applied to all the readings. Based on this research, the **Parole per leggere** lists have been reworked to emphasize the keywords that appear over and over in authentic texts such as newspapers, magazine articles, and literature. As a result, we have ensured that students are learning the essential vocabulary they need to read and communicate.

- **Scopriamo il cinema!** and **Scopriamo la musica!** Each chapter now alternates between film and song activities. Contemporary film clips and songs matched to each chapter theme allow students to revisit structures and vocabulary in contexts they find familiar. The films are readily available from online rental sources and all songs are on YouTube. Film activities deleted from the even-numbered chapters have been added to the *Instructor's Manual.*

- **Scopriamo le belle arti!** Based on the fine art chapter opener, the **Lingua e Arte** activities that close each chapter (previously **Connect-only**) integrate both language review and art appreciation.

- **Leggiamo!** Based on reviewer feedback, we have revised the reading in **Capitolo 4: Come leggere un opera d'arte,** and added four new readings: **Capitolo 5: La storia della Nutella, Capitolo 6: Tatuaggi: un milione e mezzo di italiani ne ha almeno uno, Capitolo 12: Top 10 città italiane più belle da visitare,** and **Capitolo 14: Rachid Khadiri, studente d'ingegneria marocchino.**

- **Scriviamo!** The writing activities in **Capitoli 4, 5, 10, 11,** and **12** have been replaced to better coordinate with the new readings.

- **Per saperne di più:** In an effort to offer instructors maximum flexibility when using the *Avanti!* program, an inductive presentation and one additional practice activity have been added for each grammar point in **Per saperne di più.** These new materials are available and assignable only in **Connect.** The print version of this section remains the same (grammar explanations only) with some points integrated into the chapters, based on reviewer feedback.

- **Connect:** The **Connect** site has been redesigned to include more user-friendly activity formats and updated content, reflecting the changes to the fourth edition.

- **LearnSmart®:** In the fourth edition, **LearnSmart®** now includes modules for all grammar topics and vocabulary covered in *Avanti*, including the updated high-frequency vocabulary. **Regioni d'Italia** modules have also been developed.

- **New Grammar PowerPoints®:** To facilitate the in-class presentation of the discovery activities in **Strutture,** PowerPoint® slides have been provided with the activities and their answers.

Avanti!

Avanti!
Beginning Italian

Fourth Edition

Janice M. Aski
The Ohio State University

Diane Musumeci
Associate Professor Emerita
University of Illinois at Urbana-Champaign

McGraw Hill Education

AVANTI! BEGINNING ITALIAN, FOURTH EDITION

Published by McGraw-Hill Education, 2 Penn Plaza, New York, NY 10121. Copyright © 2018 by McGraw-Hill Education. All rights reserved. Printed in the United States of America. Previous editions © 2014, 2010, and 2007. No part of this publication may be reproduced or distributed in any form or by any means, or stored in a database or retrieval system, without the prior written consent of McGraw-Hill Education, including, but not limited to, in any network or other electronic storage or transmission, or broadcast for distance learning.

Some ancillaries, including electronic and print components, may not be available to customers outside the United States.

This book is printed on acid-free paper.

1 2 3 4 5 6 7 8 9 LWI 21 20 19 18 17

ISBN   978-0-07-773644-6 (Student Edition)
MHID   0-07-773644-3 (Student Edition)
ISBN   978-1-259-85287-9 (Instructor's Edition)
MHID   1-259-85287-3 (Instructor's Edition)

Senior Vice President, Products & Markets: *Scott Virkler*
Vice President, General Manager, Products & Markets: *Michael Ryan*
Vice President, Content Design & Delivery: *Betsy Whalen*
Managing Director: *Katie Stevens*
Senior Brand Manager: *Katherine K. Crouch*
Executive Director of Digital Content Development: *Janet Banhidi*
Digital Product Analyst: *Susan Pierre-Louis*
Senior Product Developer: *Susan Blatty*
Product Development Coordinator: *Sean Costello*
Director of Marketing: *Craig Gill*
Senior Faculty Development Manager: *Jorge Arbujas*

Marketing Manager: *Michael Ambrosino*
Director of Market Development: *Helen Greenlea*
Director, Content Design & Delivery: *Terri Schiesl*
Program Manager: *Kelly Heinrichs*
Content Production Managers: *Erin Melloy / Amber Bettcher*
Buyer: *Susan K. Culbertson*
Design: *Tara McDermott*
Content Licensing Specialists: *Carrie Burger / Beth Thole*
Cover Image: *Galleria d'Arte Moderna, Roma*
Typeface: *10/12 Proxima Nova*
Compositor: *SPI-Global / Lumina Datamatics, Inc.*
Printer: *LSC Communications*

All credits appearing on page or at the end of the book are considered to be an extension of the copyright page.

Library of Congress Cataloging-in-Publication Data

Names: Aski, Janice M., author. | Musumeci, Diane, author.
Title: Avanti! : beginning Italian / Janice M. Aski, Diane Musumeci.
Description: Fourth Edition. | New York, NY : McGraw-Hill Education, [2017]
   Includes index. | Text in English and Italian.
Identifiers: LCCN 2016041013| ISBN 9780077736446 ((student edition) : alk. paper) | ISBN 0077736443 ((student edition) : alk. paper) | ISBN 9781259852879 ((instructor's edition) : alk. paper) | ISBN 1259852873 ((instructor's edition) : alk. paper)
Subjects: LCSH: Italian language—Textbooks for foreign speakers—English.
Classification: LCC PC1129.E5 A85 2017 | DDC 458.2/421—dc23
LC record available at https://lccn.loc.gov/2016041013

The Internet addresses listed in the text were accurate at the time of publication. The inclusion of a website does not indicate an endorsement by the authors or McGraw-Hill Education, and McGraw-Hill Education does not guarantee the accuracy of the information presented at these sites.

mheducation.com/highered

About the Authors

Janice M. Aski is Professor and Director of the Italian language program at The Ohio State University. She specializes in foreign language pedagogy and historical Italian/Romance linguistics. Her research in foreign language pedagogy has explored a variety of topics, such as testing, teaching reading at the elementary level, how first-year Italian textbooks and grammar practice activities reflect current research in second-language acquisition, and a comparison between traditional and hybrid Italian language courses. Her publications in historical Italian/Romance linguistics focus on the social, pragmatic, and cognitive aspects of phonological and morphosyntactic change.

Diane Musumeci is Associate Professor Emerita of Italian and SLATE (Second-Language Acquisition and Teacher Education) at the University of Illinois at Urbana-Champaign. During her academic career, her teaching, research, and publications focused on the acquisition of Italian as a second language, content-based instruction, and the history of second-language teaching. In retirement, between frequent trips to Italy to visit family, she enjoys teaching Pilates and training her two lagotto romagnolo in agility.

Contents

Cultura

Per saperne di più

Contents   **xiii**

Strutture	**Cultura**	**Per saperne di più**

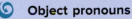

Preface

The *Avanti!* program is a dynamic learning environment that motivates students to succeed and gives instructors maximum flexibility. *Avanti!* is known for its focus on the most critical language for beginning learners of Italian, its unique active learning approach, its systematic review and recycling, and its inclusion of real-world culture. With *Avanti!*, students not only learn the language but develop a deep appreciation for Italian culture, both inside and outside the classroom.

The program is built around the following principles:

Focused Approach / Flexible Content: *Avanti!* responds to instructors' concerns that most programs attempt to cover too much material in the first year. This introductory course reflects a reasonable expectation for the amount of material that most beginning learners can acquire in one year of classroom instruction. The **Strutture** sections include the core structures that are necessary for meaningful communication at the elementary level. Additional structures are either presented "for recognition only" or appear in **Per saperne di più** with associated discovery presentations and activities in **Connect**, giving instructors flexibility to teach the grammar they want to teach. The **Connect** platform includes an assignment builder feature that allows instructors to fully customize the course content to meet the needs of their particular students. Instructors may choose activities based on their course goals and the course delivery method: face-to-face, hybrid, or online. A major highlight of the fourth edition is the addition of 25 engaging **Grammar Tutorial Videos** that present key grammar points with related practice activities.

Communicative Competence: *Avanti!* satisfies students' desire to communicate in everyday situations from the very beginning through a guided and gradual process of acquisition. In the **Strategie di comunicazione** authentic videos that open each chapter, students see and hear Italians of all ages and backgrounds using high-frequency, practical expressions that students can begin using immediately. The **Lessico** sections have been revised to include the most up-to-date high-frequency vocabulary in use today. Outside of class, **Connect** provides voice tools for partnered speaking practice and for posting voice recordings to an asynchronous voice thread. With *Avanti!* students are always well supported in their practice inside and outside of the classroom, building their communicative competence and their confidence.

Cultural Competence: *Avanti!* provides a meaningful and extensive exploration of Italy's gorgeous and unique culture. **Il blog di...** videos showcase four different regions of Italy and, throughout each chapter, numerous brief readings and interactive cultural activities promote an understanding of cultural products, practices, and perspectives. New to the fourth edition is a feature called **Scopriamo le belle arti!** Based on each fine art chapter opener, the **Lingua e Arte** activities integrate both language review and art appreciation. Finally, each chapter now alternates between film and song activities, newly titled **Scopriamo il cinema!** and **Scopriamo la musica!**

Recycling vocabulary and structures for maximum exposure is a key feature of *Avanti!* Every fourth chapter provides practice of four previously taught grammar points, which are then followed by a related topic. Chapter 16 contains only review grammar sections, providing students with additional practice with challenging structures. With **LearnSmart**, our adaptive learning tool, students can practice key vocabulary and grammatical points outside of class. This proven system helps students identify what they don't know and provides them with the optimal learning path to help them learn those concepts. The fourth edition now includes modules for all grammar topics and vocabulary covered in *Avanti!*, including updated high-frequency vocabulary, as well as brand new cultural modules called **Regioni d'Italia.**

A Guided Tour of the *Avanti!* Textbook

Chapter Opener

The text is divided into 16 chapters. Striking fine art openers by classical and contemporary Italian artists establish the chapter theme and present an overview of the history of Italian art. For each fine art piece, there are new language-based and art appreciation activities in **Scopriamo le belle arti!** at the end of the chapter. The opener also includes a list of functional objectives.

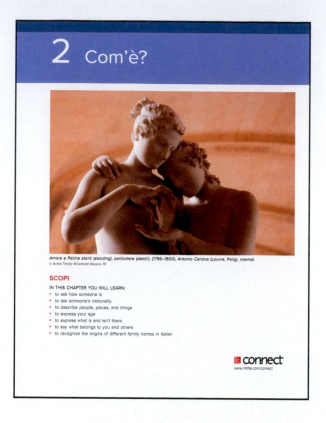

2 Com'è?

Amore e Psiche stanti (standing), particolare (detail), (1796–1800), Antonio Canova (Louvre, Parigi, marmo)
© Archivo Timothy McCarthy/Art Resource, NY

SCOPI

IN THIS CHAPTER YOU WILL LEARN:
- to ask how someone is
- to ask someone's nationality
- to describe people, places, and things
- to express your age
- to express what is and isn't there
- to say what belongs to you and others
- to recognize the origins of different family names in Italian

connect
www.mhhe.com/connect

Sei italiano/a? / È italiano/a?

Asking someone's nationality

- Two ways to answer the question **Di dove sei? / Di dov'è?** are:
  Sono + nationality
  or
  Sono nato/a a (*I was born in*) + name of city
- People sometimes add the name of the city that they currently live in if it is different from their birthplace: **ma abito a** + name of city.
  Sono italiana.
  Sono nata a Roma, ma abito a Milano.

▶ A. Di dove sei? / Di dov'è?

Parte prima. Watch and listen as the following people say who they are and where they are from. Put a checkmark next to those who were most likely not born in Italy.

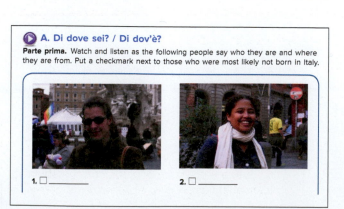

1. ☐ _____   2. ☐ _____

▶ Strategie di comunicazione

Strategie di comunicazione: *Avanti!* satisfies students' desire to begin to communicate immediately in everyday situations through a guided and gradual process of acquisition. In the **Strategie di comunicazione** videos that open each chapter, students see and hear Italians of all ages and backgrounds from different regions of Italy using high-frequency, practical expressions that students can begin using right away. In addition to "what" Italians are saying, the videos let students see "how" Italians say it, including gestures, posture, and intonation. This section contains ample activities for students to practice the communication strategies modeled in the video clips.

Lessico

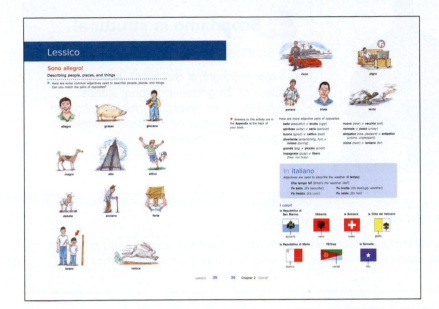

This section (revised to include the most up-to-date high-frequency vocabulary in use today) presents thematically grouped vocabulary in meaningful contexts using visually appealing illustrations, photographs, dialogues, and mini-readings with an abundance of activities for vocabulary development. English glosses are avoided wherever possible so that students can make form-meaning connections directly in Italian.

Strutture

There are three to five structure points in each chapter of *Avanti!* Each grammatical structure is introduced by an inductive activity that encourages students to analyze the grammatical point in question and formulate the rules themselves. Each inductive activity is followed by a concise, interactive explanation of the structure in English with additional examples in Italian. New interactive PowerPoints® are available for instructors who wish to present the inductive activities in class. Communicative and integrated cultural activities that provide meaningful interaction follow in a carefully sequenced progression from recognition to limited production to open-ended, creative use. Additional practice activities can be found at **Connect** (www.mhhe.com/connect) and in the print *Workbook / Laboratory Manual*.

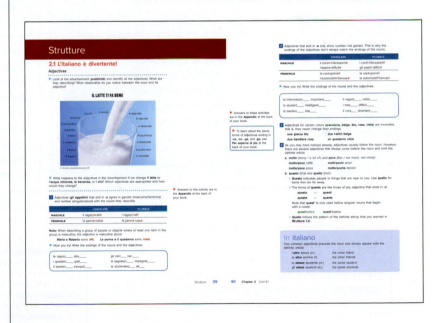

In italiano

Adjectives are used to describe the weather (**il tempo**).

Che tempo fa? (*What's the weather like?*)

Fa bello. (*It's beautiful.*) **Fa brutto.** (*It's bad/ugly weather.*)

Fa freddo. (*It's cold.*) **Fa caldo.** (*It's hot.*)

In italiano

These feature boxes contain additional information on the nuances of the Italian language and grammar, additional vocabulary, idiomatic expressions, and useful structures.

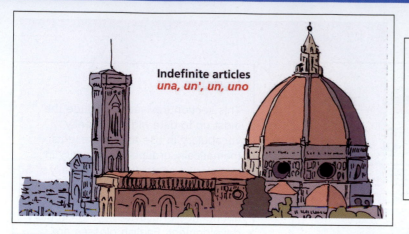
Indefinite articles
una, un', un, uno

 ## Scopriamo la struttura!
(Grammar tutorial videos)

A major highlight of the fourth edition is the addition of 25 grammar tutorial videos presented by an engaging cast of animated characters with related practice activities assignable in **Connect**.

 ## Grammatica dal vivo (Grammar-in-context videos)

The **Grammatica dal vivo** interviews with native speakers focus on one structure point per chapter and give students another opportunity to hear authentic language in context. The videos and related activities may be assigned in **Connect**.

Ripasso: Porto i miei amici alla festa

Possessive adjectives

There is a party tonight. Put a ✓ beside each of the following things or people you would like to bring.

- ☐ le mie amiche
- ☐ il mio cane
- ☐ il mio zaino
- ☐ la mia borsa (*purse*)
- ☐ i miei album preferiti
- ☐ il mio migliore (*best*) amico
- ☐ il mio libro d'italiano
- ☐ il mio ombrello

Now, complete these phrases with the appropriate definite article or possessive adjective.

1. _____ miei amici
2. le _____ sorelle
3. _____ mio telefonino
4. la _____ torta preferita

Ripasso

Every fourth chapter (**Capitoli 4, 8, 12,** and **16**) is a review chapter that recycles the communication strategies, vocabulary, and grammar presented in the three preceding chapters. In **Capitoli 4, 8,** and **12,** each **Strutture** section begins with contextualized practice of a previous grammar point, which is followed by the introduction of a new, related structure. The **Strutture** section of **Capitolo 16** provides a comprehensive review of key structures.

Study Tip

These tips in English offer students useful strategies for learning a new language.

 ### study tip

Now that you have learned reflexive pronouns, you may find yourself using them indiscriminately with all verbs. Be careful not to overgeneralize.

Per saperne di più

This section at the end of the textbook provides additional information (in English) about grammar points and other structures for students and instructors who would like more in-depth coverage of the points taught in each chapter. Interactive presentations and practice activities for this section are provided in **Connect**. Practice activities are also available in the print *Workbook / Laboratory Manual*.

Scopriamo la musica!

«Tranne te», Fabri Fibra

IL CANTANTE E LA CANZONE

Fabri Fibra is an Italian rapper. He was born Fabrizio Tarducci in 1976 in Senigallia, a town in the Italian region of Marche. He wrote and performed his first piece at age 18; in 2011 he established his own label, Tempi Duri Records. He has multiple megahit albums and singles and has received many awards. *Tranne te* is an ironic response to some fans' desire for more **rap commerciale** (*mass market rap*) or **"rap futuristico"** as he calls it in this piece. He strives to continually innovate and energize Italian rap.

Fabri Fibra
© Vittorio Zunino Celotto/Getty Images

A. Prepariamoci!

Parte prima. In this piece, Fabri plays with sounds in Italian. Review **l'alfabeto e la pronuncia,** then practice saying the following words: **futuristico, turubistico, speperteristico, speperefistico.** Now try these rhymes: **stelle, parcelle, particelle, porcelle, TRL, tagliatelle.**

 ## Scopriamo le belle arti!

Amore e Psiche stanti (1796–1800), Antonio Canova

 LINGUA

A. Cosa c'è? Complete the sentences using **c'è** and **ci sono.**

1. In quest'opera (*artwork*) _____ due persone.
2. _____ una donna; si chiama Psiche.
3. _____ un uomo; si chiama Amore.
4. _____ anche una farfalla (*butterfly*).

B. Come sono? Complete the descriptions by adding the correct final vowel to the adjectives.

1. Psiche è alt_____ e bell_____.
2. Amore è bell_____ e ha i capelli lunghi e ricc_____.
3. Psiche e Amore sono due giovani innamorat_____.

_____
macchia... *beauty mark; literally, spot of strawberry*

 ## Cultura

The culminating section of each chapter allows students to fully integrate what they learned in the **Strategie, Lessico,** and **Strutture** sections by engaging them in listening, reading, writing, and speaking activities with a cultural focus. In **Cultura,** as in the rest of *Avanti!,* interpretive (comprehension) skills precede expressive (production) skills, this time, however, at the discourse level. This section is divided into five parts: **Ascoltiamo!, Leggiamo!, Scriviamo!, Parliamo!,** and either **Scopriamo la musica!** (a new feature in odd-numbered chapters) or **Scopriamo il cinema!** (in even-numbered chapters). Each presents a process approach with before, during, and after activities to maximize students' engagement and learning. Note that the film activities from the odd-numbered chapters in the third edition have been moved to the Instructor's Resources in **Connect** in this edition.

The new fine art feature, **Scopriamo le belle arti!** contains language and art appreciation activities that were previously available only in **Connect.**

A. Culture a confronto: Cosa si fa con lo smartphone?

Parte prima. Indicate on the list below the three ways in which you use your smartphone most frequently. If you don't have a smartphone, answer on behalf of your closest friend or relative who has one.

_____ ascoltare musica	_____ leggere libri o riviste
_____ cercare (*to look for*) informazioni sul web	_____ scattare/fare e condividere (*to share*) foto
_____ chattare	_____ scrivere SMS (*texts*)
_____ controllare i social network	_____ telefonare
_____ giocare ai videogiochi	_____ utilizzare il GPS e le mappe
	_____ vedere video

Parte seconda. Compare your responses to those of Italian undergraduates.

CHAT DIPENDENTI

Cosa si fa più frequentemente con il proprio smartphone?

Chattare	57%
Telefonare	56%
Scrivere SMS	36%
Controllare i social network	35%
Cercare info sul web	22%
Scattare foto	16%
Giocare ai videogiochi	14%
Ascoltare musica	12%
Vedere video	9%
GPS	8%
Leggere libri	8%

Source: http://www.coca-colaitalia.it/storie/il-rapporto-dei-giovani-italiani-con-la-tecnologia-il-web-e-i-social-media#

In Italia, Culture a confronto, Un po' di cultura e Regioni d'Italia

Culture is not limited to the **Cultura** section of the chapter. The **In Italia** feature, written in English in **Capitoli 1** and **2** and in Italian from **Capitolo 3** forward, appears numerous times in every chapter and provides students with in-depth information about Italian life, music, history, literature, art, science, and society today. In addition, culture activities that promote an understanding of products, practices, and perspectives on Italy and its regions are found throughout the chapters. These activities and readings, **Culture a confronto, Un po' di cultura, In Italia**, and **Regioni d'Italia**, have been called out with a culture icon.

Retro

Il tatuaggio in Italia ha una tradizione molto antica. Gli schiavi (*slaves*) romani venivano (*were*) tatuati con le iniziali del loro padrone, mentre i ladri (*thieves*), per punizione, con un segno sulla fronte (*forehead*). I soldati romani si tatuavano un segno identificativo della loro legione o il nome dell'imperatore. Hai visto il film *Il Gladiatore*? Maximus aveva tatuate sulla spalla le celebri lettere **SPQR** (acronimo latino di Senatus Populusque Romanus, cioè il Senato e il Popolo Romano).

Continua a leggere nel **Capitolo 6, Retro** su *Connect*.

Gladiatori romani
© The Print Collector/Alamy

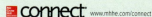 www.mhhe.com/connect

Retro

This cultural feature, related to the **In Italia** feature, appears once per chapter and provides in-depth historical information and background on an aspect of Italian culture presented in the chapter. In the fourth edition, students read an excerpt from the reading in the textbook. If the instructor chooses to assign the text and the accompanying true/false comprehension questions, students can continue reading in *Connect*. The passages are in English in **Capitoli 1–4** and in Italian in **Capitoli 5–16**.

Roma

Il Foro romano

Ecco la mia zona preferita di Roma, il centro «vero» dei monumenti. In mezzo a tanta storia c'è molta vita.

Mi piacciono: le lunghe passeggiate nel parco, il cinema all'aperto d'estate, il gelato in Via Tor Milina (*Take It Easy Ice*).

Emiliano Betti
33 anni
Ingegnere informatico

Cerca...

Post recenti
Roma

Commenti recenti

Il blog di...

The blog feature, which appears in **Capitoli 4, 8, 12,** and **16**, provides students with an insider's view of each of the four cities and surrounding regions featured in the *Avanti!* cultural video segments: Rome, Bologna, Florence, and Naples. Additional footage and related activities are provided at *Connect* (www.mhhe.com/connect).

Reviewers

The authors and the publisher would like to express their gratitude to the numerous instructors listed here whose valuable feedback contributed to the development of the fourth edition of *Avanti!* through their generous participation in surveys, chapter reviews, focus groups, and author-led webinars. (Note that the inclusion of their names does not constitute an endorsement of the *Avanti!* program or of its methodology.) We would also like to thank the students who reviewed the new grammar tutorial videos and gave us the thumbs up!

Anne Arundel Community College
Lisa Pitocco

Assumption College
Richard Bonanno

Baruch College, CUNY
Antonietta D'Amelio

Borough of Manhattan Community College
Calogero Dionisi
Tom Means
Kristina Varade

Boston College
Brian O'Connor

Bowling Green State University
Carlo Celli

Brigham Young University
Giulia Matthews
Ilona Klein

Broward College
Domenica Diraviam

Broward College, Central
Jimmy Chica

Burlington Community College, Pemberton
Michelle Kopuz

California State University
Teresa Bargetto

Camden County College
Martine Howard

City College of San Francisco
Claudio Concin

College of DuPage
Mirta Pagnucci

Columbus State Community College
Gilberto Serrano

Community College of Rhode Island, Warwick
Metello Mugnai
Maria Mansella
Deborah Notarianni-Girard

Daemen College
Andrew Serio

De Anza College
Maria Bertola

Dickinson College
James McMenamin
Tullio Pagano
Luca Lanzilotta
Luca Trazzi

Dominican University
Marielle Michelon

Drew University
Paolo Cucchi
Emanuele Occhipinti

El Camino College
Anne Cummings
Rossella Pescatori

Fairfield University
Mary Ann Carolan

Fashion Institute of Technology, SUNY
Rebecca Bauman
Andrea Carson

Florida Atlantic University, Boca Raton
Geraldine Blattner
Myriam Ruthenberg
Ilaria Serra

Florida International University
Antonietta Di Pietro
Magda Novelli Pearson

Florida State University
Katy Prantil
Silvia Valisa

Fordham University
Alessia Valfredini

Georgia Perimeter College, Dunwoody
Lisa Davie

Georgia State University
Fernando Reati

Gettysburg College
Riccardo Chiaruttini
Alan Perry

Grossmont College
Antonio Crespo
Sonia Ghattas-Soliman

Hamilton College
Melissa Demos
Mary Sisler

Hofstra University
Simone Castaldi
Gregory Pell
Lori Ultsch

Hunter College
Monica Calabritto
Paolo Fasoli
Maria Paynter
Julie Van Peteghem

Indiana University, Bloomington
Colleen Ryan Schultz

Kennesaw State University
Renata Creekmur
Federica Santini

Kent State University, Kent
Stephanie Siciarz
Kristin Stasiowski

Lewis University
Maria Labriola

Los Angeles Pierce College
Damiano Marano

Louisiana State University, Baton Rouge
Paolo Chirumbolo

Loyola University, Chicago
Wiley Feinstein
Anna Clara Ionta

Loyola University, Maryland
Leslie Morgan

Mercy College, Dobbs Ferry
Maria Enrico

Miracosta College
Andrea Petri

Northwestern University
Paola Morgavi

Montclair State University
David Del Principe

Nassau Community College
Maria Mann

Ohio University
Maria Milano

Pasadena City College
Rita D'Amico

Richland College
Kevin Beard

Sacred Heart University
Claire Marrone

Saint Francis College
Simonetta D'Italia-Wiener

San Diego Mesa College
Virginia Fiocchi
Paula Matthews

Santa Monica College
Aned Muñiz

Santiago Canyon College
Nicole Lindenstein

Seton Hill University
Judith Reyna

Smith College
Bruno Grazioli
Maria Succi-Hempstead

Southeastern Louisiana University
Lucia Harrison

Southern Connecticut State University
Pina Palma

Suffolk University
Nancy Bein

Trinity College
Giuliana Palma

University of Alabama at Birmingham
Giuliana Skinner

University of Arkansas
Louise Rozier

University of Arizona
Beppe Cavatorta
Beatrice D'Arpa
Maria Rita Meli

University of California, Davis
Carmen Gomez
Jay Grossi

University of California, San Diego
Adriana De Marchi Gherini

University of Central Florida, Orlando
Maria Grazia Spina

University of Connecticut, Storrs
Philip Balma

University of Georgia
Gilles Antonielli
Barbara Cooper
Steven Grossvogel
Alessandra Magnani
Concettina Pizzuti

University of Houston, Houston
Francesca D'Alessandro Behr

University of Illinois, Chicago
Emanuela Zanotti Carney
Chiara Fabbian

University of Illinois, Urbana-Champaign
Laura Hill

University of Massachusetts, Amherst
Elena Luongo
Andrea Malaguti

University of Massachusetts, Boston
Melina Masterson
Marco Natoli
Ubaldo Panitti

University of Massachusetts, Lowell
Mariagabriella Gangi

University of Michigan, Ann Arbor
Giorgio Bertellini
Amaryllis Rodriguez Mojica

University of Mississippi
Valerio Cappozzo

University of Minnesota, Minneapolis
Carlotta Dradi

University of Mississippi
William Schenck

University of Missouri, Columbia
Roberta Tabanelli

University of Nevada. Reno
Constantina Cunningham

Robin Welch

University of North Carolina at Chapel Hill
Amy Chambless

University of Oklahoma, Norman
Serafina Boggs
Daniela Busciglio
Francesca Novello

University of Oregon
Lauretta DeRenzo

University of San Diego
Brittany Asaro

University of Tampa
Vanessa Rukholm

University of Texas at Austin
Irene Eibenstein-Alvisi
Adria Frizzi
Antonella Olson

University of Vermont
Adriana Borra
Patrizia Jamieson

University of Virginia
Emily Scida

University of Wisconsin, Madison
Matteo Billeri
Daniele Forlino
Sara Mattavelli
Tiziana Serafini

Washington University, Saint Louis
Michael Sherberg

Wayne State University
Silvia Giorgini-Althoen

Youngstown State University
Jennifer Behney
Carla Anne Simonini

Xavier University
Kelly Blank

Student Reviewers (*Avanti!* Grammar Tutorials)
Florida International University
Rachel Pereira

The Ohio State University
Olivia Allison
Dylan Bihun
Alexa Caraballo
Bobbie Jo Coates
Colton Denig
Amanda DiGiorgio
Sonia Fantz
Laurie Hamame
Marissa Monopoli
Parimal Rane

Acknowledgments

I continue to be amazed and truly grateful every time we revise another edition of *Avanti!;* I never dreamed that we would still be at it after nearly 20 years! I am extremely fortunate to have an extraordinary co-author, Diane Musumeci, whose enduring creativity and ability to produce smart, engaging materials genuinely astonishes me. My respect and admiration for our product developer, Susan Blatty, is unwavering. I thank her for pushing my work forward with her thoughtful and constructive comments, and for her keen editing abilities. I also thank Katie Stevens, our managing director, for continuing to support our work, and Katie Crouch, our brand manager, and Helen Greenlea, our market development manager, for finding clever ways to communicate with our users so that we can stay in touch with the market. I am incredibly lucky to work with such an amazing team of talented people.

Many others have also been committed to *Avanti!* and contributed in significant ways. I am grateful to Claudia Quesito for reading and commenting on my work—she keeps me real and current! I also thank the students and instructors who beta-tested new materials and provided feedback on our activities and our ideas. Yet again, I reserve special thanks for my best friend and husband, Antony Shuttleworth, who keeps me sane; my son who keeps me grounded; and, Flash, Lilla, and Brit, who keep me active.

—**Janice M. Aski**

Thank you to all of the instructors and students who continue to make *Avanti!* such a grand success! Your feedback and encouragement have made working on the fourth edition a labor of love. As you've come to expect, Janice Aski's creativity knows no bounds, and I am so grateful to be her co-author. In addition to providing even greater integration of culture throughout the program, her engaging treatment of grammar in the new online tutorials is going to wow you. With John Bonner at Vital Source rendering fantastic and sometimes hilarious art to accompany the grammar videos, this new feature in the fourth edition may be my favorite! Although Janice's and my names appear on the front cover, credit for what is truly our best edition ever is due to the extraordinary talent and hard work of the entire *Avanti!* team—the awesome editorial group, including our product developer, Susan Blatty; our native reader, Claudia Quesito; copy editor, Deborah Bruce-Hostler; Katie Stevens, managing director, and Katie Crouch, brand manager. I'd like to thank in a special way Giovanna Curiale at the Galleria d'Arte Moderna in Rome and Alessandro Altarocca at the Ufficio Economato of the Sovrintendenza Capitolina ai Beni Culturali for their invaluable assistance in securing permission to use Benedetta Cappa's captivating image on the cover of *Avanti! Fourth Edition*. Finally, always keeping the best for last, thank you, Antonino, for your unfailing support in all of my projects.

—**Diane Musumeci**

We would also like to gratefully acknowledge all of the people in design and production who worked tirelessly to produce *Avanti!* and its new digital supplements. Our sincere thanks to Erin Melloy, our wonderful project manager, and her colleagues in production: Kelly Heinrichs, Amber Bettcher, Carrie Burger, Beth Thole, and Sue Culbertson. Special thanks to Tara McDermott for the beautiful cover.

The production of the new and revised digital assets for **Connect** and **LearnSmart** required a small army of Italian speakers, writers, and reviewers. We are extremely grateful to Pennie Nichols, our **Connect** project manager, for her patience and guidance during the revision process and to Janet Banhidi, our director of digital content, for her expert management of the new **LearnSmart** materials. We would like to thank the entire **Connect** team—Amber Bettcher, Rachel Daddezio, Allison Hawco, Ron Nelms, Carla Onorato, Laura Callegari-Hill, Claudia Quesito, and Sylvie Waskiewicz—for their efforts. We greatly appreciate the assistance of Sean Costello, our coordinator in New York, for his invaluable help on the contracts, reviews, and surveys. We would also like to thank Jorge Arbujas, Helen Greenlea, Mike Ambrosino, and Craig Gill for their efforts in marketing our exciting new edition.

Espressioni utili

per favore / per piacere / per cortesia	please
grazie / grazie mille / molte grazie	thanks / thanks a million / thanks a lot
Non ho capito/sentito.	I didn't understand/hear.
Non lo so.	I don't know.
Puoi/Può ripetere?	Can you repeat? (*informal/formal*)
Cosa vuol dire... ?	What does . . . mean?
Come si dice... in italiano/inglese?	How do you say . . . in Italian/English?
Come si scrive... ?	How do you write . . . ?
Ho una domanda.	I have a question.

1 Per cominciare

Primavera (ca. 1485), Sandro Botticelli (Galleria degli Uffizi, Firenze, tempera su tavola)
© Imagno/Hulton Archive/Getty Images

SCOPI

IN THIS CHAPTER YOU WILL LEARN:

- to greet someone, to find out his/her name and where the person is from, and to say good-bye
- to express likes and dislikes
- words and expressions you need to get started studying Italian
- to pronounce the letters and sounds of the alphabet
- seasons and months of the year
- the numbers 0–9,999
- to express the date
- to identify people and things
- to interpret common gestures

Ciao / Buon giorno / Buona sera
Greeting someone

- Italians always greet each other: when they meet on the street, when they enter a store or a room, when they first wake up in the morning, when they return home in the afternoon. They usually touch when they meet, kissing each other on both cheeks or shaking hands.

- When do Italians switch from **buon giorno** (*good morning, good day*) to **buona sera** (*good evening*)? It depends on where they live! In northern Italy, people tend to use **buona sera** in the late afternoon; in central Italy and in the South, they might begin using it as early as noon.

A. Buon giorno! Watch and listen as these Italians say hello. As you listen, indicate which greeting each person says.

a. buon giorno   **b.** buona sera   **c.** ciao

1.

2.

3.

4.

5.

Photos 1–5: © McGraw-Hill Education/TruthFunction

In italiano

- **Buon giorno** and **buona sera** may sound formal in English, but in Italian they are routinely used with everyone. **Ciao,** on the other hand, is considered very informal and is used primarily with family and friends. In this sense, greetings are one way that Italian distinguishes between informal and formal *you* (**tu/Lei**). You will learn more about this topic later in the chapter.

- It is very common in Italian to greet people by their professional titles—for example, **professoressa, dottore, ingegnere** (*engineer*), **avvocato** (*lawyer*). **Signore** (*Sir/Mr.*) is shortened to **signor** before a man's last name. **Signora** (*Ma'am/Mrs*) is regularly used when addressing women. **Signorina** (*Miss*) is a formal way to address unmarried women; its use is discouraged in contemporary Italian. When addressing someone with a title, the situation is considered formal and **ciao** is never used.

—**Buona sera, ingegnere!**
—**Buon giorno, signora!**

B. *Buon giorno o ciao*? Decide whether the following people would say **ciao, buon giorno,** or either, by supplying the appropriate greeting. Compare your answers with your partner's.

1. a child to her mother   _____, mamma!
2. a mother to her child   _____, amore (*love*)!
3. a student to his (female) professor   _____, professoressa!
4. a client to his lawyer   _____, avvocato!
5. a news reporter to a woman on the street   _____, signora!
6. a patient to his doctor   _____, dottore!
7. a doctor to her patient, Mr. Feltri   _____, signor Feltri!
8. you to your roommate   _____, _____!
9. your classmate to you   _____, _____!
10. you to your instructor   _____, _____!

Come ti chiami? / Come si chiama?

Finding out someone's name

A. Come si chiama? Watch and listen as the Italians you just met tell you their names. Number the names in the order in which they appear from 1 to 5.

_____ Cristina

_____ Adriano Casellani

_____ Stefania Cacopardo

_____ Giacinto Vicinanza

_____ Iolanda Mazzetti

Tu or Lei? The simple rule for informal and formal *you* is that you use the informal **tu** for family, friends, children, and animals. The formal **Lei** is used with older people whom you may know well but who are not family; with strangers; and with people in professional contexts (teachers, wait staff, service providers, sales associates), including people you address with titles. The actual rules are really much more complicated. In general, young people use the informal with other young people, and, overall, Italians today are much less formal than they were just a few generations ago. Although Italians do not expect non-Italians to know all of the rules for using **tu** and **Lei,** they will appreciate your efforts to use both, even if imperfectly.

- To ask someone's name, say:

  (**tu**, *informal*)   (**Lei**, *formal*)

  Come ti chiami?   or   **Come si chiama?**

- If you want to introduce yourself first and then ask the other person's name, say: **Sono** or **Mi chiamo** + (*your name*).

  Ciao! Sono Paolo.   **Buon giorno. Sono Paolo Rossi.**

  Ciao! Mi chiamo Paolo.   **Buon giorno. Mi chiamo
                                           Paolo Rossi.**

- To ask *And you?* say:

  E tu?   or   **E Lei?**

  —Come ti chiami?   —Come si chiama?

  —Susanna. E tu?   —Susanna Martinelli. E Lei?

  —Marisa.   —Marisa Scapecci.

  —Ciao!   —Piacere!

  —Piacere!   —Piacere!

- To say *nice to meet you,* you say **piacere** or, if you're using **tu,** you can just say **ciao.**

In italiano

Prego is a versatile word in Italian. It can mean *you're welcome; come in; please sit down; make yourself comfortable; after you / you first; may I help you?; go ahead; help yourself; by all means.*

B. *Come ti chiami?* o *Come si chiama?* To ask the following people their names, decide if you would ask **Come ti chiami?** or **Come si chiama?** (**Attenzione!** Use **Come ti chiami?** *only* if you can also use **ciao.**) When you've finished, compare your answers with your partner's.

1. someone your age you meet at a party
2. a child who seems lost
3. the administrative assistant who calls with a message for your roommate
4. the man working at the travel agency
5. a new student who just joined the class

C. Ciao a tutti (*everyone*)**!** Walk around the room and greet your classmates and instructor and ask their names. Make sure you use the appropriate greetings and expressions.

Di dove sei? / Di dov'è?

Finding out where someone is from

A. Regioni d'Italia: Di dov'è? Watch and listen as the following people tell you their names and then where they are from. Indicate what city each person is from and, from the map, the region it is in.

1. Francesca
2. Stefano
3. Elena
4. Giorgio
5. Paolo

- To ask where someone is from, say:

  (**tu,** *inform.*)   (**Lei,** *form.*)

  Di dove sei?   or   **Di dov'è?**

- To ask where someone currently lives, say:

  Dove abiti?   or   **Dove abita?**

  Sono di Milano, ma abito a Roma.

B. E tu, di dove sei?

Parte prima. Walk around the room. Greet several classmates and your instructor and find out where they are from. Take notes! (If you can't remember their names, you'll have to ask again.)

Parte seconda. Report to the class. Greet everyone, say your name, and say where you and at least two other students are from.

> **ESEMPIO:** Buon giorno. Sono Rita. Sono di Chicago.
> Jenny è di New York. David è di Santa Fe.

Ciao / Arrivederci

Saying good-bye

 A. Ciao! Watch and listen as the Italians in the video say good-bye.

> The same informal/formal rule for saying hello applies to saying good-bye: you can use **arrivederci** (or **buon giorno** / **buona sera** / **buona notte**) with everyone, but **ciao** *only* with people you address informally. **ArrivederLa** is a very formal way to say good-bye. **Buona notte** (*Good night*) is used only when it's time for bed.

B. Arrivederci! Decide whether the following people would say **arrivederci** or **ciao** or either, and supply the appropriate expression. Check your answers with your partner's.

1. a child to his father   _____, papà!
2. a husband to his wife   _____, tesoro (*honey; literally, treasure*)!
3. a student to her (male) professor   _____, professore!
4. a woman to Giuseppe, the fruit seller   _____, signor Giuseppe!
5. you to your female friend   _____, cara (*dear, sweetie*)!
6. your instructor to you   _____, _____!
7. you to your instructor   _____, _____!

C. Buon giorno! With a partner, create the longest conversation you can in Italian using only the expressions you've learned so far. Then create the shortest. Be prepared to demonstrate to the class.

Ti piace... ? / Le piace... ?

Expressing likes and dislikes

> To ask, *Do you like* (a person, place, or thing)*?*, say:
>
> **Ti piace... ?** (*inform.*)   or   **Le piace... ?** (*form.*)
>
> **Ti piace l'Italia?**   **Le piace la musica?**
>
> You will learn more about this expression later in this chapter.

 Il cinema americano

Parte prima. Watch and listen as these Italians answer the question, **Ti/Le piace il cinema americano?** (*Do you like American movies?*) Check whether their answer is **sì** or **no**.

	sì	no			sì	no
1. Giacinta	☐	☐	5. Chiara		☐	☐
2. Annalisa	☐	☐	6. Stefano		☐	☐
3. Alessia	☐	☐	7. Annarita		☐	☐
4. Laura	☐	☐	8. Francesca		☐	☐

Parte seconda. Watch and listen a second time. This time, if they mention their favorite actors, write the names you recognize.

Lessico

A come *amore, B* come *buon giorno*
Alphabet and pronunciation

A
aula

B (bi)
banco

C (cl)
cane

D (di)
dizionario

E
esame

F (effe)
festa

G (gi)
gatto

H (acca)
hamburger

I
inverno

L (elle)
libro

M (emme)
macchina

N (enne)
numero

O
orologio

P (pi)
penna

Q (cu)
quaderno

R (erre)
residenza

S (esse)
studente

T (ti)
televisione

U
università

V (vu)
voto

Z (zeta)
zaino

Le lettere straniere°   *foreign*

    J (**i lunga**) jeep

    K (**cappa**) ketchup

    W (**doppia vu**) western

    X (**ics**) fax

    Y (**ipsilon**) yogurt

1 In Italian, double consonants are pronounced longer than single consonants. Sometimes it makes a difference in the meaning of the word. For example, **pala** means *shovel*, but **palla** means *ball*. Repeat the following pairs of words after your instructor.

capelli (*hair*)	**cappelli** (*hats*)
nono (*ninth*)	**nonno** (*grandfather*)
dita (*fingers*)	**ditta** (*company*)

In most cases, one letter represents one sound. However, there are some special combinations of consonants and vowels to learn. Repeat these combinations of letters and words after your instructor.

gn: lasagne	**gi:** giraffa	**ci:** cioccolato	**sci:** sci
	ge: gelato	**ce:** cellulare	**sce:** sceriffo
gli: famiglia	**ghi:** ghiaccio	**chi:** chitarra	**schi:** maschile
	ghe: spaghetti	**che:** perché	**sche:** scheletro

In italiano

Although there is no actual verb *to spell* in Italian, you can say: **Come si scrive?** (*How is it written?*) If you ask an Italian this question, he/she is likely to sound it out by syllable rather than "spell" it, e.g., **Come si scrive «Musumeci»? mu-su-me-ci!**

In italiano

Cognates (**parole simili**) are words that have similar spellings and meanings in Italian and English. For example, the English cognate of **antropologia** is *anthropology*. Can you figure out the English equivalents of these Italian subjects (**materie**)?

biologia	**ingegneria**	**religione**
chimica	**italiano**	**scienze della comunicazione**
economia	**letteratura inglese**	**scienze politiche**
filosofia	**matematica**	**sociologia**
fisica	**psicologia**	**studi internazionali**

Attenzione! Not all words that look similar have exactly the same meaning in Italian and in English. A **classe** is a group of students who share a classroom and a curriculum, a **corso** is a course, and a **lezione** is a lesson or an individual class period.

A. Parole italiane. Even if this is the first time you've studied Italian, you probably already know lots of Italian words. Make a list of the words you know. Then meet and greet a new partner. Take turns sharing the words in your lists but don't repeat a word your partner has said. Be sure to use the expressions that you've learned: **Non ho capito. Puoi ripetere? Cosa vuol dire? Come si scrive?** When you've finished, remember to say good-bye using the appropriate expression.

B. *C o ch*? Listen as your instructor pronounces the following words. Complete each word with **c** or **ch**.

1. cal___io
2. Pinoc___io
3. ___iesa
4. bic___iere
5. ba___io
6. can___ello

C. *G o gh*? Listen as your instructor pronounces the following words. Complete each word with **g** or **gh**.

1. ___elato
2. spa___etti
3. fun___i
4. ___iornale
5. ___ianda
6. ___iallo

study tip

Developing a large vocabulary is certainly an essential part of learning a language, but you shouldn't be fooled into thinking that learning a second language is simply a matter of learning new words for things you already know. Instead, even words that you think you know may have very different connotations in the second language. For example, you may recognize the word **la piazza**. If you look it up in a bilingual dictionary, you will find the English *town square*, which may conjure up Times Square in New York or a small square on Main Street, USA. It certainly won't have the same meaning that it does in Italy. (See the **Retro** feature on the Italian **piazza** in this **Lessico** section.) One of the most fascinating aspects of learning a second language is learning different ways of thinking about how we live, the space we inhabit, what we value, and how we relate to people. In the process, we learn as much about ourselves as we do about others.

D. *Sc o sch?* Listen as your instructor pronounces the following words. Complete each word with **sc** or **sch**.

1. ma___io
2. pe___e
3. ___iare
4. ___iarpa
5. pe___e
6. ma___era

 E. Regioni d'Italia: Le città italiane.

Parte prima. Complete the spelling of the names of these Italian cities as your instructor says them. Then locate the cities on the map of Italy at the back of your book.

1. Bolo___a
2. Vene___ia
3. Le___e
4. Peru___ia
5. Bre___ia
6. Me___ina
7. Firen___e
8. Catan___aro
9. Ca___iari

Parte seconda. Look at the map again and identify the region that each city is in.

 F. Un po' di cultura: «Punto it».

Parte prima. Meet and greet a new partner. Each of you selects one display that contains a set of popular websites. Take turns saying each address to your partner who will write them down. Be prepared to spell the address if your partner is having difficulty. Check your spelling when you are finished. **Attenzione!** *www* in website addresses is said **vvv** and *dot* is said **punto**.

www.teleguida.it
www.radioitalia.it
www.gazzetta.it

www.meteo.it
www.garzantilinguistica.it
www.repubblica.it

Parte seconda. Match each site to the content that you will find there. Use each site only once.

1. le **previsioni del tempo** (*weather forecast*)
2. il dizionario
3. le **notizie del giorno** (*news*)
4. i programmi TV
5. la musica
6. le foto e i video di calcio, Formula 1 e altri sport

In Italia

Here are some common Italian abbreviations. Can you recognize them when you hear them? Ask your instructor to pronounce them. Can you figure out what they mean?

CD	RAI	TV
DVD	SMS	UFO
PC	TG	www

I giorni della settimana

Days of the week

▶ Examine the sample calendar below to discover differences between Italian and American calendars. **Un aiuto:** What is the first day of the Italian week? What words are uppercase in English but lowercase in Italian?

il giorno   il mese   il weekend / il fine settimana

aprile						
lunedì	martedì	mercoledì	giovedì	venerdì	sabato	domenica
19	20	21	22	23	24	25
s. Emma	s. Sara	s. Anselmo	s. Nora	s. Giorgio	s. Melissa	s. Marco

Source: http://www.paginainizio.com/nomi/onomastici.php?mese=settembre

Dopodomani. Form a circle of three or four students. The first student says a day of the week and the second student skips a day and says the one after, and so on.

ESEMPIO: **S1:** lunedì
S2: mercoledì

I mesi e le stagioni

Months and seasons

▶ Match the names of the months to the appropriate season.

1. la primavera

2. l'estate

3. l'autunno

4. l'inverno

marzo	dicembre	febbraio	luglio
settembre	maggio	novembre	ottobre
agosto	giugno	aprile	gennaio

▶ Answers to this activity are in the **Appendix** at the back of the book.

A. Ascolta. Listen as your instructor says the months of the year in Italian. Write the first letter of the appropriate season for each month: **P = primavera, E = estate, A = autunno, I = inverno.**

B. I mesi. Work with a partner to unscramble the letters. Then, take turns spelling the days or months aloud while the other partner writes them.

1. goninae
2. zorma
3. basoat
4. ligulo
5. ìrldmeoec
6. gamigo

7. aieomncd
8. baofrebi
9. emnovbre
10. redicebm
11. palrie
12. ìdevoig

I numeri da 0 a 9.999

Numbers from 0 to 9,999

0 zero

1 uno	11 undici	21 ventuno	40 quaranta		
2 due	12 dodici	22 ventidue	50 cinquanta		
3 tre	13 tredici	23 ventitré	60 sessanta		
4 quattro	14 quattordici	24 ventiquattro	70 settanta		
5 cinque	15 quindici	25 venticinque	80 ottanta		
6 sei	16 sedici	26 ventisei	90 novanta		
7 sette	17 diciassette	27 ventisette	100 cento		
8 otto	18 diciotto	28 ventotto	200 duecento		
9 nove	19 diciannove	29 ventinove	300 trecento		
10 dieci	20 venti	30 trenta	400 quattrocento		
			1.000 mille		
			2.000 duemila		

Expressing dates

a. To express the date in Italian, you use **il** + day + month, for example, **il 4 luglio** (**il quattro luglio**). The first of the month is written **il 1°** + month, and is said **il primo** + month.

—**Quanti ne abbiamo oggi?**	*What is today's date?*
È il primo o il due?	*Is it the first or the second?*
—**Oggi è il primo settembre.**	*Today is September first.*
Domani è il due.	*Tomorrow is the second.*

b. In Italy, dates are always abbreviated with the day first, then the month, and finally the year. So, **il 4 luglio** is **4/7** and **7/4** is **il 7 aprile**!

c. In Italian, the year is always said in its entirety: **1861** = **milleottocentosessantuno** (unlike English 18–61). **Mille** means *one thousand;* it has an irregular plural: **mila**. So, the year 2016 is **duemilasedici**.

A. Culture a confronto: La data. The following dates are in Italian; practice saying them.

1. 4/11
2. 1/1
3. 15/8
4. 31/10
5. 25/12
6. 2/3
7. 3/2

B. Un po' di cultura: L'anno di nascita (*birth*). With a partner, take turns saying the years listed in column A. Can you match the birth years to the famous Italians listed in column B? Next, find their professions in column C.

	A	B	C
1.	1265	Roberto Benigni	(uomo) politico
2.	1952	Dante Alighieri	scienziato
3.	1883	Benito Mussolini	comico/attore
4.	1564	Leonardo da Vinci	pittore/scienziato
5.	1451	Cristoforo Colombo	autore/poeta
6.	1452	Galileo Galilei	esploratore

In Italia

When Italians say or write a street address they say the street (**via, viale, corso,** or **piazza**) first and the number second.

—**Dov'è la biblioteca?**

—**In via Vivaldi, 12.**

—**Dov'è un Internet point qui vicino** (*near here*)?

—**In piazza Garibaldi, 6.**

Retro

La piazza is vital to life in Italy. The space itself is essential as a principal point of reference and meeting place. Historically the site of preaching and other public oratory, processions, and public executions, **la piazza** today hosts major festivals, concerts, and protests. In nice weather, it functions as a popular gathering place for residents and tourists alike, bustling with activity both day and night.

Piazza San Marco a Venezia (Veneto)
© Demetrio Carrasco/AWL Images/Getty Images

Read more about **la piazza** and its importance in Italian life in **Capitolo 1, Retro** in *Connect*.

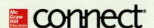
www.mhhe.com/connect.com

 C. Culture a confronto: Punto o virgola?

Parte prima. Did you notice that in Italy **un punto** (*period*) is used instead of **una virgola** (*comma*) in numbers above 999 and that commas are used instead of decimal points for fractional amounts? Take turns saying the following prices to your partner who will write them down. **Attenzione!** In spoken Italian you do not say the word **punto** and € is said **euro**.

ESEMPIO: **S1:** € 45.687 (quarantacinquemila seicento ottantasette euro)

1. € 3.000
2. € 1.225
3. € 19.500
4. € 7.765
5. € 1.000
6. € 8.888

Parte seconda. To calculate the equivalent prices in U.S. dollars, multiply the number of euros by the exchange rate. Using the exchange rate in February 2016, which was € 1 = $1.09, calculate the prices in **Parte prima** in U.S. dollars. Say the results aloud.

ESEMPIO: € 3.000 × 1,09 = $3,270 (tremila duecento settanta dollari)

 D. Un po' di cultura: Un biglietto da visita. Choose one of the following identities. Your partner will close his/her book while you introduce yourself, providing all of the information on your business card. Your partner will write what you say. When you've finished, he/she will check the information with the actual card. Then switch roles. Here are some useful terms:

@ = **chiocciola** (*at*)   - = **trattino/lineetta** (*hyphen*)
. = **punto**   _ = **lineetta bassa** (*underscore*)

ESEMPIO: Buon giorno. Sono Sebastiano Rossi. Abito in via...
          Il mio numero di telefono è... e il mio indirizzo e-mail è...

Sistemi acustici Suonomax

Sebastiano Rossi - Tecnico competente

via Emiliano, 16
70124 Bari ITALIA
340 468 579 331
info@suonomax.it
www.suonomax.it

© Ron Chapple Stock/FotoSearch/Glow Images RF

Gianfranco Signorile
Architetto

02 763 379 20
gfranco@architettisignorile.it
www.architettisignorile.it
via L. da Vinci, 45, Milano

Courtesy of Diane Musumeci

Design Giardino

Alessandra Mosso

piazza Santa Caterina, 2
Torino 10150
337 130 8887
alessandra.mosso@gmail.com
www.designgiardino.com/am

Strutture

1.1 Maschile o femminile?

Gender

bambin<u>o</u>

bambin<u>a</u>

▶ What do the final **-o** and **-a** tell you about the nouns? Now look at the following nouns.

fior<u>e</u> (*maschile*)

region<u>e</u> (*femminile*)

What is the difficulty with nouns that end in **-e**?

▶ Answers to this activity are in the **Appendix** at the back of the book.

1 Unlike English, all Italian nouns have gender: they are either masculine or feminine. This is true for nouns referring to people as well as for those referring to objects. For example, **porto** (*port*) is masculine but **porta** (*door*) is feminine.

2 Most nouns that end in **-o** are masculine and most nouns that end in **-a** are feminine. Nouns ending in **-e** are either masculine or feminine. In this case, you can't tell the gender just by looking at the nouns, so you'll need to memorize their gender.

3 Here are some things to remember about the gender of nouns.

   a. Nouns that end in **-ione**, like **televisione** and **informazione**, are usually feminine.

   b. Nouns that end in a consonant, like **hamburger** and **bar**, are usually masculine.

In italiano

Some nouns are an abbreviation of a longer word, in which case they retain the gender of the long form.

fotografia (*f.*)	**foto**
cinematografo (*m.*)	**cinema**
motocicletta (*f.*)	**moto**
automobile (*f.*)	**auto**
bicicletta (*f.*)	**bici**

The noun **problema** is a **problema** because it derives from Greek. Even though it ends in **-a** it is masculine.

▶ For other common patterns and exceptions to the gender of nouns, see **Per saperne di più** at the back of your book.

▶ Answers to this activity are in the **Appendix** at the back of your book.

Il genere

▶ Place the words below into the appropriate category in the chart according to the final vowel. Then find out the gender of the nouns that end in **-e** by looking them up in the glossary at the back of the book.

aula	festa	numero	studente
banco	gatto	orologio	televisione
cane	inverno	penna	università
dizionario	libro	quaderno	voto
esame	macchina	residenza	zaino

-o (*m.*)	**-a** (*f.*)	**-e** (*m. o f.*)
	aula	

1.2 Un cappuccino, per favore

Indefinite articles

Un, un', una, and **uno** are forms of the indefinite article (**articolo indeterminativo**). They mean both *one* and *a/an*. Notice how the forms of **uno** change according to the gender (masculine or feminine) and the first letter or letters of the noun that follows.

MASCHILE		
un animale	**un** corso	**uno** studente
un inverno	**un** libro	**uno** zaino

FEMMINILE		
un'estate	**una** lezione	**una** studentessa
un'amica	**una** persona	**una** zebra

▶ Now, insert the following indefinite articles in the charts below: **una, un', uno, un.**

	maschile
before **s** + consonant or **z**	
before all other consonants and all vowels	

	femminile
before all consonants	
before a vowel	

▶ Answers to these activities are in the **Appendix** at the back of your book.

A. L'articolo e il genere. Here are some nouns that you probably recognize. Decide which are feminine and which are masculine. How can you tell?

un animale	un limone	un film	una stagione
un'informazione	un tè	un mese	un ospedale
un errore	un hotel	un cinema	
una fotografia	uno zero	un'opera	
un ristorante	un album	una stazione	

B. Al bar. You and your classmates go to **un bar** after class. How would you ask for the following drinks and snacks? Supply the appropriate indefinite article.

 1. _____ tè, per favore.
 2. _____ brioche (*sweet roll*), per piacere.
 3. _____ birra, per favore.
 4. _____ pasticcino (*pastry*), per piacere.
 5. _____ coca-cola, per favore.
 6. _____ cappuccino, per piacere.
 7. _____ panino (*sandwich*), per favore.
 8. _____ succo d'arancia (*orange juice*), per piacere.
 9. _____ bicchiere di latte (*glass of milk*), per favore.
10. _____ bottiglia (*bottle*) d'acqua, per piacere.
11. _____ tramezzino (*sandwich*), per favore.
12. _____ cocktail, per piacere.

C. Memoria. Work in teams. Your instructor will display a group of objects. You will have a short amount of time to study them, after which your instructor will cover them. Write the names of all the objects you remember. Don't forget to include the appropriate articles. The team with the most items wins.

Courtesy of Arrigo Carlan

1.3 Due cappuccini, per favore

Number

▶ In English, the plural is usually formed by adding **-s** to the end of a singular noun. Notice how, in Italian, the final vowel of a noun changes to make the plural.

	SINGOLARE	PLURALE
MASCHILE	ragazz**o** (*boy*)	ragazz**i**
MASCHILE/FEMMINILE	esam**e** (*m.*)	esam**i**
	class**e** (*f.*)	class**i**
FEMMINILE	studentess**a**	studentess**e**

▶ Using the examples in the preceding chart as a guide, complete the paragraph with the appropriate vowels. The first one is done for you.

> Feminine nouns that end in __-a__ in the singular, end in _____ in the plural.
> Masculine nouns that end in __-o__ in the singular, end in _____ in the plural.
> Masculine and feminine nouns that end in _____ in the singular, end in _____ in the plural.

Note: Nouns ending in a consonant, like **hamburger,** proper nouns like **Fanta** or **Nastro Azzurro,** words ending in an accented vowel, such as **università,** and words that have one syllable, such as **sci,** do not change in the plural.

◀ For other common patterns and exceptions, see **Per saperne di più** at the back of your book.

◀ Answers to this activity are in the **Appendix** at the back of your book.

A. Il numero. Decide whether the following nouns are singular or plural. **Attenzione!** You may need to consult the glossary at the back of your book.

1. notte
2. bar
3. spaghetti
4. tè
5. pizza
6. biciclette

B. Forma il plurale. Here are some singular nouns. Make them plural.

1. casa
2. cappuccino
3. amore
4. film
5. nazione
6. città

C. Forma il singolare. Here are some plural nouns. Make them singular. **Attenzione!** What problem do you encounter with plural nouns ending in **-i**?

1. ragazze
2. cani
3. tè
4. ballerine
5. computer
6. porti

D. Al bar. A friend is going to join you at the bar, so you'll need to order two of everything. Your partner (the server) will repeat what you've ordered to make sure that he/she understood correctly.

> **ESEMPIO:** **S1:** Due caffè, per favore.
> **S2:** Due caffè?
> **S1:** Sì, grazie.

1. Due t_____, per favore.
2. Due birr_____, per favore.
3. Due cappuccin_____, per favore.
4. Due bicchier_____ di latte, per favore.
5. Due bottigli_____ d'acqua minerale, per favore.

E. Tutti al bar.

Work in small groups. Imagine that you are in an Italian bar. Using the menu below, find out what your friends would like to have by asking each one **Cosa prendi?** (*What will you have?*). Then order for the group.

> **ESEMPIO:** **S1:** Cosa prendi?
> **S2:** Un cappuccino.
> **S1:** E tu?
> **S3:** Un succo di frutta, grazie.
> **S1:** (*al barista*): Un cappuccino e un succo di frutta da due euro e cinquanta, per favore. Quant'è? (*How much is it?*)
> **BARISTA:** € 3,50 (Tre euro e cinquanta.)

Courtesy of Diane Musumeci

In italiano

The euro is the common currency of the European Union. One euro is divided into 100 **centesimi**. Note that, when someone gives a price, the word **centesimi** is usually omitted. In Italian, the noun **euro** is invariable:

—Due bibite, un trancio di pizza e un toast. Quant'è?

—Sette euro e cinquanta (centesimi).

1.4 L'università è fantastica!

Definite articles

Each of the following nouns is preceded by the Italian equivalent of *the*. Notice how the form of the definite article changes according to the gender (masculine or feminine) and number (singular or plural) of the noun and the first letter or letters of the word that follows.

	SINGOLARE	PLURALE
MASCHILE	**il** libro	**i** libri
	l'esame	**gli** esami
	lo studente, **lo** zaino	**gli** studenti, **gli** zaini
FEMMINILE	**la** penna	**le** penne
	l'informazione	**le** informazioni

 Using the above examples as a guide, complete the paragraphs with the appropriate definite articles. The first one is done for you.

> The masculine singular definite article has three forms: you use __*l*__ before nouns that begin with a vowel, _____ before nouns that begin with **s** + consonant or **z,** and _____ before all other consonants. The feminine singular definite article has two forms: _____ before a vowel and _____ before all consonants.
>
> There are fewer plural definite articles. The masculine plural definite article has two forms: _____ before nouns that begin with a vowel, **s** + consonant, or **z** and _____ before all other consonants. There is only one feminine plural definite article: _____.

 Answers to this activity are in the **Appendix** at the back of your book.

🛵 Scopriamo la struttura!

For more on definite articles, watch the corresponding *Grammar Tutorial* in the eBook. A practice activity is available in *Connect.*

connect®

www.mhhe.com/connect

study tip

The definite article is used much more in Italian than in English. It indicates the gender of nouns except when singular nouns begin with a vowel. Try to learn nouns, particularly those ending in **-e,** with their definite articles.

A. Maschile o femminile, singolare o plurale? Decide if the following nouns are singular or plural, masculine or feminine and check the appropriate boxes. **Attenzione!** Notice how important it is to pay attention to the definite article as well as the final vowel.

	singolare o plurale?		maschile o femminile?	
1. le bevande	☐	☐	☐	☐
2. il cane	☐	☐	☐	☐
3. l'ombrello	☐	☐	☐	☐
4. i bar	☐	☐	☐	☐
5. l'acqua	☐	☐	☐	☐
6. gli animali	☐	☐	☐	☐

B. Scrivi il plurale. Give the plural form of these singular nouns and their definite articles.

1. il professore
2. l'antenna
3. lo scaffale (*bookcase*)
4. l'oroscopo
5. la regione
6. la penna

C. Scrivi il singolare. Give the singular form of these plural nouns and their definite articles.

1. gli zaini
2. le città
3. le fotografie
4. i panini
5. le notti
6. i computer

D. Parole frequenti. Here is a list of 10 frequently used words in Italian and in the Italian classroom. Give the definite articles and if you don't know the meaning, ask your instructor using the expression: **Cosa vuol dire... ?**

1. _____ cosa
2. _____ ragazzi
3. _____ uomo
4. _____ donna
5. _____ lettera
6. _____ ora
7. _____ momento
8. _____ acqua
9. _____ amiche
10. _____ parole

1.5 Mi piace l'italiano!

The verb *piacere*

. . . .

▶ The people below are talking about what they like. Can you figure out when to use **piace** and when to use **piacciono**?

Mi piace il Colosseo!

Mi piacciono le scarpe!

▶ Answers to this activity are in the **Appendix** at the back of your book.

. . . .

Strutture **19**

1 If the person or thing that you like is singular, you use **mi piace**. If the person or thing that you like is plural, you use **mi piacciono**.

2 If you don't like something, place **non** before **mi piace** or **mi piacciono**.

Non mi piace il cioccolato.   **Non** mi piacciono gli esami!

3 To ask someone you address with **tu** if he/she likes something, use **ti piace** and **ti piacciono**. For the formal, use **Le piace** and **Le piacciono**.

—Ti piace la musica? (Le piace la musica?)

—Sì, mi piace molto.

—Ti piacciono i tramezzini? (Le piacciono i tramezzini?)

—No, non mi piacciono.

A. *Piace o piacciono?*

Parte prima. Decide whether **piace** or **piacciono** is used with each of these nouns.

l'università	le lasagne	la pizza	il caffè
gli sport	i tortellini	il gelato	l'Italia
gli hamburger	le feste	l'italiano	gli esami

Parte seconda. Find out if your partner likes the above items.

ESEMPIO: **S1:** Ti piace (Le piace) l'università?
S2: Sì, mi piace moltissimo (*very much*)! (No, non mi piace.)

B. Ti piace l'italiano?

Parte prima. Here is a list of academic subjects. Put a ✓ by all the courses that you like.

☐ la biologia   ☐ l'italiano   ☐ le scienze della comunicazione

☐ la chimica   ☐ la letteratura inglese   ☐ le scienze politiche

☐ l'economia   ☐ la matematica   ☐ la sociologia

☐ la filosofia   ☐ la psicologia   ☐ la storia

☐ la fisica   ☐ la religione   ☐ gli studi internazionali

☐ l'ingegneria

Parte seconda. Form groups of three and find out which courses you like and don't like. How many courses do you have in common?

ESEMPIO: **S1:** Ti piacciono le scienze politiche?
S2: Sì, mi piacciono. (No, non mi piacciono.)

C. I cibi (*foods*) e le bevande.

Parte prima. As a class, make a list of six foods or drinks from this chapter and write them in the first column of your chart.

i cibi / le bevande	sì	no
lo yogurt		
il cappuccino		
ecc.		

Parte seconda. Go around the room and interview as many students as possible to find out which foods and drinks they like.

ESEMPIO: **S1:** Ti piacciono i tortelli?
S2: No, non mi piacciono. (Sì, mi piacciono.)

Ti piacciono i tortelli?
© Purestock/SuperStock RF

D. HitParade Italia: Classifica singoli.
The titles listed in the **HitParade Italia** chart were the top 10 songs in Italy in February 2016. Take turns asking which singers (or songs) your partner knows and whether or not he/she likes or dislikes them. Follow the model. How much do you have in common? (If you'd like to know more about Italian music hits, do an Internet search for **HitParade Italia**).

ESEMPIO: **S1:** Conosci (*Do you know*) Adele?
S2: Sì.
S1: Ti piace?
S2: Sì, molto! / No, non mi piace.
o
S1: Conosci Adele?
S2: No.

HitParade Italia

Su HitParade Italia trovi la classifica delle 10 canzoni più vendute online.

24 febbraio—Top 10 della settimana

This week	Canzone	Artista
1°	*Beautiful Disaster*	Fedez
2°	*Adventure of a Lifetime*	Coldplay
3°	*Runaway*	Urban Strangers
4°	*Est-ce que tu m'aimes?*	Maître Gims
5°	*Hello*	Adele
6°	*Il Rimpianto di te*	Glosada
7°	*Love Someone Else*	Skunk Anansie
8°	*Soul Trigger*	
9°	*Take Me Home*	Jess Glynne
10°	*Reality (feat.Janieck Davy)*	Lost Frequencies

Source: http://www.hitparadeitalia.it.

In italiano

Did you notice that the ordinal numbers (first, second, third, . . .) in the **HitParade Italia** chart are abbreviated with a superscript "o"?

1st = 1°	2nd = 2°
3rd = 3°	4th = 4°

That's because in Italian, they are abbreviations of **primo, secondo, terzo, quarto, quinto, sesto, settimo, ottavo, nono, decimo.** In this case they are describing **il posto** (*place*).

You will learn more about adjective agreement in **Strutture 2.1.**

▶ Ascoltiamo!

I gesti° italiani: *How to speak Italian without saying a word*   *gestures*

A. Osserva ed ascolta. Do you know the old joke, "Want to keep an Italian quiet? Tie his/her hands together."? Italians are famous for their use of gestures as they speak. Watch and listen as Federico demonstrates and explains, in Italian, several gestures that Italians use to communicate their thoughts and needs. During the presentation, pay attention to his facial expressions and intonation, as well as what he says, to understand the meaning of the gestures.

B. Completa. Now Federico will show you 10 gestures, one at a time. Below you will see a list of 14 possible meanings. Choose the one that matches each gesture you see and write its letter in the corresponding blank. **Attenzione!** There are more meanings than there are gestures.

Gesto:	**Significato:**
1. _____	a. I'm furious!
2. _____	b. So thin!
3. _____	c. Yum!
4. _____	d. You're nuts!
5. _____	e. Got a cigarette?
6. _____	f. I'm sleepy.
7. _____	g. Please help me.
8. _____	h. money
9. _____	i. Let's eat!
10. _____	j. What do you want?
	k. I've got an idea!
	l. Call me!
	m. I have no clue.
	n. Quiet!

▶ **Note:** Our dynamic **Ascoltiamo!** instructor, Federico Dordei, was born and raised in Rome. Upon completion of his studies, he decided to pursue the American dream and moved to Los Angeles. Like many aspiring actors, he waited tables until he landed his first feature film, *Luckytown* (2000), starring Luis Guzman, Kirstin Dunst, and James Caan. He has appeared in several movies and numerous television series since, including *Deuce Bigalow: European Gigolo, Mad Men, Parks and Recreation, The Mentalist, Even Stevens, Without a Trace,* and *The Closer.* He was also a series regular in the American version of *Spaced.* He is delighted to use his talents to convey information about Italian culture to *Avanti!* students.

Federico's pronunciation in Italian may or may not match your instructor's. This is because Federico, like all Italians, has a regional accent. You may notice it most in his pronunciation of **ci** and **ce.**

C. Tocca a te! (*Your turn!*) Which gestures are the same in your culture?

Federico Dordei: «Che vuoi?»
© McGraw-Hill Education/Klic Video Productions

Leggiamo!

Italiani famosi

A. Prima di leggere. You already know several Italian words. How many famous Italians do you know? With a partner write the names of at least three Italians.

B. Al testo!

Parte prima. Il Premio Nobel is awarded in six categories. Find them in the reading.

Guglielmo Marconi, Luigi Pirandello: © AS400 DB/Bettmann/Corbis; Rita Levi-Montalcini: © Riccardo De Luca/AP Photo; Dario Fo: © Stefania D'Alessandro/Getty Images.

PAROLE PER LEGGERE	
insieme	*together*
la scoperta	*discovery*
senza	*without*
lo sviluppo	*development*

▶ **Parole per leggere** contains words from the reading selection that are used frequently in Italian. They are presented to help build your receptive vocabulary.

Parte seconda. Now complete the following sentences about these Italian winners. When you've finished, take turns reading them to your partner to check your answers.

1. Nel _____ Guglielmo Marconi ha vinto (*won*) il Premio Nobel per la fisica.

2. Nel 1934 _____ ha vinto il Premio Nobel per la letteratura.

3. Nel 1986 _____ ha vinto il Premio Nobel per _____.

4. Nel _____ ha vinto il Premio Nobel per _____.

Parte terza. Can you match these other winners with their award categories?

1. Grazia Deledda (1926)
2. Enrico Fermi (1938)
3. Franco Modigliani (1985)

a. l'economia
b. la fisica
c. la letteratura

C. Discutiamo! How many winners of **il Premio Nobel** appeared in your lists of famous Italians? What are the Italians in your lists famous for?

 # Scriviamo!

Mi piace Facebook!

Complete the registration for a Facebook page in Italian. **Attenzione!** One difference between Italian and English that you learned in this chapter appears in the registration page. Can you find it?

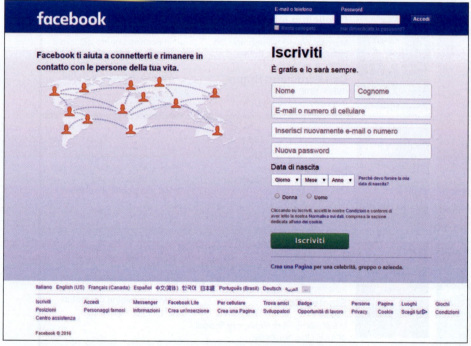

Source: Facebook

 # Parliamo!

Bla, bla, bla!

As a class, create the longest conversation you can. To begin, two students come to the front of the room. At random points in the conversation, your instructor will tap one of the speakers, who will be replaced by another student who will continue the conversation at the exact point where it left off. Try to make the conversation last until everyone has had a chance to participate. Include as many of the expressions you learned in this chapter as possible.

Come ti chiami?	**Di dove sei?**	**Come si chiama?**	**Di dov'è?**
Ciao!	**Dove abita?**	**Ti piace... ?**	**Dove abiti?**
Arrivederci!	**Buon giorno!**	**Mi piace...**	**Le piace... ?**
Buona sera!	**Non mi piace...**		

Scopriamo la musica!

«Tranne te», Fabri Fibra

iTunes Playlist: This song is available for purchase at the iTunes® store. The songs are not provided by the publisher.

YouTube Link: A video for this song is available on YouTube.

IL CANTANTE E LA CANZONE

Fabri Fibra is an Italian rapper. He was born Fabrizio Tarducci in 1976 in Senigallia, a town in the Italian region of Marche. He wrote and performed his first piece at age 18; in 2011 he established his own label, Tempi Duri Records. He has multiple megahit albums and singles and has received many awards. *Tranne te* is an ironic response to some fans' desire for more **rap commerciale** (*mass market rap*) or **"rap futuristico"** as he calls it in this piece. He strives to continually innovate and energize Italian rap.

Fabri Fibra
© Vittorio Zunino Celotto/Getty Images

A. Prepariamoci!

Parte prima. In this piece, Fabri plays with sounds in Italian. Review **l'alfabeto e la pronuncia,** then practice saying the following words: **futuristico, turubistico, speperteristico, speperefistico.** Now try these rhymes: **stelle, parcelle, particelle, porcelle, TRL, tagliatelle.**

Parte seconda. To understand the refrain, you'll need a few pronouns and prepositions. Use what you already know to match the following expressions with their equivalents in English.

1. tutti   **a.** *between me and you*

2. tranne te   **b.** *everybody*

3. tra me e te   **c.** *except you*

B. Ascoltiamo!
Listen to the song or watch the music video on YouTube. What words in English can you hear? Which of the three expressions from **A. Parte seconda** did you hear most often?

C. Verifichiamo!

Like many contemporary artists, Fabri gets the audience involved. Which letter of the alphabet do they sing to respond to his command **grida!** (*shout!*)?

D. E tu?
At the very beginning of this piece, a strange voice begs, "Come on, make us dance! Everyone else does except you." Fabri responds, **"OK, rap futuristico."** Later he sings "everyone is dancing, [. . .] everyone likes this music, [. . .] everyone is singing, all except you." In your opinion, who is this exceptional "you" who isn't like everyone else?

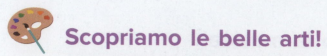

Scopriamo le belle arti!

Primavera (ca. 1485), Sandro Botticelli

© Imagno/Hulton Archive/Getty Images

Note: You may wonder who the other woman in the painting is. Her name is also Flora. When Zefiro, the west wind, blows on her, she begins blooming and turns into Spring, according to some interpretations. Zefiro appears again in the image that accompanies the **Capitolo 8, Leggiamo!** which contains a visual pun of Botticelli's *La nascita di Venere* (*The Birth of Venus*).

LINGUA

Come ti chiami? Match the figures in the painting (1–5) with their answers to the question **Come ti chiami?**

_____ **a.** Sono Flora.* Rappresento (*I represent*) la primavera.

_____ **b.** Siamo (*We are*) le tre Grazie.

_____ **c.** Mi chiamo Mercurio. Sono il messaggero degli dei (*of the gods*).

_____ **d.** Mi chiamo Venere. Sono la figura centrale. Questo (*This*) è il mio regno (*reign, kingdom*).

_____ **e.** Sono Zefiro, il vento (*wind*) dell'ovest (*west*).

ARTE

Botticelli's *Primavera* is an allegory and is full of symbolism of uncertain interpretation. Many scholars agree on the **humanistic** significance of the work (humanism [**umanesimo**]: a positive image of humanity and supreme confidence in human abilities). It also represents Neoplatonic concepts (ideal beauty and ideal love) that greatly influenced the Italian Renaissance (**il Rinascimento**) (ca. mid-14th–16th centuries).

A. Umanesimo e Rinascimento. Find another artwork in *Avanti!* that comes from the same time period. How does it represent humanistic ideals?

B. L'artista si chiama Botticelli. Find another painting by Botticelli on the Internet and compare it to *Primavera*. Which elements in the paintings can you identify as distinctive of Botticelli's style?

Vocabolario

Domande ed espressioni

arrivederci	good-bye
buon giorno	good morning, good day
buona sera	good evening
buona notte	good night
ciao	hi; bye
Come si scrive?	How is it written?
Come ti chiami? / Come si chiama?	What's your name? (inform./form.)
Mi chiamo / Sono...	My name is . . .
Di dove sei? / Di dov'è?	Where are you from? (inform./form.)
Sono di...	I'm from . . .
Dove abiti? / Dove abita?	Where do you live? (inform./form.)
Abito a...	I live in (name of city)
grazie	thank you
Il mio numero di telefono è...	My phone number is . . .
(Non) ti piace / piacciono... ?	Do (don't) you like . . . ? (inform.)
(Non) Le piace / piacciono... ?	Do (don't) you like . . . ? (form.)
per favore / per piacere	please
Piacere!	Pleased to meet you!
prego	you're welcome; come in; etc. (see In italiano, page 4)
Quant'è?	How much is it?
Quanti ne abbiamo oggi?	What is today's date?

Sostantivi (il bar)

l'acqua	water
il bicchiere	glass
la birra	beer
la bottiglia	bottle
la brioche	sweet roll
il caffè	coffee
il cappuccino	cappuccino
il gelato	ice cream
l'hamburger (m.)	hamburger
il panino	sandwich
il pasticcino	pastry
il succo d'arancia	orange juice
il tè	tea
il tramezzino	sandwich

Sostantivi (l'università)

l'amico / l'amica (m./f.)	friend
l'anno	year
l'antropologia	anthropology
l'aula	classroom
il banco	desk
la bicicletta	bicycle

la biologia	biology
il cane	dog
la casa	house, home
il CD	CD
la chimica	chemistry
il cinema	cinema, movie theater
la città	city
la classe	group (of students), classroom
il computer	computer
il corso	course
Il dizionario	dictionary
l'economia	economy, economics
l'errore (m.)	error, mistake
l'esame (m.)	exam
la festa	party; holiday
il film	film, movie
la filosofia	philosophy
la fisica	physics
la fotografia	photograph
il gatto	cat
l'informazione (f.)	information
l'ingegneria	engineering
l'italiano	Italian
la letteratura inglese	English literature
la lezione	lesson, individual class period
il libro	book
la lingua	language
la macchina	car
la matematica	mathematics
la materia (di studio)	subject matter
il numero	number, issue
l'orologio	clock, watch
la penna	pen
la porta	door
il professore / la professoressa (m./f.)	professor
la psicologia	psychology
il quaderno	notebook
la religione	religion
la residenza	residence
il ristorante	restaurant
le scienze della comunicazione	communications (subject matter)
le scienze politiche	political science
la sociologia	sociology
lo sport	sport
la storia	history
lo studente / la studentessa (m./f.)	student
gli studi internazionali	international studies
la televisione	television
l'università	university
il voto	grade
lo zaino	backpack

Altri sostantivi

il cellulare	cell phone
il centesimo	cent (*lit.* hundredth *of one euro*)
la cosa	thing
la donna	woman
l'euro (*pl.* gli euro)	euro
il fiore	flower
la lettera	letter
il momento	moment
l'ora	hour
la parola	word
la piazza	town square
il ragazzo / la ragazza (*m./f.*)	boy
la regione	region
l'uomo (*pl.* gli uomini)	man (men)
la via	street

I giorni della settimana

lunedì	Monday
martedì	Tuesday
mercoledì	Wednesday
giovedì	Thursday
venerdì	Friday
sabato	Saturday
domenica	Sunday
oggi	today
domani	tomorrow

I mesi

gennaio	January
febbraio	February
marzo	March
aprile	April
maggio	May
giugno	June
luglio	July
agosto	August
settembre	September
ottobre	October
novembre	November
dicembre	December

Le stagioni

la primavera	spring
l'estate (*f.*)	summer
l'autunno	autumn
l'inverno	winter

I numeri da 0 a 9.999

zero	zero
uno	one

due	two
tre	three
quattro	four
cinque	five
sei	six
sette	seven
otto	eight
nove	nine
dieci	ten
undici	eleven
dodici	twelve
tredici	thirteen
quattordici	fourteen
quindici	fifteen
sedici	sixteen
diciassette	seventeen
diciotto	eighteen
diciannove	nineteen
venti	twenty
ventuno	twenty-one
ventidue	twenty-two
ventitré	twenty-three
ventiquattro	twenty-four
venticinque	twenty-five
ventisei	twenty-six
ventisette	twenty-seven
ventotto	twenty-eight
ventinove	twenty-nine
trenta	thirty
quaranta	forty
cinquanta	fifty
sessanta	sixty
settanta	seventy
ottanta	eighty
novanta	ninety
cento	one hundred
duecento	two hundred
trecento	three hundred
quattrocento	four hundred
mille	one thousand
duemila	two thousand

I numeri ordinali da 1 a 10

primo	first
secondo	second
terzo	third
quarto	fourth
quinto	fifth
sesto	sixth
settimo	seventh
ottavo	eighth
nono	ninth
decimo	tenth

2 Com'è?

Amore e Psiche stanti (standing), particolare (*detail*), (1796–1800), Antonio Canova (Louvre, Parigi, marmo)
© Archive Timothy McCarthy/Art Resource, NY

SCOPI

IN THIS CHAPTER YOU WILL LEARN:

- to ask how someone is
- to ask someone's nationality
- to describe people, places, and things
- to express your age
- to express what is and isn't there
- to say what belongs to you and others
- to recognize the origins of different family names in Italian

www.mhhe.com/connect

Come stai? / Come sta? / Come va?

Asking how someone is

- To ask how someone is say:

  (tu)   (Lei)

  Come stai?   **Come sta?**

- For either **tu** or **Lei,** you can also use the Italian equivalent of *How's it going?*

  Come va?

A. Come va? How would you greet the following people and ask how they are? Write the appropriate question next to the description of each person. Check your answers with your partner's.

ESEMPIO: your mother   Ciao, mamma! Come stai?

1. the elderly lady next door   _____
2. the bus driver on your daily route   _____
3. your physics professor   _____
4. your roommate's friend   _____
5. your brother's girlfriend   _____
6. your Italian instructor   _____

In italiano

- As in English, the expected answer to the question **Come stai? / Come sta? / Come va?** is some form of **bene** (*well*).

  —Ciao, Antonietta! Come stai?
  —Bene, grazie. E tu?

  —Buon giorno, signora! Come va?
  —Non c'è male, signor Tucci. E Lei?

- If someone answers anything less positive than **Non c'è male** (*Not too bad*), the other person will be obliged to inquire further, by asking **Cosa c'è?** (*What's the matter?*)

- Whereas in English *How are you?* can be another way to just say *hello*, Italians expect an answer to the question.

- When someone asks how you are, it is polite to say **grazie** after you answer and then return the question by asking, **E tu?** or **E Lei?**

B. E tu? Greet at least three different classmates by name, and ask how they are. See how many remember to ask *you* how you are in return!

Sei italiano/a? / È italiano/a?

Asking someone's nationality

- Two ways to answer the question **Di dove sei? / Di dov'è?** are:

  Sono + nationality

  or

  Sono nato/a a (*I was born in*) + name of city

- People sometimes add the name of the city that they currently live in if it is different from their birthplace: **ma abito a** + name of city.

  Sono italiana.

  Sono nata a Roma, ma abito a Milano.

▶ A. Di dove sei? / Di dov'è?

Parte prima. Watch and listen as the following people say who they are and where they are from. Put a checkmark next to those who were most likely not born in Italy.

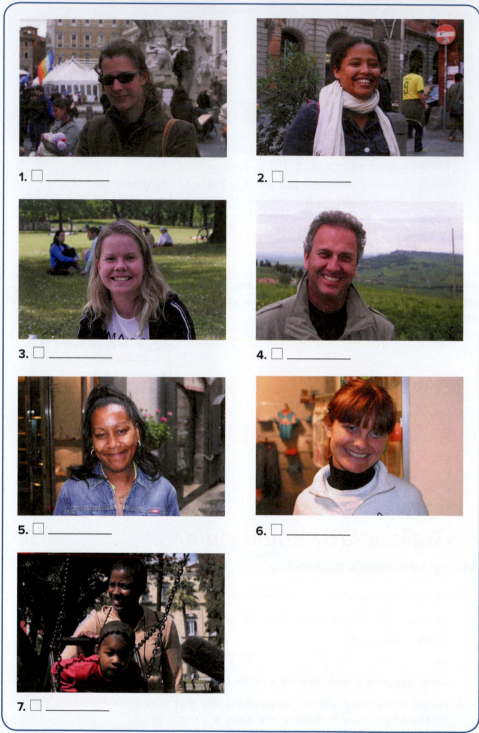

1. ☐ _____ 2. ☐ _____

3. ☐ _____ 4. ☐ _____

5. ☐ _____ 6. ☐ _____

7. ☐ _____

Photos 1–7: © McGraw-Hill Education/TruthFunction

Parte seconda. Watch and listen again. Indicate where each person is from by writing the appropriate nationality from the list below under his/her photo.

austriaca	cubana	italiana (x2)
capoverdiana	eritrea	italiano

In italiano

	(m.)	(f.)
l'Australia	australiano	australiana
l'Austria	austriaco	austriaca
il Canada	canadese	canadese
la Cina	cinese	cinese
Cuba*	cubano	cubana
la Francia	francese	francese
la Germania	tedesco	tedesca
il Giappone	giapponese	giapponese
l'Inghilterra	inglese	inglese
l'Irlanda	irlandese	irlandese
l'Italia	italiano	italiana
il Messico	messicano	messicana
il Portogallo	portoghese	portoghese
la Spagna	spagnolo	spagnola
gli Stati Uniti (USA)	americano	americana
la Turchia	turco	turca
_____	_____	_____

If your country and nationality don't appear here, ask your instructor how to say them and then add them to the list.

*Note: You do not use a definite article with Cuba.

- To ask someone's nationality, say:

(tu)	(Lei)
Sei... ?	**È... ?**
—**Cristina, sei americana?**	—**Dottore, Lei è italiano?**
—**No, sono tedesca.**	—**Certo** (*Certainly*), **sono di Bari.**

- Did you notice that for some nationalities the last letter changes, depending on whether the reference is to a man or a woman?

B. Un po' di geografia. How well do you know geography? Tell your partner that you are from one of the following cities. Your partner will have to guess your nationality.

> ESEMPIO: S1: Sono di Chicago.
> S2: Allora (*So*) sei americano/a!

1. Toronto
2. Osaka
3. Parigi
4. Berlino
5. Sydney

C. Dov'è nato/a... ?

Parte prima. Complete the statements by filling in the country where the object originated. Then provide the appropriate adjective.

Paesi		Nazionalità	
Australia	Giappone	americano	italiana
Canada	Inghilterra	australiano	inglese
Cina	Italia	canadese	giapponese
Francia	Stati Uniti	cinese	tedesco
Germania		francese	

1. Il boomerang è nato in _____; è _____.
2. Il jazz è nato negli _____; è _____.
3. Il basket è nato in _____; è _____.
4. Il ramen è nato in _____; è _____.
5. La suola (*sole* [*of a shoe*]) Vibram è nata in _____; è _____.
6. La Statua della libertà è nata in _____; è _____.
7. La penicillina è nata in _____; è _____.
8. Il motore diesel è nato in _____; è _____.
9. L'ombrello è nato in _____; è _____.

Parte seconda. Check your answers with at least two classmates by asking **Dov'è nato/a... ?** and then review with your instructor. How many people knew all nine?

D. Domande e risposte.

Parte prima. Find the correct answer to each of the following questions.

Domande	Risposte
1. Come ti chiami?	a. No, no, spagnola, di Madrid.
2. Sei italiana?	b. Sono Flavio. E tu?
3. Di dov'è?	c. Ah! Sei americano. Io sono portoghese.
4. Sono di New York. E tu?	d. Di Milano. E Lei?

Parte seconda. Check your answers by asking your partner one of the questions. He/She should reply with the appropriate answer.

E. Conversazione.
With a partner, create a long conversation in Italian using the expressions provided. Be prepared to demonstrate to the class.

Ciao!	Dove abita?	Dove abiti?
Sono... e tu?	Buon giorno!	Come si chiama?
Come stai?	Allora è... ?	Come sta?
Allora sei... ?	E Lei?	Ti piace... ?
Buona sera!	Sei americano/a?	Bene, grazie!
Insomma...	Sei messicano/a?	Le piace... ?
Di dove sei?	Non c'è male!	Di dov'è?
Ti piacciono... ?	Sei australiano/a?	Cosa c'è?
Come ti chiami?	Arrivederci!	E tu?

Sono allegro!

Describing people, places, and things

▶ Here are some common adjectives used to describe people, places, and things.
Can you match the pairs of opposites?

allegro   grasso   giovane

magro   alto   attivo

debole   anziano   forte

basso   veloce

ricco

pigro

povero

triste

lento

▶ Answers to this activity are in the **Appendix** at the back of your book.

Here are more adjective pairs of opposites:

bello (*beautiful*) ≠ **brutto** (*ugly*)

spiritoso (*witty*) ≠ **serio** (*serious*)

buono (*good*) ≠ **cattivo** (*bad*)

divertente (*entertaining, fun*) ≠ **noioso** (*boring*)

grande (*big*) ≠ **piccolo** (*small*)

impegnato (*busy*) ≠ **libero** (*free; not busy*)

nuovo (*new*) ≠ **vecchio** (*old*)

normale ≠ **pazzo** (*crazy*)

simpatico (*nice, pleasant*) ≠ **antipatico** (*unkind, unpleasant*)

vicino (*near*) ≠ **lontano** (*far*)

In italiano

Adjectives are used to describe the weather (**il tempo**).

Che tempo fa? (*What's the weather like?*)

Fa bello. (*It's beautiful.*)   **Fa brutto.** (*It's bad/ugly weather.*)

Fa freddo. (*It's cold.*)   **Fa caldo.** (*It's hot.*)

I colori

la Repubblica di San Marino

l'Albania

la Svizzera

la Città del Vaticano

azzurro

nero

rosso

giallo

la Repubblica di Malta

l'Eritrea

la Somalia

bianco

verde

blu

Altri colori

 rosa

 viola

 arancione

 marrone

 grigio

A. Un po' di cultura: Forza Azzurri!

Parte prima. Match the emblems of the most important Italian soccer teams with their (color-based) nicknames.

1.

© Christof Stache/AFP/
Getty Images

2.

© Marco Rosi/LaPresse/
Zuma Press/Newscom

3.

© Paolo Reda/REDA&CO

4.

© Dagson KRT/Newscom

5.

© Filippo Monteforte/
AFP/Getty Images

6.

© Maurizio Borsari/
www.aicfoto/Newscom

1. il Milan	**a.** i Giallorossi
2. la Juventus	**b.** i Nerazzurri
3. il Palermo	**c.** i Viola
4. l'Inter	**d.** i Rossoneri
5. la Roma	**e.** i Rosanero
6. la Fiorentina	**f.** i Bianconeri

Parte seconda. Match the names and terms that are based on a color with their descriptions.

1. la croce verde	**a.** le squadre (*teams*) sportive nazionali
2. gli Azzurri	**b.** il partito (*political party*) pro ecologia
3. un racconto (*short story*) rosa	**c.** un romanzo poliziesco (*crime novel*)
4. un giallo	**d.** l'assistenza medica di emergenza
5. un numero verde	**e.** una storia d'amore
6. i Verdi	**f.** un numero telefonico gratis/gratuito (*free*)

B. Un po' di cultura: Dove si parla l'italiano? With a partner, take turns naming the colors of the flags illustrated in the **Lessico** section. Your partner has to guess which one you are describing. Then, name the countries that have Italian as an official language and those in which Italian is spoken but is not an official language. **Un aiuto:** Locating these places on a map will help you.

In italiano

You learned about cognates (**parole simili**) in **Capitolo 1, Lessico, In italiano.** Can you recognize these adjectives?

contento	generoso	ordinato
curioso	intelligente	sincero
difficile	interessante	stressato
disordinato	introverso	studioso
estroverso	nervoso	stupido

C. Com'è? Which adjectives would you use to describe the following people or things?

1. il vino
2. un cappuccino
3. il cioccolato
4. un film

5. un cane
6. il mare (*sea*)
7. Babbo Natale (*Santa Claus*)
8. un bambino

D. Come sta?

Parte prima. Paolo and Paola are students. Use the words provided to complete the sentences describing how each one is feeling.

> **Paolo: arrabbiato** (*angry*), **triste, allegro, ammalato** (*ill*), **stressato, stanco, innamorato** (*in love*)

Paolo sta benissimo perché (*because*) è _____.

Sta così così perché è _____.

Non sta bene perché è _____.

> **Paola: arrabbiata, triste, allegra, ammalata, stressata, stanca, innamorata**

Paola sta bene perché è _____.

Sta male perché è _____.

Sta così così perché è _____.

Parte seconda. E tu, come stai? Now describe to the class how you're feeling today and why. Use the words for Paolo if you're male and for Paola if you're female.

> **Sto bene perché sono... (Non sto bene perché sono...)**

Strutture

2.1 L'italiano è divertente!

Adjectives

▶ Look at the advertisement (**pubblicità**) and identify all the adjectives. What are they describing? What relationship do you notice between the noun and its adjective?

IL LATTE TI FA BENE

è puro
è buono
è digerible
è bianco
è naturale
è energetico
è rilassante
è sportivo
è sano
è equilibrato
è autentico
è dissetante
è fresco
è economico
è leggero
è completo

© Nobuhiro Asada/Shutterstock RF

▶ What happens to the adjectives in the advertisement if we change **il latte** to **l'acqua minerale, le bevande,** or **i vini**? Which adjectives are appropriate and how would they change?

▶ Answers to this activity are in the **Appendix** at the back of your book.

1 Adjectives (**gli aggettivi**) that end in **-o** agree in gender (masculine/feminine) and number (singular/plural) with the nouns they describe.

	SINGOLARE	PLURALE
MASCHILE	il ragazzo alto	i ragazzi alti
FEMMINILE	la penna rossa	le penne rosse

Note: When describing a group of people or objects where at least one item in the group is masculine, the adjective is masculine plural.

Maria e Roberto sono **alti.**   **La penna e il quaderno** sono **rossi.**

▶ Now you try! Write the endings of the nouns and the adjectives.

le ragazz_____ attiv_____   gli zain____ ner_____

i quadern_____ giall_____   la segretari_____ impegnat_____

il bambin_____ tranquill_____   le studentess____ alt____

2 Adjectives that end in **-e** only show number, not gender. This is why the endings of the adjectives don't always match the endings of the nouns.

	SINGOLARE	PLURALE
MASCHILE	il cors**o** interessant**e**	i cors**i** interessant**i**
	l'esam**e** difficil**e**	gli esam**i** difficil**i**
FEMMINILE	la cas**a** grand**e**	le cas**e** grand**i**
	l'automobil**e** frances**e**	le automobil**i** frances**i**

▶ Now you try! Write the endings of the nouns and the adjectives.

le informazion_____ important_____   il ragazz_____ veloc_____

lo student_____ intelligent_____   i mes_____ difficil_____

la bambin_____ trist_____   il cors_____ divertent_____

▶ Answers to these activities are in the **Appendix** at the back of your book.

▶ To learn about the plural forms of adjectives ending in **-ca, -co, -ga,** and **-go,** see **Per saperne di più** at the back of your book.

3 Adjectives for certain colors (**arancione, beige, blu, rosa, viola**) are invariable, that is, they never change their endings.

una giacca blu	**due t-shirt beige**
due bandiere rosa	**un quaderno viola**

4 As you may have noticed already, adjectives usually follow the noun. However, there are several adjectives that always come before the noun and omit the definite article.

a. molto (*many / a lot of*) and **poco** (*few / not much, not many*)

molto/poco caffè	**molti/pochi** amici
molta/poca pizza	**molte/poche** lezioni

b. questo (*this*) and **quello** (*that*)

- **Questo** indicates people or things that are near to you. Use **quello** for items that are far away.

- The forms of **questo** are like those of any adjective that ends in **-o**:

questo	→	**questi**
questa	→	**queste**

Note that **quest'** is only used before singular nouns that begin with a vowel.

quest'amica	**quest'esame**

- **Quello** follows the pattern of the definite article that you learned in **Strutture 1.4**.

In italiano

Two common adjectives precede the noun and always appear with the definite article:

l'**altro** amico (*m.*)	the other friend
le **altre** amiche (*f.*)	the other friends
lo **stesso** studente (*m.*)	the same student
gli **stessi** studenti (*m.*)	the same students

► Underline the definite articles that are hidden in the forms of **quello.** The masculine singular is done for you.

		SINGOLARE	PLURALE
MASCHILE	**+ consonante**	que**l** libro	que**i** libri
	+ vocale	quel**l'**esame	que**gli** esami
	+ s + consonante; z	quel**lo** zaino	que**gli** zaini
FEMMINILE	**+ consonante**	quel**la** penna	quel**le** penne
	+ vocale	quel**l'**università	quel**le** università

► Answers to this activity are in the **Appendix** at the back of your book.

► To learn about the use of **questo** and **quello** as pronouns, see **Per saperne di più** at the back of your book.

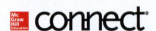 ## Scopriamo la struttura!

For more on adjective agreement with nouns, watch the corresponding *Grammar Tutorial* in the *eBook*. A practice activity is available in **Connect**.

connect
www.mhhe.com/connect

In italiano

- To say that someone is *very* tall, place the adverb **molto** (or **tanto**) in front of the adjective. Note that the final vowel of **molto** and **tanto** do not change.

    una ragazza **molto** alta

    due ragazze **tanto** alte

- You can also drop the final vowel of the adjective and add the suffix **-issimo/a/i/e.**

    una ragazza *altissima*

    due ragazze *altissime*

A. Ascolta. Is your instructor talking about a woman or a man? Put a checkmark by the name of the person being described. If you can't tell, check both.

1. ☐ Paolo   ☐ Paola
2. ☐ Silvio   ☐ Silvia
3. ☐ Roberto   ☐ Roberta
4. ☐ Mario   ☐ Maria
5. ☐ Enrico   ☐ Enrica

B. Completa l'aggettivo. Complete the endings of the adjectives so that they agree with the nouns.

1. i corsi interessant_____
2. molt_____ film divertent_____
3. un esame difficil_____
4. molt_____ birra fredd_____
5. un uomo pazz_____
6. molt_____ caffè fort_____
7. gli stadi (*stadiums*) grand_____
8. la macchina verd_____
9. una cosa normal_____
10. un quaderno giall_____
11. le persone intelligent_____
12. poc_____ pasta al dente

C. _Questo e quello._ Choose the appropriate forms of **questo** or **quello** and then indicate which items, according to the context, are near (**vicino**) or far (**lontano**) from you.

	vicino	lontano
1. Quest' / Questa / Questo penna è rossa.	☐	☐
2. Quei / Quegli / Quelle zaini sono neri.	☐	☐
3. Quello / Quel / Quella studente ha i capelli castani.	☐	☐
4. Questa / Questo / Queste studentessa ha gli occhiali.	☐	☐
5. Quella / Quello / Quel libro d'italiano è interessante.	☐	☐
6. Questa / Questo / Quest' cellulare è vecchio.	☐	☐

In italiano

The adjectives **buono** and **bello** are used very frequently in Italian, and they typically appear before the noun (not after). **Buono** has special forms that mimic indefinite articles, whereas **bello**, like **quello**, has forms that mimic definite articles. Can you find the similarities to articles hidden in these forms of **buono** and **bello**?

il buon giorno	**la buon'amica**	**un buono stipendio**
un bel ragazzo	**una bell'idea**	**i bei voti**

▶ You can learn more about the special forms of **buono** and **bello** in **Per saperne di più, Capitolo 2.**

D. Articolo, nome, aggettivo. Create logical phrases using these articles, nouns, and adjectives. Work in groups of three. Each person is responsible for the items in only one column. After the group has used all the forms, switch columns and try again. **Attenzione!** The person with the adjectives must make sure that they agree in gender and number with the nouns.

gli	bambine	anziano
i	corsi	brutto
il	festa	difficile
l'	studenti	disordinato
la	studio	divertente
le	università	grande
lo	uomo	intelligente
	voto	tranquillo

E. Al centro commerciale (mall). Look at the school supplies on the tables below. Using the appropriate forms of **questo** and **quello,** tell your partner three items that you would like to buy and ask how much they will cost (**quant'è**). Your partner will tell you the total cost of your purchase.

> **ESEMPIO:** **S1:** Vorrei (*I would like*) questo computer, quello zaino e questi quaderni. Quant'è?
> **S2:** € 1.363.

F. Ti piace o no? Complete the sentences below using the expressions **mi piace / mi piacciono** or **non mi piace / non mi piacciono** and one of the adjectives from the list below.

assurdo	interessante	orribile
bello	introverso	triste
divertente	estroverso	noioso
buffo	forte	anziano
serio	emozionante (*exciting, thrilling*)	giovane
violento	bravo (*able, good*)	intelligente
creativo	stupendo	pazzo
simpatico	allegro	

> **ESEMPIO:** Mi piace *Hunger Games* perché è emozionante.

1. _____ (il nome di un film) perché è _____.
2. _____ (il nome di un'attrice) perché è _____.
3. _____ le partite di calcio (*soccer games*) perché sono _____.
4. _____ gli italiani perché sono _____.

2.2 Quanti anni hai?

The verbs *essere* (to be) and *avere* (to have)

▶ The following statements are all things you might say about yourself. Figure out the meanings of the underlined verbs, then check **vero** (*true*) if the statement is true, or **falso** (*false*) if it is not.

	vero	falso
1. <u>Sono</u> una persona tranquilla.	☐	☐
2. <u>Ho</u> una macchina rossa.	☐	☐
3. Oggi <u>sono</u> allegro/a.	☐	☐
4. <u>Ho</u> un cane.	☐	☐
5. <u>Sono</u> timido/a.	☐	☐
6. <u>Ho</u> una famiglia numerosa (*big*).	☐	☐

Interview your partner and find out how similar or different you are. Survey the class to find out which pair has the most in common.

> **ESEMPIO:** **S1:** Io non sono una persona tranquilla. Sono una persona ansiosa. E tu?
> **S2:** Io sono una persona tranquilla. (Anch'io sono [*I'm also*] una persona ansiosa.)

1 The verbs **essere** (*to be*) and **avere** (*to have*) are used frequently to describe people, places, and things. You have already encountered several forms of the verb **essere**. Here is the whole conjugation.

essere			
io (*I*)	**sono**	noi (*we*)	**siamo**
tu (*you, sing., inform.*)	**sei**	voi (*you, pl.*)	**siete**
lui (*he*) lei (*she*) } **è** Lei (*you, form.*)		loro (*they*)	**sono**

2 All verbs have six forms, one for each person (**io, tu, lui/lei/Lei, noi, voi, loro**). There are three subject pronouns that mean *you*. You have already learned two of them: the informal **tu** and formal **Lei**. The pronoun **voi** is both formal and informal, and is used when talking to more than one person.*

Note:

a. **Lei** (formal *you*) is often capitalized to distinguish it from **lei** (*she*) in writing.

b. Unlike English, subject pronouns in Italian are usually omitted. They are only used for clarification, emphasis or contrast.

È gentile.	*He/She is kind.*
***Lui* è gentile, *lei* è cattiva.**	*He is kind, she is mean.*

c. Italian does not usually use a subject pronoun for *it*:

—Ti piace il libro?	*—Do you like the book?*
—Sì, è interessante.	*—Yes, it is interesting.*

---

*The **Loro** form can be used for the plural formal *you*, but it is very formal and usually replaced by **voi**.

3 Here is the conjugation of the verb **avere.**

avere			
io	**ho**	noi	**abbiamo**
tu	**hai**	voi	**avete**
lui			
lei	**ha**	loro	**hanno**
Lei			

4 The verb **avere** is used to talk about possessions.

Gli studenti **hanno** il libro d'italiano *Avanti!*

Salvatore non **ha** la macchina, **ha** la bicicletta.

It is also used to talk about certain physical features.

Sabrina **ha** i capelli biondi e ricci e le labbra rosse. Simone **ha** i capelli castani e lisci e il naso lungo.

Il bambino **ha** le orecchie grandi e due denti.

Rita **ha** gli occhi azzurri e Mauro **ha** gli occhi castani.

Samuele **ha** gli occhiali e Margherita **ha** le lenti a contatto.

In italiano

- You have already seen **come** in the expression **Come stai? Come sta?** to ask how someone is feeling.

- **Come** is also used with the verb **essere** to ask what a person is like:

  —**Com'è** Maria?

  —Bella e simpatica. È alta e ha i capelli castani e gli occhi verdi.

  —**Come sono** Luca e Marco?

  —Sono molto atletici. Sono alti e hanno grossi muscoli (*big muscles*).

5 The verb **avere** is also used in idiomatic expressions. These are expressions that do not make sense when translated literally into another language. **Attenzione!** In English, the Italian idiomatic expressions shown below are formed with the verb *to be.*

Sandra **ha sete.**

Marco **ha fame.**

Ahmed **ha sonno.**

Cinzia **ha paura.**

Mario **ha caldo.**

Ugo **ha freddo.**

Enrica **ha ragione.**

Antonella **ha torto.**

Note: To ask someone's age, you say:

(tu)	(Lei)
—Quanti anni hai?	—Quanti anni ha?
—Ho vent'anni.	—Ho settantacinque anni.

6 The verb **avere** is also used to talk about aches and pains. You can say: **avere mal di** + body part.

Ho mal di testa.	*I have a headache.*
Ho mal di pancia.	*I have a stomachache.*
Ho mal di gola.	*I have a sore throat.*

A. Il pronome giusto. Replace the italicized nouns with the appropriate subject pronouns.

> ESEMPIO: —Tina e Enrica hanno uno smartphone?
> —No! Solamente *tu e Gina* avete lo smartphone.
> —No! Solamente **voi** avete lo smartphone.

1. —*Chi (Who)* è arrabbiato?
   —*Il professore.*

2. Tu hai fame?
   —No! *Lisa, Gianni e Maurizio* hanno fame.

3. —Chi ha i *compiti (homework)* oggi?
   —*La studentessa irlandese.*

4. —Chi ha gli occhi azzurri?
   —*Io ed* Elena.*

5. —Tina è ammalata oggi?
   —No! *Roberto e Simona* sono ammalati.

6. —Roberta e Gina hanno il libro?
   —No! Solamente *tu e Roberta* avete il libro.

 **B. Ascolta.** Listen as your instructor names a thing, place, or time. Write the letter of the idiomatic expression (or expressions) that could be associated with each item.

1. _____   **a.** Ho freddo.
2. _____   **b.** Ho mal di pancia.
3. _____   **c.** Ho sonno.
4. _____   **d.** Ho fame.
5. _____   **e.** Ho mal di testa.
6. _____   **f.** Ho paura.
7. _____   **g.** Ho caldo.
8. _____   **h.** Ho sete.
9. _____
10. _____

study tip

Although it's tempting, try to avoid translating word for word from Italian to English or vice versa. Many expressions do not translate, or if you do translate them literally, they have a completely different meaning that often doesn't make sense. For example, to say I'm having a good time, students often incorrectly say **Ho un buon tempo.** In Italian this literally means *I have a good weather.* The correct expression in Italian is **Mi sto divertendo.**

 **Scopriamo la struttura!**

For more about the verbs **avere** and **essere,** watch the corresponding *Grammar Tutorial* in the *eBook.* A practice activity is available in **Connect.**

McGraw Hill Education connect®

www.mhhe.com/connect

---

*If the preposition **a** or the conjunction **e** (*and*) are followed by a word beginning with the same vowel ("a" and "e," respectively), a euphonic "d" is added. For example, **Tommaso ed Enrico.** Some common exceptions are: **tu ed io** (*you and I*) and **ad esempio.**

C. Frasi complete! Work with a partner. You have two minutes to create sentences using the words below. Use each word or expression only once. The team with the most correct sentences wins!

intelligenti	pazzi	divertenti
sono	sonno	sportive
belle	siete	pazzo
allegro	hanno	la macchina gialla
abbiamo	un cane	di Roma
i capelli rossi	Gina e Luisa	ragione
avete	siamo	Massimo
20 anni	francese	io
ha	Giancarlo e Anna	molto
non	è	felici
bassi	mal di gola	fame
ho	tu e Maria	io e la mia amica
fame		

D. *Avere o essere?*

Parte prima. Describe Silvia and Roberto using the words below.

Silvia	Roberto
attiva	allegro
i capelli biondi	alto
generosa	gli occhi azzurri
le lenti a contatto	gli occhiali
simpatica	intelligente
18 anni	sportivo

Parte seconda. With a partner, use the adjectives and expressions you have learned so far to expand the descriptions of Silvia and Roberto so that we know more about them. Be as detailed as possible!

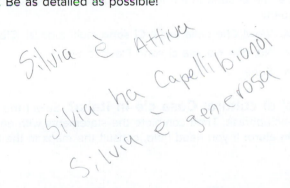

Silvia è Attiva
Silvia ha Capelli biondi
Silvia è generosa

2.3 Cosa c'è nello zaino?

There is / There are

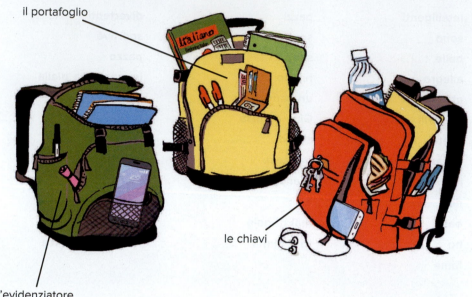

il portafoglio

le chiavi

l'evidenziatore

▶ Read the statements and indicate which backpack each describes.

Lo zaino...

1. **C'è** un libro d'italiano. ☐ verde ☒ giallo ☐ rosso
2. **C'è** una bottiglia d'acqua. ☐ verde ☐ giallo ☒ rosso
3. **Ci sono** due penne rosse. ☐ verde ☒ giallo ☐ rosso
4. **Ci sono** due quaderni azzurri. ☒ verde ☐ giallo ☐ rosso

In each of these statements, **ci** precedes the verb **essere**. What does **ci** mean? **Attenzione! Ci** becomes **c'** before **è.**

1 **C'è** and **ci sono** indicate the presence of someone or something. They are the equivalent of *there is* and *there are* in English, so **c'è** is followed by a singular noun, and **ci sono** is followed by a plural noun.

2 **C'è** and **ci sono** also express the idea of *being in a place* or *being here*. Notice the use of **c'è** and **ci sono** in the following brief conversation between two friends at a party.

GIANNA: Wow! Che bella festa! **Ci sono** molti ragazzi. **C'è** Marco?

SILVIA: No, **non c'è,** ma **ci sono** Flavio e Stefano.

GIANNA: Bene!

🇮🇹 **A. Un po' di cultura: Cosa c'è in Italia?** Select the correct form (**c'è** or **ci sono**) for each phrase. Then complete the statements with an element from the list below. **Un aiuto:** If you need help, consult the maps in the back of your textbook/*eBook*.

▶ Answers to this activity are in the **Appendix** at the back of your book.

le Alpi	**l'Etna**	**la Sardegna**	**la Svizzera**
gli Appennini	**la Francia**	**la Sicilia**	**il Vesuvio**
l'Austria	**Garda**	**la Slovenia**	
Como	**Roma**	**lo Stromboli**	

1. In Italia c'è / ci sono tre grandi vulcani attivi: _____ (vicino a Napoli), _____ (nel mar Tirreno) e _____ (vicino a Catania).

2. C'è / Ci sono una capitale: _____.

3. In Italia c'è / ci sono più di 450 isole (*islands*). Le due più grandi sono _____ e _____.*

4. Ai confini (*On the borders*) dell'Italia c'è / ci sono quattro paesi (*countries*): _____, _____, _____ e _____.

5. In Lombardia c'è / ci sono tre laghi molto conosciuti. Sono il lago Maggiore, il lago di _____ e il lago di _____.

6. In Italia c'è / ci sono due catene montuose (*mountain chains*): _____ e _____.

B. Chi c'è nella foto?

Parte prima. Look at the photo and decide if the following statements are true or false.

© McGraw-Hill Education/TruthFunction

	vero	falso
1. Ci sono due donne con i capelli castani.	☐	☐
2. C'è una donna con gli occhiali.	☐	☐

Parte seconda. Work with a partner and write sentences similar to those in the **Parte prima** about people in your class. Include a mix of true and false statements.

Parte terza. Exchange lists with another group, decide which statements are false, then correct them.

2.4 I miei corsi sono interessanti!

Possessive adjectives

....

▶ Identify the forms of *my* in the following statements, and then decide if the statements are **vero** or **falso.** Share your answers with the class.

	vero	falso
1. I miei corsi sono molto interessanti.	☐	☐
2. La mia macchina è nuova.	☐	☐
3. Il mio zaino è nero.	☐	☐
4. Le mie lezioni sono sempre di mattina.	☐	☐

Now, complete the following statements with the appropriate adjectives and share your answers with the class.

1. I miei parenti (*relatives*) sono...

2. La mia casa è...

3. Il mio libro d'italiano è...

4. Le mie amiche sono...

....

*The two largest islands are also regions; their names include the definite articles.

▶ Answers to this activity are in the **Appendix** at the back of your book.

1 Possessive adjectives (**gli aggettivi possessivi**) are equivalent to English *my, your* (sing.), *his/her, our, your* (pl.), *their*. Just like the adjectives we have seen in this chapter, possessive adjectives agree in gender and number with the noun they modify. Unlike most adjectives, however, they precede the noun.

▶ Fill in the missing definite articles and possessive adjectives:

	SINGOLARE		PLURALE	
	MASCHILE	**FEMMINILE**	**MASCHILE**	**FEMMINILE**
my	il mio		**i miei**	le mie
your (**tu**)		la tua	**i tuoi**	
his/her/its/ your (**Lei**)	il suo*		**i suoi**	le sue
our		la nostra		le nostre
your (**voi**)	il vostro		i vostri	
their	il **loro**	la **loro**	i **loro**	le **loro**

2 Note that:

a. The **loro** form is invariable—it is always **loro** no matter which noun follows.

    la loro macchina   **i loro amici**

b. The only irregular forms are **miei, tuoi,** and **suoi.** The rest of the adjectives change their ending to **-o, -a, -i, -e** to match the gender and number of the noun.

c. If the noun ends in **-e** or an accented vowel, the endings of the possessive adjective may not always match those of the noun: **il mio esame, le nostre città.**

3 In Italian, the possessive adjective agrees in gender and number with the noun it modifies, not with the person or thing that owns it. For this reason, the forms of *his/her* are ambiguous.

    Il suo cane è grande.   *His/Her dog is big.*

    La sua macchina è rossa.   *His/Her car is red.*

To clearly specify the possessor, you can use **di** (*of*) + the name of the person.

    Il cane di Marcella è grande.   *The dog of Marcella is big.*
                                        (Marcella's dog is big.)

    La macchina di Roberto è rossa.   *The car of Roberto is red.*
                                          (Roberto's car is red.)

A. Scegli il possessivo. Choose the appropriate possessive adjective to complete the sentence.

    1. Ho molti libri nello zaino. _____ libri sono pesanti (*heavy*)!

        a. Le mie   **c.** La mia

        b. Il mio   **d.** I miei

    2. Io e Sandro abbiamo tante amiche. _____ amiche sono molto simpatiche.

        a. La nostra   **c.** Le nostre

        b. I nostri   **d.** Le sue

---

*The **s** in **suo, sua,** and so on may be capitalized (**Suo, Sua**) to distinguish between *his/her/its* and *your* (*formal*), just as with **lei/Lei.**

3. Margherita e Salvatore hanno un gatto. _____ gatto ha 12 anni.

    a. Il loro   **c.** I loro

    b. Il suo   **d.** I suoi

4. Tu e Giancarlo avete pochi compiti stasera! _____ compiti sono anche facili.

    a. I loro   **c.** I nostri

    b. I vostri   **d.** Le vostre

B. Ascolta. Listen as your instructor describes some people. Complete each description by selecting the appropriate possessives.

1. I suoi / I tuoi cani e gatti sono belli e simpatici.

2. I vostri / I loro compiti di matematica sono particolarmente difficili.

3. I nostri / I vostri amici sono simpatici, intelligenti e attivi.

4. Purtroppo (*Unfortunately*) i miei / i tuoi sci sono vecchi.

5. Purtroppo i nostri / i vostri spaghetti sono freddi.

C. Alcune domande.

Parte prima. Check off whether or not you have **un ragazzo / una ragazza** (*boyfriend/girlfriend*), then check off whether you have the rest of the items on the list.

	sì	no
1. un ragazzo / una ragazza	☐	☐
2. una macchina	☐	☐
3. una bicicletta	☐	☐
4. un programma televisivo preferito	☐	☐
5. un canale televisivo preferito	☐	☐

Parte seconda. Show your list to your partner. He/She will ask you for more information about your list using the questions provided below.

> **Come si chiama?**   **Quanti anni ha?**
>
> **Di che colore è?**   **Com'è?**

Parte terza. Write a short description of your partner's belongings or of your boyfriend/girlfriend to share with the class.

    ESEMPIO: Il mio ragazzo si chiama Marco. Il suo cane si chiama Fluffy...

D. La famiglia.

Parte prima. As a class, select a famous family.

    ESEMPIO: la famiglia del presidente degli Stati Uniti

Parte seconda. With a partner, describe what their life and their belongings are like. If you aren't sure, guess or be creative!

    ESEMPIO: La loro casa è bianca. La loro macchina è grandissima. Il loro cane è...
                     La loro vita (*life*) è...

Parte terza. Compare your description with that of another group or those of the class. Do you all agree?

E. Il ladro / La ladra! (*Thief!*)

Parte prima. You have been robbed! Select five items from the list provided. Tell your partner, **il carabiniere** (*police officer*), what **il ladro / la ladra** took. Your partner will take notes then reverse roles.

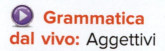

Grammatica dal vivo: Aggettivi

Watch an interview with Alessia in which she describes herself and her **ragazzo**.

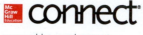

www.mhhe.com/connect

la bicicletta	il gatto	le penne
il cane	i libri	i quaderni
la chitarra	la macchina	lo smartphone
il computer	le matite	lo zaino
il dizionario	l'orologio	

ESEMPIO: S1: Cosa ha preso il ladro / la ladra? (*What did the thief take?*)
S2: Il mio cane...

Parte seconda. The police officer needs descriptions of your possessions. Working from your notes from **Parte prima,** ask your partner to describe each stolen item.

ESEMPIO: S1: Com'è il Suo cane?
S2: È...

Parte terza. The police officer needs a description of **il ladro / la ladra.** Take turns describing him/her while the police officer makes a sketch. Make your description as complete as possible; be sure to give the colors of his/her hair, eyes, and so on. Share your sketches with the class. Here are some additional words that might come in handy: **la giacca** (*jacket*), **le scarpe** (*shoes*), **la maglietta** (*t-shirt*), **i jeans.**

Cultura

Ascoltiamo!

I cognomi° degli italiani

I... *Family names*

What's in a name? That which we call a rose by any other name would smell as sweet.
—William Shakespeare

Parents choose names for their children based on a variety of factors: relatives' names, friends' names, names of popular actors, or just because they like how the name sounds or what it means. They do not choose their last names, however. Those get passed along from generation to generation. Where do they come from?

A. Osserva e ascolta. Watch and listen as Federico explains the origins of many Italian family names. During the presentation, pay attention to his facial expressions, intonation, and gestures as well as what he says, and to the accompanying images and captions to understand the meaning.

B. Completa. Write each **cognome** that Federico says. Then, using the information you heard in the lecture, write the letter from the list below that corresponds to the origin of each family name. **Attenzione!** Some letters are used more than once.

	cognome	origine
1.	_____	_____
2.	_____	_____
3.	_____	_____
4.	_____	_____
5.	_____	_____
6.	_____	_____
7.	_____	_____
8.	_____	_____
9.	_____	_____
10.	_____	_____

a. la qualità fisica
b. il carattere / la personalità
c. la professione
d. l'origine geografica
e. il nome del padre
f. un colore

C. Tocca a te! Choose an Italian **cognome** whose origin you know and share it with the class.

ESEMPI: «Verdi» deriva da «verde», il colore.
«Volpe» vuol dire *fox* in inglese. Indica una persona molto astuta.

Leggiamo!

Siamo europei!

As the European Union continues to grow, Italians increasingly see themselves as European, in addition to Italian. This change in perspective from a national to a transnational identity is reflected in all sectors of society and promoted by the government, school, and the mass media. The following short article that appeared in *Focus,* a popular science magazine, is a lighthearted example of this mix of national and European identity.

A. Prima di leggere. With a partner, match each European country with its most common last name.

PAESI:	la Francia	l'Inghilterra	il Portogallo
	la Germania	l'Italia	la Spagna
COGNOMI:	Costa	Martin	Schmidt
	García	Rossi	Smith

PAROLE PER LEGGERE

cioè	*that is, namely*
il confine	*border*
nato/a	*born*
il senso	*sense, meaning (also il significato)*
vincono	*they win (vincere, to win)*

I confini invisibili

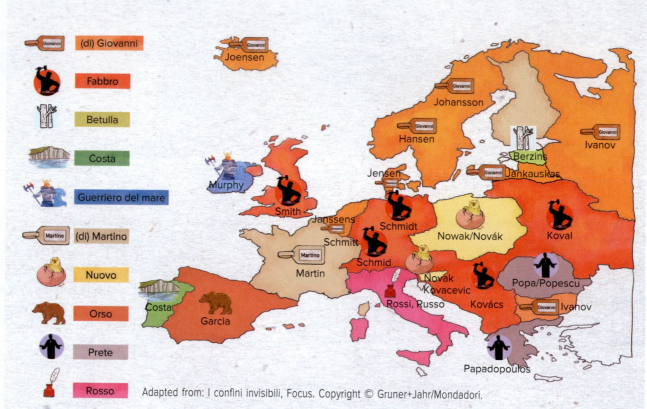

Adapted from: I confini invisibili, Focus. Copyright © Gruner+Jahr/Mondadori.

Quanti fabbri e figli di Giovanni!

Fabbri, orsi, preti e betulle

I cognomi più diffusi in Europa, suddivisi per «gruppo semantico», cioè in base al significato che ne ha ispirato l'origine.

Il sig. Rossi? È «imparentato» con i Russo, i Rossini, i de Rossi: i loro cognomi derivano tutti dal colore rosso, come Rousseau e

Leroux in Francia e rientrano nel gruppo semantico (con lo stesso senso) più diffuso in Italia. In Francia e Inghilterra vincono i «fabbro»

(Lefebvre, Fauré, Le Goff, Smith... equivalenti a Ferrari/Ferrero), nei Paesi nordici i «di Giovanni» (Hansen, Johansson, Jensen,

Ivanov), in Romania e Grecia i «prete» (Popescu, Papadopoulos), in Spagna l'«orso»: Garcia.

Parte seconda. Complete the sentences with the following adjectives.

francesi (2)	inglese	italiano (2)	rumeno
greco	italiani	nordici	spagnolo

1. Rossi, Russo, Rossini e de Rossi sono cognomi _____. Anche Rousseau e Leroux derivano dal colore rosso, ma sono cognomi _____.

2. Lefebvre, Fauré e Le Goff sono cognomi _____. Smith è il cognome _____ equivalente. Ferrari, o Ferrero, il cognome _____ equivalente.

3. Hansen, Johansson e Jensen sono i cognomi _____ più diffusi. Questi cognomi derivano dal nome del padre.

4. Popescu è un cognome _____. Il cognome _____ equivalente è Papadopoulos. Il cognome _____ equivalente è Prete. Questi cognomi derivano da una professione.

5. García vuol dire «orso». È un cognome _____. Questo cognome deriva dal nome di un animale e descrive la personalità.

C. Discutiamo! Answer the following questions.

1. Da dove deriva il tuo cognome? E i cognomi dei tuoi compagni di classe?

2. I vostri cognomi hanno origini europee? Se no, di dove sono?

3. Con il movimento di persone nel mondo, il cognome è ancora un valido segno d'identità?

 # Scriviamo!

Cerco coinquilino/a°...

housemate

Looking for the perfect housemate? How would you describe yourself in order to find the ideal match?

Parte prima. Use the form provided to jot down the information requested. Then use your answers to write a paragraph in which you describe yourself, your likes, and dislikes. Remember that to make a good match, you need to offer lots of information! You must answer all of the following questions, but your description should not be limited only to the answers.

Come ti chiami? _____

Quanti anni hai? _____

Di dove sei? _____

Come sei? _____

Cosa ti piace?

       la musica   **Quale?** _____

       la cucina   **Quale?** _____

       lo sport   **Quale?** _____

       il cinema   **Quale?** _____

Sei un fumatore / una fumatrice (*a smoker*)? _____

Hai animali? _____

Altro: _____

Parte seconda. In groups of three or four, read each other's ads and then decide whether you would be compatible roommates or not. Be prepared to share your responses with the class.

 **Parliamo!**

Il codice segreto

Parte prima. From the list of words and expressions that you've learned so far, choose one that begins with each letter of your first name. If your name contains any letters that are not in the Italian alphabet, such as **j** or **k,** you don't need to find words for them. Try to choose words that describe you. Use the list below, if you need more choices. Write the words on an index card, but *not* in the order of the letters of your name.

E: eccezionale, elegante

F: fantastico

H: ho (un cane, un gatto, ...)

L: leale (*trustworthy*)

M: moderato, mite (*mild*)

N: nostalgico

O: ottimista, onesto

R: riflessivo

U: unico, umile (*humble*)

Z: zero noia con me!

Parte seconda. Your instructor will collect the cards, shuffle them, and redistribute them to the class. Be sure that you do not receive your own card. Try to decode whose name you have. When you think you have it, go to that person and ask him/her whether the adjectives are true by stating them in order.

ESEMPIO: S1: Sei bello, onesto e bravo?
S2: Sì, sono Bob! (Sì, sono bello, onesto e bravo.)
o
No, non sono quel (*that*) Bob perché sono bello e onesto, ma (*but*) non sono bravo.

Parte terza. What is the most commonly used adjective to describe your classmates?

Scopriamo il cinema!

FILM: *Nuovo Cinema Paradiso*

(Commedia. Italia. 1990. Giuseppe Tornatore, Regista. 124 min.)

> **RIASSUNTO:** A famous Italian filmmaker, Salvatore (Salvatore Cascio) returns to his hometown in Sicily after an absence of 30 years. While at home, he remembers the events that shaped his life, especially his friendship with Alfredo (Philippe Noiret), who first introduced him to movies.
>
> **SCENA:** (DVD Chapter 17 "Salvatore's Footage," 1:07:43–1:08:43) In this scene a teenage Salvatore (Totò) plays back the movie footage he just shot, including scenes of Elena, the new girl in school. Alfredo, who is now blind, can't see the film, so he asks Totò to describe her to him.

A. Anteprima (*Preview*). Do an Internet search for the most beautiful or handsome Italian and bring your photo to class. How many students chose the same people? Is there a stereotypical Italian beauty? Be prepared to discuss.

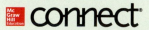

B. Ciak, si gira! (*Action, rolling!*) Alfredo asks Totò to describe Elena. Complete the following sentences with the words that Totò uses in response to the question **Com'è?** If you need help, use the list below.

azzurri	grandi	magra	semplice
castani	lunghi	piccola	

Simpatica. Ha l'età mia. _____.¹ Con i capelli _____,² _____.³ Gli occhi _____,⁴ _____.⁵ L'espressione _____,⁶ E una _____⁷ macchia di fragola* sulle labbra.

After watching the scene, check your answers against your partner's.

C. È fatto! (*It's a wrap!*) If you chose a woman in **Anteprima**, compare the photo you selected to Elena's. If you chose a man, compare the photo to Totò's. Write at least three sentences, stating how they are similar or different.

© Miramax/Courtesy Everett Collection

Scopriamo le belle arti!

Amore e Psiche stanti (1796–1800), Antonio Canova

LINGUA

A. Cosa c'è? Complete the sentences using **c'è** and **ci sono**.

1. In quest'opera (*artwork*) _____ due persone.
2. _____ una donna; si chiama Psiche.
3. _____ un uomo; si chiama Amore.
4. _____ anche una farfalla (*butterfly*).

B. Come sono? Complete the descriptions by adding the correct final vowel to the adjectives.

1. Psiche è alt_____ e bell_____.
2. Amore è bell_____ e ha i capelli lunghi e ricc_____.
3. Psiche e Amore sono due giovani innamorat_____.

---

macchia... beauty mark; literally, spot of strawberry

C. A cosa pensano? (*What are they thinking about?*) Answer the question **A cosa pensano?** using the verbs **essere** and **avere** in the present indicative.

AMORE:

PSICHE:

ARTE

The sculpture of **Amore e Psiche** is in white marble; no other colors are used. Monochromatics—the use of a single color—is typical of this period of sculptural art, **Neoclassicism** (mid-18th century–1815). Do you prefer monochromatic art or do you prefer multicolored (polychromatic) art?

A. Com'è la scultura neoclassica? Look closely at the sculpture and complete the sentences by choosing the appropriate adjective. **Attenzione!** The Italian adjectives are similar to their English equivalents.

1. La scultura neoclassica è _____.
   a. monocromatica
   b. policromatica

2. La scultura neoclassica rappresenta figure _____.
   a. religiose
   b. mitologiche

3. La scultura neoclassica è _____.
   a. precisa
   b. imprecisa

4. Per molte persone, la scultura neoclassica è fredda e _____.
   a. emozionante
   b. impersonale

B. Un po' di fantasia. In your opinion, what color is Psiche's hair? What color is Amore's hair? What color are their eyes? What color is the butterfly? Answer in Italian.

Vocabolario

Domande ed espressioni

c'è / ci sono	there is / there are
Che tempo fa?	What is the weather like?
Fa bello/brutto/ caldo/freddo.	It's beautiful/bad/hot/cold (weather).
Com'è... ? / Come sono... ?	What is he/she/it like? / What are they like?
Come stai? / Come sta?	How are you? (inform./form.)
bene	well, fine
benissimo	great
così così	so-so
insomma	not very well
molto bene	very well
non c'è male	not bad
Come va?	How's it going?
Cosa c'è?	What's the matter?
Mi sto divertendo.	I am having fun / a good time.
Quanti anni hai/ha?	How old are you? (inform./form.)
Sei americano? / È americano?	Are you American? (inform./form.)
Sono di (+ city). / Sono (+ nationality).	I'm from (Chicago). / I'm (American).
Sono nato/a a... .	I was born in (name of city).

Verbi

avere	to have
avere caldo/freddo/sete/fame	to be hot/cold/thirsty/ hungry
avere paura/sonno/ragione/torto	to be afraid/sleepy/ right/wrong
avere mal di gola/pancia/testa	to have a sore throat/ stomachache/ headache
essere	to be

Sostantivi (le parti del corpo)

i capelli (m. pl.) (biondi/castani/lisci/ricci)	hair (blond/brown/ straight/curly)
il dente / i denti (pl.)	tooth / teeth
la gola	throat
il labbro / le labbra (f. pl.)	lip / lips
le lenti a contatto (f. pl.)	contact lenses
il naso	nose
l'occhio	eye
gli occhi (m. pl.) (azzurri/ castani/verdi)	eyes (blue/brown/green)
gli occhiali (m. pl.)	eyeglasses
l'orecchio / le orecchie (f. pl.)	ear / ears
la pancia	stomach

Sostantivi (i paesi)

l'Australia	Australia
l'Austria	Austria
il Canada	Canada
la Cina	China
Cuba	Cuba
la Francia	France
la Germania	Germany
il Giappone	Japan
l'Inghilterra	England
l'Irlanda	Ireland
l'Italia	Italy
il Messico	Mexico
il Portogallo	Portugal
la Spagna	Spain
gli Stati Uniti	United States
la Turchia	Turkey

Aggettivi (le nazionalità)

americano	American
australiano	Australian
austriaco	Austrian
canadese	Canadian
cinese	Chinese
cubano	Cuban
francese	French
giapponese	Japanese
inglese	English
irlandese	Irish
italiano	Italian
messicano	Mexican
portoghese	Portugese
spagnolo	Spanish
tedesco	German
turco	Turkish

Aggettivi (i colori)

arancione	orange
azzurro	(sky) blue
beige	beige
bianco	white
blu	dark blue
giallo	yellow
grigio	gray
marrone	brown
nero	black
rosa	pink
rosso	red
verde	green
viola	violet

Aggettivi (le caratteristiche personali)

allegro	happy
alto	tall
ammalato	ill
antipatico	unkind, unpleasant
anziano	old, elderly (*persons*)
arrabbiato	angry
attivo	active
basso	short
bello	handsome, beautiful
brutto	ugly
buono	good
cattivo	bad, naughty, mean
contento	content
curioso	curious
debole	weak
difficile	difficult
disordinato	disorganized, messy
divertente	entertaining, fun
estroverso	extroverted
felice	happy
forte	strong
generoso	generous
giovane	young
grande	big, great
grasso	fat
impegnato	busy
innamorato	in love
intelligente	intelligent
interessante	interesting
introverso	introverted
lento	slow
libero	free, not busy
lontano	far
magro	thin
nervoso	nervous
noioso	boring
nuovo	new

ordinato	orderly, organized
pazzo	crazy
piccolo	small, little
pigro	lazy
povero	poor
ricco	rich
serio	serious
simpatico	nice
sincero	sincere
spiritoso	witty
stanco	tired
stressato	stressed
studioso	studious
stupido	stupid
tranquillo	calm
triste	sad
vecchio	old
veloce	fast
vicino	near

Aggettivi possessivi

mio	my
tuo	your (*sing. inform.*)
Suo	your (*sing. form.*)
suo	his/her/its
nostro	our
vostro	your (*pl.*)
loro	their

Altri aggettivi

altro	other
molto	many, a lot of
poco	few, not much
quello	that
questo	this
stesso	same

3 Cosa ti piace fare?

Ballerina blu (1912), Gino Severini (Collezione Guggenheim, Venezia, olio su tela)

SCOPI

IN THIS CHAPTER YOU WILL LEARN:

- to get someone's attention
- to ask and tell time and to say when events occur
- to check for comprehension and/or agreement
- to say what you like to do in your free time
- to talk about your daily routine
- about a typical daily routine in Italy

www.mhhe.com/connect

Senti, scusa, / Senta, scusi, che ora è?

Getting someone's attention; asking and telling time

- To get someone's attention say *Listen!* and/or *Excuse me!*

(tu)	(Lei)
Senti, scusa!	**Senta, scusi!**

- If you interrupt someone, she or he may say:

  Un attimo!   *Just a moment! Hold on!*

- To ask the time, use either:

  Che ora è? or **Che ore sono?**

- To tell the time, say:

  È + l'una, mezzogiorno, mezzanotte.

  Sono + le due, le tre, le quattro...

- Here are some additional words used to express time:

Mezzo (or **mezza**) can be replaced by **trenta.**

   È l'una e mezzo = **È l'una e trenta.**

Note: For times after the half-hour, it is common to use **meno.**

   Sono le sette e quarantacinque = **Sono le otto meno un quarto.**

A. Che ora è?

Parte prima. Write the digital time.

> ESEMPIO: *You read:* Sono le otto.
> *You write:* 8.00

1. Sono le quattro. _____

2. Sono le sei e mezzo. _____

3. È mezzogiorno. (Sono le dodici.) _____

4. Sono le due. _____

5. Sono le dieci e un quarto. _____

6. È l'una e venti. _____

Parte seconda. With a partner, take turns saying one of the times. Your partner will say the number of the corresponding clock.

 **1.**

 **2.**

 **3.**

 **4.**

 **5.**

 **6.**

B. Un attimo (*moment*), per favore!
Put the following measurements of time in order from the smallest to the largest. The first one is done for you.

_____ un anno

_____ una settimana (*week*)

_____ un minuto

_____ un'ora

_____ un mese

_1_ un secondo

_____ un giorno

C. Scusi, è aperto?

Parte prima. Look at the signs for the following places: **l'UPIM** (*a department store*), **un ristorante**, **una galleria** (*art gallery*), and **un parrucchiere** (*hairdresser*). The times shown are in military time. Change all the times to the 12-hour clock.

Parte seconda. For the following days and times, answer the question, stating whether the location is **aperto/a** (*open*) or **chiuso/a** (*closed*).

1. Sono le 7 di lunedì sera. Il ristorante è aperto?

2. Sono le 9.30 di domenica mattina. L'UPIM è chiuso?

3. Sono le 8 di venerdì sera. La galleria è aperta o chiusa?

a.

b.

c.

d.

Photos a–d: Courtesy of Diane Musumeci

Parte terza. Using **Parte seconda** as a model, create at least three more questions. With a partner, ask and answer each other's questions.

A che ora... ?

Asking when events occur

> To express when something happens, say:
>
> **A** che ora?   **all'**una
>
> **alle** due, **alle** tre, **alle** quattro...
>
> **a** mezzogiorno, **a** mezzanotte

A. Osserva e ascolta. Watch and listen as some Italians tell you when they do certain things. Then indicate at what time each activity happens.

1. Lo studente, Stefano, si alza (*gets up*)...

2. La studentessa, Lucia, cena (*eats dinner*)...

3. La studentessa, Cristina, ritorna dalla discoteca...

4. La madre, Stefania, sveglia (*wakes up*) la bimba...

5. L'idraulico (*The plumber*), Paolo, si sveglia...

a. alle 3.30.

b. alle 7.00.

c. alle 8.00.

d. alle 9.00.

e. alle 7.30 (19.30).

B. Quale domanda?

You have heard two different questions referring to time. What's the difference between them? Check all the possible replies to the following questions:

Che ora è?

1. ☐ Sono le tre.
2. ☐ All'una.
3. ☐ È mezzogiorno.
4. ☐ Non lo so. Non ho l'orologio.
5. ☐ Sono le otto meno venti.

A che ora?

1. ☐ Sono le sei e mezzo.
2. ☐ Alle due.
3. ☐ A mezzanotte.
4. ☐ Presto! Alle sette di mattina.
5. ☐ Non lo so. Non ho l'orario.

C. L'ora «militare».

As you already know, in Italy it is common to use military time for schedules, such as train schedules, opening and closing hours for stores and museums, and the TV guide. Take turns asking your partner what time programs will be on using the TV guide for the Italian national TV stations. Your partner will respond with **non-military time**.

ESEMPIO: **S1:** A che ora c'è il **Tg1 Economia** su Rai 1?
S2: Alle due.
S1: Giusto. (*Right.*)

LUNEDÌ 22 FEBBRAIO

DA NON PERDERE

Rai 1 — RAI 1	Rai 2 — RAI 2	Rai 3 — RAI 3	Rai Movie — RAI MOVIE canale 24
06.00 Il Caffè di Rai 1	07.30 Protestantesimo	08.00 Agorà Attualità	11.20 Milano odia: la polizia non può sparare Film (poliziesco) ●●○ ◆◇◇
06.45 UnoMattina Attualità	08.00 Un ciclone in convento Tf	10.00 Mi manda RaiTre	
08.00 Tg1 Notiziario	09.30 Tg2 Insieme	11.00 Elisir Salute	12.55 La grande fuga Film (guerra) ●●○ ◆◆◆
10.00 Storie Vere Attualità	10.30 Cronache animali	12.00 Tg3/Fuori Tg	
11.10 A conti fatti Attualità	11.00 I fatti vostri Attualità	12.45 Pane quotidiano	15.55 Neverwas Film (drammatico) ●●○ ◆◆◇
12.00 La prova del cuoco	13.00 Tg2/Costume e società	13.10 Il tempo e la storia	
13.30 Tg1 Notiziario	14.00 Detto fatto Attualità	14.00 Tg Regione/Tg3	17.50 Codice Omega Film (avventura) ●●○ ◆◆◇
14.00 Tg1 Economia	16.15 Cold case Telefilm	15.10 La casa nella prateria Tf	
14.05 La vita in diretta	18.00 Tg Sport/Tg2 Notiziario	16.00 Geo Natura	19.35 Il diavolo e l'acquasanta Film (commedia) ●●○ ◆◆◇
15.00 Torto o ragione?	18.50 N.C.I.S. Los Angeles Tf	19.00 Tg3/Tg Regione	
16.30 Tg1 Notiziario	19.40 N.C.I.S. Telefilm	20.05 Sconosciuti Attualità	
18.45 L'eredità Quiz	20.30 Tg2 Notiziario	20.30 Rischiatutto - Prova pulsante Quiz	21.15 IL GIORNO DEI LUNGHI FUCILI Film (western) ●●○ ◆◆◇
20.00 Tg1 Notiziario	21.00 Lol Videoframmenti	20.40 Un posto al sole Soap	
20.30 Affari tuoi Gioco	21.15 N.C.I.S. LOS ANGELES Tf	21.15 IN SOLITARIO Film (avventura) ●●○ ◆◆◇	
21.20 BACIATO DAL SOLE Fiction con G. Scilla	22.50 Limitless Telefilm		23.10 L'uomo della pioggia Film (dramm.) ●●○ ◆◆◆
23.30 Porta a porta Attualità	23.35 Tg2 Notiziario	23.00 Il processo del lunedì	
01.05 Tg1 Notte Notiziario	23.50 Machete Film (azione) ●●○ ◆◇◇	00.00 Tg3 Linea Notte/TgR	01.20 Rai News - Notte

Nel tempo libero cosa ti/Le piace fare?

Saying what you like to do in your free time

- To say you like to do something, say:
  Mi piace + *infinitive*

- To ask someone if he/she likes to do something, say:

(informal)	*(formal)*
Ti piace + *infinitive*	**Le piace** + *infinitive*
—**Ti piace viaggiare** (*to travel*)**?**	—**Le piace leggere** (*to read*)**?**
—**Certo, ma ho pochi soldi** (*money*)**!**	—**Sì, mi piacciono i gialli.**

- To say that you like the same activity as someone else, say:
  Piace anche a me!

  —**Mi piace viaggiare.**
  —**Piace anche a me!**

Attenzione! You always use **piace** with an infinitive or a singular noun, but you need to use **piacciono** with plural nouns. You will learn more about **piace** + *infinitive* later in this chapter.

 A. Osserva e ascolta.

Watch and listen as Elisabetta describes what she likes to do in her free time. Put a ✓ next to the activities she enjoys. Then watch and listen as Paolo says what he likes to do and check the ones he enjoys. Which activities do they both enjoy?

© McGraw-Hill Education/TruthFunction

© McGraw-Hill Education/TruthFunction

Elisabetta		Paolo
☐	**1.** andare (*to go*) a bere qualcosa (*something*) con gli amici	☐
☐	**2.** andare al cinema	☐
☐	**3.** ascoltare la musica	☐
☐	**4.** ballare / andare in discoteca	☐
☐	**5.** giocare a calcio	☐
☐	**6.** leggere	☐
☐	**7.** viaggiare	☐

B. Il tempo libero.

Parte prima. Look at the list of activities in Activity A. On a slip of paper write the one activity that you think most of the students in your class enjoy doing in their free time. Then write underneath it the one activity that you think almost none of your classmates enjoy doing.

Parte seconda. Put a star by the activities listed in Activity A that you enjoy in your free time. Go around the room asking your classmates, one at a time, whether they enjoy each activity. Put a check next to the activity if it is also one that you starred.

Parte terza. Take turns saying one activity that you enjoy. Everyone who enjoys the same activity stands and is counted. Which activity do most students enjoy in their free time? Which activity do fewest enjoy? How many students guessed correctly in **Parte prima**?

C. Presto o tardi?

Parte prima. When do you like to do the following activities? Check the answer that expresses your opinion: **troppo presto** (*too early*), **troppo tardi** (*too late*), or **l'ora giusta** (*the right time*).

Ti piace...

	troppo presto	l'ora giusta	troppo tardi
1. frequentare (*to attend*) una lezione alle dieci di mattina?	☐	☐	☐
2. arrivare a una festa alle dieci di sera?	☐	☐	☐
3. andare a una partita di football a mezzogiorno?	☐	☐	☐
4. cenare alle otto?	☐	☐	☐
5. andare al cinema alle cinque del pomeriggio?	☐	☐	☐
6. rientrare (*to come home*) il sabato sera alle dieci?	☐	☐	☐

Parte seconda. Compare your answers with your partner's. He/She will express an opinion. Do you agree?

ESEMPIO: **S1:** Mi piace cenare alle otto. Piace anche a te?
S2: Sì! È l'ora giusta. (Oh no! È troppo tardi. Mi piace cenare alle sei.)

In italiano

Presto and **tardi** can also be used to say good-bye:

A presto! *See you soon!*

A più tardi! *See you later!*

In italiano

Two common idiomatic expressions in Italian contain the word **ora**:

fare le ore piccole	*to stay up late*
—**Ti piace fare le ore piccole?**	*Do you like to stay up late?*
non vedere l'ora di (fare qualcosa)	*to not be able to wait (to do something) / to be excited (about doing something)*
—**Non vedo l'ora di rivederti!**	*I can't wait to see you again! / I'm excited about seeing you again!*

Che fai di bello?

Talking about your daily activities

▸ Although Salvatore and Riccardo are twins (**gemelli**), they are very different. Read the brief descriptions they give of themselves and of the activities they like to do. Then fill in the information about them in the charts below.

Ciao. Sono Salvatore DiStefano. Ho 20 anni e sono studente di scienze politiche all'Università degli Studi di Bologna. Ho molti amici e una ragazza (*girlfriend*). La mia ragazza si chiama Angela. Mi piace molto lo sport.

Ciao. Sono Riccardo DiStefano, il fratello (*brother*) gemello di Salvatore. Anch'io ho 20 anni, ma non sono studente. Sono cameriere (*waiter*) in una pizzeria nel centro di Bologna. Mi piacciono i libri e la musica.

Cognome: _____	Cognome: _____
Età: _____	Età: _____
Professione: _____	Professione: _____
Hobby: _____	Hobby: _____

▸ Based on your recognition of **parole simili** and the words that you have already learned, match each of the following statements that Salvatore or Riccardo makes about himself to the appropriate picture. (If you need help from your instructor, be sure to use the **Espressioni utili** at the end of the Preface.)

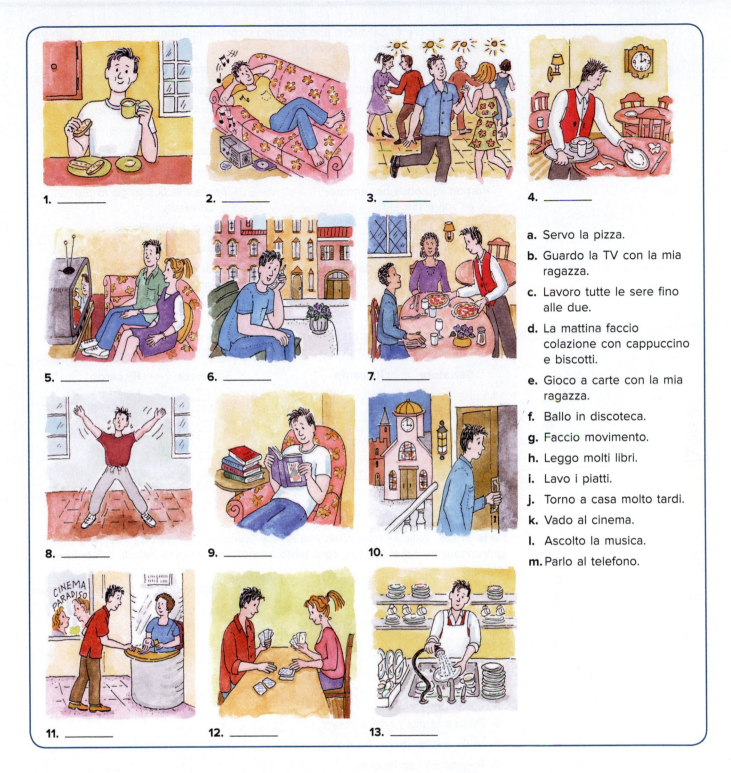

1. _____
2. _____
3. _____
4. _____

a. Servo la pizza.
b. Guardo la TV con la mia ragazza.
c. Lavoro tutte le sere fino alle due.
d. La mattina faccio colazione con cappuccino e biscotti.
e. Gioco a carte con la mia ragazza.
f. Ballo in discoteca.
g. Faccio movimento.
h. Leggo molti libri.
i. Lavo i piatti.
j. Torno a casa molto tardi.
k. Vado al cinema.
l. Ascolto la musica.
m. Parlo al telefono.

5. _____
6. _____
7. _____
8. _____
9. _____
10. _____
11. _____
12. _____
13. _____

▶ Now, based on what you know about Salvatore and Riccardo, complete their descriptions of themselves by writing which activities each brother would include in his list of typical activities. **Attenzione!** Some may be appropriate for both brothers.

▶ Answers to these activities are in the **Appendix** at the back of your book.

Ciao. Sono Salvatore DiStefano. Ecco le mie attività tipiche:	Ciao. Sono Riccardo DiStefano. Ecco le mie attività tipiche:
Guardo la TV con la mia ragazza.	
ecc.	

In italiano

There are two verbs that mean *to play* in Italian: **giocare,** *to play a game,* and **suonare,** *to play an instrument.*

Lessico **69**

► Here are more of Salvatore and Riccardo's comments about themselves. Can you figure out which brother is speaking?

Pulisco la pizzeria.	*I clean the pizzeria.*
Frequento le lezioni tutte le mattine.	*I attend class every morning.*
Bevo un'aranciata.	*I drink an orange soda.*
Mangio alla mensa.	*I eat at the cafeteria.*
Prendo un caffè.	*I have a coffee.*
Dormo fino a tardi.	*I sleep late.*
Prendo l'autobus per andare all'università.	*I take the bus to go to the university.*
Esco con gli amici.	*I go out with friends.*
Studio in biblioteca.	*I study in the library.*
Scarico informazioni da Internet.	*I download information from the Internet.*

► Answers to this activity are in the **Appendix** at the back of your book.

A. Ascolta! Listen as your instructor reads a variety of statements. Decide if Salvatore or Riccardo is speaking.

	Salvatore	Riccardo		Salvatore	Riccardo
1.	☐	☐	6.	☐	☐
2.	☐	☐	7.	☐	☐
3.	☐	☐	8.	☐	☐
4.	☐	☐	9.	☐	☐
5.	☐	☐	10.	☐	☐

B. Le tue attività.

Parte prima. Indicate how often you do the following activities by checking the appropriate box: **mai** (*never*), **ogni tanto** (*sometimes*), **spesso** (*often*), or **sempre** (*always*).

	mai	ogni tanto	spesso	sempre
1. Suono uno strumento (il pianoforte, il violino, la chitarra [*guitar*]).	☐	☐	☐	☐
2. Faccio sport.	☐	☐	☐	☐
3. Mangio la pizza.	☐	☐	☐	☐
4. Faccio shopping.	☐	☐	☐	☐
5. Pulisco la mia camera (*room*).	☐	☐	☐	☐
6. Vado a letto (*bed*) alle due di mattina.	☐	☐	☐	☐
7. Prendo un cappuccino.	☐	☐	☐	☐
8. Vado a scuola in bicicletta.	☐	☐	☐	☐
9. Dormo più di (*more than*) 8 ore.	☐	☐	☐	☐
10. Scarico informazioni da Internet.	☐	☐	☐	☐

Parte seconda. Are you a typical student? Calculate your results and indicate to which category you belong.

mai = 0   **ogni tanto = 1**   **spesso = 2**   **sempre = 3**

_____ 23–30 Sei il classico studente americano/la classica studentessa americana.

_____ 15–23 Sei studente/studentessa, ma hai anche altri impegni (*obligations*).

_____ 0–15 Sei unico/unica (*unique*)!

C. A che ora?

Parte prima. Complete each statement with the time that you usually do each activity.

ESEMPIO: Prendo un cappuccino alle dieci.

1. Il weekend esco con gli amici _____.
2. Il weekend, quando esco con gli amici, torno a casa _____.
3. Durante (*During*) la settimana vado a letto _____.
4. Controllo (*I check*) i social network _____.
5. Inizio (*I start*) i compiti _____.
6. Guardo il mio programma preferito_____.
7. Ceno _____.

Parte seconda. Are you **un/a nottambulo/a** (*night owl*)? How many of these activities do you do after midnight?

D. La mia agenda.

Parte prima. Using the blank agenda below as a model, create your schedule for the days indicated. List one activity for each day and time.

	lunedì	mercoledì	giovedì
9.00			
12.00			
15.00			

Parte seconda. Find out if your schedule overlaps with your partner's.

ESEMPIO: **S1:** Cosa fai lunedì alle nove? / Cosa fa lunedì alle nove?
S2: Vado a lezione di chimica. E tu? / E Lei?
S1: Studio in biblioteca.

In italiano

Note the different verbs and expressions used in Italian to talk about eating meals:

fare colazione
to eat breakfast

pranzare
to eat lunch

cenare *to eat dinner*

Faccio colazione alle sette, pranzo all'una e ceno alle otto.

Note that the verb **mangiare** (*to eat*) is not used in these expressions.

In italiano

If you do an activity *every* Monday, you say: **il lunedì,** but if you are only referring to *this* Monday, you say: **lunedì.**

Esco con gli amici **il sabato.**
I go out with my friends on Saturdays.

Lavoro **martedì.**
I am working this Tuesday.

Parte terza. Now, make a list of your activities for **sabato** and **domenica.** Then find out if your partner has something fun or interesting planned for the weekend.

S1: Cosa fai di bello sabato? / Cosa fa di bello sabato?

S2: Mah, niente (*nothing*) di speciale. Sabato dormo fino alle dieci, poi vado in biblioteca a studiare. Alle sette e mezzo mangio una pizza con gli amici. E tu? / E Lei?

S1: Lavoro tutto il giorno e poi esco con gli amici, alle nove.

Strutture

3.1 Mi piace studiare l'italiano!
The infinitive of the verb

1 Verbs end in **-o** when a person is talking about his/her own activities. Verbs also have an infinitive form, **l'infinito.** Infinitives in English are preceded by *to: to walk, to run, to eat.*

▶ Many of the verbs in this chapter are listed below; match them with their infinitive forms. For example: **dormo** (*I sleep*) → **dormire** (to sleep).

▶ Answers to this activity are in the **Appendix** at the back of your book.

io		
arrivo	gioco	lavo
scarico	ballo	lavoro
frequento	guardo	inizio
ceno	ascolto	scrivo
prendo	dormo	parlo
mangio	studio	chiudo
pranzo	leggo	controllo
servo	torno	suono
apro		

l'infinito		
cenare	dormire	suonare
frequentare	leggere	tornare
giocare	mangiare	aprire
ascoltare	chiudere	parlare
prendere	scaricare	lavare
guardare	servire	arrivare
lavorare	pranzare	controllare
iniziare	scrivere	
ballare	studiare	

2 There are three types of infinitives (or conjugations) in Italian that vary according to their endings. Verbs ending in **-are** belong to the first conjugation; verbs ending in **-ere** belong to the second; verbs ending in **-ire** belong to the third.

▶ Write all of the infinitives listed in Point 1 in their appropriate category.

-are	-ere	-ire

3 Here are seven verbs that don't follow the pattern of most verbs. These are called irregular verbs.

▶ See if you can match the forms. (You already know two of them!)

▶ Answers to these activities are in the **Appendix** at the back of your book.

io	l'infinito
sono	andare (*to go*)
vado	avere
esco	bere (*to drink*)
faccio	essere
bevo	fare (*to do, to make*)
ho	uscire (*to go out, to exit*)
vengo	venire (*to come*)

In italiano

To indicate preference, use **piacere** or **preferire** followed by the infinitive.

A noi piace... , ma gli italiani preferiscono...	*We like to . . . , but Italians prefer . . .*
A tutti piace...	*Everyone likes . . .*
A nessuno piace...	*No one likes . . .*

A. Culture a confronto: Cosa si fa con lo smartphone?

Parte prima. Indicate on the list below the three ways in which you use your smartphone most frequently. If you don't have a smartphone, answer on behalf of your closest friend or relative who has one.

_____ ascoltare musica

_____ cercare (*to look for*) informazioni sul web

_____ chattare

_____ controllare i social network

_____ giocare ai videogiochi

_____ leggere libri o riviste

_____ scattare/fare e condividere (*to share*) foto

_____ scrivere SMS (*texts*)

_____ telefonare

_____ utilizzare il GPS e le mappe

_____ vedere video

Parte seconda. Compare your responses to those of Italian undergraduates.

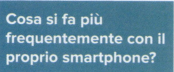

CHAT DIPENDENTI

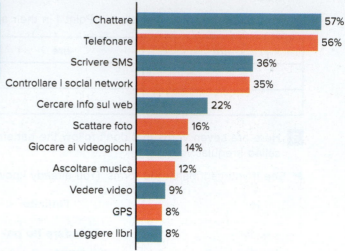

Cosa si fa più frequentemente con il proprio smartphone?	
Chattare	57%
Telefonare	56%
Scrivere SMS	36%
Controllare i social network	35%
Cercare info sul web	22%
Scattare foto	16%
Giocare ai videogiochi	14%
Ascoltare musica	12%
Vedere video	9%
GPS	8%
Leggere libri	8%

Source: http://www.coca-colaitalia.it/storie/il-rapporto-dei-giovani-italiani-con-la-tecnologia-il-web-e-i-social-media#

In italiano

- To say that *she* enjoys an activity, use **le piace** + *infinitive*.

  Le piace fare sport (*to play sports*).

- To say that *he* enjoys an activity, use **gli piace** + *infinitive*.

Gli piace guardare la TV.

B. Cosa ti piace fare nel tempo libero?

Parte prima. Answer the questions below.

Nel tempo libero...

1. ti piace giocare a carte?
2. ti piace pulire (*to clean*) la casa?
3. ti piace giocare a golf?
4. ti piace incontrare gli amici?
5. ti piace suonare la chitarra?

Parte seconda. Create five more questions and then find classmates who can answer **sì** to each of your questions.

C. Sei consigli per dormire bene.

Parte prima. Put a ✓ next to each statement that is true for you.

1. Vado a letto quando (*when*) sono stanco/a. L'ora esatta dipende dal giorno. ☐
2. Durante la settimana dormo poco e per questo mi piace dormire a lungo la domenica. ☐
3. Dormo con la finestra (*window*) aperta. ☐
4. Di pomeriggio bevo coca-cola o caffè. ☐
5. Quando studio mi sdraio (*I stretch out*) sul letto. ☐
6. L'ultima cosa che faccio prima di andare a letto è controllare l'e-mail. ☐
7. Se non riesco a (*If I can't*) dormire, guardo la TV. ☐

Parte seconda. Read the following advice about good sleeping habits adapted from the magazine *Focus*. Underline all the verbs in the infinitive. If you need assistance, ask your instructor for help using the **Espressioni utili** at the end of the Preface.

| **1.** Mantenere sempre gli stessi orari. Non dormire di più la domenica per «recuperare». | **2.** Un ambiente favorevole: fresco, buio e silenzioso. | **3.** Niente caffè, né cioccolato o coca-cola di pomeriggio. Il latte caldo aiuta, l'alcol no. | **4.** Non mangiare a letto. Andare a letto almeno tre ore dopo la cena. | **5.** Non usare il letto per studiare, guardare la TV, lavorare. | **6.** Abolire TV, computer e discussioni nell'ultima mezz'ora. |

Source: "*Sei consigli per dormire bene,*" *Focus*, July 2011. Copyright © Gruner+Jahr/Mondadori. All rights reserved. Used with permission.

Parte terza. Read the statements that are true for you from the **Parte prima** to your partner. He/She will decide if your habit is correct (**corretto**) or wrong (**sbagliato**) according to the article. If it is wrong, he/she will give you the pertinent advice from the text.

> ESEMPIO: **S1:** Di pomeriggio bevo coca-cola.
> **S2:** Sbagliato! Non bisogna bere coca-cola di pomeriggio.

Mottin, Mirko, "Quanto dormono?," *Focus*. Copyright © Gruner+Jahr/Mondadori. All rights reserved. Used with permission.

Complete the following sentences.

1. Prima di un esame, dormo come (*like*)...

2. Di solito (*Normally*) dormo come...

3. La domenica dormo come...

In italiano

To give advice about activities that one does or does not need to do, say **(non) bisogna** followed by the infinitive.

Bisogna dormire otto ore.	*One needs to / One should sleep eight hours.*
Non bisogna bere coca-cola di pomeriggio.	*One should not drink Coke in the afternoon.*

D. Ti va di andare al cinema?

Parte prima. Make a list of your preferred activities for the following days and times.

> ESEMPIO: martedì alle 18.00 andare al cinema

1. martedì alle 18.00

2. giovedì alle 14.00

3. sabato alle 22.00

4. domenica alle 16.00

In italiano

To find out if a friend feels like doing a particular activity, you can ask:

Ti va di + *infinitive*?

—**Ti va di andare al cinema stasera?**

—**Sì. (No, non mi va.)**

Parte seconda. Find someone who wants to do each activity with you. Your partner may use one of the expressions below in his/her response.

ESEMPIO: **S1:** Ti va di andare al cinema martedì sera?
            S2: Sì, volentieri! A che ora?
            S1: Alle sei, va bene?
            S2: Sì, va benissimo. Grazie!

Sì, grazie.	**No, grazie. È troppo tardi.**
Sì grazie. Volentieri! (*Gladly!*)	**No, grazie. È troppo presto.**
No, grazie. Non mi va.	

3.2 Studio l'italiano

The present indicative of regular verbs

▶ Put a ✓ next to the statements about your instructor that you think are true. When you are finished, your instructor will confirm your responses. Who knows the instructor best?

1. ☐ Legge sempre il giornale (*newspaper*).
2. ☐ Lava i piatti tutte le sere.
3. ☐ Suona il pianoforte.
4. ☐ Dorme otto ore ogni notte.
5. ☐ Scrive molte e-mail.
6. ☐ Controlla spesso i social media.
7. ☐ Guarda molti film italiani.
8. ☐ Parla tre lingue (*languages*).
9. ☐ Balla bene.
10. ☐ Al bar prende sempre un cappuccino.

Now find out about your partner. Ask questions using the **tu** form of the verb. To do this, just change the final vowel of each verb to **-i.** Who has the most in common with the instructor?

ESEMPIO: Leggi sempre il giornale?

1 The present tense (**il presente indicativo**) in Italian is equivalent to two constructions in English.

Dorme fino a tardi.	*He/She sleeps late.*
	He/She is sleeping late.
Lava i piatti.	*He/She washes the dishes.*
	He/She is washing the dishes.

2 You have already noticed that to talk about your own activities in the present, you drop the **-are, -ere,** or **-ire** ending of the infinitive and add **-o** to the stem. You also know that the **tu** form always ends in **-i.**

						(io)		(tu)
lavorare	→	**lavor-**	→	lavor**o**	→	lavor**i**
prendere	→	**prend-**	→	prend**o**	→	prend**i**
dormire	→	**dorm-**	→	dorm**o**	→	dorm**i**

3 Here are the endings for the other subject pronouns.

	lavorare	prendere	dormire
io	lavor**o**	prend**o**	dorm**o**
tu	lavor**i**	prend**i**	dorm**i**
lui, lei; Lei	lavor**a**	prend**e**	dorm**e**
noi	lavor**iamo**	prend**iamo**	dorm**iamo**
voi	lavor**ate**	prend**ete**	dorm**ite**
loro	lavor**ano**	prend**ono**	dorm**ono**

Note that the shaded areas indicate patterns. All three conjugations have the same endings in the **io, tu,** and **noi** forms. The **-ere** and **-ire** conjugations share the same endings in the third-person singular (**lui, lei; Lei**) and plural (**loro**) forms.

▶ Now complete the conjugations of these regular verbs.

	parlare	scrivere	aprire
io	parlo	scrivo	apro
tu	parl_____	scrivi	apr_____
lui, lei; Lei	parl_____	scriv_____	apre
noi	parl_____	scriviamo	apr_____
voi	parlate	scriv_____	apr_____
loro	parl_____	scriv_____	aprono

▶ Answers to this activity are in the **Appendix** at the back of your book.

4 Here are some points to remember when using the present tense.

a. To make a statement negative, just put **non** before the verb.

Non dormo fino a tardi.   **Non** faccio i compiti.

b. Asking questions in Italian is easy! Intonation (the rise and fall in pitch of the voice) usually rises at the end of a question, and if a subject is expressed, it often appears at the end. Listen to your instructor say the following statements and questions.

(statement) **Gianni e Maria** guardano la TV.

(question) **Gianni e Maria** guardano la TV? ↗

(question) Guardano la TV **Gianni e Maria**? ↗

c. Remember, if you are asking someone a question and need to use the formal form (**Lei**), use the third-person singular form of the verb. Compare these questions.

(tu)	(Lei)
Gianni, **leggi** il giornale?	Signora Tozzi, **legge** il giornale?
Leggi il giornale, Gianni?	**Legge** il giornale, Signora Tozzi?

Scopriamo la struttura!

For more on the conjugation of regular verbs in **-are**, **-ere**, and **-ire**, watch the corresponding *Grammar Tutorial* in the *eBook*. A practice activity is available in **Connect**.

www.mhhe.com/connect

A. Vero o falso? Choose the correct ending for each verb in the following sentences. Based on what you learned about Salvatore and Riccardo at the beginning of **Lessico** in this chapter, decide if the statements are true. If any are false, correct them.

	vero	falso
1. Riccardo prend_____ (-e / -a) l'autobus ogni mattina.	☐	☐
2. Salvatore lavor_____ (-e / -a) in una pizzeria in centro tutti i giorni.	☐	☐
3. Salvatore mangi_____ (-e / -a) spesso alla mensa.	☐	☐
4. Riccardo e Salvatore dorm_____ (-ono / -ano) fino a tardi ogni mattina.	☐	☐
5. Salvatore ball_____ (-e / -a) molto bene.	☐	☐
6. Riccardo e Salvatore guard_____ (-ono / -ano) la TV insieme ogni sera.	☐	☐
7. Salvatore e Riccardo gioc_____ (-ono / -ano) a carte.	☐	☐
8. Riccardo studi_____ (-e / -a) sempre in biblioteca.	☐	☐
9. Riccardo serv_____ (-e / -a) la pizza ai clienti.	☐	☐

B. Professore o studente? With a partner, complete each statement about Francesco with the appropriate verb ending from column A and a logical item from column B. Is Francesco a professor or a student? How do you know? **Attenzione!** Some items in column A may be used more than once, others not at all. Those in column B are only used once.

		A	B
1.	Francesco e i suoi amici legg-	-iamo	il pianoforte.
2.	Io e Francesco suon-	-e	molti film.
3.	Francesco e Anna prend-	-a	molti libri.
4.	Tu e Francesco scriv-	-i	tutta la notte.
5.	Francesco guard-	-ate	in un ristorante.
6.	Il cane di Francesco mangi-	-ete	un caffè al bar.
7.	Le figlie di Francesco lavor-	-ite	molte e-mail.
8.	Francesco frequent-	-ono	tutte le lezioni.
9.	Il bambino di Francesco dorm-	-ano	molti biscottini (*biscuits*).

C. Le nostre attività.
Find out if and how often your partner does the activities listed in the first column below. One student asks a question with a phrase from the first list, the other responds truthfully with a phrase from the second. What adjective best describes your partner?

cenare al ristorante	tutti i giorni
dormire a lezione	spesso
guardare la televisione	non... mai
lavare i piatti	ogni weekend
lavorare	ogni tanto
leggere un buon libro	ogni venerdì
scaricare informazioni da Internet	
telefonare ai genitori (*parents*)	

ESEMPIO: **S1:** Guardi la televisione?
S2: No, non guardo mai la televisione.

In italiano
If you *never* do a particular activity, place **non** before the verb, and **mai** after.

Non bevo **mai** il cappuccino.

D. La vita di Antonella.

Parte prima. Antonella is a student at **l'Università degli Studi di Napoli** and lives at home with her parents. This week her parents are on vacation and Antonella is very busy. Read this description of Antonella's week and complete the paragraph with the correct forms of the appropriate verbs: **avere, cenare, dormire, frequentare, lavare, lavorare** (3), **prendere, tornare** (3).

Questa settimana Antonella è molto impegnata perché ogni mattina _____[1] le lezioni dalle 9.00 a mezzogiorno e tre giorni _____[2] come cassiera (*cashier*) al supermercato dalle 2.00 alle 6.00. Lunedì mattina alle 8.00 _____[3] appuntamento dal dentista, al pomeriggio _____[4] al supermercato e la sera studia per l'esame di chimica. Martedì sera _____[5] a casa di Roberto con gli amici, ma _____[6] a casa presto per studiare. Mercoledì mattina alle 10.00 fa (*takes*) l'esame di chimica e poi _____[7] tutto il pomeriggio perché è stanca. Giovedì mattina _____[8] un caffè al bar con Roberto prima delle lezioni e poi _____[9] al supermercato. Dopo il lavoro _____[10] subito a casa e _____[11] tutti i piatti perché i suoi genitori _____[12] venerdì mattina.

Parte seconda. Now, with a partner, formulate five questions about Antonella's week using **quando** or **a che ora.** When you are finished, find out how much of Antonella's week you and your classmates remember. Join another group and take turns asking and answering one another's questions with your books closed.

ESEMPIO: **S1:** Quando ha appuntamento dal dentista?
S2: Lunedì.
S1: A che ora?
S2: Alle 8.00.

 ## Grammatica dal vivo: Verbi

Watch an interview with Claudia and Annalisa Pironi in which they describe what they like to do in their free time.

www.mhhe.com/connect

3.3 Capisco l'italiano

Verbs with spelling and/or pronunciation changes

▶ Divide the verbs below into two groups: the **io** forms and the **tu** forms. Pronounce each verb, paying particular attention to the highlighted elements. Your instructor will tell you if your pronunciation is accurate. Can you explain why **-sc-** in **capisco** and **capisci** sound different, but **-c(h)-** in **gioco** and **giochi** sound similar, despite the spelling change?

capi**sci** (*you understand*)		man**gi**
gio**co**	capi**sco**	gio**chi**
puli**sci** (*you clean*)	pa**ghi** (*you pay*)	fini**sci** (*you finish*)
prefer**isci**	pa**go**	prati**chi** (*you practice*)
spie**ghi** (*you explain*)		spie**go**

▶ Complete the following questions by inserting the correct verb from above in the **tu** form. **Attenzione!** There are three extra verbs.

1. _____ uno sport?
2. _____ spesso la pizza?
3. _____ i film italiani o i film americani?
4. A che ora _____ i compiti la sera?
5. _____ bene la grammatica italiana?
6. _____ la grammatica ai compagni che hanno difficoltà?

▶ Answers to these activities are in the **Appendix** at the back of your book.

▶ Now, take turns asking and answering the questions with a partner. Calculate how many answers you have in common. The partners with the most points are the most similar.

> **ESEMPIO:** **S1:** Pratichi uno sport?
> **S2:** Sì, gioco a calcio e a basket.

1 ***-are* verbs.** Some common verbs have spelling changes in the **tu** and **noi** forms. Verbs that end in **-iare**, such as **mangiare** and **studiare**, retain only one **i**.

▶ Complete the chart by filling in the regular forms of each verb.

	mangiare	studiare
io		
tu	mangi	studi
lui, lei; Lei		
noi	mangiamo	studiamo
voi		
loro		

Verbs that end in **-care** and **-gare**, such as **giocare** and **pagare** (*to pay* [*for*]), add an **-h-** in the **tu** and **noi** forms to maintain the hard sound of the consonant.

▶ Complete the chart by filling in the regular forms of each verb.

▶ Answers to this activity are in the **Appendix** at the back of your book.

	giocare	pagare
io		
tu	giochi	paghi
lui, lei; Lei		
noi	giochiamo	paghiamo
voi		
loro		

Here are some other common verbs that end in **-care** and **-gare**:

cercare *to look for*   **pregare** *to pray*

dimenticare *to forget*   **navigare** *to navigate* (*the Internet*)

praticare *to practice*   **scaricare** *to download*

2 *-ere verbs.*

a. The verb **prendere** is used in many common expressions.

Prendo l'autobus.   *I take the bus.*

Carolina **prende** lezioni di tennis.   *Carolina takes tennis lessons.*

b. Prendere is also found in idiomatic expressions (expressions that do not translate directly from Italian to English).

Prendiamo un caffè al bar.   *We have a coffee at the bar.*

Le ragazze **prendono** il sole.   *The girls sunbathe.*

c. The verb **leggere** has pronunciation changes, depending on the vowel that follows the **g.** Pronounce each form and pay attention to the endings.

leg**go**   leg**gi**   leg**ge**   leg**giamo**   leg**gete**   leg**gono**

3 *-ire verbs.* There are two groups of **-ire** verbs. Some **-ire** verbs are conjugated like **dormire,** but most add an **-isc-** to all but the **noi** and **voi** forms.

▶ Here is the present indicative of **capire** (*to understand*), a verb belonging to the second group of **-ire** verbs. Can you figure out the forms of **finire, preferire, pulire,** and **spedire** (*to send*)?

	capire	finire	preferire	pulire	spedire
io	cap **isc** o	fin_____	prefer_____	pul_____	sped_____
tu	cap **isc** i	fin_____	prefer_____	pul_____	sped_____
lui, lei; Lei	cap **isc** e	fin_____	prefer_____	pul_____	sped_____
noi	cap iamo	fin_____	prefer_____	pul_____	sped_____
voi	cap ite	fin_____	prefer_____	pul_____	sped_____
loro	cap **isc** ono	fin_____	prefer_____	pul_____	sped_____

▶ Answers to this activity are in the **Appendix** at the back of your book.

 **A. Cosa fai?**

Parte prima. Listen as your instructor reads a phrase, then select the logical ending to complete the statement.

1. **a.** l'amica   **b.** le chiavi   _____ ☐
2. **a.** i libri   **b.** la casa   _____ ☐
3. **a.** tennis   **b.** il violino   _____ ☐
4. **a.** i film   **b.** il sole   _____ ☐
5. **a.** il caffè   **b.** la bistecca   _____ ☐
6. **a.** la chimica   **b.** gli spaghetti   _____ ☐
7. **a.** molti cani   **b.** molti SMS   _____ ☐

Parte seconda. Listen again as your instructor reads the correct statements from **Parte prima** and write the verbs you hear.

Parte terza. Listen one more time and put a ✓ next to the statements that are true for you.

B. La Bocconi.

Parte prima. Rocco, Lorenzo, and Tim live together in a small apartment and study at the Bocconi, Italy's premier school of business and economics in Milan. Complete the statements they make about their life using the **noi** forms of the appropriate verbs. **Attenzione!** One verb will not be used.

capire	dimenticare	frequentare	mangiare	scaricare
cercare	dormire	giocare	preferire	spedire

1. _____ le lezioni tutto il giorno, dalla mattina alla sera.
2. Quando non _____ bene la statistica, chiediamo aiuto (*we ask for help*) a un'amica molto brava.
3. _____ sempre alla mensa con gli altri studenti perché _____ nuovi contatti.
4. _____ canzoni da Internet.
5. Non _____ mai di fare i compiti.
6. _____ i nostri PowerPoint al prof. prima della scadenza (*deadline*).
7. _____ preparare le presentazioni prima di uscire con gli amici.
8. _____ a calcio solo la domenica.

Parte seconda. With a partner, create five sentences that describe some of the typical activities that Rocco, Lorenzo, and Tim do at school or for fun. Compare your descriptions to those of your classmates and select the three best sentences. Features that define the best statements are creativity and correct usage.

ESEMPIO: Chiedono aiuto a un'amica perché hanno difficoltà con la statistica.

C. Tante domande.

Parte prima. With a partner, write four or five questions for your instructor using your imagination, the question words in **A,** and the verbs in **B. Attenzione!** Do you use the formal or informal with your instructor?

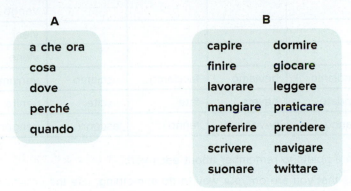

A	B	
a che ora	capire	dormire
cosa	finire	giocare
dove	lavorare	leggere
perché	mangiare	praticare
quando	preferire	prendere
	scrivere	navigare
	suonare	twittare

ESEMPIO: A che ora twitti/twitta generalmente?

Parte seconda. Ask your instructor your questions. Your instructor will respond truthfully or with a lie. The class will vote on whether the answer is true or not.

Parte terza. According to a recent study by Blogmeter and reported by Fastweb, Italians like to tweet between 21.00 and 23.00 while watching TV on their smartphones or tablets. Is that true for you and your classmates?

"Twitter, agli italiani piace twittare la notte," Fastweb. Copyright © Fastweb. All rights reserved. Used with permission.

3.4 Dove vai?

Irregular verbs

▶ Complete each statement by indicating at what time you think your partner does each of the following activities.

1. Beve il caffè _____.
2. Viene all'università _____.
3. Fa i compiti d'italiano _____.
4. Venerdì esce con gli amici _____.
5. Va a letto _____.

Now, find out if your guesses are correct by asking your partner questions. The **tu** forms of the verbs are given below. **Attenzione!** Note that the **tu** forms of all the verbs end in **-i.**

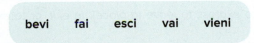

bevi	fai	esci	vai	vieni

ESEMPIO: A che ora bevi il caffè?

1 You have already learned two irregular verbs: **essere** and **avere.** As you know, these verbs do not follow the same patterns as regular verbs. Here are the conjugations of five more irregular verbs.

▶ Complete the chart by filling in the forms of each verb. If you need help with the **io** forms, they are in **Strutture 3.1.**

	andare	bere	fare	uscire	venire
io					vengo
tu					vieni
lui, lei; Lei					viene
noi	andiamo	beviamo	facciamo	usciamo	veniamo
voi	andate	bevete	fate	uscite	venite
loro	vanno	bevono	fanno	escono	vengono

▶ Answers to this activity are in the **Appendix** at the back of your book.

2 Here are some points to remember about each verb.

a. To express that you are on your way to do something, use the construction **andare** + **a** + *infinitive*.

> Rita e Tina **vanno a studiare** in biblioteca.

> Maurizio **va a giocare** a tennis.

b. Note that the only irregular form of **bere** is the infinitive! The verb stem is **bev-** (not **ber-**) throughout the conjugation.

c. There are many idiomatic expressions with **fare** that don't translate literally into English. You have already learned several of them: **fare bello / brutto / caldo / freddo, fare colazione, fare le ore piccole, fare movimento, fare yoga.** Here are a few more.

▶ Match the statements to the appropriate illustrations.

a. _____   b. _____   c. _____

1. Margherita ha fame. **Fa uno spuntino** alle quattro del pomeriggio.

2. Mario **fa una foto.**

3. Gli studenti **fanno** molte **domande.**

4. Rita e Tullio **fanno una passeggiata.**

d. Use the verb **uscire** to express *to leave* (*a place*), *to exit*, or to express *to go out* (*with others*).

> Roberto **esce di casa** alle otto di mattina e va a lavorare. Gianna **esce con gli amici.**

> Note, however, that you use **andare** when going to a place.

> Gianna e i suoi amici **vanno** al* cinema.

e. The **noi** and **voi** forms of **andare, uscire,** and **venire** are regular: **andiamo/ andate, usciamo/uscite, veniamo/venite.**

▶ Answers to this activity are in the **Appendix** at the back of your book.

_____

*You will learn more about articulated prepositions (prepositions that combine with definite articles [a + il = al]) in **Capitolo 5, Strutture 5.3.**

In italiano

In **Strutture 2.2** you learned to say that a body part hurts with the expression **Ho mal di…** (**gola, pancia, testa**). You can also use an idiomatic expression with **fare** to express the same idea.

Mi fa male + *singular noun*

—**Mi fa male il piede** (*foot*).

—**Mi fa male la gamba** (*leg*).

Mi fanno male + *plural noun*

—**Mi fanno male i piedi.**

—**Mi fanno male le gambe.**

A. Ascolta! Listen as your instructor reads a phrase, then select the logical ending to complete the sentence.

1. **a.** uno spuntino   **b.** molte domande   **c.** le ore piccole
2. **a.** simpatiche   **b.** 20 anni   **c.** simpatici
3. **a.** a lezione   **b.** lezione   **c.** succo di frutta
4. **a.** l'amico   **b.** a casa   **c.** una foto
5. **a.** il piede   **b.** la testa   **c.** i piedi
6. **a.** ballare   **b.** bar   **c.** a ballare
7. **a.** al cinema   **b.** cinema   **c.** con gli amici

B. Vai o esci? Complete the questions below with either **vai** or **esci.** Then ask your partner each question.

1. Dove (*Where*) _____ il sabato sera?
2. Quando _____ con gli amici?
3. _____ spesso al cinema?
4. Quando _____ al bar a prendere un caffè?
5. A che ora _____ di casa ogni mattina?

C. Che bevi? Interview two classmates to find out what beverage they drink on the following occasions. Take notes and be ready to report back to the class. What does the class have in common?

a colazione	**quando hai molta sete**
al cinema	**quando guardi la TV**
quando fai sport	**al bar**
quando mangi la pizza	**quando studi**
in discoteca	

ESEMPIO: Che bevi quando hai molta sete?

D. Quale verbo irregolare?

Parte prima. Complete the paragraph with the appropriate forms of these irregular verbs: **andare, avere, bere, essere, fare, uscire, venire.** Some verbs are used more than once.

Francesca _____[1] un buon lavoro in una compagnia internazionale a Roma. Le piace il lavoro, ma non _____[2] molto tempo libero. La mattina a colazione non mangia niente; _____[3] un caffè di fretta, _____[4] di casa alle 8.00 e prende la metropolitana (*subway*). Lavora tutto il giorno e la sera torna a casa verso le 19.30, stanchissima. Le sue amiche _____[5] simpatiche, ma non capiscono perché Francesca _____[6] così stanca. Durante la settimana telefonano spesso e dicono (*they say*): «Dai! (*Come on!*)! Francesca! _____[7] con noi al cinema stasera!» oppure «Andiamo al pub a _____[8] qualcosa!» ma lei risponde sempre di no. Il weekend preferisce stare tranquilla a casa; _____[9] una passeggiata al parco, legge un bel libro e prepara buone cose da mangiare insieme alla sua coinquilina. Qualche volta, il sabato sera, lei e le sue amiche _____[10] a ballare e _____[11] le ore piccole.

_____
*entrata

In italiano

Uscita comes from the verb **uscire.** The opposite of **uscire** is **entrare.** What do you think is the opposite of **uscita***?

L'uscita della libreria Feltrinelli
Courtesy of Janice Aski

study tip

The best way to learn new verb forms and vocabulary is to practice using them in sentences so that you learn the meaning, use, and form at the same time!

▶ The irregular verbs **rimanere** (*to stay, to remain*) and **scegliere** (*to choose*) are presented in **Per saperne di più** at the back of your book.

Parte seconda. With a partner, write three questions about Francesca's life, and then switch partners and see who can answer the most questions without looking at the text.

E. Firma qui, per favore! (*Sign here, please!*)

Parte prima. Complete Column B by writing an appropriate sentence according to the conditions given in Column A. Before you begin, as a class, add more conditions to Column A.

A	B	Firma qui, per favore!
Quando sono stressato/a,	*faccio yoga*	
Quando ho caldo,		
Quando sono innamorato/a,		
Quando...		
Quando...		

Parte seconda. Go around the room to find people who have the same responses as you do, and then ask for their signatures.

ESEMPIO: **S1:** Quando sei stressato/a, cosa fai?
S2: Faccio yoga.
S1: Anch'io! Firma qui, per favore!

F. Culture a confronto: Come passi la giornata?

Working with a partner, find out how much time (in hours and minutes) he/she spends doing the following activities on a typical weekday. Compare his/her answers to the responses of Enrico and Stefania, who are students at the Università di Pisa. How are they similar or different?

ESEMPIO: **S1:** Per quanto tempo dormi e mangi?
S2: Dieci ore.

Attività	il mio compagno / la mia compagna	Studente italiano (Enrico) © zodebala/Getty Images RF	Studentessa italiana (Stefania) © zhang bo/Getty Images RF
dormire, mangiare		8	9
praticare uno sport e fare attività all'aperto		1	0
fare volontariato, partecipare a eventi religiosi		0	1
frequentare corsi		6–7	5
leggere, guardare la TV, ascoltare la radio		3	3

Cultura

▶ Ascoltiamo!

L'orario degli italiani

Eating habits are such an integral part of culture that we take them for granted. In North America, for example, restaurants can advertise an *early bird special* served prior to the regular dinner hour without further explanation. Breakfast can be served all day or just until 11:00 A.M. Sunday brunch, a midnight snack, or an after-school snack are commonplace in the lives of North Americans. Would you be surprised to know that all of these habits are not routine for many Italians?

A. Osserva e ascolta. Watch and listen as Federico describes a typical workday (**giorno lavorativo**) schedule in Italy and explains how it differs from a typical schedule in North America. During the presentation, pay attention to his facial expressions, intonation, and gestures, as well as what he says, and to the accompanying images and captions to understand the meaning.

B. Completa.

Parte prima. Based on what you heard, match the time with the corresponding activity. **Attenzione!** One activity will be used twice.

1. fare colazione
2. pranzare
3. cenare
4. fare uno spuntino al bar

a. alle diciassette
b. alle undici
c. alle otto
d. alle tredici e trenta
e. alle venti e trenta

Parte seconda. Complete the following sentences with the appropriate words from the list. **Attenzione!** There are three extra words.

| a letto | chiudono | pasta | tardi |
| a scuola | iniziano | presto | |

1. Generalmente, al Sud si mangia più _____ che al Nord.
2. Molti negozi e uffici (*offices*) _____ alle diciannove e trenta.
3. I bambini vanno _____ alle ventidue o anche dopo.
4. I concerti e gli spettacoli (*shows*) teatrali _____ alle ventuno.

C. Tocca a te! Which daily schedule do you prefer? Why? Choose one and complete the sentence:

Personalmente, preferisco l'orario italiano/nordamericano perché...

Courtesy of Diane Musumeci

Leggiamo!

Avere una doppia vita°

doppia... *double life*

A. Prima di leggere. With a partner divide the following activities into those you do **di giorno** and those you do **di notte**:

ballare	**dormire**	**fare movimento**
fare sport	**fare uno spuntino**	**guardare la TV**
lavorare	**leggere**	**studiare**
	uscire con gli amici	

PAROLE PER LEGGERE

diventare	*to become*
durante	*during*
in mezzo	*in the middle of*
invece	*instead*
raggiungere	*to reach, to arrive at*

B. Al testo!

Parte prima. In the following article from *Donna moderna*, a popular magazine for women in their 20s to 30s, you will learn about the double life of a young university graduate. Read the article about Chiara Andres.

Di giorno lavoro al museo. Ma di notte divento dj

Chiara Andres durante la settimana organizza visite guidate[1] per le scuole. E nei weekend fa ballare i ragazzi in discoteca

Napoletana, carina, 29 anni e una laurea in Beni Culturali. Chiara Andres di giorno organizza le attività per i ragazzi al museo della Scienza e della Tecnica di Milano. Di notte e nei weekend invece si trasforma in[2] dj. Raggiunge le discoteche più in voga in Europa e si scatena[3] con la musica techno. [...]

Come riesce a vivere[4] queste due vite completamente diverse?

«Per fortuna[5] il lavoro di dj occupa soltanto i weekend. Faccio una vitaccia[6] e ho sempre le valigie pronte.[7] Ma è quello che voglio.[8] Non potrei[9] fare una vita a senso unico.[10] Mi piace stare in mezzo a persone diverse, alternative. Così non mi annoio,[11] mai!».

Elvia Grazi

«Il mio cuore è diviso a metà. Batte per la techno e per la tecnologia».

Paola Coletti

[1]visite... *guided tours* [2]si... *changes into; literally, transforms herself* [3]si... *she lets loose, literally, unchains herself* [4]riesce... *do you (form.) manage to live* [5]Per... *Luckily* [6]*crazy life* [7]valigie... *suitcases ready (to go)* [8]*I want* [9]Non... *I couldn't* [10]a... *one way* [11]non... *I don't get bored*

Parte seconda. Now, answer the following questions according to the article.

1. Di dov'è Chiara Andres?
2. Quanti anni ha?
3. Cosa fa di giorno?
4. Cosa fa di notte e nei weekend?
5. Che genere (*kind*) di musica le piace?
6. Le piace la sua doppia vita?

C. Discutiamo!

Parte prima. Work with a partner. Find out the same information about him/her that you found out about Chiara Andres by using the questions in Activity B. **Attenzione!** Be sure to change the questions to the **tu** form, if necessary. When you've finished, complete the following statement for your partner:

Di giorno _____, ma di notte _____.

Parte seconda. Share what you learned about your partner with the class.

Quanti studenti hanno una doppia vita? A chi piace? A chi non piace?

Scriviamo!

Che fa?

Parte prima. Snooping around in his older sister's room, Giovannino found pages torn out of her diary. He's curious to know what Nora is up to, but he can't figure out what order the pages should be in. Work with a partner to put the pages in chronological order.

Parte seconda. Now that the pages are in order, write what Nora is doing this week, starting with **martedì**.

ESEMPIO: Lunedì Nora scrive alla nonna e compra le palline da tennis e un regalo per Carlo.

Retro

With over 40 sites on the UNESCO World Heritage List, Italy is home to much of the cultural legacy of the Western world. The preservation of its archaeological, artistic, environmental, and archival treasures requires a significant investment of resources, both human and financial. One way in which Italy has responded to this need has been to create a university degree, **la laurea in Beni Culturali.**

Read more in **Capitolo 3, Retro** in *Connect.*

www.mhhe.com/connect

¹*charge (an electronic device)* ²*per* ³*short trip* ⁴*balls* ⁵*to wrap*

Parliamo!

Pronto, che fai?

In the following activity, you will practice making phone calls—but you never know where your partner is or what he/she is doing when you call!

Parte prima. Use what you've learned. Complete the following phone conversation with the words provided. Some words are used more than once.

	dormo	
che (2)		sono (2)
sei		stai

—Pronto!

—Ciao, Silvia! Come _____¹? Cosa fai di bello?

—Davide, dove _____²? _____³ ore sono?

—_____⁴ le due di mattina. Io _____⁵ in città. Tu, _____⁶ fai?

—_____⁷!

Parte seconda. Work with a new partner. Start the conversation again, but this time keep it going by inviting your partner to do something later. Before you hang up be sure that you've gotten all the details (what, where, at what time). Be prepared to demonstrate your conversations for the class.

 ## Scopriamo la musica!

«Senza fare sul serio», Malika Ayane

LA CANTANTE E LA CANZONE

Malika Ayane is an Italian pop singer who was born in 1984 to a Moroccan father and Italian mother. She grew up in Zona 2, one of Milan's most ethnically diverse neighborhoods. After studying at the Milan Conservatory of Music, she recorded songs for commercials, including Yomo yogurt, Saab, and Barilla. She participated in several Sanremo music festivals, winning the Mia Martini critics' award in 2010 and again in 2015. «Senza fare sul serio» is just one of her many platinum recordings.

Malika Ayane in concerto.
© Stefania D'Alessandro/Getty Images

A. Prepariamoci!

Parte prima. In this song, Malika Ayane describes time and how we experience it. How do you experience time? Complete each of the following statements.

1. Il tempo passa lento* quando (io) ____.

2. Il tempo scappa (*runs away*) quando (io) ____.

*The adjective **lento** appears in the song lyrics. Adjectives are often used in place of adverbs in colloquial Italian. Prescriptive grammars require the adverb, **lentamente,** instead.

Parte seconda. Make a list of all the words you've learned in Italian that refer to segments of time.

iTunes Playlist: This song is available for purchase at the iTunes store. The songs are not provided by the publisher.

YouTube Link: A video for this song is available on YouTube.

B. Ascoltiamo!

Listen to the song or watch the music video on YouTube. Which of the words referring to time that you listed in **Prepariamoci!** did you hear in the song?

C. Verifichiamo!

This song describes how some people spend time and contains several regular verbs in the present tense. Match the verbs you think go best with the following words. Then listen to the song again to see if your choices match Malika's.

aspetta	risponde	chiede	dorme	guarda

1. _____ un miracolo / l'amor(e) / al telefono

2. _____ pace

3. _____ solo in metro

4. _____ le nuvole (*clouds*)

5. _____ sempre «però» (*however, but*)

D. E tu?

In the refrain, Malika repeatedly uses the verb **perdere** (*to lose*) with the expressions of time that you heard. She also uses the expression **perdere tempo** (*to waste time*). Then she sings "**tu non lo sai come vorrei ridurre tutto ad un giorno di sole, tu non lo sai come vorrei saper guardare indietro, senza fare sul serio, senza fare sul serio, come vorrei distrarmi e ridere**" (*"you have no idea how much I would like to reduce everything to a sunny day, to know how to look back, not take things seriously, not take things seriously, to kick back and laugh"*).
The title of the song is a bit ambiguous; it could be translated as "Don't take it seriously" or "Pretend" or even "Fake It." Think about the melody, beat, and lyrics. Which do you think is the best translation?

Scopriamo le belle arti!

Ballerina blu (1912), Gino Severini

LINGUA

L'artista traccia (*draws*) la linea.

Parte prima. Lines have physical qualities (**qualità fisiche**) and expressive qualities (**qualità espressive**). First identify each type of line shown below: **a spirale, a zigzag, curvata, diagonale, fine, interrotta/spezzata,* orizzontale, spessa** (*thick*), **verticale. Attenzione!** Use each answer *only once*.

*Note: An interrupted or broken line (**una linea interrotta/spezzata**) and an unbroken line express opposite meanings.

Parte seconda. Now match the corresponding group of expressive qualities to the type of line.

1. orizzontale, verticale
2. spessa
3. fine
4. curvata
5. diagonale, a zigzag

a. aggressiva, forte
b. forte, stabile
c. armoniosa, graziosa (*graceful*)
d. dinamica, drammatica, energetica, esplosiva
e. delicata, fragile

Parte terza. Compare the following works of art by choosing the correct response, then add an additional work of your choice.

1. Capitolo 1: *Primavera* ha la linea spessa / fine; questa linea è aggressiva / delicata.

2. Capitolo 3: *Ballerina blu* ha la linea verticale / curvata; questa linea è stabile / graziosa.

3. Capitolo _____ (numero): _____ (titolo dell'opera) ha la linea _____ (qualità fisica); questa linea è _____ (qualità espressiva).

ARTE

Line is a basic element of design. It may seem like a simple thing, but, as you've seen, it has the capacity to express complex ideas and emotions. The artists of the **Futurism** movement (early 20th century), like Severini, use line to convey rapid, frenetic movement in order to represent the dynamism of the modern world, technology, and progress.

A. Il Futurismo e la linea. In your opinion, which type of line predominates in the art of the Futurism movement?

B. Mi piace l'arte futurista! Find another example of futurist art on the Internet and analyze the artist's use of line.

Vocabolario

Domande ed espressioni

A che ora... ?	At what time . . . ?
a più tardi	see you later
a presto	see you soon
bisogna (+ *inf.*)	one needs to (*do something*)
non bisogna (+ *inf.*)	one should not (*do something*)
Che ora è? Che ore sono?	What time is it?
È l'una.	It's one o'clock.
È l'una e un quarto.	It's 1:15.
È mezzogiorno/ mezzanotte.	It's noon. / It's midnight.

Sono le due meno un quarto.	It's 1:45.
Sono le due e mezzo/ mezza.	It's 2:30.
Cosa fai/fa di bello?	What interesting (fun) things do you (*inform./form.*) have planned?
di mattina	in the morning
di pomeriggio	in the afternoon
di sera	in the evening
È presto/tardi.	It's early/late.
Mi fa male la gamba. (*f. sing.*)	My leg hurts.

Mi fanno male i piedi. (m. pl.)	My feet hurt.	guardare	to look at, watch
Mi sento?	Do you hear me?	iniziare	to begin
Non ti sento.	I don't hear you.	lavare	to wash
Nel tempo libero cosa ti/Le piace fare?	What do you like to do in your free time? (form./inform)	lavorare	to work
		leggere	to read
mi piace (+ inf.)	I like (to do something)	mangiare	to eat
non... mai	never	pagare	to pay
ogni tanto	sometimes	parlare	to talk, to speak
Pronto!	Hello! (on the telephone)	piacere	to be pleasing
quando	when	pranzare	to eat lunch
scusa/scusi	excuse me (inform./form.)	praticare	to practice
sempre	always	praticare uno sport	to play a sport
senti/senta	listen (inform./form.)	preferire	to prefer
spesso	often	pregare	to pray
ti/Le/le/gli piace (+ inf.)	you (inform./form.) / she / he likes (to do something)	prendere	to take
		prendere l'autobus	to take the bus
Ti/Le va di (+ inf.)?	Do you (inform./form.) feel like (doing something)?	prendere un caffè	to have a coffee
		pulire	to clean
troppo presto	too early	rientrare	to come home
troppo tardi	too late	scaricare	to download
tutti i giorni / ogni giorno	every day	scrivere	to write
Un attimo!	Just a moment! Hold on!	servire	to serve
		spiegare	to explain
		studiare	to study
		suonare	to play (an instrument)
		tornare	to return
		twittare	to tweet
		uscire	to leave (a place), to exit, to go out (with others)
		non vedere l'ora (di + inf.)	to not be able to wait (to do something), to be excited about (doing something)
		venire	to come

Verbi

andare	to go
andare + a + (inf.)	to go (to do something)
andare al cinema	to go to the movies
andare a letto	to go to bed
aprire	to open
arrivare	to arrive
ascoltare	to listen to
ballare	to dance
bere	to drink
capire	to understand
cenare	to eat dinner
cercare	to look for
chattare	to chat (online)
chiudere	to close
controllare	to control; check
dimenticare	to forget
dormire	to sleep
fare	to do, to make
fare colazione	to eat breakfast
fare le ore piccole	to stay up late
fare movimento	to exercise
fare sport	to play sports
fare una domanda	to ask a question
fare una foto	to take a photo
fare una passeggiata	to take a walk
fare uno spuntino	to have a snack
fare yoga	to do yoga
finire	to finish
frequentare	to attend
giocare	to play (a game)
giocare a calcio / a carte / a golf / a tennis	to play soccer/cards/ golf/tennis

Sostantivi

l'autobus	bus
la biblioteca	library
la chitarra	guitar
il cinema	movie theater; movies
la discoteca	discotheque
l'e-mail (f.)	e-mail
l'entrata	entrance
la mensa	cafeteria
il pianoforte	piano
il piatto	plate, dish
la rivista	magazine
lo shopping	shopping
i soldi (m. pl.)	money
lo sport	sport
il telefonino	cellphone
il telefono	telephone
l'uscita	exit
le vacanze (f. pl.)	vacation
il violino	violin

4 Che bella famiglia!

RIPASSO

IN THIS CHAPTER YOU WILL REVIEW HOW:

- to introduce yourself and meet others
- to express possession
- to ask questions
- to talk about daily activities and routines
- to describe people, places, and things

Madonna «della Seggiola» (1514), Raffaello Sanzio (Palazzo Pitti, Firenze, olio su tavola)
© Erich Lessing/Art Resource, NY

SCOPI

IN THIS CHAPTER YOU WILL LEARN:

- to find out what people do for a living
- to comment on things and compliment people
- to talk about your family and their activities
- more about formulating questions
- to compare and contrast people and things
- how the Italian family has changed over the past 50 years

www.mhhe.com/connect

Chi sei? / Chi è?   Cosa fai? / Cosa fa?

Meeting people and finding out what they do for a living

- You have learned how to introduce yourself by providing the answers to the following questions: **Come ti chiami? / Come si chiama?, Di dove sei? / Di dov'è?, Quanti anni hai? / Quanti anni ha?**

- An additional piece of information that people may offer when introducing themselves is the answer to the question: **Cosa fai? / Cosa fa?** *What do you do (for a living)?*

  —**Tu, Marisa, cosa fai?**
  —**Studio** (*or* **Faccio**) **informatica** (*computer science*).

  —**Lei, signora, cosa fa?**
  —**Sono casalinga** (*homemaker*).

 Osserva e ascolta.

Parte prima. First, watch and listen as these Italians introduce themselves, then complete the chart. Insert the following jobs into the appropriate spaces: **commerciante** (*shopkeeper*), **direttore del museo, fotoreporter, mamma, medico, studente.**

Chi è?	Come si chiama?	Quanti anni ha?	Di dov'è?	Cosa fa?
1.				
2.				
3.				
4.			Siena	
5.				

Parte seconda. Read the following questions and possible answers. Now listen as the same people comment on some aspect of their life. Match each question with the appropriate answer.

1. **Giorgio:** Com'è Roma?
2. **Elena:** Com'è la lingua inglese?
3. **Mauro:** Com'è il Suo lavoro?
4. **Antonella:** Com'è l'accento napoletano?
5. **Alessia:** Com'è la tua famiglia?

a. È molto allegra.
b. È molto bella.
c. È molto caotica.
d. È molto interessante, molto soddisfacente (*satisfying*).
e. È terrificante (*terrifying*).

Che bello!

Commenting on things and complimenting people

- To express an opinion or compliment someone, say:
  che + *adjective*

  —**Andiamo in montagna in estate.**
  —**Che bello!**

  che + *noun*

  —**Non ho soldi.**
  —**Che disastro!**

  che + *adjective* + *noun* (**che** + *noun* + *adjective*)

  —**Quella è la nuova macchina di Roberto.**
  —**Che bella macchina!**

  Note: These expressions are the equivalent of the English *How* + adjective*!*, *What a* + noun*!*, or *What a* + adjective + noun*!*

  Attenzione! Whenever you use an adjective, it must agree in number and gender with the noun it refers to.

- Here are some common expressions with **che** that are used in informal, conversational Italian:

Che bello(a/i/e)!	(adjective)	*How beautiful/wonderful/great!*
Che genio/geni!	(noun)	*What a genius / geniuses!*
Che furbo(a/i/e)!	(adjective)	*How clever (sly)!*
Che schifo!	(noun)	*How gross!*
Che scemo(a/i/e)!	(noun)	*What a moron!*
Che mattone!	(noun)	*What a bore!* (literally, *brick*)

A. Il contrario. For every expression your partner gives, say the opposite. If it's positive, make it negative; if it's negative, make it positive. Take turns, but don't repeat any adjectives. How long can you keep going?

ESEMPIO: **S1:** Che bello!
S2: Che brutto!
S1: Che caldo!
S2: Che freddo!

B. Che bello!

Parte prima. Give an example of each of the following.

1. il nome di un attore
2. il titolo di un film
3. il nome di un'attrice
4. il titolo di un libro
5. il nome di un gruppo musicale
6. il titolo di una canzone
7. un cibo
8. una bevanda
9. una materia

Parte seconda. Tell your partner one of the items on your list. He/She will comment, using the **che** construction. Take turns. If you don't recognize the item your partner says, ask **Chi è?** or **Cos'è?**

> ESEMPIO: S1: il tiramisù
> S2: Che buono!

C. Che bell'idea! With a partner, create a brief dialogue using the following expressions and the **che** construction.

dormire fino a tardi	**uscire con gli amici**
andare al cinema	**guardare la partita**
fare shopping	**pulire la casa**
guardare la TV	**fare un giro in bici**

> ESEMPIO: S1: Cosa facciamo di bello questo weekend?
> S2: Andiamo in discoteca!
> S1: Che bell'idea! / Che noia! (*How boring!*)

In italiano

To ask *who* someone is, say: **Chi è?**
To ask *what* something is, say: **Cos'è?**

Lessico

Che bella famiglia!

Talking about your family

▶ Read the statements based on Cinzia's family tree, then answer the questions.

Il padre di Cinzia si chiama Antonio.

Maria è **la madre** di Cinzia.

La sorella di Silvio si chiama Lucia.

Il fratello di Lucia si chiama Silvio.

Antonio è **il marito** di Maria.

Sara è **la moglie** di Riccardo.

La figlia di Maria e Antonio si chiama Cinzia.

Silvio è **il figlio** di Aurelia e Ahmed.

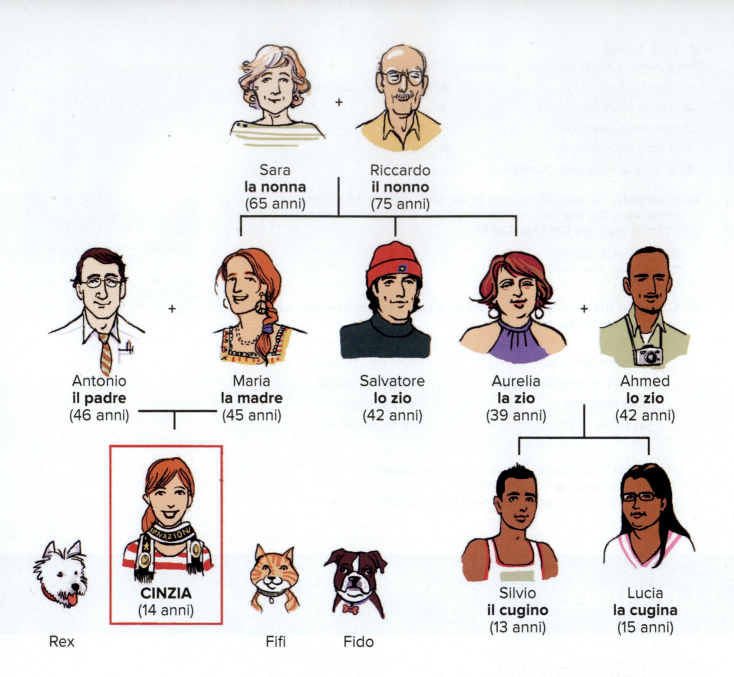

Sara
la nonna
(65 anni)

Riccardo
il nonno
(75 anni)

Antonio
il padre
(46 anni)

Maria
la madre
(45 anni)

Salvatore
lo zio
(42 anni)

Aurelia
la zio
(39 anni)

Ahmed
lo zio
(42 anni)

CINZIA
(14 anni)

Rex

Fifi

Fido

Silvio
il cugino
(13 anni)

Lucia
la cugina
(15 anni)

1. Chi è il padre di Maria?
2. Quanti anni ha la madre di Salvatore?
3. Come si chiama la sorella di Aurelia?
4. Quanti anni ha il fratello di Maria?
5. Chi è il marito di Aurelia?
6. Chi è la moglie di Antonio?
7. Come si chiamano le figlie di Riccardo e Sara?
8. Quanti anni ha il figlio di Aurelia e Ahmed?
9. Quanti animali domestici ha Cinzia?

▶ Answers to this activity are
in the **Appendix** at the back of
your book.

▶ Now complete the sentences with the appropriate family relationships from Cinzia's point of view.

ESEMPIO: La figlia di mia zia è mia <u>cugina</u>; si chiama <u>Lucia</u>.

1. Il fratello di mia madre è mio _____; si chiama _____.
2. Il padre di mia madre è mio _____; si chiama _____.
3. Il figlio di mia zia è mio _____; si chiama _____.
4. La sorella di mia madre è mia _____ si chiama _____.
5. La madre di mia madre è mia _____ si chiama _____.

▶ Answers to this activity are in the **Appendix** at the back of your book.

In italiano

Attenzione! il nipote / la nipote = *grandchild* and *nephew/niece*

Attenzione! Mia madre e mio padre sono **i miei genitori.** I nonni, gli zii, i cugini e i nipoti sono **i miei parenti.**

A. Ascolta. Your instructor will make a series of statements about Cinzia's family. Decide if each statement is **vero** or **falso.** Correct any false statements.

	vero	falso
1.	☐	☐
2.	☐	☐
3.	☐	☐
4.	☐	☐
5.	☐	☐
6.	☐	☐
7.	☐	☐
8.	☐	☐
9.	☐	☐

B. I membri della famiglia. With a partner, give the names of all the possible people in Cinzia's family who could make the following statements. Compare your list to another group's. Are they the same?

1. Ho due figli.
2. Ho una figlia.
3. Ho due cugini.
4. Ho una cugina.
5. Ho tre nipoti.
6. Mio nonno si chiama Riccardo.
7. Sono sposato (*married*).
8. Sono sposata.
9. Ho una zia.

C. L'identità segreta. Secretly assume the identity of one of the people on Cinzia's family tree. Your partner will ask questions about your family to figure out who you are.

ESEMPIO: **S1:** Chi è Sara?
S2: Mia nonna.
S1: Chi è Silvio?
S2: Mio fratello.
S1: Sei Lucia?
S2: Sì!

In Italia

Nel 2013 il 13,4% dei matrimoni comprendeva almeno uno sposo straniero. Nelle coppie miste, la tipologia più frequente è quella in cui (*in which*) lo sposo è italiano e la sposa è straniera.

Source: Istat - www.istat.it

D. Un po' di cultura: Le famiglie italiane famose.

Parte prima. Many of the large businesses in Italy are controlled by families. Match these families to their most famous products.

1. la famiglia Agnelli
2. la famiglia Benetton
3. la famiglia Missoni
4. le sorelle Fendi
5. Donatella Versace (la sorella di Gianni)
6. i fratelli Taviani

a. film
b. vestiti (*clothing*) e accessori
c. la Fiat

Parte seconda. Now match each family to the region of Italy that they are from.

1. la famiglia Agnelli
2. la famiglia Benetton
3. la famiglia Missoni
4. le sorelle Fendi
5. Donatella Versace (la sorella di Gianni)
6. i fratelli Taviani

a. Calabria
b. Piemonte
c. Toscana
d. Veneto
e. Lombardia
f. Lazio

Strutture

Ripasso: Porto i miei amici alla festa

Possessive adjectives

There is a party tonight. Put a ✓ beside each of the following things or people you would like to bring.

- ☐ le mie amiche
- ☐ il mio cane
- ☐ il mio zaino
- ☐ la mia borsa (*purse*)

- ☐ i miei album preferiti
- ☐ il mio migliore (*best*) amico
- ☐ il mio libro d'italiano
- ☐ il mio ombrello

Now, complete these phrases with the appropriate definite article or possessive adjective.

1. _____ miei amici
2. le _____ sorelle

3. _____ mio telefonino
4. la _____ torta preferita

▶ Answers to this activity are in the **Appendix** at the back of your book.

4.1 Com'è tua madre?

Possessives with family members

1 You have probably noticed that the possessive works slightly differently with members of the family. The definite article is *not* used with family members in the *singular*, except for **loro.** Compare the following:

mio	padre	**i miei**	cugini
tua	madre	**le tue**	sorelle
suo	fratello	**i suoi**	nipoti
nostro	figlio	**i nostri**	nonni
vostra	sorella	**le vostre**	zie
il loro	nipote	**i loro**	zii

2 However, the definite article *is used* with **papà/babbo** (*dad*) and **mamma** (*mom*).

il mio babbo   **la** tua mamma

The definite article is also used with singular family members that are modified by an adjective or a suffix.

la mia sorella **maggiore** (*older*)   il vostro nipot**ino** (*little nephew/grandson*)

il nostro fratello **minore** (*younger*)   la tua sorell**ina** (*little sister*)

A. L'articolo o no? Complete the phrase with the appropriate definite article, if necessary.

1. __la__ mia madre
2. __La__ vostra macchina
3. _____ tuoi cugini
4. _____ mio padre
5. _____ mia famiglia
6. _____ loro zio
7. _____ tuo computer
8. _____ sua nipote
9. _____ sua bici
10. _____ loro sorella
11. _____ vostra cugina
12. _____ tuoi nipoti
13. _____ mio fratello maggiore
14. _____ sua figlia minore
15. _____ nostra casa
16. _____ mio cane

B. La famiglia di Cinzia.

Parte prima. Read Cinzia's description of her family. Complete the paragraph with the appropriate definite articles, if necessary.

_____¹ mia madre si chiama Maria e _____² mio padre Antonio. Non ho fratelli—sono figlia unica—ma non mi sento sola (*alone*) perché abitiamo vicino a molti parenti. _____³ miei nonni hanno un appartamento nel nostro palazzo e _____⁴ miei zii, lo zio Ahmed e la zia Aurelia, abitano a due chilometri da noi. Vedo spesso _____⁵ miei cugini perché frequentiamo la stessa scuola. Purtroppo _____⁶ mio zio Salvatore abita in Svizzera, quindi (*therefore*) lo vediamo poco, solo durante le feste.

Parte seconda. With your partner, prepare four questions about Cinzia's family. Here are some helpful question words: **dove, perché, quando.**

ESEMPIO: Dove abita suo zio?

Parte terza. Switch partners and take turns asking each other the questions you have prepared.

In Italia

Il rapporto (*relationship*) tra madre e figlio è spesso molto forte. Quando è esagerato, o perché la madre è eccessivamente protettiva nei confronti del figlio (in particolare se è maschio) o perché il figlio adulto ha ancora troppo bisogno della mamma, si parla di «mammismo».

▶ To learn more about suffixes, see **Per saperne di più, Capitolo 4** at the back of the book.

Scopriamo la struttura!

For more on possessive adjectives, watch the corresponding *Grammar Tutorial* in the *eBook*. A practice activity is available in **Connect**.

www.mhhe.com/connect

In italiano

An abbreviated way of referring to one's parents or relatives is to use the definite article and the possessive only.

—Come stanno **i tuoi**?

—Bene, grazie.

► **Attenzione!** See **Capitolo 2, Lessico** if you need help with adjectives, and don't forget to pay attention to agreement!

C. Come sono?

Parte prima. With a partner, look at the pictures of the following members of Cinzia's family in the **Lessico** section and use at least two different adjectives or expressions to describe the physical and emotional characteristics of each person.

i suoi nonni	sua madre
suo zio Salvatore	sua cugina
suo padre	suo cugino

ESEMPIO: I suoi nonni sono felici e attivi. Sua nonna è magra e ha i capelli... Suo nonno...

► See **Strutture 3.1** and **3.2** if you need ideas.

In italiano

- Skin tone in Italian is **la carnagione** (**chiara** [*light*] / **scura** [*dark*]).

  Sua madre ha la carnagione chiara.
- People of color are described as **persone di colore.**

  I suoi cugini sono di colore.

Parte seconda. Based on your characterization of each member of Cinzia's family, what do you think would be their preferred activities on a Sunday afternoon?

ESEMPIO: La domenica pomeriggio i suoi nonni prendono lezioni di ballo.

D. L'intervista.

Parte prima. Make a list of all the members of your family and their names and give it to your partner.

ESEMPIO: mia madre Eleonora; mio padre Giuseppe; mio fratello Giovanni; mio figlio Edoardo; eccetera.

Parte seconda. Your partner must find out the following information about each person by asking the appropriate questions. After the interview, your partner will describe your family to another group or to the class.

nome	età (*age*)	professione	descrizione	attività preferite
la madre, Eleonora				

⚙ Ripasso: Dove vai?

Interrogatives

Complete each of the following questions with one of the question words below. **Attenzione!** Three questions have more than one right answer. Can you figure out which three they are?

> chi   come
>
> perché
>
> dove   quando
>
> che (cosa)*

1. _____ fai domani sera?
2. _____ esci?
3. _____ vai?
4. _____ sei triste?
5. _____ ti chiami?
6. _____ abiti?
7. Con _____ parli?

*The expressions **che / che cosa / cosa** are interchangeable.

▶ Answers to this activity are in the **Appendix** at the back of the book.

In italiano

In Italian, sentences and questions never end with a preposition.

Di dove sei?	Where are you *from*?
Con chi esci stasera?	Who are you going out *with*?

4.2 Quanti anni hai?

The interrogatives *quanto* (how much) and *quale* (which)

As you can see from the examples in the **Ripasso** section above, the endings of most question words never change. The exceptions are **quanto** and **quale,** which are adjectives and therefore agree in gender and number with the noun that follows.

1 When **quanto** is singular, it means *how much*, and when it is plural, it means *how many*.

	SINGOLARE	PLURALE
MASCHILE	**Quanto** caffè bevi?	**Quanti** fratelli hai?
FEMMINILE	**Quanta** pasta prepariamo?	**Quante** sorelle hai?

2 When **quanto** precedes a verb and means *how much*, it is invariable.

Quanto costa?	*How much does it cost?*
Quanto costano?	*How much do they cost?*

3 Use **quale** (*which*) when the answer requires a choice. Since **quale** ends in an **-e**, it only has one singular and one plural form.

	SINGOLARE	PLURALE
MASCHILE	**Quale** film preferisci?	**Quali** libri ti piacciono?
FEMMINILE	**Quale** rivista preferisci, *Vogue* o *People*?	**Quali** macchine ti piacciono

4 The invariable expression **qual è** means *what*. It is used to ask for information, such as a telephone number, an address, or a favorite color.

Qual è il tuo numero di telefono?

Qual è il tuo indirizzo?

Qual è il tuo colore preferito?

A. Le preferenze. Formulate questions using the correct form of **quale** to find out your partner's favorites. Pay attention to agreement.

> ESEMPIO: Quale squadra di calcio preferisci?

1. le attrici
2. il gruppo musicale
3. il programma (TV)
4. i film
5. l'insegnante (*instructor*)
6. i corsi
7. la macchina
8. le canzoni

B. Per conoscerci meglio. (*To get to know each other better.*)

Parte prima. Find out more about your instructor or a classmate. Formulate questions by combining elements from the three word banks. Then ask him/her the questions.

> ESEMPIO: Che cosa mangi a colazione?

a che ora	perché
che (cosa)	quale
con chi	quando
dove	quanto

andare	mangiare
ascoltare	preferire
avere	prendere
bere	studiare
comprare	telefonare
fare	tornare
guardare	uscire

a casa	a un amico	fratelli	la musica
a cena (*at dinner*)	al cinema	l'italiano	sabato sera
a colazione	al lavoro	la macchina	sport
a pranzo (*at lunch*)	l'autobus	la mattina	la TV

Parte seconda. Based on the information that you have gathered, come up with two adjectives that describe your partner. Your partner will let you know if you are correct.

C. Tutte le domande. With a partner, come up with all the possible questions that can be answered by the following statements. Pay attention to the subjects of your verbs! See who can come up with the most questions for each statement.

1. Il padre di Mauro è medico.

2. Cinzia ha due cani e un gatto.

3. Il sabato mattina io e Rita andiamo a prendere il caffè al bar.

4. Torniamo a casa oggi alle tre.

5. Gli studenti studiano almeno (*at least*) quattro ore tutti i giorni.

6. Non mi piace ballare!

7. Maria esce con Paolo stasera! Che scandalo!

In Italia

Il bel gioco
© Giorgio Benvenuti/AFP/Getty Images/Newscom

Il calcio

Se un italiano chiede: «Giochi a pallone (*ball*)?» non pensa al baseball, al basket o al football americano. Pensa solo al calcio. Le squadre più famose in Italia sono la Juventus, il Milan, l'Inter, la Roma e la Lazio, ma tutte le città—anche quelle piccolissime—hanno almeno una squadra. La serie A è il massimo livello del calcio professionistico; è composta dalle squadre più forti. Il secondo livello si chiama serie B, e così via.

Le persone che seguono (*follow*) una squadra si chiamano **tifosi** (*fans*). **Cinzia fa il tifo per la Juventus. Fare il tifo per** significa *to be a fan of*. **Per quale squadra fai il tifo tu?**

Il Giro d'Italia

Il Giro d'Italia è una corsa annuale a tappe (*stages*) di ciclismo su strada (*road*). Istituto nel 1909, si corre nel mese di maggio e dura tre settimane. *La Gazzetta dello Sport*, un quotidiano sportivo, organizza la corsa. Il leader della classifica generale indossa **la maglia** (*jersey*) **rosa.** Il vincitore riceve un trofeo con i nomi di tutti i vincitori precedenti.

La maglia rosa
© Luk Benies/AFP/Getty Images

Il Giro d'Italia è una corsa maschile ma dal 1988 esiste anche una corsa femminile chiamata prima il Giro Donne, ora il Giro Rosa. Puoi trovare tutte le informazioni sul prossimo Giro d'Italia su **gazzetta.it.**

D. Un po' di cultura: Lo sport. In groups, complete the questions with the correct form of **quanto.** Then answer as many questions as you can. Who knows the most about these popular Italian sports?

1. _____ giocatori scendono in campo (*are on the field*) per una partita di calcio?

2. _____ minuti dura una partita di calcio?

3. _____ volte ha vinto (*won*) l'Italia il campionato del mondo?

4. _____ squadre di calcio partecipano alla serie A?

5. _____ ciclisti (corridori) formano una squadra nel Giro d'Italia?

6. Di circa (*About*) _____ chilometri è il Giro d'Italia?

↻ Ripasso: Che fai nel tempo libero?

The present indicative

Here are **i passatempi** (*pastimes*) of Cinzia's family members. Which conjugation does each of these regular verbs belong to, **-are** or **-ere**? Can you conjugate each verb?

Cinzia **guarda** la partita.

Suo zio Salvatore **scia** in montagna.

I suoi nonni **prendono** lezioni di ballo.

Sua madre **dipinge.**

Suo cugino **corre.**

Suo padre **nuota** in piscina.

(*continued*)

Sua cugina **cucina**.

I suoi zii, Aurelia e Ahmed, **viaggiano**.

▶ Answers to this activity are in the **Appendix** at the back of the book.

4.3 Sai sciare?

More irregular verbs

1 There are three irregular verbs whose forms are similar to those of **avere** and **fare**.

▶ Complete the conjugations of **avere** and **fare** and compare them to those of **dare** (*to give*), **sapere** (*to know*), and **stare** (*to be; to stay*).

fare	avere	dare	sapere	stare
faccio	HO	do	so	sto
Fai	Hai	dai	sai	stai
Fa	HA	dà	sa	sta
facciamo	abbiamo	diamo	sappiamo	stiamo
Fate	avete	date	sapete	state
Fanno	Hanno	danno	sanno	stanno

> ▶ To review the conjugation of **avere**, see **Strutture 2.2**, and for **fare**, see **Strutture 3.4**.

▶ Answers to this activity are in the **Appendix** at the back of your book.

2 The conjugation of **dire** (*to say, to tell*) is also irregular.

dire
dico
dici
dice
diciamo
dite
dicono

3 Here are some points to remember about each verb:

a. Note the use of the preposition **a** (*to*) in the sentences with **dare**.

Mario **dà** il libro **a** Sandra.   *Mario gives the book to Sandra.*

Diamo i compiti **a** Marco.   *We give the homework to Marco.*

b. There are two verbs that mean *to know* in Italian: **conoscere** and **sapere**.

• Use **conoscere** when you know or are acquainted with a person or place.

Veronica **conosce** mio zio.   *Veronica knows my uncle.*

Conosciamo bene la città.   *We know the city well.*

study tip

Have you noticed that the **voi** form of irregular verbs is always regular? For example: **avete, fate, date, dite, sapete, state.** Always look for patterns to help you remember. What do the verbs **avere, dare, sapere,** and **stare** have in common?

- Use **sapere** when you know a fact or have knowledge of a situation.

Gina **sa** chi è il primo ministro italiano.

Gina knows who the Italian Prime Minister is.

Sappiamo dov'è il ristorante Stella.

We know where the restaurant Stella is.

- Use **sapere** + infinitive to express *to know how* (to do something).

Mio padre **sa suonare** il violino.

My father knows how to play the violin.

c. You have already learned the most common use of **stare,** as in the question, **Come stai? Stare** can also mean *to stay, to remain.*

—**Esci** stasera?

—No. **Sto** a casa.

d. **Dire** means *to say, to tell.* It is used to report what others say:

Federico **dice:** «Non voglio venire!»

Federico says "I don't want to come!"

Antonella **dice** di no, mentre Fiona **dice** di sì.

Antonella says no, while Fiona says yes.

Note: Dire shouldn't be confused with **parlare** which means *to speak, to talk:*

Parlo italiano.

I speak Italian.

Parlo con mia madre.

I am talking with my mother.

In italiano

- Quando rispondono al telefono, gli italiani **dicono** «pronto!».
- Quando qualcuno starnutisce (*someone sneezes*), gli italiani **dicono** «salute add exclamation point».
- In contesti formali, a volte gli italiani **dicono** «salve» invece di (*instead of*) «buon giorno».

A. Il verbo appropriato. Choose the appropriate verb.

1. Paolo non _____ alla festa.

   a. esce   **b.** va

2. Io e Marcello _____ molte persone.

   a. conosciamo   **b.** sappiamo

3. Io e Abdul giochiamo a tennis da tre ore. _____ sete!

   a. Siamo   **b.** Abbiamo

4. «Ciao, ragazze! Dove _____?»

   a. andate   **b.** uscite

5. Mio fratello _____ giocare bene a tennis.

   a. conosce   **b.** sa

6. Tu e Fatima _____ i capelli biondi.

   a. siete   **b.** avete

7. Mariella _____ solo 19 anni!

   a. è   **b.** ha

8. I miei genitori _____ un buon ristorante in via Piemonte.

   a. sanno   **b.** conoscono

9. Maurizio non _____ perché Gino non parla con Sergio.

   a. sa   **b.** conosce

10. Andiamo in piscina perché _____ bel tempo.

   a. ha   **b.** fa

11. Sandra _____ al telefono con la sua amica.

   a. parla   **b.** dice

B. Un po' di cultura: Che ne sai? (*What do you know about it?*)

Complete the statements by selecting the appropriate question words, then indicate whether or not you know the facts. Who knows the most answers? Discuss the answers in class.

	sì	no
1. So <u>chi / come</u> si chiama il presidente della Repubblica Italiana.	☐	☐
2. So <u>quanto / quando</u> costa la benzina (*gasoline*) in Italia.	☐	☐
3. So <u>quale / quando</u> l'Italia fu (*was*) unita.	☐	☐
4. So <u>perché / quando</u> alcuni (*some*) negozi in Italia sono chiusi dalle 13.00 alle 15.30.	☐	☐
5. So di <u>come / dove</u> è Roberto Benigni.	☐	☐
6. So <u>quale / chi</u> inventò (*invented*) il telegrafo.	☐	☐
7. So <u>chi / quale</u> sport preferiscono gli italiani.	☐	☐

C. Regioni d'Italia: I verbi irregolari.

Parte prima. Today, Fabrizio and his brothers are visiting Lecce and Susanna and Patrizia are visiting Palermo. Complete their conversations with the correct forms of the appropriate verbs.

Fabrizio, Renato e Silvio a Lecce

FABRIZIO: Che (noi) _____ (**andare / fare**)[1] oggi?

RENATO: Perché non _____ (**avere / fare**)[2] una passeggiata in centro e poi prendiamo l'autobus per andare a Taranto, dove il mare è splendido? Così prendiamo il sole!

FABRIZIO: Va bene e, mentre (*while*) (noi) _____ (**essere / uscire**)[3] in centro, visitiamo l'Anfiteatro Romano. È molto interessante!

RENATO: Ma non camminiamo (*walk*) troppo: mi _____ (**essere / fare**)[4] male i piedi oggi.

FABRIZIO: Ma dai! In centro c'_____ (**avere / essere**)[5] anche una chiesa barocca, la Chiesa di Santa Croce.

SILVIO: Allora, facciamo così: io e Renato _____ (**andare / uscire**)[6] a Taranto e tu _____ (**essere / stare**)[7] qui (*here*) in città a visitare l'anfiteatro e la chiesa. Poi, verso le 8, ci vediamo qui e _____ (**bere / sapere**)[8] qualcosa insieme al bar.

FABRIZIO: Va bene! E per cena? Che programmi avete?

RENATO: Non lo (io) _____ (**bere / sapere**),[9] ma di sicuro (*certainly*) mangiamo le orecchiette,* la specialità della regione.

SILVIO: Dopo cena io _____ (**stare / uscire**)[10] con delle ragazze che conosco qui in città.

FABRIZIO: E noi?!

Patrizia e Susanna a Palermo

PATRIZIA: Ciao Susanna, che programmi (tu) _____ (**avere / sapere**)[11] per oggi?

SUSANNA: Prima (io) _____ (**andare / uscire**)[12] al Palazzo dei Normanni e alla Cappella Palatina. _____ (**sapere / venire**)[13] che ci sono degli splendidi mosaici che raccontano (*tell*) la storia dell'Antico Testamento?

---

*pasta shaped roughly like little ears.

PATRIZIA: Hmm, interessante. Io, invece, visito la Galleria Regionale della Sicilia per vedere la collezione di arte regionale. C'_____ (avere / essere)[14] un quadro molto famoso in questo museo—*L'Annunciata* di Antonello da Messina.

SUSANNA: Che bello! Anch'io vorrei vedere quel quadro. Allora _____ (sapere / venire)[15] con te stamattina. E tu perché non _____ (fare / venire)[16] con me oggi pomeriggio? (Io) _____ (andare / uscire)[17] a vedere le Catacombe dei Cappuccini.

PATRIZIA: No, grazie! Preferisco _____ (andare / fare)[18] un po' di shopping. Ma, senti, perché non _____ (andare / venire)[19] a mangiare dei cannoli dopo? Sono una specialità regionale.

In italiano

To make a suggestion, such as *Why don't* + verb, use **Perché non** + *verb*:

Perché non andiamo al cinema stasera? *Why don't we go to the movies tonight?*

Perché non vieni anche tu alla festa? *Why don't you come to the party, too?*

Parte seconda. Match the photos to the places or things mentioned in the conversations.

a. La Chiesa di Santa Croce, Lecce

b. La Cappella Palatina, Palermo

c. La spiaggia, Taranto

d. Cannoli siciliani

e. *L'Annunciata* (ca. 1476) di Antonello da Messina

© Galleria Regionale della Sicilia, Palermo, Sicily, Italy/Giraudon/Bridgeman Images

© yannick luthy/Alamy

© Andia/Alamy

1. _____   2. _____   3. _____

Courtesy of Janice Aski

Courtesy of Diane Musumeci

4. _____   5. _____

D. Firma qui, per favore! You are looking for classmates who have certain items or do certain things. Add three items to the list, then go around the room and find at least one person who can answer **Sì** to each. When you find that person, ask him/her to sign his/her name by saying **Firma qui, per favore!**

ESEMPIO: **S1:** Hai una nonna italiana?
S2: Sì.
S1: Firma qui, per favore!

Cerco (*I'm looking for*) **una persona che...**	Firma qui, per favore!
ha una nonna italiana	
sa contare da 0 a 100 in italiano	
preferisce stare a casa la domenica	
conosce una persona famosa	
non dice mai bugie (lies)	

🔄 Ripasso: Com'è la tua famiglia?

Adjectives

Read the following comments about the members of Cinzia's family, then describe them using the adjectives provided. **Attenzione!** Be sure to make the nouns and adjectives agree!

agitato		anziano	
	sportivo		avventuroso
creativo		estroverso	
	generoso		magro

1. Sara ha 65 anni e Riccardo ha 75 anni.

2. Antonio nuota tre volte (*times*) alla settimana e gioca a calcio ogni weekend.

3. Maria fa foto, dipinge, scrive poesie e canta.

4. Quando i suoi nipoti vanno in Svizzera, Salvatore paga tutto (*everything*).

5. Silvio è alto e pesa (*weighs*) 50 chili (*kilograms*).

6. Lucia è sempre preoccupata per gli esami. La settimana prima di (*before*) un esame mangia e dorme poco.

7. Cinzia parla con tutti, anche con le persone che non conosce.

8. Aurelia e Ahmed fanno spesso viaggi esotici con destinazioni poco conosciute (*not well known*).

▶ Answers to this activity are in the **Appendix** at the back of your book.

4.4 L'italiano è più bello di...

The comparative

In English, comparisons of inequality are usually made by adding *-er* to the adjective or by saying *not as*: *John is taller than Mary* or *Mary is not as tall as John*. In Italian, you use the expressions **più** + *adjective* + **di** (*more . . . than*) or **meno** + *adjective* + **di** (*less . . . than*).

Note that the adjective agrees in number and gender with the subject of the sentence.

Antonio è più sportiv**o** di Maria.	*Antonio is more active than Maria.*
Maria è più creativ**a** di Antonio.	*Maria is more creative than Antonio.*
Cinzia e Lucia sono più studios**e** di Silvio.	*Cinzia and Lucia are more studious than Silvio.*
Aurelia e Ahmed sono più avventuros**i** di Maria.	*Aurelia and Ahmed are more adventurous than Maria.*

Daniele è **più** alto **di** Sara.
Sara è **meno** alta **di** Daniele.

 ## Scopriamo la struttura!

For more on comparatives, watch the corresponding *Grammar Tutorial* in the *eBook*. A practice activity is available in **Connect**.

McGraw Hill Education **connect®**
www.mhhe.com/connect

 **A. Ascolta.** Remember the twins, Riccardo and Salvatore, from **Capitolo 3, Lessico**? Listen as your instructor reads statements about them and complete the sentences with either **più** or **meno**.

1. Salvatore è _____ bravo in cucina di Riccardo.
2. Salvatore è _____ timido di Riccardo.
3. Salvatore è _____ paziente di Riccardo.
4. Salvatore è _____ veloce di Riccardo.
5. Salvatore è _____ creativo di Riccardo.
6. Salvatore è _____ disordinato di Riccardo.

In Italia

Ecco alcuni dati sulla demografia e sulla geografia d'Italia:

- Emilia-Romagna: 22.123 km^2
- Etna: ultima eruzione 2016
- Italia: 60,7 milioni di abitanti
- Lago di Como: profondità di 410 m
- Lago Maggiore: profondità di 372 m
- Sardegna: 1.658.649 abitanti
- Sicilia: 5.077.487 abitanti
- Toscana: 22.993 km^2
- Vesuvio: ultima eruzione 1944

Source: Demos & Pi - www.demos.it

B. Un po' di cultura: In Italia.

Use the information in the **In Italia** box to complete each statement using **più** or **meno**.

1. La Spagna ha 47,2 milioni di abitanti. La popolazione dell'Italia è _____ numerosa della popolazione della Spagna.

2. L'Emilia-Romagna è _____ grande della Toscana.

3. La Sardegna ha _____ abitanti della Sicilia.

4. L'Etna è _____ attivo del Vesuvio.

5. Il lago di Como è _____ profondo del lago Maggiore.

C. Una graduatoria (*ranking*).

Parte prima. With a partner, rank each of these elements from 1 to 4 (1 = **massimo**, 4 = **minimo**) based on the characteristic given.

veloce	intelligente	difficile	divertente
_____ una Ford	_____ Einstein	_____ un corso di fisica	_____ un esame d'italiano
_____ una Ferrari	_____ un bambino	_____ un corso di italiano	_____ un concerto
_____ una BMW	_____ una scimmia (*monkey*)	_____ un corso di russo	_____ una serata a casa
_____ uno scooter	_____ un classico studente	_____ un corso di chimica	_____ un film dell'orrore

Parte seconda. Make a series of statements comparing the items in each group. Discuss your comparisons with those of another group or the class. Do you agree?

ESEMPIO: Un corso d'italiano è più facile di un corso di chimica.

o

Un corso di chimica è più difficile di un corso d'italiano.

> ▶ To learn about other types of comparisons, see **Per saperne di più** at the back of your book.

 **Grammatica dal vivo: Il comparativo**

Watch an interview with Alessia in which she compares American and Italian films.

connect

www.mhhe.com/connect

 D. Un po' di cultura: La famiglia italiana.

Read the following data that compares the number of one-person households (**famiglie unipersonali**) and households with five or more members in the regions of Italy, then create comparisons. Do you notice any patterns?

ESEMPI: La Liguria ha più famiglie unipersonali della Puglia.

La Puglia ha più famiglie con cinque persone della Liguria.

Le famiglie sono più grandi in Puglia.

Famiglie unipersonali e con 5 componenti e più per regione
Anno 2011 (valori percentuali)

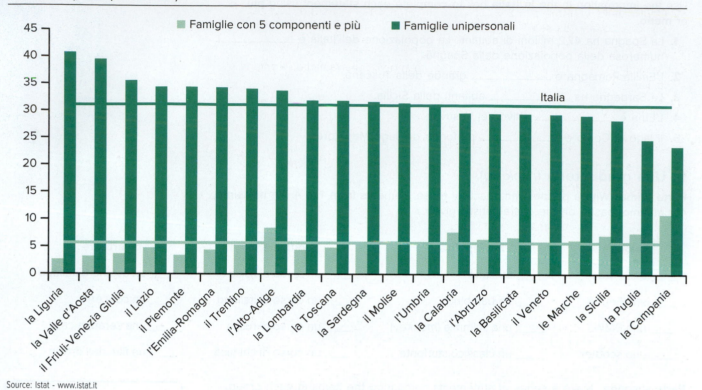

Source: Istat - www.istat.it

Cultura

 ## Ascoltiamo!

La famiglia italiana oggi

Italy is not a state. It is a collection of families.   —Italian aphorism

The importance of family has always been central in Italian culture. Family structure itself, however, changed dramatically in the period following World War II in response to rapid industrialization, urbanization, and emigration. Despite the changes that have occurred, Italian identity continues to be largely defined by family.

A. Osserva e ascolta. Watch and listen as Federico describes how different today's Italian family is from the traditional Italian family of the past. During the presentation, pay attention to his facial expressions, intonation, and gestures as well as to what he says, along with the accompanying images and captions to understand the meaning.

B. Completa. Complete the following sentences, *making them all true* by inserting either **più** or **meno.**

1. Oggi in Italia i matrimoni sono _____ numerosi che in passato; _____ persone abitano da sole.

2. La popolazione italiana oggi ha _____ anziani e _____ bambini.

3. Le famiglie degli immigrati hanno _____ bambini delle famiglie di origine italiana.

4. _____ italiani hanno membri della famiglia che abitano in città differenti.

5. _____ nonni abitano con figli e nipoti.

6. _____ italiani sono agricoltori (*farmers*).

7. Oggi la Chiesa cattolica ha _____ controllo sulla vita degli italiani.

8. Nell'Italia moderna, _____ donne hanno una professione.

C. Tocca a te! Answer the following questions.

C'è una grande varietà tra le famiglie moderne.
Quanti tipi diversi di famiglie conosci tu?
Chi sono i membri di queste famiglie?

Courtesy of Arrigo Carlan

Leggiamo!

La famiglia Gonzaga nella Camera degli Sposi

A. Prima di leggere.

Parte prima. What's the difference between **un selfie** and **un ritratto** (*portrait*) **fotografico tradizionale**? You may find the following words helpful: **personale, intimo, pubblico, spontaneo, autoscattato** (*self-shot*), **elettronico, artistico, formale, in posa di gruppo, singolo.**

Parte seconda. In your opinion, why do people take selfies? What are the advantages and disadvantages of tagging people in photos?

B. Al testo!

Parte prima. The fresco *Della corte* is painted on the wall in one of the reception rooms in the Ducal Palace in Mantova. Describe the fresco by completing the statements using **c'è** and **ci sono** and fill in the correct number. The first has been started for you.

study tip

When listening and reading, instead of focusing on what you don't know, work with what you do. Often the context, or words that come before or after, or asking a few questions on your part, will help you figure it out!

Della corte (1465–1474), Andrea Mantegna (Camera degli Sposi, Palazzo Ducale, Mantova, affresco)

© Palazzo Ducale, Mantua, Italy/Bridgeman Images

1. Ci sono ___15 (quindici)___ persone.
2. C'è / Ci sono _____ berretti (*caps*) rossi.
3. C'è / Ci sono _____ ragazzi piccoli.
4. C'è / Ci sono _____ cane.
5. C'è / Ci sono _____ giovane donna.
6. C'è / Ci sono _____ signore con i capelli bianchi e un berretto nero.

Parte seconda. Now read the descriptions of the Gonzaga family members who appear in the fresco and see if you can tag the members (1–8) of the family in the painting.

1. **Ludovico II,** il Signore di Mantova, è la figura principale. Tiene in mano una lettera.
2. **Barbara di Brandeburgo,** una donna intelligent, è la moglie di Ludovico.
3. **Gianfrancesco,** il figlio di Ludovico e Barbara, è il signore corpulento, vestito di giallo, tra (*between*) il padre e la madre.
4. La ragazza bruna che offre una mela (*apple*) a Barbara è l'ultima figlia, **Paola.**
5. Dietro (*Behind*) Paola c'è suo fratello, il giovane **Ludovico.**
6. Il giovane signore dietro Barbara è suo figlio **Rodolfo.**
7. La giovane donna dietro Rodolfo è sua sorella **Barbarina,** chiamata «la bella».
8. Sotto (*Under*) la sedia di Ludovico c'è **Rubino,** il suo cane preferito.

C. Discutiamo!

Parte prima. Which characteristics of **un selfie** does this fresco share? Did tagging the people in the fresco influence your reaction to it? If so, in what way?

Parte seconda. During the Middle Ages, only religious figures appeared in works of art. The development of **il ritratto** is a characteristic of Renaissance art. Based on what you've learned so far about Italian art history, why do you think **il ritratto** came into vogue during this period?

In italiano

fare/farsi un selfie (con uno smartphone o una webcam)

usare un selfie stick / un bastone per selfie

impostare un timer

taggare una persona in una foto

caricare/postare su un social network

▶ To read about another famous Italian family from the same period, see **Capitolo 4, Cultura, Leggiamo!** in the *Workbook / Laboratory Manual*.

 ## Scriviamo!

Lettera misteriosa: intrigo o banalità?

Although the painting *Della corte* contains images of many members of the Gonzaga family, this fresco is not a formal family portrait. (In fact, Ludovico is wearing a dressing gown and slippers!) Instead, it tells the story of an event surrounding the unexpected arrival of the letter that Ludovico is holding. Some historians suggest that the letter is from **la duchessa di Milano, Bianca Maria Visconti, moglie del duca Francesco Sforza,** whose husband was in failing health. Do you think it is a personal letter, a political letter, or just news? What do you think it says? With a partner, write the letter (no more than 25 words).

 ## Parliamo!

Mamma!

What if you were trying to find long-lost family members and you had some pieces of information, but not many to go on? Your instructor will give each student a card with information about an imaginary person (**nome, stato civile** [marital status], **città dove abita, professione, eccetera**). Everyone will go around the room, meet each other, and ask and answer questions in Italian to find the other members of their imaginary families. When you think you've found everyone, sit down together in a group. When everyone is seated, be prepared to introduce your family member(s) to the rest of the class.

Retro

The term **condottiere** has been borrowed directly into English from Italian. From the end of the 13th until the 16th century the Italian peninsula was fragmented into a number of small states, fearful of each other and vying to extend their influence. The constant wars between them were fought by hired companies of professional soldiers, **condottieri,** in exchange for money, land, and power.

Monumento equestre al Gattamelata, condottiere (1447–1453), Donatello (Padova, piazza del Santo, bronzo)
© Elio Ciol/Corbis

Read more about mercenary soldiers and the Gonzaga family's connection to them in **Capitolo 4, Retro** in **Connect.**

www.mhhe.com/connect

🎬 Scopriamo il cinema!

FILM: *Ricordati di me*

(Commedia. Dramma. Italia. 2003. Gabriele Muccino, Regista. 125 min.)

> **RIASSUNTO:** The Ristuccia family is in crisis as each member attempts to realize a dream: father Carlo (Fabrizio Bentivoglio), bored by his job and marriage, reignites a previous love interest with Alessia (Monica Bellucci); mother Giulia (Laura Morante) tries to reestablish a long abandoned acting career; son Paolo (Silvio Muccino) struggles to win friends, and daughter Valentina (Nicoletta Romanoff) fights to land an audition as a dancer on a popular TV show.
>
> **SCENA:** (DVD) Credits and opening scene, which depict a typical morning for the Ristuccia family.

A. Anteprima.

Parte prima. This clip begins the film and serves to introduce the main characters. To do so, the opening scene moves from a wide perspective to an increasingly smaller one. Number the following objects from 1 to 4 in the order in which you expect them to appear.

_____ **la casa**   _____ **il materasso** (*mattress*)

_____ **la città**   _____ **il quartiere** (*neighborhood*)

Parte seconda. Now pretend you are the narrator, pointing out the things that "belong" to Carlo and Giulia.

ESEMPIO: Questa è la loro città. Questo è...

B. Ciak, si gira!

Parte prima. Match each family member with his/her description. **Attenzione!** More than one description will apply to some family members.

1. Carlo _____.

2. Giulia _____.

3. Paolo _____.

4. Paolo e Valentina _____.

a. dormono

b. strilla (*yells*)

c. porta l'Ovomaltina al figlio

d. puzza (*stinks*)

e. guida la macchina

f. vanno a scuola

g. hanno sonno

h. ha fretta (*is in a hurry*)

Parte seconda. With a partner, write a description of one of the characters. When you have finished, present this person to the class without giving his/her name. See if the others can guess who it is.

C. È fatto! Answer the following questions.

1. Questa è una famiglia moderna o tradizionale? Perché?

2. La loro routine di mattina è simile o diversa dalla routine della tua famiglia?

Scopriamo le belle arti!

Madonna «della Seggiola» (1514), Raffaello Sanzio

🔄 LINGUA

A. Identificare. Read the caption that accompanies the painting on the first page of this chapter. Answer the following questions in order to identify this work of art.

1. Come si chiama?
2. Chi è l'artista?
3. Quando è stato dipinto (*was it painted*)?
4. Dov'è?
5. Di che cos'è fatto?

B. Descrivere. Describe the work of art. **Attenzione!** A description doesn't interpret or evaluate. Write only what you *see*.

Parte prima. Write three sentences using **c'è** and **ci sono**.

Parte seconda. Complete the following sentences with the appropriate *colors*.

1. La donna ha i capelli _____ e un vestito _____ e _____.
2. Il bambino piccolo ha gli occhi _____ e un vestito _____.
3. Il bambino più grande ha i capelli _____ e un vestito _____.
4. Lo sfondo (*background*) è _____.

Parte terza. What are the people in the painting looking at? Complete the sentences.

1. Il ragazzo guarda _____
2. La donna guarda _____
3. Il bambino guarda _____

a. il bambino
b. una cosa lontana
c. lo spettatore (*spectator*)

C. Analizzare. Il significato della linea e dei colori. Analyze how the artist uses line and color to convey meaning. Choose the appropriate words to complete the sentences.

1. In quest'opera, l'artista usa la linea verticale / spezzata / curvata; è una linea stabile / armoniosa / caotica.
2. Quest'opera è policromatica; l'artista usa il blu / il giallo / il rosso per esprimere calore (*warmth*) / rabbia (*anger*) / maestà (*majesty*).

ARTE

Close observation is essential when we "read" a work of art. After careful observation it becomes necessary to combine the elements of description and analysis in order to proceed to the next to last step: the **interpretation** of what we see. For example, in this painting the artist includes three *symbols* to guide our understanding of this group of people.

A. Chi è questa famiglia? Complete the sentences to discover who the people in the painting are.

1. In quest'opera, le tre figure hanno l'aureola (*halo*); questo simbolo indica che le persone sono _____.

   a. importanti   b. intelligenti   c. sante (*holy*)

2. La madre si chiama Maria. Ha in grembo (*on her lap*) il suo bambino. Suo figlio si chiama _____.

    a. Francesco   **b.** Giuseppe   **c.** Gesù

3. Il bambino più grande ha una croce (*cross*) e un vestito fatto di pelle di cammello (*camel hair*); questi simboli indicano che il ragazzo si chiama _____.

    a. Giovanni (Battista)   **b.** Gesù   **c.** Giuseppe

B. Siamo parenti! Now use the information in the following paragraph to determine the family relationship between the baby and the boy.

La madre del bambino si chiama Maria. La madre del ragazzo si chiama Elisabetta. Elisabetta e Maria sono cugine. Maria è la zia del ragazzo; il ragazzo è suo nipote. Elisabetta è la zia del bambino; il bambino è suo nipote. Il bambino e il ragazzo sono _____.

    a. fratelli   **b.** zii   **c.** cugini

C. Valutare. The last step in reading art is evaluation, expressing a judgment or opinion supported by your description, analysis, and interpretation. **Ti piace questo dipinto? Cosa ti piace? Se non ti piace, perché?**

Il blog di Emiliano—Roma

Roma

Il Foro romano

Ecco la mia zona preferita di Roma, il centro «vero» dei monumenti. In mezzo a tanta storia c'è molta vita.

Mi piacciono: le lunghe passeggiate nel parco, il cinema all'aperto d'estate, il gelato in Via Tor Millina (*Take It Easy Ice*).

Emiliano Betti

33 anni

ingegnere informatico

Cerca...

Post recenti

Roma

Commenti recenti

Emiliano Betti: Courtesy of Emiliano Betti; Roman Forum: © Author's Image/PunchStock RF

Vocabolario

Domande ed espressioni

Che (+ *adj.*)	
Che bello(a/i/e)!	How beautiful!
Che furbo(a/i/e)!	How clever!
Che (+ *n.*)	
Che disastro!	What a disaster!
Che genio/geni!	What a genius / geniuses!
Che mattone!	What a bore!
Che scemo(a/i/e)!	What a moron/idiot!
Che schifo!	How gross/disgusting!
Che (+ *adj.* + *n.*)	
Che bella macchina!	What a beautiful car!
Che bell'idea!	What a great idea!
Che (+ *n.* + *adj.*)	
Che film noioso!	What a boring film!
Chi è?	Who is it?
Chi sei? / Chi è?	Who are you? (*inform./form.*)
Cos'è?	What is it?
Cosa fai? / Cosa fa?	What do you do for a living? (*inform./form.*)
Perché non (+ *verb*) ... ?	Why not (+ *verb*) . . . ?
più/meno (+ *adj.*) + **di**	more/less than
più alto di	taller than
meno interessante di	less interesting than

Verbi

conoscere	to know (*a person or place*)
correre	to run
cucinare	to cook
dare	to give
dipingere	to paint
dire	to say, to tell
fare il tifo per	to be a fan of, to cheer for
nuotare (in piscina)	to swim (in the pool)
prendere	to take
prendere l'aereo	to travel by plane
prendere l'autobus	to take the bus
prendere un caffè	to have a coffee
prendere lezioni di...	to take lessons in . . .
prendere il sole	to sunbathe
sapere	to know (*a fact*)
sapere (+ *inf.*)	to know (*how to do something*)
sciare	to ski
stare	to be; to stay, to remain
viaggiare	to travel

Sostantivi (la famiglia)

il babbo, il papà	dad
la casalinga	housewife
il cugino / la cugina	cousin
la famiglia	family
il figlio / la figlia	son/daughter
il fratello	brother
i genitori	parents
la madre	mother
la mamma	mom
il marito	husband
la moglie	wife
il nipote / la nipote	grandson/granddaughter; nephew/niece
il nonno / la nonna	grandfather/grandmother
il padre	father
i parenti	relatives
la sorella	sister
i tuoi (*coll.*)	parents; relatives
lo zio / la zia	uncle/aunt

Aggettivi

agitato	excited, nervous
avventuroso	adventurous
creativo	creative
divorziato	divorced
generoso	generous
maggiore	older
minore	younger
separato	separated
sportivo	athletic
sposato	married
unico	sole, only

Altri sostantivi

la carnagione (chiara/scura)	(light/dark) skin tone
(una persona) di colore	(person) of color

Interrogativi

che (cosa)	what
chi	who
come	how
dove	where
perché	why; because
qual è... ?	what is . . . ?
quale	which
quando	when
quanto	how much; how many

5 A tavola!

La Vucciria (1974), Renato Guttuso (Università degli Studi di Palermo, olio su tela)

© 2013 Artists Rights Society (ARS), New York/SIAE, Rome. Photo: © P. Rotger/Iberfoto/The Image Works

SCOPI

IN THIS CHAPTER YOU WILL LEARN:

- to invite someone to do something
- to accept and decline invitations
- to make excuses
- restaurant terms and items on an Italian menu
- to talk about extreme qualities
- to talk about what you have to do, can do, and want to do
- to specify where, when, and with whom activities take place
- to express unspecific quantities of things
- about Italian meals and dining etiquette

www.mhhe.com/connect

Ti piacerebbe... ? / Le piacerebbe... ?

Inviting someone to do something

> To ask someone if he/she would like to do something, say:
>
> **(tu)**   **(Lei)**
>
> **Ti piacerebbe** + *infinitive* ... ?   **Le piacerebbe** + *infinitive* ... ?
>
> **Ti piacerebbe guardare la TV?**   **Le piacerebbe fare una passeggiata in centro?**

 A. Osserva e ascolta.

Parte prima. Osserva e ascolta come questi italiani si presentano e come rispondono alla domanda: «Ti/Le piacerebbe visitare gli Stati Uniti?» Scrivi il nome di ogni persona sotto la sua foto: **Cristina, Gaia Brilli, Lorenzo Maioli, Maria Alfonsa Amendola, Sara.**

1. _____

2. _____

3. _____

4. _____

5. _____

Photos 1–5: © McGraw-Hill Education/TruthFunction

Parte seconda. Dividi le persone che hai appena ascoltato (*that you just listened to*) in due gruppi. Scrivi il nome della persona nella categoria appropriata.

Sì, mi piacerebbe visitare gli Stati Uniti.	No, non mi piacerebbe visitare gli Stati Uniti.

- Instead of replying simply **sì** or **no** to an invitation, you can express agreement or indecision with any one of the following answers, or you may use them in combination.

  Sì! Certo! Come no?!   *Yeah! Sure! Why not?!*

  Beh. Insomma.   *Well. Not really.*

  —**Ti piacerebbe cenare fuori?**

  —**Certo! Mi piacerebbe provare** (*to try*) **quel nuovo ristorante.
    (Beh. Insomma. Perché non stiamo a casa?)**

- **Attenzione!**

  Ti/Le piace... ? means *Do you like . . . ?*   **Ti/Le piacerebbe... ?** means
                                                      Would you like . . . ?

  —**Ti piace ballare?**   —**Ti piacerebbe ballare?**

  —**Sì, molto!**   —**Sì, grazie! Mi piacerebbe molto.**

B. Mi piacerebbe visitare...

Parte prima. Indica ✓ tutti i paesi che ti piacerebbe visitare.

1. _____ l'Italia
2. _____ l'Australia
3. _____ il Messico
4. _____ la Cina
5. _____ la Turchia
6. _____ il Giappone
7. _____ il Brasile
8. _____ la Nuova Zelanda

Parte seconda. Invita il tuo compagno / la tua compagna a visitare i paesi con te.

> **ESEMPIO:** **S1:** Ti piacerebbe visitare l'Italia?
>   **S2:** Certo! (Insomma.)

- When you accept or decline an invitation, be sure to add **grazie**.

  (tu)   **(Lei)**

  —**Ti piacerebbe prendere
    un gelato?**   —**Le piacerebbe visitare il Museo
                                                del Duomo?**
  —**Grazie, ma sono a dieta.**   —**Sì, grazie. Mi piacerebbe molto.**

- **Attenzione!** Italians say **grazie** in instances where North Americans might say *please*:

  —**Prendi un caffè?**

  —**Sì, grazie.**

C. Ti piacerebbe... ?

Parte prima. Invita un tuo compagno / una tua compagna a fare le seguenti attività. Scrivi le risposte del tuo compagno / della tua compagna: ne avrai bisogno (*you will need them*) per la seconda parte di quest'attività.

ESEMPIO: **S1:** Ti piacerebbe vedere un film?
           S2: Sì, certo!

	sì	mah	no
1. vedere un film	☐	☐	☐
2. fare una passeggiata	☐	☐	☐
3. studiare insieme	☐	☐	☐
4. prendere un gelato	☐	☐	☐
5. cenare fuori (*out* [*in a restaurant*])	☐	☐	☐
6. andare in palestra (*gym*)	☐	☐	☐
7. giocare a calcetto*	☐	☐	☐

- Here are other ways to invite someone to do something, expressing *Do you want . . . ?*:

(tu)	**(Lei)**
vuoi + *infinitive*	**vuole** + *infinitive*
ti va di[†] + *infinitive*	
—**Vuoi entrare?**	—**Vuole vedere il menu?**
—**Ti va di ballare?**	

- You can also use the **noi** form, which means *Let's . . .*

—**Mangiamo?**

—**Volentieri! Ho fame!**

Parte seconda. Con un compagno / una compagna mettetevi d'accordo (*agree*) su un'attività da fare insieme. Poi organizzate tutti i particolari.

ESEMPIO: **S1:** Allora, vuoi vedere un film, eh? Quale?
           S2: (*titolo di un film*). Va bene?
           S1: Sì, sì, benissimo. Quando?
           S2: Domani sera?
           S1: OK. A che ora? (eccetera)

---

*Five-a-side: This is soccer with five players (instead of 11) on each side, played on a smaller field.

[†]You've already seen *Ti va di...* . It is the equivalent of *Do you feel like . . . ?*

Grazie, ma non posso

Declining an invitation and making excuses

- Whereas Americans may offer something once and, if the other person says "no, thanks," consider the matter settled, Italians consider it polite to decline the first offer, so as not to appear too eager or to cause their host any trouble. The host may offer a second (and possibly even a third time) before the offer is accepted.

  —**Prendi un caffè?**

  —**No, no, grazie.**

  —**Sicuro?**

  —**Grazie, ma no. Non voglio disturbare.** (*I don't want to bother you.*)

  —**Ci mancherebbe altro.* Preparo il caffè!**

  —**Allora sì, grazie.**

- Sometimes **no,** even with its accompanying **grazie,** is just too abrupt. In those cases, a reason for the refusal may be in order. Here are a few ways to soften the **no:**

non posso	*I can't*
devo + *infinitive*	*I have to* + infinitive
forse	*maybe*
un'altra volta	*another time*
ho un altro impegno	*I have something else I have to do*

A. Perché no?

Parte prima. Abbina a ogni invito una scusa appropriata.

1. Ti piacerebbe fare una passeggiata dopo cena?

2. Vuoi venire con noi al nuovo discopub sabato?

3. Ti va di fare un giro in moto?

4. Ti piacerebbe venire a pranzo domenica?

a. Grazie, ma non posso. Vado a trovare gli zii questo weekend.

b. Grazie, ma non posso. Stasera devo studiare.

c. Grazie, ma non posso. Non ho il casco (*helmet*).

d. Grazie, ma non posso. Non so ballare.

Parte seconda. Controlla (*Check*) le tue risposte rivolgendo (*by extending*) un invito a un compagno / una compagna e rispondendo al suo.

B. Grazie, ma...

Ritorna alla lista delle attività elencate in **Attività C, Ti piacerebbe... ? Parte prima.** A turno, invita un compagno / una compagna a fare le attività con te. Se lui/lei rifiuta (*refuses*), deve offrire (*must offer*) una scusa.

ESEMPIO: S1: Vuoi vedere un film stasera?

S2: Sì, grazie! (Grazie, ma non posso. Ho un altro impegno.)

***Ci mancherebbe altro** does not have a direct translation in English. It's the equivalent of saying *Not a problem! No big deal!*

C. Dove vuoi mangiare?

Parte prima. Osserva le descrizioni di alcuni ristoranti. Lavora con un compagno / una compagna e decidete dove cenare insieme.

ESEMPIO: **S1:** Ti piacerebbe mangiare da Giacomo?
S2: No, non mi va di mangiare la pizza.
S1: Allora preferisci... ?

TAVERNA PARTENONE

Ambiente: Il locale si trova vicinissimo a Piazza del Mercato e all'università. Facile da raggiungere anche a piedi, ha due sale arredate in modo semplice e confortevole.

Tipo di cucina: I piatti tipici e le specialità greche sono tutte a base di carne e verdure: Musakà, Suvlakki, Kleftiko, Kurabies.

Tutti i clienti possono avere uno sconto del 20% a mezzogiorno, escluso il sabato.

I possessori di Carta Giovani possono avere uno sconto del 25% a pranzo e cena, escluso il sabato.

Spesa media: 25 euro

Corso Palestro, 15
25121 Brescia
030 377 5977
Aperto dal martedì alla domenica, dalle 12.00 alle 15.00 e dalle 19.00 alle 23.00
Chiuso il lunedì

Basilico

Piazza del Mercato, 25
25121 Brescia
366 330 9530
Aperto dal lunedì al sabato dalle 12.00 alle 15.00 e dalle 19.30 alle 23.00
Chiuso la domenica

Ambiente: È un ristorante vegetariano vicino al centro
La sua cucina, genuina e appetitosa, conquista anche gli amanti della carne!
Attenzione! Il locale non prevede zona fumatori.

Tipo di Cucina: Tra le specialità ricordiamo i wurstel vegetariani, i vari centrifugati di frutta e verdura fresca, le numerose e diversissime insalate.

Spesa media: meno di 20 euro

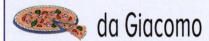

da Giacomo

via Annibale Calini, 1
25121 Brescia
0308753082
aperto dalle 12.00 alle 15.00 e dalle 19.00 alle 24.00 **chiuso** il **martedì**

Ambiente. La pizzeria si affaccia sul suggestivo Palazzo Gambara. Il locale è molto accogliente.

In primavera e in estate i tavoli vengono disposti all'aperto ed è possibile mangiare in mezzo al panorama del bel palazzo.

Cucina. La pizza da Giacomo è buonissima ed è fatta secondo la vera tradizione napoletana.

Spesa media: 15–20 euro

Parte seconda. Spiegate la vostra decisione alla classe.

ESEMPIO: Mangiamo al Basilico perché siamo vegetariani.

Tutti a tavola!

Restaurant terms and items on an Italian menu

▶ Studia il menu e rispondi alle seguenti domande.

La Torre

Via delle due Torri, 46
Bologna

Antipasto

paté di fegato 4,50
   liver pâté
prosciutto e melone 6,00
   cured ham and melon
salmone affumicato 10,30
   smoked salmon
affettati misti 8,50
   assortment of sliced meats and sausages

Primi Piatti

tortellini in brodo 7,00
   tortellini in broth
gnocchi al sugo di pomodoro . 6,50
   dumplings with tomato sauce
risotto alla marinara 8,50
   creamy rice with seafood
spaghetti alla bolognese 6,30
   spaghetti with meat sauce

Secondi Piatti

braciola di vitello 9,30
   veal cutlet
pollo arrosto con funghi 8,00
   roast chicken with mushrooms
pescespada alla brace 13,00
   charcoal-grilled swordfish
bistecca fiorentina 15,00
   Florentine steak

Contorni

peperoni alla griglia 3,50
   grilled peppers
zucchine e fagiolini 5,20
   zucchini and green beans

patate fritte 3,70
   french fries
insalata mista 3,00
   mixed salad

Formaggi

mozzarella di bufala 6,50
   fresh buffalo milk mozzarella
gorgonzola 5,00
   Gorgonzola cheese
parmigiano 5,50
   Parmesan cheese
formaggi misti 8,50
   mixed cheeses

Dolci

frutta fresca di stagione 4,50
   seasonal fresh fruit
gelato alla crema 3,50
   vanilla ice cream
torta al cioccolato 5,00
   chocolate cake

Bevande

vino della casa   house wine
   mezzo litro (1/2 liter) 4,00
   litro 6,00
Pinot/Chardonnay 20,00
Merlot/Lambrusco 18,00
acqua minerale (naturale/frizzante)
   mineral water (still/sparkling)
   mezzo litro (1/2 liter) 2,00
   litro 3,00
birra   beer
   piccola 2,00
   media 3,00

coperto (cover charge): 2,50

© DEA/M. Borchi/De Agostini/Getty Images

▶ Answers to this activity are in the **Appendix** at the back of your book.

1. Quando si mangia (*does one eat*) l'antipasto, prima (*before*) o dopo (*after*) il primo piatto?
2. Qual è la differenza tra il primo piatto e il secondo piatto?
3. Con quale piatto si mangia il contorno?
4. Quando si mangia il formaggio, prima o dopo il dolce?

In Italia

- Alla fine del pasto il cameriere porta **il conto.** Alcuni ristoranti aggiungono (*add*) **un coperto** (*cover charge*) per ogni persona. **Il servizio** (*service charge*) può essere incluso nel conto. Se no, **una mancia** (*tip*) dal 10 al 15% (per cento) è lasciata (*is left*) sul tavolo, ma non alle tavole calde o ai locali self-service.

- Di solito in Italia il cameriere porta un unico conto per tutte le persone al tavolo. Quando si divide il conto in parti uguali, si dice **fare alla romana.**

Courtesy of Arrigo Carlan

▶ **Un po' di cultura: Dove mangiamo?** Leggi le descrizioni dei vari locali (*places to eat*) e abbina l'ordinazione (*order*) al locale giusto.

il locale

1. Il ristorante è un locale formale dove normalmente si mangia un primo, un secondo e un dolce.

2. La pizzeria è molto informale; offre la pizza e a volte un numero limitato di primi e secondi.

3. La tavola calda serve di solito pizza al taglio (*by the slice*) e altri piatti già pronti.

4. L'osteria offre vino e birra e pasti semplici.

5. La trattoria è simile al ristorante ma è meno formale e meno cara.

l'ordinazione

a. una birra media, una pizza quattro stagioni*

b. una bottiglia di acqua frizzante, tagliatelle al ragù, un'insalata mista, un gelato al cioccolato

c. mezzo litro di vino da tavola, formaggi e affettati

d. una bottiglia di Merlot, una bottiglia di acqua naturale, un paté di fegato, un risotto ai funghi, una braciola di vitello con zucchine e patatine fritte, una torta al cioccolato, un caffè

e. una Fanta e una (pizza) margherita al taglio

▶ Answers to this activity are in the **Appendix** at the back of your book.

Pizza quattro stagioni
© Scoffshots/Alamy

*La pizza quattro stagioni ha quattro ingredienti tradizionali (i carciofi [*artichokes*], le olive, i funghi, il prosciutto), ciascuno dei quali (*each of them*) rappresenta una stagione.

Apparecchiamo!°

Let's set the table!

Courtesy of Diane Musumeci

▶ Quali posate (*silverware*) usi per mangiare questi cibi?

▶ Answers to this activity are in the **Appendix** at the back of your book.

la bistecca	il brodo	il gelato	la torta al cioccolato
le lasagne	i piselli (*peas*)	il tiramisù	

ESEMPIO: Mangio i broccoli con la forchetta.

In Italia

In Italia ci sono più di 165 formati (*shapes*) di pasta. Alcuni sono di colori diversi. Quanti formati di pasta conosci?

© C Squared Studios/Getty Images RF

Il Museo Nazionale delle Paste Alimentari è a Roma, vicino alla Fontana di Trevi. Al museo puoi imparare (*learn*) la storia della pasta e della sua produzione.

La piramide della dieta mediterranea

▶ Questa piramide della dieta rappresenta la distribuzione in frequenza e quantità di tutti gli alimenti principali compresi (*included*) nella dieta mediterranea. Alla base troviamo gli alimenti (*foods*) che possiamo consumare tutti i giorni, mentre quelli al vertice (*top*) sono da consumare meno frequentemente. Guarda il menu del ristorante La Torre, nel **Lessico,** e decidi in quale categoria inserire i vari piatti.

LA PIRAMIDE DELLA DIETA MEDITERRANEA

consumo mensile — Carne rossa

consumo settimanale — Dolci / Uova / Carni bianche / Pesce

consumo quotidiano — Formaggi, yogurt / Olio extravergine di oliva / FRUTTA LEGUMI VERDURE / PANE, PASTA, RISO, PATATE, ECC

Source: Based on "Traditional Healthy Mediterranean Diet Pyramid," Old Ways Preservation & Exchange Trust, www.oldwayspt.org

A. I piatti.

Parte prima. A quali piatti associ questi cibi?

| l'antipasto | il primo | il secondo | il contorno | il dolce |

1. gli scampi alla brace
2. i calamari fritti
3. il minestrone (*vegetable soup*)
4. le patate lesse (*boiled*)
5. le linguine
6. il tiramisù
7. i ravioli al prosciutto
8. i piselli
9. la bruschetta
10. le lasagne verdi
11. il coniglio (*rabbit*)

Parte seconda. Dove si trovano questi cibi nella piramide della dieta mediterranea? Ogni quanto bisogna mangiare questi cibi?

B. Regioni d'Italia: La cucina italiana. Non c'è una cucina «italiana». In Italia, ogni regione ha la propria cucina con le sue specialità. Abbina ogni città alla sua specialità. Se non sai la risposta, cercala su Internet. Un abbinamento è già stato fatto. **Attenzione!** Una città ha più di una specialità.

1. ____ Genova		**a.**	l'aceto balsamico
2. ____ Firenze		**b.**	la pizza
3. ____ Napoli		**c.**	il risotto allo zafferano (*saffron*)
4. ____ Milano		**d.**	il pesto
5. ____ Bologna		**e.**	la pasta fresca (le tagliatelle, i tortellini)
6. ____ Parma		**f.**	l'amatriciana*
7. ____ Modena		**g.**	la bistecca fiorentina
8. _f_ Roma		**h.**	la mortadella
		i.	parmigiano reggiano

C. Da ordinare o da evitare (*avoid*)? Queste persone stasera mangiano al ristorante La Torre. Quali piatti e/o bevande ordinano e quali evitano?

> **ESEMPIO:** **S1:** Maria è a dieta.
> **S2:** Allora ordina il pollo arrosto e l'insalata. Evita la pasta e la torta al cioccolato.

1. Gianni non ha molta fame.
2. Salvatore e Giacomo hanno molta fame.
3. Sara e Abbas sono vegetariani.
4. Giovanni ha mal di pancia.
5. Rita va in palestra subito dopo cena.
6. Omar è astemio (non beve alcolici).
7. Riccardo ha fretta.
8. Marco non mangia carboidrati.

D. Non mangio mai...

Parte prima. Guarda il menu del ristorante La Torre, nel **Lessico,** e fai una lista di cinque cibi e bevande che non mangi o non bevi mai.

Non mangio mai...	Non bevo mai...
1. *il formaggio*	**1.** *la birra*
2.	**2.**
3.	**3.**
4.	**4.**
5.	**5.**

Parte seconda. Intervista tre compagni/compagne e segna ✓ se anche loro evitano gli stessi cibi e bevande.

> **ESEMPIO:** **S1:** Non mangio mai il fegato. Maria, tu mangi il fegato?
> **S2:** No, non mangio mai il fegato. ✓

Parte terza. Con chi hai più cose in comune? Riferisci i risultati ai compagni.

> **ESEMPIO:** Io e Maria non beviamo mai il vino, non mangiamo mai il fegato...

---

*This traditional Italian pasta sauce is made from **guanciale** (*cured pork cheek*), pecorino cheese, and tomato. Named after the town of Amatrice (in the mountainous province of Rieti in the Lazio region), where it originated, it is one of the best-known pasta sauces in Roman and Italian cuisine. It has been designated as Lazio's **prodotto agroalimentare tradizionale**.

E. Ordiniamo! (*Let's order!*)

Il Menu

Antipasti
Sformatino[1] di carciofi e piselli in salsa delicata
Varietà di antipasti tipici siciliani caldi e freddi
Gran[2] fritto di verdure fresche di stagione e formaggi

Primi piatti
Raviolini in salsa di pistacchi e mandorle[3]
Tagliatelle ai funghi porcini dell'Etna
Zuppa di funghi

Secondi piatti
Bocconcini[4] di pollo dorati[5] all'aceto balsamico
Filettino di bue[6] con funghi e marsala
Pesce del giorno
(I piatti sono tutti guarniti con un contorno).

Dessert
Semifreddo[7]
Sorbetto al limone

[1]*soufflé* [2]*Gran = grande* [3]*pistacchi… pistachios and almonds*
[4]*nuggets* (literally, *little mouthfuls*) [5]*golden* [6]*filettino… filet
mignon* [7]*ice cream cake* (literally, *half-cold*)

Parte prima. Il signor Cecchi cena da solo al ristorante. Il cameriere ha già portato (*already brought*) un litro di acqua frizzante e adesso il signor Cecchi deve ordinare. Completa il dialogo.

IL CAMERIERE: Cosa desidera (*What would you like*)?

IL SIGNOR CECCHI: Come primo vorrei (*I would like*)_____.[1]

IL CAMERIERE: E da bere?

IL SIGNOR CECCHI: _____.[2]

IL CAMERIERE: E come secondo?

IL SIGNOR CECCHI: _____.[3]

IL CAMERIERE: Desidera altro?

IL SIGNOR CECCHI: _____.[4]

Parte seconda. Lavora con un compagno / una compagna. A turno, svolgete il ruolo del cameriere e del cliente. Usate il menu del ristorante La Pigna. Ricordate di usare le forme formali!

ESEMPIO: **S1:** Cosa desidera come antipasto?
            S2: Vorrei…
            S1: E come primo?

Strutture

5.1 Il più buono!

The superlative

▶ Completa le frasi con la parola appropriata. Scegli tra le seguenti parole.

> **affermati** (*successful*)   **antichi** (*ancient*)   **autentica**   **famoso**   **piccolo**

Solo per Due
Courtesy of Solo Per Due, Italy

1. **Il ristorante più _____ d'Italia** si trova a Vacone, un piccolo villaggio in provincia di Rieti 68 km a nord di Roma. Solo per Due ha un solo tavolo e accetta solo due persone a pasto. Il menu è basato su una selezione di ingredienti freschi e si offrono solo i vini italiani migliori.

L'Oste Scuro a Bressanone
© Hotel Goldener Adler

2. L'Oste Scuro (*The Dark Host*) si trova a Bressanone (Trentino–Alto Adige) ed è **uno dei ristoranti più _____ d'Italia.** Aperto nel 1200 e famoso all'epoca per i suoi vini, ogni sera al tramonto (*sunset*) doveva chiudere e spegnere le candele (*blow out the candles*) per non disturbare il parroco (*parish priest*) del vicino duomo. Ma la regola non veniva sempre rispettata e le persone bevevano al buio (*dark*): ecco perché si chiama «L'Oste Scuro».

Gualtiero Marchesi
© Roberto Arcari/Contrasto/Redux

3. Gualtiero Marchesi è **lo chef più _____ d'Italia.**
Primo ristoratore a ricevere le «tre stelle (*stars*)» della guida Michelin Italia nel 1985, è innovatore (*innovative*), intuitivo e amante (*lover*) della buona cucina. Nella sua cucina si sono formati molti de**gli chef italiani più _____.**

> ## In italiano
>
> There are two meanings of **pasta**: *pastry* and *pasta*. The masculine form, **il pasto,** means *meal*.

4. Il classico piatto italiano è la pizza, di cui (*of which*) ci sono diversi tipi famosissimi. **La pizza più _____**, però, è la pizza marinara di Napoli, con pomodoro, aglio, olio e origano. Da non dimenticare sono il calzone (pizza imbottita [*stuffed*] con salumi, ricotta e formaggi) e la pizza fritta (*fried*), uguale al calzone ma interamente fritta nell'olio!

La pizza imbottita
© Brian Tolbert/Corbis RF

1 The superlative (**il superlativo**) is used to talk about the extremes of a particular quality (*the smallest, the most famous, the least expensive*). Here's how you form the superlative in Italian.

> **definite article + noun + più/meno + adjective**
>
> | la | pizza | **più** | autentica | *the most authentic pizza* |
> | il | ristorante | **meno** | costoso | *the least expensive restaurant* |

If you are talking about a member of a particular group, you add:

> **di + name of the group**
>
> d'Italia   *in Italy*
> del mondo   *in the world*

2 Some adjectives, like **bello, buono,** and **cattivo** may precede the noun. (Remember the forms of **bello**? See **Per saperne di più, Capitolo 2.**) They may also precede the noun in the superlative construction.

> La Pigna ha i più bei camerieri!   *La Pigna has the handsomest waiters!*

Attenzione! The superlative forms of **buono** and **cattivo**, *the best* and *the worst*, are irregular: **più buono = migliore** and **più cattivo = peggiore**.

> Il risotto è il **miglior(e)** primo.   *The risotto is the best first course.*
>
> La zuppa di funghi è il piatto **peggiore**.   *The mushroom soup is the worst dish.*

🇮🇹 A. Un po' di cultura: I luoghi famosi. Scegli il luogo giusto per completare le affermazioni.

1. Secondo la classifica *The World's 50 Best Restaurants*, nel 2015 il migliore ristorante al mondo si trova a <u>Girona, Spagna / Modena, Italia / Copenhagen, Danimarca</u>.

2. La montagna più alta d'Europa è <u>il Monte Bianco (Francia-Italia) / Grossglockner (Austria)</u>.

3. La regione con la raccolta (*harvest*) di uva da vino più alta è <u>la Toscana / il Veneto / la Sicilia</u>.

4. L'edificio più alto d'Italia è <u>il palazzo Pirelli (Milano) / San Pietro (Roma)</u>.

5. L'università più antica d'Europa è <u>l'Università di Cambridge / l'Università degli Studi di Bologna</u>.

▶ Answers to this activity are in the **Appendix** at the back of your book.

B. I premi! Con i compagni, aggiungete altre categorie e date tre possibili risposte per ogni categoria. Poi votate.

Secondo voi, qual è...	1	2	3
1. il miglior dolce			
2. il peggior film			
3. il programma televisivo più seguito			
4.			
5.			
6.			

C. Esagerato!

Metti questi gruppi di parole in ordine. Indica poi se sei d'accordo (*in agreement*) con ciascuna frase. Se non sei d'accordo, cambia la frase in modo che sia vera per te.

	sono d'accordo	non sono d'accordo
1. cibo / nutriente / il / la / è / meno / carne	☐	☐
2. la / Roma / più / città italiana / è / famosa per la gastronomia	☐	☐
3. il / le / più / patate fritte / grasso (*fatty*) / contorno / sono	☐	☐
4. sono / più / i fagiolini e i broccoli / le verdure / saporite (*tasty*)	☐	☐
5. il / il / più / formaggio / gorgonzola / magro / è	☐	☐

In Italia

Bologna è molto famosa per la gastronomia e per la sua università antica. Bologna ha tre soprannomi (*nicknames*): «Bologna la grassa», «Bologna la dotta» e «Bologna la rossa». Perché ha questi soprannomi?

I tetti (*roofs*) rossi di Bologna (Emilia-Romagna)
© nsafonov/Shutterstock RF

D. Gli studenti.

Parte prima. Fai una lista di tre o quattro aggettivi che useresti per descrivere questi studenti.

Luca

Raffaella

Marcella

Riccardo

Parte seconda. Per ogni studente, scrivi una frase per dire quale caratteristica ha rispetto alla classe.

ESEMPIO: Marcella è la più sportiva della classe.

E. Le migliori ricette (*recipes*).

Parte prima. Leggi la home page di questo blog che presenta le migliori ricette americane. Sottolinea i quattro superlativi.

LE MIGLIORI RICETTE AMERICANE

DIVERTITI[1] ANCHE TU CON LE FANTASIOSE RICETTE MADE IN USA! QUI POTRAI[2] TROVARE LE MIGLIORI RICETTE AMERICANE, DALLE PIÙ CLASSICHE A QUELLE PIÙ STRANE. SCOPRI COME CUCINARE UN SUCCULENTO HAMBURGER AL BARBEQUE, UN SOFFICE[3] MUFFIN O COME SORPRENDERE GLI AMICI CON UN FANTASTICO ED ORIGINALE BRUNCH.

---

[1]*Have fun* [2]*You will be able to* [3]*fluffy*

Parte seconda. In gruppi di tre o quattro, create la home page di uno dei seguenti siti. Seguite il modello della **Parte prima.** Usate un minimo di quattro superlativi.

> **i migliori film**
>
> **i migliori ristoranti della nostra città**
>
> **le migliori squadre di calcio / basket / football americano**
>
> **dove trovare la migliore bistecca**

5.2 Vuoi mangiare qualcosa?

Verb + infinitive

▶ A Giacomo piace moltissimo Raffaella e finalmente trova il coraggio di telefonarle. Leggi la loro conversazione.

RAFFAELLA:	Pronto?
GIACOMO:	Buona sera. C'è Raffaella?
RAFFAELLA:	Sono io. Chi parla?
GIACOMO:	Ciao, Raffaella! Sono Giacomo. Ti telefono per sapere se ti va di cenare con me stasera. C'è una nuova trattoria in Via Gramsci.
RAFFAELLA:	Grazie, Giacomo, ma non posso uscire stasera. Devo studiare.
GIACOMO:	Allora ti piacerebbe andare al cinema domani sera? Ci sono tanti bei film questa settimana.
RAFFAELLA:	Grazie, ma non posso. Ho un altro impegno.
GIACOMO:	Senti, sabato c'è una partita di calcio allo stadio. Vado con mio fratello Oscar. Vuoi venire con tua sorella Valeria?
RAFFAELLA:	Grazie, ma non possiamo. Dobbiamo pulire la casa. Scusa, ma adesso devo correre all'università. Ci vediamo. Ciao.
GIACOMO:	Ciao.

Povero Giacomo! Non capisce perché Raffaella non vuole uscire con lui. Insieme a un compagno / una compagna, date almeno tre motivi per cui Raffaela non vuole uscire con Giacomo. Poi, con tutti i compagni, votate il motivo più probabile.

Raffaella non vuole uscire con Giacomo perché...

Completa le coniugazioni. Cerca le forme giuste (*correct forms*) dei verbi **dovere** (*to have to, must*), **potere** (*to be able to, can, may*) e **volere** (*to want*) nella conversazione telefonica tra Giacomo e Raffaella.

Courtesy of Brian Heston

	dovere	potere	volere
io			voglio
tu	devi	puoi	
lui, lei; Lei	deve	può	vuole
noi			vogliamo
voi	dovete	potete	volete
loro	devono	possono	vogliono

▶ Answers to this activity are in the **Appendix** at the back of your book.

1 You have already learned two verbs followed by the infinitive to express your preferences.

preferire:	**Preferisco** stare a casa stasera.
piacere:	**Mi piace** sciare, ma non **mi piace** giocare a calcio.

2 The verbs **dovere, potere, volere** are often followed by the infinitive.

Voglio mangiare una pizza.	*I want to eat pizza.*
Non **posso** bere il latte.	*I can't drink milk.*
Devo studiare.	*I must study.*

In italiano

- Two other verbs, **amare** (*to love*) and **odiare** (*to hate*), can also be followed by the infinitive.

  Amo andare al cinema.   **Odio** pulire la casa.

- Note that the verbs **amare, odiare,** and **volere** can also be followed by nouns.

  Gianna **ama** il cioccolato.
  Enrica **odia** gli spinaci.
  Marco **vuole** le lasagne.

- Although **voglio** is the correct form of **volere** for **io**, Italians consider it very **maleducato** (*ill-mannered*) to use it when making a request. Instead they use **vorrei** (*I would like*):

  Vorrei gli spaghetti al pomodoro, per favore.

A. Mini-dialoghi.

Parte prima. Scegli il verbo giusto per completare le frasi.

1. OSCAR E GIACOMO: Ciao, ragazze! <u>Dovete / Volete</u> venire a mangiare la pizza con noi?

    VALERIA E RAFFAELLA: Ci dispiace (*We're sorry*) ma non <u>possiamo / dobbiamo</u>. Abbiamo un altro impegno stasera. Ma <u>possiamo / dobbiamo</u> venire domani.

2. RAFFAELLA: Sono molto impegnata oggi.

    GIACOMO: Cosa <u>puoi / devi</u> fare?

    RAFFAELLA: <u>Posso / Devo</u> lavorare tutto il giorno e poi preparare la cena per quattro ospiti (*guests*).

3. GIACOMO: <u>Posso / Voglio</u> venire anch'io alla festa venerdì?

    RAFFAELLA: Mi dispiace, ma solo i colleghi di lavoro sono invitati.

4. OSCAR: Giacomo, quando metti in ordine la casa? Tocca a te questa settimana.

    GIACOMO: La settimana prossima. Questa settimana non <u>devo / posso</u> perché <u>devo / posso</u> studiare molto.

5. OSCAR: Raffaella e Valeria non pranzano con noi perché <u>possono / devono</u> andare a trovare la loro madre.

    GIACOMO: Che peccato! (*Too bad!*)

6. OSCAR: Il sugo di pomodoro non è buono.

    GIACOMO: Cosa <u>voglio / devo</u> aggiungere?

    OSCAR: Un po' di sale.

7. VALERIA: Cosa <u>devi / vuoi</u> mangiare stasera?

    RAFFAELLA: Non ho molto fame: solo il primo.

Parte seconda. Adesso, completa le frasi con la forma giusta di **dovere, potere** o **volere. Attenzione!** In alcuni casi c'è più di una risposta giusta.

1. Raffaella e Valeria non _____ andare a mangiare la pizza con Oscar e Giacomo perché hanno un altro impegno. _____ andare domani.

2. Raffaella è molto impegnata oggi perché _____ lavorare tutto il giorno e poi preparare una cena per quattro ospiti.

3. Giacomo non _____ andare alla festa venerdì perché Raffaella ha invitato solo i colleghi di lavoro.

4. Questa settimana Giacomo non _____ mettere in ordine la casa perché _____ studiare molto.

5. Raffaella e Valeria non _____ pranzare con Oscar e Giacomo perché vanno a trovare la loro madre.

6. Giacomo _____ aggiungere sale al sugo perché non è buono.

7. Raffaella _____ mangiare solo il primo stasera.

B. Cosa vogliono? Cosa vogliono queste persone?

ESEMPIO: S1: Maria ha sete.
S2: Vuole un bicchiere d'acqua.

1. Hasim deve sempre prendere l'autobus.

2. Io e Claudio amiamo gli animali domestici.

3. Tu e Salvatore odiate la birra.

4. Il bambino ha la nausea e non sta bene.

5. Io e mio padre siamo vegetariani e abbiamo molta fame.

6. Sabrina e Leyla hanno molta fame ma non hanno molto tempo.

7. Io ho sete.

C. Gli inviti. Francesca, una studentessa italiana che visita la vostra università per un mese, è molto impegnata. L'insegnante fa la parte di Francesca. Tu e i compagni invitate Francesca a fare varie attività, ma lei è sempre impegnata. Completa la tabella sulla base (*based on*) delle sue risposte.

ESEMPIO: STUDENTI: Domenica mattina vuoi prendere un caffè con noi?
FRANCESCA: Grazie, ma non posso. Devo andare in chiesa.

	sabato	domenica
mattina		*va in chiesa*
pomeriggio		
sera		

D. Al ristorante.

Parte prima. La tecnologia richiede nuove regole di comportamento (*behavior*). Leggi questo breve articolo della rivista *Focus*. Secondo l'articolo, cosa non si deve mai fare al ristorante?

Al ristorante posso appoggiare[1] il cellulare sul tavolo?

Amo il mio smartphone. Ma è grande, sta stretto nella tasca[2] e non riesco a sentirlo quando è nello zaino. Posso metterlo sul tavolo del bar o del ristorante? Nel caso di pranzo o cena formali, una possibilità del genere non deve nemmeno venire in mente[3]: meglio comprare pantaloni più capienti o spegnere[4] il cellulare. Quando, invece, si è al bar con gli amici... pazienza. Ma è gesto di cattivo gusto.

[1]*to place* [2]*stretto... it's tight/snug in your pocket* [3]*mind* [4]*to turn off*

Parte seconda. Quali sono altre regole di comportamento al ristorante? Cosa non si deve (*one must not*) fare quando si mangia fuori? Con un compagno / una compagna, scegli le regole appropriate in un ristorante. Quando avete finito, confrontate la vostra lista con la lista di un'altra coppia. Siete d'accordo?

- ☑ Non si deve parlare a voce alta (*in a loud voice*).
- ☐ Non si deve finire tutto il pasto.
- ☐ Non si deve ordinare l'antipasto.
- ☐ Non si deve mangiare le patatine fritte con le mani (*hands*).
- ☐ Non si deve fumare.
- ☐ Non ci si deve pulire la bocca (*mouth*) con il tovagliolo.
- ☐ Non si deve masticare la gomma (*chew gum*) e poi appoggiarla sul piatto.
- ☐ Non si deve bere troppo.
- ☐ Non si deve parlare con i clienti seduti a un altro tavolo.
- ☐ Non si deve mandare SMS.

5.3 Andiamo al ristorante!

Prepositions

▶ Le preposizioni, come *on, to, at* e *for* in inglese, legano (*link, connect*) due parole o frasi. Metti le seguenti frasi in ordine cronologico per ricreare la storia del weekend di Raffaella. Riesci a capire il significato delle preposizioni sottolineate in ogni frase?

| a | con | da | di | in | per | su |

▶ To learn more about the prepositions **di** and **da,** see **Per saperne di più** at the back of your book.

▶ Answers to this activity are in the **Appendix** at the back of your book.

___1___ Giovedì lavoro **da** mezzogiorno **a** mezzanotte.

_____ Arrivo **a** New York venerdì sera.

_____ Sabato faccio shopping tutto il giorno e compro un regalo (*gift*) **per** mia madre.

_____ Dopo mangiato esco **con** Mary e i suoi amici. Gli amici **di** Mary sono molto simpatici.

_____ La mia amica americana, Mary, mi porta **a** casa sua.

_____ Metto la borsa **in** camera, **su** un tavolino. Vado **in** cucina. Mangiamo e parliamo **di** tante belle cose.

_____ Vado **a** casa e dormo. La mattina dopo preparo la valigia.

_____ Domenica mattina salgo* di nuovo **su** un aereo per tornare a casa!

_____ Venerdì mattina parto **da** Milano **per** New York.

___10___ Che weekend **da** matti!

*salgo (salire) *to go up, to get on*

In italiano

In Italian, the preposition **da** combines with other words to form commonly used expressions:

(scarpe) da uomo/donna	*men's/women's (shoes)*
(una cosa) da matti	*a crazy (thing/situation)*
(un film) da vedere	*a "must see" (film)*
(un libro) da leggere	*a "must read" (book)*
cose da fare	*things to do*
qualcosa da bere/mangiare	*something to drink / to eat*

and the following very colloquial expressions:

(bello/a) da morire	*"drop dead" (gorgeous)*
(una cena) da re	*an awesome (dinner)*

1 Italian prepositions include: **a** (*to/at*), **da** (*from*), **per** (*for*), **in** (*in/to*), **con** (*with*), **di** (*of/about*), **su** (*on*), and **tra/fra** (*between*). Note that the preposition **di** is also used to indicate possession (**gli amici di Mary** [*the friends of Mary / Mary's friends*]) and in modifying expressions, such as **il corso d'italiano** (*the class of Italian; Italian class*).

2 Prepositions that stand alone are called **le preposizioni semplici**. Some prepositions contract with the following definite article to form one word (**le preposizioni articolate**), such as **alle** (**a + le**).

▶ Read the description of Raffaella's first date with Giacomo. Circle all of **le preposizioni semplici** and underline **le preposizioni articolate**. One of each is already done for you. (Remember Giacomo and Raffaella? If not, see **Strutture 5.2.**)

> Raffaella esce **con** Giacomo. Vanno a mangiare **al** ristorante La Torre. Giacomo arriva a casa di Raffaella alle 7.00. La prenotazione (*reservation*) è per le 8.00, ma Giacomo non vuole arrivare in ritardo perché è un ristorante molto frequentato ed* è difficile trovare parcheggio (*parking*). Quando arrivano, il cameriere li accompagna (*accompanies them*) a un tavolo vicino a una finestra dalla quale possono vedere un bel panorama; l'atmosfera è molto romantica. La cena è splendida, ma le persone del tavolo accanto (*next*) sono molto maleducate: parlano a voce alta, il ragazzo mangia gli spaghetti con le mani e la ragazza ha un gomito (*elbow*) sul tavolo mentre mangia la minestra!

▶ Now, can you figure out all the preposition and definite article combinations?

ESEMPIO: a + il = al
a + le = alle

Scopriamo la struttura!

For more on **le preposizioni articolate**, watch the corresponding *Grammar Tutorial* in the eBook. A practice activity is available in **Connect**.

www.mhhe.com/connect

****Remember:** If the preposition **a** or the conjunction **e** (*and*) are followed by a word beginning with the same vowel ("a" and "e," respectively), a euphonic "d" is added. For example, **Tommaso ed Enrico.** Some common exceptions are: **tu ed io** (*you and I*) and **ad esempio.**

Follow the pattern and complete the chart with all the prepositions and their combinations with the definite articles.

	il	lo	la	l'	i	gli	le
a	al		alla		ai		alle
da		dallo		dall'		dagli	
su	sul					sugli	
di		dello	della		dei		delle
in	nel		nella	nell'	nei		nelle
con	con il			con l'			con le
per		per lo	per la			per gli	

▶ Answers to these activities are in the **Appendix** at the back of your book.

study tip

There is no need to memorize each combination. Just remember that each contraction has the same ending as the definite article, and that contractions with the articles that begin with an **l** (la, lo, l', le) have two **l**'s:

a + la = alla

a + lo = allo

a + l' = all'

a + le = alle

a + i = ai

a + il = al

a + gli = agli

▶ To learn how the pronoun **ci** is used to replace phrases with **a/in,** see **Per saperne di più** at the back of your book.

3 Note that:

a. **di** and **in** change to **de-** and **ne-** in contractions.

b. **con** and **per** do not contract with the definite article.*

4 In **Capitoli 3** and **4** you learned several expressions with **a** and some common phrases designating locations with **in** that do not have a definite article:

Ettore gioca	**a carte (a golf, a calcio, a tennis).**
va	**a letto.**
esce	**a mezzogiorno** e rientra **a mezzanotte.**
va	**a ballare.**
va	**in biblioteca.**
va/balla	**in discoteca.**
va	**in montagna.**
va/nuota	**in piscina.**

Note that:

a. When talking about home or school, you don't use the article with the preposition **a:**

Ritorno **a** casa.   Vado **a** scuola.

b. When talking about a city, use **a,** and when talking about a country, use **in** to express *to:*

Vado **a** Milano.   Andiamo **in** Italia.

A. Scegli. Completa le frasi con le preposizioni giuste.

1. Quest'inverno Mario e Raffi vanno a / di sciare in / di montagna.

2. Io e mia sorella nuotiamo su / in piscina tre volte alla settimana.

3. Michela va sempre a / al letto a / al mezzanotte.

4. Mio padre mette molto zucchero sul / nel caffè.

5. Il sabato Giuseppe gioca a / di calcio per / con i suoi amici

6. Paolo fa il cameriere. Ogni sera finisce di lavorare alle / all' una e non arriva a / per casa fino (*until*) alle / all' due.

7. Sandro vuole fare un viaggio in / a Francia. Vuole andare a / in Parigi.

8. Gli studenti tornano dell' / dall' Italia il primo del mese.

*In formal, written Italian you may find that **con** combines with the articles **il** and **i** to form the contractions **col** and **coi.**

B. Le preposizioni articolate.

Parte prima. Lavora con un compagno / una compagna. Unite la preposizione all'articolo giusto e scrivete la preposizione articolata per completare le domande.

> ESEMPIO: Che fai lunedì (a + ? =) una?
> Che fai lunedì *all'*una?

1. Cos'hai (in + ? = ___) zaino?
2. Che fai sabato sera (a + ? = ___) 9.00?
3. A che ora torni a casa (da + ? = ___) università?
4. Quale giorno (di + ? = ___) settimana preferisci? Perché?
5. Con chi parli (a + ? = ___) telefono più spesso?
6. Metti lo zucchero (in + ? = ___) caffè?

Parte seconda. Create altre due o tre domande che volete fare a un compagno / una compagna di classe.

Parte terza. Cambia compagno/compagna e a turno fai le domande al compagno / alla compagna nuovo/a. Prendi appunti.

Parte quarta. In base alle risposte, pensa a una frase sul tuo compagno / sulla tua compagna. Il compagno / La compagna deve verificare se la tua conclusione è giusta.

> ESEMPIO: **S1:** Bethany non mangia molto zucchero perché non mette zucchero nel caffè.
> **S2:** È vero! (Non è vero! Mi piacciono i dolci.)

C. La storia continua.
La storia di Giacomo e Raffaella continua. Completa il paragrafo con le preposizioni semplici o articolate.

Io e Raffaella usciamo _____[1] ristorante _____[2] 10.30 e andiamo _____[3] ballare _____[4] discoteca fino alle 4.00 di mattina. Prima di tornare a casa andiamo _____[5] prendere un caffè _____[6] bar _____[7] gli amici. Raffaella torna _____[8] casa _____[9] 5.30. Domani telefono a Raffaella per sapere se vuole andare _____[10] cinema.

D. Un po' di cultura: Expo 2015.
Cos'è stato (*was*) l'Expo 2015? Per scoprirlo, completa le frasi con le preposizioni articolate. Per saperne di più, cerca Expo 2015 Milano su Internet.

1. Expo 2015 è stata l'Esposizione Universale che Milano ha ospitato ____ 1° maggio ____ 31 ottobre 2015.
2. È stato il più grande evento mai organizzato____alimentazione e la nutrizione.
3. I paesi hanno mostrato il meglio ____ loro tecnologie per garantire cibo sano, sicuro e sufficiente a tutti i popoli.
4. Expo 2015 è stato anche un confronto di idee e soluzioni condivise (*shared*) sul tema (*topic*) ____alimentazione.
5. Expo 2015 ha offerto a tutti la possibilità di conoscere e assaggiare (*taste*) i migliori piatti del mondo e scoprire le eccellenze ____ tradizione agroalimentare (*agribusiness*) e gastronomica di ogni paese.

Source: Adapted from http://www.expo2015.org

L'eccelenza gastronomica: Expo Milan 2015
© Alexandre Marchi/Photopqr/Lest Republicain/Newscom

E. Tante domande.

Parte prima. Lavora con un compagno / una compagna. Completate queste domande. Usate una preposizione.

> ESEMPIO: A che ora tornate dall'università?

1. A che ora tornate...?
2. Quando andate...?
3. Preparate la cena...?
4. Andate a lezione...?
5. Giocate...?
6. Venerdì sera uscite...?
7. Prendete un caffè...?
8. Che cosa fate...?

Parte seconda. Fate le domande a un'altra coppia. Poi paragonate i compagni della coppia che avete intervistato.

> ESEMPIO: Gina torna dall'università alle 5.00 mentre Tommaso torna alle 2.00. Venerdì tutti e due escono con gli amici.

5.4 Compro del pane

The partitive

Courtesy of Diane Musumeci

▶ Raffaella fa la spesa (*grocery shopping*) al supermercato. Guarda il suo carrello (*grocery cart*) e segna ✓ le cose che compra. Come si dice *some* in italiano?

Raffaella compra...

☐ del latte.

☐ delle banane.

☐ dell'olio di oliva.

☐ del tonno (*tuna*).

☐ degli spaghetti.

☐ del pane.

☐ dell'insalata.

☐ del formaggio.

☐ della pasta.

☐ dei pomodorini.

• •

1 The equivalent of *some* in Italian is the articulated preposition **di** + *article*.

▶ Fill in the missing forms in the table.

	il	lo	la	l'	i	gli	le
di	del			dell'		degli	

▶ Answers to these activities are in the **Appendix** at the back of your book.

2 When used with a singular noun, **di** + *article* means *some* to indicate part of a whole. When used with a plural noun, it also means *some*, but indicates an unspecified quantity.

Vorrei **della torta.**   *I would like (some) cake.*

Gina mangia **delle banane.**   *Gina eats (some) bananas.*

Compriamo **dei pasticcini.**   *We are buying (some) pastries.*

3 **Di** + *article* is almost always omitted in negative sentences.

No, non abbiamo pane.   *No, we don't have bread.*

4 An equivalent of **di** + *article* that means *a bit of* or *some* is **un po' di** + *noun* (without the definite article).

Mangio **un po' di** pasta. = Mangio **della** pasta.

Bevo **un po' di** spumante. = Bevo **dello** spumante.

A. Culture a confronto: Gli ospiti.

Parte prima. In Italia gli ospiti a pranzo o a cena portano un regalo per i padroni di casa (*heads of household*). Quali regali sono appropriati? **Un aiuto:** Ci sono quattro risposte giuste.

1. dei cioccolatini

2. del vino

3. dei pasticcini di pasticceria (*pastry shop*)

4. della birra

5. dei fiori

6. del formaggio

7. l'antipasto

8. una torta

Parte seconda. Quali dei regali della **Parte prima** si possono portare ai padroni di casa nel tuo paese?

Portiamo una bella torta Linzer alla festa!

Courtesy of Arrigo Carlan

B. Il partitivo giusto. Abbina i partitivi ai cibi giusti. Poi, decidi quali cibi non devi portare al padrone di casa che ti invita a cena in Italia.

degli	del
dei	delle
della	dell'

salumi	aranciata	cioccolatini
birra	scampi	tè
banane	biscotti	torta
tortellini		affettati misti

C. Un po' di cultura: Il cuoco (*The cook*). Che condimento usa il cuoco? Abbina i condimenti dell'insieme A ai cibi dell'insieme B. Poi, decidi se il cibo nell'insieme B è un antipasto, un primo, un secondo o un contorno.

Il cuoco mette...

A
1. un po' di aceto balsamico
2. un po' di limone
3. un po' di peperoncino (*red pepper*)
4. un po' di parmigiano
5. un po' di pepe

B
a. sulle tagliatelle.
b. nella salsa.
c. sul pesce.
d. nell'insalata.
e. sulla bistecca.

D. Il carrello.

Scegli dalla lista cinque cose da mettere nel tuo carrello. Un tuo compagno / Una tua compagna deve indovinare (*guess*) quello che compri usando **di + articolo.** Tu devi dire quale dei prodotti menzionati non compri. Il gioco continua finché (*until*) il compagno / la compagna non ha indovinato tutte le cose presenti nel tuo carrello.

☐ acqua	☐ fegato	☐ paste
☐ banane	☐ formaggio	☐ patate
☐ birra	☐ funghi	☐ peperoni
☐ bistecche	☐ latte	☐ pomodori
☐ carne	☐ pane	☐ sale
☐ fagiolini	☐ pasta	☐ spinaci

ESEMPIO: S1:   Compri del latte, della pasta, ...
           S2:   Non compro latte.
           S1:   Compri dei funghi.
           S2:   Sì.

E. Ti piace la maionese? Scopri cosa mette un tuo compagno / una tua compagna sui/nei cibi dell'insieme A. Il compagno / La compagna risponde con gli elementi dell'insieme B.

A		B		
l'hamburger	il pane	il burro (*butter*)	il pomodoro	il latte
la bistecca	la pasta	il limone	il sugo	la marmellata (*jam*)
il panino	le uova (*eggs*)	il pepe	la cipolla (*onion*)	
le patate fritte	il tè freddo	lo zucchero	il sale	la senape (*mustard*)
i cereali	il caffè	la maionese	il miele (*honey*)	
il tè caldo		il parmigiano	il ketchup	l'olio di oliva
				il formaggio

ESEMPIO:
S1: Cosa metti sull'hamburger?
S2: Del ketchup e della cipolla.
S1: Cosa metti nel tè?
S2: Del miele.

 Cultura

 Ascoltiamo!

Il galateo° a tavola
Il... Etiquette

A. Osserva e ascolta. Osserva e ascolta mentre Federico ti parla delle **regole** (*rules*) delle buone maniere (**il galateo**) in Italia.

B. Completa. Completa le seguenti frasi con le parole della lista qui sotto. Usa ogni parola *una sola volta*. **Attenzione!** La lista contiene dieci parole; devi usarne solamente otto.

altrettanto	educata	l'ospite	il cucchiaio
astemia	la forchetta	piatti	
bicchieri	le mani	salute	

1. Una persona _____ osserva le regole del galateo anche a tavola.

2. È necessario apparecchiare la tavola secondo criteri precisi e fare attenzione alla posizione delle posate: il coltello va a destra, _____ a sinistra.

3. Per l'acqua e il vino, si devono usare _____ differenti.

4. _____ beneducato porta fiori o dolci alla padrona di casa.

5. _____ devono rimanere sul tavolo; i gomiti, invece, no.

6. La risposta a «Buon appetito!» è «Grazie, _____!»

7. Non è educato insistere per far bere una persona _____.

8. Prima di bere, si dice « _____! »

C. Tocca a te! E tu, rispetti le regole del galateo? Usa le informazioni di questa lezione per completare la frase seguente:

A tavola io sono beneducato/a (maleducato/a) perché... e perché...

In Italia

Alla metà del Cinquecento Giovanni Della Casa (1503–1556) scrisse (*wrote*) un libro intitolato *Galateo ovvero de' costumi* per insegnare le buone maniere. Questo libro ebbe così tanto successo che il titolo *Galateo* diventò il nome comune per indicare le regole delle buone maniere. Ecco uno dei suoi consigli in italiano del Cinquecento e in italiano moderno:

«Tu non vi déi soffiare entro, perché egli sia alquanto ceneroso; perciò che si dice, che *mai vento non fu senza acqua*.»

«Tu non devi soffiare (*blow*) sui cibi anche se sono caldissimi; è per questo che si dice: *Non c'è vento senz'acqua*.»

 # Leggiamo!

La storia della Nutella

A. Prima di leggere. Qual era (*What was*) il tuo spuntino preferito da piccolo/a? Lo mangi ancora? Quando? Quanti compagni condividono lo stesso spuntino preferito?

PAROLE PER LEGGERE	
terrestre	della Terra
mondiale	del mondo
il mondo	*world, earth*
pari	equivalente
la fabbrica, lo stabilimento	*factory*
il pianeta	*planet*

B. Al testo!

Parte prima. L'83% delle famiglie italiane compra la Nutella. Per moltissimi bambini la Nutella è la tipica merenda (*snack*) o colazione. E anche per i loro genitori. Leggi la storia della Nutella per scoprire se le frasi seguenti sono vere o false.

1. La Nutella è un fenomeno globale.

2. «Nutella» è il nome originale del prodotto.

3. Su Internet ci sono più di 40 milioni di ricette che usano la Nutella.

La Storia della Nutella

È il prodotto alimentare confezionato[1] italiano più popolare e più consumato nel mondo: se si mettessero in fila[2] i vasetti[3] prodotti in un anno si arriverebbe a una lunghezza pari a 1,7 volte la circonferenza terrestre. [...] Il primo vasetto della crema spalmabile[4] più conosciuta nasce nella fabbrica di Alba[5] in una mattina di aprile del 1964: comincia così, in casa Ferrero, la storia di un successo mondiale. Il nome Nutella arriva dall'ingrediente principe, la nocciola («nut» in inglese) e dalla desinenza[6] «ella», con valore positivo. Nutella è il frutto dell'intuizione di Michele Ferrero che ha cambiato nome e ha migliorato la formula della «Supercrema» creata da suo padre. [...]

Barattolo (*Jar*) di Nutella
© Giuseppe Aresu/Bloomberg/Getty Images

La crema è prodotta in undici stabilimenti Ferrero in tutto il mondo ed è venduta in tutto il pianeta, raggiungendo[7] un totale di 365 mila tonnellate.[8] La Nutella prodotta in un anno pesa[9] quanto l'Empire State Building. Se cerchi la parola «Nutella» su Google, trovi 40 milioni e mezzo di citazioni.

[1]*packaged* [2]*se... if they were to put in a row* [3]*jars* [4]*spreadable* [5]città nel Piemonte [6]*ending* [7]*reaching* [8]*tons* [9]*pesa... weighs as much as*

Parte seconda. Due frasi della **Parte prima** sono false. Cambia *una sola parola* in ciascuna per renderle vere.

C. Discutiamo! La Nutella contiene un'alta quantità di zucchero e di grassi, però è anche molto buona. Conosci altri cibi che piacciono ma che sono poco salutari (*healthy*)? Li mangi o li eviti? È giusto darli ai bambini?

 ## Scriviamo!

Una cena da re

Descrivi una cena meravigliosa. Immagina di invitare cinque persone: gli invitati possono essere famosi o no, personaggi storici o no. Nel primo paragrafo devi giustificare la scelta di ogni persona invitata: perché la inviti e come la persona può contribuire al successo della serata. Nel secondo paragrafo devi descrivere il menu a seconda dei gusti degli invitati. Ricordati che è una cena «da re»: devi includere tutte le portate (*courses* [*of a meal*]), dall'antipasto al dessert!

Banchetto di nozze del Granduca Ferdinando I di Toscana (c. 1590), Domenico Cresti detto il Passignano (Kunsthistorisches Museum, Gemaeldegalerie, Vienna, Austria)

© Imagno/Hulton Fine Art Collection/Getty Images

 # Parliamo!

Che maleducati!

Quanti errori di galateo trovi in questa immagine? Spiega a un compagno / una compagna (o alla classe) chi è maleducato e perché.

Scopriamo la musica!

«Aggiungi un posto a tavola!»

IL MUSICAL IN ITALIA

L'Italia è conosciuta in tutto il mondo per la sua opera lirica, non per i musical. I musical sono molto più comuni in Inghilterra, negli Stati Uniti e in India. C'è un musical italiano, però, che quasi tutti gli italiani conoscono: *Aggiungi un posto a tavola,* una commedia musicale in due atti scritta di Pietro Garinei e Sandro Giovannini con Iaia Fiastri. La prima produzione è stata a Roma nel 1974.

Aggiungi un posto a tavola: una commedia musicale

© Ettpre/RCS/Contrasto/Redux

A. Prepariamoci!

Parte prima. Che tipo di ospite sei? Completa la frase:

Se invito delle persone a cena e all'ultimo momento arriva una persona «in più» mi sento _____

a. felice! Che bello! Più persone, più divertimento!

b. contento/a. Preparo sempre cibo in abbondanza. Non c'è problema.

c. agitato/a. C'è abbastanza da mangiare? C'è posto per un'altra persona? Chi è?

d. irritato/a. Non mi piacciono gli imprevisti, specialmente a tavola.

e. (altro)

Parte seconda. Se uno sconosciuto (*stranger*) arriva alla porta, quali sono le prime due domande che gli fai?

1. Chi _____?   **2.** Cosa _____?

B. Ascoltiamo!

Ascolta la canzone o guarda il video su YouTube. Fai particolare attenzione al ritornello (*refrain*). Inserisci le parole seguenti al posto giusto: **amico, comodo, più, posto, seggiola, tavola, tu.**

...Aggiungi un _____¹ a _____² che c'è un _____³ in _____⁴; se sposti (*move*) un po' la _____⁵ stai _____⁶ anche _____⁷.

C. Verifichiamo!

Parte prima. Inserisci gli aggettivi nel posto appropriato. Poi riascolta la canzone per verificare le tue scelte.

accesa   aperta   tesa   vivo

1. La porta è sempre _____.   **3.** Il fuoco è sempre _____.

2. La luce è sempre _____.   **4.** La mano è sempre _____.

Parte seconda. Secondo la canzone, è corretto fare le due domande di **Prepariamoci!, Parte seconda**?

D. E tu? Ti piacciono i musical? Quali dei musical seguenti hai visto? Dove? Con chi? Se non hai visto nessun (*haven't seen any*) musical, perché?

Wicked	Chicago	Les Misérables	Il fantasma dell'Opera
I re leone	Cats	Mamma mia!	La bella e la bestia

 # Scopriamo le belle arti!

La Vucciria (1974), Renato Guttuso

 LINGUA

A. Cosa vendono? Osserva attentamente l'opera e rispondi alle domande con la forma giusta del partitivo (**di** + *articolo determinativo* + *nome*) *solo se vedi il prodotto nel quadro*. Se non vedi il prodotto, scrivi «zero».

Al mercato vendono...

1. _____ pomodori
2. _____ carne
3. _____ pescespada
4. _____ formaggi
5. _____ mortadella

6. _____ olive nere
7. _____ fiori
8. _____ aragoste (*lobsters*)
9. _____ mozzarelle

B. Chi c'è e cosa fa? Scrivi una frase per ogni persona che vedi nel quadro. Due frasi sono già state scritte.

Parole utili: i baffi (*mustaches*); il berretto; il grembiule (*apron*); il sacchetto (*bag*); tagliare (*to cut*); vendere (*to sell*); il vestito (*dress; suit; clothing, in general*)

Ci sono sette uomini: *Un uomo magro e serio cammina.*

Ci sono quattro donne: *Una donna con un vestito bianco porta dei sacchetti con la spesa.*

C. Che ora è? Secondo te, che ora è nel quadro? Perché?

ARTE

Con quest'opera Renato Guttuso immortala *La Vucciria*, un famoso mercato di Palermo, in Sicilia. L'arte è così realistica che puoi immaginare di essere al mercato, sentire i suoni e gli odori della carne, del pesce, delle verdure e delle persone che ti passano vicino. L'artista vuole rappresentare la realtà com'è, non una visione ideale: è una caratteristica del movimento artistico noto come **Neorealismo** (dopo il 1945), caratterizzato da una qualità quasi fotografica.

A. Quale periodo?

Finora (*So far*) hai visto (*you've seen*) cinque opere d'arte che rappresentano quattro movimenti artistici diversi. Riesci a identificarli? Abbina ciascun'opera al movimento artistico giusto. **Un aiuto:** Ci sono due opere dello stesso periodo.

1. *Primavera*
2. *Amore e Psiche*
3. *Ballerina blu*
4. *Madonna «della Seggiola»*
5. *La Vucciria*

a. il Rinascimento
b. il Futurismo
c. il Neoclassicismo
d. il Neorealismo

B. Quale preferisci?
Dei quattro movimenti artistici—il Rinascimento, il Neoclassicismo, il Futurismo e il Neorealismo—quale preferisci? Perché?

Vocabolario

Domande ed espressioni

(*n.* +) **bello/a da morire**	"drop dead" gorgeous
(*n.* +) **da leggere**	"must read" (+ *n.*)
(*n.* +) **da matti**	crazy, like crazy (+ *n.*)
(*n.* +) **da re**	awesome (+ *n.*)
(*n.* +) **da uomo/donna**	men/women's (+ *n.*)
(*n.* +) **da vedere**	"must see" (+ *n.*)
ci mancherebbe altro	not a problem, no big deal
cose da fare	things to do
forse	perhaps, maybe
Grazie, ma non posso.	Thanks, but I can't.
Ho un altro impegno.	I have something else I have to do.
mi dispiace	I'm sorry
un po' di	a bit of
qualcosa da bere/mangiare	something to eat/drink
sicuro	sure
Ti piacerebbe... ? / Le piacerebbe... ?	Would you like . . . ? (*form./inform.*)
tutti e due; tutte e due	both (*m. pl.; f. pl.*)
un'altra volta	another time
volentieri	gladly, willingly
Vorrei...	I would like . . .

Verbi

amare	to love
apparecchiare (la tavola)	to set (the table)
dovere	to have to, must
evitare	to avoid
fare alla romana	to pay one's share of the bill; to split the bill
odiare	to hate
potere	to be able, can, may
volere	to want

Sostantivi

l'aceto	vinegar
l'acqua minerale (naturale/frizzante)	mineral water (still/sparkling)
gli affettati misti	assortment of sliced meats and salami
l'antipasto	appetizer
la bevanda	drink
il bicchiere	glass
la birra	beer
la bistecca	steak
la braciola	cutlet
il brodo	broth
il burro	butter
il cameriere / la cameriera	server (*m./f.*)
la carne	meat
il cioccolato	chocolate
la cipolla	onion
il coltello	knife
il conto	bill
il contorno	side dish
il coperto	cover charge
il cucchiaio	spoon
il dolce	dessert
il fagiolino	green bean
il fegato	liver
la forchetta	fork
il formaggio	cheese
la frutta	fruit
il fungo, i funghi (*m. pl.*)	mushroom
il gelato	ice cream
gli gnocchi	gnocchi
l'insalata	salad
il latte	milk
il litro	liter

la marmellata	jam
il melone	melon
il mezzo litro	half liter
il miele	honey
la mozzarella	mozzarella
il pane	bread
il parmigiano	Parmesan cheese
la pasta	pasta; pastry
il pasto	meal
le patate/patatine fritte	French fries
il paté	pâté
il pepe	pepper
il peperone (alla griglia)	bell pepper (grilled)
il pesce	fish
il pescespada (alla brace)	swordfish (charcoal grilled)
il piatto	plate, dish
i piselli	peas
il pollo arrosto	roast chicken
il pomodorino	cherry tomato
il primo (piatto)	first course
il prosciutto	ham
il risotto (alla marinara)	rice dish (with seafood)
il sale	salt
il salmone (affumicato)	salmon (smoked)
il secondo (piatto)	second course
gli spaghetti (alla bolognese)	spaghetti (with meat sauce)
il sugo	sauce
la torta	cake
i tortellini	tortellini
il tovagliolo	napkin
l'uovo (*pl.* **le uova**)	egg
la verdura	vegetable
il vino	wine
il vitello	veal
lo zucchero	sugar
la zucchina	zucchini

Preposizioni

a	to; at; in
con	with
da	from
di	of, about
in	in; to; at
per	for
su	on
tra/fra	between

6 I vestiti e la moda

Venere degli stracci (*Venus of the Rags*) (1967), Michelangelo Pistoletto (Collezione della Fondazione Pistoletto – Installazione: Cittadellarte, Biella, 150 x 240 x 100 cm, calcestruzzo (*cement*) e stracci). Photo: Enrico Amici.

© Michelangelo Pistoletto; Courtesy of the artist, Luhring Augustine, New York, Galleria Christian Stein, Milan, and Simon Lee Gallery, London/Hong Kong

SCOPI

IN THIS CHAPTER YOU WILL LEARN:

- to make a polite request
- to ask permission
- to describe what you and others are wearing
- how to refer to people and things already mentioned
- how to talk about actions in progress
- to talk about your daily activities
- to describe how and when people do things
- about the Italian fashion industry

www.mhhe.com/connect

Mi puoi... ? / Mi può... ?

Making polite requests

- In the last chapter you learned that **potere** is used to say what one is able to do. It is also used to ask someone politely to do something *for* you:

(tu)

Mi puoi + *infinitive*

—**Mi puoi dire a che ora arriva l'autobus?**

Can you tell me when the bus arrives?

(Lei)

Mi può + *infinitive*

—**Mi può dire quanto costano questi jeans?**

Can you tell me how much these jeans are?

- If you ask someone to give or to show you something, the answer is likely to contain a form of ecco (*here it is / here they are*):

—**Mi puoi dare quella bottiglia d'acqua?**

—**Certo! Eccola.**

Of course! Here it is.

—**Mi può dire dove sono le t-shirt per ragazze?**

—**Subito. Eccole.**

Right away. Here they are.

- You will learn more about the pronouns (**lo, la, le...**) that follow **ecco** later in **Strutture 11.1. Attenzione!** Their forms depend on the gender and number of the nouns they refer to.

A. Osserva e ascolta. Leggi le seguenti domande. Poi osserva e ascolta. Abbina ogni domanda alla persona che ha risposto.

a. Scusa, mi puoi descrivere la tua famiglia?

b. Scusa, mi puoi parlare un po' della cucina bolognese?

c. Scusa, mi puoi dire come ti chiami, quanti anni hai e cosa fai?

d. Scusa, mi puoi spiegare la differenza tra i napoletani e i romani?

e. Scusi, mi può dire il nome di questa chiesa (*church*)?

f. Scusi, mi può dire l'orario del negozio?

1. _____ Nunzio

2. _____ Paolo

3. _____ Lucia

4. ____ Nunzia

5. ____ Lorenzo

6. ____ Natalia

Photos 1–6: © McGraw-Hill Education/TruthFunction

B. Scusa, mi puoi fare un favore?

Chiedi al tuo compagno / alla tua compagna di farti questi favori, poi rispondi tu alle sue richieste. Aggiungi due richieste alla lista.

ESEMPIO: **S1:** Scusa, mi puoi dare il tuo numero di cellulare?
S2: Sì, certo! È 390 123 4567. (Mi dispiace. Non ho un cellulare.)
S1: Grazie! (Peccato!)

1. dare il tuo numero di cellulare
2. dire come si chiama l'insegnante
3. fare una fotografia
4. prestare (to loan) una penna
5. spiegare la regola per formare il plurale di un nome italiano
6. ?
7. ?

Posso?

Asking permission

> To ask permission to do something, use **posso** + infinitive.
>
> —**Posso entrare?**   *May I come in?*
>
> —**Un momento, per favore.**
>
> —**Posso parlare?**   *May I speak?*
>
> —**Certo! Prego!**

A. Scusa/Scusi, posso... ?

Parte prima. Trova la domanda giusta per ogni situazione.

1. Devo spedire (send) una lettera.
2. Vorrei vederti.
3. Non mi piace questo programma.
4. Ho un problema.
5. Vorrei bere un buon vino.
6. Sono agitato.

Scusa/Scusi, posso...

avere una busta (*envelope*)?	**venire a casa tua stasera?**
cambiare (*to change*) **canale?**	**fumare** (*to smoke*)?
parlare con il direttore?	**vedere la lista dei vini?**

In italiano

Sometimes it's enough just to say **Posso?** all by itself. The context, with or without an accompanying gesture, will convey the meaning.

(pointing to an empty seat next to someone on the bus)

Posso? = *May I sit here?*

(poking your head through a partially opened door)

Posso? = *May I come in?*

(holding up a pair of pants in a clothing store)

Posso? = *May I try these on?*

No, è vietato *(prohibited)*. **Siamo in una zona non-fumatori.**	**Certo! Hai il francobollo** *(postage stamp)*?
Non lo so. Devo studiare.	**No, in questo momento non c'è.**
Prego, eccola!	**Vai! Ecco il telecomando** *(remote)*!

ESEMPIO: S1: Scusa, sono molto agitato. Posso fumare?
S2: Certo! (Mi dispiace! È vietato. Siamo in una zona non-fumatori.)

B. Mamma/Papà, posso... ?

Parte prima. Secondo te, come risponderebbero *(would answer)* i tuoi genitori a queste tue richieste? Per ogni domanda, scegli la risposta dei tuoi genitori.

	Sì, certo!	Ah no, mi dispiace!
1. usare la macchina stasera	☐	☐
2. invitare un amico / un'amica a cena	☐	☐
3. passare il weekend al mare con gli amici	☐	☐
4. fare shopping con la vostra carta di credito	☐	☐
5. saltare la scuola	☐	☐
6. adottare un gattino *(kitten)*	☐	☐
7. farmi un piercing / un tatuaggio *(tattoo)*	☐	☐

Parte seconda. Lavora con un compagno / una compagna: uno fa la parte del genitore, l'altro la parte del figlio / della figlia adolescente. Il figlio / La figlia chiede il permesso di fare le attività. Il genitore risponde di sì o di no. Se dice di no, deve spiegare la ragione.

ESEMPIO: FIGLIO/A: Mamma/Papà, posso uscire stasera?
MAMMA/PAPÀ: Sì, certo! (No, mi dispiace. Devi studiare.)

Parte terza. Paragona le tue risposte della **Parte seconda** con quelle del compagno / della compagna. Chi ha il genitore più permissivo?

In italiano

How do you say "to play hooky" in Italian?

Marinare la scuola.

Domani c'è un'interrogazione di matematica.

Voglio marinare la scuola.

In Italia

- Alcuni modi di dire «no» sono internazionalmente riconosciuti.

- Due comuni gesti italiani che puoi usare per dire «no» senza dire una parola sono: (1) muovere l'indice *(index finger)* da sinistra a destra; (2) tirare indietro la testa e schioccare la lingua *(click your tongue)*. Questo gesto è tipico dell'Italia Meridionale.

Cosa porti?

Describing your clothes

▶ In questa pubblicità di un outlet, i modelli **indossano** diversi articoli di **abbigliamento** e mostrano le nuove collezioni per tutta la famiglia.

Lo stile ideale per un colloquio di lavoro!

la camicia
il vestito
la cravatta
il vestito
la borsa
l'impermeabile
i pantaloni
i tacchi alti
l'ombrello

Per un appuntamento!

il giubbotto, la giacca
il maglione
la camicetta
la gonna
le scarpe
i jeans
gli stivali

Per la spiaggia!

il berretto, il cappellino
la maglietta
i pantaloncini
i calzini
le scarpe da ginnastica
i sandali
il costume (da bagno)

Accessori per tutte le occasioni

la cintura
gli orecchini
l'anello
la borsa
la collana
gli occhiali da sole
la sciarpa

▶ Answers to this activity are in the **Appendix** at the back of your book.

▶ Osserva il disegno e identifica tutti **i vestiti** e **gli accessori** dei seguenti colori. Poi aggiungi alle liste i vestiti e gli accessori di questi colori che portate tu e i tuoi compagni.

1. azzurro
2. blu
3. nero
4. bianco
5. grigio
6. giallo
7. rosso
8. verde
9. marrone

In italiano

- **Il vestito** can refer to a suit or dress. The plural, **i vestiti,** can mean *suits, dresses,* or *clothes* (in general).

- In contemporary Italian, some English terms are frequently used instead of their Italian equivalents.

© McGraw-Hill Education/Ken Karp, photographer

la t-shirt	=	la maglietta
il pullover	=	il maglione
il trench	=	l'impermeabile
gli shorts	=	i pantaloncini

- Two terms, **il cardigan** and **i jeans,** do not have Italian equivalents.

Si abbinano? (*Do they match?*)

▶ Decidi se questi vestiti e/o accessori stanno bene insieme. Se non stanno bene, suggerisci altre combinazioni.

ESEMPIO: i pantaloni gialli e i sandali rosa.
Non stanno bene! I pantaloni gialli stanno bene con i sandali neri.

1. i pantaloni verdi e la camicia rosa
2. la gonna gialla, la giacca marrone, la camicia viola
3. i calzini neri e i pantaloni rossi
4. la cravatta azzurra e la giacca verde scura (*dark*)
5. il maglione grigio e la camicia nera

In italiano

The verb **portare** has two meanings in Italian. It can mean *to wear*: **Il ragazzo porta una maglia rossa.**

It can also mean *to bring*: **Gianni porta Maria alla festa.**

Can you find another verb that means *to wear* in the **Lessico** presentation in this chapter?*

*****Risposta:** indossano (indossare)

Le parti del corpo

▶ Nei **Capitoli 2** e **3** hai imparato le seguenti parti del corpo che non sono segnate nella foto: **le labbra, il naso, l'occhio, l'orecchio, i capelli, la pancia, la gamba** e **il piede.** Indica dove sono nella foto.

la bocca

la spalla

il braccio

il dito

la mano

il ginocchio

© Ernesto Ruscio/FilmMagic/Getty Images

In italiano

Ecco i plurali delle parti del corpo. Metti un asterisco (*) accanto alle forme irregolari.

le braccia	**le mani**
le dita	**gli occhi**
le gambe	**le orecchie / gli orecchi**
le ginocchia / i ginocchi	**i piedi**
le labbra	**le spalle**

A. Ascolta. L'insegnante dice 10 frasi che descrivono i vestiti del disegno nel **Lessico,** però non tutte le descrizioni sono precise. Scrivi le 10 frasi e poi guarda il disegno e decidi se le frase sono **vere** o **false.**

		vero	falso
1.	_____	☐	☐
2.	_____	☐	☐

B. Un po' di cultura: Faccio bella figura? Agli italiani piace «fare bella figura», cioè apparire (*to appear*) in modo da fare buona impressione. Gli italiani si vestono bene anche nelle occasioni informali e sempre quando sono in pubblico: per esempio, per fare una passeggiata in centro, prendere un gelato o incontrare gli amici in piazza. Leggi le seguenti situazioni. Secondo te, queste persone fanno bella figura?

1. Per andare a cena con Lisetta, Stefano si mette la giacca e la cravatta. È la prima volta che escono insieme. Vanno a mangiare una pizza e poi vanno al cinema.

2. Sara va in piscina con gli amici. Porta un vestito nero, una collana di perle e i sandali con i tacchi alti.

3. Maurizio va a teatro con la sua fidanzata. Si mette i jeans, le scarpe da ginnastica, una maglietta e un berretto.

4. Quando viene a cena, Gianni porta sempre uno splendido mazzo (*bouquet*) di fiori.

C. Le parti del corpo. Quali parti del corpo si usano per fare queste attività?

1. mangiare i popcorn
2. guardare un film
3. guidare la macchina
4. scrivere un'e-mail
5. andare in bici
6. ballare il tango
7. giocare a calcio
8. sentire il profumo di un fiore

D. Cosa porti? Cosa porti in questi luoghi / in queste occasioni?

1. a un concerto di musica rock
2. a un concerto di musica classica
3. a un appuntamento al buio (*blind date*) in un ristorante elegante
4. a una partita di football americano
5. al mare
6. in montagna
7. a una festa con amici
8. al matrimonio di un buon amico

E. Un regalo.

Parte prima. Cosa vorresti ricevere (*would you like to receive*) dai tuoi compagni per il tuo compleanno? Scegli sette vestiti e accessori.

ESEMPIO: Vorrei ricevere...

Parte seconda. Senza guardare la lista del tuo compagno / della tua compagna, devi scegliere i regali per lui/lei. Quali vestiti o accessori vuoi comprare per il tuo compagno / la tua compagna?

ESEMPIO: Per il mio compagno / la mia compagna, voglio comprare...

Parte terza. Paragona la lista dei regali che desideri alla lista dei regali che il tuo compagno / la tua compagna vuole comprare. Ci sono le stesse cose?

F. Hai le spalle larghe (*wide*)!

Parte prima. Insieme ai compagni, pensa ad aggettivi adatti all'aspetto fisico o alle diverse parti del corpo. Quattro aggettivi sono già stati inseriti. (Ricordi gli aggettivi e l'accordo con i sostantivi? Vedi **Strutture 2.1**.)

1.	il fisico: **atletico, ...**	**7.**	le orecchie **sporgenti** (*sticking out*) ...
2.	i capelli:	**8.**	il naso:
3.	i piedi:	**9.**	i denti:
4.	le dita:	**10.**	le spalle: **larghe...**
5.	le gambe:	**11.**	le braccia: **muscolose...**
6.	gli occhi:	**12.**	le mani:

Parte seconda. Formate gruppi di quattro o cinque. A turno, descrivete una persona famosa. I compagni devono indovinare chi è.

G. Non mi sta bene niente! (*Nothing fits me!*)

Parte prima. Con un compagno / una compagna trova tutti i vestiti che non stanno bene a queste persone. Ce ne sono sette.

Parole utili: corto, grande, lungo, piccolo, stretto (*tight*), troppo

ESEMPIO: 4. Il berretto è troppo grande.

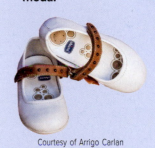
Parte seconda. Immagina la scena: un/una cliente entra in un negozio e prova vari vestiti e accessori, ma non gli/le sta bene niente. Con il compagno / la compagna crea un dialogo tra il commesso / la commessa (*salesperson*) e il/la cliente.

In italiano

There are two different words in Italian for *size:* **taglia** for clothing and **numero** for shoes.

—Che taglia porta, signora?

—La 38.

—Signore, che numero ha?

—Il 46.

Courtesy of Arrigo Carlan

H. Culture a confronto: Gli italiani e il loro vestiario. I single italiani con meno di 35 anni spendono il 5,4% della spesa mensile in vestiti. E tu? La percentuale di soldi che spendi ogni mese in vestiti è alta o bassa?

Strutture

6.1 Lo stilista dà il vestito alla modella

Direct and indirect objects

▶ In questa frase ci sono tre nomi (*nouns*). Qual è il soggetto (*subject*) del verbo **dare**?

> Lo stilista dà il vestito alla modella.

▶ **Note:** The answers to these questions appear in **Point 2** below.

1 **Dare** also has a direct object and an indirect object. A direct object (**complemento diretto**) answers the question *What?* or *Whom?* So, in the sentence above, the designer gave *what* to the model? Circle the direct object.

2 An indirect object (**complemento indiretto**) answers the question *To whom?* or *For whom?* In the sentence above, the designer gave the dress *to whom?* Put a box around the indirect object. **Attenzione!** In Italian the indirect object is always preceded by a preposition, such as **a** or **per**.

You should have circled the direct object, **il vestito,** and put a box around the indirect object, **alla modella.**

Lo stilista dà	il vestito	alla modella.
(soggetto)	(complemento diretto)	(complemento indiretto)

3 **Attenzione!** Some verbs that are followed by a preposition in English take a direct object in Italian.

ascoltare	**Ascolto** la radio.	I *listen to* the radio.
aspettare	**Aspetto** l'autobus.	I *wait for* the bus.
cercare	**Cerco** le scarpe.	I *look for* the shoes.
guardare	**Guardo** le foto.	I *look at* the photographs.
pagare	**Pago** la gonna.	I *pay for* the skirt.
provare	**Provo** i pantaloni.	I *try on* the pants.

Unlike English, the verb **telefonare** is always followed by an indirect object.

> Stasera telefono **a Maria.**

A. Complemento diretto o indiretto?
Completa le frasi con un complemento diretto (**le modelle**) o un complemento indiretto (**alle modelle**). Alla fine dell'attività, decidi se alle modelle piace lavorare per Giacomo e giustifica la tua risposta.

Giacomo, lo stilista...	le modelle	alle modelle
1. non vuole mai pagare	☐	☐
2. scrive tanti SMS	☐	☐
3. dà sempre regali	☐	☐
4. non ascolta mai	☐	☐
5. conosce bene	☐	☐
6. perde la pazienza quando deve aspettare	☐	☐

In italiano

- As you know, the subjects of verbs do not always appear in sentences.

  Io e Gianni compriamo un gelato.

  Compriamo un gelato.

- However, when the subject does appear, the most common word order in Italian is subject-verb-object.

  Silvia compra la collana.

- Remember that in questions, the subject may appear at the beginning, the end, or not at all.

  Silvia compra la collana?

  Compra la collana Silvia?

  Compra la collana?

Collana di turchesi
Courtesy of Diane Musumeci

B. Frasi nuove. Combina i soggetti dell'insieme A con i verbi dell'insieme B e uno o più complementi dell'insieme C per formare frasi complete. Quante frasi riesci a formare in cinque minuti?

A	B	C
io	bere	a Maria
io e Silvia	comprare	l'acqua minerale
io e la mia famiglia	cucinare	agli ospiti
io e Tommaso	dipingere	una borsa di Prada
tu	festeggiare	le chiavi
tu e Giovanni	guardare	il compleanno di mio fratello
la mia amica	perdere	il maglione giallo
i tuoi zii	provare	la partita
	telefonare	la pasta
	servire	per i bambini
		per un'amica
		il primo piatto
		un quadro (*picture*)

C. Un po' di cultura: La Camera Nazionale della Moda Italiana.

Parte prima. Decidi se gli elementi indicati sono complementi diretti o soggetti.

La Camera Nazionale della Moda Italiana è un'associazione senza scopo di lucro (*non-profit*) che disciplina, coordina e promuove **lo sviluppo** (*development*) della moda italiana. Rappresenta **i più alti valori culturali della moda italiana** e si propone di tutelarne (*protect*), coordinarne e potenziarne (*empower*) **l'immagine** sia (*both*) in Italia sia (*and*) all'estero (*abroad*). **L'Associazione** partecipa a iniziative nazionali e internazionali volte a valorizzare e a promuovere **lo stile,** il costume e la moda italiana. Fin dal 1958, anno della sua fondazione, porta avanti **una politica** di supporto organizzativo finalizzata (*aimed*) alla conoscenza, alla promozione e allo sviluppo della moda attraverso eventi di alta levatura (*upscale*) di immagine in Italia e all'estero.

Una sfilata organizzata dalla Camera Nazionale della Moda Italiana
© Victor Boyko/Getty Images

Source: Adapted from http://www.cameramoda.it/it/associazione/cosa-e-la-cnmi/

Parte seconda. Fra gli eventi elencati, indovina quali sono organizzati dalla Camera Nazionale della Moda Italiana.

1. ☐ una celebrazione internazionale dell'unione tra moda e design

2. ☐ il Gran Premio di Monza (*car race*)

3. ☐ 100 sfilate per 1.000 giornalisti italiani e stranieri e presentazione di circa 10.000 novità (*latest fashions*) del prêt-à-porter uomo della moda italiana

4. ☐ la consegna (*awarding*) della maglia rosa al vincitore del Giro d'Italia

5. ☐ tutti gli eventi collegati alle sfilate delle collezioni donna (showroom, buying-office, uffici stampa e agenzie di pubbliche relazioni)

In Italia

Ti piace fare shopping? In Italia le boutique che vendono le ultime collezioni dei più grandi stilisti si trovano in centro (*in the city center*). I centri commerciali (con i prezzi più bassi), invece, si trovano in periferia (*on the outskirts of the city*).

Il più antico centro commerciale d'Italia, **la Galleria Vittorio Emanuele,** si trova però nel centro di Milano e fu costruita nell'Ottocento (1865–1877) in onore del primo re (*king*) d'Italia. L'architetto, Giuseppe Mengoni, ha creato dei palazzi in stile neoclassico che formano una strada a croce (*cross street*), coperta di vetro (*glass*). È il centro della vita milanese dove puoi trovare famose librerie, grandi caffè e bei ristoranti. È uno dei luoghi più chic di Milano.

Galleria Vittorio Emanuele a Milano (Lombardia)
© Tibor Bognár/Corbis

D. La frase più lunga. Formate gruppi di quattro. La prima persona sceglie un soggetto e poi coniuga (*conjugates*) il verbo. Gli altri, a turno, devono aggiungere elementi logici. Vince il gruppo che forma le frasi più lunghe. **Attenzione!** Non si possono usare le congiunzioni **e** e **o,** ma si possono usare **perché** e **quando.**

ESEMPIO: andare

S1: Mohamed va
S2: in Galleria Vittorio Emanuele
S3: con il suo amico
S4: dopo pranzo
S5: perché...

1. aspettare
2. fare
3. viaggiare
4. entrare
5. parlare
6. uscire

6.2 Che stai facendo?

Present progressive

▶ Abbina ogni foto alla sua descrizione.

1. Courtesy of Arrigo Carlan
2. © Blend Images/Getty Images RF
3. Courtesy of Arrigo Carlan

a. sta leggendo il giornale
b. stanno guardando la vetrina di un negozio
c. sta provando delle scarpe

1 If you want to stress that an action is in progress or is occurring at the moment you are speaking, you use the present progressive (**il presente progressivo**). It is formed with the present tense of the verb **stare** and the gerund (**il gerundio**) of the verb.

▶ Do you remember the forms of **stare**? (See **Strutture 4.3.**)

stare	
io	sto
tu	
lui, lei; Lei	sta
noi	
voi	state
loro	

▶ Answers to these activities are in the **Appendix** at the back of your book.

2 The gerund corresponds to the *-ing* form of the verb in English (for example, *eating, sleeping*). It is formed by dropping the infinitive ending **-are, -ere, -ire** and adding **-ando** to **-are** verbs and **-endo** to **-ere** and **-ire** verbs.

mangi**are**	→	mangi**ando**
perd**ere**	→	perd**endo**
dorm**ire**	→	dorm**endo**

3 The gerunds of **fare** (**facendo**) and **bere** (**bevendo**) are irregular.

Cosa stai facendo tu in questo momento?

A. Ascolta! L'insegnante descrive varie situazioni. Cosa stanno facendo queste persone nelle varie situazioni?

1. **a.** Maria sta comprando un regalo.   **b.** Maria sta mangiando la torta.
2. **a.** Paolo sta prendendo il sole.   **b.** Paolo sta prendendo il caffè.
3. **a.** Molti italiani stanno dormendo.   **b.** Molti italiani stanno pranzando
4. **a.** Stai mangiando il pesce.   **b.** Stai mangiando il risotto.
5. **a.** Stiamo andando al cinema.   **b.** Stiamo giocando a tennis.
6. **a.** I ragazzi stanno uscendo dalla discoteca.   **b.** I ragazzi stanno preparando la cena.
7. **a.** Sto provando un paio di scarpe.   **b.** Sto dormendo.

B. Facciamo una frase. Formate gruppi di tre. La prima persona sceglie il soggetto, la seconda persona fornisce la forma giusta del verbo al presente progressivo e la terza persona completa la frase con un complemento diretto o indiretto.

     ESEMPIO: provare

         S1:   Alessandra
         S2:   Alessandra sta provando
         S3:   Alessandra sta provando gli occhiali da sole.

1. guardare
2. comprare
3. parlare
4. prendere
5. cercare
6. scrivere
7. servire il primo piatto
8. telefonare

C. Mimare. (*To mime.*)

Parte prima. Con un compagno / una compagna fai una lista di (almeno) 15 azioni comuni.

> **ESEMPIO:** prendere l'autobus, giocare a tennis...

Parte seconda. A turno, mimate le azioni per un altro gruppo. Loro devono indovinare quello che state facendo.

> **ESEMPIO:** **S1:** (*miming trying on shoes*)
> **S2:** Stai provando le scarpe!

D. Tempo e luogo.

Parte prima. Cosa sta succedendo in questi luoghi?

> **ESEMPIO:** Alle 20.30, su un aereo che viaggia da Chicago a Roma...
> i viaggiatori stanno guardando un film.

1. A mezzanotte, in biblioteca...
2. Alle 18.00, in piazza...
3. Alle 9.00 (di mattina), alla Casa Bianca...
4. Alle 20.00, alla Scala di Milano...
5. Alle 16.00, in un negozio di Prada...
6. Alle 13.00, all'università...

Parte seconda. Con un compagno / una compagna, crea altri tre contesti in orari diversi (come gli esempi della **Parte prima**) e poi scambiali (*exchange them*) con un'altra coppia. Cosa sta succedendo in questi luoghi alle ore indicate?

 Grammatica dal vivo: Il presente progressivo

Guarda un'intervista con Alessia che parla del suo fidanzato, della sua professione e della ragione per cui si trasferisce a Roma.

www.mhhe.com/connect

6.3 Cosa mi metto oggi?

Reflexive verbs

▶ Che fai ogni mattina? Metti le attività in ordine cronologico a seconda delle tue abitudini. Perché tutti i verbi, tranne (*except*) **fare colazione**, hanno **mi** davanti?

____ Mi sveglio.   ____ Mi alzo.   ____ Mi rado.

____ Mi lavo.   ____ Mi vesto.   ____ Mi trucco.

____ Mi metto le lenti a contatto.   ____ Faccio colazione.   ____ Mi lavo i denti.

1 All of the verbs in this section that are preceded by **mi** are reflexive. A reflexive verb (**verbo riflessivo**) normally indicates an action that one does to oneself.

Mi lavo.	I wash *myself.*
Ti vesti.	You dress *yourself.*

Note: One of the first verbs you learned is a reflexive verb. **Mi chiamo Sandra** literally means *I call myself Sandra.*

2 The infinitive of reflexive verbs ends in **-si.**

-are	**-ere**	**-ire**
mi alzo → alzarsi	mi metto → mettersi	mi vesto → vestirsi
mi lavo → lavarsi	mi rado → radersi	
mi sveglio → svegliarsi		
mi trucco → truccarsi		

3 Reflexive verbs are conjugated like all **-are, -ere,** and **-ire** verbs. The only difference is that they are preceded by a reflexive pronoun, which agrees with the subject.

▶ Complete the conjugations of these verbs.

	lavarsi	**mettersi**	**vestirsi**
io	**mi** lavo	**mi** metto	
tu	**ti** lavi		**ti** vesti
lui, lei; Lei		**si** mette	
noi	**ci** laviamo		**ci** vestiamo
voi	**vi** lavate	**vi** mettete	
loro			**si** vestono

▶ Answers to this activity are in the **Appendix** at the back of your book.

Note: The reflexive pronoun for the third-person singular (**lui, lei, Lei**) and third-person plural (**loro**) forms is the same: **si.**

In italiano

In Italian, some infinitives that end in **-si** are conjugated like reflexive verbs even though they don't refer to actions done to oneself.

annoiarsi *to get bored*	**Mi annoio a guardare i film rosa.**
arrabbiarsi *to get angry*	**Mi arrabbio con mia sorella.**
divertirsi *to have fun*	**Mi diverto alla lezione d'italiano.**
sbagliarsi *to be wrong*	**Non mi sbaglio mai!**
sentirsi *to feel*	**Mi sento bene oggi.**

4 The reflexive pronoun is usually placed before the conjugated verb, but it can also be attached to an infinitive which drops the final **-e.**

Mi devo lavare i denti.   Devo lavar**mi** i denti.

5 To form the negative, place **non** before the reflexive pronoun.

Oggi **non** mi metto gli stivali.

6 Some verbs can be used reflexively and non-reflexively. If the action affects oneself, it's reflexive. If it affects someone or something else, it's not. Compare the following:

Reflexive   **Non-reflexive**

Si lava.

Lava **il cane.**

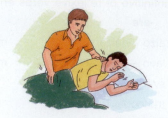

Si sveglia alle 8.00.

Sveglia suo fratello alle 8.00.

Si guarda allo specchio.

Guarda **la sfilata**.

A. Ci divertiamo!

Parte prima. Completa queste frasi.

1. Mi diverto quando...
2. Mi annoio quando...
3. Mi arrabbio quando...

Parte seconda. Intervista un compagno / una compagna per conoscere le sue risposte. Quanto siete simili?

> ESEMPIO: S1: Quando ti diverti?
> S2: Io mi diverto quando cucino. E tu?
> S1: Anch'io mi diverto quando cucino. (Io, invece, mi diverto quando gioco a pallone.)

Parte terza. Immagina come questi italiani completano le stesse frasi.

1. Stefania, madre
2. Cristina, studentessa
3. il signor Mauro Civai, direttore di museo

Photos 1–3: © McGraw-Hill Education/TruthFunction

B. Il pronome riflessivo.

Parte prima. Con un compagno / una compagna scrivi il pronome riflessivo giusto e completa le frasi.

1. (*nome compagno/a A*) e (*nome compagno/a B*) _____ divertono quando…

2. Io e i miei amici _____ annoiamo…

3. Gli studenti _____ arrabbiano…

4. Prima di uscire, il mio amico _____ mette…

5. Le donne _____ truccano…

6. Gli uomini _____ radono…

7. Devo lavar_____ quando…

Parte seconda. Scambiate le frasi con un altro gruppo e decidete se ogni frase è vera **sempre, qualche volta** o se non è vera **mai.**

C. Riflessivo o no?

Parte prima. Scegli la forma appropriata per completare le frasi.

1. **a.** Di solito il bambino veste / si veste da solo.

   b. Oggi, la mamma veste / si veste il bambino perché ha fretta.

2. **a.** Mia madre mette / si mette il vestito di Dolce & Gabbana.

   b. Mio fratello mette / si mette i pantaloni sul letto.

3. **a.** Che puzza! (*What a stink!*) Dobbiamo lavare / lavarci il cane.

   b. Che puzza! Devi lavare / lavarti!

4. **a.** Ciao! Chiamo / Mi chiamo Salvatore.

   b. Ogni domenica chiamo / mi chiamo mia madre all'ora di pranzo.

5. **a.** Questo film è troppo violento; non voglio guardare / guardarmi!

   b. Mi sono tinto (*I colored*) i capelli e sono diventati (*became*) gialli! Non voglio guardare / guardarmi allo specchio.

Parte seconda. Lavora con un compagno / una compagna. Create frasi simili alle frasi della **Parte prima.**

1. svegliare / svegliarsi

2. sentire / sentirsi

3. annoiare / annoiarsi

4. truccare / truccarsi

D. Il mio compagno / La mia compagna.

Parte prima. Scrivi quattro domande da fare a un compagno / una compagna usando i verbi dell'insieme A e le espressioni di tempo dell'insieme B. Accanto a ogni domanda scrivi la risposta che ti aspetti (*that you expect*).

ESEMPIO: Ti arrabbi spesso con tua sorella? (Sì.)

A			B	
divertirsi	arrabbiarsi	uscire	spesso	ogni mese
portare	pulire	mettersi	non… mai	sempre
lavare	telefonare	alzarsi	una volta alla settimana	raramente

Parte seconda. Ora fai le domande a un compagno / una compagna. Le sue risposte confermano le tue previsioni? Chi conosce meglio l'altra persona?

> ESEMPIO: **S1:** Ti arrabbi spesso con tua sorella?
> **S2:** Sì. (No, non mi arrabbio quasi [*almost*] mai con mia sorella.)

6.4 Parlo bene l'italiano!

Adverbs

▶ Come ti comporti (*How do you behave*)? Fai questo piccolo test. Riesci a capire il significato del suffisso **-mente**?

---

1. La lezione comincia alle 7.30 di mattina. Arrivi _____.
   a. puntualmente
   b. in ritardo (*late*)

2. Tua madre ti chiede di lavare i piatti dopo cena. Lo fai _____.
   a. immediatamente
   b. più tardi

3. Ti metti i jeans _____
   a. raramente
   b. spesso

4. I tuoi genitori ti regalano una macchina sportiva per il tuo compleanno. Guidi (*You drive*) la macchina _____.
   a. con prudenza (*carefully*)
   b. velocemente

5. La tua migliore amica ti ha comprato un giubbotto per il tuo compleanno, ma non ti piace. Quando la tua amica ti chiede se ti piace, rispondi _____.
   a. con una bugia
   b. sinceramente

Il comportamento rivela molto del carattere. Che tipo di persona sei? Fai il conto delle volte che hai scelto la risposta **a** in questo piccolo test e poi leggi la descrizione del tuo carattere.

3–5 (a): Sei una persona precisa e pignola (*picky*). Cerchi di comportarti sempre in modo appropriato.

1–2 (a): Sei una persona rilassata e tranquilla. Non ti preoccupi dei dettagli (*details*).

---

1 The suffix **-mente** is the equivalent of *-ly* in English: **immediata*mente*** = immediate*ly*. Words ending in **-mente** are adverbs that describe how or when the action of a verb takes place and are usually placed after the verb.

> Tina parla **sinceramente**.　　Miriam esce **frequentemente**.

2 To form adverbs in Italian, add **-mente** to the *feminine singular* form of the adjective.

> lento → **lenta** → **lentamente**　　Giovanni corre lent**a**mente.

However, if the adjective ends in **-e**, you add the **-mente** directly to the adjective.

> **veloce** → **velocemente**　　Maria corre veloc**e**mente.

Note: If the adjective ends in **-re** or **-le** and this ending is preceded by a vowel, drop the final **-e** before adding **-mente**.

regol**are** → **regolarmente**
gentil**e** (*kind*) → **gentilmente**

▶ Now you try. Create adverbs from these adjectives.

generoso → _____ difficile → _____ forte → _____

▶ Answers to this activity are in the **Appendix** at the back of your book.

▶ For more information about **molto/poco** and **bene/male** as adverbs, see **Per saperne di più** at the back of your book.

3 Some adverbs do not end in **-mente.** If you do something *well* or *badly,* use **bene** or **male.**

Parlo **bene** l'italiano, ma parlo **male** il cinese.

4 You have already learned several adverbs of time: **domani, ieri, non... mai, oggi, ogni tanto, presto, sempre, spesso, tardi, tutti i giorni.**

5 The adverbs **spesso** and **sempre** are usually placed after the verb.

Leggi **spesso** il giornale?

Studio **sempre** in biblioteca.

6 **Non** is placed before the conjugated verb and **mai** is placed after.

Non gioco **mai** a tennis.

Non possiamo **mai** studiare insieme.

7 Other adverbs of time are usually placed at the end of a statement or question.

Scrivi molte e-mail **tutti i giorni**?

Torno a casa **tardi**.

A. La parola precisa.

Parte prima. Quali parole completano queste frasi?

Maria parla...		Maria ha una sorella...
seriamente	impegnata	lentamente
sincera	gentilmente	liberamente
buona	bella	seria
bene	sinceramente	giovane

Parte seconda. In base alle frasi della **Parte prima,** quali delle seguenti conclusioni sono vere?

1. ☐ La sorella di Maria ha sempre molte cose da fare.
2. ☐ La sorella di Maria dice molte bugie.
3. ☐ Maria è timida.
4. ☐ Maria non conosce bene la grammatica e spesso fa errori quando parla.

B. Com'è Paolo?

Parte prima. Forma avverbi in **-mente** con i seguenti aggettivi.

attento	frequente
onesto	puntuale
gentile	

Parte seconda. Descrivi come o quando Paolo fa queste attività usando gli avverbi che hai creato nella **Parte prima.** Che tipo di persona è Paolo? Ti piace o no? Perché?

> ESEMPIO: salutare i colleghi
> Paolo saluta gentilmente i colleghi.

1. ascoltare l'insegnante
2. parlare con le persone anziane
3. rispondere a domande personali
4. arrivare agli appuntamenti
5. telefonare alla mamma

C. Come?

Parte prima. Formate gruppi di quattro. Ogni gruppo deve fare una lista di avverbi. Chi ha la lista più lunga dopo un minuto?

Parte seconda. Adesso aggiungete un verbo a ogni avverbio per indicare un'attività / un'azione.

> ESEMPIO: bene → giocare bene a tennis
> tardi → arrivare tardi

Parte terza. Scambiate la lista con un altro gruppo. A turno, ogni studente del gruppo ha 30 secondi per mimare una delle azioni della lista. La persona che indovina vince un punto. Lo studente con più punti alla fine del gioco vince.

D. Firma qui, per favore!

Parte prima. Con i compagni, crea una lista di attività (sport, hobby, faccende di casa [*housework*]) che fate spesso. Poi segna ✓ (quanto sei abile (*capable*) nel fare ciascuna (*each*) attività.

Attività	bene	così così	male	Firma qui, per favore!
1. *cucinare*				
2.				

Parte seconda. Intervista i tuoi compagni per trovare qualcuno che ha le tue stesse abilità e, se lo trovi, chiedigli la firma.

> ESEMPIO: **S1:** Come cucini?
> **S2:** Male!
> **S1:** Anch'io! Firma qui, per favore!

E. Un po' di cultura: Dove sono gli avverbi? Trova gli avverbi in questi cartelli fotografati in giro per l'Italia. Poi, crea una frase originale per ogni avverbio.

Courtesy of Diane Musumeci

Courtesy of Diane Musumeci

Courtesy of Diane Musumeci

Ascoltiamo!

La moda italiana

A. Osserva e ascolta. Osserva e ascolta mentre Federico ti parla della moda in Italia.

B. Completa. Completa le seguenti frasi con le parole / espressioni della lista qui sotto. Usa ogni espressione *una sola volta*. **Attenzione!** La lista contiene dodici parole o espressioni; devi usarne solamente nove.

l'abbigliamento (*clothing*)	negli anni Settanta
costosi	occhiali
dopo la Seconda Guerra Mondiale (*WWII*)	i palazzi
le esportazioni	posti di lavoro
fare bella figura	profumi
la firma	le sfilate

1. _____ è il prodotto italiano più venduto (*sold*) nel mondo e contribuisce all'economia nazionale con la creazione di molti _____.

2. _____ di moda organizzate a Milano e a Firenze presentano i modelli più recenti a un pubblico internazionale.

3. In Italia la moda è diventata (*became*) un fenomeno di massa _____ quando gli stilisti hanno cominciato a creare prodotti meno _____.

4. In Italia, _____ (o il nome) di uno stilista famoso è importante non solo per i vestiti, ma anche per gli accessori, come _____, scarpe, _____ e gioielli.

5. Per molti italiani vestirsi alla moda è importante per _____ o fare buona impressione.

C. Tocca a te! Completa la seguente frase esprimendo la tua opinione personale sulla moda italiana.

La moda italiana mi piace / non mi piace perché...

Leggiamo!

Tatuaggi: Un milione e mezzo di italiani ne ha almeno uno.

A. Prima di leggere. Con un compagno / una compagna rispondi alle seguenti domande: ti piacciono i tatuaggi? Hai un tatuaggio o conosci qualcuno che ce l'ha? Per quali motivi ci si fa un tatuaggio? Per quali motivi si decide di non farsi un tatuaggio o di cancellarne uno già fatto?

B. Al testo!

Parte prima. Il testo si divide in due parti: chi desidera un tattoo e chi lo rimpiange (*regret*). Traccia una linea dove finisce la prima parte e inizia la seconda, poi sottolinea l'esperto / la fonte delle informazioni per ciascuna posizione.

PAROLE PER LEGGERE	
almeno	*at least*
gli amanti	persone che amano
lavorativo	del lavoro
la richiesta	la domanda
soprattutto	*above all*
la seduta	*sitting, session*

Tatuaggi: Boom tra i giovanissimi

Una volta erano simboli da guerrieri,[1] poi divennero i marchi distintivi di marinai[2] e galeotti,[3] oggi i tatuaggi sono diventati uno status symbol, anche in Italia.

Nel Bel Paese[4] un milione e mezzo di persone hanno almeno un tattoo; di questi il 7,5% sono ragazzi giovanissimi, di età compresa tra i 12 e 18 anni. A fornire i dati sulla diffusione dei tatuaggi in Italia è stato l'autorevole[5] Centro nazionale Ondico (Organismo notificato dispositivi e cosmetici) dell'Istituto superiore di sanità.

Tatuaggio a forma di corona
© Raffaele Celentano/laif/Redux

Fantasie floreali, motivi tribali e citazioni[6] da poesie o canzoni. Cresce l'esercito dei tatuati in Italia. Ma se aumenta il numero degli amanti del tattoo, cresce anche quello dei pentiti o di chi, soprattutto per motivi di lavoro, deve farselo cancellare, come rileva Ezio Maria Nicodemi, chirurgo[7] estetico all'Istituto dermopatico dell'Immacolata (Idi) di Roma. «Nel nostro Paese a prendere questa decisione, a volte sofferta – spiega – è più del 30% dei tatuati,[8] soprattutto uomini. E di questi, il 40% lo fa per motivi lavorativi».

A decidere di rimuovere un disegno sulla pelle[9] non sono solo le star stanche del solito tatuaggio, «ma sempre più giovani alla ricerca[10] di un lavoro in questi tempi di crisi. Soprattutto quelli che si preparano a partecipare a dei concorsi[11] — continua Nicodemi — E la richiesta più frequente è quella di rimuovere il disegno nel minor tempo possibile». [...] Oggi è possibile far sparire[12] un tatuaggio di medie dimensioni anche in sole due sedute, grazie a un doppio trattamento in una stessa giornata a distanza di 30 minuti l'uno dall'altro.

4 dicembre 2013

[1]*warriors* [2]*sailors* [3]*convicts* [4]Bel... Italia [5]*authoritative* [6]*quotes* [7]*surgeon* [8]persone con tatuaggi [9]*skin* [10]alla... *in search of* [11]selezione, esame, spec. per un lavoro [12]far... *make (something) disappear*

Parte seconda. Secondo l'articolo, chi sono gli amanti dei tattoo e quali disegni piacciono? Chi sono invece i pentiti (*those who regret*) del tattoo, e perché?

C. Discutiamo! Secondo te, qual è il consiglio più importante per una persona che pensa di farsi un tatuaggio?

Retro

Il tatuaggio in Italia ha una tradizione molto antica. Gli schiavi (*slaves*) romani venivano (*were*) tatuati con le iniziali del loro padrone, mentre i ladri (*thieves*), per punizione, con un segno sulla fronte (*forehead*). I soldati romani si tatuavano un segno identificativo della loro legione o il nome dell'imperatore. Hai visto il film *Il Gladiatore*? Maximus aveva tatuate sulla spalla le celebri lettere **SPQR** (acronimo latino di Senatus Populusque Romanus, cioè il Senato e il Popolo Romano).

Gladiatori romani
© The Print Collector/Alamy

Continua a leggere nel **Capitolo 6, Retro** su **Connect**.

 www.mhhe.com/connect

Scriviamo!

L'indumento° magico

Article of clothing

Nel mondo della fantasia, un indumento, o un accessorio, può avere un significato particolare, a volte perfino (*even*) magico. Harry Potter ha un mantello che lo rende invisibile. Nel racconto *The Red Shoes* di Hans Christian Andersen le scarpe costringono (*force*) chi le porta a ballare in continuazione. Usa la fantasia per inventare una storia originale con un indumento magico. Scrivi una piccola storia (un paragrafo) in cui descrivi l'indumento e l'effetto che ha.

© Andy Crawford/Dorling Kindersley/Getty Images

> **ESEMPIO:** il berretto magico
> Quando uno studente porta il berretto magico non deve mai studiare perché...

Parliamo!

Cosa portiamo in America?

Erica e Matteo vengono in America per seguire un corso d'inglese nella vostra università per un mese, ma non sanno cosa portare e hanno bisogno del vostro consiglio! Ecco le liste di quello che pensano di mettere in valigia. Con un compagno / una compagna decidi cosa devono portare, cosa possono lasciare a casa e se hanno bisogno di qualcos'altro. Spiegate alla classe le vostre scelte.

Erica	Matteo
dieci magliette	sette magliette
tre paia di jeans	un paio di jeans
tre gonne	quattro camicie
due maglioni di lana	due maglioni di lana
due paia di pantaloni	tre paia di pantaloni
un vestito (lungo) da sera	un abito scuro (elegante)
un vestito (corto) da sera	due cravatte
una felpa	due felpe
una tuta da ginnastica[1]	un paio di pantaloncini
un paio di scarpe da ginnastica	due paia di scarpe da ginnastica
due paia di scarpe da sera (con i tacchi alti)	un paio di mocassini eleganti (neri)
un paio di stivali	un paio di scarponi[5]
due paia di scarpe comode (ma belle)	un paio di scarpe comode[6] (marroni)
un cappotto pesante[2]	un giubbotto pesante
una giacca leggera[3]	tre cinture (una nera, due marroni)
due costumi da bagno (bikini e intero[4])	un costume da bagno

[1]tuta… *sweats* [2]*heavy* [3]*light* [4]*one-piece* [5]*hiking boots* [6]*comfortable*

 # Scopriamo il cinema!

FILM: *Il mostro*

(Commedia. Italia. 1995. Roberto Benigni e Michel Filippi, Registi. 112 min.)

RIASSUNTO: A serial killer is on the loose and the police are out to find him. Under the direction of police psychologist Taccone (Michel Blanc), undercover cop Jessica (Nicoletta Braschi) is assigned to tail Loris (Roberto Benigni), the suspect who, unaware, often finds himself in compromising, but innocent, situations.

SCENA: (DVD Capitolo 11) Loris is short on funds, but he needs to "pick up" some things at the ipermercato (*superstore*). He devises a plan to check out without paying with the unsuspecting help of the other customers and the manager.

A. Anteprima. Abbina gli oggetti alla parte del corpo a cui corrispondono.
Attenzione! Una parte del corpo si usa due volte.

1. ____ lo spazzolino da denti

2. ____ il fermaglio

3. ____ il peluche

4. ____ il chewing-gum

5. ____ la scarpina

a. i capelli
b. la bocca
c. le braccia
d. il piedino

B. Ciak, si gira! Guarda la scena facendo attenzione a quello che Loris fa con gli oggetti che hai visto in **Anteprima.** Poi completa il riassunto della scena mettendo gli indumenti e gli accessori ai posti giusti.

borsa	fermaglio
chewing-gum	scarpina
peluche	trench (2)
spazzolini da denti	tasca

In questa scena, Loris porta un ____[1] molto largo. Nel reparto (*section*) «articoli sanitari», mette tre ____[2] nella ____[3] di una signora. Nel reparto «giocattoli» mette un ____[4] nella carrozzina di una bambina. Poi getta (*tosses*) una ____[5] nella ____[6] di un signore. Nel reparto «frutta e verdura» infila (*sticks*) un ____[7] fra i capelli della manager. Nel reparto «dolci», prende un ____[8] e poi va alla cassa per pagarlo. L'allarme suona, ma Loris esce tranquillamente dal negozio. Stranamente il ____[9] non gli è più largo, anzi (*on the contrary*), gli è stretto.

C. È fatto! Molti italiani apprezzano Loris perché lo considerano «furbo». Secondo te, Loris è un simpatico furbacchione o è un ladro?

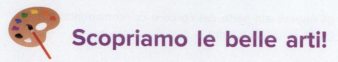

Scopriamo le belle arti!

Venere degli stracci (*Venus of the rags*) (1967),
Michelangelo Pistoletto

 **LINGUA**

A. Cosa sta facendo? Scrivi tre frasi per descrivere cosa sta facendo Venere.

cercare   guardare   pensare

B. La mattina di Venere. Descrivi una mattina tipica di Venere. Scrivi delle frasi usando almeno cinque dei seguenti verbi al presente indicativo.

alzarsi   arrabbiarsi   mettersi   vestirsi

annoiarsi   lavarsi   truccarsi

ESEMPIO: La sera Venere si diverte e la mattina si sveglia tardi...

C. Un titolo alternativo. *Venere degli stracci* è un titolo descrittivo. Prova a dare a quest'opera un titolo creativo.

ARTE

Quest'opera può essere descritta con poche parole: c'è una statua (che è la copia di una statua classica) e c'è un mucchio (*pile*) di stracci. È un esempio del movimento artistico chiamato **Arte povera** (anni '60–) che usa elementi «poveri», organici o no, come la terra (*dirt*), il legno (*wood*), la pietra (*stone*), il neon, gli scarti (*junk*) industriali e la plastica. Per interpretare il significato di questo tipo di opera bisogna pensare più che guardare.

Quanti contrasti! Quest'opera è uno studio di contrasti. Quanti contrasti riesci a identificare? Per ciascuna coppia di parole opposte, indica l'aggettivo che corrisponde a Venere e quello che corrisponde agli stracci. Poi riscrivi l'aggettivo (se necessario) in modo che corrisponda in genere e numero al nome che lo accompagna: Venere (*femminile, singolare*), gli stracci (*maschile, plurale*).

ESEMPIO: monocromatico / policromatico
Venere è monocromatica. Gli stracci sono policromatici.

1. reale / ideale
2. liscio (*smooth*) / ruvido
3. caldo / freddo

4. perfetto / difettoso
5. rigido / plastico*

---

*Attenzione! Nel linguaggio artistico, l'aggettivo «plastico» significa «mobile, instabile, che dà il senso di movimento».

Vocabolario

Domande ed espressioni

Certo!	Of course!
Che taglia/numero porti/porta (hai/ha)?	What (clothing/shoe) size do you wear? (*inform./form.*)
Ecco...	Here is / Here are . . .
Mi puoi... ? / Mi può... ?	Can you . . . ? (*inform./form.*)
Posso... + *infinitive* ?	May I . . . ?
Subito!	Right away!

Verbi

alzarsi	to get up
andare di moda	to be in style
annoiarsi	to get bored
arrabbiarsi	to get angry
aspettare	to wait for
divertirsi	to have fun
fare bella figura	to make a good impression
indossare	to wear
lavarsi	to wash oneself
lavarsi i capelli	to wash one's hair
lavarsi i denti	to brush one's teeth
marinare la scuola	to play hooky, cut school
mettere	to put
mettersi	to put on (*clothes, makeup*)
portare	to bring; to carry; to wear
provare	to try on
radersi	to shave
sbagliarsi	to be wrong
sentirsi	to feel
svegliarsi	to wake up
truccarsi	to put on makeup
vestirsi	to get dressed

Sostantivi

gli abiti, i vestiti	clothes
l'accessorio	accessory
l'anello	ring
il berretto, il cappellino	(baseball) cap, hat
la borsa	purse
i calzini	socks
la camicia	shirt/blouse
la camicetta	blouse
il cardigan	cardigan (button down) sweater
il centro commerciale	large shopping center, mall
la cintura	belt
la collana	necklace
il costume (da bagno)	bathing suit, swimsuit
la cravatta	tie
la felpa	sweatshirt
la giacca	jacket
il giubbotto	winter jacket
la gonna	skirt
l'impermeabile (*m.*)	raincoat
i jeans	jeans
la maglietta	t-shirt
il maglione	sweater
la moda	fashion
gli occhiali da sole	sunglasses
l'ombrello	umbrella
gli orecchini	earrings
il paio (*pl.* le paia)	pair
i pantaloncini, gli shorts	shorts
i pantaloni	pants
il pullover	pull-over
i sandali	sandals
le scarpe (da ginnastica)	shoes (sneakers)
la sciarpa	scarf
la sfilata	fashion show
lo/la stilista	designer
gli stivali	boots
i tacchi alti	high heels
il tatuaggio	tattoo
il trench	raincoat
il trucco (*pl.* i trucchi)	makeup; trick, effect
la t-shirt	t-shirt
il vestito	dress; suit
la bocca	mouth
il braccio (*pl.* le braccia)	arm
il corpo	body
il dito (*pl.* le dita)	finger
il ginocchio (*pl.* le ginocchia / i ginocchi)	knee
la mano (*pl.* le mani)	hand
la pelle	skin; leather
la spalla	shoulder

Aggettivi

liscio	smooth
morbido	soft

Avverbi

con prudenza	carefully
domani	tomorrow
frequentemente	frequently
gentilmente	nicely, kindly
ieri	yesterday
immediatamente	immediately
in ritardo	late
lentamente	slowly
male	badly
oggi	today
presto	early
puntualmente	punctually
raramente	rarely
regolarmente	regularly
sinceramente	sincerely
velocemente	quickly, fast

7 Cosa hai fatto questo weekend?

I bari (ca. 1594), Michelangelo Merisi da Caravaggio (Kimbell Art Museum, Fort Worth, olio su tela)
© Kimbell Art Museum, Fort Worth, TX/Art Resource, NY

SCOPI

IN THIS CHAPTER YOU WILL LEARN:
- common interjections to express surprise, pain, and so on
- how to ask and tell what happened
- to talk about your weekend activities
- to talk about what you did in the past
- to use negative expressions
- about music traditions in Italy

Strategie di comunicazione

Dai!

Expressing surprise, pain, and so on

Le interiezioni (*interjections*) are those little exclamation words we use to express surprise, pain, encouragement, disbelief, uncertainty, or exasperation.

A. Osserva e ascolta. Come rispondono Chiara, Rosario, Claudia, Cassandra e Giovanni alle seguenti domande? Abbina l'interiezione che senti (a–e) alla domanda (1–5).

Chiara

1. Ti piace il game show *L'Eredità*?

Rosario

2. Sa l'inglese?

Claudia

3. Puoi dire qualcosa in inglese?

Cassandra

4. Chi sono i tuoi attori e attrici preferiti?

    a. Boh!

    b. Magari!

    c. Mamma mia!

    d. Oddio!

    e. Peccato!

Giovanni

5. Le piacerebbe visitare gli Stati Uniti?

Photos 1–5: © McGraw-Hill Education/TruthFunction

B. Uffa! (*Oh man!*)

Parte prima. Abbina le domande alle risposte appropriate.

1. Quando mangiamo?

2. Fa troppo caldo.

3. Non posso uscire stasera. Devo studiare.

4. Chi è l'autore di *La Divina Commedia*?

5. È tua quella Alfa Romeo?

    a. Magari! La mia è quella piccola Ford.

    b. Uffa! Stai sempre sui libri. Non vuoi mai uscire.

    c. Boh! Non mi ricordo. (*I don't remember.*)

    d. Dai! Hai sempre fame!

    e. Macché! È un giorno bellissimo!

Parte seconda. Confronta le tue risposte con quelle di un compagno / una compagna. Lui/Lei dice una delle frasi e tu rispondi con l'interiezione appropriata. Scambiate i ruoli.

C. Come si dice *ouch* in italiano? Completa la tabella con le espressioni equivalenti in inglese e in italiano. Alcune parole sono già state inserite.

▶ Answers to this activity are in the **Appendix** at the back of your book.

In questa situazione...	gli americani dicono:	gli italiani dicono:
1. You see a friend across the street and want to get his/her attention.		**Ehilà!**
2. You grab a pot on the stove and it's hot.	*Ow! Ouch!*	
3. You look at your watch and realize you're late for an appointment.	*Omigosh!*	
4. You want your friend to get up off the couch and come for a run with you.		**Dai!**
5. Your friend says something you know isn't true.	*No way!*	
6. You're eager to go out and your parents keep adding to the list of chores they want you to do before you leave.		**Uffa!**
7. Someone asks you a question and you haven't got a clue.	*I dunno!*	
8. Someone asks if you've ever done something that's cool (you haven't, but you wish you had).		**Magari!**
9. Someone invites you to a concert, but it's on the same night as your exam.		**Peccato!**

Cos'è successo?

Asking what happened

> To find out what happened, ask:
> **Cos'è successo?**

Che brutta giornata!

Parte prima. Oggi va tutto male. Perché? Cos'è successo? (Le risposte sono al passato; trovi il passato in **Strutture 7.1** in questo capitolo.) Inserisci l'interiezione appropriata per iniziare ogni frase.

1. _____ Ho dimenticato (*I forgot*) il libro d'italiano.

    a. Oddio!   **b.** Dai!   **c.** Ahi!

2. _____ Non ho dormito (*I didn't sleep*) abbastanza e oggi devo lavorare.

    a. Dai!   **b.** Uffa!   **c.** Ehilà!

3. _____ Ho perso (*I missed*) l'autobus.

    a. Mamma mia!   **b.** Boh!   **c.** Magari!

4. _____ Non ho capito (*I didn't understand*) la lezione.

    a. Macché!   **b.** Magari!   **c.** Boh!

5. _____ Ieri ho giocato (*I played*) a calcio e oggi mi fanno male le gambe.

    a. Dai!   **b.** Ahi!   **c.** Magari!

Parte seconda. Ecco alcuni consigli per i problemi della **Parte prima.** Completa le frasi seguenti usando i verbi qui sotto. **Attenzione!** Puoi usare ciascun verbo *una sola volta.*

> dormire   fare   guardare   prendere   venire

1. Puoi _____ a lungo questo weekend.

2. Puoi _____ due aspirine e riposarti (*rest*) oggi.

3. Puoi _____ con me in macchina.

4. Possiamo _____ i compiti insieme.

5. Puoi _____ il mio libro.

Parte terza. Chiedi al tuo compagno / alla tua compagna **Cos'è successo?** Lui/Lei sceglie un problema dalla **Parte prima.** Tu proponi una soluzione con le frasi che hai creato nella **Parte seconda.**

    ESEMPIO: **S1:** Oddio!
               S2: Cos'è successo?
               S1: Ho dimenticato il libro d'italiano.
               S2: Non c'è problema! Puoi guardare il mio libro.

Lessico

Il mio weekend

Talking about your weekend activities

Gessica
© Kurt Krieger

Luigi
© Thinkstock/Getty Images RF

Gessica e Luigi sono studenti all'università di Pisa. Gessica è di Pisa, ha 20 anni e studia lingue e letterature straniere. Luigi è di Arezzo, ha 21 anni e studia biologia.

▶ Gessica è molto impegnata questo weekend. Completa la sua agenda con i numeri delle frasi appropriate. C'è solo una risposta corretta. (Cerca di capire il significato delle parole **in neretto** dal contesto o da una parola simile in inglese.)

1. Dorme fino alle 9.00, fa colazione, legge un libro e scrive un'e-mail alla sua amica americana.

2. Dorme fino alle 8.00, fa colazione, poi va alla scuola di yoga dove fa un corso di Ayurveda.

3. **Festeggia** il compleanno di Sandra a casa di Luisa.

4. Pranza dalla nonna (*at her grandmother's house*) e **fa un giro in bici** con il suo fratellino.

5. Va a **teatro** a **vedere uno spettacolo** di Shakespeare per il corso di letteratura inglese.

6. **Fa il bucato** perché tutti (*all*) i suoi jeans sono sporchi (*dirty*), poi fa shopping. Compra un bel **regalo** per il compleanno della sua amica Sandra: degli auricolari (*earphones*).

Il weekend di Gessica		
	sabato	domenica
la mattina	2	
il pomeriggio		
la sera	3	

In italiano

Molte parole per parlare di musica sono simili (o uguali!) all'inglese: la musica rock / jazz / rap / hip-hop / pop / indie rock.

Altre parole: il gruppo (musicale), il cantautore / la cantautrice, il musicista, il tour, il pubblico (*audience*), il singolo, il CD, l'album, gli auricolari, le cuffie (*headphones*), la tastiera (*keyboard*), la batteria (*drums*), il ritmo, il testo (*lyrics*)

▶ Anche Luigi è molto impegnato questo weekend. Completa la sua agenda con i numeri delle frasi appropriate.

1. Guarda **la partita** di calcio con gli amici.

2. Va a studiare in biblioteca con un amico.

3. Prende il treno alle 13.00 per **andare a trovare** gli amici a Siena.

4. Prende il treno alle 18.00 per tornare a Pisa perché ha un esame lunedì mattina presto.

5. Va al **concerto** di Ligabue a Siena con il suo amico Roberto, ma non è contento perché Ligabue canta solo **le canzoni** del nuovo album.

6. Dorme fino alle 14.00.

Il weekend di Luigi		
	sabato	domenica
la mattina	2	
il pomeriggio	3	
la sera		

▶Answers to these activities are in the **Appendix** at the back of your book.

In italiano

Italians use the expression **andare a trovare** to refer to visiting people. The verb **visitare** refers to visiting places, such as cities and museums. It is also used to talk about a doctor examining a patient.

Luigi **va a trovare** i suoi amici.

Gessica **visita** un museo d'arte moderna a Firenze.

Il medico **visita** la paziente in clinica.

A. Ascolta! L'insegnante comincia (*begins*) una frase; segna ✓ la fine appropriata.

1. ☐ il bucato	☐ in macchina	☐ in casa
2. ☐ un album	☐ lo spettacolo	☐ le canzoni
3. ☐ il bucato	☐ i compiti	☐ un regalo
4. ☐ un film	☐ una canzone	☐ uno spettacolo
5. ☐ un biglietto (*ticket*)	☐ uno stadio	☐ uno spettacolo
6. ☐ mia madre	☐ la mia amica	☐ un museo
7. ☐ una pasticceria	☐ mia nonna	☐ un museo

B. Le attività tipiche. In base a quello che sai di Gessica e di Luigi, decidi quali possono essere attività tipiche di Gessica e quali possono essere attività tipiche di Luigi.

1. Fare il bucato ogni fine settimana.

2. Andare a trovare gli amici a Milano in un weekend prima di un esame importante.

3. Andare a vedere uno spettacolo a Firenze.

4. Ascoltare la musica rap.

5. Leggere un libro di James Joyce.

6. Giocare a calcio.

7. Fare una colazione abbondante domenica mattina alle 9.00.

8. Non fare colazione.

C. Culture a confronto: La musica.

Parte prima. Fate un sondaggio in classe. In quale momento della giornata ascolti la musica?

☐ In ogni occasione possibile

☐ Nel mio tempo libero, quando faccio qualcos'altro, per dargli più qualità

☐ Quando lavoro o studio, la uso come sottofondo (*background*)

☐ Dedico dei momenti specifici solo ad ascoltare la musica

☐ Non l'ascolto mai, non mi piace la musica

Parte seconda. Paragonate i vostri risultati a quelli di un sondaggio condotto in Italia nell'aprile 2015.

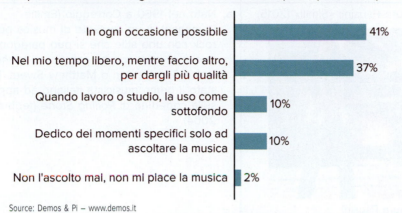

QUANDO ASCOLTI LA MUSICA
In quale momento della giornata ascolti la musica? (*Valori percentuali*)

In ogni occasione possibile	41%
Nel mio tempo libero, mentre faccio altro, per dargli più qualità	37%
Quando lavoro o studio, la uso come sottofondo	10%
Dedico dei momenti specifici solo ad ascoltare la musica	10%
Non l'ascolto mai, non mi piace la musica	2%

Source: Demos & Pi – www.demos.it

D. Ogni quanto?

Parte prima. Con i compagni, indica ogni quanto gli studenti fanno queste attività.

mai	**ogni giorno**
una volta (*once*) **alla settimana**	**una volta al mese**

ESEMPIO: Gli studenti non puliscono mai la casa.

1. fare il letto
2. fare il bucato
3. cucinare
4. fare la spesa al supermercato
5. fare un giro in bici
6. fare una festa in casa
7. andare a teatro
8. andare al cinema
9. andare a un concerto di musica rock
10. andare a trovare la famiglia

Parte seconda. Fai domande a un compagno / una compagna per sapere ogni quanto lui/lei fa queste attività. Il tuo compagno / La tua compagna è il classico / la classica studente/ssa? Perché? Comunica le tue conclusioni alla classe.

ESEMPIO: S1: Ogni quanto pulisci la casa?
S2: Una volta alla settimana.
S1: Allora non sei il classico studente.

🇮🇹 **E. Un po' di cultura: I cantanti italiani.** Abbina i cantanti alle descrizioni. Cerca i loro singoli su Internet.

il/la cantante e un suo singolo	la descrizione
1. Laura Pausini: «Simili» (2015)  Laura Pausini © Stephane Cardinale/Corbis/Getty Images	**a.** Nato nel 1960 a Correggio (Emilia-Romagna), è un cantante di musica pop/rock con uno stile che si può paragonare a quello di (*that can be compared to that of*) Bruce Springsteen o Matthew Sweet. È stato il primo musicista italiano ad apparire sulla copertina di *Rolling Stone* (febbraio 2004).
2. Ligabue: «Tu sei lei» (2013)  Ligabue © Roberto Serra/Iguana Press/Getty Images	**b.** Nato a La Sterza (Toscana) è un tenore italiano di fama internazionale. Di vista debole fin dall'infanzia, è rimasto completamente cieco (*blind*) a 12 anni giocando a calcio. Ha un vasto repertorio pop e operatic pop ed è uno dei cantanti italiani più famosi nel mondo.
3. Andrea Bocelli: «E più ti penso» (2015)  Andrea Bocelli © Ringo Chiu/AFP/Getty Images	**c.** Nata il 16 maggio 1974 vicino a Faenza (Emilia-Romagna), è una delle cantanti pop più famose del mondo, Canta in italiano, spagnolo, portoghese, francese e inglese. La sua carriera è iniziata quando ha vinto (*she won*) il Festival di Sanremo.

7.1 Che hai fatto questo weekend?

The present perfect of regular verbs

▶ Lunedì mattina Gessica e Luigi si raccontano quello che hanno fatto (*tell each other what they would do*) nel weekend. Tutti i verbi sono al passato prossimo e alla prima persona singolare (**io**). Sottolinea tutti i verbi e scrivi ogni verbo accanto all'infinito appropriato. Due verbi sono già stati inseriti. Riesci a (*Are you able*) capire come si forma il passato prossimo?

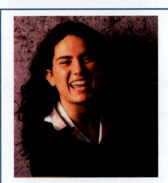

Gessica
© Kurt Krieger

Luigi
© Thinkstock/Getty Images RF

Sabato mattina **sono andata** alla scuola di yoga dove faccio un corso di Ayurveda. Il pomeriggio ho fatto il bucato e poi ho fatto shopping. Ho comprato un bel regalo per il compleanno di Sandra: degli auricolari. Sabato sera ho festeggiato il compleanno di Sandra a casa di Luisa. Sono tornata a casa verso mezzanotte. Domenica mattina ho letto un libro e ho scritto delle e-mail. Sono andata a pranzo da mia nonna e dopo ho fatto un giro in bici con mio fratello. La sera ho visto un bello spettacolo di Shakespeare.	Sabato mattina **sono andato** a studiare in biblioteca con un amico. All'una ho preso il treno per Siena. La sera sono andato a un concerto di Ligabue e sono tornato a casa molto tardi. La notte ho avuto difficoltà a dormire e poi ho dormito fino alle 2.00 (del pomeriggio). Ho guardato la partita con i miei amici e la sera sono tornato a Pisa verso le 11.00.

comprare _____		avere _____	
fare _____		dormire _____	
festeggiare _____		guardare _____	
leggere _____		prendere _____	
scrivere _____			
vedere _____			
andare *sono andata*		andare *sono andato*	
tornare _____		tornare _____	

▶ Answers to this activity are in the **Appendix** at the back of your book.

1 The present perfect or **passato prossimo** is a tense used to talk about the past. As you can see, the **passato prossimo** is made up of two words.

Ho comprato un biglietto.	*I bought / I have bought a ticket.*
Sono andato/a al cinema.	*I went / I have gone to the movies.*

▶ Complete the sentences below.

> The first word is the present tense of the verb _____ or _____ and is known as the auxiliary. The second word is **il participio passato** (*past participle*) of the verb.

2 The past participles of **-are** and **-ire** verbs are formed by dropping the infinitive endings **-are** and **-ire** and adding **-ato** and **-ito.**

▶ Write the past participles of these verbs. Look at the chart in Point 5 below if you need help.

compr **-are** → compr_____	
dorm **-ire** → dorm_____	

The past participle of **-ere** verbs is formed by dropping the infinitive ending **-ere** and adding **-uto.**

▶ What is the past participle of **avere**? Look at the chart that you completed at the beginning of **Strutture 7.1** if you need help.

> av **-ere** → av_____

3 Some verbs (such as **fare, leggere, prendere, scrivere,** and **vedere**) have irregular past participles. You will learn more about these in the next section.

4 Some verbs take **avere** and some take **essere** as their auxiliary. When **avere** is used as the auxiliary, the past participle ends in **-o,** regardless of the subject of the verb. When **essere** is used as the auxiliary, the past participle always agrees in gender and number with the subject of the verb. In this case, the past participle has four forms ending in **-o, -a, -i, -e.**

▶ Complete the endings of the past participles. Several have already been done for you.

avere	essere
Gessica <u>ha ballat**o**</u> tutta la notte.	Gessica <u>è andata</u> in discoteca.
Gessica e Tina <u>hanno ballat**o**</u> tutta la notte	Gessica e Tina <u>sono andat___</u> in discoteca.
Luigi <u>ha mangiat___</u> la pasta.	Luigi <u>è tornat___</u> a casa.
Luigi e Massimo <u>hanno mangiat___</u> la pasta.	Luigi e Maria <u>sono tornati</u>* a casa.

▶ Answers to these activities are in the **Appendix** at the back of your book.

*****Attenzione!** If a verb is conjugated with **essere** and there are multiple subjects of the verb and at least one is masculine, the ending of the past participle is masculine plural (**-i**).

196 **Chapter 7** Cosa hai fatto questo weekend?

In italiano

The forms of **sapere** and **conoscere** in the **passato prossimo** are regular, but their meanings change:

Ho saputo perché Luigi non parla con Maria.

I found out why Luigi isn't talking to Maria.

Ho conosciuto Maria alla festa.

I met Maria at the party.

5 Which verbs take **essere** and which take **avere**? Most verbs take **avere,** and relatively few take **essere.** Although there is no straightforward rule for identifying all the verbs that take **essere,** many express motion from one place to another. Here are the most frequent **essere** verbs with regular past participles (you will learn a few more verbs with irregular past participles in **Strutture 7.2**).

| andare | entrare (*to enter*) | stare | uscire |
| arrivare | partire (*to depart/leave*) | tornare | |

▶ Now complete the conjugations of these verbs.

	comprare	credere	dormire
io		ho creduto	
tu	hai comprato		
lui, lei; Lei			ha dormito
noi			abbiamo dormito
voi	avete comprato		
loro		hanno creduto	

	andare	uscire
io		
tu	sei andato/a	
lui, lei; Lei		è uscito/a
noi		
voi	siete andati/e	
loro		sono usciti/e

6 Here are some time expressions used to express the past: **ieri** (*yesterday*), **scorso/a/i/e** (*last*), **fa** (*ago*).

Ieri ho giocato a calcio.

La settimana **scorsa** sono andata al cinema.

Due mesi **fa** ho comprato una macchina.

▶ *Piacere* takes *essere.* See **Per saperne di più** at the back of your book for more information.

▶ Answers to these activities are in the **Appendix** at the back of your book.

 Scopriamo la struttura!

For more on **il passato prossimo** with **avere** and **essere,** watch the corresponding *Grammar Tutorial* in the eBook. A practice activity is available in *Connect*.

www.mhhe.com/connect

study tip

Each person has a different learning style. For example, some students like to study in groups and others prefer to study alone. Some listen to music or the TV while studying, others need perfect silence. Flashcards work for visual learners, while repetition works for aural learners. The color coding in the **passato prossimo** charts in this section—green for verbs conjugated with **avere,** and blue for verbs conjugated with **essere**—may serve as a helpful tool for visual learners. The key to being a successful learner is identifying what works best for you.

A. Giulia o Giulio? Per ogni frase, indica chi ha fatto l'attività, **Giulia** o **Giulio,** o se non si sa (*can't tell*). Spiega le tue scelte (*choices*).

	Giulia	Giulio	Non si sa.
1. È stata a casa ieri sera.	☐	☐	☐
2. Ha conosciuto Giovanni ad una festa?	☐	☐	☐
3. È arrivato tardi alla festa sabato scorso.	☐	☐	☐
4. Ha dormito otto ore.	☐	☐	☐
5. È tornato a casa alle 4.00 di mattina.	☐	☐	☐
6. Ha ballato tutta la notte.	☐	☐	☐
7. Ha studiato molto la settimana scorsa.	☐	☐	☐
8. Non è uscita con gli amici.	☐	☐	☐

B. L'esame di fisica.

Parte prima. Lunedì Marina e Lisa hanno un esame d'italiano e Rocco e Martino hanno un esame di fisica. Leggi le frasi e decidi chi, nel weekend prima dell'esame, ha fatto le attività indicate.

Marina e Lisa	Rocco e Martino

1. Sabato sono uscite e sono tornate a casa alle 3.00 di mattina.
2. Sono uscite con gli amici domenica sera.
3. Sono stati a casa sabato sera e sono andati a letto presto.
4. Lunedì mattina sono partiti da casa presto per studiare in biblioteca prima dell'esame.
5. Sono andati a studiare in biblioteca venerdì sera.
6. Sono andati al cinema domenica sera e sono tornati a casa presto per studiare.
7. Sono arrivate tardi all'università lunedì mattina.
8. Sono andate in discoteca venerdì sera.

Parte seconda. Secondo te, chi ha preso (*received*) il voto più alto? Perché?

Parte terza. A chi sei più simile, Marina o Rocco? Perché?

C. Il compleanno di Sandra.
Formate gruppi di tre. Uno di voi ha l'insieme A, un altro / un'altra ha l'insieme B e l'altro/a ha l'insieme C. Lavorate insieme per formare sette frasi complete che descrivono la serata di queste persone. Quando finite, decidete se la festa è stata divertente o noiosa.

ESEMPIO: Massimo e Maria sono arrivati molto tardi.

A	B	C
Massimo e Maria	andare	a comprare delle patatine (*chips*)
Io e Beatrice	arrivare	gli auricolari a Sandra
tu	ballare	la chitarra
Antonio e Francesca	dare	molto presto
i nostri amici	guardare	molto tardi
tu e Rinaldo	lavare	una partita di calcio alla TV
Gessica	mangiare	tutta la notte
	partire	tutti i panini
	suonare	tutti i piatti dopo la festa

In italiano

If you have *never* done a particular activity in the past, place **non** before the auxiliary and **mai** after it.

Maria **non** è **mai** andata a teatro.

Gianni e Roberto **non** hanno **mai** mangiato il pesce.

D. L'ultima volta che... (*The last time that . . .*)

Parte prima. Quando è stata l'ultima volta che hai fatto queste attività? Completa i verbi e poi completa le frasi con un'espressione di tempo. Se c'è un'attività che non hai mai fatto, cambia la frase con **non... mai.**

due settimane fa	**la settimana scorsa**	**il weekend scorso**
due giorni fa	**un mese fa**	**ieri**
più di un mese fa	**non... mai**	**più di un anno fa**

1. Ho lavat___ la macchina...
2. Sono uscit___ con degli amici...
3. Ho comprat___ un album...
4. Sono andat___ all'opera...
5. Ho festeggiat___ il compleanno di un amico...
6. Sono tornat___ a casa dopo mezzanotte...
7. Sono arrivat___ a lezione in ritardo...
8. Ho pulit___ la casa...
9. Ho guardat___ un bel film...
10. Ho mangiat___ la pizza...

Parte seconda. Intervista un compagno / una compagna per conoscere le sue risposte e prendi appunti. (Fai attenzione ai participi passati dei verbi con **essere**!)

ESEMPIO: **S1:** Quando sei uscita con i tuoi amici, Lucy?
S2: Ieri sera.

Parte terza. Confronta le tue risposte con quelle del tuo compagno / della tua compagna e preparate tre frasi da presentare ai compagni.

ESEMPIO: Ieri sera io e Lucy siamo usciti con i nostri amici.
Lucy è uscita ieri sera. Io, invece, il weekend scorso.

In Italia

In Italia ci sono diversi teatri dedicati all'opera lirica noti per la loro straordinaria bellezza architettonica e decorativa. Tra i più famosi ci sono il Teatro alla Scala (Milano), il Teatro la Fenice (Venezia), il Teatro San Carlo (Napoli) e il Teatro Massimo (Palermo). Benché (*Although*) non sia un teatro di per sé, l'Arena di Verona è conosciuta in tutto il mondo per la stagione lirica che vi si svolge (*takes place*) ogni estate all'aperto.

Arena di Verona (Veneto)
© Bo Zaunders/Getty Images

E. Culture a confronto: L'intrattenimento (il divertimento).

Parte prima. Come si divertono gli italiani? Ecco i risultati di un sondaggio ISTAT del 2013 condotto fra persone dai 15 ai 24 anni.

Teatro	23,8%	Concerti di musica classica, opera	12,4%
Cinema	81,7%	Altri concerti	37%
Musei e mostre	35,5%	Eventi sportivi	44,3%
Discoteche	60,6%		

Source: Istat - www.istat.it

Parte seconda. E voi? Fate un sondaggio in classe per sapere chi ha fruito degli stessi tipi di intrattenimento negli ultimi 12 mesi. Per calcolare le percentuali, dividete il numero di risposte per il numero totale di persone che rispondono.

> ESEMPIO: **S1:** Che cos'hai fatto di bello negli ultimi 12 mesi?
> **S2:** Sono andato spesso al cinema. E tu?
> **S1:** Anch'io! / Io no, ma sono andato a molti concerti.

Parte terza. Paragonate le vostre risposte a quelle degli italiani. Sono simili o diverse?

> ESEMPIO: Noi studenti siamo simili agli italiani perché andiamo spesso al cinema, ma siamo diversi perché...

F. Le persone.

Parte prima. Insieme ai compagni, scegli il nome, l'età e la professione di queste persone e poi descrivi il carattere di ciascuno (*personality of each*). Usate la fantasia! (Avete bisogno di ripassare gli aggettivi? Vedete **Strutture 2.1.**)

Courtesy of Barbara Zoli

Courtesy of Anne Christopherson

Courtesy of Annalisa Musumeci

Courtesy of Annalisa Musumeci

Parte seconda. Formate gruppi di cinque o sei studenti e descrivete quello che hanno fatto queste persone l'estate scorsa. Lavorate così: la prima persona scrive una frase e poi passa il foglio alla seconda. La seconda legge e scrive una frase che continua la storia e poi passa il foglio alla terza. La terza... Alla fine, l'ultima persona deve leggere tutta la storia al gruppo.

In italiano

When you are telling a story that includes a series of events, words like **prima** (*first*), **poi** (*then*), and **dopo** or **dopo di che** (*after*) come in handy.

Prima ho fatto shopping, **poi** sono tornata a casa e ho preparato la cena. **Dopo** ho telefonato a Maria e abbiamo parlato per mezz'ora.

7.2 Ieri abbiamo vinto la partita

The present perfect of irregular verbs

▶ Alcuni verbi hanno il participio passato irregolare. Consulta la tabella che hai completato all'inizio di **Strutture 7.1** e scrivi il passato prossimo (io) di questi verbi. Il primo verbo è già stato inserito.

fare	→	**ho fatto**
leggere	→	
prendere	→	
scrivere	→	
vedere	→	

▶ Inserisci nella tabella i seguenti verbi accanto all'infinito appropriato. Cinque verbi sono già stati inseriti. Quale coniugazione ha un **numero maggiore** (*larger number*) di verbi irregolari: **-are, -ere** o **-ire**?

ho chiuso	ho corso	ho detto
sono morto/a	sono nato/a	sono venuto/a
ho offerto	ho perso	ho dipinto
ho rotto	ho scelto	ho vinto
	sono rimasto/a	

▶ Answers to these activities are in the **Appendix** at the back of your book.

-are		-ere		-ire	
fare	**ho fatto**	bere	**ho bevuto**	aprire	**ho aperto**
		chiudere	_____	dire	_____
		correre	_____	offrire (*to offer*)	_____
		dipingere	_____		
		mettere	**ho messo**		
		perdere (*to lose*)	_____		
		rispondere (*to respond*)	**ho risposto**		
		rompere (*to break*)	_____		
		scegliere (*to choose*)	_____		
		vincere (*to win*)	_____		
		nascere (*to be born*)	_____	venire	_____
		rimanere (*to stay, to remain*)	_____	morire (*to die*)	_____

Some points about irregular verbs in the **passato prossimo**:

a. -ere verbs have the largest number of irregular past participles;

b. **essere** and **stare** have the same past participle (**stato/a/i/e**);

c. **essere** and **avere** take themselves as their auxiliaries in the past tense.

Gianna **è stata** all'opera ieri sera.

Franca **ha avuto** fortuna.

A. *Essere*. Trova tutti i verbi con l'ausiliare **essere** al passato prossimo. (**Attenzione!** Ci sono 12 verbi.) Cerca di memorizzare la lista.

andare	dare	leggere	perdere	spedire
aprire	dipingere	mettere	pulire	stare
arrivare	entrare	morire	rimanere	telefonare
ascoltare	essere	nascere	sapere	tornare
avere	festeggiare	navigare	scaricare	vedere
ballare	giocare	nuotare	scrivere	venire
conoscere	lavorare	partire	seguire	uscire

B. Participi passati. Completa il participio passato di ogni verbo e poi decidi se le frasi sono vere per te.

Ieri...

	vero	falso
1. sono s_____ molto contento/a quando ho finito i compiti.	☐	☐
2. ho pre_____ l'autobus.	☐	☐
3. ho vi_____ un bel programma alla TV.	☐	☐
4. ho le_____ un libro interessante.	☐	☐
5. ho scri_____ un'e-mail al mio professore.	☐	☐
6. ho rispo_____ al telefonino due volte.	☐	☐
7. ho me_____ i libri nello zaino.	☐	☐
8. ho giocato alla lotteria e ho vin_____ mille dollari.	☐	☐
9. sono rima_____ in casa tutta la sera.	☐	☐

In Italia

Il Festival della canzone italiana di Sanremo è un'importante manifestazione di musica italiana. Ha luogo (*It takes place*) ogni anno in inverno a San Remo dal 1951. È uno dei principali eventi mediatici del paese e ha lanciato le carriere di molti cantanti italiani, fra cui Andrea Bocelli, Giorgia, Laura Pausini e Eros Ramazzotti. Nilla Pizzi ha vinto il primo Sanremo con «Grazie dei fiori», nel 1951; Eros Ramazzotti ha vinto nel 1984 con «Terra promessa», e il Volo ha vinto nel 2015 con «Grande amore». Guarda i video su YouTube. Come sono cambiati la musica e gli arrangiamenti? E le scenografie?

C. Una volta.

Parte prima. Completa le frasi. Puoi rispondere con qualcosa che tu o qualcun altro avete fatto.

> **ESEMPIO:** Una volta ho mangiato il pesce e sono stata molto male.

1. Una volta _____ e sono stato/a molto male.
2. Una volta _____ e sono stato/a molto contento/a.
3. Una volta _____ e sono stato/a molto orgoglioso/a (*proud*).
4. Una volta _____ e sono stato/a molto triste.
5. Una volta _____ e sono stato/a molto imbarazzato/a.

Parte seconda. In gruppi di quattro o cinque, confrontate le vostre risposte. Poi riscrivete le frasi in modo che siano vere per tutti.

> **ESEMPIO:** Una volta abbiamo mangiato il pesce e siamo stati molto male.

D. Che fai di solito?

Parte prima. Completa le frasi. Fai un paragone tra (*Make a comparison between*) quello che queste persone fanno **di solito** e quello che invece hanno fatto **una sola volta**.

> **ESEMPIO:** Di solito Marco va a letto presto. Ieri, invece, è uscito con gli amici ed è andato a letto molto tardi.

1. Di solito dopo pranzo prendete un caffè al bar. Ieri pomeriggio, invece, ...
2. Di solito Luisa e Gianpaolo quando giocano a tennis vincono. La settimana scorsa, invece, ...
3. Di solito Gianna e la sua famiglia in estate vanno in Italia. L'anno scorso, invece, ...
4. Di solito Mario guarda la partita. Domenica scorsa, invece, ...
5. Di solito la segretaria risponde al telefono. Ieri mattina, invece, ...

Parte seconda. Adesso lavora con un compagno / una compagna e scrivete frasi vere per tutti e due.

1. Di solito (noi)...   Ieri, invece...
2. Di solito...   Venerdì scorso, invece, ...
3. Di solito...   Domenica mattina, invece, ...

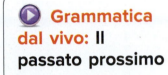

▶ Grammatica dal vivo: Il passato prossimo

Guarda l'intervista con Alessia che parla dei viaggi che ha fatto lei e dei viaggi che hanno fatto i suoi genitori.

www.mhhe.com/connect

E. Cos'è successo?

Leggi le situazioni e poi spiega cos'è successo. Ascolta le spiegazioni (*explanations*) dei compagni e poi vota per la spiegazione migliore.

> **ESEMPIO:** **S1:** Oggi Maria è molto triste. Cos'è successo?
> **S2:** La sua squadra ha perso il campionato (*championship*).

Oggi...

1. Pino ha un gran mal di testa.
2. Gianni e Rita vanno all'ospedale.
3. La casa è in disordine. Tutti i piatti e i bicchieri sono sporchi.
4. Il professore è molto arrabbiato.
5. La professoressa è contenta.
6. Salvatore e Marco dormono durante la lezione di matematica.
7. Gianna non ha i compiti d'italiano.

7.3 Non studio mai dopo mezzanotte!

Negative expressions

▶ Gessica e Luigi hanno abitudini (*habits*) di studio diverse. Leggi le descrizioni delle loro abitudini e cerca di capire il significato delle parole evidenziate. Poi segna ✓ le abitudini simili alle tue (*similar to yours*).

Gessica	Luigi
☐ A mezzanotte **non** studia **più**. Va a letto.	☐ Studia fino alle 3.00 di notte. Di solito va a letto alle 3.30.
☐ Studia sempre la mattina presto. Qualche volta (*Sometimes*) si alza alle 6.00 per studiare.	☐ **Non** studia **mai** la mattina presto. Gli piace studiare di notte.
☐ Quando prepara un esame, le piace studiare con un compagno di classe. Non le piace studiare da sola.	☐ Quando prepara un esame, **non** studia con **nessuno**. Deve essere da solo per concentrarsi (*concentrate*).
☐ Mentre (*While*) studia, di solito mangia i popcorn o le patatine e beve caffè.	☐ Mentre studia, **non** mangia e **non** beve **niente**.

1 In addition to **non... mai** (*never*), which you already know, some common negative expressions are: **non... nessuno** (*no one, nobody*), **non... niente** (*nothing*), and **non... più** (*not anymore, no longer*).

2 In the present tense **non** appears before the conjugated verb and **più, mai, nessuno,** and **niente** are placed after the verb.

Non leggo **più** quella rivista.	*I don't read that magazine anymore.*
Non bevo **mai** il tè.	*I never drink tea.*
Luigi **non** studia con **nessuno**.	*Luigi doesn't study with anyone.*
Il bambino **non** vuole mangiare **niente**.	*The child doesn't want to eat anything.*

3 In the **passato prossimo, non** appears before the verb, but **più** and **mai** are placed between the auxiliary and the past participle.

Dopo un'orribile cena, **non** ho **più** frequentato quel ristorante.

Virginia **non** è **mai** stata in Inghilterra.

Note, however, that **nessuno** and **niente** are placed after the past participle.

Non ho comprato **niente** al supermercato.

Non ho visto **nessuno** al bar.

4 **Nessuno** and **niente** can also be the subject of the verb, which is always in the third person singular. Note that **non** is not used in these constructions.

Nessuno è arrivato in orario (*on time*).

Niente è facile.

> ▶ For additional negative expressions, see **Per saperne di più** at the back of your book.

 **A. Ascolta!** L'insegnante parlerà di (*will talk about*) diversi tipi di persone. Scegli la definizione più adatta per ogni tipo di persona.

1. ☐ uno studente interessato ☐ uno studente disinteressato
2. ☐ una persona generosa ☐ una persona egoista
3. ☐ una persona estroversa ☐ una persona timida
4. ☐ uno studente motivato ☐ uno studente non motivato
5. ☐ un ragazzo educato ☐ un ragazzo maleducato

B. Le espressioni negative. Sottolinea le espressioni negative in ogni frase. Poi indica quali di queste frasi sono vere per te.

	vero	falso
1. Ieri sera non ho visto nessuno. Sono stato/a a casa da solo/a.	☐	☐
2. Una volta ho fatto una festa, ma non è venuto nessuno.	☐	☐
3. Non compro mai regali per i miei amici.	☐	☐
4. Non studio più la matematica perché non mi piace.	☐	☐
5. Non sono mai stato/a a vedere un'opera lirica italiana.	☐	☐

C. La festa.

Parte prima. Gessica e Luigi ieri hanno fatto una festa e oggi Gessica è arrabbiata con Luigi. Secondo Luigi le sue accuse (*accusations*) sono completamente infondate. Con un compagno / una compagna, completa le accuse di Gessica con un'espressione negativa. Dopo scrivete le risposte di Luigi.

> **mai**   **nessuno**   **niente**   **più**

GESSICA: Non hai preparato _____¹ per la festa!

LUIGI: Non è vero. Ho preparato le pizze e ho apparecchiato la tavola!

GESSICA: Non hai ballato con _____²!

LUIGI: Non è vero...

GESSICA: Non hai _____³ parlato con la mia migliore amica.

LUIGI: Non è vero...

GESSICA: Dopo mezzanotte, non hai _____⁴ suonato la chitarra.

LUIGI: Non è vero...

Parte seconda. Scambiate il dialogo con un'altra coppia. Leggete il dialogo dei compagni e poi decidete chi ha ragione, Gessica o Luigi.

Hai mai visto un pianista in piazza?

Courtesy of Annalisa Musumeci

Scopriamo la struttura!

For more on negative expressions, watch the corresponding *Grammar Tutorial* in the eBook. A practice activity is available in *Connect*.

connect

www.mhhe.com/connect

In italiano

Mai, when used without **non,** means *ever,* and is used to form generic questions.

—Sei **mai** andata a un concerto di Pino Daniele?

Have you ever been to a Pino Daniele concert?

—No, **non** ho **mai** sentito la sua musica.

No, I've never heard his music.

D. Un po' di cultura: Quanto sai dell'opera lirica italiana?

Parte prima. Scegli la risposta appropriata a seconda della tua esperienza.

1. Hai **mai** visto un'opera lirica?

    a. Sì, vado spesso al teatro dell'opera.

    b. Sì, ma ho visto poche opere.

    c. No, **non** ho **mai** visto un'opera.

2. Hai **mai** sentito un'aria?

    a. Sì, ho sentito tante arie.

    b. Sì, ma ho sentito poche arie.

    c. No, **non** ho **mai** sentito un'aria.

Madama Butterfly di Giacomo Puccini
© Valerio Pennicino/Getty Images

Parte seconda. Le opere liriche di Giuseppe Verdi e di Giacomo Puccini sono le più rappresentate in Italia. Sai abbinare questi famosi compositori italiani alle loro opere?

1. Giuseppe Verdi	**a.** *Tosca*	
2. Gioacchino Rossini	**b.** *Pagliacci*	
3. Vincenzo Bellini	**c.** *Aida*	
4. Ruggero Leoncavallo	**d.** *Il barbiere di Siviglia*	
5. Giacomo Puccini	**e.** *Norma*	

In italiano

Two other negative expressions are:

non... né... né (neither . . . nor)

non... ancora (not . . . yet)

Non mangio **né** la carne **né** il pesce.
I eat neither meat nor fish.

Non ho **ancora** fatto il letto.
I haven't made my bed yet.

Parte terza. Sai abbinare queste arie alle loro opere?

1. «La donna è mobile»
2. «Vesti la giubba»
3. «Largo al factotum»
4. «Una furtiva lacrima»
5. «Un bel dì vedremo»

a. *Madama Butterfly* (Giacomo Puccini)
b. *L'elisir d'amore* (Gaetano Donizetti)
c. *Rigoletto* (Giuseppe Verdi)
d. *Il barbiere di Siviglia* (Gioacchino Rossini)
e. *Pagliacci* (Ruggero Leoncavallo)

E. Confusione!

Parte prima. Metti le parole in ordine per formare affermazioni sulla vita dell'insegnante. Poi indovina se le affermazioni sono vere o false.

ESEMPIO: Irlanda / mai / in / stato/a / è / non
            L'insegnante d'italiano non è mai stato/a in Irlanda.

L'insegnante d'italiano...

		vero	falso
1.	ricevuto / il / non / per / niente / compleanno / ha / l'anno scorso	☐	☐
2.	mangia / rossa / non / la / più / carne	☐	☐
3.	nessuno / ha / ieri sera dopo le 8.00 / non / parlato / con	☐	☐
4.	un' / non / all' / opera / visto / mai / Arena di Verona / lirica / ha	☐	☐

Parte seconda. Fai domande all'insegnante per sapere se le affermazioni sono vere o false. Chi conosce meglio l'insegnante?

ESEMPIO: S: È mai stato/a in Irlanda?
            I: No, non sono mai stato/a in Irlanda.

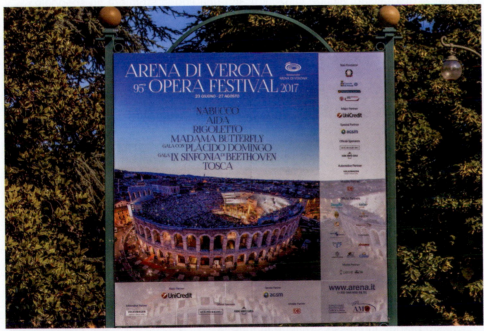

Spettacoli in programma all'Arena di Verona, 2017
Courtesy of Arrigo Carlan

 **Ascoltiamo!**

La musica in Italia

A. Osserva e ascolta. Osserva e ascolta Federico che ti parla della musica in Italia.

B. Completa. Completa le seguenti frasi inserendo la parola o l'espressione appropriata della lista. Usa ogni espressione *una sola volta*. **Attenzione!** La lista contiene dodici parole o espressioni; devi usarne solamente nove.

aria	il dialetto	leggera	Pavarotti
canzoni	in discoteca	opere liriche	Puccini
i concerti	un festival	le parole	alla Scala

1. Rossini, Verdi e _____ sono compositori di _____.

2. Il Teatro _____ di Milano è uno dei teatri più importanti per la rappresentazione dell'opera.

3. Il compositore dell'opera scrive la musica; il librettista, invece, scrive _____.

4. Il brano musicale melodico che esprime molta emozione in un'opera si chiama l'_____.

5. Ai giovani italiani piace molto andare a sentire _____ dal vivo (*live*) in piazza.

6. Invece dell'italiano, alcune canzoni usano una lingua straniera (lo spagnolo, l'inglese, il francese, l'arabo) o _____.

7. Ogni anno, a San Remo, si organizza _____ di musica _____.

C. Tocca a te! Cosa pensi della musica italiana? Scrivi la tua opinione.

> **Per quello che ho imparato della musica italiana (io) preferisco _____ perché...**

► You can read a plot summary of *Turandot* in the *Workbook / Laboratory Manual*, **Capitolo 7**.

Retro

Diverse opere italiane—per esempio, *Turandot, Madama Butterfly, Aida*—sono ambientate (*set*) in Oriente. Come tutta l'Europa occidentale, fra la fine dell'Ottocento e l'inizio del Novecento anche l'Italia è affascinata dall'Oriente. A quell'epoca, *Oriente* significa Russia, Egitto, Vicino Oriente (dal Mediterraneo all'Iran) e Estremo Oriente (Cina, Mongolia, Giappone). Questo grande interesse si riflette in tutte le forme d'arte: pittura, arti decorative e musica, in particolare l'opera lirica.

Continua a leggere nel **Capitolo 7, Retro** su *Connect*.

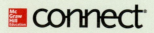
www.mhhe.com/connect

La Turandot di Puccini
© DeAgostini/Getty Images

Leggiamo!

Questo weekend andiamo in città a vedere un po' d'arte?

Ogni anno circa 47 milioni* di turisti visitano Firenze, una città d'arte «monumentale» grazie alla sua importanza nella storia dell'arte e al gran numero di opere d'arte che vi si trovano. La città è importante soprattutto per l'arte del Rinascimento (*Renaissance*).

A. Prima di leggere.

Parte prima. Una caratteristica distintiva dell'arte rinascimentale è l'idealizzazione del corpo umano. Riesci a identificare gli artisti fiorentini che hanno creato queste figure famose?

1. il *David*
2. l'*Uomo vitruviano*
3. *Primavera*
4. la statua del *Gattamelata*

Statua vivente
© Justin Kase zninez/Alamy RF

Parte seconda. Invece di dipingere su tela (*canvas*) l'immagine del corpo umano, oggi alcuni artisti usano il corpo umano stesso (*itself*) per le loro opere, per esempio nella performance art o con i tatuaggi. Secondo te, anche queste opere sono «arte»?

B. Al testo!

Parte prima. Un artista fiorentino contemporaneo che ha usato il corpo umano in un modo molto particolare è stato Mario Mariotti (1936–1997). Cerca le sue opere su Internet per sapere cosa ha fatto. Poi leggi questa breve biografia per sapere chi era.

*This is the equivalent of the entire populations of New York City, Chicago, Miami, and Los Angeles visiting Florence more than three times in one year. (Source: http://www.theflorencenewspaper.com)

Mario Mariotti (nato a Montespertoli il 21 settembre 1936 e morto a Firenze il 29 marzo 1997) è stato un illustratore, grafico, comunicatore e performer innovativo che amava definirsi un «artista periferico[1]». Dal suo studio nell'Oltrarno fiorentino[2] la sua opera ha conquistato notorietà internazionale per la sua straordinaria immaginazione e grande creatività. Mariotti ha influenzato profondamente la vita culturale di Firenze: alla monumentalità della sua città ha opposto un'arte di cose minime.

Le opere di *Animani* nascono dalla capacità di Mariotti di «giocare» con l'arte creando azioni ed esperimenti divertenti e creativi. Con l'uso appropriato dei colori, i semplici movimenti delle dita fanno apparire figure fantastiche di animali come giraffe, elefanti, cani, zebre, ma anche di personaggi umani: calciatori,[3] orchestranti[4] o atleti.

[1]*on the fringe* [2]*nell'Oltrarno... section of Florence opposite the Duomo on the other side of the Ponte Vecchio, characterized by small, winding, medieval streets and art galleries, artisans, and antique shops* [3]*soccer players* [4]*orchestra musicians*

Source: http://www.ideamagazine.net/it/mostre_design/mario_mariotti_animani.htm

Parte seconda. Ora rispondi alle domande.

1. Che tipo di artista è stato Mariotti? Trova quattro parole nel testo.

2. Che differenza c'è fra l'arte di Mariotti e l'arte fiorentina più tradizionale?

3. *Animani* è il titolo di un libro di Mariotti. Questo titolo nasce dalla combinazione di due parole italiane: quali? Secondo te, perché Mariotti ha scelto questo titolo per il suo libro?

C. Discutiamo! Quale arte preferisci, quella di Mariotti o quella degli artisti fiorentini rinascimentali? Perché?

 **Scriviamo!**

Cos'è successo?

Parte prima. Metti in ordine le seguenti immagini (per esempio, 4, 1, 3, 2 o 2, 3, 1, 4, eccetera) per rispondere alla domanda: Cos'è successo?

Parte seconda. Ora racconta la storia, scrivendo almeno una frase per ogni immagine.

Parte terza. Con un compagno / una compagna scambiate le storie che avete scritto. Mentre leggi l'altra storia, segna l'ordine delle immagini. Le vostre storie sono simili o diverse?

Parliamo!

Le tre amiche

Tre amiche hanno ricevuto paghette (*allowances*) diverse. Parla con un compagno / una compagna usando gli indizi (*clues*) e la tabella per rispondere alle seguenti domande: **Come si chiama ciascuna ragazza (nome e cognome)? Quanti euro ha ricevuto ogni ragazza? Cosa ha comprato?** Quando avete finito, spiegate ai compagni come siete arrivati alle vostre risposte.

Gli indizi

Indizio 1. Anna ama i dolci e ha ricevuto meno soldi della ragazza che ha cognome Sandri.

Indizio 2. Giulia ha ricevuto 5 euro.

Indizio 3. Nina non ha speso i suoi soldi in cosmetici.

Indizio 4. Nina e Russo hanno ricevuto più di 4 euro.

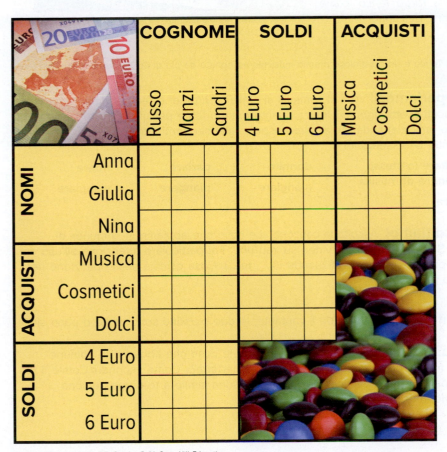

Currency: Getty Images, RF; Candy: © McGraw-Hill Education

🎵📱 Scopriamo la musica!

«Le cose che abbiamo in comune», Daniele Silvestri

IL CANTANTE E LA CANZONE

Daniele Silvestri è un cantautore e musicista italiano nato nel 1968. Ha debuttato nel 1994 e da quel momento ha continuato a produrre album e singoli, da solo e in collaborazione. «Le cose che abbiamo in comune» è una delle sue prime canzoni e nel 1995 ha vinto la *Targa Tenco** come canzone dell'anno.

Daniele Silvestri fa un autografo
© Elena Aquila/Pacific Press/LightRocket/Getty Images

*La Targa Tenco è un prestigioso premio musicale assegnato da più di 200 giornalisti specializzati.

A. Prepariamoci! «Chi si somiglia si piglia» (*Birds of a feather flock together*) o «Gli opposti si attraggono»? Indica quanto è importante per un rapporto perfetto (amore o amicizia) andare d'accordo rispetto alle seguenti attività. (0—per niente importante, 5—essenziale)

ascoltare lo stesso genere di musica	dormire	parlare	ridere
	mangiare	piangere	viaggiare
ballare			

B. Ascoltiamo! Ascolta la canzone «Le cose che abbiamo in comune» di Daniele Silvestri o guarda il video su YouTube. Fai particolare attenzione all'uso dei verbi al presente indicativo (Quando io... , tu...). Cosa cambia nella ripetizione del ritornello (*refrain*)?

C. Verifichiamo! Secondo il cantante, le due persone sono molto o poco simili?

D. E tu? Il cantante domanda: «E con tutte le cose che abbiamo in comune l'unione fra noi non sarebbe (*wouldn't it be*) perfetta?» Come rispondi? Com'è il tuo / la tua partner (amico/amica) ideale: una persona simile a te o una persona complementare / diversa da te?

Scopriamo le belle arti!

I bari (ca. 1594), Michelangelo Merisi da Caravaggio

🔄 LINGUA

A. Come siamo arrivati a questo punto?
Completa le frasi inserendo la forma giusta del verbo al passato prossimo. **Attenzione!** Tutti i verbi hanno il participio passato regolare, tranne due: **mettere** e **vedere**. Sono tutti coniugati con l'ausiliare **avere**.

Prima di questa scena...

1. ... il signore più anziano ____ (vedere) il bel giovane vestito di nero per strada e ____ (pensare): «Ehilà, questo sì che ha i soldi!».

2. ... il giovane con la camicia a righe _____ (invitare) l'altro giovane a giocare a carte ma prima del gioco _____ (mettere) delle carte «extra» in una tasca nascosta (*hidden pocket*) dietro la schiena (*back*).

3. ... il bel giovane ricco _____ (accettare) l'invito e _____ (seguire) gli altri due nella sala da gioco (*game room*).

B. Ahimè!
Scrivi quello che i personaggi stanno pensando in questo momento. Nei loro pensieri includi anche un'interiezione adatta.

Ahi!	Dai!	Magari!	Oddio!	Uffa!
Boh!	Macché!	Mamma mia!	Peccato!	

1. il giovane ricco:

2. l'altro giovane:

3. il signore anziano:

C. Non vinco mai!
Completa le frasi inserendo negativa giusta. Usa ogni espressione *una sola volta*.

mai   nessuno   niente   più

1. Se un giocatore inganna (*cheats*), io non voglio _____ giocare.

2. Sono una persona onesta, non inganno _____ quando gioco.

3. Sono stato fortunato o sono stato furbo io; non mi ha mai ingannato _____.

4. Io, invece, non sono fortunato: non ho mai vinto _____.

ARTE

L'arte di Caravaggio è nota per la drammaticità delle scene, che sembrano fermate in un istante preciso, con l'azione dei personaggi sospesa (*suspended*) nel tempo. *I bari* rappresenta un ottimo esempio dell'uso della linea diagonale e della luce contrastante per evidenziare le emozioni forti e l'atmosfera tesa (*tense*) della scena.

Caravaggio rappresenta un passaggio tra il periodo rinascimentale e il periodo che segue, **il Barocco** (XVII secolo), in cui un senso di movimento, drammaticità ed esuberanza mai visto nell'arte rinascimentale esploderà in tutta Italia ma soprattutto a Roma.

A. A caccia (*In search*) di Caravaggio.
Trova altre opere di Caravaggio su Internet e nota gli elementi che hanno in comune.

B. La vita dell'artista.
Fai una piccola ricerca per scoprire la vita di Caravaggio. Secondo te, come si sono influenzate la sua arte e la sua vita?

Vocabolario

Domande ed espressioni

Cos'è successo?	What happened?

Verbi

andare a teatro	to go to the theater
andare a trovare	to visit (*people*)
andare al cinema	to go to the movies
conoscere (*p.p.* conosciuto)	to know / to be familiar with a person, place, thing; to meet for the first time (*passato prossimo*)
entrare	to enter
fare il bucato	to do the laundry
fare la spesa	to go grocery shopping
fare un giro in bici (moto/macchina)	to go for a bike ride (motorcycle ride / car ride)
festeggiare	to celebrate
morire	to die
nascere	to be born
offrire	to offer
partire	to leave
perdere	to lose
rimanere	to stay, to remain
rispondere	to respond
rompere	to break
sapere (*p.p.* saputo)	to know (facts); to find out about (*passato prossimo*)
scegliere	to choose
vedere	to see
vincere	to win
visitare	to visit (*places*)

Sostantivi

l'album (*m.*)	album
gli auricolari	earphones
la batteria	drums
il biglietto	ticket
il cantautore (*m.*) / la cantautrice (*f.*)	singer-songwriter
la canzone	song
il compleanno	birthday
il concerto	concert
le cuffie	headphones
il fine settimana / il weekend	weekend
il gruppo (musicale)	band, group (music)

la musica (hip-hop / indie-rock / jazz / pop / rap / rock)	music (hip-hop / indie-rock / jazz / pop / rap / rock)
il/la musicista	musician
la partita	game, match
il pranzo	lunch
il pubblico	audience
il regalo	gift
il ritmo	rythmn
il singolo	single (song)
lo spettacolo	show
la tastiera	keyboard
il teatro	theater
il testo	text/lyrics
il tour	tour (concert)

Aggettivo

scorso	last

Avverbi di tempo

dopo / dopo di che	after
fa	ago
ieri	yesterday
mai	ever
poi	then
prima	before

Interiezioni

ahi!	ow!, ouch!
boh!	I dunno!
dai!	come on!
ehilà!	hey!
macché!	no way!
magari!	I wish!
mamma mia!	omigosh!
oddio!	omigosh!
peccato	too bad!
uffa!	oh man!, geez!

Espressioni negative

non... mai	never
(non...) nessuno	no one, nobody
(non...) niente	nothing
non... più	not anymore, no longer

8 Che bella festa!

Bacco* e Arianna (1523–1524), Tiziano Vecellio (National Gallery, Londra, olio su tela)
© National Gallery, London/Art Resource, NY

RIPASSO

IN THIS CHAPTER YOU WILL REVIEW:

- how to ask for information
- how to make polite requests, use interjections, and extend invitations
- reflexive verbs
- the **passato prossimo**
- the forms of the definite and indefinite articles
- the forms and uses of prepositions

SCOPI

IN THIS CHAPTER YOU WILL LEARN:

- to wish someone good luck, a good trip, happy birthday, and so on
- to talk about Italian and American holiday celebrations
- to describe your interactions with others
- to talk about your actions and interactions with others in the past
- to express general and specific concepts
- to talk about means of transportation and locations with the prepositions **in** and **a**
- about important Italian holidays, celebrations, and traditions

---

*Bacco è una figura della mitologia classica romana (Dionisio è il dio corrispondente nella mitologia greca). È un giovane bellissimo, il dio del vino, della vendemmia (*harvest*) e dei vizi (*vices*). Si innamora pazzamente di Arianna e i due si sposano. Lorenzo de' Medici ha scritto un canto di carnevale, la *Canzona di Bacco*, che ripete il tema della poesia: «Chi vuol esser lieto (felice), sia! (*be!*): di doman non c'è certezza».

www.mhhe.com/connect

Cos'è il Palio di Siena?

Asking for information

A. Osserva e ascolta. Osserva e ascolta mentre Mauro Civai risponde alla domanda: «Mi può descrivere il Palio di Siena?» Poi rispondi alle domande seguenti. **Attenzione!** Ci sono due risposte corrette per ogni domanda.

Palio di Siena (Toscana)
© epa european pressphoto agency b.v./Alamy

1. Cos'è il Palio di Siena?
   a. una tradizione molto antica
   b. una festa recente
   c. una corsa di cavalli

2. Cosa vince il più veloce?
   a. un premio (*prize*) monetario
   b. uno stendardo dipinto (*colored banner*)
   c. un premio simbolico

3. Dove ha luogo il Palio di Siena?
   a. in Piazza del Campo
   b. in città
   c. in campagna

4. Quando è il Palio di Siena?
   a. una volta all'anno
   b. due volte all'anno
   c. d'estate

B. Mi piacerebbe vedere il Palio!

Parte prima. Immagina di incontrare il signor Civai. Lui ti chiede «Ti piacerebbe vedere il Palio?» Cosa rispondi? Tu fai la parte del signor Civai. Il tuo compagno / La tua compagna risponde alla domanda e ne fa un'altra. Poi scambiatevi i ruoli.

> **ESEMPIO:** S1: Ti piacerebbe vedere il Palio?
>
> S2: Sì! È una festa molto colorata (*colorful*). Quando è? (Insomma! Non mi piacciono i cavalli.)
>
> S1: È il 2 luglio e il 16 agosto. (Ma dai! È una festa molto bella.)

Parte seconda. Ora invita il signor Civai a vedere una festa o un evento che tu conosci bene. Con un compagno / una compagna scrivi il dialogo. **Attenzione!** La situazione è formale. Cosa cambia?

Auguri!

Expressing good wishes

- **Auguri** are wishes for something good to happen to someone. For example, the most common expression to wish someone good luck is to say **In bocca al lupo** (literally, *in the mouth of the wolf*). It's similar to the American expression *Break a leg*. The reply is **Crepi!** (*May the wolf die!*)

- It is customary to reply to an **augurio** by saying **Grazie!** If the occasion makes it appropriate to wish the other person the same, say: **Grazie, altrettanto!** or **Grazie, anche a te (a Lei)!**

  —**Buon viaggio!**   —**Buon Natale!**

  —**Grazie!**   —**Grazie! Altrettanto!**

A. Osserva e ascolta. Osserva e ascolta come alcuni italiani fanno gli auguri. Poi osserva e ascolta una seconda volta, segnando ✓ le espressioni che senti. Se senti un'espressione più di una volta, segnala ancora.

	auguri	buon lavoro	buon viaggio	in bocca al lupo
1. Saverio	☐	☐	☐	☐
2. Stefano	☐	☐	☐	☐
3. Luca	☐	☐	☐	☐
4. Antonio	☐	☐	☐	☐
5. Marcello	☐	☐	☐	☐

B. Tanti auguri!

Abbina le seguenti espressioni italiane alle equivalenti espressioni inglesi. Molte contengono (*contain*) parole che già conosci o parole simili. Confronta il tuo lavoro con quello di un compagno / una compagna.

1. Enjoy your meal!	**a.** In bocca al lupo!
2. Have a good trip!	**b.** Buon anno!
3. Happy birthday!	**c.** Buon anniversario!
4. Have a nice day!	**d.** Buona giornata!
5. Merry Christmas!	**e.** Buon appetito!
6. Happy Easter	**f.** Auguri!
7. Best wishes!	**g.** Buone vacanze!

8. Happy New Year!

9. Happy anniversary!

10. Have a good vacation!

11. Good luck!

h. Buon Natale!

i. Buon viaggio!

j. Buon compleanno!

k. Buona Pasqua!

C. Grazie! Scegli una delle seguenti occasioni (o inventane altre). Dilla a un compagno / una compagna. Lui/Lei risponde con un augurio appropriato. Poi scambiatevi i ruoli.

Courtesy of Arrigo Carlan

ESEMPIO: **S1:** Ho fame e la pasta è pronta.
S2: Allora, buon appetito!
S1: Grazie, altrettanto! (Grazie!)

1.

© Bob Handelman/Stone/Getty Images

2.

Courtesy of Arrigo Carlan

3.

Courtesy of Arrigo Carlan

4.

© Comstock/PunchStock RF

In Italia

- Gli italiani festeggiano i momenti importanti della vita: **la nascita** di un bambino / una bambina, **la laurea** (*graduation from university*), **il matrimonio** (le nozze). Alcuni di questi momenti sono legati a eventi religiosi, come **il battesimo, la prima comunione, la cresima** (*confirmation*).

- In alcune parti d'Italia **il diciottesimo** (*eighteenth*) **compleanno** può essere occasione di grandi festeggiamenti. Alcuni ragazzi lo celebrano in modo formale con partecipazioni (*invitations*), vestiti eleganti e un ricevimento (*reception*) in un albergo o una serata speciale in discoteca.

- Il giorno dell'onomastico si dice: «Auguri! Buon onomastico!» e in alcune famiglie si riceve anche un piccolo **regalo.** (Remember **l'onomastico**? See **Capitolo 1, Lessico, I giorni della settimana.**)

Un biglietto (*card*) di auguri per il compleanno

Buone feste!

Talking about Italian and American holiday celebrations

▶ Marina ha 22 anni ed è di Roma. Lavora in un'agenzia di viaggi insieme al suo amico americano Roger. Roger è venuto a casa sua a cena e parlano delle feste. Marina descrive le feste e le tradizioni della sua famiglia. Leggi le sue descrizioni delle feste e abbina le parole evidenziate alle immagini. **Attenzione!** Alcune descrizioni si abbinano a più di un'immagine.

1. _____

2. _____

3. _____

4. _____

5. _____

6. _____

7. _____

8. _____

▶ Answers to this activity are in the **Appendix** at the back of your book.

1: © Corbis/PunchStock RF; 2: © Catia Pancani/Alamy RF; 3: © Travel Division Images/Alamy; 4: Courtesy of Arrigo Carlan; 5: © David Buffington/Photodisc RF; 6: © Daniele La Monaca/Reuters; 7: © Studio Photogram/Alamy RF; 8: © Spectrum Colour Library/ Heritage-Images.

a. **La vigilia di Natale (il 24 dicembre):** A Roma è tradizione fare una grande cena a base di pesce con anguille (*eel*) marinate. Nella mia famiglia, prima mangiamo e poi apriamo **i regali** che sono sotto l'albero di Natale. Come tutti i bambini, i miei fratellini e le mie sorelline credono (*believe*) che **Babbo Natale** porti i regali.

b. **Il Natale (il 25 dicembre):** La mattina andiamo **in chiesa** e poi pranziamo insieme ai miei zii. Di solito mangiamo un antipasto misto, le lasagne e l'arrosto. Poi ci sono sempre i dolci tradizionali: **il panettone** e il torrone.

c. **San Silvestro (il 31 dicembre):** Mia madre prepara **il cenone** (una grande cena). A mezzanotte ci baciamo (*we kiss*), ci facciamo gli auguri di buon anno e guardiamo **i fuochi d'artificio.**

d. **L'Epifania (il 6 gennaio):** La notte prima dell'Epifania, i miei fratellini e le mie sorelline appendono le calze (*hang stockings*) per la visita della **Befana,** una vecchia signora che mette dei piccoli regali nelle calze. I poveri ragazzini che non sono stati bravi, però, ricevono del carbone (*coal*) fatto di zucchero!

e. **La Pasqua (marzo/aprile):** La mattina andiamo **in chiesa** e poi pranziamo insieme. Mangiamo il dolce tradizionale: **la colomba** (una torta a forma di colomba [*dove*]). I bambini ricevono **le uova di Pasqua** (cioccolato a forma di uovo [*egg*] con dentro una sorpresa).

f. **Il mio compleanno:** Quando **compio gli anni,** preparo un dolce e compro da bere per festeggiare insieme ai miei amici. Tutti cantano «Tanti auguri». Di solito ricevo tanti regali dai miei parenti.

g. **L'anniversario delle nozze:** I miei genitori si sono sposati quando avevano 21 anni. Quest'anno fanno 25 anni di **matrimonio** e organizzano una grande festa. L'anniversario dei 25 anni di matrimonio si chiama **le nozze d'argento** (*silver*), mentre l'anniversario dei 50 si chiama le nozze d'oro (*gold*).

▶ Answers to this activity are in the **Appendix** at the back of your book.

In Italia

La Befana si festeggia il 6 gennaio, che coincide con la festa cattolica dell'**Epifania.**

Secondo la leggenda la Befana è una vecchia signora che si è rifiutata (*refused*) di accompagnare i Re Magi (*Three Kings*) al seguito della stella (*star*) cometa che portava al bambino Gesù. Poi si è pentita (*repented*) e ha tentato di raggiungere i tre Re Magi; durante il viaggio, ha lasciato un regalo per ogni bambino nella speranza che fosse (*in hopes that it was*) Gesù.

Il nome, Befana, deriva dalla corruzione volgare della parola greca «epifania», che significa «manifestazione» o «rivelazione».

Una canzone popolare dice:

> **La Befana vien di notte**
>
> **Con le scarpe tutte rotte**
>
> **Col cappello alla romana**
>
> **Viva viva la Befana!**

A Roma, il giorno della Befana tutti vanno in Piazza Navona dove ci sono bancarelle con calze piene di dolci e giocattoli.

La Befana, brutta ma amata dal bambini.
Courtesy of Diane Musumeci

A. Le feste. Quali elementi dell'insieme B associ alle feste dell'insieme A?
Attenzione! Ci può essere più di una risposta appropriata. In base alle tue esperienze personali, quali altri oggetti o attività assoceresti alle feste dell'insieme A?

A	B	
1. l'Epifania	**a.** le uova	**g.** la Befana
2. l'anniversario delle nozze	**b.** i regali	**h.** l'albero
3. il compleanno	**c.** la colomba	**i.** il carbone
4. il Natale	**d.** il panettone	**j.** le calze
5. la Pasqua	**e.** la torta con le candeline	**k.** Babbo Natale
6. San Silvestro	**f.** il cenone	**l.** i fuochi d'artificio

B. Un po' di cultura: Le bomboniere (*party favors*) **e i fiori.**

Parte prima. Nelle occasioni più importanti, per esempio la nascita di un bambino, la laurea o le nozze, gli italiani regalano le bomboniere. Le bomboniere sono piccoli oggetti che contengono dei confetti* (*sugared almonds*), per tradizione in numero dispari (*odd*). Il colore dei confetti dipende dall'occasione. Abbina l'occasione festeggiata al colore dei confetti.

1. la nascita di un maschio	**a.** oro (*gold*)
2. la nascita di una femmina	**b.** rosso
3. la prima comunione	**c.** argento (*silver*)
4. la laurea	**d.** rosa
5. il 25° anniversario di nozze	**e.** celeste (azzurro chiaro)
6. il 50° anniversario di nozze	**f.** bianco

Parte seconda. Le mimose sono fiori gialli che tradizionalmente si regalano alle donne in occasione della Festa della donna. (l'8 marzo). Se vuoi regalare fiori per altre occasioni, devi conoscere un po' di galateo. Completa le affermazioni con le parole giuste.

bianchi	**gialli**
dispari	**pari** (*even*)
i funerali	**rossi**

1. I crisantemi si danno solo per _____.

2. Un mazzo di fiori deve contenere sempre un numero _____ di fiori.

3. Un numero di fiori _____ porta sfortuna (*bad luck*).

4. Secondo un'antica tradizione il colore dei fiori rappresenta un messaggio: i fiori _____ indicano l'amore o la passione. I fiori _____ indicano la purezza (*purity*) dei sentimenti. I fiori _____ invece significano il tradimento (*unfaithfulness*).

Bomboniere per la nascita di un bambino
© Melissa Gerr

---

*__Attenzione!__ This is a false cognate. The confetti that you throw is called **coriandoli** in Italian.

C. Il cenone di San Silvestro.

Parte prima. Lavora con un compagno / una compagna. Create il menu per il cenone di San Silvestro a casa vostra. Dovete includere l'antipasto, il primo, il secondo e il contorno, il dolce e le bibite. (Vedete **Capitolo 5, Lessico** se non vi ricordate le parole utili.)

Parte seconda. Ogni gruppo appende il menu alla lavagna. Gli studenti leggono tutti i menu e mettono la firma sotto il cenone a cui vogliono partecipare. Chi ha più invitati?

D. Un po' di cultura: Le tradizioni di famiglia.

Parte prima. Come passano il giorno di Natale Camilla e Ivano?

1.

© Ron Krisel/Getty Images

**Camilla Zamboni
24 anni, Verona
(Veneto)**

Il giorno di Natale mi sveglio verso le 10 e aiuto mia madre a preparare il pranzo. Mangiamo il pasticcio di carne (le lasagne) o i cappelletti (*hat-shaped tortellini*) in brodo e un arrosto di faraona (*guinea fowl*) con verdure. Poi mangiamo il pandoro, il dolce tradizionale di Verona, e brindiamo con lo spumante. Dopo aver scambiato (*having exchanged*) i regali con i miei genitori e mio fratello, faccio una passeggiata o parlo con mio nonno. Alla sera esco con gli amici.

2.

© FMB Photo/Getty Images

**Ivano Fulgaro
32 anni, Foggia
(Puglia)**

La mattina di Natale mi sveglio verso mezzogiorno e faccio una colazione leggera. Il pranzo è fantastico: mangiamo le lasagne al forno, un po' di lenticchie (*lentils*) con la carne, frutta, gelato, carteddate (*sweet, dry bread typical of Puglia*), panettone, spumante, amaro e caffè. Il pomeriggio esco con gli amici e organizzo la serata che generalmente passo a casa di qualcuno a giocare a carte, dopo aver mangiato (*having eaten*) nuovamente di tutto.

Parte seconda. Paragona il Natale di Camilla a quello di Ivano e a quello di Marina (all'inizio del **Lessico**). Ci sono differenze regionali? Il tuo giorno di Natale è simile o diverso da quello di Camilla e Ivano? Perché?

Parte terza. Che significa questo proverbio italiano? —**Natale con i tuoi, Pasqua con chi vuoi.** C'è lo stesso proverbio nel tuo paese? Con chi passi Natale e Pasqua? Scegli una di queste feste e descrivi le tue tradizioni familiari ai compagni.

il giorno del Ringraziamento (*Thanksgiving*) Ramadan	il compleanno il quattro luglio	Chanukà il Capodanno (*New Year's Day*)

Strutture

 Ripasso: Mi preparo per la festa

Reflexive verbs

Oggi il tuo migliore amico compie gli anni e stasera festeggia il suo compleanno in un ristorante elegante. Spiega ai compagni tutto quello che fai per prepararti per la festa e loro devono indovinare quanti minuti ci metti (*it takes you*). Se hai bisogno di aiuto, guarda i verbi riflessivi (**Strutture 6.3**) e il vocabolario per i vestiti e gli accessori (**Capitolo 6, Lessico**). Chi ci mette meno tempo a prepararsi? Chi ce ne mette di più?

> **ESEMPIO:** Prima mi rado. Poi faccio la doccia (*I take a shower*). Mi lavo i capelli... .

8.1 Ci vediamo domani!

Reciprocal verbs

1 As you learned in **Strutture 6.3,** reflexive verbs express actions that people do to *themselves*. Reciprocal verbs express actions that two or more people do to *each other*, so they are only used in the **noi, voi,** and **loro** forms.

What is the difference between these two sentences?

  a. Gianni si lava.   **b.** Gianni e Maria si parlano.

In the first sentence (**a.**), the reflexive verb, **lavarsi,** indicates that Gianni washes *himself*. **Parlarsi,** in the second sentence (**b.**), is a reciprocal verb expressing that Gianni and Maria talk to *each other.*

2 Here are some common verbs that are frequently used reciprocally.

abbracciarsi *to hug*	**innamorarsi** *to fall in love*
baciarsi *to kiss*	**salutarsi** *to greet*
farsi gli auguri *to exchange good wishes*	**separarsi** *to separate*
	sposarsi *to marry*
incontrarsi *to meet*	

3 Like reflexive verbs, reciprocal verbs are conjugated with reflexive pronouns and their infinitives end in **-si.**

▶ Complete the conjugation of the reciprocal verb in the chart below.

	baciarsi
noi	
voi	
loro	si baciano

4 Some verbs have reciprocal and non-reciprocal forms. Remember, if you can say that two or more people do the action to each other, it is reciprocal and requires a reciprocal pronoun. Compare **salutare** and **salutarsi**:

Gianni **saluta** Maria.	*Gianni greets Maria.*
Maria **saluta** Gianni.	*Maria greets Gianni.*
Gianni e Maria **si salutano**.	*Gianni and Maria greet each other.*

Compare **scrivere** and **scriversi**.

Gianni **scrive** a Maria.	*Gianni writes to Maria.*
Maria **scrive** a Gianni.	*Maria writes to Gianni.*
Gianni e Maria **si scrivono**.	*Gianni and Maria write to each other.*

▶ Match the numbered statements to the correct interpretation.

<table>
<tr><td>

1. Misha fa gli auguri a sua nonna.

2. Misha e sua nonna si fanno gli auguri.

</td><td>

a. Misha and her grandmother exchange good wishes.

b. Good wishes are only given by Misha.

</td></tr>
</table>

▶ Answers to these activities are in the **Appendix** at the back of your book.

 # Scopriamo la struttura!

For more on reciprocal verbs, watch the corresponding *Grammar Tutorial* in the *eBook*. A practice activity is available in *Connect*.

 www.mhhe.com/connect

In italiano

- A common way to say *See you later!* in Italian is with the reciprocal verb **vedersi**.

  Ciao, Maria! Ci vediamo!

- You learned that **arrivederci** means *good-bye*. Literally, it means:

  A (*Until*), **ri** (*again*), **veder** (*to see*), **ci** (*each other*) or *Until we see each other again!*

A. Franco e Maria. Metti le frasi della storia in ordine cronologico da 1 a 8. Sottolinea tutti i verbi reciproci.

Gianni fa una festa e invita Franco e Maria...

a. _____ Maria chiede a Franco di uscire il prossimo weekend e Franco accetta.

b. _____ Quando Franco accompagna Maria a casa, i due si baciano.

c. _____ Dopo tre mesi decidono di sposarsi.

d. _____ Passano molto tempo insieme ed escono almeno tre volte alla settimana.

e. _____ Franco e Maria si innamorano.

f. _____ Franco e Maria ballano e si parlano tutta la sera.

g. _____ Gianni presenta Franco a Maria.

h. _____ Franco telefona a Maria il giorno dopo.

B. I buoni amici.

Parte prima. Segna ✓ le affermazioni che sono vere per te e il tuo migliore amico / la tua migliore amica. Se una frase non è adatta a voi (*is not true for you*), riscrivila.

Io e il mio migliore amico / la mia migliore amica...

1. ☐ ci conosciamo molto bene.
2. ☐ ci vediamo tutti i giorni.
3. ☐ conosciamo tutti i segreti l'uno dell'altro.
4. ☐ usciamo insieme ogni weekend.
5. ☐ ci seguiamo su Instagram.
6. ☐ conosciamo bene le famiglie l'uno dell'altro.
7. ☐ andiamo sempre d'accordo.
8. ☐ non ci diciamo mai bugie.
9. ☐ ci capiamo sempre.
10. ☐ ci incontriamo al bar ogni mattina.

Parte seconda. Paragona l'amicizia (*friendship*) fra te e il tuo migliore amico / la tua migliore amica a quella fra un compagno / una compagna e il suo migliore amico / la sua migliore amica. Sono uguali o differenti? Presenta le differenze ai compagni.

> **ESEMPIO:** Io e Alessia ci telefoniamo ogni sera, mentre Marcello e Rocco si telefonano una volta alla settimana.

C. La famiglia.

Parte prima. Scegli la forma appropriata del verbo.

1. Mia sorella e mia cugina lavorano nello stesso ufficio e <u>vedono / si vedono</u> tutti i giorni.
2. Io e mio padre <u>guardiamo / ci guardiamo</u> molti documentari alla TV.
3. Mia madre e mio padre <u>separano / si separano</u>.
4. Quando i miei genitori <u>incontrano / si incontrano</u>, <u>baciano / si baciano</u>.
5. Il mio fratellino <u>abbraccia / si abbraccia</u> sempre il suo orsacchiotto (*teddy bear*).
6. Io e mia madre non <u>capiamo / ci capiamo</u> molto bene.

Parte seconda. Adesso prova tu. Descrivi la tua famiglia a un compagno / una compagna usando i seguenti verbi.

abbracciarsi	vedersi
capire	parlarsi
conoscersi	telefonare
scrivere	volersi bene

D. Ci vogliamo bene.

Parte prima. Lavora con un compagno / una compagna. Scrivete cinque cose che due persone che si vogliono bene fanno l'una per l'altra.

> **ESEMPIO:** Due persone che si vogliono bene si aiutano...

Parte seconda. Quali sono le cose più importanti per mantenere (*for maintaining*) un buon rapporto (*relationship*)? Mettete le cinque affermazioni in ordine di importanza.

In italiano

Italian has two expressions that mean *to love each other:* **amarsi** and **volersi bene. Volersi bene** only means *to love/care for each other* while **amarsi** can also mean to be in a romantic relationship.

Franco e Maria si amano.

Io e mia madre ci vogliamo bene.

Parte terza. Formate gruppi di quattro. Create una lista comune di 8–10 affermazioni e mettetele di nuovo in ordine di importanza. Poi discutete le vostre scelte con i compagni e mettetevi d'accordo sull'aspetto più importante di un buon rapporto.

E. Culture a confronto: Le nozze.

Parte prima. Secondo te, qual è l'età ideale per sposarsi?

Parte seconda. Lavora con un compagno / una compagna. Osservate i dati sull'età media delle nozze in Italia nel corso del tempo. È cambiato qualcosa? Paragonate i dati del 2013 alle vostre opinioni della **Parte prima.** Sono simili o diversi?

Italia: Età media delle prime nozze	donne	uomini
2013	32,8	36,2
2003	29,9	33,2
1999	28,6	31,8
1990	25	27–28

Source: http://marriage.about.com/od/statistics/a/medianage.htm.
http://www.bridalassociationofamerica.com/Wedding_Statistics/

Il giorno delle nozze. Viva gli sposi!
Courtesy of Arrigo Carlan

▶ Answers to this activity are in the **Appendix** at the back of your book.

▶ To learn about the forms of **dovere, potere,** and **volere** in the **passato prossimo,** see **Per saperne di più** at the back of your book.

⟳ Ripasso: Franco e Maria sono usciti insieme

The present perfect

Parte prima. Ricordi Franco e Maria? (Vedi **Strutture 8.1, Attività A.**) Ecco cosa hanno fatto la prima volta che sono usciti insieme. Completa la storia con la forma appropriata dell'ausiliare **avere** o **essere.**

Franco e Maria _____[1] andati a mangiare alla pizzeria preferita di Maria. Dopo cena, _____[2] fatto una passeggiata in centro e _____[3] mangiato un gelato. _____[4] parlato di tutto: degli amici, della famiglia, dei progetti per il futuro. Verso le dieci e mezzo _____[5] andati al cinema e _____[6] visto un film molto romantico. Dopo il film Franco _____[7] accompagnato Maria a casa. Franco _____[8] tornato a casa e Maria _____[9] andata a letto, ma non _____[10] dormito tutta la notte.

Parte seconda. Nella **Parte prima** due verbi hanno l'ausiliare **essere: andare** e **tornare.** Quali altri verbi hanno **essere** al passato prossimo? Fai una lista di 10 verbi.

8.2 Ci siamo visti ieri

The present perfect of reflexive and reciprocal verbs

It's easy to form the **passato prossimo** of reflexive and reciprocal verbs because they always take **essere** as their auxiliary. Like all verbs that take **essere,** the past participle agrees in gender and number with the subject.

Riflessivo

Maria si **è** guardat**a** allo specchio.

Maria looked at herself in the mirror.

Reciproco

Maria e Franco si **sono** incontrat**i** in piazza.

Maria and Franco met each other in the square.

▶ Now complete the conjugations below.

	guardarsi	**incontrarsi**
io		
tu		
lui	si **è** guardat**o**	
lei	si **è** guardat**a**	
Lei	si **è** guardat**o/a**	
noi		
voi		
loro		si **sono** incontrat**i/e**

▶ Answers to this activity are in the **Appendix** at the back of your book.

A. Le mie attività.

Parte prima. Completa le frasi in modo che siano vere per te.

1. Lo scorso Natale io e _____ ci siamo fatti/e il regalo.

2. Ieri sera io e _____ ci siamo telefonati/e.

3. La settimana scorsa io e _____ ci siamo visti/e.

4. Io e _____ ci siamo parlati due ore fa.

5. Io e _____ ci siamo incontrati/e questo weekend.

Parte seconda. Leggi le frasi a un tuo compagno / una tua compagna. Lui/Lei ti chiederà altre informazioni. Usa le seguenti domande.

Chi è?	Com'è?	Cosa?	Dove?	Perché?	Quanti anni ha?

ESEMPIO: S1: Lo scorso Natale io e mio fratello ci siamo fatti il regalo.
S2: Cosa hai ricevuto?
S1: Un libro.
S2: Cosa hai regalato a tuo fratello?
S1: Una maglietta.

Grammatica dal vivo: Il riflessivo

Guarda un'intervista con Enrica che dà consigli e suggerimenti agli studenti americani.

www.mhhe.com/connect

B. Natale con Ivano. Con un compagno / una compagna completa i verbi e le frasi in modo appropriato per creare una breve descrizione dello scorso Natale di Ivano. (Ti ricordi Ivano? Vedi **Lessico, Attività D.**)

1. Ivano e suo fratello si sono svegliat____ ...

2. Hanno fatt____ una colazione leggera e dopo, quando sono arrivat____ i loro parenti, si sono mess____ a tavola e hanno mangiat____ ...

3. Dopo pranzo, Ivano e i suoi amici si sono incontrat____ ...

4. Più tardi hanno mangiat____ di nuovo e poi...

5. Tutti si sono divertit____ moltissimo!

C. Il contrario.

Parte prima. Completa le seguenti frasi con un'azione diversa o contraria usando un verbo reciproco o riflessivo.

> ESEMPIO: Gianni si è messo i pantaloni. Gianna, invece, *si è messa la gonna.*

1. I genitori si sono divertiti alla festa. I figli, invece, ...

2. Franco si è raso. Maria, invece, ...

3. Io e Osman ci siamo incontrati al bar. Tu e Sandra, invece, ...

4. Riccardo si è messo le lenti a contatto. I suoi fratelli, invece, ...

5. Tommaso e Rita si sono sposati. I genitori di Rita, invece, ...

6. Zena si è messa la gonna. Cinzia, invece, ...

7. Dopo la festa i ragazzi si sono sentiti male. Le ragazze, invece, ...

8. Cristina e Tommaso si sono lasciati. Rinaldo e Gessica, invece, ...

Parte seconda. Trova tutti i verbi riflessivi e reciproci della **Parte prima.**

In italiano

When two people start dating and decide to be a couple, Italians use the expression **mettersi insieme.** When the couple breaks up, the expression is **lasciarsi.**

Giulio e Francesca **si sono messi insieme,** ma dopo un mese **si sono lasciati.**

D. Firma qui, per favore!

Parte prima. Con i compagni aggiungi alla seguente lista quattro o cinque azioni che avete fatto prima di uscire di casa stamattina. Poi segna ✓ le azioni che hai fatto tu stamattina (*this morning*) prima di uscire.

Questa mattina...	Firma qui, per favore!
☐ ho fatto la doccia	
☐ mi sono messo/a le lenti a contatto	
☐ _____	

Parte seconda. Trova i compagni che stamattina hanno fatto le stesse azioni e chiedi la loro firma.

> ESEMPIO: **S1:** Hai fatto la doccia stamattina?
> **S2:** Sì. (No.)
> **S1:** Firma qui, per favore!

E. Romeo e Giulietta: Una versione moderna.

Parte prima. Completa la storia con la forma appropriata dell'ausiliare **avere** o **essere**.

Romeo e Giulietta si _____[1] visti per la prima volta a una festa di compleanno di un loro amico comune, Marcello. È stato amore a prima vista. _____[2] parlato e _____[3] ballato insieme tutta la sera e si _____[4] divertiti molto. Dopo la festa Romeo ha accompagnato Giulietta a casa. Quando _____[5] arrivati a casa di Giulietta, i due si _____[6] baciati e si _____[7] salutati. Giulietta _____[8] entrata in casa ed _____[9] andata a letto. La mattina dopo, Giulietta si _____[10] svegliata alle 9.00 e _____[11] fatto colazione. Dopo, si _____[12] lavata i denti, _____[13] fatto la doccia e si _____[14] vestita. Verso le 10.30, Romeo _____[15] spedito (*sent*) un SMS a Giulietta...

Parte seconda. Lavora con un compagno / una compagna. Scrivete la conclusione della versione moderna della storia di Romeo e Giulietta.

In Italia

I mercatini di Natale sono manifestazioni commerciali pubbliche, generalmente all'aperto, con tante bancarelle (*stands*) che vendono decorazioni natalizie, prodotti regionali gastronomici o artigianali e piccoli oggetti regalo. Spesso sono accompagnati da illuminazioni e musiche natalizie. Essendo una tradizione di origine tedesca, si trovano in molte città dell'Italia settentrionale, ma negli ultimi anni si stanno diffondendo anche nel resto del paese.

I mercatini di Natale a Bolzano (Trentino–Alto Adige)
© Martin Zwick/agefotostock

Retro

Il famoso dramma di William Shakespeare, *Romeo e Giulietta,* è ambientato a Verona. Alcuni veronesi sostengono (*claim*) che i due innamorati, Romeo Montecchi e Giulietta Capuleti, siano esistiti davvero nel Quattrocento. Nonostante la loro esistenza non sia documentata, molti turisti visitano la Casa di Giulietta a Verona.

Casa di Giulietta a Verona (Veneto)
Courtesy of Arrigo Carlan

Continua a leggere nel **Capitolo 8, Retro** su *Connect*.

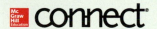

www.mhhe.com/connect

Definite and indefinite articles

🎧 🇮🇹 **Le regioni d'Italia: Ascolta!** L'insegnante dirà dei regali che si possono comprare ai mercatini di Natale. Scrivi le parole che senti e poi scegli l'articolo appropriato.

1. i / gli / l' _____   4. un / un' / una _____

2. i / le / gli _____   5. un / un' / una _____

3. lo / il / la _____   6. un / un' / una _____

8.3 L'amore è bello

The use of definite and indefinite articles

1 The definite article (**la, l', il, lo, le, i, gli**) is used with:

a. dates

   Il venticinque dicembre è festa.

b. possessives (see **Strutture 4.1** for exceptions with family members)

   La mia macchina è rossa.

c. days of the week to indicate a routine activity (for example: every Monday)

   Vado in palestra **il** lunedì e **il** giovedì.

d. proper names that have a title (unless you are talking directly to the person)

   Ho parlato con **il** professor Bianchi ieri.

   La signora Marchi compra delle bistecche.

e. parts of the body

   Mi lavo **i** denti.

f. nouns that refer to universal concepts or general categories or groups

   L'amore è bello.

   La politica è difficile.

g. nouns referring to something/someone specific

   Mi piace **l'**amico di Paolo.

2 The indefinite article is used:

a. to indicate quantity (the number 1)

   La famiglia Martini ha **una** macchina, noi abbiamo due macchine.

b. to express *a* or *an* when referring to someone or something not specific

   —Seguo **un** corso molto interessante.

   —Quale?

   —L'arte del Rinascimento.

Note: The English phrase *a friend of mine* is expressed with the possessive adjective and the indefinite article.

   Luca è **un mio amico.**

A. Una scelta. Scegli l'articolo appropriato.

1. Per Natale Simona ha ricevuto <u>un</u> / <u>il</u> bel regalo dal suo ragazzo.
2. Davide ha incontrato <u>una</u> / <u>la</u> ragazza americana in piazza ieri.
3. Ho <u>uno</u> / <u>lo</u> zio. E tu? Quanti zii hai?
4. <u>Una</u> / <u>La</u> famiglia è importante.
5. <u>Un</u> / <u>Il</u> dottor Rossi non è in ufficio oggi.
6. Hai visto <u>un</u> / <u>l'</u> albero di Natale di Pietro? È grandissimo!

In italiano

When a holiday falls during the week with only one working day between it and the weekend or another holiday, it can result in a longer break than usual. The combination of the holiday + the extra day(s) is called **il ponte** (*bridge*). The expression in Italian is **fare il ponte**.

Martedì è festa e lunedì facciamo il ponte. Cosa vuoi fare di bello?

B. L'articolo giusto.

Parte prima. Completa le frasi con l'articolo determinativo o indeterminativo.

1. —Ieri ho visto_____ bel film.

   —Quale?

   —_____*vita è bella* di Benigni.

2. —Quando fai _____ spesa?

   —Due volte alla settimana: _____ lunedì e _____ giovedì.

3. —Quando è _____ vostro anniversario di nozze?

   —_____ 17 agosto.

4. _____ Signor Betucci lavora per _____ ditta (*company*) di Milano.

5. —Perché non esci stasera?

   —Perché devo lavarmi _____ capelli.

6. Paolo ha solo _____ biglietto per il concerto di stasera.

7. Ho letto _____ libro interessante.

8. _____ dolce tradizionale di Natale è _____ panettone.

9. —Silvia ha portato Jamaal alla festa.

   —Chi è Jamaal?

   —È _____ fratello di Rashid.

10. Dov'è _____ mia giacca azzurra?

11. Martedì è _____ primo maggio, cosa facciamo per _____ ponte?

Parte seconda. Lavora con un compagno / una compagna. Create un mini-dialogo in cui usate almeno un articolo determinativo e un articolo indeterminativo.

C. Non ho mai... Scegli un verbo e poi crea una frase negativa che riflette o *non* riflette le tue esperienze personali. I compagni devono decidere se la frase è vera o falsa.

ESEMPIO: S1: (vedere) Non ho mai visto un'opera italiana.
I COMPAGNI: Non è vero!
S1: Sì, invece, è vero! (o Avete ragione! Non è vero!)

comprare	portare
guidare	ricevere
vedere	scrivere
mangiare	

D. Un po' di cultura: Il Carnevale. Completa questa descrizione di Carnevale con l'articolo (determinativo o indeterminativo) giusto. Esiste una festa simile nel tuo paese?

Ogni città italiana a febbraio è invasa da maschere, coriandoli, luci (*lights*) e colori che creano _____[1] atmosfera di festa unica: è il **Carnevale**. È _____[2] festa dalle origini antichissime che oggi rappresenta _____[3] evento folcloristico che combina tradizione e divertimento.

Maschera di Carnevale a Venezia
© Ken Scicluna/AWL Images/Getty Images

Protagonista delle feste è il travestimento (*costume*), _____[4] maschera, che permette a tutti di trasformarsi per qualche giorno nel personaggio dei propri sogni (*dreams*). Le origini del Carnevale risalgono ai Saturnali romani* che si celebravano in onore del nuovo anno. _____[5] Carnevale, nel calendario liturgico cattolico-romano, è collocato tra _____[6] **Epifania** (il 6 gennaio) e _____[7] **Quaresima** (*Lent* in inglese: i 40 giorni di penitenza dei cristiani prima di Pasqua).

Source: http://www.italia.it/it/idee-di-viaggio/cultura-e-spettacolo/i-carnevali-ditalia.html

————————
*Annual ancient Roman religious feast/holiday from December 17 to 23 in honor of Saturn, the god of sowing/planting.

⟳ Ripasso: Il compleanno di Roberta

Prepositions

Parte prima. Unisci le preposizioni e gli articoli per formare preposizioni articolate (quando è possibile).

a + la = _____   con + i = _____   a + la = _____

per + il = _____   di + i = _____   di + gli = _____

in + il = _____   su + i = _____   da + i = _____

Parte seconda. Adesso completa ogni frase con una preposizione articolata. Scegli dalla lista della **Parte prima.**

1. Ho festeggiato il compleanno _____ miei amici.

2. Mia madre ha dimenticato di mettere lo spumante _____ frigo!

3. Tutti sono arrivati _____ festa in ritardo. Invece di arrivare alle 7.00, sono arrivati verso le 8.00!

4. Mia madre ha preparato un piatto speciale _____ mio amico vegetariano. Noi altri abbiamo mangiato gli spaghetti alla bolognese e la bistecca.

5. Il mio nipotino ha mangiato _____ spaghetti, ma non ha mangiato il secondo.

6. Lui ha anche versato (*spilled*) un bicchiere d'aranciata _____ pantaloni di mio padre.

7. Carla e Mohamed, i miei amici del lavoro, hanno parlato solo _____ problemi dell'ufficio.

8. Ho ricevuto un bel regalo _____ miei genitori: una collana d'oro!

9. Ho telefonato _____ mia migliore amica che abita lontano e non è potuta (*couldn't*) venire.

Parte terza. Adesso, usa queste preposizioni articolate per aggiungere altre informazioni sulla festa di compleanno di Roberta. Secondo te, com'è andata la festa? Perché?

agli   dal   sul

▶ Answers to these activities are in the **Appendix** at the back of your book.

▶ To learn how the pronoun **ne** replaces phrases with the preposition **di**, see **Per saperne di più** at the back of your book.

8.4 Non vado in macchina! Vado a piedi!

The prepositions *in* and *a*

In **Strutture 5.3,** you learned several uses of the prepositions **a** and **in** without the definite article. Here are more uses.

1 When talking about means of transportation, the prepositions **in** and **a** do not require a definite article.

Ettore va   in bicicletta (*by bicycle*).   *but*   **Ettore va a piedi** (*on foot*).

            in treno.

            in macchina.

            in moto.

            in aereo.

2 When referring to specific locations, such as certain buildings, places in the city, or rooms in a house, **in** is not used with the article. The English equivalent can be *by, in,* or *to.*

in centro	*downtown*	**in ufficio**	*office*
in piazza	*town square*	**in bagno**	*bathroom*
in banca	*bank*	**in camera**	*bedroom*
in chiesa	*church*	**in cucina**	*kitchen*
in discoteca	*discotheque*	**in salotto**	*living room*

Guardo la TV **in salotto.**   Faccio la spesa **in centro.**

Mangiamo **in cucina.**   Mario lavora **in ufficio.**

A. Le abitudini di Marcello e Lorena.

Parte prima. Marcello e Lorena sono compagni di casa a Bologna dove fanno il terzo anno di università. Completa le frasi con un sostantivo appropriato. Scegli dalla lista qui sotto.

biblioteca	**casa**	**piazza**
camera	**centro**	**teatro**
cucina	**discoteca**	**piedi**
macchina	**mezzanotte**	**treno**

1. Quando è all'università Marcello studia in _____. Stasera Marcello rimane a casa ma deve studiare in _____ perché Lorena mangia in _____ con il fidanzato.

2. Marcello cammina (*walks*) molto. Tutti i giorni va all'università a _____. Lorena, invece, è pigra e ci va in _____.

3. Il venerdì sera Lorena non sta mai a _____. Esce con gli amici. Di solito vanno a ballare in _____ e Lorena torna a casa verso le 4.00 o le 5.00 di mattina.

4. Il venerdì sera Marcello va in centro e incontra i suoi amici in _____. Di solito prendono un gelato e chiacchierano, ma qualche volta vanno al cinema. Raramente vanno a _____ a vedere uno spettacolo. Normalmente Marcello torna a casa a _____.

5. Il sabato Lorena va al mercato in _____. Le piace comprare vestiti e scarpe.

6. Il sabato e la domenica Marcello preferisce andare a Rimini a trovare i suoi. Va in _____ perché è un po' lontano.

Parte seconda. Marcello e Lorena sono buoni compagni di casa? Perché?

B. Scegliere.
Scegli la forma appropriata e poi decidi se le affermazioni sono vere o false per te.

	vero	falso
1. Vado <u>a / alla</u> casa a trovare i miei genitori questo weekend.	☐	☐
2. Preferisco studiare <u>in / nella</u> biblioteca perché <u>a / alla</u> casa mia c'è troppo rumore (*noise*).	☐	☐
3. Vado <u>a / al</u> cinema con gli amici ogni weekend.	☐	☐
4. Quando vado in vacanza, mi piace viaggiare <u>nel / in</u> treno.	☐	☐
5. Vado <u>all' / a</u> università <u>ai / a</u> piedi.	☐	☐
6. Metto <u>di / dello</u> zucchero <u>in / nel</u> caffè.	☐	☐
7. Vado <u>a / al</u> mare d'estate e vado <u>in / nella</u> montagna d'inverno.	☐	☐
8. Vado spesso <u>a / ai</u> concerti di musica rock.	☐	☐

C. Dove vai? Chiedi a un compagno / una compagna dove va a fare queste attività. Fate a turno.

> ESEMPIO: —Dove vai a preparare la cena?
> —Vado in cucina.

Dove vai...

1. a raderti o a truccarti?
2. per partecipare al matrimonio del tuo amico cattolico?
3. a lavorare?
4. a sciare?
5. a dormire?
6. a guardare la TV?
7. a ballare stasera con i tuoi amici?
8. a prendere dei soldi?
9. a studiare?

D. Tante domande.

Parte prima. Completa le espressioni con la preposizione **a** o **in**.

1. andare _____ letto dopo le due
2. andare _____ centro
3. fare un giro _____ bici
4. venire _____ piedi all'università
5. tornare _____ casa dopo mezzanotte
6. sciare _____ montagna
7. nuotare _____ piscina
8. giocare _____ calcio
9. fare le vacanze _____ Italia
10. viaggiare _____ treno

Parte seconda. Scegli tre espressioni e scrivi due domande per ciascuna: una per sapere quando è stata l'ultima volta che (*the last time that*) un tuo compagno / una tua compagna ha fatto l'attività e l'altra per sapere se fa spesso questa attività. Poi intervista un compagno / una compagna e prendi appunti.

> ESEMPIO: **S1:** Quando è stata l'ultima volta che sei andato/a a letto dopo le due?
> **S2:** Ieri.
> **S1:** Vai spesso a letto dopo le due?
> **S2:** Sempre.
> **S1:** ...

Parte terza. In base alle risposte, cosa puoi concludere del compagno / della compagna? Il compagno / La compagna ti dirà se hai ragione o no.

> ESEMPIO: **S1:** Ti piace fare le ore piccole.
> **S2:** Hai ragione!

▶ Ascoltiamo!

Le feste italiane

A. Osserva e ascolta. Osserva e ascolta mentre Federico ti parla delle principali feste in Italia.

B. Completa. Completa le seguenti frasi inserendo la parola o l'espressione appropriata della lista. Usa ogni espressione *una sola volta*. **Attenzione!** La lista contiene undici parole; devi usarne solamente nove.

in campagna	il 2 novembre	maschere	romana
del Carnevale	fiori	il panettone	la vigilia
le donne	le madri	il 15 agosto	

1. _____ di Natale gli italiani fanno una cena abbondante e mangiano _____.

2. Il giorno dopo Pasqua, chiamato Pasquetta, gli italiani fanno delle gite_____.

3. _____, giorno della Commemorazione dei Defunti, le famiglie italiane visitano i cimiteri e portano _____ sulle tombe dei morti.

4. A Venezia, per la celebrazione _____, molte persone indossano _____.

5. Il Ferragosto è un'antica festa _____ che oggi simboleggia l'estate.

6. L'8 marzo è una festa in onore di tutte _____.

C. Tocca a te! Quale festa ti interessa di più? Completa la frase.

La festa italiana che mi interessa di più è... perché...

Che belle mimose per la Festa della donna!
Courtesy of Diane Musumeci

Leggiamo!

L'arte ti fa gli auguri

A. Prima di leggere.

Parte prima. Ti piacciono le promozioni? Quali delle seguenti promozioni hai provato?

☐ il prezzo ridotto per studenti

☐ l'ingresso gratuito (per le donne, un giorno alla settimana, ...)

☐ il 3 × 2 (compri 3, paghi solo 2)

☐ un buon sconto su Groupon

Parte seconda. Il Ministero per i Beni e le Attività Culturali ha promosso delle iniziative sin per incoraggiare gli italiani a visitare più frequentemente i musei statali. Abbian le feste alle promozioni.

1. il 14 febbraio	**a.** donne gratis
2. l'8 marzo (Festa della donna)	**b.** ingresso 2 × 1
3. il giorno del compleanno	**c.** biglietti a € 1
4. il 1° maggio (Festa del lavoro)	**d.** ingresso gratis

B. Al testo!

Parte prima. Ora leggi l'articolo che descrive l'iniziativa del Ministero.

> **PAROLE PER LEGGERE**
>
> | | |
> |---|---|
> | la carta (d'identità) | *(ID) card (also, paper)* |
> | il caso | *event, instance* |
> | la chiusura | atto di chiudere |
> | il luogo | *place* |
> | l'omaggio | regalo |
> | proprio | *one's own* |

La promozione consiste in un ingresso[1] omaggio per i cittadini italiani e dell'Unione Europea ai luoghi della cultura statali nel giorno del proprio compleanno, esibendo[2] la carta d'identità al botteghino.[3]

Nel caso in cui il giorno del compleanno coincida con la chiusura dei luoghi, l'ingresso omaggio sarà valido per il giorno successivo a quello di chiusura.

Gli ultimi dati rilevati dall'Ufficio Statistica del MiBAC hanno registrato, da gennaio ad ottobre, un incremento del 15,5% dei visitatori.

Risultati, questi, anche frutto di una strategia comunicativa e promozionale che ha previsto una serie di eventi nazionali che hanno riscosso[4] grande partecipazione ed apprezzamento[5] del pubblico:

- San Valentino (ingresso 2 × 1): + 31,02% di visitatori rispetto al 2009
- Festa della donna (donne gratis): + 1,25% di visitatori rispetto al 2009

[1]*entrance* [2]*upon showing* [3]*ticket booth* [4]*revived* [5]*appreciation*

- Settimana della cultura (16–25 aprile, ingresso gratuito per tutti): + 12,87% di visitatori rispetto al 2009

- 1° maggio (biglietti a un 1 euro): + 4,43% di visitatori rispetto al 2009

- Notte dei musei (musei aperti gratuitamente dalle 20.00 alle 2.00): + 23,99% rispetto al 2009

Source: Ministero dei beni e delle attività culturali e del turismo - www.beniculturali.it/

Parte seconda. Rispondi alle domande.

1. Controlla le risposte che hai dato in **Prima di leggere.** Hai indovinato tutte le promozioni?

2. Quale promozione è stata più popolare?

3. L'iniziativa del Ministero ha avuto successo?

C. Discutiamo! Scrivi una promozione per un'altra festa. Poi la classe vota la promozione preferita.

 ## Scriviamo!

Quante feste!

Scegli una festa che non esiste in Italia. Scrivi un paragrafo in cui descrivi la festa a degli amici italiani. Rispondi alle seguenti domande e aggiungi tutti i particolari che distinguono questa festa dalle altre: Come si chiama? Quando è celebrata? Qual è l'origine della festa? Chi partecipa alla festa? Cosa si fa? Ci sono piatti particolari? Quali? La gente indossa maschere o costumi? Cosa hai fatto tu alla festa l'ultima volta?

ESEMPIO: Il terzo weekend di agosto a Urbana, Illinois, c'è il Festival del *Sweet Corn* (il mais dolce). Tutti i cittadini e anche gli studenti dell'università vanno alla festa e mangiano *sweet corn* con tanto burro...

In Italia

Una classica festa americana, Halloween, cominicia a essere celebrate anche in Italia, soprattutto dai ragazzi che stanno imparando l'inglese a scuola. «Trick or treat» si dice «dolcetto o scherzetto».

 **Parliamo!**

Il regalo che fa per te°

Il... *Your ideal gift*

Lavorate in due per creare una lista di cinque persone a cui (*to whom*) volete fare dei regali. Queste persone possono essere i vostri compagni di classe o personaggi famosi che tutti conoscono. Scrivete i nomi delle persone su un foglio e pensate alla personalità e alle caratteristiche di ogni persona per decidere che regalo fare. I regali possono essere concreti (una nuova automobile, una casa al mare) o astratti (un bel voto in chimica, l'eloquenza). Su un altro foglio scrivete tutti i regali, ma non nello stesso ordine dei nomi. Poi scambiatevi i fogli con un'altra coppia e cercate di abbinare le persone ai regali. **In bocca al lupo!**

ESEMPIO: **S1:** La macchina deve essere il regalo per Amanda.
   S2: Perché?
   S1: Perché la sua è vecchia.
   S2: E qual è il regalo per José?

Courtesy of Antonino Musumeci

 Scopriamo il cinema!

FILM: *Ciao, professore!*

(Commedia. Italia. 1993. Lina Wertmüller, Regista. 99 min.)

> **RIASSUNTO:** A stuck-up schoolteacher from the North (Paolo Villaggio) requests a transfer to an elite school and instead, because of a bureaucratic mistake, ends up in Corzano, a poor small town near Naples. When only three pupils show up on the first day of class, he sets out to recruit others and comes face to face with life on the other side of the tracks.
>
> **SCENA:** (DVD Capitolo 11) The scene takes place on March 8, **la Festa della donna,** which the professor talks about with his third-grade pupils.

A. Anteprima. C'è una festa che festeggiano solo le donne? Quale?

B. Ciak, si gira!

Parte prima. In Italia, oltre alla Festa della mamma, c'è un'altra festa: la Festa della donna. Guarda la scena per capire come si celebra questa festa.

Parte seconda. In questa scena ci sono molte espressioni che hai studiato. Le hai sentite? Completa le frasi inserendo l'espressione giusta.

1. Il maestro ha detto:
«_____» davanti al palazzo.

2. Il venditore di fiori ha detto:
«_____» per strada.

3. Il maestro ha detto:
«_____» per strada.

4. Il maestro ha detto:
«_____» in aula.

5. Il ragazzo grassotello (*chubby*)
ha detto: «_____» in aula.

a. «È l'otto marzo!»

b. «Boh!»

c. «Me ne dà... ?»

d. «Su, su coraggio!»

e. «Cos'è successo?»

C. È fatto! Cosa pensi di questa festa? È giusto avere una festa solo per le donne?

 # Scopriamo le belle arti!

Bacco e Arianna (1523–1524), Tiziano Vecellio

 LINGUA

A. Bacco e Arianna si sono incontrati.

Parte prima. Sottolinea tutti i verbi al passato prossimo. Ce ne sono dieci.

Bacco, un bellissimo giovane e il dio romano del vino, ha fatto una delle sue feste, un baccanale. Ha invitato i suoi amici: insieme hanno mangiato, hanno suonato, hanno ballato ma, soprattutto, hanno bevuto. Si sono ubriacati (*They got drunk*) e sono andati in spiaggia sul carro (*carriage*) di Bacco tirato (*pulled*) da due leopardi. In spiaggia, Bacco ha visto Arianna e si è subito innamorato pazzamente di lei.

Parte seconda. Ora riscrivi la storia di Arianna al passato, mettendo i verbi al passato prossimo. Tutti i verbi hanno il participio passato regolare, tranne due: **dire** e **vedere**. Un aiuto: I verbi sottolineati richiedono l'ausiliare **essere,** quelli **in neretto** richiedono **avere.**

Teseo, il figlio del re di Atene, va[1] a Creta dove **incontra**[2] Arianna, la figlia del re di Creta, Minosse. I due giovani si innamorano.[3] Teseo entra[4] nel labirinto dove Minosse **imprigiona** (*imprisons*)[5] un mostro (*monster*) terribile, il Minotauro, mezzo uomo mezzo toro (*bull*). Arianna **vuole**[6] aiutare Teseo e gli **dà**[7] un filo (*string*). Grazie al filo, Teseo **ammazza** (*kills*)[8] il Minotauro ed esce[9] dal labirinto. Teseo e Arianna partono[10] insieme. Poi Teseo **dice**[11] ad Arianna di non essere veramente innamorato di lei. Teseo riparte[12] in barca (*boat*) e **lascia**[13] Arianna sulla spiaggia. Arianna **saluta**[14] Teseo e poi **sente**[15] qualcosa. Si gira (*She turns*)[16] e **vede**[17] Bacco.

B. Buon giorno, principessa!
La scena rappresentata in quest'opera non è sicuramente silenziosa. Secondo te, cosa stanno dicendo i vari personaggi? Scegli tre personaggi e scrivi cosa dicono.

ARTE

Chi studia l'arte deve conoscere non solo gli elementi di design, i movimenti artistici, gli artisti e le opere. Deve anche studiare la storia, la religione e la mitologia. La mitologia classica greca e romana ha avuto un'influenza profonda sull'arte italiana e sulla cultura italiana in generale. **Il Rinascimento** (metà del XIV–XVI sec.) è il periodo storico in cui è rinato (*is reborn*) l'interesse per il mondo classico, inclusa la mitologia.

A. Si chiama Venere o Afrodite? Quali altre opere che hai visto nei capitoli precedenti richiedono una conoscenza della mitologia greco-romana? Scegli uno dei personaggi rappresentati e fai una piccola ricerca per saperne di più. Poi scrivi una breve descrizione (come si chiama, chi è, perché è importante/noto, perché l'hai scelto).

B. Che festa! Paragona l'opera di Tiziano con quella della stessa scena di Annibale Carracci: *Il Trionfo di Bacco e Arianna* (1597–1600). Cerca quest'opera su Internet. Quali elementi hanno in comune? Quale delle due feste ti sembra più divertente? Quale opera ti piace di più? Perché?

Il blog di Luca—Bologna

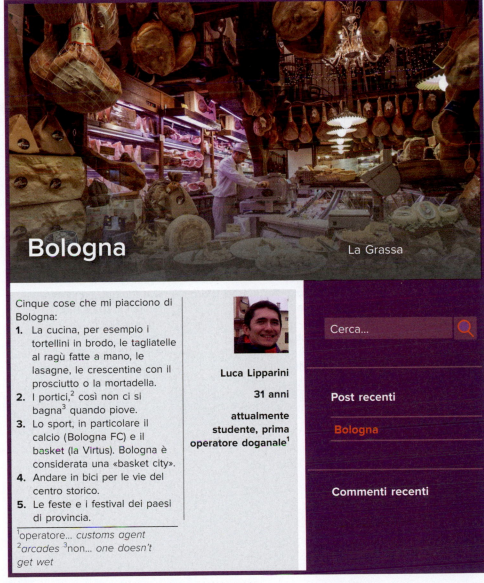

Bologna

La Grassa

Cinque cose che mi piacciono di Bologna:
1. La cucina, per esempio i tortellini in brodo, le tagliatelle al ragù fatte a mano, le lasagne, le crescentine con il prosciutto o la mortadella.
2. I portici,[2] così non ci si bagna[3] quando piove.
3. Lo sport, in particolare il calcio (Bologna FC) e il basket (la Virtus). Bologna è considerata una «basket city».
4. Andare in bici per le vie del centro storico.
5. Le feste e i festival dei paesi di provincia.

Luca Lipparini

31 anni

attualmente studente, prima operatore doganale[1]

Cerca...

Post recenti

Bologna

Commenti recenti

[1]operatore... *customs agent*
[2]*arcades* [3]*non... one doesn't get wet*

Store: © Konstantin Kalishko/Alamy; Luca: Courtesy of Luca Lipparini

Vocabolario

Domande ed espressioni

Auguri!	Best wishes!
In bocca al lupo! / Crepi!	Break a leg! Good luck! / Thanks!
Grazie, altrettanto! / Grazie, anche a te / a Lei!	Thanks, same to you!
Buon anniversario!	Happy Anniversary!
Buon anno!	Happy New Year!
Buon appetito!	Enjoy your meal!
Buon compleanno!	Happy Birthday!
Buone feste!	Happy holidays!
Buona giornata!	Have a nice day!
Buon lavoro!	Work well!
Buon Natale!	Merry Christmas!
Buona Pasqua!	Happy Easter!
Buone vacanze!	Have a good vacation!
Buon viaggio!	Have a good trip!
Ci vediamo!	See you later!

Verbi

abbracciarsi	to hug each other
amarsi	to love each other
andare a piedi	to walk, to go on foot
andare in aereo (bicicletta/macchina/moto[cicletta]/treno	to fly, to go by plane (to go by bicycle/car/motorcycle/train)
andare in bagno (camera/cucina/salotto)	to go into the bathroom (bedroom/kitchen/living room)
andare in banca (centro/chiesa/piazza/ufficio)	to go to the bank (downtown/church/town square/office)
baciarsi	to kiss each other
compiere gli anni	to have a birthday
fare la doccia	to take a shower
fare il ponte	to take an extra day off
farsi gli auguri	to exchange good wishes
incontrarsi	to meet each other
innamorarsi	to fall in love
lasciarsi	to break up
mettersi insieme	to become a couple
salutarsi	to greet each other
separarsi	to separate
sposarsi	to marry
vedersi	to see each other
volersi bene	to love/care about each other

Sostantivi

l'albero (di Natale)	(Christmas) tree
l'anniversario	anniversary
Babbo Natale	Santa Claus
la Befana	Befana
le calze	stockings
il Capodanno	New Year's Day
il carbone	coal
il cenone (di Natale / di Capodanno)	(Christmas Eve / New Year's Eve) dinner
la chiesa	church
la colomba	dove; traditional Easter cake
la festa di San Silvestro	feast of San Silvestro (New Year's Eve)
i fuochi d'artificio	fireworks
il Natale	Christmas
le nozze	wedding
le nozze d'argento / d'oro	silver/golden anniversary
il panettone	traditional Christmas bread-like cake
la Pasqua	Easter
l'uovo (di Pasqua)	(Easter) egg
la vigilia	eve

9 La scuola e i giovani

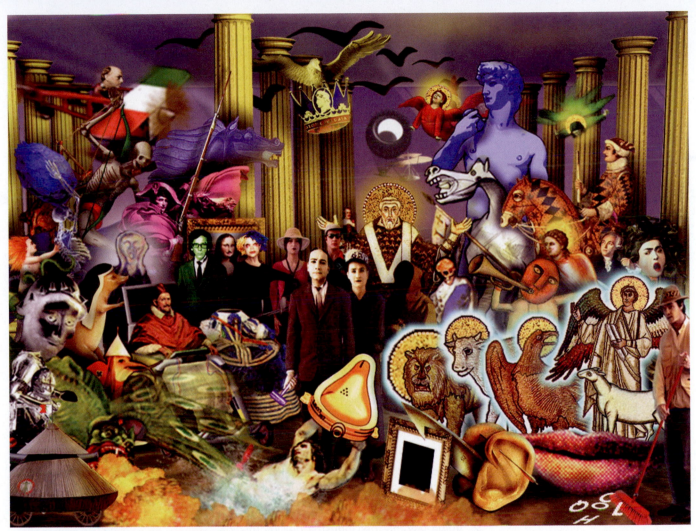

Iconoclast Game: opera videogioco sulla storia dell'arte (2008), Lorenzo Pizzanelli

Courtesy of Lorenzo Pizzanelli and Fariba Ferdosi

SCOPI

IN THIS CHAPTER YOU WILL LEARN:

- how to find out who someone is and what he/she does for a living
- to talk about education and professions
- to describe past events and talk about what people used to do
- to tell a story in the past
- to talk about events going on at a particular moment in the past
- about the Italian educational system

www.mhhe.com/connect

Cosa vuoi fare? / Cosa vuole fare?

Finding out someone's future plans

- In **Capitolo 4, Strategie di comunicazione**, you learned to ask **Cosa fai? / Cosa fa?** to find out what someone studies or does for a living.

- To find out what someone wants to do in the future, say:

(tu)	(Lei)
Cosa vuoi fare?	**Cosa vuole fare?**

Attenzione! Remember to use **vorrei** in your answer.

—**Martina, cosa fai all'università?**

—**Faccio lingue.**

—**E dopo, cosa vuoi fare?**

—**Vorrei insegnare l'inglese.**

▶ A. Osserva e ascolta.

Parte prima. Osserva e ascolta mentre questi studenti italiani si presentano e dicono cosa studiano. Abbina il nome della persona al suo corso di studi.

1. Stefano	**a.** matematica
2. Alessia	**b.** scienze politiche
3. Elisa	**c.** biologia
4. Mario	**d.** moda e costume
5. Federica	**e.** giurisprudenza (*law*)

Parte seconda. Ora osserva e ascolta di nuovo per avere ulteriori informazioni. Poi abbina ogni progetto (*plan*) alla persona giusta.

1. Vuole fare il notaio.*	**a.** Alessia
2. Vuole lavorare nell'industria dell'informatica.	**b.** Elisa
3. Vuole aprire un negozio.	**c.** Mario
4. Vuole fare la carriera diplomatica.	**d.** Federica

B. E tu, cosa vuoi fare?

Parte prima. Chiedi agli altri studenti cosa studiano. Fai una lista con le loro risposte.

Parte seconda. Usa la lista dei corsi di studio che hai preparato e le espressioni seguenti per scoprire (*discover*) cosa vogliono fare i tuoi compagni.

---

*A **notaio** is an official who checks, witnesses, and records public contracts, such as deeds of sale for property transactions and final wills and testaments.

Chi vuole... ?

fare un master / una
specializzazione
(in giurisprudenza / in medicina)

fare ricerca (*research*)

lavorare in televisione

lavorare in una ditta

prendere l'abilitazione per
l'insegnamento (*teaching
certificate*)

scrivere libri / per un
giornale

suonare in un'orchestra

C. Cos'hai fatto per prepararti?

Parte prima. Completa le frasi con i verbi giusti (al passato prossimo) per capire
come Diana si è preparata per il lavoro che vuole fare.

Diana: Vorrei fare lo chef. Per prepararmi...

1. _____ scienze della nutrizione.
2. _____ a cucinare.
3. _____ in un ristorante.
4. _____ tanti libri di cucina.
5. _____ molti piatti diversi.

a. ho lavorato
b. ho provato
c. ho imparato
d. ho letto
e. ho studiato

Parte seconda. Susanna, un'amica di Diana, vuole studiare all'estero. Cos'ha
fatto per prepararsi? Metti i verbi al passato prossimo e poi inseriscili nei posti
giusti.

comprare

fare

imparare

rinnovare (*to renew*)

risparmiare (*to save* [*money*])

Susanna vuole studiare all'estero. Per prepararsi,

1. _____ tanti soldi.
2. _____ il passaporto.
3. _____ un'altra lingua.
4. _____ la valigia.
5. _____ un biglietto aereo.

Parte terza. Chiedi a un compagno / una compagna quale lavoro vuole fare e che
cosa ha fatto per prepararsi.

Com'era?

Describing how things used to be

- So far, you have learned to talk about events in the past using **il passato
  prossimo**. In this chapter you will learn how to describe the way things
  were in the past using a different verb form: **l'imperfetto.**

- To find out how things were, used to be, or what things were like, say:
  Com'era?

  —Com'era la festa ieri sera?   *How was the party last night?*

  —Com'era la vita di un maestro   *What was a teacher's life like in the
  nel passato?*   *past?*

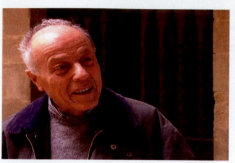

© McGraw-Hill Education/TruthFunction

la Toscana

Firenze

Colle di
Val d'Elsa
Siena
**la provincia
di Siena**
Pienza

▶ A. Osserva e ascolta.

Parte prima. Guarda la cartina della Toscana. Poi osserva e ascolta mentre il signor Dondoli si presenta. Infine rispondi alle seguenti domande.

1. Cosa faceva di professione il signor Dondoli?

2. Da quanto tempo è in pensione?

3. Dove abita il signor Dondoli?

4. Di dov'è originariamente?

Parte seconda. Il signor Dondoli ha lavorato in campagna, non in città. Osserva e ascolta mentre il maestro Dondoli spiega l'importanza della scuola per i bambini dei contadini (*farmers*). Per ogni frase scegli la risposta giusta.

1. Per i ragazzi la scuola era _____.

   a. molto importante   **b.** poco importante

2. A scuola i bambini apprendevano _____.

   a. come coltivare i campi (*fields*)   **b.** cose che non potevano imparare
   a casa

Parte terza. Osserva e ascolta l'ultima parte del video in cui il maestro Dondoli parla della sua esperienza come insegnante.

1. Indica ✓ tutte le qualità di un buon insegnante che il maestro menziona.

   a. avere l'entusiasmo   ☐

   b. essere intelligente   ☐

   c. essere creativo   ☐

   d. avere la capacità di mettersi in contatto con i bambini ☐

   e. saper disciplinare   ☐

2. Indica ✓ la prova (*proof*) che i bambini si sentivano «in famiglia» con il maestro.

   a. Lo chiamavano «maestro» invece di «signore».   ☐

   b. Lo chiamavano «padre» invece di «maestro».   ☐

   c. Lo chiamavano «babbo» invece di «maestro».   ☐

B. Com'era il tuo maestro preferito / la tua maestra preferita?

Lavora con un compagno / una compagna. Lui/Lei ti fa una delle domande (1–6). Tu rispondi scegliendo l'inizio giusto della frase (a–d) e completandola per descrivere il tuo maestro / la tua maestra preferito/a. Poi scambiatevi ruoli. **Attenzione!** Due inizi si usano due volte.

1. Come si chiamava la scuola?
2. Dov'era?
3. Quanti anni avevi?
4. Che anno facevi?
5. Come si chiamava il maestro / la maestra?
6. Com'era?

a. Avevo...
b. Era...
c. Facevo...
d. Si chiamava...

C. E tu com'eri?

Parte prima. Scegli le frasi che descrivono com'eri da piccolo/a a scuola:

1. Scherzavo (*I used to joke around*) sempre. ☐
2. Non stavo mai fermo/a (*still*). ☐
3. Non creavo mai problemi. ☐
4. Parlavo in continuazione. ☐
5. Non aprivo bocca. ☐
6. Facevo i compiti subito e volentieri. ☐

Parte seconda. Lavora con un compagno / una compagna e scambiatevi le frasi che avete scelto. Lui/Lei deve scegliere l'aggettivo giusto dalla seguente lista per dire com'eri a scuola.

a. birichino/a (*mischievous*)
b. chiacchierone (*chatterbox*)
c. secchione/a (*nerdy*)
d. timido/a
e. tranquillo/a
f. vivace

ESEMPIO: **S1:** Scherzavo sempre.
S2: Davvero? Allora eri birichino/a.

Parte terza. Condividete le vostre risposte con la classe. Com'erano da piccoli i compagni?

ESEMPIO: Tom era secchione mentre Gina era birichina.

D. Culture a confronto: La scuola. Leggi la tabella per capire com'è organizzato il sistema scolastico italiano. Poi rispondi alle domande.

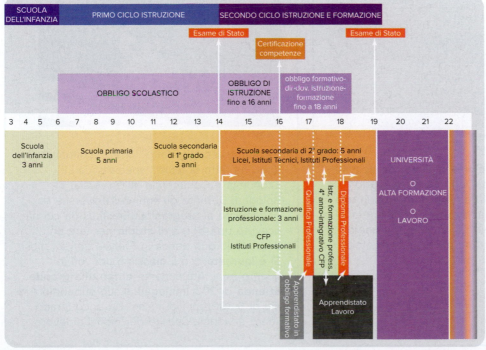

Source: Veneto Lavoro.

Parte prima. Quanto dura la scuola? Con un compagno / una compagna, completa la tabella.

	in Italia	negli Stati Uniti
1. la scuola primaria («le elementari»)	5 anni	____ anni
2. la scuola secondaria di primo grado («le medie»)	____ anni	3 anni
3. la scuola secondaria di secondo grado («le superiori»)	____ anni	4 anni
4. l'università	3+ anni	____ anni

Parte seconda. In Italia c'è una distinzione tra **l'istruzione** e **la formazione professionale**. Spesso la formazione professionale comprende un periodo obbligatorio di tirocinio (*unpaid internship*). Ti piacerebbe fare un tirocinio in uno studio legale, in un ospedale o in una banca, per esempio? Secondo te, è importante fare un tirocinio?

Lessico

In italiano
Students are considered **fuori corso** if they do not graduate on time.

Siamo studenti!
Talking about education and professions

Il mio curriculum° *résumé*

Leggi queste brevi descrizioni delle carriere di Massimo e Gianna. Cerca di capire dal contesto il significato delle parole evidenziate.

© Tetra Images/Getty Images RF

Massimo ha **un diploma** di **liceo** classico, ma non ha **una laurea.** Dopo il liceo ha fatto diversi lavori e poi **ha fatto domanda** in una **piccola ditta.** Ormai ci lavora da cinque anni e **guadagna** 1.400 euro al mese. È fortunato perché lavora **a tempo pieno** mentre molti suoi amici lavorano **part-time.**

© Melissa Gerr

Gianna, invece, ha fatto il liceo economico e dopo ha fatto la laurea specialistica in Economia e Commercio all'Università di Bologna. Durante gli anni dell'università ha partecipato al programma Erasmus da cui ha ricevuto **una borsa di studio** per fare un **tirocinio** in una banca in Francia per sei mesi. **Si è laureata** con il massimo dei voti in quattro anni. Attualmente **dirige una grande azienda** di 200 impiegati. Il suo **stipendio** è di più di 5.500 euro al mese. Ha poco tempo libero e viaggia spesso per motivi di lavoro.

In italiano

Insegnante is a generic term for teacher. Teachers in Italy are called by different titles, depending on the level of students: preschool and elementary school students call their teacher **maestro/a,** middle school students and up call their teacher **professore/professoressa.**

Le professioni

Ecco alcune professioni che già conosci o che puoi riconoscere (*recognize*) facilmente perché sono parole simili all'inglese.

l'architetto	il cantante	il giornalista	lo stilista
l'artista	il dentista	l'insegnante	lo scienziato
l'assistente sociale	il farmacista	lo psicologo	il veterinario
il cameriere	il fotografo	il poliziotto	

Dove si lavora?

▶ Ecco altre professioni che forse non conosci. Abbina ogni professione a uno di questi luoghi (*places*).

a. l'ufficio   **c.** il tribunale   **e.** la scuola elementare

b. il negozio   **d.** l'ospedale   **f.** il cantiere (*construction site*)

1. ___ l'avvocato

2. ___ il commesso

3. ___ l'operaio e l'ingegnere

4. ___ l'infermiere

5. ___ l'impiegata e la dirigente / la manager

6. ___ il maestro

In Italia

Gli studenti italiani completano l'equivalente di «general education» al liceo e per questo iniziano subito la specializzazione (*major*) all'università.

In base all'ultima riforma universitaria, ci sono tre livelli d'istruzione universitari. Il primo livello consiste in un **corso di laurea** che dura 3 anni, dopo di che gli studenti possono entrare nel mondo del lavoro o possono proseguire con il secondo livello di studi: la **laurea magistrale** (altri 2 anni) o il **Master di I Livello.** In alcuni campi, soprattutto quelli professionali (medicina, giurisprudenza), gli studenti si iscrivono direttamente al secondo livello d'istruzione in un **corso di laurea magistrale unico** che dura 5 o 6 anni. Il terzo livello offre il **dottorato di ricerca,** un **corso di specializzazione** e il **corso di Master di II Livello.**

L'età media (*average*) di un laureato è di 26,2 anni.

Source: https://www2. almalaurea.it/universita/ pubblicazioni/wp/pdf/wp74.pdf

▶ Answers to this activity are in the **Appendix** at the back of your book.

In italiano

In Italian the gender of professions is indicated by the form of the definite or indefinite article and sometimes by the ending of the noun.

- Professions ending in **-o** in the masculine have **-a** in the feminine, such as **l'impiegato / l'impiegata.**

- Professions ending in **-iere** in the masculine have **-iera** in the feminine, such as **il cameriere / la cameriera, il parrucchiere / la parrucchiera.**

- The masculine and feminine singular forms of professions ending in **-e** and **-ista,** and terms borrowed from English, are invariable, such as **il dirigente / la dirigente, il musicista / la musicista, il manager / la manager.**

The contemporary feminine forms of certain professions, particularly those that have not traditionally been occupied by women, are in flux. For example, the traditional feminine form of **avvocato** is **avvocatessa.** However, this form is rarely used. Instead you will most often hear **l'avvocatessa.**

▶ Scrivi la forma maschile e femminile di tutte le professioni presentate nel **Lessico.** Segui le regole (*rules*) indicate.

-o (*m.*) / -a (*f.*)	-iere (*m.*) / -iera (*f.*)	-e, -ista, parole inglesi (*m.*) / (*f.*)
lo scienziato / la scienziata	*il cameriere / la cameriera*	*l'artista / l'artista*

Le attività professionali

▶ Abbina le persone dell'insieme A alle attività dell'insieme B.

A	B
1. Il poliziotto _____.	a. **guadagna** meno del manager
2. L'architetto _____.	b. **aiuta** il medico
3. La manager _____.	c. **si laurea** e diventa (*becomes*) avvocato
4. L'infermiera _____.	d. **insegna** alla scuola elementare
5. Il maestro _____.	e. **progetta** (*design*) palazzi (*buildings*) e case
6. L'impiegato _____.	f. **fa una multa** di 200 euro al camionista (*truck driver*)
7. Lo studente di giurisprudenza _____.	g. **dirige** un'azienda (*company*) di 50 impiegati

A. Ascolta. L'insegnante descrive cinque attività professionali. Scegli dalla lista la persona che fa ogni attività.

l'attrice	**la fotografa**	**l'infermiera**	**la scienziata**
la cameriera	**la giornalista**	**l'ingegnere**	**la veterinaria**
la commessa	**l'impiegata**	**la psicologa**	

▶ Answers to these activities are in the **Appendix** at the back of your book.

B. Quale professione? Quali professioni associ ai seguenti oggetti, persone o animali?

1. gli studenti dai 19 ai 22 anni
2. il computer
3. l'aspirina
4. i cani e i gatti
5. il ristorante
6. il teatro
7. la medicina
8. un articolo sulla moda italiana
9. le fotografie
10. il sangue (*blood*)
11. gli studenti dai 6 ai 10 anni
12. il cantiere

C. Culture a confronto: I lavori più prestigiosi.

Parte prima. Secondo te, quale lavoro è più prestigioso? Quale è meno prestigioso? Insieme a un compagno / una compagna, metti questi lavori in ordine da 1 a 10 a seconda di quanto sono prestigiosi.

a. _____ il medico
b. _____ l'artigiano (*artisan*)
c. _____ l'insegnante
d. _____ il cuoco
e. _____ l'imprenditore (*entrepreneur*)
f. _____ il giudice
g. _____ il dirigente
h. _____ il sindaco (*mayor*)
i. _____ il tassista (*taxi driver*)
j. _____ il politico

Source: http://ilgazzettino.it/PAY/NAZIONALE_PAY/quali_sono_le_professioni_pi_249_prestigiose_l_osservatorio_sul_nord_est_curato/notizie/1116808.shtml

Parte seconda. Quale lavoro **faresti volentieri** (*would you willingly do*) e quale non faresti mai? Completa le affermazioni e discutine con i compagni.

Vorrei fare _____ **perché mi piace (o mi piacciono)... .**

Non farei mai (*I would never*) _____ **perché non mi piace (o non mi piacciono)... .**

Parte terza. L'ordine dei lavori presentati nella **Parte prima** corrisponde ai risultati di un sondaggio degli italiani condotto dall'Osservatorio sul Nord Est (**a. il medico = più prestigioso, j. il politico = meno prestigioso**). Paragonate le vostre risposte a quelle italiane. In cosa sono simili o diverse?

D. Un po' di cultura: Gli otto lavori junior più pagati del 2015 in Italia. Per chi è all'inizio della carriera, questi sono gli otto lavori più pagati in Italia. In quale dei seguenti settori li metteresti? Secondo te, cosa hanno studiato all'università le persone che fanno questi lavori?

| business | energia | tecnologia | trasporto |

1. operativo import/export mare, terra e aereo
2. addetto alla dogana (*customs expert*)
3. export manager
4. responsabile vendite (*sales manager*)
5. ingegnere informatico
6. ingegnere oil & gas
7. mobile developer (iOS e Android)
8. e-commerce manager

Source: http://www.panorama.it/economia/lavoro/8-lavori-junior-piu-pagati-2015-in-italia/

Retro

L'Università degli Studi di Bologna è la più antica università del mondo occidentale a essere rimasta sempre attiva fin dalla sua fondazione, nel 1088. Per quasi 500 anni le lezioni si sono tenute in abitazioni private, chiese o edifici in affitto sparsi in tutta la città. Il primo edificio universitario permanente è stato il palazzo dell'Archiginnasio, inaugurato il 21 ottobre 1563.

Stemmi (*Coats of arms*) al Palazzo dell'Archiginnasio a Bologna (Emilia-Romagna)

Courtesy of Diane Musumeci

Continua a leggere nel **Capitolo 9, Retro** su *Connect*.

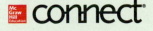

www.mhhe.com/connect

E. Un po' di cultura: Il diploma e la laurea.

Parte prima. Dopo la scuola media, i ragazzi italiani che vogliono andare all'università fanno **il liceo**. Prima, però, devono scegliere quale liceo vogliono frequentare. Abbina ogni liceo ai corsi principali che vi si insegnano.

1. il liceo classico
2. il liceo scientifico
3. il liceo linguistico

a. matematica, fisica, chimica, biologia
b. inglese, francese, spagnolo
c. letteratura, filosofia, storia

Parte seconda. Tutti i ragazzi che completano il liceo e superano (*pass*) l'Esame di Stato possono frequentare l'università. I corsi di laurea (*university degree programs*) più richiesti nel mondo del lavoro sono nei campi (*fields*) indicati sotto. Secondo te, quale liceo della **Parte prima** prepara meglio allo studio universitario in questi campi?

	il liceo
1° Economico-statistico	_____
2° Politico-sociale	_____
3° Tecnico (Ingegneria)	_____
4° Umanistico	_____
5° Medico-sanitario	_____

Source: Istat - www.istat.it

Parte terza. Quali sono i campi più popolari nella tua università?

Strutture

9.1 C'era una volta...

The imperfect

▶ La signora Martini racconta a suo nipote Francesco la storia di come ha conosciuto suo marito (il nonno di Francesco). Completa tutti gli aggettivi.

«Quando ero bambina, ero sempre malat_____.[1] Soffrivo di (*I suffered from*) asma, avevo allergie e dovevo andare spesso dal medico. Però, quando avevo 18 anni, ero diventata una bell_____[2] ragazza senza problemi di salute. Avevo i capelli lung_____[3] e castan_____.[4] Ero magr_____[5] e alt_____[6] con le gambe lung_____.[7] Molti ragazzi mi chiedevano di uscire, ma non accettavo mai i loro inviti perché mi piaceva solo un ragazzo, tu_____[8] nonno. Lui era bellissim_____.[9] Aveva i capelli ner_____,[10] gli occhi verd_____[11] e portava gli occhiali. Era molto simpatic_____[12] e intelligent_____,[13] ma era anche timid_____.[14] Non mi chiedeva mai di uscire, ma veniva a casa mi_____[15] tutti i giorni con la scusa (*excuse*) di voler parlare con mi_____[16] fratello.»

▶ Answers to these activities are in the **Appendix** at the back of your book.

▶ Sottolinea tutti i verbi. Non conosci la forma dei verbi di questo testo, ma riesci a identificare quali verbi sono nella forma **io, lui** o **loro**?

1 You have already learned one past tense in Italian: the **passato prossimo.** La signora Martini is using another past tense, the imperfect (**l'imperfetto**). The imperfect is used to:

   a. talk about what people used to do in the past.

   b. talk about repetitive actions in the past.

   c. describe what people, places, and things were like in the past.

   d. state the date, time, weather, and age in the past.

▶ Into which category would you put the following phrases from **la signora Martini**'s story?

avevo 18 anni	**ero magra e alta**
veniva a casa mia tutti i giorni	**molti ragazzi mi chiedevano di uscire**
aveva i capelli neri	

2 It's easy to form the imperfect. To form the stem, just drop the **-re** from the infinitive.

   accettare → accetta-   **prendere → prende-**   **venire → veni-**

Then add the same endings to all **-are, -ere,** and **-ire** verbs.

io	-vo
tu	-vi
lui, lei; Lei	-va
noi	-vamo
voi	-vate
loro	-vano

▶ Now conjugate these verbs.

	accettare	prendere	venire
io	accettavo		
tu			
lui, lei; Lei		prendeva	
noi			
voi			venivate
loro			

▶ Answers to the activities in this section are in the **Appendix** at the back of your book.

3 The verb **volere** is used in the **imperfetto** when talking about what one intended to do in the past. **Potere** in the **imperfetto** describes what one was able to do in the past.

Marco **voleva** studiare in Italia, ma non aveva i soldi.	*Marco wanted to study in Italy but he didn't have the money.*
Quando **avevi** 16 anni, **potevi** tornare a casa tardi?	*When you were 16, could you stay out late?*

In the **imperfetto, dovere** means *supposed to.*

Dovevo scrivere un'e-mail alla mia amica Marta, ma mi sono dimenticata.	*I was supposed to write an e-mail to my friend Marta, but I forgot.*

4 Two verbs that have irregular stems in the imperfect are **bere** and **fare.** To form the imperfect, just add the endings to their stems, **beve-** and **face-.**

▶ Complete the conjugations.

	bere	**fare**
io	bevevo	
tu		
lui, lei; Lei		faceva
noi		
voi	bevevate	
loro		facevano

5 **Essere** is also irregular in the imperfect.

▶ Here are all the forms. Put them in order: **eri, eravamo, erano, ero, eravate, era.**

	essere
io	
tu	
lui, lei; Lei	
noi	
voi	
loro	

▶ Answers to these activities are in the **Appendix** at the back of your book.

6 The equivalents of **c'è** and **ci sono** in the imperfect are **c'era** (*there was*) and **c'erano** (*there were*). They are used to describe scenes or events in the past. (Remember **c'è** and **ci sono**? See **Strutture 2.3.**)

▶ Choose the correct form to complete the following statements.

> Sotto l'albero di Natale **c'era / c'erano** molti regali.
>
> Alla festa di sabato sera **c'era / c'erano** molta gente.

In italiano

Most fairy tales begin with the expression **C'era una volta...** (*Once upon a time . . .*).

7 Some common expressions that often accompany the imperfect are: **da bambino/a (da piccolo/a)** (*as a child*), **di solito, mentre, sempre, tutti i giorni (ogni giorno).**

Da bambina ero sempre malata.

Mentre la madre parlava al telefono, il figlio leggeva un libro.

Scopriamo la struttura!

For more on the formation and uses of the **imperfetto,** watch the corresponding *Grammar Tutorial* in the eBook. A practice activity is available in **Connect.**

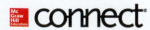

www.mhhe.com/connect.com

A. Il mio compleanno.

Parte prima. Cosa ti ricordi dell'ultima volta che hai festeggiato il tuo compleanno? Segna ✔ le persone e le cose che c'erano.

☐ C'erano molti amici.

☐ C'era la musica.

☐ C'erano molti regali.

☐ C'era una torta con le candeline.

☐ C'era molto da mangiare.

☐ C'era il mio migliore amico / la mia migliore amica.

☐ C'era la mia famiglia.

☐ C'erano i miei parenti.

Parte seconda. Formate gruppi di tre. A turno, descrivete l'ultima volta che avete festeggiato il compleanno. Chi ha avuto il compleanno più divertente? (Se il tuo compleanno è stato noioso, usa la fantasia!)

B. Un po' di cultura: Le persone famose. Abbina le persone famose alle attività che facevano da giovani.

Da giovane...

1. Enrico Fermi
2. Miuccia Prada
3. Roberto Benigni
4. Cristoforo Colombo
5. Grazia Deledda
6. Leonardo da Vinci
7. Isabella Rossellini
8. Andrea Bocelli

a. disegnava e dipingeva.
b. navigava.
c. recitava (*acted*).
d. guardava film comici.
e. leggeva libri di fisica.
f. disegnava vestiti.
g. cantava.
h. leggeva romanzi e scriveva poesie e novelle (*short stories*).

In italiano

The equivalent of *people* in Italian is a feminine singular noun: **la gente.** When **la gente** is the subject, the verb is conjugated in the third person singular, and adjectives agreeing with **la gente** are feminine singular:

Una volta, la gente **era** più educata di adesso.

C. Le invenzioni (*inventions*).

Parte prima. Con i compagni, crea una lista di invenzioni.

ESEMPIO: l'automobile, gli antibiotici, il telefono, la coca-cola...

Parte seconda. Scrivi delle frasi per dire quello che faceva la gente prima di ogni invenzione (*before each invention existed*).

ESEMPIO: Prima dell'automobile, la gente andava a cavallo.

In Italia

Alcune invenzioni italiane

la Jacuzzi (Candido Jacuzzi, 1963)

la macchina per l'espresso (Achille Gaggia, 1945)

la macchina da scrivere (Pellegrino Turri, 1808)

il pianoforte (Bartolomeo Cristofori, 1709)

il giardino botanico (Pisa, 1543)

il violino, la viola, il violoncello (il Rinascimento)

gli occhiali (1286)

D. Le regole.

Parte prima. Fai una lista delle cose che dovevi e non dovevi fare quando avevi meno di 18 anni, secondo le regole che imponevano i tuoi genitori (*your parents imposed*).

Dovevo...	Non dovevo...
tornare a casa prima di mezzanotte.	*fumare.*

Parte seconda. Quali differenze ci sono fra quello che dovevi fare e quello che facevi? Parla del tuo comportamento (*behavior*) ai tuoi compagni. Segui l'esempio. Chi era il figlio / la figlia modello?

> ESEMPIO: Dovevo tornare a casa prima di mezzanotte, ma tornavo a casa alle due o alle tre di mattina. (Dovevo tornare a casa prima di mezzanotte e tornavo sempre puntuale.)

E. La storia continua. Continua la storia della signora Martini con l'imperfetto dei verbi appropriati. (Ricordi la storia della signora Martini? Vedi **Strutture 9.1.**)

andare	essere	piacere
avere	fare	preparare (2)
cenare	parlare	tornare

Tuo nonno non mi chiedeva mai di uscire, ma veniva a casa mia tutti i giorni con la scusa di voler parlare con mio fratello. Mentre tuo nonno _____[1] con mio fratello, io _____[2] il caffè per tutti. Dopo, se _____[3] bel tempo, mio fratello, tuo nonno ed io _____[4] a fare una passeggiata in città. Mi _____[5] guardare le vetrine e vedere la gente in giro. Quando (noi) _____[6] a casa, _____[7] fame e qualche volta tuo nonno _____[8] con noi. (Lui) _____[9] molto contento di restare quando mia madre _____[10] il risotto—il suo piatto preferito.

9.2 Cosa facevi?

The imperfect versus the present perfect

▶ Ieri sera c'è stato un furto (*robbery*) nel palazzo di Marco e Giuliano. Oggi il poliziotto chiede a Marco di descrivere in dettaglio (*in detail*) tutto quello che ha fatto la sera precedente dalle 20.00 in poi. Completa la storia con i verbi al passato prossimo.

(Io) _____[1] (arrivare) a casa alle otto e _____[2] (andare) subito in cucina. _____[3] (cominciare) a preparare la cena e poi sono andato sul balcone a fare una telefonata con il cellulare. _____[4] (tornare) in cucina, _____[5] (preparare) un piatto di pasta e un bicchiere di acqua frizzante, sono andato in soggiorno (*living room*) e ho acceso (*turned on*) la televisione. Dopo aver mangiato, sono andato in camera da letto e _____[6] (mettersi) il pigiama. Sono tornato in soggiorno e _____[7] (guardare) ancora la TV. Verso le undici sono andato in bagno a lavarmi i denti e poi sono andato a dormire.

▶ Purtroppo, Marco ha dimenticato dei dettagli. Adesso leggi la storia completa. Nota che ci sono verbi al **passato prossimo** (in blu) ed all'**imperfetto.** Mentre leggi, sottolinea tutti i verbi all'**imperfetto.** Riesci a formulare delle regole per sapere quando si usa il **passato prossimo** e quando si usa l'**imperfetto?**

Sono arrivato a casa alle otto e **sono andato** subito in cucina. Il mio compagno di casa, Giuliano, era seduto (*seated*) al tavolo e parlava al telefono con la sua ragazza. **Ho cominciato** a preparare la cena e poi **sono andato** sul balcone a fare una telefonata con il cellulare. Mentre parlavo al telefono, **ho visto** un ragazzo che non conoscevo sul balcone del mio vicino di casa (*neighbor*). Era alto, magro e portava una giacca nera e i jeans. Aveva circa 25 o 26 anni. Appena (*as soon as*) mi **ha visto, è tornato** nell'appartamento. **Sono tornato** in cucina, **ho preparato** un piatto di pasta e un bicchiere di acqua frizzante, **sono andato** in soggiorno e **ho acceso** la TV. Mentre mangiavo e guardavo il mio programma preferito, **ho sentito** dei rumori (*noises*) nell'appartamento del mio vicino. Non c'**ho fatto** caso (*I didn't take notice*) perché sento spesso i vicini. Dopo aver mangiato **sono andato** in camera da letto e **mi sono messo** il pigiama. **Sono tornato** in soggiorno e **ho guardato** ancora la TV (anche quando ero bambino mi piaceva guardare la TV in pigiama). Verso le undici **sono andato** in bagno a lavarmi i denti e poi **sono andato** a dormire.

▶ You can learn about the use of the **presente** and the **passato prossimo** with certain time expressions in **Per saperne di più** at the back of your book.

1 The **passato prossimo** is used to refer to isolated events in the past or to state a fact. It answers the question, **Cos'è successo?**

| Cos'**è successo** ieri sera? | Marco **è arrivato** a casa alle otto. |
| | Marco **è andato** sul balcone a fare una telefonata con il cellulare. |

2 The **imperfetto** is used to talk about events that were *in progress* at a certain time in the past and answers the question, **Cosa succedeva?** (*What was going on?*)

Cosa **succedeva** in cucina?   Giuliano **parlava** al telefono con la sua ragazza.

What was going on in the kitchen?

3 As you learned earlier in this chapter, the **imperfetto** also provides background information about past situations.

▶ Answers to these activities are in the **Appendix** at the back of your book.

▶ Find examples from the story of the following uses of the **imperfetto.**

1. to describe people, places, and things	
2. to give the date, time, weather, age	
3. to talk about what people used to do	

🛵 Scopriamo la struttura!

For more on the uses of the **imperfetto** versus the **passato prossimo,** watch the corresponding *Grammar Tutorial* in the eBook. A practice activity is available in *Connect.*

www.mhhe.com/connect

In italiano

Here are some words or phrases that often signal the use of either the **imperfetto** or the **passato prossimo.**

L'IMPERFETTO	IL PASSATO PROSSIMO
ogni estate *every summer* **il sabato** *every Saturday* **mentre** *while*	**un giorno** *one day* **sabato** *on Saturday* **all'improvviso** *suddenly*
Il sabato **facevo** sempre la spesa con mia madre.	Sabato **ho fatto** la spesa con mio padre.
On Saturdays I used to go shopping with my mother.	*On Saturday I went shopping with my father.*
Quando ero piccolo/a ogni estate **andavo** al mare.	Un giorno **sono andato/a** in montagna.
When I was little every summer I used to go to the seaside.	*One day I went to the mountains.*

4 The **imperfetto** is used to describe two actions that were in progress at the same time. Both verbs express what was going on at a particular moment in the past.

Mentre Marco **preparava** la cena, Giuliano **parlava** al telefono.   *While Marco was preparing dinner, Giuliano was talking on the phone.*

5 When one action occurred while another was going on, use the **imperfetto** to express what was happening and the **passato prossimo** for the interruption.

i m p e r f e t t o
(*what was going on*)

~~~~~~~~~X~~~~~~~~~

passato prossimo
(*interruption*)

Mentre Marco **parlava** al telefono,	**ha visto** un ragazzo sul balcone del vicino.
While Marco was talking on the phone,	*he saw a guy on the neighbor's balcony.*

A. Lavori diversi e vite diverse.

Parte prima. Le seguenti frasi descrivono le esperienze di vita della signora Tognozzi e del signor Rossi. Completa le frasi con le espressioni appropriate.

La signora Tognozzi

1. Da bambina andava in vacanza con i suoi…   ☐ una volta   ☐ ogni estate

2. Si è laureata in Economia e Commercio…   ☐ spesso   ☐ 40 anni fa

3. Si è trasferita a Milano per motivi di lavoro…   ☐ 10 anni fa   ☐ di solito

4. Andava in ufficio…   ☐ sabato   ☐ il sabato

5. Andava in Giappone a incontrare clienti…   ☐ l'anno scorso   ☐ tre volte all'anno

6. Ha invitato degli amici a cena a casa sua…   ☐ ogni weekend   ☐ lo scorso weekend

Il signor Rossi

1. Si è diplomato al liceo scientifico...
   - ☐ 45 anni fa
   - ☐ sempre
2. Portava i bambini in montagna...
   - ☐ due anni fa
   - ☐ ogni inverno
3. Andava a mangiare dai genitori...
   - ☐ la domenica
   - ☐ domenica
4. Tornava a casa dal lavoro alle 6.00...
   - ☐ di solito
   - ☐ una volta
5. È andato in Francia per motivi di lavoro...
   - ☐ l'anno scorso
   - ☐ tre volte all'anno
6. Invitava gli amici a cena a casa sua...
   - ☐ ogni weekend
   - ☐ la settimana scorsa

Targa della Facoltà di Economia, Università degli Studi di Verona
Courtesy of Arrigo Carlan

Parte seconda. Discuti le risposte alle seguenti domande con un compagno / una compagna.

1. Chi dei due aveva la carriera più impegnativa? Perché?
2. Indovinate quale lavoro facevano e motivate (*support*) la vostra risposta.

In Italia

NEET è l'acronimo inglese di "*Not (engaged) in Education, Employment or Training*." In italiano si dice anche **né-né** per indicare persone non impegnate nello studio, *né* nel lavoro *né* nella formazione. In Italia il fenomeno sembra riguardare in particolare le persone tra i 15 e i 29 anni.

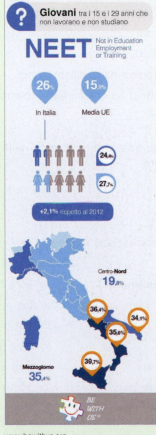

www.bewithus.org

B. Marco e Giuliano.

Parte prima. Lavora con un compagno / una compagna e completate le frasi in modo logico.

1. Giovedì sera Marco è tornato a casa tardi dal lavoro e Giuliano era _____.

2. Giuliano è uscito venerdì sera con _____. Sono andati a _____. Marco, invece, è andato al ristorante con _____.

3. Marco ha ordinato _____, ma il cameriere ha portato _____. Marco era _____.

4. Sabato mattina Marco è andato dal medico perché aveva mal di _____. Dopo la visita, Marco si sentiva _____.

5. Domenica pomeriggio un poliziotto ha fatto _____ a Giuliano perché guidava _____.

6. Giuliano ha avuto un incidente di macchina (*car accident*)! Dopo l'incidente, Giuliano è andato subito a parlare con _____.

7. Quando erano bambini, Marco voleva diventare _____, mentre Giuliano voleva diventare _____.

Parte seconda. In base alle informazioni della **Parte prima,** scrivete una breve descrizione di Marco e di Giuliano. Che tipo di carattere hanno? Quali sono le loro abitudini? Come lo sapete? Poi confrontate la vostra descrizione con quella di un altro gruppo. Sono simili o diverse?

C. Interruzioni! (*Interruptions!*)

Parte prima. Ogni cosa che hai cercato di fare oggi è stata disturbata. Completa le frasi.

ESEMPIO: Mentre studiavo, ha telefonato una mia amica.

1. Mentre dormivo tranquillamente, _____.

2. Mentre facevo la doccia, _____.

3. Mentre facevo l'esame di chimica, _____.

4. Mentre _____, un telefonino ha squillato (*rang*).

5. Mentre _____, un bambino ha cominciato a piangere (*cry*).

6. Mentre tornavo a casa, _____.

Parte seconda. Quali delle frasi che hai creato nella **Parte prima** sono vere? Adesso scrivi due frasi vere.

In italiano

Here are some other expressions related to work:

cercare lavoro	*to look for work*
lavorare sodo (duramente)	*to work hard*
licenziare	*to fire*
licenziarsi	*to quit a job*
risparmiare	*to save (money)*
smettere di lavorare	*to stop working*

Mario smette di lavorare perché preferisce stare a casa a badare (*to take care of*) **ai figli.**

Loredana si è licenziata ieri perché ha trovato un posto migliore.

D. Un po' di cultura: Mettere su famiglia (*starting a family*).

Parte prima. Insieme ai compagni, completa questo brano che descrive la situazione in cui si trovavano Gianna e Massimo cinque anni fa. Usate l'imperfetto del verbo appropriato. (Non ti ricordi Gianna e Massimo? Vedi **Lessico,** in questo capitolo.)

> avere   dovere (2)   essere (2)   volere

Gianna ____[1] molto in ansia (*anxious*) perché non sapeva cosa fare. ____[2] uno stipendio davvero buono, ma ____[3] lavorare molto e spesso ____[4] lontana da casa perché ____[5] viaggiare per motivi di lavoro. Lei e Massimo ____[6] mettere su famiglia, ma sembrava impossibile.

Parte seconda. Leggi le informazioni sul congedo di maternità (*maternity leave*) in Italia, poi, insieme a un compagno / una compagna, completate queste due possibili soluzioni al dilemma di Gianna e Massimo. Aggiungetene poi altre due.

1. Gianna ha continuato a lavorare nella stessa (*same*) ditta e...
2. Gianna si è licenziata e...
3.
4.

In Italia

I diritti della mamma

- La donna non può lavorare due mesi prima del parto (*delivery*) e tre mesi dopo. Durante quest'assenza obbligatoria, riceve l'80% dello stipendio.

- La mamma può prolungare l'astensione dal lavoro con un congedo di altri sei mesi al 30% dello stipendio. Il papà può assentarsi dal lavoro per un periodo massimo di sette mesi al 30% dello stipendio. Queste astensioni possono essere richieste durante i primi otto anni di vita del bambino.

- Durante il primo anno di vita del bambino, la mamma che lavora minimo sei ore al giorno ha diritto a due ore di riposo per allattare (*nurse or bottle feed*) il bambino.

Source: www.paginemamma.it.

E. Il ladro.

Parte prima. Completa il racconto del furto al palazzo di Giuliano e Marco (vedi **Strutture 9.2**) con le forme appropriate del **passato prossimo** o dell'**imperfetto**.

Ieri sera, verso le otto e un quarto, Cinzia e Chiara _____[1] (decidere) di andare in bici a prendere un gelato. _____[2] (andare) in una gelateria vicino al palazzo di Giuliano e Marco. Mentre _____[3] (mangiare) il gelato, _____[4] (vedere) un uomo che usciva dal palazzo con un grande sacchetto (*bag*) nero in una mano e una pistola nell'altra. Il ladro _____[5] (prendere) la bici di Cinzia ed è scappato (*ran away*). All'improvviso _____[6] (arrivare) i carabinieri e hanno inseguito (*chased*) il ladro. Purtroppo il ladro _____[7] (essere) molto furbo ed è sparito (*disappeared*).

Grammatica dal vivo: L'imperfetto versus il passato prossimo

Guarda un'intervista con Claudia e Annalisa che usano **l'imperfetto** e **il passato prossimo** per parlare della loro esperienza scolastica.

www.mhhe.com/connect

Parte seconda. Lavora con un compagno / una compagna. Completate la storia in modo logico e poi raccontate la vostra versione ai compagni.

Parole utili: arrestare, rubare (*to rob/steal*), **mountain bike**

I carabinieri sono tornati al palazzo e hanno chiesto una descrizione del ladro e della sua bici a tutta la gente che c'era in giro. Cinzia ha descritto la sua bici: la bici era... E Chiara ha descritto il ladro: il ladro... I carabinieri hanno preso tutte le informazioni e sono andati via. Il giorno dopo...

In Italia

I carabinieri fanno parte dell'esercito (*military*) italiano e hanno combattuto con distinzione e coraggio in ogni guerra a cui l'Italia ha partecipato. All'interno della società italiana, svolgono (*they perform*) funzioni di polizia. Nonostante questo ruolo importante, i carabinieri spesso sono oggetto di barzellette (*jokes*) e di storie umoristiche.

Carabinieri al lavoro © Keith Levit/Alamy RF

9.3 Cosa stavi facendo?

The past progressive

▶ Michele e Susanna sono studenti all'Università di Napoli. È da una settimana che Michele cerca di contattare Susanna. Sabato mattina finalmente la trova. Completa la loro conversazione con i verbi della lista.

stavamo facendo	**stavo guardando**
stavo facendo	**stavo dormendo**

MICHELE: Susanna, ti ho telefonato lunedì sera verso le 6.00, ma il telefonino era spento (*turned off*). Dov'eri?

SUSANNA: _____¹ aerobica con Lucrezia.

MICHELE: E martedì sera? Sono venuto a casa tua alle 9.00, ma non ho trovato nessuno.

SUSANNA: _____² un film da un'amica.

MICHELE:	E poi ho chiamato di nuovo mercoledì mattina, ma il telefonino era spento.
SUSANNA:	Eh sì, sai, _____³ perché avevo fatto tardi la sera prima.
MICHELE:	Beh, comunque sei introvabile (*impossible to find*): giovedì pomeriggio all'una sono andato al bar dove di solito mangi un panino, ma non c'eri.
SUSANNA:	Giovedì? Ah sì, è vero. Io e la mia coinquillina _____⁴ la spesa al supermercato.
MICHELE:	E venerdì mattina verso le 11.00? Ti ho cercato in biblioteca.
SUSANNA:	Ero all'esame di chimica.
MICHELE:	Com'è andato?
SUSANNA:	Male. Avevo perso il libro, quindi è stato difficile prepararmi. Ma perché mi cercavi così disperatamente?
MICHELE:	Ti volevo dire che ho io il tuo libro di chimica: l'hai lasciato al bar quando abbiamo preso un caffè insieme domenica scorsa.

▶ Answers to this activity are in the **Appendix** at the back of your book.

1 The past progressive (**il passato progressivo**) can be used in place of the imperfect to stress that an action was in progress at a particular moment in the past.

> Alle 8.00, Michele **studiava / stava studiando**.
>
> *Michele was studying at 8:00.*

> Mentre Giovanna **faceva / stava facendo** la spesa al supermercato, ha incontrato il suo amico Davide.
>
> *While Giovanna was shopping at the supermarket, she met her friend Davide.*

2 The form of the **passato progressivo** is similar to that of the **presente progressivo**, which you learned in **Strutture 6.2**. The **presente progressivo** is formed with the present tense of **stare** followed by the **gerundio**.

> —Cosa **stai facendo**?
>
> *What are you doing?*

> —**Sto studiando.**
>
> *I'm studying.*

The **passato progressivo** is formed with the imperfect of **stare** followed by the **gerundio**.

> —Cosa **stavi facendo** ieri alle 8.00?
>
> *What were you doing yesterday at 8:00?*

> —**Stavo studiando.**
>
> *I was studying.*

▶ Now write the imperfect forms of **stare.**

stare	
io	stavo
tu	stavi
lui, lei; Lei	
noi	
voi	
loro	

▶ Next, complete the forms of the **gerundio** for **-are, -ere,** and **-ire** verbs.

> guardare → stavo guard_____
>
> prendere → stavo prend_____
>
> dormire → stavo dorm_____

▶ Answers to these activities are in the **Appendix** at the back of your book.

A. Susanna e Michele. Leggi la conversazione tra Susanna e Michele in **Strutture 9.3** e decidi se le seguenti frasi sono vere o false. Poi correggi le frasi false.

	vero	falso
1. Lunedì sera Susanna stava facendo aerobica quando Michele l'ha cercata in biblioteca.	☐	☐
2. Michele le ha telefonato a casa martedì sera, ma Susanna stava guardando un film a casa di un'amica.	☐	☐
3. Mentre Susanna stava dormendo mercoledì mattina, Michele l'ha chiamata di nuovo.	☐	☐
4. Giovedì pomeriggio Susanna stava studiando in biblioteca quando Michele è andato a trovarla a casa.	☐	☐
5. Venerdì mattina, Susanna era all'esame di chimica quando Michele l'ha cercata in biblioteca.	☐	☐

B. Cosa stava succedendo? Completa queste situazioni in modo logico usando il passato progressivo.

1. Luca e Mirella erano a una festa con amici. Luca è andato a prendere da bere e quando è ritornato, Mirella...

2. La Signora Bertucci ha due bambini, Massimo (9 anni) e Luigi (5 anni), che sono davvero birichini. Ieri la signora ha dovuto parlare al telefono con il dottore. Quando ha finito la telefonata, è andata in cucina e Massimo e Luigi...

3. Ieri era il compleanno di Maria. Quando è ritornata in ufficio dopo pranzo, i suoi colleghi...

4. Ieri gli studenti di biologia avevano un esame. Durante l'esame il professore è dovuto uscire dall'aula per dieci minuti. Quando è rientrato, gli studenti...

5. I genitori di Luca sono andati in vacanza per due settimane. Dovevano tornare domenica scorsa, ma hanno avuto problemi e sono ritornati venerdì sera verso le undici. Quando sono entrati in casa, Luca e i suoi amici...

C. Cosa stava facendo lunedì scorso?

Parte prima. Lavora con un compagno / una compagna. Fate una lista di sei professioni. Consultate il **Lessico** se avete bisogno di aiuto.

Parte seconda. Scrivete sei frasi che descrivono quello che stavano facendo lunedì scorso alle 10.00 di mattina le persone che fanno le professioni della lista.

> ESEMPIO: (il medico) Lunedì scorso alle 10.00 di mattina stava visitando un paziente in clinica.

Parte terza. A turno leggete le frasi a un altro gruppo. I vostri compagni devono indovinare la professione. Vince il gruppo con più risposte corrette.

> ESEMPIO: GRUPPO 1: Lunedì scorso alle 10.00 di mattina stava visitando un paziente in clinica. Chi è?
> GRUPPO 2: È il medico.
> GRUPPO 1: Giusto!

D. Incontri per caso. (*Chance encounters.*)

Parte prima. Cosa stavi facendo sabato scorso alle ore indicate? Completa la prima colonna della tabella usando le attività suggerite dagli indizi (*clues*), come nell'esempio. Usa il passato progressivo.

	le mie attività	compagno 1	compagno 2
12.00–13.30	*stavo mangiando alla mensa*		
14.00–15.30			
18.00–19.30			

Parte seconda. Formate gruppi di tre. A turno, leggete le vostre attività ai membri del gruppo. Segnate ✓ quando un compagno / una compagna ha fatto la stessa attività alla stessa ora. Chi hai incontrato più spesso sabato scorso?

Cultura

 ## Ascoltiamo!

Il sistema d'istruzione in Italia

A. Osserva e ascolta. Osserva e ascolta Federico che ti parla della scuola in Italia.

B. Completa. Completa le seguenti frasi inserendo la parola o l'espressione appropriata della lista. Usa ogni espressione *una sola volta.* **Attenzione!** La lista contiene dodici parole; devi usarne solamente otto.

l'asilo nido	un libro	poco	scuola superiore
diciotto	molto	quindici	una tesi
Esame di Stato	orali	scuola elementare	trenta

1. I bambini molto piccoli in Italia possono frequentare _____.
2. L'obbligo scolastico inizia a 6 anni alla _____.
3. Gli istituti di formazione professionale fanno parte della _____.
4. Alla fine della scuola superiore gli studenti fanno un _____ per ricevere un diploma.
5. Gli esami nelle università italiane sono prevalentemente _____.
6. Per superare un esame universitario, gli studenti devono prendere almeno diciotto su _____.
7. Per laurearsi, gli studenti italiani devono superare tutti gli esami e scrivere _____.
8. Le attività sportive sono _____ importanti nella vita delle università italiane.

Targa di una scuola elementare di Verona (Veneto)

Courtesy of Diane Musumeci

C. Tocca a te!

Somiglianze (*Similarities*) e differenze. Completa le frasi.

> Il sistema scolastico italiano è simile al nostro perché...
>
> È differente perché...

Leggiamo!

Le avventure di Pinocchio

A. Prima di leggere.
Cosa sai di Pinocchio? Con un compagno / una compagna completa le seguenti frasi con i verbi appropriati all'imperfetto.

    avere   dire   essere   odiare   volere

1. Pinocchio era un burattino (*puppet*) che _____ essere un ragazzo come tutti gli altri.
2. Geppetto faceva il falegname (*carpenter*) ed _____ il «padre» di Pinocchio.
3. Quando Pinocchio _____ bugie, il naso gli si allungava.
4. Pinocchio _____ la scuola.
5. Pinocchio _____ un amico carissimo che si chiamava Lucignolo (*Lampwick*).

B. Al testo!

Nel brano (*excerpt*) seguente, tratto dal Capitolo 30 di *Le avventure di Pinocchio* (Carlo Collodi, 1826–1890), Pinocchio incontra per strada il suo amico Lucignolo che aspetta la carrozza (*carriage*) che lo porterà al Paese dei Balocchi (*Land of Toys*). Leggi il loro dialogo per scoprire perché è un paese tanto meraviglioso dal punto di vista (*point of view*) dei ragazzi. Poi rispondi alle domande che seguono.

PAROLE PER LEGGERE	
davvero	*really*
dunque	*so, therefore*
Figurati!	*Go figure!* (also, *No way! Don't mention it!*)
meraviglioso	*marvelous*
ogni	*each, every*

Capitolo 30 (estratto)

Pinocchio, invece di diventare un ragazzo, parte di nascosto col suo amico Lucignolo per il Paese dei Balocchi.

—Che cosa fai costì[1]? —gli domandò Pinocchio, avvicinandosi.[2]

—Aspetto la mezzanotte per partire...

—Dove vai?

—Lontano, lontano, lontano!

—E io che son venuto a cercarti a casa tre volte!...

—Che cosa volevi da me?

—Non sai il grande avvenimento[3]? Non sai la fortuna che mi è toccata?[4]

—Quale?

—Domani finisco di essere un burattino e divento un ragazzo come te, e come tutti gli altri.

—Buon pro ti faccia.[5]

—Domani, dunque, ti aspetto a colazione a casa mia.

—Ma se ti dico che parto questa sera.

—A che ora?

—Fra poco.

—E dove vai?

—Vado ad abitare in un paese... che è il più bel paese di questo mondo: una vera cuccagna![6]

—E come si chiama?

—Si chiama il «Paese dei Balocchi». Perché non vieni anche tu?

—Io? no davvero!

—Hai torto, Pinocchio! Credilo a me[7] che, se non vieni, te ne pentirai.[8] Dove vuoi trovare un paese più sano[9] per noialtri ragazzi? Lì non vi[10] sono scuole: lì non vi sono maestri: lì non vi sono libri. In quel paese benedetto non si studia mai. Il giovedì non si fa scuola: e ogni settimana è composta di sei giovedì e di una domenica. Figurati che le vacanze dell'autunno cominciano col primo di gennaio e finiscono coll'ultimo di dicembre. Ecco un paese, come piace veramente a me! Ecco come dovrebbero[11] essere tutti i paesi civili!...

Pinocchio dopo il soggiorno (stay) al Paese dei Balocchi
© Miramax/courtesy Everett Collection

[1]here (literary form) [2]drawing near [3]event [4]che... that has happened to me [5]Buon... Good for you [6]earthly paradise [7]Credilo... Believe me [8]te... you'll be sorry [9]healthy [10]ci [11][they] should

Source: Le avventure di Pinocchio by Carlo Collodi, 1881

1. Quando Pinocchio ha incontrato l'amico, Lucignolo stava aspettando una carrozza. Perché?

2. Lucignolo ha invitato Pinocchio ad accompagnarlo, ma Pinocchio ha risposto di no. Perché?

3. Com'è il Paese dei Balocchi? Perché Lucignolo e Pinocchio ci vogliono andare?

4. Cosa non c'è nel Paese dei Balocchi?

5. Quando ci sono le vacanze nel Paese dei Balocchi?

C. Discutiamo!

Lucignolo era il soprannome (*nickname*) dell'amico di Pinocchio. Com'è Lucignolo? È un tipo simpatico? Nella tua classe alle elementari c'era un Lucignolo? Com'era? Lucignolo era l'amico del cuore di Pinocchio. Alle elementari com'era il tuo amico / la tua amica del cuore? E tu, da piccolo/a avevi un soprannome?

Pinocchio: bambole di legno (*wood*)
Courtesy of Diane Musumeci

 # Scriviamo!

Che bel paese!

Nel brano tratto da *Le avventure di Pinocchio*, Lucignolo descrive il Paese dei Balocchi come un paradiso terrestre e dice che è «come tutti i paesi civili dovrebbero essere». Immagina di poter pianificare (*plan*) una società nuova, dove tutto è esattamente come vuoi tu. Scrivi un breve testo intitolato «Che bel paese!» in cui descrivi questa società. Ecco alcune espressioni per aiutarti a scrivere.

Nel paese più bello del mondo...

le donne...	**gli anziani...**	**i poveri...**
gli uomini...	**i bambini...**	**tutti...**
gli studenti...	**i ricchi...**	**nessuno...**

 # Parliamo!

Hai sempre voluto fare quel lavoro?

Un'indagine (*survey*).

Parte prima. Fai un'indagine in classe per sapere chi vuole ancora fare quello che voleva fare da bambino/a e perché. Se non ricordi quello che i compagni studiano e i progetti che hanno per il futuro, devi chiederglielo di nuovo.

ESEMPIO: **S1:** Jenny, vuoi lavorare alla TV, vero?
S2: Sì. / No, vorrei insegnare lo spagnolo.
S1: Hai sempre voluto fare quello?
S2: Sì, fin da bambina (*since I was a little girl*)! (No, da bambina volevo fare la veterinaria. Avevo tanti animali in casa.)

Parte seconda. Quali erano i lavori preferiti dei tuoi compagni da bambini? Perché? Quali sono i lavori più popolari tra i compagni ora? Perché hanno cambiato idea?

Scopriamo la musica!

«Calma e sangue freddo», Luca Dirisio

IL CANTANTE E LA CANZONE

Luca Dirisio è nato nel 1978 a Vasto (Abruzzo). «Calma e sangue freddo» (2004) è stato il suo primo singolo ed è arrivato al quindicesimo posto dei singoli più venduti in Italia nel 2004. Nel 2015 è apparso nella playlist di *Blog di Musica* tra le 10 canzoni da ascoltare per uno studente che si prepara agli esami di maturità e cerca di ridurre l'ansia.

Luca Dirisio a Scalo 76 su Rai2
© Morena Brengola/Getty Images

A. Prepariamoci! Ecco il monologo di un uomo prima di affrontare una situazione difficile. Completalo inserendo le parole al posto giusto.

da solo	identità	mai	non (2)	senza

1. cerco di trovare la mia ____

2. ____ chiedere aiuto

3. ____ ho paura del buio

4. cammino ____

5. non mi volto (*I don't turn around / look back*) ____

6. ____ posso perdere

B. Ascoltiamo!
Ascolta la canzone o guarda il video su YouTube. Controlla le risposte che hai dato nell'**Attività A. Prepariamoci!** Scrivi tre aggettivi che descrivono il protagonista.

C. Verifichiamo! Se non hai ancora visto il video, guardalo.

Parte prima. Quale situazione nel video richiede (*requires*) «calma e sangue freddo»?

Parte seconda. La situazione raccontata nel video è simile a fare un esame? In che modo?

D. E tu? Secondo te, ascoltare questa canzone prima degli esami è una buona scelta? Quale musica ascolti generalmente prima di un esame?

Scopriamo le belle arti!

Iconoclast Game: opera videogioco sulla storia dell'arte
(2008), Lorenzo Pizzanelli

LINGUA

Chi è e cosa fa? Nell'immagine sono rappresentati i seguenti personaggi.
Riesci a identificarli? Abbina i nomi alle figure e poi ai mestieri (o funzioni).
Attenzione! Usa ogni mestiere (o funzione) *una sola volta.*

1. Sant'Apollinare di Ravenna*

2. Napoleone Bonaparte

3. Medusa

4. Suora (*Sister*) Piggy

5. Matteo, Marco, Luca e Giovanni (simboli religiosi iconici)

6. Marcel Duchamp e Rose Sélavy

7. Il drago

8. Innocenzo X

a. mostro terrificante con le ali (*wings*)

b. imperatore

c. papa

d. evangelisti

e. artista con il suo alter ego femminile protagonisti del videogioco *Iconoclast*

f. mostro femminile della mitologia greca con serpenti al posto dei capelli (chi la guarda si trasforma in pietra [*stone*])

g. rappresentante della degradazione degli ordini religiosi

h. vescovo (*bishop*) cattolico

―――――
*Un aiuto:** Tutti i santi portano l'aureola.

ARTE

La storia dell'arte è una materia fondamentale (e obbligatoria) nei licei italiani. Perché? Secondo alcuni legislatori italiani, «La storia dell'arte è la nostra storia». L'Italia, in effetti, è il paese del mondo che ha più tesori nella «World Heritage List».

A. Studia l'arte e mettila da parte. (*Learn an art and set it aside.*)

Parte prima. Secondo te, quali lavori richiedono una conoscenza della storia dell'arte? Segna ✓ tutti i lavori appropriati.

1. ☐ direttore di museo
2. ☐ giornalista culturale
3. ☐ ingegnere
4. ☐ professore di letteratura
5. ☐ scienziato
6. ☐ il politico / il politico donna

Parte seconda. Secondo gli italiani, è molto importante studiare storia dell'arte. Sei d'accordo o no? Completa la frase, spiegando le tue scelte della **Parte prima.**

> Secondo me, (tutti / solo alcune persone) devono studiare storia dell'arte perché...

B. Le opere e gli artisti. Se hai studiato storia dell'arte, conosci già alcune delle opere illustrate nell'immagine di apertura del capitolo. Ecco una lista delle più famose. Riesci ad abbinare le opere agli artisti?

1. Il *David*
2. La *Gioconda* (*Mona Lisa*)
3. *Guernica* e *Le macchine di guerra*
4. *Campo di grano con corvi* (*Wheat Field with Crows*)
5. *L'Urlo* (*The Scream*)

a. Picasso
b. Van Gogh
c. Michelangelo
d. Leonardo
e. Munch

Ginevra de' Benci (ca. 1474–1478), un altro bel ritratto di Leonardo da Vinci
Courtesy National Gallery of Art, Washington

Vocabolario

Domande ed espressioni

all'improvviso	suddenly
l'anno prossimo	next year
C'era una volta...	Once upon a time . . .
Chi sei? / Chi è?	Who are you? (inform./form.)
Com'era?	What was it like? / How was it?
Cosa vuoi fare? / Cosa vuole fare?	What do you want to do in the future? (inform./form.)
da bambino/a / da piccolo/a	as a child
mentre	while

Verbi

aiutare	to help
cercare (lavoro)	to look for (work)
dirigere	to manage, to run
disegnare	to design, draw
diventare	to become
fare domanda	to apply
fare la multa	to give a ticket
guadagnare	to earn/make money
insegnare	to teach
laurearsi	to graduate (from college)
lavorare a tempo pieno / part-time / sodo (duramente)	to work full-time / part-time / hard
licenziare	to fire
licenziarsi	to quit a job
mettere su famiglia	to start a family
risolvere	to resolve (an issue), to solve (a problem)
risparmiare	to save (money)
smettere (di lavorare)	to stop (working)

Sostantivi

l'architetto (m./f.)	architect
l'artista (m./f.)	artist
l'assistente sociale (m./f.)	social worker
l'attore / l'attrice	actor/actress
l'avvocato	lawyer
l'azienda (f.)	company
la borsa di studio	scholarship
il cameriere / la cameriera	server
il/la cantante	singer
il cantiere	construction site
il commesso / la commessa	store clerk
il/la dentista	dentist
il diploma	diploma
il/la dirigente	executive, manager
la ditta	company
il/la farmacista	pharmacist
il fotografo / la fotografa	photographer
la gente	people
il/la giornalista	journalist
l'impiegato / l'impiegata	employee
l'infermiere / l'infermiera	nurse
l'ingegnere (m./f.)	engineer
l'insegnante (m./f.)	teacher
la laurea	university degree
il liceo	high school
il maestro / la maestra	elementary school teacher
il/la manager	executive, manager
il medico (m./f.)	doctor
il/la musicista	musician
il negozio	store, shop
l'operaio / l'operaia	blue-collar worker
l'ospedale	hospital
il parrucchiere / la parrucchiera	hairdresser
il poliziotto / la poliziotta	policeman / policewoman
il professore / la professoressa	professor; middle/high school teacher
lo psicologo / la psicologa	psychologist
lo scienziato / la scienziata	scientist
la scuola elementare/ media/superiore	school elementary/middle/ secondary
lo stipendio	salary
il tribunale	court (legal)
l'ufficio	office
il veterinario / la veterinaria	veterinarian

10 La vita e il benessere

Il David, particolare (1501–1504), Michelangelo Buonarroti (Galleria dell'Accademia, Firenze, marmo)

© Summerfield Press/Corbis

SCOPI

IN THIS CHAPTER YOU WILL LEARN:

- to express regret and sorrow
- to make apologies
- to talk about sports and hobbies
- to talk about health and well-being
- to talk about future plans
- to talk about hypothetical situations
- about popular sports and fitness activities in Italy

www.mhhe.com/connect

Purtroppo

Expressing regret

▶ **A. Osserva e ascolta.** Osserva e ascolta questi italiani che parlano delle loro esperienze e delle loro delusioni (*disappointments*). Fai attenzione a quello che dicono dopo purtroppo (*unfortunately*). Poi abbina la persona alla situazione giusta.

1. Mario
2. Annalisa
3. Nunzla
4. Maurizio
5. Elena

a. Purtroppo non sa parlare bene l'inglese e vuole trovare un madrelingua (*native speaker*) per fare conversazione.

b. Purtroppo ha paura dell'aereo e perciò (*therefore*) non è mai stata negli Stati Uniti.

c. Purtroppo è fuori corso perché ha dovuto fare l'attività del negozio.

d. Purtroppo fa il tifo per il Napoli e la stagione non è andata bene.

e. Purtroppo la famiglia era povera e ha frequentato la scuola solo fino alla seconda media perché ha dovuto lavorare.

B. Peccato!

Parte prima. Completa le frasi abbinando ciascuna circostanza (1–6) al rammarico (*regret*) giusto (a–f).

1. Vorrei vedere la partita allo stadio, ma...

2. Mi piace quello che studio, ma...

3. Mi piacerebbe andare in Italia, ma...

4. Ho provato a prendere lezioni di nuoto, ma...

5. Mi piacciono le lingue, ma...

6. Vorrei mantenermi in forma (*stay in shape*), ma...

a. purtroppo ho difficoltà con la pronuncia.

b. purtroppo ho paura dell'acqua.

c. purtroppo sono troppo sedentario/a.

d. purtroppo i biglietti sono esauriti (*sold out*).

e. purtroppo i miei voti non sono molto belli.

f. purtroppo quest'estate devo lavorare.

Parte seconda. Con un compagno / una compagna trova una soluzione alle situazioni della **Parte prima.**

ESEMPIO: **S1:** Vorrei vedere la partita allo stadio, ma purtroppo i biglietti sono esauriti.

S2: Peccato! Ma puoi vedere la partita alla TV.

Mi dispiace versus Scusa/Scusi

Expressing regret, sorrow, and making apologies

- In addition to a phrase with **purtroppo,** another way to express regret is to use the expression **mi dispiace** (*I'm sorry*):

  —**Vuoi venire anche tu alla festa?**

  —**Mi dispiace, ma purtroppo devo lavorare sabato sera.**

- **Mi dispiace** is also used to convey sympathy or sorrow:

  Stai male? Mi dispiace. Purtroppo c'è tanta influenza in giro.

- In **Capitolo 3, Strategie di comunicazione,** you learned to get someone's attention using **scusa/scusi.** The same words can also be used to apologize:

  (tu)   **(Lei)**

  —**Scusa, Marco, se ti ho svegliato.**   —**Scusi, signora, non La voglio disturbare, ma...**

- **Attenzione!** Don't confuse **scusa/scusi** with **mi dispiace. Scusa/Scusi** is used to express a simple apology (*Sorry!*) and occurs much more frequently in Italian than **mi dispiace.**

A. Cosa dici? Guarda le immagini. Fra **mi dispiace** e **scusa/scusi** qual è l'espressione più appropriata per ogni immagine?

1. _____, ho sbagliato numero.

2. _____! Ti è caduto il gelato.

3. _____, prego!

4. —_____, ha da accendere (*do you have a light*)?
—No, _____, non fumo.

B. Come rispondi? Con un compagno / una compagna scegli la risposta migliore.

1. Mi puoi prestare (*loan*) 10 euro?

2. Cameriere, questo bicchiere non è pulito!

3. Ahi! Che mal di testa!

4. Non ti sento! Puoi ripetere?

5. Vorrei due biglietti per *la Tosca* per sabato 23.

a. Mi dispiace. Vuoi delle aspirine?

b. Scusa, provo a parlare più forte.

c. Mi dispiace, sono esauriti.

d. Scusa, ma non mi hai ancora restituito i cinque che ti ho dato ieri!

e. Scusi, eccone un altro.

In Italia

Che male c'è se i compagni fumano?
In Italia fuma più di un adolescente su cinque: nella fascia d'età (*age range*) tra i 15 e i 24 anni il 22 per cento dei ragazzi consuma abitualmente tabacco. In media i ragazzi iniziano a fumare intorno ai 17 anni, ma il 13 per cento dei fumatori ha cominciato prima dei 15 anni. Infatti, la maggior parte dei nostri connazionali (*countrymen*) (72,4 per cento) dichiara d'aver acceso la prima sigaretta tra i 15 e 20 anni. Il motivo? Nella maggioranza dei casi è l'influenza di amici e compagni.

Source: Martinelli, Vera, "Un ragazzo su cinque è un fumatore abituale", *Corriere della sera*, July 14, 2014.

E se i compagni bevono? Ancora peggio se eccedono (*go too far*) i genitori!
In Italia, la popolazione più a rischio per il «binge drinking» è quella giovanile (dai 18 ai 24 anni): il 14,5% dei giovani (il 21% dei maschi e il 7,6% delle femmine) si comporta in questo modo, per lo più durante momenti di socializzazione.

Il consumo non moderato da parte dei genitori influenza il comportamento dei figli. Il 22,8% dei ragazzi di 11–17 anni che vivono in famiglie dove almeno un genitore ha un consumo di alcol che eccede le raccomandazioni ha anch'esso abitudini alcoliche non moderate; tale (*this*) quota scende al 18,7% tra i giovani che vivono con genitori che non bevono o bevono in maniera moderata.

Source: "Alcol: allarme giovani. Record di forti bevitori occasionali, sotto la lente aperitivi, feste e locali", *Corriere della sera*, April 16, 2015.

Lessico

Le attività, gli hobby e il benessere
Activities, hobbies, and well-being

▶ Sei **sedentario/a** o **attivo/a**? Fai questo piccolo test.

1. Guardo la TV _____.

   a. 0–1 ore/a al giorno   **b.** 1–3 ore al giorno   **c.** più di tre ore al giorno

2. Sono in macchina (o in un mezzo di trasporto pubblico) _____.

   a. 0–30 minuti al giorno   **b.** 30 minuti–1,5 ore al giorno   **c.** più di 1,5 ore al giorno

3. **Cammino** (faccio passeggiate, vado a piedi a scuola / al lavoro, eccetera) _____.

   a. più di 45 minuti al giorno   **b.** 20–45 minuti al giorno   **c.** meno di 20 minuti al giorno

4. **Pratichi uno sport?** Segna ✓ tutti gli sport e le attività che ti piace fare.

- ☐ **andare a cavallo / fare equitazione**
- ☐ **correre**
- ☐ **ballare / fare danza**
- ☐ **fare ciclismo**
- ☐ **fare culturismo / bodybuilding**
- ☐ **fare ginnastica**
- ☐ **fare atletica leggera** (*track and field*)
- ☐ **fare nuoto / nuotare** (*to swim*)

- ☐ **fare pattinaggio / pattinare** (*skating / to skate*)
- ☐ **fare skateboard**
- ☐ **fare yoga**
- ☐ **giocare a calcio/pallone**
- ☐ **giocare a pallacanestro/basket**
- ☐ **giocare a pallavolo/volley** (*volleyball*)
- ☐ **giocare a tennis**
- ☐ **giocare a golf**
- ☐ **sciare**

Pratico uno sport o faccio un'attività fisica _____.

   a. più di 4 ore la settimana   **b.** 2–4 ore la settimana   **c.** 0–2 ore la settimana

5. Studio _____.

   a. 0–2 ore al giorno   **b.** 2–4 ore al giorno   **c.** più di 4 ore al giorno

6. Gioco al computer _____.

   a. 0–1 ore/a al giorno   **b.** 1–2 ore al giorno   **c.** più di 2 ore al giorno

7. Dormo _____.

   a. 6–8 ore al giorno   **b.** 8–9 ore al giorno   **c.** più di 9 ore al giorno

Il tuo punteggio

Adesso calcola il tuo punteggio: **a** vale 5 punti; **b** vale 10 punti; **c** vale 15 punti.

35–55: Sei una persona attiva. Ti piace **muoverti** e ti **dà fastidio** (*it bothers you*) stare fermo/a.

60–85: Ogni tanto fai attività fisica ma non con costanza.

90–105: Hai una vita molto sedentaria. Ti piace poco l'attività fisica e tanto meno fare sport. Hai mai pensato di cambiare abitudini?

In italiano

Words for sports often derive from the word for *ball*, **la palla.** You can add the suffix **-one** (*big*) to form **pallone**, which almost exclusively refers to a soccer ball or to the game of soccer. (If you add the suffix **-ina** [*small*], you get the word **pallina** which means a small ball, such as a golf or ping-pong ball.) You can also form a compound word with the noun **canestro** (*basket*) to get **pallacanestro,** or with the noun **volo** (*flight*) to form the word **pallavolo.**

Giochiamo a pallavolo?
© Image Source/PunchStock RF

► Answers to this activity are in the **Appendix** at the back of your book.

La salute

► Abbina le frasi all'immagine giusta. Cosa devono fare queste persone per sentirsi meglio?

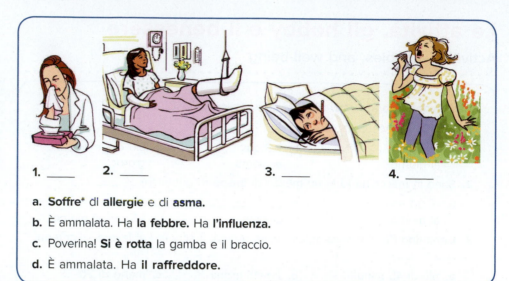

1. ____   2. ____   3. ____   4. ____

a. **Soffre*** di **allergie** e di **asma**.

b. È ammalata. Ha **la febbre**. Ha **l'influenza**.

c. Poverina! **Si è rotta** la gamba e il braccio.

d. È ammalata. Ha **il raffreddore**.

*The past participle of **soffrire** is irregular: **ho sofferto** (*I suffered*).

In italiano

Here are some other expressions to talk about your health and well-being:

andare in palestra *to go to the gym*

dimagrire (-isc) / calare di peso *to lose weight*

essere a dieta / fare la dieta *to be on a diet*

evitare *to avoid*

ingrassare / aumentare di peso *to gain weight*

mangiare sano *to eat well*

mantenersi in forma *to stay in shape*

prendere le vitamine un'aspirina *to take vitamins / an aspirin*

A. Ascolta. L'insegnante legge delle frasi. Decidi se sono logiche o illogiche. Se una frase è illogica, come puoi cambiarla per renderla logica?

	logica	illogica
1.	☐	☐
2.	☐	☐
3.	☐	☐
4.	☐	☐
5.	☐	☐

B. Culture a confronto: Il tasso d'obesità.

Parte prima. Secondo il Ministero della Salute italiano, l'obesità è causata da due fattori principali. Leggi questo brano e identifica i due fattori.

«L'obesità è una condizione caratterizzata da un eccessivo accumulo di grasso corporeo (*body fat*), condizione che determina gravi danni (*damages*) alla salute. È causata nella maggior parte dei casi da stili di vita scorretti: da una parte, un'alimentazione scorretta ipercalorica e dall'altra un ridotto dispendio energetico a causa di inattività fisica. L'obesità è quindi (*therefore*) una condizione ampiamente (*completely*) prevenibile».

Source: http://www.salute.gov.it/portale/salute/p1_5.jsp?lingua=italiano&id=175&area=Malattie_endocrine_e_metaboliche

I due fattori:

1. _____   2. _____

Parte seconda. In Italia, il tasso d'obesità per gli adulti è 11%, mentre negli Stati Uniti varia da stato a stato e va dal 21,3% del Colorado al 35,9% dell'Arkansas. Con i compagni, scrivete tre ragioni per cui secondo voi il tasso d'obesità è più alto negli Stati Uniti e più basso in Italia.

Secondo te, quanto dovrei (*should I*) pesare?
© Duncan Smith/Getty Images RF

C. A cosa servono? (*What are they used for?*) Per quali sport servono i seguenti elementi?

1. le scarpe da ginnastica
2. la racchetta
3. la piscina
4. la pallina
5. i pattini (*skates*)
6. i pesi (*weights*)
7. la bici
8. il cavallo
9. la rete (*net*)
10. il casco
11. i piedi
12. le mani

D. La salute.

Parte prima. Insieme a un compagno / una compagna, crea domande usando un elemento dell'insieme A e un elemento dell'insieme B.

ESEMPIO: Perché la maestra ha preso un'aspirina?

A	B
lo scienziato	andare dal medico
l'operaio	andare al pronto soccorso
lo studente universitario	prendere antibiotici
la maestra	prendere un'aspirina
la ragazza con lo skateboard	riposarsi (*rest*) a letto
il giocatore di golf	

Parte seconda. Cambia compagno/a e a turni fate le domande che avete creato.

E. Graduatoria.

Parte prima. Lavora con un compagno / una compagna. Scrivete una lista di tutte le cose che fate per mantenervi in forma.

Parte seconda. Unitevi a un altro gruppo e create un'unica lista. Poi ordinate le attività dalla più alla meno importante per mantenersi in forma.

Parte terza. Accanto a ogni attività della lista, indica quante persone del gruppo la fanno. Vi mantenete in forma?

◗ F. Culture a confronto: Il sistema sanitario.

Parte prima. Leggi la descrizione del sistema sanitario (*health care system*) in Italia.

_____ Poiché diversi farmaci (*drugs*) non richiedono la ricetta (*prescription*), gli italiani, invece di andare dal medico, spesso vanno direttamente in farmacia, dove descrivono i sintomi al farmacista che poi dispensa i farmaci appropriati.

_____ In Italia il sistema sanitario permette a tutti i cittadini (*citizens*) e anche agli stranieri in vacanza di farsi visitare gratuitamente (*free of charge*) da un medico al pronto soccorso (*emergency room*) in caso di bisogno. Il medico può prescrivere una ricetta e suggerire una cura.

_____ In Italia la richiesta (*demand*) di metodi di cura naturali continua a crescere. Le statistiche indicano che l'11% degli italiani ricorre (*resort*) all'omeopatia. Sempre più italiani preferiscono un approccio naturale alla salute e al benessere.

In italiano

The Italian equivalent of *Gesundheit!* or *Bless you!* is **Salute!**

In italiano

Like the verb **tenere** (*to have; to keep*), **mantenersi** is irregular.

mi man**tengo**
ti man**tieni**
si man**tiene**
ci man**teniamo**
vi man**tenete**
si man**tengono**

Ambulanze davanti al pronto soccorso
© Stock Italia/Alamy

Parte seconda. Rispondi alle domande.

1. Qual è l'idea principale o più importante di ogni paragrafo?
2. Abbina i titoli ai paragrafi scrivendo la lettera del titolo nello spazio giusto.

   a. *La medicina alternativa.*

   b. *Il medico? Sì, ma chi altro?*

   c. *Un sistema aperto a tutti.*

3. Lavora con un compagno / una compagna e spiegate come il sistema sanitario in Italia è simile e/o diverso dal sistema sanitario nel vostro paese.

In Italia

L'Uomo vitruviano di Leonardo da Vinci è una rappresentazione basata su una formula di Vitruvio (80–70 a.C.–23 a.C.), ingegnere e architetto romano, per calcolare le proporzioni ideali del corpo umano. Il centro naturale del corpo è l'ombelico (*navel*). Se un uomo si sdraia (*stretches*) con le braccia e le gambe estese (*extended*) e si punta un compasso sull'ombelico, facendo un cerchio (*circle*) si toccherà l'estremità delle dita delle mani e dei piedi. Ecco alcune altre regole:

L'Uomo vitruviano di Leonardo da Vinci
Courtesy of Arrigo Carlon

- la distanza dalle dita di un braccio alle dita dell'altro braccio = l'altezza (*height*)
- la larghezza (*width*) delle spalle = ¼ dell'altezza
- la distanza dalla punta (*top*) della testa a metà petto (*middle of the chest*) = ¼ dell'altezza
- la distanza da metà petto all'inizio della gamba = ¼ dell'altezza
- la distanza dall'inizio della gamba a sotto (*under*) il ginocchio = ¼ dell'altezza
- la distanza da sotto il ginocchio al fondo (*bottom*) del piede = ¼ dell'altezza

L'Uomo vitruviano appare sulle monete italiane da 1 euro.

Strutture

10.1 Che fai questo weekend?

Using the present to talk about the future

- -

> ▶ **Che fai questo weekend?** Scrivi tre attività.
>
> **1.**
>
> **2.**
>
> **3.**

Osserva le tue risposte e scegli la parola giusta:

In italiano spesso si usa il verbo al presente per esprimere un'azione che si svolge (*takes place*) <u>nel presente / nel futuro</u>.

- -

1 In this activity, you used the present indicative to talk about future plans. The present indicative often is used for activities that are already planned in the future.

2 Here are three common expressions of future time.

    a. The equivalent of the adjective *next* in Italian is **prossimo.**

domenica **prossima**	*next Sunday*
la settimana **prossima**	*next week*
l'anno **prossimo**	*next year*

    L'anno prossimo facciamo un viaggio in Italia dal 16 maggio al 15 giugno.

    b. The equivalent of the English expression *in* + time in Italian is **fra** + time.

fra un'ora	*in an hour*
fra due giorni	*in two days*
fra un mese	*in a month*

    Il mio amico arriva **fra due giorni.** Vado a prenderlo (*pick him up*) all'aeroporto.

    c. The equivalent of *the day after tomorrow* in Italian is **dopodomani.**

3 The present indicative is used in the following expressions to talk about one's hopes and plans for the future. Each is followed by the infinitive.

pensare di + infinitive	*to think about*
sognare di + infinitive	*to dream of*
sperare di + infinitive	*to hope to . . .*
Penso di cominciare la dieta domani.	*I'm thinking about starting a diet tomorrow.*
Sogno di diventare un ciclista famoso.	*I dream of becoming a famous bicyclist.*
Spero di dimagrire di 5 chili.	*I hope to lose five kilos.*

A. I miei programmi.

Parte prima. Quali delle seguenti espressioni indicano il futuro?

1. ☐ fra due anni
2. ☐ dopodomani
3. ☐ adesso
4. ☐ oggi
5. ☐ lunedì prossimo

6. ☐ due mesi fa
7. ☐ ieri sera
8. ☐ domani
9. ☐ venerdì scorso

Parte seconda. Completa le frasi con i tuoi programmi (*plans*).

1. _____ fra due giorni.
2. _____ dopodomani.
3. _____ venerdì prossimo.
4. _____ domani alle tre.
5. _____ la settimana prossima.

Parte terza. Intervista i tuoi compagni e scopri chi ha il programma più interessante nei cinque momenti della **Parte seconda.**

ESEMPIO: **S1:** Cosa fai fra due giorni?
S2: Vado dal dentista.

B. Le Olimpiadi.

Parte prima. Tu sei un/un'atleta che si prepara per le Olimpiadi. Scrivi nell'agenda le tue attività per venerdì prossimo, l'ultimo giorno di allenamento (*training*) prima della partenza. (Due attività sono già state inserite.)

andare a cena a casa di un amico ✓	andare dal medico per un controllo
correre 10 chilometri	fare sollevamento pesi (*weightlifting*) in palestra
fare 20 chilometri in bici	mangiare due uova, la pancetta (*bacon*) e il pane ✓
mangiare una bistecca, delle patate, dei broccoli e dei piselli	nuotare 4 chilometri in piscina

Venerdì			
4.00		13.00	
6.30	*mangiare due uova, la pancetta e il pane*	14.30	
7.30		17.30	*andare a cena a casa di un amico*
11.00			

Parte seconda. Cerca un compagno / una compagna che ha organizzato l'orario nella stessa maniera (*in the same way*) e con cui puoi fare l'allenamento.

> ESEMPIO: **S1:** Che fai venerdì prossimo alle 6.30 di mattina?
> **S2:** Mangio due uova, la pancetta e il pane.
> **S1:** Anch'io! (Io, invece, ...)

C. I programmi per il futuro.

Parte prima. Intervista tre compagni per sapere (1) quello che pensano di fare l'anno prossimo, (2) quello che sperano di fare fra cinque anni e (3) quello che sognano di fare fra vent'anni.

l'anno prossimo	fra cinque anni	fra vent'anni
1.		
2.		
3.		

Parte seconda. Lavora con due o tre compagni ed esaminate i risultati insieme. I progetti per il futuro sono simili o diversi? C'è un collegamento (*link*) tra i programmi per l'anno prossimo e i sogni per il futuro?

Parte terza. Adesso valutate i progetti del vostro gruppo. Quali progetti sono più entusiasmanti? Quali sono più realistici?

D. Firma qui, per favore!

Parte prima. Cosa hai intenzione di fare dopo gli studi? Completa le frasi in base ai tuoi progetti. **Attenzione!** Ricorda di usare gli infiniti.

Dopo gli studi...

		Firma qui, per favore!
spero di		
penso di		
vorrei		

Parte seconda. Trova un compagno / una compagna che ha gli stessi progetti e chiedi la firma.

> ESEMPIO: **S1:** Cosa speri di fare dopo gli studi?
> **S2:** Spero di andare in Italia.
> **S1:** Anch'io! Firma qui, per favore!

10.2 Andremo tutti in Italia!

The future

▶ Nelle affermazioni seguenti sulla qualità della vita fra cinquant'anni tutti i verbi sono al futuro. Scrivi l'infinito di ogni verbo. (Due verbi sono già stati inseriti.) Poi segna ✓ le affermazioni che, secondo te, si avvereranno (*will come true*). Discuti le tue risposte con i compagni.

1. ☐ Grazie a Internet, molti impiegati **lavoreranno** a casa, non in ufficio. _____

2. ☐ Nessuno **fumerà**. _____

3. ☐ **Troveremo** una soluzione al problema della violenza. *trovare*

4. ☐ Tutti **si sentiranno** sempre allegri e contenti. _____

5. ☐ I corsi non si **faranno** più all'università. Tutti gli studenti universitari **studieranno** a casa online. _____

6. ☐ Ci **sarà** una pillola per non ingrassare. *essere*

7. ☐ Il cancro non **esisterà** più. _____

8. ☐ Tutti **avranno** un computer in un microchip sotto pelle. _____

9. ☐ Nessuno **guiderà**. Tutti **avranno** un'auto che si guida da sola. _____

▶ Answers to this activity are in the **Appendix** at the back of your book.

---

1 The future tense is used to talk about actions that will take place in the future, particularly if the activities are not yet planned or you are not absolutely sure that they will actually take place. You form the stem of the future tense of all three conjugations by dropping **-e** from the infinitive. For **-are** verbs there is an extra step: change the **-a** of the future stem to **-e.**

-are	-ere	-ire
lavor**e**r-	risolver-	pulir-

Then add these same endings to all three conjugations.

io	-ò
tu	-ai
lui, lei; Lei	-à
noi	-emo
voi	-ete
loro	-anno

▶ Now complete the conjugations of these verbs in the future tense.

	lavorare	risolvere	pulire
io			
tu			
lui, lei; Lei	lavorerà		
noi		risolveremo	
voi			
loro			puliranno

▶ To learn about other uses of the future tense, see **Per saperne di più** at the back of the book.

▶ Answers to this activity are in the **Appendix** at the back of the book.

2 Some verbs have spelling changes in the future. Drop the **-i-** in the future forms of verbs ending in **-ciare** and **-giare**.

cominciare → comincerò, comincerai, …

mangiare → mangerò, mangerai, …

Add **-h-** to the future forms of verbs ending in **-care** and **-gare**.

pagare → pagherò, pagherai, …

cercare → cercherò, cercherai, …

3 Several verbs have irregular stems in the future tense, but the endings are regular. Two of the most common are **avere** and **essere**. The future stem of **avere** is **avr-**. The future stem of **essere** is **sar-**.

▶ Put the future tense conjugations of **avere** and **essere** in their appropriate order.

avrò	sarò	sarai
avrà	avrai	saremo
avremo	saranno	sarà
avranno	sarete	avrete

	avere	essere
io		
tu		
lui, lei; Lei		
noi		
voi		
loro		

In italiano

The Italian equivalents of "Get well soon!" are **Guarisci presto!** and **Rimettiti presto!** Add some good advice and say: **Riposati** (*Rest*) **e guarisci presto!**

study tip

Spelling in Italian is easy, because words are spelled as they are pronounced. Once you know the letters that represent the sounds, you just write what you hear. If you are unsure about how to spell a word, say it out loud before you write it.

4 The future forms of three verbs, **dare**, **fare**, and **stare**, are similar to those of **essere**.

▶ Complete the conjugations.

	dare	fare	stare
io	darò	farò	starò
tu			
lui, lei; Lei			
noi	daremo		
voi		farete	starete
loro			

▶ Answers to these activities are in the **Appendix** at the back of your book.

5 The future stems of some verbs are similar to those of **avere**.

avere	→	**avrò**
andare		andrò
dovere		dovrò
potere		potrò
sapere		saprò
vedere		vedrò
vivere (*to live*)		vivrò

Note the double **r** in the stems of the following verbs.

rimanere	→	rima**rr**ò
volere		vo**rr**ò
venire		ve**rr**ò
bere		be**rr**ò
tenere		te**rr**ò

Scopriamo la struttura!

For more on the future tense, watch the corresponding *Grammar Tutorial* in the *eBook*. A practice activity is available in *Connect*.

connect
www.mhhe.com/connect.com

study tip

Congratulations! You have now learned **il presente, il passato prossimo, l'imperfetto,** and **il futuro.** It's normal to feel overwhelmed. If you have trouble keeping all the conjugations straight, fill out verb charts for yourself, but most importantly, use verbs of different tenses in sentences or write brief dialogues. The best way to learn and remember vocabulary as well as grammatical structures is to use them in meaningful contexts.

A. Ascolta. L'insegnante legge delle frasi. Decidi se il verbo in ogni frase è al presente o al futuro.

1. ☐ presente ☐ futuro
2. ☐ presente ☐ futuro
3. ☐ presente ☐ futuro
4. ☐ presente ☐ futuro
5. ☐ presente ☐ futuro

6. ☐ presente ☐ futuro
7. ☐ presente ☐ futuro
8. ☐ presente ☐ futuro
9. ☐ presente ☐ futuro
10. ☐ presente ☐ futuro

B. L'infinito. Dà l'infinito di questi verbi.

andremo	berranno	cercherà	comincerò	darà
dimagrirete	dovranno	farete	mangerò	manterranno
pagherete	potrai	rimarrete	sapremo	saremo
vedrai	vivremo	verrai		

C. Il nostro futuro.

Parte prima. Abbina i progetti dell'insieme A alle espressioni di tempo dell'insieme B per indicare quando hai intenzione di realizzarli.

A

finire l'università	cercare un (nuovo) lavoro
mettere su famiglia	andare in Italia
cambiare casa (*to move*)	sposarsi
comprare una macchina nuova	

B

mai

fra due anni

fra più di tre anni

l'anno prossimo

fra tre anni

Parte seconda. Intervista un compagno / una compagna per conoscere i suoi progetti per il futuro e prendi appunti. Poi presenta i risultati alla classe.

ESEMPIO: S1: Quando ti sposerai?
S2: Mi sposerò fra due anni.
S1: Franco si sposerà fra due anni...

Grammatica dal vivo: Il futuro

Guarda un'intervista con Nunzia che parla del suo futuro.

www.mhhe.com/connect

D. L'oroscopo.

Oroscopi segno per segno

 Ariete   Toro   Gemelli   Cancro   Leone   Vergine

 Bilancia   Scorpione   Sagittario   Capricorno   Acquario   Pesci

Sheep: Source: NPS Photo by Ron Shade; guar: © iStockphoto/Getty Images RF; twin boys: © Floresco Productions/agefotostock RF; crab: © lynx/iconotec.com/Glow Images RF; lion: © Life on white/Alamy RF; statue: © Ingram Publishing/Alamy RF; scales: © Comstock Images/Alamy RF; scorpion: © Ingram Publishing/Alamy RF; crossbow: © Ingram Publishing/SuperStock RF; goats: © tomophotography/Getty Images RF; water: © Trout55/Getty Images RF; Butterfly fish: © Karen Gowlett-Holmes/Getty Images RF.

Parte prima. Lavora con un compagno / una compagna. Scrivete due previsioni (*predictions*) che di solito si trovano in un oroscopo e scrivetele (*write them*) alla lavagna.

ESEMPIO: Vincerai la lotteria.
Perderai tutti i soldi.

Parte seconda. Scrivi due numeri su un foglio. (Scegli da 1 al numero totale delle frasi alla lavagna.)

Parte terza. L'insegnante assegnerà un numero a caso a ogni previsione scritta alla lavagna. Come sarà il tuo futuro?

10.3 Se farà bel tempo domani...

Hypotheticals of probability

▶ **Un piccolo test.** Scegli una delle opzioni o scrivi un'altra opzione usando verbi al futuro. Discuti le tue risposte con i compagni.

---

1. Se (*If*) stasera non avrò molti compiti,

☐ uscirò con gli amici.

☐ andrò in palestra.

☐ _____.

2. Se domani farà bel tempo,

☐ prenderò il sole.

☐ andrò a correre.

☐ _____.

3. Se la settimana prossima avrò un po' di tempo libero,

☐ studierò per gli esami.

☐ giocherò a golf.

☐ _____.

4. Se l'anno prossimo avrò un po' di soldi,

☐ farò un viaggio in Italia.

☐ comprerò una macchina.

☐ _____.

5. Se un giorno mi sposerò,

☐ avrò figli.

☐ non avrò figli.

☐ _____.

---

1 The statements in the test are hypothetical. They are predictions of what will *most likely happen* if (and only if) another event occurs. Hypothetical statements are also called *if-then statements*, because they have two clauses, an *if* clause and a *then* clause. In Italian the verbs in both clauses are in the future tense.

if (**se**)	*then* (**conseguenza**)
Se domani **pioverà** →	non **giocherò** a tennis con Michela.
If tomorrow it will rain →	*I will not play tennis with Michela.*

2 However, you can also use the present tense in both clauses if you are referring to the present time, the near future, or general truths.

Se **hai** fame, **puoi** mangiare con noi.	*If you are hungry, you can eat with us.*
Se non **dormo** otto ore, in classe non **riesco** a concentrarmi.	*If I don't sleep eight hours, I can't concentrate in class.*

In italiano

Quali di questi **sport estremi** ti piacciono?

l'arrampicata libera (*free climbing*)

il base jumping

il bungee jumping

l'hydrospeed (*m.*)

la mountain bike

il parapendio (*hang gliding*)

il rafting

lo sci alpinismo (*backcountry skiing*)

i tuffi (*diving*)

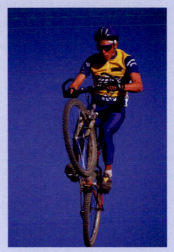

Ti piace andare in mountain bike?
© Royalty Free/Corbis

A. Non si sa mai.

Parte prima. La vita è piena di sorprese e non si sa quello che succederà nel futuro. Abbina le ipotesi dell'insieme A alle conseguenze dell'insieme B.

A	B
1. Se farò equitazione	**a.** passerò molte ore a sollevare pesi in palestra.
2. Se farò bodybuilding	**b.** avrò molte paia di scarpe da ginnastica.
3. Se sarò medico	**c.** dovrò portare il casco.
4. Se farò atletica leggera	**d.** passerò molte ore in ospedale.

Parte seconda. Adesso completa queste previsioni.

1. Se sarò un giocatore / una giocatrice di tennis → _____.

2. _____. → mi manterrò in forma.

3. _____. → vivrò in montagna.

4. Se andrò al Polo Nord → _____.

Parte terza. Quale delle situazioni della **Parte prima** o **seconda** è più probabile nel tuo futuro? Perché?

ESEMPIO: Forse andrò al Polo Nord perché mi piacciono gli sport invernali estremi.

B. I consigli. (*Advice.*)

Paolo è uno studente italiano di Pisa che frequenta la tua università per un anno. È molto disorientato e non sa come comportarsi (*to behave*). Tu gli devi dare dei consigli. Da quali comportamenti (*behaviors*) possono derivare queste conseguenze?

1. Se... , riceverai bei voti.

2. Se... , riceverai brutti voti.

3. Se... , non dormirai bene.

4. Se... , avrai molti amici.

5. Se... , i vicini di casa (*neighbors*) chiameranno la polizia.

C. Vita da studenti.

Parte prima. Lavora insieme a uno o due compagni. Completate le affermazioni in modo logico, poi aggiungetene delle altre.

1. Se gli studenti prendono le vitamine tutti i giorni, ...

2. Se praticano uno sport tutti i giorni, ...

3. Se mangiano sano e non bevono alcolici, ...

4.

5.

6.

Parte seconda. Quali di queste affermazioni riguardano la tua esperienza di studente? Perché?

D. Culture a confronto: Quanto spesso pratichiamo sport?

Parte prima. Ecco i risultati di un sondaggio del 2013 condotto su persone di 3 o più anni. Fate un sondaggio in classe per scoprire quanto spesso fate attività sportiva e completate la tabella.

Frequenza della pratica sportiva	Italia	La classe
in modo continuativo	21,5%	
in modo saltuario	9,1%	
qualche attività fisica	27,9%	
mai	41,2%	
non indicato	0,3%	

Source: www.istat.it

Parte seconda. Analizzate i dati. Sono simili o diversi? Secondo voi, perché?

Retro

L'uso delle acque termali è un'antica pratica utilizzata per garantire salute e benessere. Il potere curativo di queste acque è apprezzato da molto tempo: fare i bagni nelle acque termali, berle o inalarne i vapori sono pratiche in uso ben prima dell'avvento dei farmaci chimici. I benefici di queste acque sono testimoniati da scoperte archeologiche, testi letterari e scientifici e iscrizioni che coprono un arco di 24 secoli.

Terme a Ischia (Campania)
© Vision/Grazia Neri

Continua a leggere nel **Capitolo 10, Retro** su *Connect*.

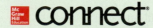

www.mhhe.com/connect

▶ Ascoltiamo!

Lo sport in Italia

A. Osserva e ascolta. Osserva e ascolta Federico che ti parla dello sport in Italia.

B. Completa. Completa le seguenti frasi inserendo la parola o l'espressione appropriata della lista. Usa ogni espressione *una sola volta*. **Attenzione!** La lista contiene nove parole; devi usarne solamente otto.

il basket	**il Gran Premio**	**lo scudetto**
La Gazzetta	**la maglia rosa**	**Serie A**
il Giro d'Italia	**la pallavolo**	**gli sport invernali**

1. Le migliori squadre del calcio italiano giocano in _____ e i campioni vincono _____.

2. La Ferrari è una delle case automobilistiche che ha vinto più volte _____.

3. Ogni anno _____ inizia generalmente in città diverse, ma per tradizione finisce a Milano.

4. Al giro Giro d'Italia, il ciclista che vince la tappa del giorno porta _____.

5. _____ continua a crescere in popolarità e la squadra nazionale e in alcune città fa concorrenza al calcio.

6. Anche _____ ha molta fortuna in Italia; praticata sia la nazionale maschile che quella femminile sono tra le primi dieci del ranking mondiale.

7. Molitissimi tifosi leggono _____ *dello Sport* per conoscere le novità sulle loro squadre preferite insieme agli ultimi risultati del mondo dello sport.

C. Tocca a te! Completa le seguenti frasi paragonando lo sport in Italia e dove abiti tu.

In Italia, lo sport è...

Nel mio paese, invece, ... / Anche nel mio paese...

L'arrivo del Giro d'Italia
© Luk Beines/AFP/Getty Images

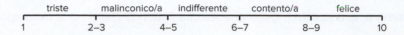

Leggiamo!

Vi svegliate con il sorriso sulle labbra?

A. Prima di leggere. Quanto sei felice? Segna ✓ la tua risposta qui sotto (da 1 a 10).

triste	malinconico/a	indifferente	contento/a	felice
1	2–3	4–5	6–7	8–9	10

B. Al testo! Leggi il testo adattato dal sito di *Focus Magazine* e poi decidi se le frasi che seguono sono vere o false.

PAROLE PER LEGGERE

la fila	*line, queue*
forse	*maybe*
il grado	*degree, level*
sognare a occhi aperti	*to daydream*
il sorriso	*smile*
stabilire	*to establish*

L a felicità è relativa. [...] Nel corso della storia, molti filosofi hanno riflettuto sul significato della felicità. Si tratta[1] forse dell'equilibrio fra bisogno e soddisfazione? O dell'armonia fra quello che desideriamo e quello che abbiamo? Felicità è l'arrivo di un bambino? O un'auto sportiva? In qualunque modo[2] definiamo la felicità, una cosa è certa: sappiamo che cos'è quando non ce l'abbiamo. Vi siete mai chiesti quanto siete felici? Il test che segue potrebbe aiutarvi a stabilirlo.

© Pixtal/agefotostock RF

Test: Misura il tuo grado di felicità

	vero	falso
1. Giocare non mi diverte più quando comincio a perdere.	☐	☐
2. Rido se qualcuno fa una battuta su[3] di me.	☐	☐
3. Mi fa piacere quando un amico viene elogiato[4] in mia presenza.	☐	☐
4. Se qualcuno mi passa davanti in una fila, protesto subito.	☐	☐
5. Gli hobby mi annoiano facilmente.	☐	☐
6. Sogno spesso a occhi aperti.	☐	☐
7. Ho tanti desideri.	☐	☐
8. Odio il momento di andare a letto.	☐	☐
9. Penso di essere attraente e/o affascinante.	☐	☐
10. Accetto le critiche volentieri.	☐	☐

[1]Si... *It's a matter of* [2]in... *whatever way* [3]fa... *makes fun of* [4]*is praised*

Risposte corrette: 1. falso 2. vero 3. vero 4. falso 5. falso 6. falso 7. falso 8. falso 9. vero 10. vero

C. Discutiamo!

Parte prima. Controlla le tue risposte e datti un punto per ogni risposta corretta. Secondo il test, più punti hai più felice sei. Sei una persona felice? Secondo te, il test è valido? Sei d'accordo con le risposte «corrette» o no? Perché?

Parte seconda. Completa la frase: **Sono felice quando _____.** Paragona la tua frase con le frasi dei compagni. Quali sono le cose che rendono felice la maggior parte della classe?

 # Scriviamo!

Mente sana in corpo sano°

Mente… *Healthy mind, healthy body*

Per garantire uno sviluppo sano dei giovani è essenziale un contesto fisico e sociale salutare. Secondo te, quale elemento influisce di più sul benessere dei giovani? Puoi scegliere uno dei seguenti, o indicarne un altro: **l'alimentazione, l'abuso di alcol, la salute mentale.** Scrivi una composizione di almeno 100 parole descrivendo un problema e una possibile soluzione.

 # Parliamo!

Salute, cambiare non è facile!

Sei appena ritornato/a da una visita medica e il dottore ti ha dato una lunga lista di consigli da seguire. Guarda la lista e poi decidi quelli che seguirai e quelli che, invece, ignorerai. Un compagno / Una compagna farà la parte del medico alla prossima visita. Poi scambiatevi ruolo. **Attenzione!** Devi spiegare come sei riuscito/a (*succeeded*) a seguire i diversi consigli o perché non l'hai fatto. Preparatevi a presentare il dialogo ai compagni.

Dott. PAOLO LOMBARDI
Medico Chirurgo
Via S. Francesco 66
37139 Verona
Tel. 0458904943

Verona, il 24/08/2016

• bere più acqua
• calare di peso
• dormire otto ore per notte
• evitare il fast food
• fare più movimento
• mangiare più frutta e verdura
• smettere di fumare
• trovare un hobby

Dott. PAOLO LOMBARDI

Courtesy of Diane Musumeci

ESEMPIO:	IL MEDICO:	Allora, è calato/a di peso?
	IL/LA PAZIENTE:	Sì, dottore! Ho perso 3 chili. Non mangio più dolci. (No, dottore, purtroppo sono aumentato/a di 3 chili. Avevo troppa fame!)

In Italia

L'Argentina ha il tango, la Spagna il flamenco. Qual è il ballo tradizionale d'Italia? **La tarantella** è una danza folclorica con una lunga storia che inizia nel Trecento. Diffusa nell'Italia Meridionale, le variazioni includono la tarantella napoletana, calabrese, pugliese, lucana (della Basilicata), molisana e siciliana.

Il nome della danza deriva dalla tarantola, un ragno (*spider*) velenoso (*poisonous*). Si dice che il veleno provoca forti convulsioni, per cui chi balla la tarantella sembra essere morso (*bitten*) dal ragno. Un'altra interpretazione ritiene che il nome derivi dalla città di Taranto o dal fiume Tana.

Scopriamo il cinema!

FILM: *Il mostro*

(Commedia. Italia. 1995. Roberto Benigni e Michel Filippi, Registi. 112 min.)

RIASSUNTO: A serial killer is on the loose and the police are out to find him. Under the direction of police psychologist Taccone (Michel Blanc), undercover cop Jessica (Nicoletta Braschi) is assigned to tail Loris (Roberto Benigni), the suspect who, unaware, often finds himself in compromising, but innocent, situations.

SCENA: (DVD Capitolo 25) In this scene, the administrator of the building in which Loris (Benigni) has been renting an apartment (but not keeping up with his rent!) is trying to sell the apartment. Every time he tries to show it to a prospective buyer, however, Loris finds a way to foil his plans, even if it means faking an illness.

A. Anteprima. Se un amico ti chiede qualcosa (un favore, o di uscire) e non vuoi farlo, cosa fai? Dici la verità o inventi una scusa? Con un compagno / una compagna, fai una lista di tre scuse possibili. Confronta la lista con quelle dei compagni. Quali sono le scuse classiche?

B. Ciak, si gira!

Parte prima. Ormai (*By now*) sai abbastanza italiano per seguire e apprezzare la scena senza sottotitoli in inglese. Guarda allora la scena senza sottotitoli.

Parte seconda. Guarda nuovamente la scena, e questa volta scrivi le espressioni che hai riconosciuto. Confrontale con quelle di un tuo compagno / una tua compagna. Insieme, quante ne avete trovate?

Parte terza. Guarda infine la scena con i sottotitoli. Quante espressioni hai capito?

C. È fatto! Loris ha usato la scusa di essere ammalato per evitare un incontro con l'amministratore del condominio. Tu hai mai usato una scusa simile? Quando? Per evitare che cosa? In Italia, se un impiegato non si presenta al lavoro per malattia, è possibile che un agente vada a casa sua a controllare (se è vero). Succede anche dove lavori tu? Secondo te, è giusto?

Scopriamo le belle arti!

Il David, particolare (1501–1504), Michelangelo Buonarroti

🌐 LINGUA

La storia di Davide e Golia.

Parte prima. Completa la storia di Davide e Golia inserendo il futuro dei verbi fra parentesi.

I Filistei e gli Israeliti erano in guerra. Golia, filisteo alto e forte, ha proposto una sfida (*challenge*) agli Israeliti: «Scegliete un uomo pronto a combattere contro di me. Se lui _____[1] (**essere**) capace di vincermi, noi _____[2] (**essere**) i vostri schiavi. Se, invece, _____[3] (**vincere**) io, voi _____[4] (**essere**) i nostri schiavi». Gli Israeliti erano terrorizzati; tutti avevano paura del gigante Golia.

Davide, il minore di quattro fratelli israeliti, ha annunciato: «_____[5] (**combattere**) io contro Golia!»

Il capo degli Israeliti, Saul, ha detto a Davide: «Golia è un grande guerriero, tu sei un piccolo pastore (*shepherd*). Ti _____[6] (**ammazzare**) (*to kill*) di sicuro!» Ma Davide gli ha risposto: «Dio mi ha aiutato a liberare i miei animali da orsi e leoni e Dio mi _____[7] (**aiutare**) a liberare anche gli Israeliti».

Parte seconda. Decidi se le seguenti frasi sono vere o false.

1. _____ Golia era molto grande mentre Davide era molto piccolo.

2. _____ I fratelli di Davide hanno scelto Davide per combattere Golia.

3. _____ Davide non aveva paura di Golia perché aveva l'aiuto di orsi e leoni.

ARTE

La storia di Davide e Golia viene dalla Bibbia e, come tante storie bibliche, nel corso dei secoli è stata rappresentata spesso nell'arte occidentale. La differenza tra l'arte medievale e l'arte rinascimentale, però, non è tanto il soggetto dell'arte, ma il trattamento del soggetto. L'aspetto umano delle storie—anche delle storie bibliche—assume un ruolo centrale, come nella rappresentazione di Davide. *Il David* di Michelangelo rappresenta l'uomo ideale del Rinascimento—giovane, atletico, forte, astuto—ed è il simbolo della città di Firenze.

Quale David? Per capire alcune differenze tra il Rinascimento e il Barocco, paragona *il David* di Michelangelo (1504) con quello di Bernini (1623–1624), scegliendo la caratteristica appropriata per ciascuna statua. Cerca *il David* di Bernini su Internet.

Quale *David*...

1. ha una rappresentazione **idealizzata** della figura umana e quale una **realistica**?

2. ha l'uso predominante della **linea verticale o orizzontale** e quale della **linea diagonale**?

3. ha una rappresentazione **statica** della figura e quale una rappresentazione **in movimento** (sospesa nell'azione)?

4. ha una rappresentazione **armoniosa** della scena e quale una **esuberante e tesa**?

5. preferisci? Perché?

Vocabolario

Domande ed espressioni

l'anno prossimo	next year
la domenica/ settimana prossima	next Sunday/week
dopodomani	the day after tomorrow
fra un mese / un'ora / due giorni	in a month / in an hour / in two days
Guarisci/Rimettiti presto!	Get well soon!
Mi dispiace.	Im sorry.
purtroppo	unfortunately
Riposati!	Rest!
Salute!	Bless you! *Gesundheit!*
Scusa./Scusi.	Sorry. / Pardon. (*inform./form.*)

Verbi (gli sport)

andare a cavallo	to go horseback riding
andare in palestra	to go to the gym
fare atletica leggera	to do track and field
fare ciclismo	to bike ride
fare culturismo (bodybuilding)	to do bodybuilding
fare danza	to dance
fare equitazione	to go horseback riding
fare ginnastica	to do gymnastics
fare nuoto / nuotare	to swim
fare pattinaggio / pattinare	to skate
fare skateboard	to skateboard
fare yoga	to do yoga
giocare a calcio/pallone	to play soccer
giocare a pallacanestro/ basket	to play basketball
giocare a pallavolo/volley	to play volleyball
giocare a tennis/golf	to play tennis/golf

Verbi (salute)

ammalarsi	to get sick
camminare	to walk
dare fastidio	to bother
dimagrire (-isc) / calare di peso	to lose weight
essere a dieta / fare la dieta	to be on a diet
evitare	to avoid
ingrassare / aumentare di peso	to gain weight
mangiare sano	to eat well
mantenersi in forma	to stay in shape
muoversi	to move (*oneself*)
prendere le vitamine / un'aspirina	to take vitamins / an aspirin
rompersi (la gamba / il braccio)	to break (ones leg/arm)
soffrire di + (*noun*)	to suffer from (*an illness*)

Altri verbi

pensare di (+ *inf.*)	to think about (*doing something*)
sognare di (+ *inf.*)	to dream of (*doing something*)
sperare di (+ *inf.*)	to hope to (*do something*)
tenere	to have, to keep
vivere	to live
volare	to fly

Sostantivi (gli sport)

l'arrampicata libera	free climbing
l'atletica leggera	track and field
il calcio	soccer
il ciclismo	cycling
il culturismo (bodybuilding)	bodybuilding
la danza	dance
l'equitazione	horseback riding
la ginnastica	gymnastics
il golf	golf
l'hobby	hobby
il nuoto	swimming
la palla	ball
la pallacanestro / il basket	basketball (game)
la pallavolo / il volley	volleyball (game)
la pallina	(little) ball (golf, hand, ping-pong)
il pallone	soccer (game; ball)
il parapendio	hang gliding
il pattinaggio	skating
lo sci alpinismo	backcountry skiing
lo skateboard	skateboarding
il tennis	tennis
i tuffi	diving
lo yoga	yoga

Sostantivi (salute)

l'allergia	allergy
l'asma	asthma
il benessere	well-being
la febbre	fever
l'influenza	flu
il raffreddore	cold
la salute	health
la vita	life

Aggettivi

ammalato	sick
sedentario	sedentary

11 Casa dolce casa

Visitazione (ca. 1306), Giotto di Bondone (Basilica di San Francesco, Assisi, affresco)
© Scala/Art Resource, NY

SCOPI

IN THIS CHAPTER YOU WILL LEARN:

- to manage conversations
- to describe Italian houses and furniture
- to describe the location of people and objects
- to refer to people and things already mentioned
- to refer to nonspecific people and things
- to express more complex ideas
- about the ancient city of Pompeii

www.mhhe.com/connect

Niente...

Managing conversations

- In **Strutture 7.3** you learned that **niente** means *nothing*.

Non ho capito niente.	*I didn't understand anything. / I understood nothing.*
Non c'è niente da mangiare.	*There's nothing to eat.*
Non è niente di speciale.	*It's nothing special.*

- **Niente** is also frequently used in colloquial Italian to stop talking about something, to change the direction of the conversation, or to sum up.

  Abbiamo cenato, guardato un film e poi, niente, siamo andati a letto.

  Insomma, non sto tanto bene, sono raffreddata ... niente. Tu come stai?

  Volevamo passare le vacanze in Egitto, poi abbiamo pensato di andare in Francia e... niente. Siamo rimasti a casa.

A. Osserva e ascolta. Osserva e ascolta Laura che si presenta, spiega perché si trova a Cerveteri e poi parla un po' della sua vita.

B. Chi è Laura e cosa fa a Cerveteri? Con un compagno / una compagna crea tutte le frasi possibili per descrivere Laura, usando in ogni frase un verbo dell'insieme A e un elemento dell'insieme B.

Laura...

A	B	
cerca casa	a Cerveteri	a Roma
è	fidanzata	impiegata
ha	in banca	parecchio (*a lot*)
lavora	insieme a Filippo	trent'anni
vive		

C. Cambiamo discorso (*topic*)! In questa conversazione, Laura usa spesso la parola **niente**. Decidi quando significa *nothing* e quando significa **basta, parliamo di qualcos'altro.**

	niente	basta
1. —Cosa faccio? Sono un'impiegata. Lavoro in banca. E niente di... niente di particolare.	☐	☐
2. —[...] spesso non faccio in tempo a cucinare niente [...]	☐	☐
3. —[...] oppure andiamo da qualcun altro e... e poi... niente... molto tranquillo.	☐	☐
4. —Si chiama... si chiama Filippo. Viviamo insieme e... niente. Lui fa il biologo e per questo un po' la decisione di venire a vivere qui.	☐	☐

Ti dispiace... ? / Le dispiace... ?

Seeking approval and expressing hesitation

- You learned in **Capitolo 10, Strategie di comunicazione** that **Mi dispiace** means *I'm sorry.* The question **Ti/Le dispiace?** means *Do you mind . . . ?*

  (tu)

  —**Ti dispiace abbassare la voce** (*to lower your voice*)? **Ho mal di testa.**

  —**Oh! Scusa! Mi dispiace. Vuoi un'aspirina?**

  (Lei)

  —**Le dispiace se fumo?**
  —**No, no. Prego! Fumo anch'io.**

- Because it would be considered rude to respond with an outright **sì** if they *do* mind, Italians will respond:

  insomma (*well . . .*), **veramente** (*really, actually*), **purtroppo**

  —**Le dispiace se fumo?**

  —**Insomma... (Veramente, sono allergica. / Purtroppo non è consentito** [*allowed*]**).**

- **Niente** can also be used, with or without **di,** as a reply to **Grazie!** to mean *No problem! Don't mention it!*

  —**Ti dispiace telefonare tu a Giancarlo? Non ho il numero.**

  —**Certo. Lo chiamerò dopo cena.**

  —**Grazie!**

  —**(Di) Niente!**

  Attenzione! Don't confuse **dispiace** with **non piace.**

  —**Ti dispiace** se ceniamo fuori stasera? Non ho fatto in tempo a cucinare.

  —**Non mi piace** cenare fuori; mangiamo sempre meglio a casa.

A. Ti/Le dispiace?

Parte prima. Lavora con un compagno / una compagna. Immaginate di essere compagni di casa. Domanda al compagno / alla compagna se può fare uno dei seguenti favori per te. Lui/Lei ti chiederà perché e tu devi rispondere in modo appropriato. Poi scambiate i ruoli. Preparatevi a presentare il dialogo ai compagni.

abbassare il volume della TV / della musica	fare la spesa
aprire la finestra	lavare la macchina
caricare la lavastoviglie (*to load the dishwasher*)	portare a spasso il cane (*to take the dog for a walk*)
fare il bucato (*laundry*)	rispondere al telefono
chiudere la porta	spegnere la luce (*to turn off the light*)
	tosare l'erba (*to cut the grass*)

ESEMPIO: S1: Ti dispiace aprire la finestra?
S2: Perché?
S1: Ho caldo.
S2: Va bene.
S1: Grazie.
S2: Niente!

Parte seconda. Segna ✓ quali delle attività della **Parte prima** sono faccende di casa (*household chores*). Quali faccende ti piace fare? Quali non ti piace fare?

B. Culture a confronto: Chi lava e chi cucina?

Secondo una ricerca condotta da Panasonic e ICM, le coppie italiane preferiscono dividere le faccende domestiche così:

LE DONNE ITALIANE	GLI UOMINI ITALIANI
fare il bucato	lavare i piatti / caricare la lavastoviglie
stirare (*to iron*)	passare l'aspirapolvere (*to vacuum*)
cucinare	
Gli uomini e le donne condividono (50–50) il compito di **fare la spesa**. Nessuno ama **pulire il bagno**!	

Parte prima. Fate un sondaggio in classe: quali delle faccende domestiche preferiscono fare le ragazze? E i ragazzi? Sommate le risposte per ogni faccenda domestica.

Parte seconda. Paragonate i vostri risultati con quelli degli italiani. Sono simili o diversi? Secondo voi, perché?

In Italia

Nelle coppie europee, chi dedica più tempo alle faccende domestiche? Secondo una ricerca condotta da Panasonic e ICM in diversi paesi europei, al primo posto ci sono le donne italiane e gli uomini spagnoli!

BASTA! NON NE POSSO PIÙ! HO BISOGNO DI AIUTO! OK. LO METTO A LETTO IO SE MI DICI DOV'È IL LETTINO.

Vieni a casa mia

Describing Italian houses and furniture

Giuliano Ricci e Marco Begnozzi studiano all'Università di Bologna. Abitano in un appartamento al terzo piano di un palazzo in via dei Lamponi, a venti minuti d'autobus dall'università.

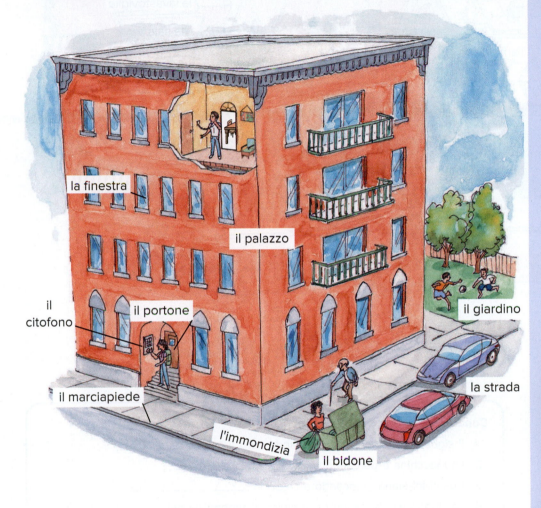

la finestra

il palazzo

il citofono

il portone

il marciapiede

l'immondizia

il bidone

il giardino

la strada

In italiano

- In Italian buildings, the equivalent of the first floor is **il pianterreno** (*ground floor*) followed by **il primo piano, il secondo piano, il terzo piano,** and so on. Many buildings do not have **un ascensore** (*elevator*), so you have to **fare le scale**!

- The main entrance to a building is **il portone** (literally, *big door*). **Il citofono** (*speakerphone*), with which you can call individual apartments or offices, is beside it.

Il citofono
© Apis/Abramis/Alamy RF

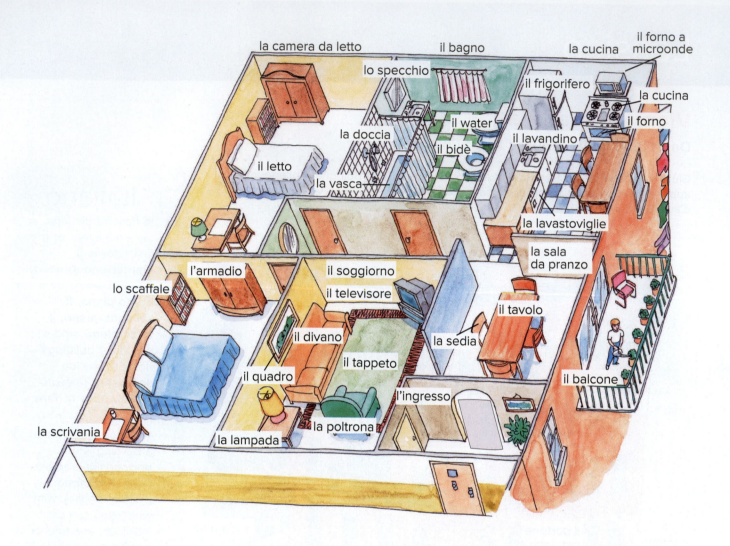

la camera da letto   il bagno   la cucina   il forno a microonde

lo specchio

il frigorifero

la cucina

la doccia   il water   il forno

il bidè

il letto   il lavandino

la vasca

la lavastoviglie

l'armadio   il soggiorno   la sala da pranzo

lo scaffale   il televisore

il tavolo

il divano   la sedia

il quadro   il tappeto

il balcone

l'ingresso

la scrivania

la poltrona

la lampada

▶ Guarda i disegni e completa le frasi.

Condominio (*Apartment building*): esterno

1. Il signore anziano sta camminando sul _____.
2. La macchina è parcheggiata in _____.
3. I bambini stanno giocando a calcio in _____.
4. La signora sta buttando (*is throwing*) l'immondizia nel _____.

Appartamento: interno

5. Marco sta annaffiando (*is watering*) il basilico sul _____.
6. Marco e Giuliano fanno colazione in _____.
7. Marco e Giuliano dormono in _____.
8. Marco e Giuliano fanno la doccia in _____.
9. Marco e Giuliano guardano la TV in _____.
10. Quando invitano gli amici a cena, Marco e Giuliano mangiano in _____.

▶ Answers to this activity are in the **Appendix** at the back of your book.

In italiano

Here are some common expressions for describing the location of people and objects.

accanto a *next to*

a destra di *to the right of*

a sinistra di *to the left of*

davanti a *in front of*

dietro *behind*

nell'angolo *in the corner*

tra/fra *between*

Dov'è il cane grande? Dov'è il cane bianco?

A. Dov'è? Guarda l'appartamento di Giuliano e Marco nel **Lessico** e decidi se le frasi sono vere o false. Correggi le frasi false.

	vero	falso
1. Il forno è accanto alla lavastoviglie.	☐	☐
2. Il lavandino è davanti al frigorifero.	☐	☐
3. I letti sono nell'angolo.	☐	☐
4. Il lavandino è fra il bidè e il water.	☐	☐
5. La poltrona è dietro il divano.	☐	☐
6. Lo scaffale è a destra del letto.	☐	☐
7. Il televisore è davanti al divano.	☐	☐
8. La vasca è nell'angolo.	☐	☐
9. Lo scaffale è fra il letto e l'armadio.	☐	☐
10. La lampada è accanto al divano.	☐	☐
11. La scrivania è davanti al letto.	☐	☐
12. Il bidè è accanto al water.	☐	☐

Un bell'armadio in legno (*wood*)
Courtesy of Arrigo Carlan

B. Ascolta! Paola ha un piccolo appartamento con tre stanze: il soggiorno con angolo cottura (*kitchenette*), la camera da letto e il bagno. Ascolta la descrizione delle stanze e indica la lettera che rappresenta dove si trovano questi oggetti.

1. il lavandino	**5.** la poltrona	**9.** l'armadio
2. il frigorifero	**6.** lo scaffale	**10.** il water
3. il tavolino con due sedie	**7.** la lampada	**11.** il bidè
4. la lavastoviglie	**8.** la scrivania	**12.** la doccia

C. Frasi illogiche.

Parte prima. Decidi se le frasi sono logiche o illogiche. Poi correggi le frasi illogiche.

	logica	**illogica**
1. Marco butta l'immondizia nel lavandino.	☐	☐
2. Giuliano lava i piatti nel bidè.	☐	☐
3. Marco mette il latte nel frigo.	☐	☐
4. Giuliano guida la macchina sul marciapiede.	☐	☐
5. Marco mette il tappeto nel forno.	☐	☐
6. Giuliano e Marco si siedono sul divano quando guardano la TV.	☐	☐
7. Marco e Giuliano preparano la cena in cucina.	☐	☐

Parte seconda. Lavora con un compagno / una compagna. Create una lista di cinque frasi logiche e illogiche simili alle frasi nella **Parte prima.**

Parte terza. Scambiate la vostra lista con un altro gruppo. Decidete se le frasi sono logiche o illogiche e correggete le frasi illogiche. I vostri compagni sono d'accordo con le correzioni?

D. Le stanze.
Lavora con un compagno / una compagna. A turno, uno di voi descrive varie attività che Giuliano sta facendo in casa. L'altro / L'altra deve indovinare in quale stanza si trova. (Non ti ricordi **stare** + **gerundio**? Vedi **Strutture 6.2.**)

> | | |
> |---|---|
> | **il bagno** | **la cucina** |
> | **la camera da letto** | **la sala da pranzo** |
> | **il soggiorno** | |

ESEMPIO: **S1:** Giuliano sta lavando i piatti.
S2: È in cucina.

In italiano

Here is the present tense of the irregular verb **sedersi** (*to sit*).

mi siedo	ci sediamo
ti siedi	vi sedete
si siede	si siedono

E. Le differenze. In gruppi, trovate almeno cinque differenze fra le due immagini. **Parole utili: il poster, il cuscino** (*pillow*), **lo stereo.**

F. La mia stanza.

Parte prima. Con i compagni, fai una lista di tutti gli oggetti che di solito si trovano nella camera da letto di uno studente.

Parte seconda. Descrivi la tua stanza a un compagno / una compagna e lui/lei dovrà fare un disegno.

Strutture

11.1 Eccoci!

Object pronouns

▶ Francesca e Oscar portano un regalo al loro amico Gianni. Leggi le conversazioni. Riesci a capire a cosa si riferiscono **gli** e **lo**?

> Cosa hai comprato a Gianni?

> **Gli** ho comprato un quadro.

> Che bel quadro! Grazie!

1. gli = _____

2.

> Dove **lo** metti?

> Nell'immondizia.

> Cosa **gli** diremo quando non **lo** vedrà in casa?

3. lo = _____

4. gli = _____ lo = _____

---

1 Pronouns can be used to replace direct and indirect objects to avoid repetition. (Do you remember the difference between a direct object and an indirect object? See **Strutture 6.1** for review.) In the conversations on the preceding page, **gli** replaces the masculine singular indirect object (**a Gianni**), and **lo** replaces the masculine singular direct object (**il quadro**).

COMPLEMENTO OGGETTO INDIRETTO

Ho comprato un quadro **a Gianni.** = **Gli** ho comprato un quadro.

COMPLEMENTO OGGETTO DIRETTO

Dove metti **il quadro?** = Dove **lo** metti?

2 Indirect and direct object pronouns replace both people and things. Here is a summary of direct and indirect object pronouns.

PRONOMI COMPLEMENTO OGGETTO DIRETTO

mi	*me*	**ci**	*us*
ti	*you*	**vi**	*you (inform./form., pl.)**
La†	*you (form.)*		
lo	*him/it (m.)*	**li**	*them (m.)*
la	*her/it (f.)*	**le**	*them (f.)*

PRONOMI COMPLEMENTO OGGETTO INDIRETTO

mi	*to/for me*	**ci**	*to/for us*
ti	*to/for you*	**vi**	*to/for you (inform./form., pl.)**
Le†	*to/for you (form.)*		
gli	*to/for him*	**gli**	*to/for them*
le	*to/for her*		

Note that:

a. Informal and formal singular *you* have different forms.

INFORMALE

Scusa, Marco, non **ti** sento.
Sorry, Marco. I can't hear you.

Marco, **ti** telefono domani.
Marco, I'll call you tomorrow.

FORMALE

Scusi, Professore, non **La** sento.

Signor Marchi, **Le** telefono domani.

b. The first- and second-person direct and indirect object pronouns are the same.

COMPLEMENTO OGGETTO DIRETTO		COMPLEMENTO OGGETTO INDIRETTO	
Mi osservi.	*You observe me.*	**Mi** scrivi.	*You write to me.*
Ti vedo.	*I see you.*	**Ti** parlo.	*I speak/talk to you.*
Ci conosci.	*You know us.*	**Ci** rispondi.	*You respond to us.*
Vi aiuto.	*I help you.*	**Vi** parlo.	*I speak/talk to you.*

c. Only the third-person direct and indirect object pronouns have different forms.

COMPLEMENTO OGGETTO DIRETTO	
Compro **il vestito nuovo.**	→ **Lo** compro.
Preparo **i tortellini.**	→ **Li** preparo.
Guardo **la TV.**	→ **La** guardo.
Vedo **le amiche.**	→ **Le** vedo.

COMPLEMENTO OGGETTO INDIRETTO	
Telefono **a Maria.**	→ **Le** telefono.
Parlo **a Michele.**	→ **Gli** parlo.
Scrivo **a Michele e a Maria.**	→ **Gli** scrivo.
Rispondo **a Lena e a Maria.**	→ **Gli** rispondo.

---

*In contemporary spoken Italian, **vi** is also used for formal *you* (*pl.*). **Loro** is another form that expresses formal *you* (*pl.*). **Loro** is much more formal than **vi**, and unlike **vi**, it appears after the verb. Compare: *Vi* **porto una bottiglia di vino.** / **Porto** *Loro* **una bottiglia di vino.**
†The formal forms **La/Le** begin with a capital letter to distinguish them from the informal forms and other object pronouns in writing.

▶ Now create sentences by replacing the nouns with the appropriate pronouns.

▶ Answers to this activity are in the **Appendix** at the back of your book.

COMPLEMENTO OGGETTO DIRETTO

1. Leggo <u>il libro</u>. → <u>**Lo**</u> leggo.
2. Mangio <u>la pasta</u>. → ____ mangio.
3. Compro <u>i regali</u>. → ____ compro.
4. Vedo <u>le ragazze</u>. → ____ vedo.

COMPLEMENTO OGGETTO INDIRETTO

1. Telefono <u>a Gianni</u>. → <u>**Gli**</u> telefono.
2. Parlo <u>a Maria</u>. → ____ parlo.
3. Scrivo <u>ai ragazzi</u>. → ____ scrivo.
4. Scrivo <u>alle ragazze</u>. → ____ scrivo.

▶ For the use of object pronouns with verbs in the **passato prossimo**, see **Per saperne di più** at the back of your book. To learn how to combine direct and indirect object pronouns to form double object pronouns, see **Per saperne di più, Capitolo 12.**

3 Here are some things to remember about object pronouns.

a. Object pronouns are always placed immediately before the conjugated verb.

Non **lo** vedo.   Sì, **vi** do il libro.

b. When verbs such as **potere, volere,** or **dovere** precede an infinitive, the pronoun can appear before the conjugated verb or it can be attached to the infinitive after dropping the final **-e.**

Vi voglio parlare.   =   Voglio parlar**vi**.

c. Only the direct object pronouns **lo** and **la** may elide before verbs that begin with a vowel.

Aspetto il mio amico.   →   **L'**aspetto. (**Lo** aspetto.)

Ordino la pasta.   →   **L'**ordino. (**La** ordino.)

 # Scopriamo la struttura!

For more on direct and indirect objects, watch the corresponding *Grammar Tutorials* in the *eBook*. Practice activities are available in *Connect*.

www.mhhe.com/connect.com

In italiano

You learned in **Capitolo 6, Strategie di comunicazione** that **ecco** (*here it is / here they are*) is often followed by a direct object pronoun that agrees in number and gender with the object to which it refers.

—**Mi puoi dare quella lampada?**   —**Dove sono i bicchieri?**

—**Certo! Eccola.** (*Here it is.*)   —**Eccoli.** (*Here they are.*)

A. Ecco. Scegli la risposta giusta per queste domande.

| Sì, eccolo. | Sì, eccole. | Sì, eccoli. | Sì, eccola. |

1. Mi puoi dare la coca-cola?

2. Mi può far vedere (*show*) quel vaso di Murano?

3. Mi può portare un caffè?

4. Mi può portare un panino e una limonata?

5. Mi puoi dare il telecomando (*remote*)?

6. Mi puoi dare quella rivista?

7. Mi puoi far vedere quelle foto?

B. Regioni d'Italia: I prodotti più famosi. Murano è un insieme di sette piccolissime isole del mar Adriatico, a nord-est di Venezia. Più di mille anni fa, i vetrai (*glassblowers*) di Venezia iniziarono a produrre il vetro artistico. La tradizione continua ancora oggi. Altre città italiane hanno le loro tradizioni specifiche. Abbina le domande (1–7) alle risposte appropriate (a–g). Il primo abbinamento è già stato fatto. **Attenzione!** Se non sai la risposta, guarda il pronome di complemento diretto presente nelle risposte per trovare la domanda corrispondente.

Vetro artistico di Murano (Veneto)
© makico/Alamy

Trulli, case caratteristiche (Puglia)
Courtesy of Diane Musumeci

Cinecittà a Roma (Lazio)
© Kontantin Sergeyev/Alamy

1. Dove posso vedere la produzione di vetro artistico?

2. Dove producono le Fiat?

3. Dove posso vedere il Palio?

4. Dove lavorano l'oro?

5. Dove organizzano il Carnevale più splendido d'Italia?

6. Dove producono molti film italiani?

7. Dove posso vedere i trulli?

a. **Li** producono a Cinecittà, a Roma.

b. **Lo** fanno a Venezia.

c. **Lo** lavorano a Vicenza e ad Arezzo.

d. **La** puoi vedere a Murano.

e. **Lo** puoi vedere a Siena.

f. **Li** puoi vedere ad Alberobello.

g. **Le** producono a Torino.

C. Frasi equivalenti. Leggi le frasi con i pronomi di complemento oggetto diretto o indiretto e poi scegli la frase con lo stesso significato.

1. Gli telefona.

    a. Enzo telefona a Franca.   **b.** Franca telefona a Enzo.

2. Lo ama.

    a. Beatrice ama Dante.   **b.** Dante ama Beatrice.

3. La guarda.

    a. Antonella guarda Massimo.   **b.** Massimo guarda Antonella.

4. Le risponde.

    a. Simona risponde a Franco.   **b.** Franco risponde a Simona.

5. Lo segue.

    a. La bambina segue il gatto.   **b.** Il gatto segue la bambina.

6. Ci scrive.

    a. Noi scriviamo a Marco.   **b.** Marco scrive a noi.

7. Vi parliamo.

    a. Voi parlate a noi.   **b.** Noi parliamo a voi.

D. Scegli. Scegli la forma formale o informale del pronome secondo il contesto. Poi, con un compagno / una compagna, crea un altro mini-dialogo per ogni contesto.

all'università

1. Professore, non sono venuto a lezione ieri perché ero ammalato. Posso dar<u>Le / ti</u> i compiti domani?

2. —Prof., ha ricevuto la mia e-mail?

    —No, purtroppo.

    —Che strano! Ieri <u>Le / ti</u> ho scritto un messaggio lunghissimo per giustificare (*justify*) le mie assenze.

in un negozio d'abbigliamento

3. —Signora, posso aiutar<u>La / ti</u>?

    —Sì, grazie. Cerco un paio di pantaloni blu.

in ufficio

4. Signora Franchi, <u>La / ti</u> aspetto nel mio ufficio. Dobbiamo parlare.

tra amici

5. —Gianni, vuoi uscire con noi sabato sera?

    —Sì! <u>Le / Ti</u> telefono domani.

a tavola

6. —Signor Marchi, <u>Le / ti</u> piacerebbe l'antipasto misto?

    —Sì, grazie.

7. —Paolo, <u>La / ti</u> aspetto a casa. Preparo gli gnocchi stasera.

E. La mia infanzia (*childhood*).

Parte prima. Leggi le seguenti frasi su possibili esperienze d'infanzia. Segna ✓ le frasi che sono vere per te.

I miei genitori...	
1. ☐ mi portavano spesso allo zoo.	**5.** ☐ mi compravano vestiti alla moda.
2. ☐ mi incoraggiavano (*encouraged me*).	**6.** ☐ mi aiutavano con i compiti.
3. ☐ mi leggevano molti libri.	**7.** ☐ mi accompagnavano a scuola.
4. ☐ mi davano la paghetta ogni settimana.	**8.** ☐ mi portavano alle lezioni di musica, karatè, nuoto...

Parte seconda. Lavora con un compagno / una compagna. Cosa avete in comune?

> **ESEMPIO:** I nostri genitori ci portavano spesso allo zoo...

F. Dove metti i mobili?

Parte prima. Insieme ai compagni, crea una lista di almeno 20 mobili o oggetti che si trovano in una casa.

> **ESEMPIO:** la poltrona, i bicchieri, i libri...

Parte seconda. Lavora con un compagno / una compagna. Chiedi dove mette gli oggetti e i mobili della lista in casa sua. Lui/Lei deve rispondere usando un pronome di complemento diretto.

> **ESEMPIO:** **S1:** Dove metti la poltrona?
> **S2:** La metto in soggiorno, accanto al divano.

○ G. Un po' di cultura: Come si fa l'espresso. Mentre Mirella prepara il caffè, John le fa una serie di domande. Completa le risposte di Mirella con il pronome giusto.

la moka

Courtesy of Scott Sprague

il vasetto   il bollitore

il filtro

Courtesy of Scott Sprague

il fornello

Courtesy of Janice Aski

JOHN:	Dove metti l'acqua?
MIRELLA:	_____¹ metto nel bollitore.
JOHN:	Dove metti il caffè?
MIRELLA:	_____² metto nel filtro.
JOHN:	E dove metti il filtro con il caffè?
MIRELLA:	_____³ metto nel bollitore e poi chiudo la moka con il vasetto.
JOHN:	E cosa fai con la moka?
MIRELLA:	_____⁴ metto sul fornello e aspetto che salga (*rises*) il caffè.

11.2 Invitiamo tutti alla festa!

Indefinite pronouns

▶ Giuliano sta organizzando una festa di compleanno per Marco. Marco vuole sapere tutto. (Ricordi Giuliano e Marco? Vedi il **Lessico** in questo capitolo.) Leggi la loro conversazione e cerca di capire il significato delle **parole evidenziate**.

MARCO:	Chi inviti alla festa?
GIULIANO:	**Tutti.**
MARCO:	Cosa prepari?
GIULIANO:	Tanti piatti diversi e **qualcosa** di speciale per te.
MARCO:	Bene! Voglio assaggiare (*taste*) **tutto**! Dove facciamo la festa?
GIULIANO:	Non qui. A casa di **qualcuno**.

Perché, secondo te, Giuliano dà risposte così vaghe (*vague*)?

▶ Answers to this activity are in the **Appendix** at the back of your book.

1 **Tutti** (*everyone*), **qualcosa** (*something*), **qualcuno** (*someone*), and **tutto** (*everything*) are indefinite pronouns (**i pronomi indefiniti**); they take the place of nouns, but they do not refer to a particular person or thing.

▶ Which two pronouns refer only to people and which two refer only to things?

le persone	le cose

2 Indefinite pronouns can function as the subject of the verb or the direct object.

SOGGETTO

Qualcosa è successo.	*Something happened.*
Tutto è in ordine.	*Everything is in order.*
Qualcuno ha telefonato.	*Someone called.*
Tutti sono venuti alla festa.	*Everyone came to the party.*

COMPLEMENTO DIRETTO

Ho mangiato **qualcosa.**	*I ate something.*
Ho fatto **tutto.**	*I did everything.*
Ho visto **qualcuno.**	*I saw someone.*
Ho invitato **tutti.**	*I invited everyone.*

3 **Qualcuno** and **tutti** can also be the indirect object of the verb.

> Ho parlato con **qualcuno**.   Ho risposto a **tutti**.

4 To express *something to* + verb, use **qualcosa** + **da** + infinitive.

> **qualcosa da mangiare**   **qualcosa da bere**   **qualcosa da fare**

The opposite, *nothing to* + verb, is expressed with **niente**:

> **niente da mangiare**   **niente da bere**   **niente da fare**

5 To express the equivalent of *all* (*the*) + noun use **tutto/a/i/e** + article + noun. In this case, **tutto** functions like an adjective and agrees in gender and number with the noun that it modifies, so it has four forms.

tutto il giorno	*all day*
tutti i giorni	*every day* (literally, *all the days*)
tutta la pizza	*all the pizza*
tutte le ragazze	*all the girls*

A. Ascolta!

Parte prima. L'insegnante fa delle domande sulla festa per Marco. Scegli le risposte logiche.

1. **a.** Tutti.   **b.** Tutto.
2. **a.** Qualcuno.   **b.** Qualcosa.
3. **a.** Tutto.   **b.** Qualcuno.
4. **a.** Sì, hanno portato qualcosa.   **b.** Sì, hanno portato qualcuno.
5. **a.** No, non aveva niente da fare. **b.** No, aveva qualcosa da fare.
6. **a.** No, hanno mangiato tutti.   **b.** No, hanno mangiato tutto.

Parte seconda. È stata una bella festa? Perché sì/no?

B. Un piccolo test.

Parte prima. Scegli le affermazioni che descrivono quello che fai tu a una festa. (Ricordi le espressioni negative? Vedi **Strutture 7.3.**)

1. **a.** Porto qualcosa da bere   **b.** Porto qualcosa da mangiare.   **c.** Non porto niente.

2. **a.** Porto qualcuno.   **b.** Non porto nessuno. Vado da solo/a.   **c.** Porto tutti i miei amici.

3. **a.** Mangio tutto.   **b.** Mangio qualcosa.   **c.** Non mangio niente.

4. **a.** Arrivo in anticipo.   **b.** Arrivo in ritardo.   **c.** Arrivo puntuale.

5. **a.** Parlo con tutti.   **b.** Parlo solo con le persone che conosco.   **c.** Non parlo con nessuno.

6. **a.** Ballo qualche volta.   **b.** Ballo sempre.   **c.** Non ballo mai.

Parte seconda. Intervista i tuoi compagni per trovare due persone: (1) la persona più simile a te e (2) la persona opposta a te.

> ESEMPIO: **S1:** Porti qualcosa alle feste?
> **S2:** No, non porto niente.
> **S1:** Io, invece, porto sempre qualcosa da bere.

▶ To learn more about indefinite adjectives, see **Per saperne di più** at the back of your book.

In italiano

Many proverbs contain indefinite pronouns. Here are two:

> Chi ama **tutti** non ama **nessuno**.

> **Tutto** è fumo (*smoke*) fuorché (*except*) l'oro e l'argento.

C. I fratelli gemelli. Carlo e Carlotta sono gemelli. Completa la descrizione di Carlo con la forma giusta delle parole qui sotto. **Attenzione!** Si usano tutte le parole, alcune più di una volta. Quando finisci, descrivi il carattere di Carlotta, che è l'opposto di quello di Carlo.

niente	nessuno	qualcosa	qualcuno	tutto

Carlo è un ragazzo timido e abbastanza introverso. Il venerdì non ha _____[1] da fare perché non esce mai con _____.[2] Preferisce stare a casa a guardare la TV o ad ascoltare la musica. Il suo compagno di casa è contento perché fa _____[3] in casa: pulisce e lava i piatti. Frequenta _____[4] le lezioni e studia _____[5] i giorni. Le rare volte che va a una festa beve _____[6] ma non mangia _____.[7] Parla con _____[8] che conosce ma mai con persone che non conosce bene. In genere torna a casa presto.

D. Domande.

Parte prima. Lavora con un compagno / una compagna. Completate le frasi seguenti con un sostantivo appropriato, poi create una domanda per ogni frase.

ESEMPI: tutti i giorni   Studi l'italiano tutti i giorni?
         tutta la sera   Il sabato guardi Netflix tutta la sera?

1. tutti i _____   3. tutta la _____
2. tutte le _____   4. tutto il _____

Parte seconda. Tu e il tuo compagno / la tua compagna intervistate tre compagni di classe diversi (per un totale di sei compagni). Quando avete finito, analizzate tutte le risposte e scrivete delle conclusioni.

ESEMPI: Due studenti e tutte le studentesse studiano l'italiano tutti i giorni.
         Il sabato, nessuno guarda Netflix tutta la sera.

11.3 Conosco una persona che parla tre lingue!

The relative pronoun *che*

▶ Leggi le frasi. Che cosa significa **che**?

> 1. Gianni esce con una studentessa **che** parla tre lingue.
> 2. I regali **che** ho ricevuto per il mio compleanno sono belli.
> 3. Ho visto il ragazzo **che** Maria ha incontrato ieri.

▶ Answers to this activity are in the **Appendix** at the back of the book.

▶ To learn more about relative pronouns, see **Per saperne di più** at the back of your book.

1 **Che** is a relative pronoun that never changes form but that can refer to a person or a thing. Therefore, it can mean *who/whom* or *that/which*.

2 A relative pronoun introduces a relative clause. The relative clause provides additional information about the noun that precedes **che** in the sentence. Underline the relative clauses in the statements above. What additional information about **la studentessa, i regali,** and **il ragazzo** are provided by the relative clauses?

A. Federica e Ahmed si sono sposati.

Parte prima. Federica e Ahmed si sono sposati e Federica si trasferisce nell'appartamento di Ahmed. Completa le affermazioni dell'insieme A con le frasi relative dell'insieme B.

A	B
1. A Federica non piace il tappeto	**a.** che abbaia (*barks*) sempre e mangia tutte le scarpe di Federica.
2. Ahmed ha un divano giallo	**b.** che non si intona (*match*) con le pareti (*walls*) verdi e il nuovo tappeto azzurro.
3. Federica non sa cosa fare con i vestiti	**c.** che erano nella credenza (*cupboard*).
4. Federica ha rotto tutti i piatti	**d.** che non stanno nell'armadio.
5. Ahmed ha un cane	**e.** che la mamma di Ahmed ha fatto a mano perché è troppo grande.

Parte seconda. Cosa possono fare per risolvere i loro problemi?

B. Culture a confronto: La casa. Scegli l'elemento giusto per completare il paragone fra la casa italiana e la casa americana.

1. Il bidè, che è molto comune in Italia, <u>si trova / non si trova</u> in molte case americane.

2. La moquette (*carpeting*), che si trova in molte case americane, <u>si trova / non si trova</u> in molte case italiane.

3. Il pavimento nella sala da pranzo, che negli Stati Uniti è spesso <u>di legno / piastrellato</u> (*tile*), in Italia è generalmente <u>di legno / piastrellato</u>.

4. In Italia la lavatrice, che si usa per lavare i vestiti, è <u>più grande / meno grande</u> che negli Stati Uniti.

5. In Italia i vestiti si appendono nell'armadio, che si trova in <u>cucina / camera da letto</u>. Negli Stati Uniti i vestiti si appendono nella cabina armadio (*closet*).

Un soggiorno moderno
Courtesy of Barbara Zoli

C. Rischio.

Parte prima. Insieme ai compagni, fai una lista di cinque o sei persone o oggetti che associ ad ogni categoria.

la casa	le feste	la scuola e le professioni	i vestiti e la moda

Parte seconda. Lavora con un compagno / una compagna. Preparate frasi che descrivono varie persone o oggetti di ogni categoria. Le frasi devono cominciare con **È la persona che...** o **È la cosa che...** .

> ESEMPI: È la persona che porta dolcetti e regali ai bambini il 6 gennaio.
> È la cosa che ti metti quando fa freddo.

Parte terza. Con un'altra coppia, a turno, presentate le descrizioni. L'altra coppia deve indovinare la persona o l'oggetto descritto.

> ESEMPI: È la Befana!
> È la sciarpa!

D. Firma qui, per favore!

Parte prima. Con i compagni, completa le frasi e poi aggiungi altre frasi alla lista.

Le mie opinioni	1	2	3
1. Mi piacciono gli amici che...			
2. Non mi piacciono i professori che...			
3.			
4.			

Parte seconda. Confronta le tue opinioni con quelle di tre compagni. Quando trovi qualcuno con la tua stessa opinione, chiedi la sua firma.

> ESEMPIO: S1: Ti piacciono gli amici che fanno bei regali?
> S2: Sì, mi piacciono. / No, non mi piacciono.
> S1: Anche a me! Firma qui, per favore.

Parte terza. Con chi hai più cose in comune? Riferisci i risultati ai compagni.

> ESEMPIO: Ho più cose in comune con Alessia perché ci piacciono gli amici che fanno bei regali, ma non ci piacciono i professori che...

Grammatica dal vivo: Il pronome relativo *che*

Guarda un'intervista con Annamaria che parla dei turisti sulla costiera amalfitana usando i pronomi relativi.

www.mhhe.com/connect

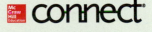 Ascoltiamo!

Le case di Pompei

A. Osserva e ascolta. Osserva e ascolta Federico che ti parla delle case di Pompei.

B. Completa. Completa le seguenti frasi inserendo la parola o l'espressione appropriata della lista. Usa ogni espressione *una sola volta*. **Attenzione!** La lista contiene dieci parole o espressioni; devi usarne solamente otto.

agli scavi	da un'eruzione	su marciapiedi	strette
alla sala da pranzo	finestre	su un divano	
città	mosaici e affreschi	sui muri	

1. Pompei ed Ercolano erano due _____ dell'Italia Meridionale distrutte nel 79 d.C. _____ del Vesuvio.

2. Grazie _____ degli archeologi, sono stati ritrovati vari edifici pubblici e privati dell'antica Pompei.

3. Le strade di Pompei erano _____ e sporche; la gente camminava _____ alti e per attraversare la strada usava sassi (*stones*).

4. La prima stanza era un atrio o ingresso con _____ per fare buona impressione sugli ospiti.

5. I pompeiani mangiavano **sdraiati** (*lying down*) _____, chiamato triclinio, che dava il nome _____.

C. Tocca a te! Completa le seguenti frasi. Esprimi le tue impressioni sulla casa pompeiana.

> **Un aspetto della casa pompeiana che mi piace è... perché...**
>
> **Una cosa che non mi piace, invece, è... perché...**

Vaso antico
© Accademia ItaliaVna, London/Bridgeman Images

Retro

Il cortile risale ai tempi di Roma antica ed è ancora una parte bellissima dei palazzi più importanti.

Peristilio (cortile) di una casa antica a Pompei (Campania)
© GoodSportHD.com/Alamy

Continua a leggere nel **Capitolo 11, Retro** su **Connect.**

connect®
www.mhhe.com/connect

 # Leggiamo!

Vivere insieme? È un'idea!

A. Prima di leggere. Con un compagno / una compagna, fai una lista di tre vantaggi e tre svantaggi di vivere insieme ai genitori mentre si studia.

B. Al testo!

Parte prima. Leggi l'annuncio di un'iniziativa dell'associazione MeglioMilano per sapere come la città cerca di risolvere il problema dell'alloggio (*housing*) degli studenti fuori sede (*out of town*).

Prendi in casa uno studente

Risparmiare sull'affitto e rendersi utili nello stesso tempo. Il progetto «Prendi in casa uno studente» permette l'incontro tra anziani con una camera disponibile e studenti in cerca di alloggio.

Il progetto «Prendi in casa uno studente», promosso dall'associazione MeglioMilano, si rivolge a studenti, dottorandi[1] e ricercatori delle università milanesi in cerca di alloggio. L'associazione si propone di far incontrare le loro esigenze con quelle degli anziani che hanno una stanza libera nella loro abitazione.

Gli studenti contribuiscono alle spese della gestione domestica,[2] risparmiando sull'affitto, e aiutano il padrone di casa svolgendo piccoli servizi utili. Gli anziani possono godere dell'aiuto e della compagnia dei coinquilini.[3]

Il progetto è seguito e coordinato dall'associazione MeglioMilano, che incontra gli anziani che offrono alloggio e gli studenti interessati e si occupa di metterli in contatto e definire gli abbinamenti.

[1]*PhD students* [2]*spese... household expenditures* [3]*housemates*

Parte seconda. Ora rispondi alle domande.

1. Che cos'è il progetto «Prendi in casa uno studente»?
2. Quali sono i vantaggi per lo studente?
3. Quali sono i vantaggi per la persona anziana?

C. Discutiamo! Secondo te, un progetto simile avrebbe successo (*would be successful*) nella tua città? Perché? Ti piacerebbe partecipare a un progetto simile? Tuo nonno / Tua nonna sarebbe contento/a di partecipare?

Scriviamo!

Bamboccioni° o no?
Peter Pan syndrome

Leggi i dati su un fenomeno apparentemente globale. Discuti con i tuoi compagni. Poi rispondi alle domande scrivendo un paragrafo di almeno 75 parole.

> **Secondo l'Istat, quasi l'80% degli italiani tra i 18 e i 39 anni vive ancora a casa con i genitori.**
>
> In Inghilterra si chiamano «kippers», che sta per «kids in parents' pockets eroding retirement savings». In Germania sono chiamati «nesthockers», i figli che non lasciano il nido. In Giappone ci sono i «parasaito shinguru», single parassiti.
>
> In Italia quasi la **metà degli uomini** (il 47,7%) e quasi un **terzo delle donne** (il 32,7%) tra i 25 e i 34 anni **vive ancora con i genitori.** La maggior parte delle persone lo fa perché **non ha una reale alternativa.** Le motivazioni sono principalmente economiche: o perché i figli non trovano lavoro o perché il lavoro paga troppo poco. È anche vero che vivere con i genitori **fa comodo** e le famiglie italiane sono generalmente molto unite.

Cosa ne pensate? Anche voi vivete ancora con i vostri genitori o pensate di andar via di casa appena (*as soon as*) possibile? Quali sono i pro e i contro di vivere con i genitori dopo la laurea?

Parliamo!

Una casa su misura°
su... customized

Progetta una casa con un compagno / una compagna. Potete scegliere tra le seguenti stanze e comodità, ma non potete averle tutte! Ogni elemento vale un certo numero di punti e in totale avete solo 25 punti da «spendere». Come sarà la vostra casa?

la cucina: piccola (2), grande (4)

il salotto (3)

il bagno con vasca (2), con doccia (3), con idromassaggio (*whirlpool*) (4)

la camera da letto (3)

lo studio (2)

la sala da pranzo (4)

la terrazza (4)

il balcone (2)

il giardino privato (5)

la piscina (7)

il garage (5)

il frigorifero (1)

la cucina a gas (1), con forno (2)

il forno a microonde (2)

la lavastoviglie (4)

la lavatrice (3)

🎵 Scopriamo la musica!

«Questa è la mia casa», Jovanotti

IL CANTANTE E LA CANZONE

Lorenzo Cherubini è nato il 27 settembre 1966 e il suo nome d'arte è «Jovanotti» (dal plurale di giovanotto [*young guy*]). I suoi fan lo chiamano anche «Jova». La sua musica si è evoluta dall'hip hop, rap e disco al funk e alla world music arrivando a includere elementi di musica classica e ska. Negli anni '90 i testi delle sue canzoni hanno cominciato a riflettere le posizioni filosofiche, religiose e politiche dell'artista. Convinto pacifista, Lorenzo collabora spesso con organizzazioni che si battono per ridurre la povertà nel mondo, soprattutto in Africa. Tra le sue canzoni più famose ci sono «Serenata Rap» (1994) e «L'Ombelico del Mondo» (1995).

Lorenzo Cherubini in concerto a Madison Square Garden
© Taylor Hill/WireImage/Getty Images

A. Prepariamoci! Le seguenti parole si trovano nella prima strofa della canzone: **Buddha,** *il Cantico delle Creature,** **il Corano, Cristo, O Signore dell'universo.** Cos'hanno in comune?

B. Ascoltiamo! Ascolta la canzone o guarda il video su YouTube. Fai particolare attenzione al ritornello e rispondi alla domanda: **Dove vuole andare il cantante?**

C. Verifichiamo! **Parte prima.** Ascolta la canzone un'altra volta e completa l'inizio delle seguenti strofe. **Un aiuto:** il primo inizio è già completo.

1. O Signore *dell'universo*

2. O Signore dei _____

3. O Signore della _____

Parte seconda. Qual è la risposta alla domanda del coro: **La casa dov'è?**

D. E tu? Secondo te, il cantante sta cercando una vera casa o una casa immaginaria? Quale passaggio della canzone ti fa pensare così?

_____

Il Cantico delle Creature è una preghiera/poesia scritta da Francesco d'Assisi intorno al Duecento. È considerato il primo testo di letteratura italiana.

Scopriamo le belle arti!

Visitazione (ca. 1306), Giotto di Bondone

🌀 LINGUA

A. La vedi? Trova nell'opera il referente giusto per ciascun pronome di complemento oggetto diretto indicato.

gli alberi	le due signore, Maria e sua cugina Elisabetta	il vaso di fiori
il cielo	la signora vestita di rosso	

1. Si trova sul balcone. **Lo** vedi?
2. Crescono (*They are growing*) sulle colline (*hills*). **Li** vedi?
3. Sono al centro, con le aureole. **Le** vedi?
4. È di fronte al portone. **La** vedi?
5. È blu scuro, senza stelle e senza nuvole (*clouds*). **Lo** vedi?

B. Incontro tra donne. Completa le frasi inserendo la parola appropriata.

qualcosa   qualcuno   tutte   tutti

1. In questa scena _____ i personaggi sono donne.
2. La donna vestita di bianco ha _____ in mano.
3. _____ aspetta sotto la tettoia (*canopy*).
4. _____ le donne portano vestiti lunghi.

C. C'è una persona che... Completa le seguenti frasi inserendo informazioni dopo il **che** relativo.

1. Al centro ci sono due donne che _____ .
2. A destra c'è una donna che _____ .
3. A sinistra ci sono quattro donne che _____ .
4. Sotto la tettoia c'è una porta che _____ .
5. Sullo sfondo c'è un paesaggio (*landscape*) che _____ .

Guardando la *Visitazione* con occhi moderni può essere un po' difficile capire subito la grande novità che Giotto ha apportato (*brought*) all'arte. La sua opera può sembrare un po' primitiva, ma ai suoi tempi era tutt'altro che semplice. Giotto è considerato il primo ad avere introdotto le caratteristiche che poi definiranno l'arte rinascimentale (dalla metà del Trecento al Cinquecento): le figure umane diventano più realistiche e mostrano emozione (**pathos**), il paesaggio viene rappresentato in modo più definito, anche se non c'è ancora l'uso della prospettiva.

A. Cos'hanno in comune? Paragona la *Visitazione* di Giotto con la *Visitazione* medievale (V sec., Basilica Eufrasiana di Parenzo, Croazia). Osserva bene le due opere. Giotto è un'artista di transizione; non ha abbandonato completamente la tradizione artistica precedente. Scrivi tre elementi che le due opere hanno in comune.

Visitazione. Basilica Eufrasiana di Parenzo, Croazia.
© Alinari Archives/The Image Works

B. Che bello rivederti! Quest'opera si chiama *Visitazione* perché la giovane Maria va a trovare la sua cugina più anziana, Elisabetta. Tutte e due le donne sono incinte (aspettano un bambino). Nell'opera di Giotto, quale figura è Maria e quale è Elisabetta? Quali elementi hai usato per identificarle? Nell'opera medievale, invece, chi è Maria e chi è Elisabetta?

Vocabolario

Domande ed espressioni

a destra di	to the right of
a sinistra di	to the left of
accanto a	next to
Avanti!	Come in!
davanti a	in front of
dietro	behind
esterno	exterior
Eccolo/la/li/le.	Here it is / they are.
fra	between
interno	interior
nell'angolo	in the corner
niente	that's all, anyway
(Di) niente.	It's nothing. No problem!
nessuno	no one, nobody
niente da (+ *infinitive*)	nothing to (+ *verb*)
Permesso?	Can I come in?
qualcosa	something
qualcosa da (+ *infinitive*)	something to (+ *verb*)
qualcuno	someone
tra	between
Ti/Le dispiace... ?	Do you mind . . . ?
tutto	everything
tutti	everyone

Verbi

caricare la lavastoviglie	to load the dishwasher
fare il bucato	to do the laundry
fare le scale	to take the stairs
sedersi	to sit
tosare l'erba	to cut the grass
trasferirsi	to relocate

Sostantivi

l'armadio	armoire, closet
l'ascensore (*m.*)	elevator
il bagno	bathroom
il balcone	balcony
il bidè	bidet
il bidone	trash bin
la camera da letto	bedroom
il citofono	speakerphone
il condominio	apartment building
la cucina	kitchen; stove
il divano	couch
la doccia	shower
la finestra	window
il forno	oven
il forno a microonde	microwave oven
il frigorifero	refrigerator
il giardino	garden
l'immondizia	trash, garbage
l'ingresso	foyer
la lampada	lamp
il lavandino	sink
la lavastoviglie	dishwasher
il letto	bed
il marciapiede	sidewalk
il palazzo	(apartment) building
il piano	floor (*of a building*)
il pianterreno	ground floor
la poltrona	armchair
il portone	front door, main entrance (literally, *big door*)
il quadro	picture
la sala da pranzo	dining room
lo scaffale	bookcase
la scrivania	desk
la sedia	chair
il soggiorno	living room
lo specchio	mirror
la strada	street
il tappeto	rug
il tavolo	dining table
il televisore	television set
la vasca da bagno	bathtub
il water	toilet

Palazzo Ducale e Piazza San Marco (1755), Giovanni Antonio Canaletto (Galleria degli Uffizi, Firenze, olio su tela)
© Scala/Art Resource, NY

 **RIPASSO**

IN THIS CHAPTER YOU WILL REVIEW:
- the **passato prossimo** of irregular verbs
- the imperfect vs. the **passato prossimo**
- how to compare people and things
- how to replace nouns with object pronouns

SCOPI

IN THIS CHAPTER YOU WILL LEARN:
- to express opinions
- to recognize events that took place in the distant past
- to compare people or things using *better* or *worse*
- more about the verb **piacere**
- about Italian cities, past and present

www.mhhe.com/connect

Secondo te... / Secondo Lei...

Expressing opinions

To express an opinion, say:

Secondo me...

or

A mio parere...

> **Secondo me, la cucina italiana è la migliore del mondo.**
>
> **A mio parere, è essenziale studiare una lingua straniera.**

To ask someone else's opinion, say:

(tu)	**(Lei)**
Secondo te... ?	**Secondo Lei... ?**
Secondo te, chi vincerà lo scudetto?	**Secondo Lei, è bello abitare in centro?**

 ## A. Osserva e ascolta.

Parte prima. Osserva e ascolta il signor Civai che si presenta. Poi rispondi alle domande.

© McGraw-Hill Education/TruthFunction

1. Cosa fa il signor Civai?
2. In quale città lavora?
3. Gli piace il suo lavoro?

Parte seconda. Osserva e ascolta il signor Civai che parla di Siena. Scegli le risposte giuste. **Attenzione!** Per alcune domande c'è più di una risposta giusta.

Vista panoramica di Siena (Toscana)

© Pixtal/agefotostock RF

Palazzo Pubblico, Siena (Toscana)

© Pixtal/agefotostock RF

1. Secondo il signor Civai, Siena è una città molto bella perché _____.

   a. è molto antica

   b. ha molti monumenti e musei

   c. è molto ben conservata

2. Secondo il signor Civai, il Museo Civico del Palazzo Pubblico è il museo più significativo della città perché _____.

   a. è il più grande

   b. è quello che dirige lui

   c. contiene le opere d'arte più importanti dei pittori senesi dal Trecento (*1300s*) all'Ottocento (*1800s*)

Allegoria del buon governo (1337–1340), Ambrogio Lorenzetti (Museo Civico del Palazzo Pubblico, Siena, affresco)

© Scala/Art Resource, NY

3. Secondo il signor Civai, bisogna ricordare la storia politica di Siena perché _____.

   a. Siena è sempre stata governata da gruppi di persone elette

   b. Siena era sotto il controllo di una famiglia importante

   c. fino alla metà del Cinquecento (*1500s*), Siena ha sempre avuto una forma di governo democratica

In italiano

- Italian has two ways of indicating **secoli** (*centuries*).

  As in English, you can use ordinal numbers (which after 10 are formed by dropping the final vowel of the number and adding **-esimo**).

  undicesimo (*eleventh*), **dodicesimo** (*twelfth*), **tredicesimo** (*thirteenth*), **quattordicesimo, quindicesimo, sedicesimo, diciassettesimo, diciottesimo, diciannovesimo, ventesimo, ventunesimo...**

- You can also eliminate the **mille** from the date and refer only to the *hundreds*.

  il Duecento, il Trecento, il Quattrocento, il Cinquecento, il Seicento...

  Dante, Petrarca e Boccaccio furono i più grandi scrittori italiani del Trecento / del quattordicesimo secolo.

- Because referring to centuries as **il Duecento** ('200 for the 1200's) and **il Trecento** ('300 for the 1300's) can create ambiguity with the actual years (200, 300), Italians distinguish between the two by inserting **nell'anno** before the year:

  nell'anno 200 (nel terzo secolo) vs. nel Duecento (nel tredicesimo secolo)

- To express time before and after the Common Era, use:

  a.C. = avanti Cristo   **d.C. = dopo Cristo**

  I Greci fondarono le prime colonie in Sicilia nell'VIII sec. a.C. (nell'ottavo secolo avanti Cristo).

  Pompei ed Ercolano furono distrutte da un'eruzione del Vesuvio nel 79 d.C. (nel settantanove dopo Cristo).

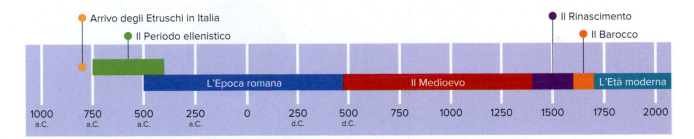

B. Un po' di cultura: Quando fu (*was*) il Medioevo?

Parte prima. Lavora con un compagno / una compagna. Leggi un anno e lui/lei userà la linea del tempo per dirti il periodo storico a cui corrisponde. Poi scambiatevi i ruoli.

ESEMPIO: **S1:** l'ottavo secolo avanti Cristo
           S2: il Periodo ellenistico

1. il Trecento
2. il Duecento
3. il Seicento
4. il Novecento
5. dal 500 a.C. al 476 d.C.
6. il Cinquecento

Parte seconda. Tra le opere d'arte all'inizio dei capitoli di *Avanti!,* trova un esemplare per ognuno dei seguenti periodi storici: **il Medioevo, il Rinascimento, il Barocco** e **l'Età moderna.** Confrontati con il resto della classe: per quale periodo avete trovato più esemplari? Quale periodo artistico preferisci?

C. Una pausa fa sempre bene.

Parte prima. Completa il dialogo inserendo le espressioni al posto giusto.

com'era	cosa vuoi fare	niente	purtroppo	secondo me

—Finalmente siamo arrivati a metà semestre. Domani ho l'ultimo esame.

—In bocca al lupo! _____[1] durante le vacanze?

—Boh! Mi piacerebbe passare una settimana di relax totale al mare, ma _____[2] non ho abbastanza soldi e poi devo lavorare al ristorante, e allora _____.[3] Vedrai che resterò in città.

—Peccato! _____,[4] i bravi studenti meritano una vacanza.

—Hai ragione! Mio padre però mi racconta sempre _____[5] quando lui faceva l'università. Non andava mai in vacanza.

Parte seconda. Lavora con un compagno / una compagna e preparate un dialogo simile usando tutte le espressioni della **Parte prima.** Poi presentatelo alla classe.

D. Culture a confronto: I turisti.

Parte prima. Dove preferiscono andare i turisti italiani? Ecco qualche dato.

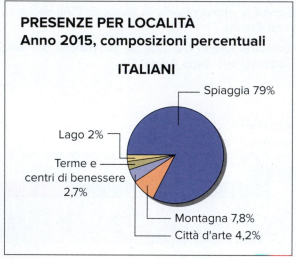

PRESENZE PER LOCALITÀ
Anno 2015, composizioni percentuali

ITALIANI

Spiaggia 79%
Lago 2%
Terme e centri di benessere 2,7%
Montagna 7,8%
Città d'arte 4,2%

Source: Corriere della sera

Parte seconda. Dove preferisci andare in vacanza? Quanti studenti preferiscono visitare una città storica e quanti preferiscono andare al mare o in montagna? Quanti preferiscono un'altra destinazione?

Parte terza. I risultati sono simili o diversi da quelli italiani? Secondo te, perché?

Escursionisti nelle Dolomiti
© Bill Hatcher/Getty Images RF

E. Il punto di vista (*point of view*) di un bambino!

Spiega a un compagno / una compagna perché la città o il paese (*town*) dove sei cresciuto/a (*where you grew up*) era interessante dal punto di vista di un bambino. Preparati poi a presentare le tue opinioni alla classe.

ESEMPIO: Sono cresciuta a Chicago. Secondo me, era allora una città molto bella per una bambina: da piccola, andavo in centro a visitare i musei, a Natale andavo a vedere le vetrine e in estate potevo andare allo zoo.

Lessico

La città e il paese di provincia

Talking about Italian cities and towns

▶ La città e il paese sono due tipi di centri abitati. Leggi questo brano per capire le differenze tra i due e completa il testo con uno dei seguenti elementi: **centro storico, periferia, città, paese.** Riesci a capire il significato delle parole evidenziate?

In Italia ci sono più di 60 milioni di **abitanti** e molti di loro vivono in città. Le città (**centri urbani**), e in generale **i centri abitati,** si distinguono in base al numero di abitanti:

le città piccole	le città medie	le città grandi	le metropoli
Gubbio (32.490)	Lecce (93.600)	Bologna (387.000)	Napoli (1 milione)
Recanati (21.830)	Pisa (89.900)	Firenze (383.000)	Roma (2,8 milioni)
Ravello (2.500)	Mantova (48.700)	Venezia (264.000)	Milano (1,3 milioni)

Source: Istat - www.istat.it

L'Italia è spesso chiamata «la penisola delle mille _____[1]» perché è ricca di centri urbani. Le città si differenziano dai **paesi** per il maggior numero di abitanti e perché hanno molti più servizi: scuole superiori, **banche,** vari tipi di negozi, supermercati, **musei, librerie,*** **parchi** pubblici, eccetera. Anche se ci sono meno servizi, per molte persone **vivere** in un _____[2] è preferibile perché ci sono meno **caos** e **rumore,** meno smog e **inquinamento,** e c'è più verde.

Centro storico di Mantova (Lombardia)
© agefotostock/Alamy

___

***Attenzione! La libreria** is a false cognate; it means *bookstore*. **La biblioteca** means *library*.

Molte città italiane hanno **un centro storico** dove si trovano gli edifici più antichi e interessanti di valore religioso (il **Duomo** e altre chiese) e di valore **civico** (come **il palazzo del comune**). Il _____³ è considerato una parte molto prestigiosa della città: è la zona dove si trovano le boutique e dove gli **affitti** sono molto alti. Le strade del centro storico sono spesso congestionate: una delle ragioni è che non sono adatte al (*suited to*) **traffico** perché sono state costruite quando non c'erano automobili. Per questa ragione, in centro spesso è più comodo **muoversi** con **i mezzi pubblici**—gli autobus, i tram o **la metropolitana** (presente a Milano, Roma, Napoli e in altre città).

La _____⁴ della città è invece meno prestigiosa e meno costosa. Ci sono costruzioni **moderne** ed è, come tutta la città, divisa in **quartieri** con caratteristiche diverse.

Periferia di Roma (Lazio)
© Melissa Gerr

▶ Completa la tabella con le cose e le caratteristiche che, secondo la lettura, sono appropriate per ogni categoria.

le librerie	i parchi pubblici	poco caos
molti abitanti	poco rumore	le scuole superiori
poco inquinamento	poco smog	le banche

	Le cose e le caratteristiche
Il centro urbano	
Il paese	

gli affitti bassi	gli affitti alti	gli edifici moderni
gli edifici antichi	il Duomo	il palazzo comunale
i mezzi pubblici	meno prestigiosa	le strade strette

▶ Answers to these activities are in the **Appendix** at the back of your book.

	Le cose e le caratteristiche
Il centro storico	
La periferia	

I negozi

▶ Nelle città e nei paesi italiani ci sono vari tipi di negozi. Guarda le foto e poi rispondi alle domande scegliendo il negozio giusto.

a. la macelleria
© Alex Segre/Alamy

b. la pescheria
Courtesy of Diane Musumeci

c. il negozio di frutta e verdura
Courtesy of Janice Aski

d. la gioielleria
Courtesy of Diane Musumeci.

e. la salumeria
Courtesy of Arrigo Carlan

f. il panificio / il forno
Courtesy of Diane Musumeci

Dove vai a comprare...

1. il prosciutto? _____

2. il pesce? _____

3. la frutta fresca? _____

4. il pane? _____

5. un anello d'oro? _____

6. la carne? _____

▶ Answers to these activities are in the **Appendix** at the back of your book.

▶ 🇮🇹 **Regioni d'Italia.** Ogni regione italiana ha una città che fa da centro amministrativo regionale, **il capoluogo.** Usa la cartina in fondo al libro per identificare la regione che corrisponde a ogni capoluogo.

1. Ancona
2. Aosta
3. L'Aquila
4. Bari
5. Bologna
6. Cagliari
7. Campobasso
8. Catanzaro
9. Firenze
10. Genova
11. Milano
12. Napoli
13. Palermo
14. Perugia
15. Potenza
16. Roma
17. Trento
18. Torino
19. Trieste
20. Venezia

▶ Consulta di nuovo la cartina per rispondere alle seguenti domande.

1. Quali **fiumi** (*rivers*) attraversano le seguenti città?

   a. Roma   **b.** Verona   **c.** Firenze   **d.** Torino

2. Ci sono otto capoluoghi che hanno **un porto.** Quali sono?

In Italia

In Italia **i biglietti** dell'autobus si vendono in biglietteria (*ticket office*), in tabaccheria o in edicola (*newsstand*). Un biglietto urbano costa circa un euro. Quando salgono sull'autobus i passeggeri devono convalidare il biglietto, cioè metterlo nell'apposita macchina che stampa la data e l'ora. In molte città il biglietto rimane valido per 60–90 minuti.

Attenzione! Se i passeggeri non mostrano il biglietto convalidato al controllore (*conductor*), devono pagare **una multa** equivalente a 60 volte il prezzo del biglietto!

Courtesy of Diane Musumeci

Retro

Perché anche i non-fumatori vanno spesso in tabaccheria? Tradizionalmente, **il tabaccaio** vendeva sale e tabacchi, prodotti su cui il governo aveva il monopolio. Oggi il sale si trova anche al supermercato, e il tabaccaio ora vende anche cartoline, chewing-gum, tagliandi per il parcheggio (*parking permits*), biglietti dell'autobus, ricariche SIM (*additions to cell phone account*), biglietti del Lotto (la lotteria nazionale) e francobolli (*stamps*).

Courtesy of Diane Musumeci

Continua a leggere nel **Capitolo 12, Retro** su *Connect*.

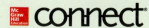

www.mhhe.com/connect

A. Città o paese?

Parte prima. Quali parole associ a un centro urbano (**C**) e quali a un paese di provincia (**P**)?

	C	P			C	P
1. la tranquillità	☐	☐	**6.** il monumento storico		☐	☐
2. il vigile (*traffic cop*)	☐	☐	**7.** la delinquenza		☐	☐
3. i musei	☐	☐	**8.** il taxi		☐	☐
4. il silenzio	☐	☐	**9.** lo stress		☐	☐
5. la metropolitana	☐	☐	**10.** la solitudine		☐	☐

Parte seconda. Lavora con tre o quattro compagni. Quanti altri luoghi, cose o persone che si trovano in un centro urbano e in un paese di provincia riuscite a **elencare** (*list*) in due minuti?

Parte terza. Adesso prendete la lista di un altro gruppo. Quanti altri luoghi, persone o cose riuscite ad aggiungere alle due categorie in tre minuti? Quale gruppo ha le liste più lunghe?

B. Oggi ho molto da fare!

Parte prima. Scegli quattro o cinque dei seguenti negozi e scrivi delle frasi per dire quello che devi comprare oggi.

la pescheria	**la macelleria**
la salumeria	**la libreria**
il panificio / il forno	**il tabaccaio**
la gioielleria	**la pasticceria**
Zara	**l'edicola**

ESEMPIO: Devo comprare un dizionario.
Devo comprare...

Parte seconda. Di' quello che devi comprare a un compagno / una compagna e lui/lei ti dirà dove devi andare.

ESEMPIO: **S1:** Devo comprare un dizionario.
S2: Devi andare in libreria.

In italiano

- Here are some expressions for talking about daily life.

  cambiare casa *to move*

  fare la spesa *to go grocery shopping*

  fare spese/shopping *to go shopping*

  fare un salto *to stop by*

  guardare le vetrine *to window-shop*

  mandare/spedire una lettera / un pacco *to send a letter/package*

  parcheggiare *to park*

  il parcheggio *parking lot/space*

  trasferirsi *to relocate*

- Notice how **nascere, crescere** (*to grow up*), and **vivere** are used to refer to one's relationships to places.

  Sono nato/a a Milano ma sono cresciuto/a a Bologna. — *I was born in Milan but I grew up in Bologna.*

  Ho vissuto cinque anni a Genova. — *I lived in Genova for five years.*

C. I consigli.
Il tuo migliore amico / La tua migliore amica ha sempre un problema da risolvere. Trova la soluzione appropriata.

ESEMPIO: **S1:** Stasera devo uscire ma non ho soldi.

S2: Perché non fai un salto al bancomat?

1. Devo trovare un vestito elegante per il matrimonio di un amico, ma non so cosa voglio.

2. È il compleanno di mia madre venerdì prossimo e non posso andare a casa a festeggiare perché non ho i soldi per il treno.

3. Non riesco a trovare lavoro in questo piccolo paese.

4. Una mia amica viene a cena stasera e il frigo è vuoto (*empty*)!

5. Non ne posso più! (*I can't stand it anymore!*) Abbiamo tre bambini ma solo due camere e un bagno. Questa casa è troppo piccola!

6. Ho un appuntamento alle 18.00 in centro ma è difficile trovare parcheggio a quell'ora.

D. La parola giusta.

Parte prima. Gianfranco e Caterina hanno sistemazioni diverse. Completa le frasi con l'espressione appropriata. **Attenzione!** Devi usare tutte le espressioni una volta.

abitanti	paese	il quartiere
l'affitto	i palazzi	spese
inquinamento	periferia	tranquilla

Gianfranco

1. Gianfranco non abita in città ma in un piccolo _____ in montagna, vicino a Trento.

2. Gianfranco preferisce vivere in montagna dove l'aria (*air*) è pulita e non c'è _____.

3. In un paese di provincia la vita è più _____ che in città perché c'è meno caos e meno rumore.

4. Nel paese di Gianfranco non ci sono negozi. Per fare _____, Gianfranco deve andare a Trento.

Caterina

1. Caterina abita a Roma. Roma è una metropoli perché ha più di un milione di _____.

2. Caterina non è contenta di vivere in periferia, dove le costruzioni sono moderne. Preferisce _____ antichi che si trovano nel centro storico.

3. Molte persone vogliono vivere a Trastevere perché è _____ più antico di Roma.

4. A Caterina piacerebbe un appartamento in centro, ma _____ è troppo alto e lei non ha molti soldi. Probabilmente rimarrà in _____.

Parte seconda. Lavora con un compagno / una compagna. Scrivete altre frasi sulle sistemazioni di Gianfranco e Caterina usando le seguenti parole.

crescere	**la macelleria**	**il parcheggio**	**le vetrine**
l'edicola	**i mezzi pubblici**	**il rumore**	

🇮🇹 E. Culture a confronto: I problemi principali della vita in città.

Parte prima. Con i compagni di classe, fai una lista di quattro problemi principali della vita in città nel vostro paese.

Parte seconda. Ecco cosa dicono gli italiani. I problemi che avete indicato voi sono simili o diversi?

Il traffico	36,9%
La difficoltà di parcheggio	35,2%
L'inquinamento dell'aria (lo smog)	34,4%
Il rumore	30.6%

Source: Istat – www.istat.it

F. Città o provincia?

Parte prima. Collega i contrari (*opposites*). **Attenzione!** Alcuni aggettivi hanno più di un contrario.

1. caotico
2. complicato
3. frenetico
4. monotono
5. noioso
6. pericoloso (*dangerous*)
7. rumoroso
8. stressante

a. calmo
b. divertente
c. piacevole (*pleasing*)
d. sicuro
e. silenzioso
f. stimolante
g. semplice
h. tranquillo

Parte seconda. Adesso completa queste frasi secondo la tua opinione. Nel primo spazio inserisci degli aggettivi, poi motiva la tua scelta. Discuti le tue opinioni con i compagni.

Secondo me, la vita in un centro urbano è... perché...

Secondo me, la vita in un paese di provincia è... perché...

Strutture

▶ Answers to this activity are in the **Appendix** at the back of your book.

↻ Ripasso: Ho vinto la lotteria!

The present perfect of irregular verbs

Parte prima. Completa ogni verbo con il participio passato. (Hai bisogno di aiuto? Vedi **Strutture 7.2.**)

1. nascere	sono _____		**6.** vedere	ho _____
2. rimanere	sono _____		**7.** essere	sono _____
3. vincere	ho _____		**8.** prendere	ho _____
4. perdere	ho _____		**9.** scrivere	ho _____
5. leggere	ho _____		**10.** crescere	sono _____

Parte seconda. Scegli sei verbi e scrivi sei frasi originali che sono vere per te. Con gli altri quattro verbi, scrivi quattro frasi false.

   ESEMPIO: Sono nato il 24 luglio.

Parte terza. Leggi le frasi a un compagno / una compagna. Lui/Lei ascolterà e prenderà appunti e poi deciderà quali sono le quattro frasi false.

12.1 Chi fu?

The past absolute

1 The **passato remoto** is another past tense that is usually used to talk about events in the distant past, such as historical events. It is often used instead of the **passato prossimo** in novels and short stories.

2 The endings of the three regular conjugations are very similar in the **passato remoto**. Notice that regular **-ere** verbs have alternative forms for **io, lui,** and **loro**.

andare	credere	costruire (*to construct*)
and**ai**	cred**ei** / cred**etti**	costru**ii**
and**asti**	cred**esti**	costru**isti**
and**ò**	cred**è** / cred**ette**	costru**ì**
and**ammo**	cred**emmo**	costru**immo**
and**aste**	cred**este**	costru**iste**
and**arono**	cred**erono** / cred**ettero**	costru**irono**

In Italia

L'uso del passato remoto varia secondo la zona geografica. Nell'Italia meridionale si usa il passato remoto quotidianamente nella lingua parlata. Nell'Italia settentrionale gli italiani lo vedono quasi esclusivamente nei romanzi e nei libri di storia.

3 **Essere** is completely irregular in the **passato remoto**.

essere
fui
fosti
fu
fummo
foste
furono

4 The verb **avere** is also irregular, but there is a pattern. The **io, lui/lei,** and **loro** forms are similar.

avere
ebbi
avesti
ebbe
avemmo
aveste
ebbero

5 Many irregular verbs, most of which are **-ere** verbs, also have irregular **io, lui/ lei,** and **loro** forms. Here are the third-person singular (**lui/lei**) forms of several commonly used irregular verbs.

INFINITO	PASSATO REMOTO lui/lei
conoscere	conobbe
decidere	decise
dipingere	dipinse
dire	disse
fare	fece
mettere	mise
morire	morì
nascere	nacque
perdere	perse
prendere	prese
rimanere	rimase
rispondere	rispose
scrivere	scrisse
vedere	vide
venire	venne
vincere	vinse

▶ To learn about the use of the **passato remoto** vs. **l'imperfetto**, see **Strutture 12.2.**

A. Un po' di cultura: Italiani famosi. Completa le descrizioni con la persona giusta.

Enrico Fermi	Dante Alighieri	Carlo Collodi
Nicolò Machiavelli	Anna Magnani	Leonardo da Vinci

1. _____ **dipinse** *La Gioconda*.

2. _____ **scrisse** *Le avventure di Pinocchio* nel 1881.

3. _____ **fu** la protagonista del film *Roma, città aperta* (1945) di Roberto Rossellini.

4. _____ **fu** l'autore del Trecento che **scrisse** la *Divina Commedia*.

5. _____ **scoprì** l'energia nucleare.

6. _____ **fu** il filosofo della politica che **scrisse** *Il principe* durante il Rinascimento.

Targa, Casa di Giulietta, Verona (Veneto). Riesci a trovare i quattro verbi al passato remoto?
Courtesy of Arrigo Carlan

B. Riconosci il passato remoto? Scrivi questi verbi al passato prossimo. **Attenzione!** Usa l'ausiliare (**avere/essere**) giusto.

1. scrisse _____
2. disse _____
3. rispose _____
4. rimase _____
5. decise _____
6. perse *ha perso*
7. dipinse _____

8. vinse _____
9. ebbe _____
10. conobbe _____
11. nacque _____
12. morì _____
13. inventò _____
14. prese _____

C. Un po' di cultura: Trova il passato remoto.

Parte prima. Leggi questo brano su Giulio Cesare e sottolinea tutti i verbi al passato remoto. Poi riscrivi al passato prossimo i verbi che hai sottolineato. **Attenzione!** Ci sono nove verbi al passato remoto.

Intorno al 100 a.C., da una nobile e antica famiglia romana, nacque Caio Giulio Cesare. Nella sua giovinezza ebbe un ruolo importante la madre Aurelia e in lei Cesare ebbe sempre grandissima fiducia (*trust*). Verso i trent'anni Cesare cominciò ad affermarsi (*establish himself*) nella vita politica di Roma. Per attuare (*put into effect*) un suo programma di riforme, si alleò con (*he formed an alliance with*) le due persone più potenti (*powerful*) della città: Pompeo e Crasso. Questo patto fra i tre uomini prese il nome di «triumvirato». A Cesare fu affidato (*entrusted*) il governo della Gallia (*Gaul, now modern-day France*) e presto si rivelò (*he revealed himself*) il più forte dei triumviri. Il 15 marzo del 44 a.C. fu ucciso (*killed*) da un gruppo di oppositori che non tolleravano il suo potere.

Parte seconda. Rispondi alle domande.

1. Quando nacque Giulio Cesare?
2. Quando morì Giulio Cesare?
3. Cosa fu il triumvirato?
4. Chi fu il più forte dei triumviri?

Giulio Cesare (100 a.C.–44 a.C.)
© Eurasia/Robert Harding World Imagery/ Getty Images.

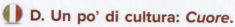

D. Un po' di cultura: *Cuore.*

Parte prima. *Cuore* è un romanzo (*novel*) per ragazzi scritto da Edmondo De Amicis, scrittore, giornalista e poeta al tempo dell'unificazione dell'Italia (1886). Il libro è un diario scritto da Enrico Bottini, un bambino di nove anni di terza elementare a Torino. Sottolinea tutti i verbi al passato remoto che trovi nel testo e scrivi la forma equivalente al passato prossimo. **Un aiuto:** Ci sono sei verbi.

Una Disgrazia° 21, venerdì

Accident

L'anno è cominciato con una disgrazia. Andando alla scuola, questa mattina, io ripetevo a mio padre quelle parole del maestro, quando vedemmo la strada piena di gente, che **si serrava** (*were closing in*) davanti alla porta della **Sezione** (*classroom*). Mio padre disse subito: —Una disgrazia! L'anno comincia male! —Entrammo **a gran fatica** (*with great difficulty*). Il grande camerone era affollato di parenti e di ragazzi, che i maestri non riuscivano a tirar nelle classi, e tutti **eran rivolti verso** (*turned toward*) la stanza del Direttore, e **s'udiva dire** (*one heard*): —Povero ragazzo! Povero Robetti! —**Al disopra** (*Above*) delle teste, in fondo alla stanza piena di gente, si vedeva l'**elmetto** (*helmet*) d'una guardia civica e la testa **calva** (*bald*) del Direttore: poi entrò un signore col cappello alto, e tutti dissero: —È il medico. —Mio padre domandò a un maestro: —Cos'è stato?

Vita cittadina nell'Ottocento

© akg-images/Newscom

1. _____
2. _____
3. _____
4. _____
5. _____
6. _____

Parte seconda. Leggi il brano. Non ti preoccupare se non capisci tutte le parole: cerca di capire l'idea generale della storia.

Parte terza. Povero Robetti! Alla fine del brano il padre di Enrico chiede cos'è successo a Robetti. Con un compagno / una compagna rispondete alla domanda e raccontate la vostra versione ai compagni. **Attenzione!** Usate i verbi al passato prossimo.

In Italia

Firenze: città d'arte e città turistica

Abitanti: fiorentini

Regione: Toscana

Popolazione: 381.037

Piatti tipici: bistecca alla fiorentina, pici

Santo patrono: San Giovanni Battista, 24 giugno

Monumenti: il Campanile di Giotto, il Giardino di Boboli, Palazzo Vecchio, Palazzo Pitti, la Galleria degli Uffizi, Santa Maria del Fiore

Vista panoramica di Firenze (Toscana)
© Royalty Free/Corbis

Ripasso: Una gita a Firenze

The imperfect versus the **passato prossimo**

Chiesa di Santa Maria Novella
© Pixtal/agefotostock RF

San Lorenzo
© Pixtal/agefotostock RF

Ponte Vecchio
© Pixtal/agefotostock RF

Dina studia storia dell'arte a Bologna. Ieri è andata a visitare la città e i musei di Firenze. Aveva solo un giorno **a disposizione** (*free*) e c'erano molte cose da vedere. Completa il racconto della sua visita con il passato prossimo o l'imperfetto dei verbi tra parentesi.

Dina _____ [1] (prendere) il treno delle 7.00 da Bologna ed _____ [2] (arrivare) a Firenze alle 9.00. Prima _____ [3] (andare) a Santa Maria Novella, una chiesa medievale dove si possono vedere le opere di Brunelleschi, Filippino Lippi e Masaccio.

Poi _____ [4] (prendere) l'autobus per andare alla basilica di Santa Croce a vedere gli affreschi di Giotto e delle sculture rinascimentali.[a] Dopo _____ [5] (decidere) di fare un giro al mercato di San Lorenzo.

Mentre _____ [6] (guardare) le borse a una bancarella, _____ [7] (vedere) un'amica, Sabrina, che frequenta il suo corso di arte rinascimentale. L'ha invitata a passare la giornata insieme, ma Sabrina _____ [8] (avere) un altro impegno. A questo punto _____ [9] (essere) le due del pomeriggio: ora di andare alla Galleria dell'Accademia. Dina _____ [10] (essere) ansiosa di vedere il *David*, la famosissima scultura di Michelangelo. Dopo tre ore nel museo, Dina _____ [11] (avere) una fame da lupo.

Mentre _____ [12] (andare) a Ponte Vecchio _____ [13] (fermarsi) in un bar a prendere un panino e qualcosa da bere. Per non sprecare[b] tempo, _____ [14] (mangiare) mentre _____ [15] (guardare) le botteghe e le oreficerie sul ponte. Ormai _____ [16] (essere) tardi. Dina _____ [17] (andare) in stazione per tornare a Bologna.

_____

[a]*from the Renaisssance* [b]*to waste* [c]*botteghe... shops and gold shops*

▶ Answers to this activity are in the **Appendix** at the back of your book.

12.2 Chi fu? Com'era?

The imperfect versus the past absolute

The same difference that exists between the **imperfetto** and the **passato prossimo** exists between the **imperfetto** and the **passato remoto**.

 Firenze.

▶ **Parte prima.** Leggi il brano sulla storia di Firenze.

Prima del XII secolo Firenze non era molto importante, ma nel XII secolo la città ebbe una notevole crescita economica grazie al commercio della lana (*wool*) e della seta (*silk*). Nel 1183 Firenze diventò una repubblica, molta gente vi (*there*) si trasferì e la città cominciò a espandersi. Anche a causa di questa crescita si crearono tensioni tra le due fazioni aristocratiche della città: i guelfi (sostenitori [*supporters*] del papa) e i ghibellini (sostenitori dell'imperatore). Nonostante (*Despite*) le continue battaglie politiche tra le due fazioni, Firenze continuò a crescere e predominò su quasi tutta l'Italia centrale. La sua ricchezza (*wealth*) era particolarmente evidente nelle costruzioni cominciate in quell'epoca (XIII secolo), come le chiese di Santa Maria Novella e di Santa Croce. Nella prima metà del XIV secolo, Firenze era una delle città più popolate del mondo e un potente centro di commercio.

▶ **Parte seconda.** Rispondi alle domande.

1. Quale fu la causa dell'urbanizzazione di Firenze nel Medioevo?
2. Quali erano le due fazioni che non andavano d'accordo a Firenze?
3. Quali chiese si cominciarono a costruire nel XIII secolo?

▶ **Parte terza.** Fai due liste: una di tutti i verbi al passato remoto (ce ne sono sette) e una di tutti i verbi all'imperfetto (ce ne sono tre). Per i tre verbi all'imperfetto e tre verbi a scelta al passato remoto, spiega perché si usa l'imperfetto o il passato remoto.

▶ Answers to this activity are in the **Appendix** at the back of your book.

Ripasso: Il paese è più tranquillo della città

The comparative

Parte prima. Completa queste affermazioni con aggettivi appropriati.

1. Il paese è **meno** _____ **della** città.
2. La vita in città è **più** _____ **della** vita in un paese di provincia.
3. La metropolitana è **più** _____ **dell'**autobus.
4. Il costo della vita in un paese è **meno** _____ **del** costo della vita in città.
5. Il ritmo (*pace*) della vita in città è **più** _____ **del** ritmo della vita in un paese di montagna.

Parte seconda. Lavora con un compagno / una compagna. Fate un paragone tra due città italiane che conoscete.

ESEMPIO: Roma è più grande di Firenze, ma secondo noi Firenze è più bella perché...

12.3 Dove si vive meglio?

The irregular comparative

1 The adjectives **buono** (*good*) and **cattivo** (*bad*) describe nouns. When comparing two nouns, you can express the fact that one is *better than* or *worse than* the other with the regular comparative forms **più buono di / più cattivo di**.

Secondo me...	In my opinion . . .
la pasta è **più buona del** pesce.	*pasta is better than fish.*
gli gnocchi sono **più buoni delle** lasagne.	*gnocchi are better than lasagna.*
l'odore **del** pesce è **più cattivo** dell'odore dell'aglio.	*the smell of fish is worse than the smell of garlic.*
le lasagne bruciate sono **più cattive degli** gnocchi stracotti.	*burnt lasagna is worse than overcooked gnocchi.*

Attenzione! Remember that the adjective agrees in gender and number with the *first* noun in the comparison.

The irregular forms of these adjectives, **migliore di** (*better than*) and **peggiore di** (*worse than*), have the same meaning.

La pasta è **migliore del** pesce.

Gli gnocchi sono **migliori delle** lasagne.

L'odore del pesce è **peggiore dell'**odore dell'aglio.

Le lasagne bruciate sono **peggiori degli** gnocchi stracotti.

2 **Bene** (*well*) and **male** (*badly*) are adverbs: they modify verbs. When comparing how an action is carried out, you use the comparative forms of adverbs **meglio di** (*better than*) and **peggio di** (*worse than*).

Guido nuota **bene.**	*Guido swims well.*
Luca nuota **male.**	*Luca swims badly.*
Guido nuota **meglio di** Luca.	*Guido swims better than Luca.*
Luca nuota **peggio di** Guido.	*Luca swims worse than Guido.*

Scopriamo la struttura!

For more on irregular comparatives, watch the corresponding *Grammar Tutorial* in the eBook. A practice activity is available in **Connect**.

www.mhhe.com/connect

---

study tip

The key to using **buono** vs. **bene** or **cattivo** vs. **male** correctly is paying attention to whether you are describing the quality of a noun or a verb. Do not translate from English since in informal, spoken American English the adjectives *good* and *bad* are often used as both adjectives and adverbs.

A. Regioni d'Italia: Le tue opinioni. Scegli le parole che esprimono la tua opinione e poi completa la frase. Se hai bisogno di aiuto, consulta le cartine in fondo al libro. Quando hai finito, l'insegnante farà un sondaggio in classe per conoscere le opinioni della maggioranza.

Secondo me...

1. la qualità della vita a Napoli / ad Assisi è migliore della qualità della vita a Napoli / ad Assisi perché...

2. le possibilità di trovare lavoro in Lombardia / Campania sono migliori delle possibilità di trovare lavoro in Lombardia / Campania perché...

3. a dicembre una gita (*trip*) a Catania / Cortina è migliore di una gita a Catania / Cortina perché...

4. in agosto un weekend a Bolzano / Rimini è migliore di un weekend a Bolzano / Rimini perché...

5. la qualità dell'aria a Milano / ad Aosta è migliore della qualità dell'aria a Milano / ad Aosta perché...

In Italia

Venezia detta «la Serenissima»: città d'arte e città turistica

Abitanti: veneziani

Regione: Veneto

Popolazione: 264.579

Piatti tipici: risi e bisi, polenta, baccalà

Santo patrono: San Marco Evangelista, 25 aprile

Monumenti: la Fenice, il Fondaco dei Turchi, il Gran Teatro, Piazza San Marco, il Palazzo Ducale, il Ponte di Rialto, la Riva degli Schiavoni

Veduta di Venezia (Veneto)
Courtesy of Arrigo Carlan

In italiano

If you want to express that someone is *better* or *worse* at a particular activity than yourself, you use: **meglio/peggio di me.**

Marcello gioca a tennis meglio di me, ma Sandra gioca peggio di me.

B. Marco e Riccardo.

Parte prima. Marco e Riccardo sono due compagni di casa molto differenti. Completa le frasi con le parole giuste.

1. Riccardo gioca a tennis <u>migliore / meglio</u> di Marco.
2. Marco cucina <u>migliore / meglio</u> di Riccardo. Le lasagne di Marco sono <u>migliori / meglio</u> delle lasagne di Riccardo.
3. Riccardo parla francese <u>peggiore / peggio</u> di Marco.
4. Riccardo gioca a golf <u>migliore / meglio</u> di Marco.
5. Riccardo e Marco seguono un corso di matematica insieme. I compiti di Marco sono sempre <u>migliori / meglio</u> dei compiti di Riccardo.
6. Marco pulisce la casa <u>migliore / meglio</u> di Riccardo.
7. La bici di Marco è vecchia e malandata (*in bad shape*) perché Marco non la usa mai. Riccardo, invece, prende la sua tutti i giorni. La bici di Riccardo è <u>migliore / meglio</u>.

Parte seconda. Lavora con uno o due compagni. In base alle risposte della **Parte prima**, descrivete Marco e Riccardo. Cosa gli piace / non gli piace? Cosa fanno nel tempo libero?

C. Quale è migliore?

Parte prima. Scrivi le tue opinioni. Usa **migliore** o **peggiore**.

ESEMPIO: Secondo me (A mio parere), l'opera lirica è migliore del jazz.

1. la pizza ai funghi / la pizza ai quattro formaggi
2. la vita in campagna / la vita in città
3. il clima caldo e umido / il clima freddo e secco
4. arrivare in ritardo / arrivare troppo presto
5. dimenticare il compleanno di tua madre / dimenticare il compleanno del tuo ragazzo (della tua ragazza)
6. l'autobus / la metropolitana

Parte seconda. Trova un compagno / una compagna che ha le tue stesse opinioni. Prendi appunti e poi presenta i risultati ai compagni.

ESEMPIO:
S1: Secondo te, l'opera lirica è migliore del jazz?
S2: Sì!
S1 e S2: Secondo me e Cristina, l'opera è migliore del jazz.

Parte prima. Indica quanto sei abile o meno in ogni attività.

benissimo	bene	male	malissimo

1. cucinare
2. dipingere
3. giocare a tennis
4. giocare a calcio
5. ballare
6. nuotare

Parte seconda. Trova persone che fanno queste attività meglio o peggio di te. Prendi appunti e poi presenta i risultati ai compagni.

ESEMPIO: **S1:** Come cucini, Luigi?
S2: Bene. E tu?
S1: Io cucino malissimo!
S1: (ai compagni) Luigi cucina meglio di me.

Ripasso: Posso aiutarLa?

Object pronouns

A chi o a cosa si riferiscono i pronomi evidenziati in questi mini-dialoghi? Sono complementi oggetto diretto o indiretto?

1.   IL DIRETTORE: Signora Ricci, per favore, chiami il Signor Talmi e **gli** dica che posso incontrar**lo** domani mattina alle 10.00.
    LA SEGRETARIA: Sì, sì. Subito.
2.   LA MAMMA: Tommaso, hai comprato i fiori per i nonni?
    TOMMASO: No, **li** compro stasera quando esco.
3.   IL CAMERIERE: **Le** porto il conto?
    CARLO: Va bene. Grazie.
4.   SOFIA E LUISA: **Ci** porti a casa in macchina?
    MAURO: Certo, volentieri.
5.   ALESSANDRA: Hai dato i libri a Raffaella ed Enrica?
    RITA: No, non **gli** ho potuto dare niente.
    ALESSANDRA: Perché?
    RITA: Perché non **le** ho più viste a lezione.
6.   LA COMMESSA: Posso aiutar**La**?
    SIMONE: Sì, grazie. Cerco una maglietta per la mia ragazza. **Le** piace il collo a 'V' (*V-neck*).

12.4 A Silvia piacciono le scarpe

More about the verb **piacere**

1 The verb **piacere** doesn't behave like other verbs. **Piacere** literally means *to be pleasing to*, so it has a subject and an indirect object; the subject is what is pleasing, and the indirect object is the person who is pleased. In the following sentence **le scarpe** is the subject of **piacere**, and **Silvia** is the indirect object (that's why **Silvia** is preceded by the preposition **a**).

INDIRECT OBJECT	SUBJECT
↓	↓

A Silvia piacciono **le scarpe.**   *The shoes are pleasing to Silvia.*
(Silvia likes the shoes.)

A Silvia piace **disegnare.**   *Drawing is pleasing to Silvia.*
(Silvia likes drawing.)

Grammatica dal vivo: Il comparativo irregolare

Carlotta è di Ivrea, in provincia di Torino, ma poco tempo fa si è trasferita a Salerno. Guarda l'intervista con Carlotta che parla delle differenze tra queste due città.

www.mhhe.com/connect

▶ Answers to this activity are in the **Appendix** at the back of your book.

▶ To learn about double object pronouns, see **Per saperne di più** at the back of your book.

2 If the indirect object of the verb **piacere** has a definite article, the preposition **a** contracts with the article to form an articulated preposition.

Alla mia amica piacciono gli orecchini.

The earrings are pleasing to my friend (f.).
(My friend [f.] likes the earrings.)

Ai ragazzi piace il giubbotto.

The jacket is pleasing to the guys.
(The guys like the jacket.)

3 Don't be fooled by the word order! With **piacere,** the indirect object, not the subject, may precede the verb.

▶ Identify the subject of **piacere** in the following sentences.

> 1. Mi **piace** vivere in città.
> 2. Ci **piacciono** i negozi del nostro quartiere
> 3. Ai bambini **placciono** i biscotti.
>
> 4. A Luisa **piace** il cane di Maria.
> 5. La nuova macchina **piace** a mia madre, ma non **piace** a mio padre.

▶ Answers to this activity are in the **Appendix** at the back of your book.

Scopriamo la struttura!

For more on the verb **piacere,** watch the corresponding *Grammar Tutorial* in the *eBook*. A practice activity is available in **Connect**.

www.mhhe.com/connect

A. Ascolta. L'insegnante leggerà delle frasi. Indica il soggetto del verbo **piacere.**

1. a. Maria   b. gli spaghetti
2. a. io   b. nuotare
3. a. la natura   b. Michele
4. a. fare le vacanze in Italia   b. mia madre
5. a. Leonardo e Guido   b. tutti gli sport

B. Le conclusioni.

Parte prima. Scegli la conclusione giusta per ogni frase.

1. Luigi mangia sempre i broccoli, le zucchine e l'insalata.
   a. Gli piace la verdura.   b. Le piace la verdura.

2. Marcella gioca a tennis, a calcio e a golf.
   a. Gli piace lo sport.   b. Le piace lo sport.

3. Francesca e Maria guardano *La vita è bella, Roma, città aperta* e *Cinema Paradiso.*
   a. Gli piacciono i film italiani.   b. Le piacciono i film italiani.

4. Io e Toni ascoltiamo Nek, Eros Ramazzotti e Laura Pausini.
   a. Mi piace la musica italiana.   b. Ci piace la musica italiana.

5. Vai spesso a Firenze, Siena e San Gimignano.
   a. Ti piace la Toscana.   b. Mi piace la Toscana.

6. Non guiderò mai a Roma, Milano o Napoli.
   a. Non ti piace il traffico.   b. Non mi piace il traffico.

Parte seconda. Scrivi tu le conclusioni. Segui il modello della **Parte prima.**

1. Tu e Diana mangiate spesso torte, biscotti, il tiramisù e la zuppa inglese.
2. Roberto e Marta vanno sempre a Rimini.
3. Tu e i tuoi amici andate in Trentino–Alto Adige ogni inverno.
4. Io e mia madre andiamo spesso da H&M.
5. Maurizio mangia sempre il gorgonzola, la mozzarella e la fontina.
6. Quando devo fare un viaggio lungo, non prendo mai la macchina. Viaggio sempre in treno.

C. Un po' di cultura: Le persone famose.
Abbina le persone a sinistra con le cose che gli piacciono (o gli piacevano) a destra. Poi scrivi frasi complete con **piacere**.

ESEMPI: A Enrico Fermi piaceva la fisica.
A Sofia Loren piace recitare.

Miuccia Prada   la fisica
Enrico Fermi   viaggiare
Sofia Loren   recitare
Ligabue   le opere liriche
Alessandro Del Piero   i vestiti
Cristoforo Colombo   la musica rock
Giuseppe Verdi   giocare a pallone

D. Il gioco della memoria.
Formate cerchi di 4 o 5 studenti. La prima persona sceglie una categoria e poi dice una cosa che (non) gli/le piace in quella categoria. Ogni persona che segue deve dire cosa (non) piace a lui/lei e ripetere cosa (non) piace alla persona precedente e perché.

Le regole: Non si possono ripetere le risposte. Se dimentichi una risposta o se dimentichi di dire "a" prima del nome dei compagni, il gioco ricomincia da capo (*from the beginning*).

la cucina italiana   i vestiti
la vita universitaria   le professioni
la città e la provincia   le feste (religiose e civili)

ESEMPIO: la città e la provincia

S1: Mi piace Palermo perché mostra forti tracce (*traces*) della dominazione araba.

S2: Mi piace Roma perché c'è Cinecittà. A Maria piace Palermo perché mostra forti tracce della dominazione araba.

In Italia

Palermo: città d'arte e città turistica

Abitanti: palermitani

Regione: Sicilia

Popolazione: 678.492

Piatti tipici: pasta con le sarde, caponata, pasta reale (*marzipan*), cannoli

Santa patrona: Santa Rosalia, 15 luglio

Monumenti: il Castello della Zisa, la Cattedrale, la Kalsa, il mercato della Vucciria, il Museo archeologico, Piazza Pretoria, il Palazzo dei Normanni e la Cappella Palatina, i Quattro Canti, il Teatro Massimo

Cattedrale, Palermo (Sicilia)
Courtesy of Brian Heston

 **Ascoltiamo!**

Le città italiane attraverso il tempo

A. Osserva e ascolta. Osserva e ascolta Federico che ti parla delle caratteristiche delle città in diversi periodi storici.

B. Completa. Completa le seguenti frasi inserendo la parola appropriata della lista. Usa ogni parola *una sola volta*. **Attenzione!** La lista contiene dieci parole; devi usarne solamente otto.

clima	medioevale	il Rinascimento	il trasporto
coltivazione	moderna	romana	
greca	preistorica	Seicento	

1. I centri maggiori sono sorti (*sprang up*) in aree fertili e di facile _____.

2. I centri maggiori si trovano in zone dal _____ mite e presso un fiume o lungo le coste del mare per rendere più facile _____ di persone e merci (*goods*).

3. Le città di origine _____ erano delle colonie.

4. Le città di origine _____ hanno una tipica pianta quadrangolare.

5. Le città di origine _____ sono caratterizzate da piccole strade strette e a curve e da una cerchia di mura (*walls*) che le circonda.

6. Durante _____ non sono state fondate molte città. Quelle già esistenti, invece, sono state trasformate per farle più belle e più comode.

7. Nel _____ lo stile grandioso del Barocco ha trasformato le città con la costruzione di edifici imponenti e monumenti dalle linee curve, con forti effetti scenografici.

C. Tocca a te! Secondo te, quale tipo di città è più interessante? Perché?

Secondo me (A mio parere), le città di origine... sono le più interessanti perché...

Vittoriano (monumento nazionale a Vittorio Emanuele II), Roma (Lazio)
Courtesy of Marzena Poniatowska at marzenasphotography.com

Leggiamo!

Top 10 città italiane più belle da visitare—Classifica ufficiale

A. Prima di leggere. Secondo te, quali sono le 10 città più belle d'Italia? Con un compagno / una compagna, fai una lista.

B. Al testo!

Parte prima. Prima di leggere il testo adattato dal sito italiano *Travel 365*, leggi le domande della **Parte seconda** a cui dovrai rispondere.

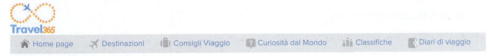

🏠 Home page   ✈ Destinazioni   🧳 Consigli Viaggio   ❓ Curiosità dal Mondo   📊 Classifiche   📖 Diari di viaggio

✈ **Top 10 Città italiane più belle da visitare - Classifica ufficiale**

💬 5 commenti   [f]   [t]   [G+]   [✉]

Se l'Italia è il Bel Paese, un motivo c'è! Ecco la nostra speciale classifica delle 10 città italiane più belle!

10. In coda alla classifica troviamo la città di Ferrara. È medievale e rinascimentale, una città elegante e a misura d'uomo[1] con palazzi, case nobiliari, chiese e castelli.

Ferrara

9. La città col balcone più famoso del mondo si classifica penultima nella top ten, ma è una delle più belle città d'Italia. Degna di nota[2] è anche la famosa Arena, che ospita spesso spettacoli sia televisivi che[3] di opera classica.

8. Restiamo ancora in basso alla classifica con una delle città del sud. Elegante e contraddittoria, Palermo racchiude in sé[4] tratti arabi e normanni, con macchie[5] gotiche-catalane e opulenze barocche.

7. Saliamo un po' la classifica e risaliamo anche la penisola fino in Toscana. Attraversando le mura di San Gimignano si torna indietro al Due-Trecento per uno dei migliori esempi di architettura urbanistica medievale d'Europa.

San Gimignano

6. Risalendo la classifica torniamo in Sicilia: Siracusa è incantevole;[6] l'architettura urbana è di impianto greco e romano, ma è il barocco siciliano che la fa da padrona.[7]

5. Non poteva mancare in classifica la città del Palio; passeggiare per il centro storico è piacevole e sorprendente, fra negozi e botteghe, per sbucare[8] in Piazza del Campo, una delle più belle al mondo.

4. Ad un passo dal podio[9] troviamo la più grande e la più visitata tra le città del sud Italia. Si dice «Vedi Napoli e poi muori» perché non si può lasciare questa terra senza essere stati almeno una volta a Napoli. La città deve molto della sua fama al suo golfo, al Vesuvio, alle splendide rovine di Ercolano e Pompei, alla musica, ma soprattutto... alla pizza!

3. Ed eccoci a salire il gradino[10] più basso del podio, dominato dalla città toscana simbolo del Made in Italy nel mondo, un concentrato di monumenti e opere d'arte, culla[11] della cultura rinascimentale, amatissima dagli stranieri. È qui che si trova il museo italiano più visitato: La Galleria degli Uffizi. Firenze è stata patria dei maggiori artisti e poeti italiani, da Dante Alighieri a Petrarca, da Michelangelo a Leonardo da Vinci.

2. La seconda delle magnifiche tre è la città più visitata d'Italia nel 2012: Roma, Caput Mundi,[12] è letteralmente un museo a cielo aperto: dai Fori Imperiali al Pantheon. Lanciare una monetina[13] nella Fontana di Trevi e restare a bocca aperta davanti al Colosseo, tra i monumenti più fotografati al mondo, è un'esperienza unica.

1. In testa al podio la città più romantica del mondo! Venezia. Ha una delle piazze più belle del mondo: piazza San Marco. I suoi canali con le caratteristiche gondole, i palazzi signorili e la laguna fanno di Venezia una delle città più romantiche al mondo, unica città acquatica, famosa anche per il suo maestoso[14] carnevale.

Siracusa

[1]*a... human scale* [2]*Degna... Worthy of attention* [3]*sia... both television as well as* [4]*racchiude... contains* [5]*traces* [6]*enchanting* [7]*che... that dominates* [8]*uscire* [9]*Ad... At one step from the podium = 4th place (only 1st–3rd place stand on the podium)* [10]*step* [11]*cradle* [12]*Caput... Latin: Capital of the World (classical reference to Rome)* [13]*Lanciare...Toss a coin* [14]*majestic*

PAROLE PER LEGGERE

l'impianto	*plant, installation, system*
mancare	*to be missing*
le mura	*walls (of a city)*
(ri)salire	*to rise (again)*

Parte seconda. Rispondi alle domande.

1. Quali sono le 10 città più belle secondo il post di travel365.it? **Attenzione!** Due città (n. 9 e 5) non sono nominate. Riesci a indovinare dalla descrizione di quali città si parla?

2. Dividi le 10 città secondo le seguenti categorie:

    a. le città medievali

    b. le città rinascimentali

    c. le città che si trovano al nord

    d. le città che si trovano al sud

3. Usa le mappe che si trovano in fondo al libro per indicare:

    a. le regioni in cui si trovano le città

    b. le città che sono capoluoghi

    c. le città che si trovano sul mare

C. Discutiamo! Sei d'accordo con la classifica di travel365.it? Quante delle città che hai elencato in **Prima di leggere** si trovano in classifica? Dopo aver letto la classifica di travel365.it, vuoi cambiare la tua lista per inserire alcune delle 10 città citate? Perché?

Scriviamo!

Dove andiamo?

Crea una classifica delle 10 città più belle del tuo paese. Per ognuna, scrivi perché è bella/interessante/importante/divertente da visitare. Scrivi un minimo di 80 parole.

Parliamo!

Dibattito

Dalla classifica delle 10 città più belle d'Italia, scegli la città che ti interessa di più. Tutti gli studenti che hanno scelto la stessa città formano un gruppo. Ogni gruppo cerca di convincere gli studenti degli altri gruppi a visitare la sua città. Se uno studente si convince che ha ragione un altro gruppo, si sposta dalla sua parte (*he/she joins the other group*). Secondo la maggioranza degli studenti, qual è la città più bella?

Scopriamo il cinema!

FILM: *Il postino*

(Commedia. Dramma. Italia. 1994. Michael Radford, Regista. 108 min.)

> **RIASSUNTO:** Mario (Massimo Troisi), the unemployed son of a poor fisherman, takes the job of mail carrier on his small southern Italian island when the famous Chilean poet Pablo Neruda is exiled there. Mario must hand-deliver the mail to the poet. The two become friends. From Neruda, Mario learns about the power of poetry and uses it to woo the beautiful Beatrice, a waitress at the village inn.
>
> **SCENA:** (DVD Capitolo 19) In this scene, Mario decides to make a recording of various sounds from the *paese* to send to Neruda, who has since left, to remember it by.

A. Anteprima.
Lavora con un compagno / una compagna e decidete quali dei seguenti elementi si trovano comunemente in campagna.

1. la campana (*bell*) ☐
2. il cielo ☐
3. il cuore ☐
4. le onde (*waves*) ☐
5. gli insetti (*insects*) ☐
6. le reti (*fishing nets*) ☐
7. la sirena ☐
8. il traffico ☐
9. il vento ☐
10. i telefonini ☐

B. Ciak, si gira!

Parte prima. Mentre guardi la scena, segna ✓ i suoni che Mario ha registrato.

1. la campana ☐
2. il cielo ☐
3. il cuore ☐
4. le onde ☐
5. gli insetti ☐
6. le reti ☐
7. la sirena ☐
8. il traffico ☐
9. il vento ☐
10. i telefonini ☐

Parte seconda. Ora abbina i suoni registrati alle loro descrizioni.

ESEMPIO: **2. g:** il cielo stellato

a. dei cespugli (*shrubs*)
b. della chiesa
c. della scogliera (*cliff, reef*)
d. del bambino
e. grandi
f. piccole
g. stellato (*starry*)
h. tristi di mio padre

C. È fatto!
Quali suoni della lista in **Anteprima** preferisci ascoltare? Quali suoni della tua città o del tuo paese farebbero parte (*would belong*) del tuo album dei suoni?

 # Scopriamo le belle arti!

Palazzo Ducale e Piazza San Marco (1755), Giovanni Antonio Canaletto

 **LINGUA**

A. Dove siamo, e come lo sai?
Immagina di aver ricevuto una cartolina con questa scena. Completa le frasi e identifica tutti gli elementi famosi che indicano dove ci troviamo. Attenzione ai particolari!

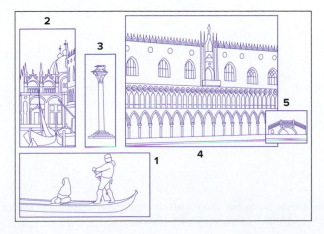

1. Ci sono delle barche particolari. Sono _____.

2. C'è una chiesa. È la Basilica _____.

3. Sulla colonna nella piazza, c'è la figura di un animale che è il simbolo della città e della vecchia repubblica. È la figura _____.

4. C'è un palazzo grande. È il Palazzo _____.

5. C'è un ponte.* È il Ponte _____.

a. della Paglia
b. di San Marco
c. di un leone **alato** (*winged*)
d. Ducale
e. le gondole

B. Eccoci a... ! Ora immagina di avere una macchina del tempo (*time machine*) e di essere la guida di un gruppo di turisti che arriva in questo luogo in quel momento. Descrivi loro la scena. Nella descrizione, non dimenticare di indicare il secolo e la stagione, insieme ai nomi e alla posizione degli elementi (di fronte, a lato [*to the side*], eccetera) che i turisti possono ammirare.

ARTE

Alla fine del Seicento era molto di moda **il Gran Tour,** una visita didattico-turistica a Parigi, Venezia, Firenze e soprattutto Roma. I Gran Turisti erano giovani signori aristocratici che andavano a vedere le rovine antiche e le antichità artistiche per completare la loro istruzione negli studi classici. Durante il Tour queste persone compravano opere d'arte come ricordi (*souvenirs*) di viaggio e per decorare le loro case.

Molti artisti hanno usufruito (*took advantage*) dell'interesse per questi ricordi creando immagini dei paesaggi più visitati e dando vita a un movimento artistico chiamato il Vedutismo, da «veduta» (*view*). Le vedute di Venezia di Canaletto erano apprezzatissime (*most appreciated*) e sono tra i più famosi esempi del movimento.

A. Il Gran Tour 2020? Esiste oggi l'equivalente del Gran Tour? Secondo te, quali luoghi include o dovrebbe includere?

B. Oggetti-ricordo. Molti turisti vogliono portare a casa «ricordi» dei viaggi. Hai mai portato a casa oggetti-ricordo da un viaggio? Se sì, perché li hai scelti?

---

*I turisti salgono su questo ponte per fotografare un altro ponte famosissimo che collega (*links*) il palazzo grande e la prigione: il ponte dei Sospiri (*Sighs*).

Il blog di Barbara—Firenze

Firenze

Il mercato di San Lorenzo

Ciao!

Se hai poco tempo da passare a Firenze, questi sono, secondo me, i posti da vedere:

per i giovani—Via Tornabuoni il sabato pomeriggio per quello che i fiorentini chiamano «lo struscio», una lenta passeggiata.

per gli amanti del fitness— Nell'Arno, proprio tra Ponte alla Carraia e Ponte Vecchio, ci sono ogni giorno gli allenamenti della squadra di canottaggio.

per tutti—Il giardino di Boboli, il mercato di S. Lorenzo, Via del Corso e le vie lì vicino che evocano l'atmosfera fiorentina, Piazza della Signoria. Questa piazza e la galleria degli Uffizi sono attaccati; lì, tra i due edifici, c'è un arco che permette una vista mozzafiato* del museo e dell'Arno... è uno dei miei posti preferiti.

Infine, a 6 km da Firenze, Fiesole.

*breathtaking

Barbara Decanini

33 anni

madre e casalinga eclettica

Cerca...

Post recenti

Firenze

Commenti recenti

Head shot: Courtesy of Barbara Decanini; Firenze: © Ian Dagnall/Alamy

Vocabolario

Domande ed espressioni

a mio parere	in my opinion
meglio/peggio di me	better/worse than me
secondo me	in my opinion
secondo te/Lei	in your opinion (*inform./form.*)

Verbi

cambiare casa	to move
costruire	to construct
crescere	to grow (up)
decidere	to decide
fare un salto	to stop by
fare la spesa	to go grocery shopping
fare spese/shopping	to go shopping, to shop
guardare le vetrine	to window-shop
mandare/spedire (una lettera / un pacco)	to send (a letter / a package)
muoversi	to move, to get around
nascere	to be born
parcheggiare	to park
trasferirsi	to relocate
vivere	to live

Sostantivi

gli abitanti	inhabitants
l'affitto	rent
la banca	bank
il caos	chaos
il capoluogo	administrative center
il centro storico	historical center (*of a city*)
il centro urbano	city
il duomo	cathedral
l'edicola	newsstand
il fiume	river
il francobollo	stamp
la gioielleria	jewelry store
l'inquinamento	pollution
la libreria	bookstore
la macelleria	butcher shop
la metropoli	big city
la metropolitana	subway
i mezzi pubblici	public transportation
i mezzi di trasporto	means of transportation

il museo	museum
il negozio di frutta e verdura	fruit and vegetable shop
il paese (di provincia)	small town
il palazzo del comune	city hall
il panificio / il forno	bread shop, bakery
il parcheggio	parking lot/space
il parco	park
la periferia	periphery
la pescheria	fish shop
il porto	port
la posta / l'ufficio postale	post office
il quartiere	neighborhood
il ritmo (della vita)	rhythm/pace (*of life*)
il rumore	noise
la salumeria	delicatessen
lo smog	smog
il tabaccaio	tobacco shop
il traffico	traffic

Aggettivi

civico	civic
costoso	expensive
moderno	modern
prestigioso	prestigious
religioso	religious

Comparativi

migliore di / peggiore di	better than / worse than (*adj.*)
meglio di / peggio di	better than / worse than (*adv.*)

I secoli (*Centuries*)

a.C. / avanti Cristo	B.C. / before Christ (before the Common Era)
d.C. / dopo Cristo	A.D. / anno domini (after the Common Era)
il Barocco	Baroque period
il Duecento / il Trecento	the 1200s / the 1300s
il Medioevo	Middle Ages
il Rinascimento	Renaissance
l'undicesimo secolo / il dodicesimo secolo	the eleventh century / the twelfth century

Sulla spiaggia (1925), Giorgio De Chirico (Museum Moderner Kunst, Vienna, olio su tela)

© 2013 Artists Rights Society (ARS), New York/SIAE, Rome. Photo: © Erich Lessing/Art Resource, NY

SCOPI

IN THIS CHAPTER YOU WILL LEARN:

- to express wishes and desires
- to make suggestions and give advice
- to talk about vacations
- how to make requests using the present conditional
- how to give commands and instructions and offer advice using the formal and informal imperative
- about vacations and tourism in Italy

www.mhhe.com/connect

Hai/Ha un sogno nel cassetto?

Expressing wishes and desires

- The Italian expression **avere un sogno nel cassetto** means *to have a secret wish* (literally, *to have a dream in the drawer*).

  To express what you *would like to do,* say:

  Vorrei + *infinitive*

  Mi piacerebbe + *infinitive*

- **Attenzione!** In conversation people seldom reply in a complete sentence. Part of the reply is implied:

  —**Hai un sogno nel cassetto?**
  —**Sì, andare in Italia! (Sì, vorrei / mi piacerebbe andare in Italia.)**

▶ A. Osserva e ascolta.

Parte prima. Osserva e ascolta questi italiani che rispondono alla domanda «Hai/Ha un sogno nel cassetto?» Chi ha un sogno nel cassetto? Chi no?

1. sì ☐ no ☐

2. sì ☐ no ☐

3. sì ☐ no ☐

4. sì ☐ no ☐

5. sì ☐ **no** ☐   **6. sì** ☐ **no** ☐

Photos 1–6: © McGraw-Hill Education/TruthFunction

You learned **ti piacerebbe** and **Le piacerebbe** as a way to invite someone to do something. You can also use these expressions to ask what someone would like to do (if they could):

(tu)   **(Lei)**

Dove ti piacerebbe andare?   **Cosa Le piacerebbe vedere?**

Where would you like to go?   *What would you like to see?*

Parte seconda. Ora scrivi quello che piacerebbe fare alle persone intervistate. Se qualcuno non ha un sogno nel cassetto, scrivi «niente».

1. _____   4. _____

2. _____   5. _____

3. _____   6. _____

B. E tu, hai un sogno nel cassetto? Intervista i compagni per trovare qualcuno che condivide (*shares*) il tuo sogno. Se lo trovi, fai tutte le domande necessarie per capire quanto i vostri sogni sono simili o diversi.

     ESEMPIO: **S1:** Hai un sogno nel cassetto?
                    S2: Sì. Mi piacerebbe viaggiare.
                    S1: Anche a me! Dove ti piacerebbe andare?
                    S2: In Egitto. E a te?
                    S1: A me piacerebbe vedere il Sud America.

Sarebbe meglio...

Making suggestions and giving advice

To give advice, say:

Sarebbe meglio... /   *It would be better . . . /*
   Sarebbe una buon'idea...   *It would be a good idea . . .*

or

Non sarebbe meglio... ? /   *Wouldn't it be better . . . ? /*
   Non sarebbe una buon'idea... ?   *Wouldn't it be a good idea . . . ?*

<table>
<tr><td>—Mi piacerebbe fare
il giro del mondo.</td><td>*I'd like to take a trip
around the world.*</td></tr>
<tr><td>—Non sarebbe meglio
laurearti prima?</td><td>*Wouldn't it be better to
graduate first?*</td></tr>
</table>

Remember, if you agree, you can reply with a positive comment such as **Che bello!** or you can say:

—**Sono d'accordo. Sarebbe proprio bello.**	*I agree. It would be great.*

Quale sarebbe meglio?

Parte prima. Ecco una lista di sogni possibili. Lavora con un compagno / una compagna e confrontate vostre opinioni.

ESEMPIO: sposarsi / laurearsi
S1: Secondo te, sarebbe meglio prima sposarsi o prima laurearsi?
S2: Secondo me, sarebbe meglio prima laurearsi.
S1: Anche secondo me. (Secondo me, invece, sarebbe meglio prima sposarsi.)

1. trovare un lavoro / comprare una macchina

2. laurearsi / trovare lavoro

3. avere una vita avventurosa / avere una vita tranquilla

4. diventare ricchi / essere felici

5. pagare i debiti / andare in vacanza

6. viaggiare / mettere su famiglia

Parte seconda. Fai una lista dei tuoi sogni e di quelli di alcuni compagni. Con un compagno / una compagna, decidi quali sogni sarebbe meglio realizzare prima.

Lessico

Dove vai in vacanza?

Talking about vacations

▶ Vuoi prenotare una vacanza di una settimana su Internet? Ecco la pagina dell'agenzia di viaggi Adriatico. Scegli le tue preferenze fra le opzioni presentate (e cerca di capire le parole nuove evidenziate). Poi, quando hai finito, calcola il costo delle tue vacanze e confrontalo con quello delle vacanze di un compagno / una compagna. Chi spende di meno? Chi spende di più?

Prenota la vacanza qui con l'agenzia di viaggi Adriatico

1. Destinazione:

al mare
- ☐ Rimini
- ☐ Portofino
- ☐ Taormina

in montagna
- ☐ Cortina
- ☐ Madonna di Campiglio
- ☐ Aosta

all'estero
- ☐ Parigi
- ☐ Madrid
- ☐ Londra

2. Periodo del soggiorno:

Alta stagione

estate: ☐ dal 15 agosto al 21 agosto

inverno: ☐ dal 1° gennaio al 7 gennaio

Bassa stagione

primavera: ☐ dal 20 marzo al 27 marzo

autunno: ☐ dal 1° ottobre al 7 ottobre

3. Tipo di alloggio (i prezzi sono per camera doppia con bagno e aria condizionata):

Albergo	**Alta Stagione**		**Bassa Stagione**	
	Mezza pensione	Pensione completa	Mezza pensione	Pensione completa
*****	☐ € 1.400	☐ € 1.600	☐ € 1.000	☐ € 1.200
****	☐ € 1.000	☐ € 1.200	☐ € 800	☐ € 1.000
***	☐ € 800	☐ € 1.000	☐ € 600	☐ € 800

Pensione				
***	☐ € 600	☐ € 750	☐ € 450	☐ € 600
**	☐ € 400	☐ € 550	☐ € 350	☐ € 500

4. Escursioni turistiche

- ☐ al mare: escursione in **barca a vela** (€ 200)
- ☐ in montagna: **fare trekking** (€ 75)
- ☐ all'estero: tour della città in **pullman** (€ 40)

PRENOTA!

In italiano

- **Noleggiare** and **affittare** both mean *to rent,* but they are used for renting different things.

  noleggiare (or **prendere a noleggio**) *to rent cars, bikes, and videos*
  affittare *to rent houses and apartments*

  Quando va in vacanza con la sua famiglia, Marco preferisce affittare un appartamento e noleggiare una macchina.

- Here are other verbs that are used when talking about vacations.

dimenticare	*to forget*	**prenotare / fare una**	*to reserve / to make a*
godersi	*to enjoy*	**prenotazione**	*reservation*
lamentarsi	*to complain*	**rilassarsi**	*to relax*

A. Ascolta. L'insegnante leggerà le descrizioni di alcune situazioni. Scegli le soluzioni migliori.

1. Sarebbe meglio _____.
   a. andare al mare
   b. andare in montagna
   c. andare in città

2. Sarebbe meglio _____.
   a. noleggiare un camper
   b. affittare una villa in campagna
   c. prenotare una camera in un albergo del centro

3. Sarebbe meglio _____.
   a. prenotare un albergo a quattro stelle (*four-star*)
   b. prenotare la pensione completa
   c. prenotare la mezza pensione

4. Sarebbe meglio _____.
   a. fare un tour della città in pullman
   b. andare in giro a piedi
   c. noleggiare una bici

5. Sarebbe meglio andare _____.
   a. al mare
   b. su un'isola
   c. in montagna

6. Sarebbe meglio andare in vacanza _____.
   a. nel periodo di alta stagione
   b. nel periodo di bassa stagione
   c. lunedì e martedì

7. Sarebbe meglio _____.
   a. ritornare alla stessa agenzia per prenotare la vacanza per l'anno prossimo
   b. lamentarsi con il direttore
   c. non viaggiare mai più

8. Sarebbe meglio _____.
   a. andare in America
   b. andare in montagna
   c. fare paracadutismo

Lago di Garda (Lombardia)
© Jon Arnold Images Ltd/Alamy

B. Regioni d'Italia: Dove faresti le vacanze?

Parte prima. Lavora con un compagno / una compagna e insieme rispondete alle seguenti domande. **Attenzione!** Se avete bisogno di aiuto, guardate la cartina d'Italia (**Capitolo 1, Strategie di comunicazione**) e quella d'Europa (in fondo al libro).

1. Quali sono le regioni dell'Italia settentrionale, dell'Italia centrale e dell'Italia meridionale?

2. Quali sono i paesi dell'Unione Europea (UE)?

3. Quali sono i paesi europei che non appartengono (*belong to*) all'UE?

Parte seconda. Fate un sondaggio in classe per conoscere le preferenze degli studenti rispetto alle vacanze. Poi calcolate le percentuali. **Attenzione!** Quando rispondete, dovete immaginare di abitare in Italia.

1. Dove preferiresti fare le ferie?

   Destinazione

   ☐ in Italia

   ☐ all'estero

2. Precisamente, dove?

   In Italia

   ☐ al Nord

   ☐ al Centro

   ☐ al Sud

   All'estero

   ☐ in un paese dell'Unione Europea

   ☐ in altri paesi d'Europa

   ☐ nel resto del mondo

3. Come viaggeresti (*would you travel*)?

   ☐ in auto

   ☐ in aereo

   ☐ in treno

   ☐ in pullman

   ☐ con altri mezzi

C. Culture a confronto: Le vacanze degli italiani. Consultate **In Italia** per i risultati di un sondaggio sulle preferenze degli italiani. Paragonate i vostri risultati a quelli italiani. Sono simili o diversi? In che modo?

In Italia

Le vacanze degli italiani: Dove vanno in ferie?

Destinazione:

In Italia	81%	All'estero	19%

La destinazione preferita degli italiani è la spiaggia (79%).

Precisamente, dove?

In Italia		All'estero	
Sicilia	50%	capitali europee	43%
Sardegna	10,4%	mari tropicali e località esotiche	17,7%
Puglia	10,1%		
Calabria	10%		

In quale periodo?

agosto	62,5%
luglio	16,7%
giugno	14,7%
settembre	13,3%

Dove alloggiano?

in albergo	24,5%
a casa di parenti o amici	21,7%
in appartamento in affitto	12,1%
nella casa di proprietà (*second or vacation home*)	10,6%
in villaggio turistico	7,6%

© Digital Vision/Getty Images RF

Source: www.corriere.it

D. Che significa?

Parte prima. Abbina le parole dell'insieme A al significato dell'insieme B.

A	B
1. godersi	**a.** una terra circondata (*land surrounded*) dall'acqua
2. il trekking	**b.** i soldi che si pagano per un servizio o un oggetto
3. prenotare	**c.** il luogo in cui (*in which*) si vive, anche temporaneamente
4. l'isola	**d.** il periodo di tempo che si trascorre in un luogo idiverso dalla residenza abituale
5. il prezzo	**e.** riservare in anticipo
6. il soggiorno	**f.** un tipo di autobus con poltrone e servizi vari che si usa per viaggi lunghi o per escursioni
7. il pullman	**g.** escursione a piedi in montagna o in campagna
8. l'alloggio	**h.** provare soddisfazione, essere contento

Parte seconda. Lavora con un compagno / una compagna. Scrivete il significato di quattro delle seguenti parole. Presentate le vostre definizioni a un altro gruppo che deve indovinare le parole corrispondenti.

l'albergo	dimenticare	noleggiare
l'alta stagione	l'escursione	la pensione completa
la barca a vela	l'estero	la prenotazione
la bassa stagione	lamentarsi	rilassarsi
la camera	la mezza pensione	la spiaggia

In Italia

In spiaggia gli stabilimenti balneari noleggiano **ombrelloni** (*beach umbrellas*), **lettini** (*lounge chairs*) e **pedalò** (*paddle boats*). Gli stabilimenti offrono anche docce, parchi giochi per i piccoli e animazione (*organized activities*); ogni stabilimento balneare ha un bagnino (*lifeguard*). Se vuoi spendere di meno, puoi portare il tuo ombrellone, il tuo **telo da mare** (*beach towel*), eccetera su **una spiaggia libera** (*free/public beach*).

Spiaggia affollata (*crowded*) a Monterosso al Mare (Liguria)
© Sebastian Wasek/agefotostock

E. In agenzia.

Parte prima. Il signor Bolognese è in agenzia di viaggi e parla con l'impiegata. Scegli le parole appropriate per completare la loro conversazione.

alta	in montagna	pensione	prenoto
escursioni guidate	noleggiare	periodo	le spiagge

L'IMPIEGATA:	Buon giorno.
IL SIGNOR BOLOGNESE:	Buon giorno. Senta, ogni estate vado con la mia famiglia al mare. Però _____[1] sono affollatissime e il caldo è insopportabile (*intolerable*). Quest'estate vorrei fare una vacanza diversa e andare _____.[2] Mi potrebbe consigliare (*Could you suggest*) qualcosa?
L'IMPIEGATA:	Per quante persone?
IL SIGNOR BOLOGNESE:	Tre, due adulti e un bambino di 4 anni.
L'IMPIEGATA:	In quale _____[3] vorrebbe andare?
IL SIGNOR BOLOGNESE:	Ad agosto.
L'IMPIEGATA:	Agosto è _____[4] stagione, ma abbiamo qualcosa che non costa tanto. C'è un'offerta speciale per Madonna di Campiglio: mezza _____[5] camera doppia con bagno, 50 euro a persona per notte. Possiamo aggiungere un lettino per il bambino per altri 10 euro a notte.
IL SIGNOR BOLOGNESE:	Quali attività ci sono?
L'IMPIEGATA:	Potreste _____[6] le mountain bike, fare _____[7] o equitazione. Ci sono anche una piscina, un golf club e campi da tennis.
IL SIGNOR BOLOGNESE:	Potrebbe andare bene. Mia moglie adora i cavalli e a mio figlio piace la piscina. A me invece piace molto la bicicletta. Va bene, _____![8]

Parte seconda. Lavora con un compagno / una compagna e recitate il dialogo insieme. Prestate attenzione alla pronuncia e all'intonazione appropriate.

F. La vacanza estiva.

Parte prima. Su un foglio, scrivi il tuo nome, tre cose che ti piace fare, tre cose che non ti piace fare e tre cose che devi avere quando sei in ferie.

Parte seconda. Consegna il foglio all'insegnante e scegli un compagno / una compagna con cui collaborare. L'insegnante distribuirà due fogli a caso a ogni coppia (*pair*). Leggete i desideri dei compagni e poi descrivete la vacanza che faranno insieme l'estate prossima. Dove andranno? In quale periodo viaggeranno? Cosa faranno? **Attenzione!** Usate il futuro. (Non ti ricordi il futuro? Vedi **Strutture 10.2.**)

ESEMPIO: L'estate prossima Roger e Marissa andranno in Italia in alta stagione. Prenoteranno una camera in una pensione a Rimini. Di giorno prenderanno il sole in spiaggia e di notte andranno in discoteca...

Strutture

13.1 Vorrei andare in Italia
The present conditional

▶ Sei in vacanza in Italia per dieci giorni con il tuo migliore amico / la tua migliore amica. Scegli una risposta o dai una tua risposta alle sue domande. Siete compatibili?

1. Prenotiamo una camera senza bagno privato in una pensione per risparmiare (*save*)?

   a. Buon'idea!

   b. Io, invece, **vorrei** dormire in un albergo a quattro stelle.

   c. Io, invece, **vorrei** _____.

2. Noleggiamo una macchina?

   a. Buon'idea!

   b. No, secondo me **sarebbe** meglio viaggiare in treno.

   c. No, secondo me **sarebbe** meglio _____.

3. Andiamo a fare bungee jumping?

   a. Sì! Buon'idea!

   b. No, grazie. **Mi piacerebbe** fare un'escursione.

   c. No, grazie. **Mi piacerebbe** _____.

4. Facciamo un tour di Roma in pullman?

   a. Sì! Buon'idea!

   b. Io, invece, **vorrei** andare in giro a piedi.

   c. Io, invece, **vorrei** _____.

5. Passiamo cinque giorni in Sicilia con la mia famiglia?

   a. Sì! Buon'idea!

   b. No, grazie. **Mi piacerebbe** passare cinque giorni a Roma.

   c. No, grazie. **Mi piacerebbe** _____.

1 The verbs in boldface in the questionnaire above are in the present conditional. The present conditional (**il condizionale presente**) corresponds to the English *would* + *verb*.

vorrei	*I would like*
mi piacerebbe	*it would be pleasing to me / I would like*
sarebbe (meglio)	*it would be (better)*

2 Forming the **condizionale presente** is easy. The stem is the same as that of the future tense.

-are	-ere	-ire
prenot**er**-	prender-	dormir-

The endings are the same for all three conjugations.

io	-ei
tu	-esti
lui, lei; Lei	-ebbe
noi	-emmo
voi	-este
loro	-ebbero

▶ Now complete these conjugations.

	prenotare	prendere	dormire
io	prenoterei		
tu		prenderesti	
lui, lei; Lei			dormirebbe
noi			
voi			
loro			

3 Several verbs have irregular stems in the future and present conditional.

▶ Give the first-person singular (**io**) forms for each verb in the chart that follows. Several are already done for you. (**Attenzione!** If you don't remember the irregular future stems, see **Strutture 10.2**.)

avere → avrei	essere → sarei	cercare → cercherei
andare →	dare →	pagare →
dovere →	fare →	noleggiare → noleggerei
potere →	stare →	cominciare →
volere → vorrei		
rimanere → rimarrei		
tenere → terrei		

▶ Answers to the activities in this section are in the **Appendix** at the back of your book.

Scopriamo la struttura!

For more on the present conditional, watch the corresponding *Grammar Tutorial* in the *eBook*. A practice activity is available in **Connect**.

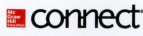

www.mhhe.com/connect

4 The present conditional is often used to make polite requests.

Mi **faresti** un favore?	*Would you do me a favor?*
Potresti aiutarmi con i compiti?	*Could you help me with my homework?*

5 To express what one should or shouldn't do, use **dovere** in the present conditional.

Dovrei studiare di più.	*I should study more.*
Patrick **dovrebbe** telefonare più spesso alla sua mamma.	*Patrick should call his mom more often.*

A. Dove ti piacerebbe dormire?

Stai organizzando le ferie. Leggi la descrizione dell'ostello, del rifugio e del bed & breakfast e poi spiega dove ti piacerebbe dormire, dove non ti piacerebbe dormire e perché.

Mi piacerebbe dormire in un... perché...

Non mi piacerebbe dormire in un... perché...

> ▶ To learn how to form the past conditional, see **Per saperne di più** at the back of your book.

Dove ti piacerebbe dormire in vacanza?

Ostello

L'ostello è un tipo di alloggio dedicato ai giovani viaggiatori o a chi ha un budget limitato. È una sistemazione semplice e essenziale. Si dorme in camerate con i letti singoli o a castello[1] ei servizi sono in comune. A volte il prezzo comprende la prima colazione.

Rifugio

Il rifugio è un alloggio In alta montagna fatto di legno.[2] Ospita più che altro chi desidera riposarsi dopo una lunga camminata o una giornata sulle piste.[3] Come nell'ostello, i servizi sono in comune e le camerate sono grandi, ma spesso bisogna portare il proprio sacco a pelo.[4] Il cibo è buono e genuino, preparato con i prodotti del luogo.

Bed & Breakfast

Il concetto di bed & breakfast, è nato nel nord Europa a metà[5] degli anni Sessanta e indica una sistemazione all'interno di una casa privata. Il costo è limitato e il prezzo comprende la prima colazione che viene preparata e servita dai padroni di casa.

[1]letti... *single beds or bunk beds* [2]*wood* [3]*ski slopes* [4]sacco... *sleeping bag* [5]*middle*

B. Volentieri o mai?

Parte prima. Quali sono le tue preferenze per le ferie? Completa le frasi in modo che siano vere per te.

1. Non andrei mai a/in...
2. Andrei volentieri a/in...
3. Non dormirei mai in...
4. Dormirei volentieri in...
5. Non mangerei mai...
6. Mangerei volentieri...
7. Non viaggerei mai in...
8. Viaggerei volentieri in...

Parte seconda. Lavora con un compagno / una compagna. A turno leggete le vostre frasi. Ogni volta che non sei d'accordo con la sua opinione, chiedi «Perché?» e lui/lei deve giustificare la sua affermazione.

ESEMPIO: S1: Non andrei mai al Polo Nord.
S2: Sono d'accordo.
S1: Ma andrei volentieri in Siberia.
S2: Perché?
S1: Perché è una parte interessante del mondo.

C. Cosa si dovrebbe fare? In gruppi di tre o quattro, decidete cosa dovrebbero fare queste persone. Poi confrontate le vostre proposte con quelle di altri compagni e votate per le soluzioni migliori.

1. Martina è innamorata di Roberto, ma lui non lo sa. Martina dovrebbe...

2. Andrea vorrebbe andare in Turchia ma ha paura di volare. Andrea dovrebbe...

3. Franco vorrebbe un aumento di stipendio. Franco dovrebbe...

4. Maria ha visto il ragazzo della sua migliore amica baciare un'altra ragazza. Maria dovrebbe...

5. È da una settimana che Luisa chiama Luca e lascia messaggi sulla segreteria telefonica. Lui non la richiama. Luisa dovrebbe...

D. Gli scrupoli.

Parte prima. Lavora con un compagno / una compagna. Trovate due possibili soluzioni alle seguenti situazioni.

> ESEMPIO: Arrivi puntuale alla lezione d'italiano ma non c'è l'insegnante.
> a. Aspetterei 15 minuti. b. Andrei a casa.

1. Sono le 8.00 di sera. Domani hai l'esame di fisica, un corso che non ti piace, e non hai ancora cominciato a studiare.

2. I tuoi genitori ti chiedono di tornare a casa questo weekend per il compleanno di tuo fratello, ma il tuo migliore amico fa una grande festa sabato sera.

3. I tuoi amici vanno in Italia per due settimane quest'estate. Vuoi andare anche tu, ma non hai molti soldi.

4. Quando mangi al ristorante con il tuo migliore amico / la tua migliore amica, paghi sempre tu. Il tuo amico / La tua amica dice che pagherà la prossima volta, ma poi non paga mai. Ora sei proprio arrabbiato/a.

Parte seconda. Scambiate le soluzioni con un altro gruppo. Confrontate le diverse soluzioni e poi scegliete la soluzione migliore.

E. Cosa faresti con...

Parte prima. Intervista tre o quattro compagni di classe per sapere quello che farebbero in queste situazioni. Prendi appunti.

Cosa faresti con...

1. 1.000.000 (un milione) di euro?

2. una villa a Palermo?

3. un anno da vivere come vuoi?

4. due viaggi gratis (*free*) a Roma, tutto compreso (*included*)?

5. un biglietto d'aereo con destinazione aperta?

Parte seconda. Lavora con un compagno / una compagna. Basatevi sui risultati delle interviste per decidere quali compagni hanno queste caratteristiche. Poi presentate le vostre conclusioni alla classe.

Chi è...

1. altruista?*	3. prudente?	5. divertente?
2. avventuroso/a?	4. generoso/a?	

> ESEMPIO: Roberto è altruista perché darebbe un milione di euro alla Croce Rossa (*Red Cross*).

---

*The masculine and feminine singular forms of nouns and adjectives ending in **-ista** are the same: **Marco è altruista. Maria è altruista.**

In Italia

- L'Italia ha due **isole** maggiori: la Sicilia e la Sardegna. Oltre (*Besides*) a queste ci sono molte isole minori intorno alla penisola. Ecco alcune delle mete (*destinations*) più frequentate dai turisti.

- Le isole di Ischia e Capri, nel Golfo di Napoli, hanno una lunga tradizione turistica. A Ischia e Capri sono stati ambientati (*are set*) molti film, per esempio, *The Talented Mr. Ripley* (1999).

- Le isole Eolie sono un arcipelago di sette isole vulcaniche a nord della Sicilia. La più grande del gruppo è Lipari, dove ci sono **terme** e belle spiagge.

- L'Isola d'Elba, di fronte alla costa toscana, fu il luogo d'esilio (*exile*) di Napoleone Buonaparte nel 1814.

- Burano e Murano si trovano nella laguna di Venezia. La prima è famosa per il pizzo (*lace*); la seconda per il vetro.

F. Regioni d'Italia: Le isole d'Italia. Basandoti sulle informazioni di **In Italia**, decidi se le affermazioni sono vere o false.

	vero	falso
1. Le isole di Ischia e Capri piacciono ai turisti da secoli.	☐	☐
2. Le Egadi sono un arcipelago di sette isole vulcaniche a nord della Sicilia.	☐	☐
3. Napoleone Buonaparte abitò sull'isola d'Elba nell'Ottocento.	☐	☐
4. Burano e Murano si trovano nella laguna di Venezia. Murano è famosa per il pizzo; Burano per il vetro.	☐	☐
5. A Elba e Lipari sono stati ambientati molti film: per esempio, *The Talented Mr. Ripley* (1999).	☐	☐

Marina grande, Capri (Campania)
© Camelia Maier/Flickr/Getty Images RF

13.2 Dimmi tutto!

The informal imperative

Segna ✓ le espressioni che hai sentito alle lezioni d'italiano.

Apri la porta, per favore.	Chiudi la finestra, per piacere.
Parlate italiano!	Non mangiare in classe.
Accendi le luci, per favore.	Spegni le luci, per favore.
Aprite i libri.	Ascolta.
Non parlare inglese!	Firma qui, per favore.

1 The imperative (**l'imperativo**) is frequently used to give commands or orders, but it also has other functions in Italian. The imperative is also used in the following cases.

    a. to give instructions (directions or recipes)

        Gira a sinistra.   *Turn left.*

        Aggiungete un po' di zucchero.
        Aggiungere un po' di zucchero.   *Add a little sugar.*

    Note: For recipes, you *always* use the second-person plural imperative or the infinitive.

    c. to give advice

        Non parlare più con Giacomo!   *Don't speak to Giacomo anymore!*

    d. to encourage someone to do something

        Dai, **vieni** alla festa stasera!   *Come on, come to the party tonight!*

2 The **tu/voi** forms of the imperative are used when speaking informally to one or more people. All are similar to the present tense forms except for the **tu** form of **-are** verbs, which ends in **-a** instead of **-i.**

	-are	-ere	-ire
tu	**ascolta**	rispondi	dormi/pulisci
voi	ascoltate	rispondete	dormite/pulite

3 The **tu** forms of several commonly used verbs have alternative forms.

andare	→	vai/va'	fare	→	fai/fa'
dare	→	dai/da'	stare	→	stai/sta'
dire	→	di'			

In italiano

The **tu** and **voi** forms of **avere** and **essere** are irregular: **abbi/abbiate** and **sii/siate**. However, they are very infrequent and are most often heard in comments such as:

    Abbi pazienza!   *Have patience!*

    Sii gentile!   *Be nice!*

4 The negative imperative of all **tu** forms is formed with **non** + infinitive. The **voi** forms do not change in the negative imperative.

	-are	-ere	-ire
tu	**non guardare**	**non rispondere**	**non dormire / non pulire**
voi	non guardate	non rispondete	non dormite / non pulite

5 In **Capitolo 5, Strategie di comunicazione,** you learned that the **noi** form is used to make suggestions to a group. It is the equivalent of English *Let's . . .* or *Let's not . . . .*

Andiamo al cinema! *Let's go to the movies!*

Non guardiamo la TV! *Let's not watch TV!*

6 Reflexive and object pronouns attach to the end of the informal imperative verbs.

Marco, metti**ti** la giacca! *Marco, put on your jacket!*

Silvana, leggi**lo**! *Silvana, read it!*

Note that when a pronoun attaches to **da', di', fa', sta',** or **va',** the first consonant is doubled (except when the pronoun is **gli**).

Dimmi! *Tell me!*

Fallo subito! *Do it right away!*

Dagli la foto! *Give him the photo!*

7 Imperative forms are often softened by adding the expressions **per favore, per piacere,** or **pure** (*by all means*).

Firma qui, per favore. **Dimmi la verità, per piacere.** **Stai pure a casa.**

A. Perché si usa l'imperativo? Abbina le frasi con il motivo per cui si usa l'imperativo.

_____ **1.** Dai, **mangia** un po' di pasta: è buona.

_____ **2. Dammi** una penna, per favore.

_____ **3. Non ti preoccupare.** Andrà tutto benissimo.

_____ **4. Vai** diritto (*straight*) e poi **gira** a destra al primo incrocio (*intersection*).

a. dare ordini

b. dare istruzioni (indicazioni stradali o ricette [recipes])

c. dare consigli

d. incoraggiare qualcuno a fare qualcosa

B. Un po' di cultura: La segnaletica stradale. Abbina i cartelli al significato appropriato.

Questo cartello stradale significa...

1. _____

2. _____

3. _____

4. _____

a. «non suonare il clacson!»

b. «non sorpassare!»

c. «non parcheggiare!»

d. «non girare a destra!»

C. Potresti... / Ti dispiacerebbe... ?

Parte prima. Luigi chiede tanti favori a Maria, ma non è sempre molto gentile. Crea domande più gentili usando l'espressione **potresti** + *infinito* o **ti dispiacerebbe** + *infinito*.

> ESEMPIO: Dammi la penna! → Potresti darmi la penna?
> Vieni a casa mia. → Ti dispiacerebbe venire a casa mia?

1. Telefonami stasera.

2. Aspetta un attimo.

3. Dimmi perché non esci stasera.

4. Portami a casa in macchina.

Parte seconda. Insieme a un compagno / una compagna, scrivi due brevi dialoghi; ognuno deve includere almeno una frase della **Parte prima.**

D. Cosa dici?

Parte prima. Completa le frasi con l'imperativo giusto.

aspetta	dimmi	vai
dammi	non ti preoccupare	vieni

1. Qualcuno ti ha scritto un messaggio anonimo. Il tuo compagno / La tua compagna di casa sa chi è, ma non dice niente. Cosa dici al compagno / alla compagna di casa?

   «_____ chi ha scritto il messaggio!»

2. Tuo fratello è molto agitato perché la sua ragazza non lo chiama da una settimana. Cosa dici a tuo fratello?

   «_____! Ti telefonerà in questi giorni.»

3. Vai a uno spettacolo stasera con tuo fratello. Lo spettacolo comincia alle 20.00. Sono le 19.30 e non sei ancora pronto/a. Tuo fratello vuole uscire subito. Cosa dici a tuo fratello?

   «_____ un attimo!»

4. La tua migliore amica studia sempre e non esce mai. Stasera festeggi il tuo compleanno a casa di un amico. Cosa dici all'amica?

   «Dai,_____ alla festa stasera!»

5. Tua madre vuole fare una torta, ma le manca (*she doesn't have*) lo zucchero. Cosa ti dice tua madre?

   «_____ al supermercato a comprare dello zucchero, per favore.»

6. Stai guardando la TV con tuo cugino. Tuo cugino cambia canale (*channel*) in continuazione. Cosa gli dici?

   «_____ il telecomando!»

Parte seconda. Con un compagno / una compagna, scrivi tre frasi usando l'imperativo. **Attenzione!** Non ripetete le frasi della **Parte prima.**

> ESEMPIO: Non parlare inglese!

Parte terza. Scambiate le frasi con un altro gruppo e poi, a turno, descrivete la situazione in cui la frase imperativa viene usata.

> ESEMPIO: Uno studente è arrabbiato perché il compagno risponde in inglese alle sue domande.

In Italia

In Italia **il treno** offre la possibilità di viaggiare comodamente (*comfortably*) a un prezzo ragionevole (*reasonable*). Secondo il tipo di treno, bisogna **prenotare** il posto e/o pagare **un supplemento.**

Treni per il trasporto locale

- 7.200 treni regionali al giorno, il 45% circolante nelle ore di punta (*rush hour*).

Treni nazionali (per le medie e lunghe distanze)

- **Frecciarossa:** treni che viaggiano fino a 400 km/h e collegano le grandi città nelle seguenti rotte (*routes*): Torino – Milano – Reggio Emilia – Bologna – Firenze – Roma – Napoli – Salerno; Venezia – Padova – Bologna – Firenze – Roma – Napoli – Salerno; Trieste/Udine – Venezia – Padova – Vicenza – Verona – Brescia – Milano – Torino; Milano – Reggio Emilia – Bologna – Rimini – Ancona – Pescara – Foggia – Bari.

- **Frecciargento:** treni che viaggiano fino a 250 km/h e collegano Roma e Venezia, Verona, Lecce / Reggio Calabria, Roma e Mantova.

- **Frecciabianca:** treni che collegano Milano e Venezia, il Nord e le principali località della costa adriatica, la costa toscana e ligure con Roma, Roma con il Sud e Roma con la costa adriatica.

- **Intercity:** treni che collegano grandi, medie e piccole città con un efficiente sistema di interscambio con i treni del trasporto locale e con quelli dell'Alta Velocità.

- **Intercity notte:** treni che collegano città distanti tra loro in orario notturno.

Treni internazionali

- **Eurocity (EC) e Euronight (EN):** collegamenti notturni e diurni con la Svizzera, l'Austria, la Germania e la Francia.

Adapted from Trenitalia website: http://www.trenitalia.com

Frecciabianca in stazione
© Glow Images/Getty Images RF

Grammatica dal vivo:
L'imperativo e il condizionale

A molti italiani piace viaggiare e spesso fanno viaggi «esotici». Guarda un'intervista con Laura che parla dei luoghi interessanti che ha visitato.

www.mhhe.com/connect

E. Regioni d'Italia: Quale treno?

Parte prima. Un tuo amico ha bisogno di aiuto. Dagli un consiglio su quale treno prendere. Consulta la sezione **In Italia** e la cartina in fondo al libro.

l'Eurocity	il Frecciarossa
l'Intercity	il Frecciabianca
il treno locale	l'Euronight
il Frecciargento	

ESEMPIO: **S1:** Sono a Milano e cerco il treno più veloce che va a Venezia.
S2: Prendi il Frecciarossa.

1. Abito a Pesaro ma lavoro a Rimini.

2. Abito a Roma e devo andare a Parigi per una settimana per motivi di lavoro.

3. Cerco il treno più veloce che collega Milano a Roma.

4. È domenica pomeriggio. Sono rimasto più del previsto a Roma con i miei amici e devo essere a Lecce domani per una lezione che comincia alle 10.00.

Parte seconda. Insieme a un compagno / una compagna, crea e scrivi tre situazioni simili a quelle della **Parte prima.**

Parte terza. Cambia compagno/compagna. Leggi le frasi al compagno / alla compagna e lui/lei ti dirà quale treno prendere.

13.3 Mi dica!
The formal imperative

▶ Che significa **si accomodi**? Quando si usa?

> Grazie.

> Si accomodi.

1 You have already learned the forms of the informal imperative. When speaking formally to one person, use the **Lei** form of the imperative.* To form the formal imperative, drop the infinitive ending and add **-i** to **-are** verbs and **-a** to **-ere** and **-ire** verbs. Note that **-ire** verbs that insert **-isc-** in the present tense also insert **-isc-** in the formal imperative.

-are	-ere	-ire
aspett**i**	rispond**a**	dorm**a** / finisc**a**

2 Here are the formal imperative forms of some common irregular verbs.

andare	→	**vada**
dare	→	**dia**
fare	→	**faccia**
dire	→	**dica**
stare	→	**stia**
venire	→	**venga**

3 To make the formal imperative negative, just add **non**.

Non si preoccupi!   **Non vada via!**

4 Reflexive and object pronouns are attached to the end of informal imperatives, but they do not attach to formal imperatives; they precede the verb.

INFORMALE	FORMALE
Marco, metti**ti** la giacca!	Signor Rossi, **si** metta la giacca!
Silvana, leggi**lo**!	Signora Rossi, **lo** legga!
Francesca, dim**mi**!	Spinelli, **mi** dica!

Scopriamo la struttura

For more on informal and formal imperatives, watch the corresponding *Grammar Tutorial* in the *eBook*. A practice activity is available in **Connect**.

McGraw Hill Education

connect®

www.mhhe.com/connect

---

*In contemporary, spoken Italian, the **voi** form is often used to address more than one person formally. For example, **Accomodatevi** (*Make yourselves comfortable*); **Non vi preoccupate** (*Don't worry*). The **Loro** forms are much more formal and are not frequently used.

A. Potrebbe... / Le dispiacerebbe... ?

Parte prima. Kamel è impiegato in un'agenzia di viaggi e parla con un cliente. Crea domande equivalenti alle frasi con l'imperativo. Usa le espressioni **potrebbe** + *infinito* o **Le dispiacerebbe** + *infinito*.

> **ESEMPIO:** Mi dia la carta di identità! → Potrebbe darmi la carta di identità?
> Firmi qui, per favore. → Le dispiacerebbe firmare qui, per favore?

1. Aspetti un momento.
2. Mi telefoni fra una settimana.
3. Mi porti il passaporto domani.
4. Mi dica quando vuole partire.

Parte seconda. Insieme a un compagno / una compagna, scrivi due brevi dialoghi; ognuno deve includere almeno una frase della **Parte prima.**

B. Formale o informale? Scegli la risposta appropriata.

1. Marta lavora in ufficio. Ieri è arrivato un nuovo direttore. Oggi ha un problema con il computer e chiama Marta. Cosa le dice il direttore?

   a. Per favore, mi dia una mano.
   b. Per favore, dammi una mano.

2. Tommaso ha bisogno della firma di un suo professore su un documento importante. Il professore guarda il documento ma non sa dove firmare. Tommaso gli indica dove deve firmare e poi cosa dice al professore?

   a. Firma qui, per favore.
   b. Firmi qui, per favore.

3. Roberta va a studiare a casa della sua amica Enrica. Cosa dice Enrica quando Roberta entra in soggiorno?

   a. Accomodati.
   b. Si accomodi.

4. Martina pensa che il suo fidanzato le stia dicendo (*is telling her*) una bugia. Cosa dice Martina al suo fidanzato?

   a. Dimmi la verità!
   b. Mi dica la verità!

5. Il signor Melissano va dal medico perché ha mal di pancia e mal di testa. Cosa gli dice il medico?

   a. Non ti preoccupare.
   b. Non si preoccupi.

C. Cosa dici?

Parte prima. Completa le frasi con l'imperativo giusto.

> | aspetti | non si preoccupi | stia | vada | venga |
> | --- | --- | --- | --- | --- |

1. Sei un nuovo/a impiegato/a alla reception di un grande albergo di Roma. Un cliente straniero (*foreign*) ti chiede qual è il migliore ristorante di Roma. Non lo sai. Cosa gli dici?

   «Mi dispiace, non lo so. Ma _____ un momento. Vado a chiedere al mio collega.»

2. Il signor Stefanini è molto nervoso perché un ladro gli ha rubato (*stole*) il portafoglio. Arriva la polizia. Cosa gli dice il poliziotto?

   _____ tranquillo. Si risolverà tutto.»

3. La signora Marchi è molto preoccupata perché non riesce a trovare il suo gatto. Tu ti offri di cercare il gatto insieme a lei. Cosa le dici?

   «_____. Lo troveremo.»

4. Lavori in banca. Oggi arriva il nuovo capo (*boss*) e tu devi mostrargli il suo ufficio. Cosa gli dici?

   «_____ con me. Le mostro il Suo ufficio.»

5. Un signore ti chiede indicazioni per arrivare in piazza. Cosa gli dici?

   «_____ diritto e poi giri a destra in Via Gramsci. La piazza è in fondo alla via.»

In italiano

The formal imperative is used when giving directions to strangers with whom one would use the formal form of address. Some words and expressions that are commonly used when giving directions are: **andare diritto** (*go straight*), **girare a destra/sinistra** (*turn right/left*), **sulla destra/sinistra** (*on the right/left*).

—**Scusi, dov'è il museo?**

—**È in Via Gramsci. Vada diritto per Via Irnerio e giri a destra in Via Gramsci. Il museo è sulla destra.**

—**Grazie!**

—**Prego.**

Parte seconda. Insieme a un compagno / una compagna, scrivi tre frasi usando l'imperativo formale. **Attenzione!** Non ripetete le frasi della **Parte prima.**

> ESEMPIO: Stia calmo!

Parte terza. Scambiate le frasi con un altro gruppo e poi, a turno, descrivete la situazione in cui la frase imperativa viene usata.

> ESEMPIO: Un vecchio signore è stato derubato (*robbed*) ed è molto nervoso. Il poliziotto gli dice: «Stia calmo!»

D. Regioni d'Italia: Scusi, dov'è... ?

Parte prima. Leggi le indicazioni consultando la cartina di Firenze: dove ti portano queste indicazioni? Crea la domanda appropriata, come nell'esempio. **Attenzione!** Per seguire le indicazioni, parti da Piazza della Signoria.

> ESEMPIO: **S1:** Vada sempre diritto per Via dei Calzaiuoli. È sulla sinistra, dopo la piazza del Duomo.
> **S2:** Scusi, dov'è il battistero?

1. Vada diritto per via Porta Rossa. Giri alla quarta a destra, prima di Piazza S. Trinita. È sulla sinistra.

2. Vada diritto per dei Calzaiuoli e giri a sinistra in Via Speziali.

3. Vada dritto in Via Porta Rossa. In Piazza S. Trinita, giri a sinistra. Dopo il ponte S. Trinita, giri a destra in Borgo S. Jacopo e infine giri alla seconda a sinistra.

Parte seconda. Fai la parte di un turista che chiede indicazioni per andare in un determinato posto. Un compagno / Una compagna fa la parte dell'italiano/a e dà le indicazioni per arrivarci da Piazza della Repubblica. Alla fine, scambiatevi i ruoli. Lo studente 1 chiede indicazioni per Piazza Goldoni, il Duomo e la Casa di Dante. Lo studente 2 chiede indicazioni per il Ponte Vecchio, Palazzo Rucellai e Via del Parione.

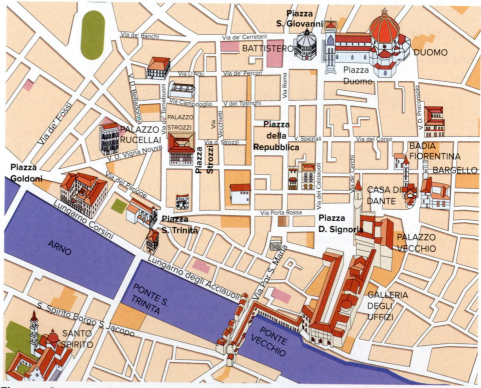

Firenze: Centro storico

▶ Ascoltiamo!

Le vacanze degli italiani

A. Osserva e ascolta. Osserva e ascolta Federico che ti parla delle vacanze degli italiani.

B. Completa. Completa le seguenti frasi inserendo la parola o l'espressione appropriata della lista. Usa ogni espressione *una sola volta*. **Attenzione!** La lista contiene tredici parole o espressioni; devi usarne solamente otto.

affollate	**in ferie**	**i prezzi**
in campagna	**di Ferragosto**	**la settimana bianca**
la costa adriatica	**il lunedì**	**due settimane**
all'estero	**un mese**	
le spiagge	**primavera**	

1. Chi lavora in Italia ha generalmente _____ di ferie all'anno.

2. Di solito, gli italiani vanno _____ nel mese di agosto.

3. Il giorno _____, le città sono vuote, gli uffici sono chiusi e le **località di villeggiatura** (*resorts*) sono _____ di turisti.

4. In passato, _____ era una delle destinazioni preferite per le vacanze estive. Oggi, però, i turisti preferiscono _____ del Sud e delle isole dove il mare è cristallino.

5. Il tipo di vacanza più popolare in inverno è _____: molti italiani amano sciare e praticare altri sport invernali.

6. La Pasquetta è il giorno tradizionale per una gita _____ con la famiglia o con gli amici.

C. Tocca a te! Completa la seguente frase:

Una differenza tra le vacanze degli italiani e quelle degli americani è...

Retro

Se vai in Italia in agosto, vedrai questi cartelli dappertutto. Sono un segno del grande esodo di Ferragosto.

Continua a leggere nel **Capitolo 13, Retro** su *Connect*.

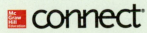

www.mhhe.com/connect

Courtesy of Melissa Demos

 # Leggiamo!

Basta col «chiuso per ferie» tutto agosto

A. Prima di leggere. Cosa pensi dell'idea di fare un mese intero di vacanza ogni anno? Leggi le affermazioni qui sotto e indica ✓ il tuo parere.

☐ Sarebbe bellissimo avere un mese intero di ferie ogni anno.

☐ Mi piacerebbe avere un mese intero di ferie ogni tanto, ma non tutti gli anni.

☐ Un mese intero di ferie sarebbe troppo. Mi piacerebbe dividere le ferie in due o più periodi.

☐ Non mi piacciono le ferie. Preferisco lavorare.

B. Al testo!

Parte prima. Leggi questo blog di Tagliaerbe sulle ferie in agosto in Italia.

---

16 AGO Basta col «chiuso per ferie» tutto agosto

Postato da Tagliaerbe

Tag: lavoro, politica

All'inizio degli anni '90—ero un giovincello[1] e avevo ancora i capelli— lavoravo per una multinazionale a Milano.

Già allora mi sorprendeva il fatto che ci fossero[2] colleghi/colleghe che ad agosto prendevano un mese intero di ferie. Da sempre, tutti i santi anni,[3] staccavano dall'1 al 31.

Ricordo una Milano deserta, da coprifuoco,[4] con pochi negozi aperti ma col vantaggio di metterci pochi minuti—anziché[5] ore—per spostarsi in macchina da casa al lavoro. Io infatti amavo lavorare in agosto e scaglionare[6] le ferie durante l'anno: ricordo quando un anno, per mesi e mesi, presi tutti i venerdì di ferie, mentre i colleghi mi guardavano come un alieno (chissà poi cosa c'è di strano a fare un giorno di ferie ogni settimana, anziché sempre quel mese fisso per tutta la vita...).

Son passati circa 20 anni da allora, ma noto che nulla è cambiato: ci portiamo dietro ancora quella mentalità da ferie di tipo scolastico. Anche chi lavora online, anche chi non è legato[7] alla chiusura di una fabbrica, appende (più o meno virtualmente) sul proprio sito web il cartello «chiuso per ferie». [...]

Mi intristisce,[8] anzi mi fa rabbia che per almeno 4–5 mesi all'anno l'italiano medio non pensi ad altro che a pianificare[9] le ferie, andare in ferie e raccontare delle ferie. Se chiami certe persone di certe aziende a giugno ti rimandano a settembre, se le chiami a inizio dicembre ti rimandano a metà gennaio [...]. La voglia di reagire, di cambiare, di innovare, sembra inesistente [...] anche quando gli eventi precipitano [...]—crisi o non crisi economica.

[1]un uomo giovane [2]ci... *there were* [3]tutti... *every darn year* [4]da... *as if a curfew were in effect* [5]invece di [6]*to whittle away* [7]*tied* [8]Mi fa triste [9]progettare

---

Parte seconda. Ora rispondi alle domande.

1. Il signore che ha scritto questo blog è a favore delle vacanze in agosto o no? Nel passato era a favore di queste vacanze?

2. Secondo te, chi è questo signore (quanti anni ha, cosa fa, dove abita)?

Parte terza. Il blog ha avuto più di 50 risposte. Leggi queste tre e poi rispondi alla domanda.

PAROLE PER LEGGERE

anzi	*rather, on the contrary*
nulla	*niente*
rimandare	*to postpone, to put off until later*
staccare	*clock out (of work)*

Risposte

Simone 16 agosto alle 00:26

È veramente impensabile che un paese si fermi per un mese. E non capisco la cosa assurda di chi non è legato alla chiusura della fabbrica che fa di tutto per andare in ferie ad agosto.

È pazzesco, siamo veramente un popolo strano... spendiamo il triplo per andare in mezzo alla massa e perdere il quadruplo del tempo nel traffico...

Gaspare 16 agosto alle 07:22

Pienamente d'accordo. Il fatto è che buona parte degli italiani, con le dovute eccezioni, aborrono[1] il lavoro che fanno, quindi non vedono l'ora, il momento, l'estate per andare in vacanza. Ma poi, servono davvero 'ste benedette ferie,[2] se al ritorno sono più stanchi di prima, se litigano[3] più del normale, se si separano più del solito?

Sono finite le ferie, viva le ferie. Buona giornata.

Roberto 16 agosto alle 07:53

La vita non è fatta di solo lavoro. Ci sono cose più importanti, la moglie, i figli, Dio etc. Ti dirò la verità. La creatività VERA la si trova vedendo nuovi posti, visitando luoghi di cultura, facendo delle avventure. Più passa il tempo e più ho capito che meno tempo passo al computer, più produco.

[1]odiano, detestano [2]'ste (queste)... *these darn vacations* [3]se... *they argue*

C. Discutiamo! Secondo il signor Tagliaerbe, il fatto che gli italiani continuino a fare le ferie in agosto è sintomo di un problema più grande. Quale? Secondo te, chi ha ragione: il signor Tagliaerbe, Simone, Gaspare, Roberto, o hai un'altra idea?

In Italia

In Italia ci sono tipi di turismo per tutti i gusti! Il **cicloturismo** è l'ideale per gli amanti della bicicletta. È un modo di viaggiare molto economico che piace alle persone che hanno un grande spirito di avventura e la curiosità di visitare luoghi **insoliti** (*unusual*). Chi, invece, preferisce i cavalli potrebbe fare **equiturismo.**

L'**ecoturismo** è una vacanza «verde» perfetta per chi vuole fare turismo responsabile nelle aree naturali. Questo tipo di vacanza assicura che la comunità locale riceva benefici dalle attività turistiche.

Chi, invece, vuole semplicemente **scappare** (*escape*) dalla confusione della città e godere dell'aria pulita della campagna cerca una sistemazione in un **agriturismo,** un'**azienda agricola** (*working farm*) che offre camere (o spazio all'aperto per il campeggio), piatti tipici, **degustazione** (*tasting*) dei prodotti locali, inclusi i vini della zona, e attività organizzate (ricreative, culturali, sportive e **didattiche** [*educational*]).

Nel 2015 in Italia c'erano più di 22.238 aziende agrituristiche. Il maggior numero di agriturismi si trova in Toscana (4.391) e in Alto Adige (3.125). Più di un agriturismo su tre è a conduzione femminile.

L'agriturismo in Italia è regolato dallo Stato, contribuisce alla **tutela** (*protection*) del territorio rurale e favorisce la permanenza dei giovani in campagna.

Scriviamo!

Chiuso per ferie? Che idea!

Scrivi una risposta al blog del signor Tagliaerbe di **Leggiamo!** in questo capitolo. Poi condividi la tua risposta con i compagni. Quante persone la pensano come il signor Tagliaerbe? Quante come Simone, Gaspare o Roberto? Chi ha l'idea alternativa più geniale?

Parliamo!

L'isola deserta

Per vincere un milione di euro, tu e due compagni dovete **sopravvivere** (*survive*) su un'isola deserta per un mese. Ci sono cibo e acqua, ma nient'altro. Ognuno ha un costume da bagno e un paio di sandali. Insieme potete portare 10 cose della lista seguente. Quali sono le 10 cose più utili?

ago e filo (*needle and thread*)	pantaloncini
asciugamano (*towel*)	pentola (*cooking pot*)
bussola (*compass*)	pile (*batteries*)
carta igienica (*toilet paper*)	pistola
coltello	proiettili (*bullets*)
coperta (*blanket*)	radio
crema per ustioni (*burns*)	sapone (*soap*)
crema solare (*sunscreen*)	scarpe da ginnastica
fiammiferi (*matches*)	scarponi
jeans	servizio di piatti
libri (massimo 3)	shampoo
macchina fotografica	slip (*underwear*)
maglione di lana (*wool*)	tenda da campeggio (*tent*)
occhiali da sole	torcia elettrica (*flashlight*)
orologio	t-shirt

Isola dei Conigli (Sicilia)
© Patrizio Del Duca/SOPA/Corbis RF.

Scopriamo la musica!

«Roma–Bangkok», Baby K e Giusy Ferreri

LE CANTANTI E LA CANZONE

Nata in Singapore il 5 febbraio 1983 e cresciuta a Londra, Baby K (vero nome, Claudia Nahum) vive ora a Roma, dove fa la cantante e la rapper. È nota per il singolo «Killer», in coppia con Tiziano Ferro.

La cantautrice Giusy Ferreri (vero nome, Giuseppa Gaetana Ferreri) è nata il 18 aprile 1979 a Palermo. Nel 2008 ha partecipato alla prima edizione italiana del talent show *X Factor*; grazie alla popolarità televisiva, il suo singolo «Non ti scordar di me» è rimasto a lungo **in cima** (*at the top*) alle classifiche italiane.

Giusy Ferreri e Baby K
© Massimo Sestini\Mondadori Portfolio/Getty Images

iTunes Playlist: This song is available for purchase at the iTunes store. The songs are not provided by the publisher.

YouTube Link: A video for this song is available on YouTube.

A. Prepariamoci! Hai mai fatto un viaggio completamente improvvisato? Dove sei andato/a? Con chi?

B. Ascoltiamo! Ascolta la canzone o guarda il video su YouTube. Il viaggio Roma-Bangkok è un viaggio improvvisato o programmato? Quali parole del testo ti fanno dire così?

C. Verifichiamo! Inserisci le città ai posti giusti per ricostruire l'itinerario del viaggio.

Bangkok	Hong Kong	Londra	Milano	Roma

« ... volerei da te, da _____ ^{1} fino a _____, ^{2} passando per _____, ^{3} da _____ ^{4} e fino a _____, ^{5} cercando te... »

D. E tu?

Parte prima. C'è una canzone che ti piace ascoltare quando sei in macchina e abbassi «i finestrini per sentire il vento in faccia»? Quale? Fate un sondaggio in classe per scoprire quali sono le canzoni più popolari.

Parte seconda. Baby K definisce questa canzone «un inno all'estate e alla voglia di divertirsi», ma le protagoniste del video rubano e si comportano male. Secondo te, la voglia di divertirsi giustifica questi comportamenti scorretti?

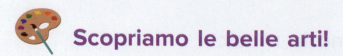

Scopriamo le belle arti!

Sulla spiaggia (1925), Giorgio De Chirico

◎ LINGUA

A. Ti piacerebbe... ? Rispondi alle seguenti domande usando la forma giusta del verbo al condizionale.

> **ESEMPIO:** Riconosceresti un'altra opera di quest'artista?
>
> Sì, **riconoscerei** / No, **non riconoscerei** subito un'altra opera di quest'artista.

1. **Andresti** a vedere quest'opera **di persona** (*in person*)?
2. **Daresti** un titolo diverso a quest'opera?
3. **Metteresti** quest'opera a casa tua?
4. Quanto **pagheresti** per quest'opera?
5. **Vorresti** conoscere altre opere di quest'artista?

B. È semplice! Scegli l'imperativo giusto per ogni situazione. **Attenzione!** Una delle situazioni ha più di un imperativo possibile.

1. Vorrei vedere quest'opera di persona.
2. Sono al museo e sto guardando l'opera da vicinissimo.
3. Vorrei visitare questa piazza.
4. Vorrei sapere di più dell'artista.

a. Va' a Vienna!
b. Non **arrampicarti** (*climb*) sulla statua!
c. Leggi il catalogo!
d. Ascolta l'audioguida!
e. Non toccare!

ARTE

> Movimento artistico del XX secolo, **la pittura metafisica** (1915–1978), cerca di mostrare la realtà oltre («meta») quella che possiamo toccare o vedere («fisica») ed esprime una realtà misteriosa, enigmatica, senza logica. De Chirico, in particolare, usa oggetti comuni—statue classiche, ombre, **manichini** (*mannequins*)—messi insieme in un modo strano che spesso provoca nello spettatore un senso di **angoscia** (*anguish*) e inquietudine.
>
> Source: Adapted from http://www.italiaculturale.it/pittura-metafisica/

A. Che posto strano!

Parte prima. La piazza è uno spazio che ricorre spesso nelle opere di De Chirico. Usando quello che sai della piazza in Italia (vedi **Capitolo 1, Retro**), spiega perché la piazza rappresentata in *Sulla spiaggia* di De Chirico risulta strana.

Parte seconda. Cerca su Internet un'altra opera di De Chirico che rappresenta una piazza. Cos'ha in comune con la piazza di *Sulla spiaggia*?

B. Colonna sonora (*Soundtrack*). Gli spazi di De Chirico sono sempre silenziosi. Secondo te, quale musica completerebbe i suoi quadri?

Vocabolario

Domande ed espressioni

accomodati / si accomodi	make yourself comfortable; have a seat (*inform./form.*)
aspetta / aspetti un attimo	wait a moment (*inform./form.*)
dammi / mi dia	give me (*inform./form.*)
dimmi / mi dica	tell me (*inform./form.*)
mi piacerebbe (+ *inf.*)	I would like to (*do something*)
(Non) sarebbe meglio... ?	Would (Wouldn't) it be better . . . ?
non ti preoccupare / non si preoccupi	don't worry (*inform./form.*)
pure (*with imperatives*)	by all means
sarebbe una buon'idea	it would be a good idea
spesso e volentieri	quite often
sulla destra/sinistra	on the right/left
ti/Le dispiacerebbe (+ *inf.*)	would you mind (*doing something*) (*inform./form.*)
va'/vada	go (*inform./form.*)
vieni/venga qui	come here (*inform./form.*)
volentieri	willingly, gladly, absolutely

Verbi

affittare	to rent (apartments, houses)
andare diritto	to go straight
arrivarci	to get there
avere un sogno nel cassetto	to have a secret wish
dimenticare	to forget
essere d'accordo	to agree
fare trekking	to hike
fare una prenotazione	to make a reservation
girare (a destra / a sinistra)	to turn (right/left)
godersi	to enjoy
lamentarsi	to complain
noleggiare	to rent (*bikes, cars, videos*)
organizzare	to organize
prendere a noleggio	to rent (*bikes, cars, videos*)
prenotare	to reserve
rilassarsi	to relax

Sostantivi

l'albergo	hotel
l'agenzia di viaggi	travel agency
l'alloggio	lodging
l'alta/bassa stagione	high/low season
l'aria condizionata	air-conditioning
la barca a vela	sailboat
la camera (singola/doppia)	(single/double) room
la destinazione	destination
l'escursione (*f.*)	excursion
l'estero	abroad
le ferie (*f. pl.*)	vacation
l'isola	island
il lago	lake
il mare	sea
la montagna	mountain
l'offerta	sale, bargain, discount, offer
la pensione	small hotel; pension
la mezza pensione	hotel stay with breakfast and lunch or dinner included
la pensione completa	hotel stay with breakfast, lunch, and dinner included
la prenotazione	reservation
il prezzo	price
il pullman	bus, tour bus
il soggiorno	stay (*period of time*)
la spiaggia	beach
la stagione (alta/bassa)	(high/low) season
la stella	star
la vacanza	vacation

Tutto (1988), Alighiero Boetti (Musée National d'Art Moderne, Centre Georges Pompidou, Parigi, ricamo su tessuto [*embroidered tapestry*])

SCOPI

IN THIS CHAPTER YOU WILL LEARN:

- to talk about what people do in general
- to talk about Italian society today
- to explain how things are done
- to express doubt or opinions
- to express desire, necessity, emotions, and subjective judgments
- about demographics and social issues

www.mhhe.com/connect

Cosa si fa?

Talking about what people do in general

- To find out what people (in general) do, ask:

  Cosa si fa?

  —**Cosa si fa nel weekend?**   *What do people do on the weekend?*

- To explain what people (in general) do, use **si** + verb (**lui/lei** form)

  —**Si esce, si va al cinema,**   *People go out, go to the movies, go*
    si mangia fuori.   *out to eat.*

A. Osserva e ascolta. Osserva e ascolta Antonella, Anna Maria e Mario che descrivono cosa fanno di solito dopo pranzo una madre, una pensionata e uno studente. Indica ✓ chi fa l'azione.

© McGraw-Hill Education/
TruthFunction

© McGraw-Hill Education/
TruthFunction

© McGraw-Hill Education/
TruthFunction

	una madre	una pensionata	uno studente
1. si esce con gli amici	☐	☐	☐
2. si va in palestra	☐	☐	☐
3. si va a trovare i parenti	☐	☐	☐
4. si va a bere qualcosa	☐	☐	☐
5. si accompagnano i figli	☐	☐	☐
6. si fa una passeggiata	☐	☐	☐
7. si passa la serata davanti alla TV	☐	☐	☐

B. Secondo te, cosa si fa? Quale attività associ a queste situazioni? Lavora con un compagno / una compagna. Scegli un'attività della lista nella pagina seguente e dilla al compagno / alla compagna. Lui/Lei deve trovare la situazione adatta. **Attenzione!** Alcune attività si possono fare in più di una situazione.

   ESEMPIO: **S1:** Si dorme molto.
                   S2: Eh, sì. È quello che si fa nel weekend.

Le attività:

1. si prenota l'albergo
2. si va a letto
3. si va in pensione (*retires*)
4. si balla
5. si impazzisce (*goes crazy*)
6. si porta l'ombrello
7. si trova un lavoro
8. si esce
9. si dorme

Le situazioni:

a. in vacanza
b. il sabato a mezzogiorno
c. in discoteca
d. in occasione del compleanno di un amico / un'amica
e. prima di partire per un viaggio all'estero
f. dopo la laurea
g. quando piove
h. quando non si sta bene
i. quando ci s'innamora
j. a settant'anni
k. nel weekend

Come si fa?

Explaining how things are done

- To find out how things are done, ask:

  Come si fa?

Come si fa per arrivare a Salerno da Napoli?	*How do people get to Salerno from Naples?*
Come si fa per aprire questa porta?	*How do you open this door?*
Come si fa a vivere con soli 500 dollari al mese?	*How can one live on only 500 dollars a month?*

- To explain how things are done, use **si** + verb:

Si prende l'autostrada...	*People take the highway . . .*
Si gira la chiave parecchie volte.	*You turn the key several times.*
Non si può; 500 dollari sono troppo pochi.	*One can't; 500 dollars isn't enough.*

Si fa così. Leggi le seguenti istruzioni e indovina l'attività che descrivono. Poi scrivi la domanda corrispondente, come nell'esempio.

ESEMPIO: Si inserisce la carta, si digita il PIN, si digita la somma (*sum*) che si vuole, si prendono i soldi, si riprende la carta.

Come si fa per *prelevare soldi dal Bancomat*?

1. Si raccolgono i vestiti sporchi, si mettono i vestiti e il detersivo nella lavatrice, si accende la macchina, si mettono i vestiti puliti ad asciugare (*to dry*).

2. Si sceglie un argomento (*topic*), si pensa, si legge qualche libro, si naviga in Internet, si scrive, si fanno le revisioni, si scrive la versione definitiva.

3. Si accende (*Turn on*) il cellulare, si compone (*compose*) il messaggio. Si preme *invia*.

4. Si entra, ci si mette la cintura di sicurezza, si inserisce la chiave, si avvia il motore, si parte.

5. Si passano i controlli di sicurezza, si aspetta, si sale, ci si siede, ci si mette la cintura di sicurezza.

La società italiana oggi

Talking about Italian society today

▶ 🇮🇹 Segna ✓ tutte le parole che già conosci o che riconosci perché sono simili in inglese. Chiedi le parole che non conosci all'insegnante o ai compagni.

l'anziano	la fame	nascere	la solitudine
aumentare	il fenomeno	la percentuale	le tasse
il divorzio	il governo	la popolazione	trasformarsi
la droga	l'immigrazione	la povertà	la violenza
l'economia	l'industria	il razzismo	
l'emigrazione	morire	la salute	

▶ Leggi i seguenti paragrafi. Abbina ogni paragrafo a una foto. Poi cerca di capire dal contesto i significati delle parole evidenziate.

1.

2.

3.

4.

5.

Photo 1: © Andre Jenny/Alamy; 2: © Valentina Stefanelli/Corbis/Getty Images; 3: Courtesy of Arrigo Carlan; 4: Courtesy of Anne Christopherson.

_____ **a.** Un **migrante,** o **immigrato,** è una persona che lascia il suo paese, spesso a causa della **povertà, sognando** (*dreaming of*) un futuro migliore. Un **rifugiato** è invece una persona che lascia il suo paese a causa di **guerre** o persecuzioni e cerca **asilo** in un altro paese. Negli ultimi anni molti migranti e rifugiati sono **sbarcati** in Italia, spesso rischiando la vita a bordo di **imbarcazioni di fortuna** (*makeshift boats*). Gli sbarchi avvengono generalmente in Sicilia e nel 2015 i flussi maggiori sono stati dalla Siria, dall'Iraq, dall'Eritrea, dalla Nigeria, dalla Somalia e da altri paesi africani.

_____ **b.** La popolazione d'Italia raggiunge i 60 milioni di abitanti e tra questi il 22% ha più di 65 anni. L'età minima per **andare in pensione** è 65 anni per le donne e 66 per gli uomini: dopo quell'età—e dopo minimo 20 anni di lavoro—ogni mese si prende la pensione dallo stato. Molti **pensionati** sono attivi e si dedicano ad attività di varia natura come lo sport, il volontariato o corsi vari. Alcuni frequentano l'Università del**la terza età.**

_____ **c.** Le industrie si trovano prevalentemente al Nord, economicamente più prospero, mentre il Sud è prevalentemente agricolo e più povero. Come conseguenza, **il tasso di disoccupazione** (la percentuale di persone senza lavoro) al Nord tende ad essere più basso che al Sud. Molti neolaureati hanno paura di non trovare lavoro e, di fatto, molti giovani sono disoccupati perché non trovano un lavoro adatto alla loro preparazione e alla loro inclinazione. Altri ancora non sono sicuri di quale **mestiere** vogliono fare.

_____ **d.** La delinquenza è un grave problema sociale (che spesso va di pari passo con la droga). Un buon deterrente contro la criminalità sono leggi e **condanne** (*penalties*) significative, che hanno anche la funzione di educare **i cittadini** al rispetto verso gli altri.

_____ **e.** In generale la formula tradizionale della famiglia italiana ha subito molte **trasformazioni. Il tasso di divorzio** tra gli over 65 era del 13% nel 2010 ed è salito al 20% nel 2015. Molti nonni aiutano i genitori nel**la gestione quotidiana** dei figli. Molti di loro, ad esempio, vanno a prendere i nipoti a scuola e li accompagnano in vacanza.

▶ Answers to this activity are in the **Appendix** at the back of your book.

In italiano

Nouns are often derived from verbs and vice versa. Can you figure out the meanings of these related words? Two are done for you.

aumentare	→	**l'aumento**
calare (*to fall; to reduce*)	→	**il calo** (*reduction*)
crescere (*to grow, to increase*)	→	**la crescita** (*growth, increase*)
drogarsi	→	**la droga**
immigrare	→	**l'immigrato / l'immigrazione**
invecchiare	→	**l'invecchiamento / la vecchiaia**
morire	→	**la morte**
nascere	→	**la nascita**
sognare	→	**il sogno**

A. I contrari. Abbina i contrari dei due insiemi.

A		B	
1.	la vecchiaia	**a.**	godersi la vita
2.	la nascita	**b.**	la ricchezza
3.	aumentare	**c.**	l'antipatia o l'inimicizia
4.	soffrire	**d.**	la morte
5.	la guerra	**e.**	sposarsi
6.	la noia	**f.**	la gioventù
7.	l'amicizia	**g.**	la pace
8.	la povertà	**h.**	calare/diminuire
9.	divorziare	**i.**	il divertimento

B. Le regioni d'Italia: I giornali e le riviste. I due maggiori quotidiani italiani sono *Il Corriere della Sera* e *La Repubblica*. Altri giornali importanti sono: *La Stampa* (con base a Torino), *La Nazione* (Firenze), *Il Messaggero* (Roma) e *Il Mattino* (Napoli). Puoi trovare tutti questi giornali su Internet. Gli italiani sono anche grandi lettori di riviste mensili (*monthly*) e settimanali. Ecco alcune riviste italiane. Abbina la rivista alla descrizione giusta.

L'Espresso e *Panorama,* due riviste settimanali
© Melissa Gerr

1. *Cucina No Problem*

2. *Starbene*

3. *Focus*

4. *L'Espresso*

5. *TV Sorrisi e Canzoni*

6. *Gente*

a. Affronta ogni settimana i temi della politica, della cultura e dell'economia, ma anche del costume e del tempo libero.

b. È il mensile più diffuso e più letto in Italia. Dedicato a chi vuole scoprire e conoscere il mondo in cui viviamo.

c. È la testata leader, per diffusione e lettura, del segmento benessere e bellezza.

d. È una rivista settimanale fra le più diffuse, dedicata ad attualità, personaggi famosi e pettegolezzo (*gossip*).

e. È una rivista mensile dedicata alle donne giovani, attive, che lavorano e allo stesso tempo amano dedicarsi ad una cucina semplice e veloce, ma gustosa e creativa.

f. Offre notizie e anteprime di attualità e spettacolo; è guida completa alla programmazione televisiva e satellitare.

C. Culture a confronto: Le notizie. Ecco alcuni titoli tratti da vari giornali e riviste italiani. Abbina i titoli agli argomenti e poi crea una lista di cinque parole (nomi, aggettivi, verbi) che si trovano presumibilmente in ogni articolo. Quali di questi problemi sono presenti anche nel tuo paese? Motiva la tua risposta.

gli anziani	il governo	l'immigrazione
la droga	la guerra	la violenza
l'economia		

Doping: scandalo al sole

Profughi, rifugiati e richiedenti asilo in Italia 2015: i dati

Il governo deve tenere fede ai propri impegni, allocando su progetti concreti e individuabili le risorse

I nonni? Risalgono a 30 mila anni fa

Cyber sicurezza per battere il terrorismo

Benzina, nuovi rincari e nuovo record a 1,8 euro

È un'Italia sempre più vecchia: un quinto ha più di 65 anni

D. Un po' di cultura: Il giornale.

Parte prima. A volte (*Sometimes*) è difficile leggere il giornale in lingua straniera, anche perché i giornalisti usano un linguaggio specialistico. Se però fai attenzione alle parole simili all'inglese e alle parole che conosci già, riuscirai a capire più del previsto. Proviamo! Leggi gli articoli e sottolinea tutte le parole che conosci.

Acciaroli, il paese che custodisce il segreto della longevità

Lo dimostrerebbe uno studio condotto dalla scuola di Medicina di San Diego assieme all'università di Roma La Sapienza

di MAURIZIO PAGANELLI

L'annuncio è sulla homepage della University of California, San Diego School of Medicine: "Remote Italian village could harbor secrets of healthy aging" (un remoto villaggio italiano potrebbe custodire i segreti della longevità). È l'annuncio dell'avvio dell'Acciaroli study, indagine su 300 centenari del Cilento ed in particolare sugli oltre cento che vivono nel piccolo paese (mille anime) e dintorni, tra il mare e i monti, 70 chilometri da Salerno.

Perché la particolarità del Cilento è anche questa: 30 centenari ogni centomila abitanti, oltre il doppio che altrove. Una lunga vita degli abitanti che sopravanza la media nazionale anche di otto anni, cosicché le donne oggi vivono, sempre in media, 92 anni (in tutta Italia la media è 84) e gli uomini 85 (media nazionale 79). L'aspettativa media di vita di un americano è di 78 anni ma solo lo 0,02 dei cittadini raggiunge i centanni.

Qual è il segreto di Acciaroli? Questo spicchio di popolazione è conosciuto e studiato anche per avere un bassissimo tasso di problemi cardiaci e di Alzheimer. Caratteristica la dieta, quella mediterranea, con un forte apporto nell'utilizzo del rosmarino, e l'abitudine a muoversi a piedi, vista la disposizione del villaggio tra mare e monti, spiega Maisel, che sottolinea quanto la gente locale cammini per chilometri e faccia, ogni giorno, escursioni nelle alture vicine.

Source: *La Repubblica Napoli*

Armani rinuncia alle pellicce animali

Il gruppo annuncia il suo impegno per l'abolizione totale da tutti i suoi prodotti a partire dalla stagione autunno–inverno 2016–2017. "Abbiamo ormai valide alternative, inutile il ricorso a pratiche crudeli."

Armani rinuncia alle pellicce animali. In accordo con la Fur Free Alliance, il gruppo ha annunciato oggi il suo impegno per l'abolizione totale da tutti i suoi prodotti. A partire dalla stagione autunno inverno 2016/2017 tutte le collezioni saranno quindi fur free. "Il progresso tecnologico raggiunto in questi anni—ha dichiarato Giorgio Armani—ci permette di avere a disposizione valide alternative che rendono inutile il ricorso a pratiche crudeli nei confronti degli animali. Proseguendo il processo virtuoso intrapreso da tempo, la mia azienda compie quindi oggi un passo importante a testimonianza della particolare attenzione verso le delicate problematiche relative alla salvaguardia e al rispetto dell'ambiente e del mondo animale".

Source: *La Repubblica*

Parte seconda. Lavora con un compagno / una compagna. Cercate di capire dal contesto il significato di cinque parole che non sapete. Non usate il dizionario! Se non riuscite a capire una parola, passate a una parola diversa.

Parte terza. Scrivete una frase che riassume l'idea principale di ogni articolo.

E. I problemi.

Parte prima. In gruppi di tre, fate una lista di tre problemi (in ordine di importanza) che i seguenti gruppi sociali devono affrontare (*confront*).

1. gli anziani
2. le donne
3. i genitori
4. gli immigrati
5. i neolaureati
6. gli uomini
7. le coppie dello stesso sesso (*sex*)

Parte seconda. Confrontate le vostre liste con quelle di un altro gruppo e mettetevi d'accordo per creare delle liste uniche. Presentate le nuove liste alla classe giustificando gli elementi che avete incluso e l'ordine in cui li avete elencati ([you] *listed them*).

F. Culture a confronto: Perché gli italiani sono felici di essere italiani?

Ecco una lista creata da Beppe Severgnini, un giornalista, saggista e opinionista italiano. Riesci a creare una lista simile per la gente del tuo paese?

- *Perché siamo geniali. Nessuno è altrettanto bravo a trasformare una crisi in una festa.*
- *Perché siamo gentili e capaci di bei gesti (poi abbiamo difficoltà a trasformarli in buoni comportanti [actions]).*

© Igor Petyx/Splash News/Newscom

- *Perché abbiamo gusto (taste). Sappiamo istintivamente cos'è bello.*
- *Perché siamo interessanti. Turisti, uomini d'affari, Angela Merkel: con noi non ci si annoia.*
- *Perché nel mondo ti guardano. In Italia ti vedono.*

Source: http://www.corriere.it/foto-gallery/14_maggio_12/cento-buoni-motivi-amare-l-italia-31bd5426-da1811e3-8b8a-dcb35a431922.shtml

Strutture

14.1 Si può?

Si + verb

▶ Decidi se questi usi e costumi sono tipici di dove abiti tu, dell'Italia o di tutti e due i paesi. Poi sottolinea i verbi in ogni affermazione. Perché **si** precede tutti i verbi?

	Dove abito io	Italia	Tutti e due i paesi
1. Si fa la dieta mediterranea.	☐	☐	☐
2. Si considera il pranzo il pasto principale.	☐	☐	☐
3. Si regalano le mimose per la Festa della donna.	☐	☐	☐
4. La sera si va al cinema o a bere qualcosa con gli amici.	☐	☐	☐
5. Per le vacanze di solito si va al mare o in montagna.	☐	☐	☐
6. Nelle scuole superiori e all'università si fanno molte attività sportive.	☐	☐	☐
7. A mezzanotte di San Silvestro si lanciano i fuochi d'artificio.	☐	☐	☐
8. Si frequenta la scuola dell'obbligo fino a 16 anni.	☐	☐	☐

1 As you saw in the **Strategie di comunicazione** section, generalizations expressing an impersonal or unspecified subject are made by using **si** + verb. This construction is the equivalent in English of *one, we, they,* or *people* (in general) + verb.

2 **Si** is always followed by a verb in the third-person singular (**lui/lei**) or third-person plural (**loro**). The choice depends on the direct object; if the direct object of the verb is singular, or if there is no direct object, the verb is in the singular (**lui/lei**) form.

Si fa <u>la dieta mediterranea</u>.	*They are on the Mediterranean diet.*
La sera **si va** al cinema.	*In the evening people go to the movies.*

If the direct object is plural, the verb is in the plural, **loro** form.

Si regalano <u>le mimose</u> per la Festa della donna.	*People give mimosas on International Women's Day.*
A mezzanotte di San Silvestro **si lanciano <u>i fuochi d'artificio</u>**.	*On New Year's Eve people set off fireworks at midnight.*

3 When the **si** construction is used with reflexive verbs, the phrase **ci si** is used.

divertirsi: Ci si diverte in classe.   *One has fun in class.*

alzarsi: Ci si alza alle 8.00.   *One gets up at 8:00.*

4 A common expression using the **si** construction is **si vede che,** which means *you can tell that* or *it's clear that.*

Sara è andata a letto presto. **Si vede che** sta proprio male.

Sara went to bed early. You can tell that she really doesn't feel well.

Mark parla molto bene l'italiano. **Si vede che** ha passato molto tempo in Italia.

Mark speaks Italian really well. You can tell that he has spent a lot of time in Italy.

In italiano

When selling, renting, looking for items, or offering services, **si** + verb is used. However, the pronoun **si** is attached to the end of the third-person singular (**lui/lei**) form of the verb to create one word: **affittasi, cercasi, offresi, vendesi.**

Courtesy of Diane Musumeci

 **A. Ascolta.** L'insegnante leggerà delle frasi incomplete. Scegli la fine appropriata per ciascuna.

1. **a.** i monumenti   **b.** la delinquenza
2. **a.** le vitamine   **b.** una cura omeopatica
3. **a.** le guerre   **b.** la violenza
4. **a.** gli amici   **b.** un lavoro
5. **a.** i problemi sociali   **b.** il razzismo
6. **a.** libri interessanti   **b.** un giornale interessante

B. La vita cambia.

Parte prima. Scegli la forma giusta.

Quando si emigra / si emigrano...

1. si affronta / si affrontano molte difficoltà.
2. si cerca / si cercano casa e lavoro.
3. spesso si incontra / si incontrano pregiudizi e razzismo.
4. si sogna / si sognano un futuro migliore per i bambini.

Parte seconda. Dai la forma giusta del verbo tra parentesi.

1. Quando _____ (andare) in pensione, la vita cambia.
2. Spesso _____ (badare) ai nipoti: _____ (portare) i bambini a scuola o li _____ (accompagnare) in vacanza.
3. _____ (cercare) un'attività per il tempo libero, come fare sport, frequentare corsi o fare volontariato.
4. Quando _____ (fare) volontariato, _____ (provare) molte soddisfazioni.

Parte terza. Lavora con un compagno / una compagna. Scegliete un cambiamento di vita e scrivete quattro frasi che descrivono quello che si prova. Seguite il modello della **Parte prima** e della **Parte seconda**.

> **Quando ci si laurea, ...**
>
> **Quando si decide di mettere su famiglia, ...**
>
> **Quando ci si trasferisce in una città nuova, ...**

C. Cosa si fa all'università?

Parte prima. Con i compagni, fai una lista di sette o otto attività tipiche degli studenti universitari.

> ESEMPIO: All'università si studia molto.

Parte seconda. Formate gruppi di tre o quattro e ordinate le attività cominciando con quella che considerate essenziale per il successo negli studi universitari. Quando avete finito, confrontate la vostra graduatoria con quelle degli altri studenti. Sono simili o diverse? In che modo?

D. Affittiamo una villa.
La tua classe d'italiano ha deciso di affittare una villa in Toscana per l'estate. Quando arrivate, scoprite che la villa è più piccola di quanto avete immaginato: ci sono due bagni, una cucina piccolissima, un solo televisore e si deve dormire in tre per camera. In gruppi di tre, fate una lista delle regole che tutti devono seguire. Quando avete finito, mettetevi d'accordo con la classe per una lista finale.

Villa in Toscana
© Christine Webb/Alamy

(Non) Si può...	(Non) Si deve...

14.2 Penso che sia giusto così

The present subjunctive

▶ Dino, Carla e Margherita abitano a Milano, nello stesso palazzo. Dino chiede informazioni sul nuovo inquilino (*tenant*), Klaidi. Leggi la conversazione. Chi conosce meglio Klaidi, Carla o Margherita? Motiva la tua risposta.

DINO: Di dov'è Klaidi?

CARLA: Penso che sia albanese.

MARGHERITA: Sì, è albanese.

DINO: E che fa?

CARLA: Credo che faccia il medico.

MARGHERITA: No, no. Sono sicura che fa l'avvocato.

DINO: Ha famiglia?

CARLA: Penso che abbia una famiglia numerosa.

MARGHERITA: No, no. So per certo che ha solo un figlio.

DINO: Com'è?

CARLA: Credo che sia un tipo timido.

MARGHERITA: Sì, è vero che è timido, ma è tanto simpatico.

1. Most of the verbs you have learned (except the conditional and imperative) have been in the indicative mood (**l'indicativo**), which expresses certainty or objectivity. The statements that begin with **penso che** and **credo che** in the dialogue on the preceding page indicate doubt or opinion. These expressions are always followed by verbs in the subjunctive mood (**il congiuntivo**).

▶ Underline the verbs in the subjunctive in the dialogue on the preceding page. Can you figure out the infinitive of each verb?

2. The subjunctive is also used after verbs or expressions that indicate desire, necessity, emotions, and subjective judgments, all of which are followed by **che**.

> **volere**
>
> **bisogna**   +   **che**   +   *subjunctive*
>
> **essere contento/a**
>
> **essere importante**

▶ The use of the subjunctive after additional verbs and expressions is discussed in more detail in the next section of this chapter.

3. To form the stem of the present subjunctive, drop the infinitive ending. Note that **-ire** verbs that insert **-isc-** in all forms except the **noi** and **voi** in the present indicative also do so in the subjunctive.

-are	-ere	-ire
lavorare → lavor-	prendere → prend-	dormire → dorm- capire → capisc-

Then add the endings to the stem.

	-are	-ere / -ire
io	-i	-a
tu	-i	-a
lui, lei; Lei	-i	-a
noi	**-iamo**	**-iamo**
voi	**-iate**	**-iate**
loro	-ino	-ano

Note that:

- a. **-ere** and **-ire** verbs have the same endings.
- b. the **noi** and **voi** forms are the same in all three conjugations.
- c. the singular forms have the same endings. The **-are** conjugation has **-i** endings and the **-ere/-ire** conjugations have **-a** endings.

▶ Now complete the conjugations of these regular verbs.

	lavorare	prendere	dormire	capire
io	lavori			
tu				capisca
lui/lei; Lei		prenda		
noi				capiamo
voi				
loro			dormano	

▶ Answers to the activities in this section are in the **Appendix** at the back of your book.

4 The subjunctive has the same spelling changes as the indicative.

    a. Verbs ending in **-care** and **-gare** add an **-h-** before the subjunctive endings, which all begin with **-i.**

▶ Complete the conjugations of these verbs.

	cercare	pagare
io		pag**hi**
tu	cerc**hi**	
lui/lei; Lei		
noi		
voi		
loro		

    b. Verbs ending in **-ciare** and **-giare** have only one **-i.**

▶ Complete the conjugations of these verbs.

	cominciare	mangiare
io	cominc**i**	
tu		
lui/lei; Lei		
noi		
voi		mang**i**ate
loro		

5 Here are some frequently used verbs that are irregular in the subjunctive. **Attenzione!** Note that the **noi** and **voi** forms of **andare** and **uscire** have the same stem as in the present indicative.

	avere	essere	fare	andare	uscire
io	abbia	sia	faccia	vada	esca
tu	abbia	sia	faccia	vada	esca
lui, lei; Lei	abbia	sia	faccia	vada	esca
noi	abbiamo	siamo	facciamo	andiamo	usciamo
voi	abbiate	siate	facciate	andiate	usciate
loro	abbiano	siano	facciano	vadano	escano

▶ You can learn the conjugations of other irregular verbs in **Per saperne di più** at the back of your book.

6 The subject of the verb in expressions like **penso che, credo che** must always be different from the subject of the verb that follows **che.** Note that since the three singular forms (**io, tu, lui/lei/Lei**) are the same, subject pronouns are often used with the subjunctive to avoid confusion.

    Sandra pensa che **io** abbia il libro.

    Sandra pensa che **tu** abbia il libro.

    Sandra pensa che **lui** abbia il libro.

Scopriamo la struttura!

For more on the present subjunctive, watch the corresponding *Grammar Tutorial* in the *eBook*. A practice activity is available in **Connect**.

connect
www.mhhe.com/connect

In italiano

- The Italian equivalent of the English expression *to believe in* is **credere a** or **credere in.**

  Non credo **a**gli UFO.   Credo **in** te.

- The Italian equivalent of *to think about someone/something* is **pensare a** + noun.

  Penso **a** te.

  Penso **al** futuro.

  A cosa pensi?   *What are you thinking about?*

A. Le ipotesi.

Parte prima. Conosci bene il tuo compagno / la tua compagna? Fai questo piccolo test.

Penso che il mio compagno / la mia compagna...

1. **a.** lavori a tempo pieno.
   b. lavori part-time.
   c. non abbia un lavoro.

2. **a.** abbia un gatto.
   b. abbia un cane.
   c. non abbia animali domestici.

3. **a.** abbia molti fratelli.
   b. abbia solo un fratello / una sorella.
   c. non abbia fratelli.

4. **a.** faccia sport una volta alla settimana.
   b. faccia sport più di una volta alla settimana.
   c. non faccia mai sport.

5. **a.** creda agli UFO.
   b. non creda agli UFO.
   c. sia indifferente agli UFO.

6. **a.** studi due ore al giorno.
   b. studi meno di due ore al giorno.
   c. studi più di due ore al giorno.

7. **a.** sia vegetariano/a.
   b. mangi la carne.
   c. sia vegano/a.

8. **a.** pensi sempre alla situazione politica del paese.
   b. non pensi mai alla situazione politica del paese.
   c. ogni tanto pensi alla situazione politica del paese.

Parte seconda. Verifica le tue ipotesi. Chi conosce meglio il compagno / la compagna?

ESEMPIO: **S1:** Lavori a tempo pieno?
           S2: No, non ho un lavoro.

In Italia

Sciopero a Roma (Lazio)
© Andrea Franceschini/Pacific Press/LighRocket/Getty Images

- Il diritto di **sciopero** (*strike*) è garantito dalla Costituzione italiana. La legge regola le modalità (*procedures*) e i tempi degli scioperi nei servizi di pubblica utilità (trasporti e sanità).

- Esistono vari tipi di sciopero: lo sciopero «a singhiozzo (*hiccup*)» è caratterizzato da brevi interruzioni del lavoro (per esempio, 10 minuti ogni ora), mentre lo sciopero «a scacchiera (*checkerboard*)» è caratterizzato dall'astensione dal lavoro in tempi diversi da parte di diversi gruppi di lavoratori.

- Quasi sempre gli scioperi vengono annunciati in anticipo su Internet, al telegiornale, alla radio e/o sui giornali.

B. Un po' di cultura: Il governo e l'economia.

Parte prima. Completa i verbi al congiuntivo. Poi segna ✓ le affermazioni con cui sei d'accordo.

1. _____ Penso che il costo della vita aument____ sempre.

2. _____ Credo che gli impiegati in fabbrica (*factory*) guadagn____ molto.

3. _____ Penso che i giovani conosc____ bene la situazione politica del paese.

4. _____ Credo che molti giovani si preoccup____ della situazione economica del paese.

5. _____ Penso che il deficit del paese quest'anno cresc____.

6. _____ Non credo che il governo facc____ abbastanza per eliminare la povertà nel mondo.

7. _____ Penso che lo sciopero s____ il modo migliore per risolvere i conflitti sul lavoro.

8. _____ Credo che gli immigrati contribuisc____ molto all'economia del paese.

Parte seconda. Lavora con un compagno / una compagna. Confrontate le vostre opinioni e discutete. Se avete idee diverse, riesci a convincere il compagno / la compagna a cambiare opinione? Chi ha gli argomenti più convincenti?

In Italia

Palazzo Chigi, Roma (Lazio)
© Lautaro/Alamy

L'Italia è **una repubblica** costituzionale dal 1946, quando la monarchia fu abolita da un referendum popolare. **Il Presidente della Repubblica** è il capo dello Stato e rappresenta l'unità nazionale. Il suo ruolo è soprattutto simbolico. **Il Presidente del Consiglio** (detto anche **il primo ministro**), invece, indirizza, promuove e coordina la politica generale dello Stato. La sede ufficiale del governo è a Palazzo Chigi, a Roma.

C. I problemi sociali.

Parte prima. Con i compagni, fai una lista dei problemi sociali che i vari paesi del mondo devono affrontare.

> **ESEMPIO:** la droga, il razzismo...

Parte seconda. In gruppi di due o tre, completate le seguenti frasi insieme e poi fate un sondaggio in classe. Quanti hanno le stesse opinioni?

1. Pensiamo che il problema più grave nel nostro paese sia...
2. Pensiamo che il problema più grave in Italia sia...
3. Pensiamo che il problema più grave nel mondo sia...

In italiano

As you've already learned, another way to express your opinion is to use **secondo me** followed by the indicative. Compare:

Secondo me, troppa gente **crede** agli stereotipi.

Penso che troppa gente **creda** agli stereotipi.

D. Cosa pensate?

Parte prima. Insieme a un compagno / una compagna, selezionate l'elemento appropriato in base alla vostra opinione.

1. Crediamo che nelle grandi città dove abitiamo ci sia molta / poca delinquenza.
2. Crediamo che l'adolescenza sia un periodo divertente / difficile.
3. Pensiamo che gli immigrati abbiano molte / poche difficoltà.
4. Pensiamo che i nonni abbiano un ruolo importante / insignificante nella famiglia.
5. Crediamo che sia essenziale / sciocco avere un sogno nel cassetto.

Parte seconda. Motivate le vostre opinioni usando il presente indicativo. Cominciate le frasi con **Secondo noi...**

> **ESEMPIO:** Secondo noi, nella città dove abitiamo c'è poca delinquenza perché ci sono tante attività per i giovani.

E. Le opinioni.

Parte prima. Lavora con un compagno / una compagna. Scrivete le vostre opinioni sui seguenti aspetti della vita nella vostra università. Cominciate ogni frase con **Secondo noi...** e ricordatevi di usare l'indicativo.

> **ESEMPIO:** **Secondo noi,** le tasse universitarie **sono** troppo alte.

gli appartamenti	**le feste**	**la residenza universitaria**
le aule	**la mensa**	**gli studenti**
i corsi	**i professori**	**le tasse universitarie**

Parte seconda. Scambiate le opinioni con un altro gruppo. Trasformate tutte le frasi con cui siete d'accordo in **Crediamo che...** . Cominciate le frasi con cui non siete d'accordo con **Non crediamo che...** . (Ricordate di usare il congiuntivo!) Discutete le frasi con cui non siete d'accordo con l'altro gruppo o con il resto della classe.

> **ESEMPIO:** **Crediamo che** le tasse universitarie **siano** troppo alte.

14.3 È bello che tu impari l'italiano

Verbs and expressions followed by the subjunctive

▶ Classifica le frasi dell'insieme A secondo le categorie dell'insieme B.

A	**B**
1. **Desidero che veniate** con noi.	**a.** opinione
2. **È necessario che** Matteo **trovi** lavoro.	**b.** desiderio
3. **Credo che** questa macchina **costi** troppo.	**c.** sentimento personale
4. **Sono contenta che** mia sorella **venga** alla festa.	**d.** giudizio (*judgment*) con un'espressione impersonale
5. **Dubito che** il fratello di Daniele **sia** disoccupato.	**e.** necessità
6. **È importante che si cerchi** di eliminare la povertà nel mondo.	**f.** dubbio

▶ Answers to this activity are in the **Appendix** at the back of your book.

1 As you saw in the preceding activity, the subjunctive is used after verbs or expressions that indicate doubt, opinion, desire, necessity, emotions, and judgments + **che.** Here are several expressions that typically introduce the use of the subjunctive.

bisogna che...	**immagino che...**	**preferisco che...**
credo che...	**è importante che...**	**sembra/pare** (*it seems*) **che...**
desidero che...	**è (im)possibile che...**	**sono contento/a che...**
dubito che...	**è necessario che...**	**spero che...**
è bene che...	**è strano che...**	**temo** (*I fear*) **che...**
è essenziale che...	**mi dispiace che...**	**voglio/vorrei che...**

2 As you learned in the previous section, the subject of the verb in expressions like **voglio che, spero che,** and so on must always be different from the subject of the verb that follows **che,** which is in the subjunctive.

Mia madre vuole che **io** vada all'università.	*My mother wants me to go to college.*
Mia madre preferisce che **io** studi medicina.	*My mother prefers that I study medicine.*
Mia madre pensa che **io** abiti da sola.	*My mother thinks that I live alone.*
Mia madre spera che **io** diventi medico.	*My mother hopes that I become a doctor.*

3 If the subject of the two verbs is the same, the infinitive is used instead of the subjunctive.

    a. The verbs **volere** and **preferire** are followed by the infinitive when the subject of **volere/preferire** and the infinitive is the same. Compare:

SAME SUBJECT	DIFFERENT SUBJECTS
Non **voglio andare** all'università.	*Mia madre vuole che io vada* all'università.
I don't want to go to college.	*My mother wants me to go to college.*
Preferisco studiare recitazione.	**Mia madre preferisce** che **io studi** medicina.
I prefer to study acting.	*My mother prefers that I study medicine.*

    b. You learned in **Strutture 10.1** that **pensare** and **sperare** followed by **di** + infinitive are used to talk about one's hopes and plans for the future when the subject of these verbs and the following verb are the same. However, when the subjects of **pensare** and **sperare** and the following verb are different, these verbs are followed by **che** + subjunctive. Compare:

SAME SUBJECT	DIFFERENT SUBJECTS
Penso di abitare con amici.	**Mia madre pensa** che **io abiti** da sola.
I think that I will live with friends.	*My mother thinks that I live alone.*
Spero di diventare attrice.	**Mia madre spera** che **io diventi** medico.
I hope to become an actress.	*My mother hopes that I become a doctor.*

 A. Ascolta. Ascolta le frasi e indica perché si usa il congiuntivo.

	opinione	dubbio	desiderio	sentimento personale	necessità	giudizio con un'espressione impersonale
1.	☐	☐	☐	☐	☐	☐
2.	☐	☐	☐	☐	☐	☐
3.	☐	☐	☐	☐	☐	☐
4.	☐	☐	☐	☐	☐	☐
5.	☐	☐	☐	☐	☐	☐
6.	☐	☐	☐	☐	☐	☐
7.	☐	☐	☐	☐	☐	☐
8.	☐	☐	☐	☐	☐	☐
9.	☐	☐	☐	☐	☐	☐

B. Un po' di cultura: La disoccupazione giovanile.

Parte prima. Completa le affermazioni con un'espressione che richiede il congiuntivo. **Attenzione!** Usa ogni espressione *una sola volta.*

    ESEMPIO: Tommaso, un neolaureato in giurisprudenza, non riesce a trovare lavoro.
             Spero che il governo faccia qualcosa per ridurre il tasso di disoccupazione.

1. Mohamed è arrivato in Italia dall'Africa una settimana fa. _____ trovi un lavoro.

2. I prezzi stanno aumentando! _____ il governo faccia qualcosa per controllare l'inflazione.

3. Sabrina ha una laurea di primo livello in sociologia. Dopo l'università non sapeva cosa fare e ha deciso di andare in Inghilterra. _____ parli bene inglese.

To learn more about constructions with the infinitive, see **Per saperne di più** at the back of your book.

Parte seconda. Insieme a un compagno / una compagna, per ogni situazione scrivi la tua reazione personale seguendo il modello della **Parte prima.**

1. Luca ed Enrica si sono laureati due anni fa in matematica. Enrica ha trovato subito un posto all'ISTAT, a Roma, mentre Luca sta ancora cercando lavoro. Nel frattempo fa il cameriere in un ristorante.

2. Oscar ha quasi finito la laurea magistrale in ingegneria e si laurea fra un mese. Subito dopo la laurea ha intenzione di fare un dottorato in Germania.

CIAO MAMMA, ESCO. VADO A CERCARE LAVORO.

NON DIMENTICARE IL PASSAPORTO!

—Pat

C. La vita futura.

Parte prima. Ci sono tre alternative possibili per completare le seguenti affermazioni sulla tua vita dopo la laurea. Metti le frasi in ordine di importanza secondo la tua opinione (1 = la più importante, 3 = la meno importante).

1. È essenziale che il mio lavoro...
   - a. _____ sia pagato bene.
   - b. _____ dia molte soddisfazioni.
   - c. _____ offra molte opportunità di viaggiare.

2. È importante che la mia casa...
   - a. _____ sia grande.
   - b. _____ sia nel quartiere più bello della città.
   - c. _____ abbia tutti i comfort.

3. È necessario che mio marito / mia moglie...
   - a. _____ sia ricco/a.
   - b. _____ sia gentile e intelligente.
   - c. _____ sia bello/a.

4. È assolutamente necessario che io...
   - a. _____ abbia un animale domestico.
   - b. _____ abbia tanti amici.
   - c. _____ abbia un buon rapporto con la famiglia.

5. È importante che io...
   - a. _____ abiti vicino alla mia famiglia.
   - b. _____ abiti lontano dalla mia famiglia.
   - c. _____ abiti in una bella città.

Parte seconda. Adesso giustifica la tua preferenza principale con un'affermazione. Usa **il presente indicativo.** Presenta le tue affermazioni ai compagni di classe.

ESEMPIO: Il mio lavoro deve pagare bene perché vorrei viaggiare in tutto il mondo.

Parte prima. Completa questi mini-dialoghi con i verbi appropriati della lista. **Attenzione!** Non tutti i verbi verranno usati.

abbia	dorma	siano
abbiano	esca	vada
abitino	faccia	
capisca	si senta	

1. —Il signor Rossi lavora ancora?

   —È probabile che _____ in pensione l'anno prossimo.

2. —Roberto va alla riunione domani alle 16.00?

   —No, credo che _____ un impegno dalle 15.00 alle 16.30.

3. —Dove sono Raffaella e Angelica?

   —Credo che _____ ancora all'università.

4. —Quanti anni ha tua madre?

   —Ne ha 80.

   —Abita ancora da sola?

   —Sì, e ho paura che _____ sola, ma insiste che vuole essere indipendente.

5. —Perché Mario è di cattivo umore?

   —Domani ha un esame di matematica. È importante che _____ bene l'esame perché finora ha preso voti molto bassi.

Parte seconda. Lavora con un compagno / una compagna. Scegliete un verbo che non avete usato e create un mini-dialogo. Seguite il modello della **Parte prima.**

Cultura

Ascoltiamo!

La nuova demografia d'Italia

A. Osserva e ascolta. Osserva e ascolta Federico che ti parla delle trasformazioni demografiche nell'Italia di oggi.

B. Completa. Completa le seguenti frasi inserendo la parola o l'espressione appropriata della lista. Usa ogni espressione *una sola volta*. **Attenzione!** La lista contiene undici parole o espressioni; devi usarne solamente nove.

adriatica	in aumento	in calo	farmaci
fertilità	degli immigrati	l'invecchiamento	in inverno
delle pensioni	il tempo libero	la terza età	

1. La popolazione italiana si sta trasformando: le nascite sono _____, mentre il numero degli anziani è _____.

2. Il numero complessivo degli abitanti, però, rimane stabile grazie all'arrivo _____ dai paesi dell'Asia, dell'Africa e dell'Europa Orientale (*Eastern*).

3. _____ della popolazione preoccupa il governo e crea problemi per l'economia nazionale, in particolare per l'enorme costo _____.

4. Gli anziani (chiamati anche «_____») influenzano sempre più il mercato dei consumi. Per loro, le industrie creano prodotti specializzati come alimenti e _____.

5. _____, molte località turistiche dal clima mite sono piene di anziani in vacanza, soprattutto quelle della costa ligure e della costa _____.

C. Tocca a te! Secondo te, l'aumento del numero di anziani è veramente un problema serio per una nazione?

> **Penso che l'aumento del numero di anziani sia / non sia un problema serio per una nazione perché...**

 # Leggiamo!

Rachid Khadiri, studente d'ingegneria marocchino

A. Prima di leggere. Descrivi tre ostacoli che un immigrato deve superare quando si trasferisce in un nuovo paese. Cosa fa per superarli?

B. Al testo!

Parte prima. L'Italia è diventata una nazione multietnica; si prevede che nel 2016 ci saranno più di 5 milioni di immigrati. Cosa pensano gli italiani della nuova situazione demografica? Leggi l'articolo per conoscere due opinioni diverse.

Rachid Khadiri, studente d'ingegneria marocchino

Vendeva accendini, ora dopo la laurea al Politecnico di Torino, sta frequentando il biennio della specialistica che dovrebbe concludere quest'anno con una tesi sul grafene.

Rachid Khadiri Abdelmoula durante la discussione della tesi di laurea al Politecnico di Torino.

Courtesy of Rachid Abdelmoula Khadiri

PAROLE PER LEGGERE

costretto	*forced*
proseguire	*to continue, to carry on*
la serie	*series*
il valore	*value*
vendere	*to sell*

Rachid Khadiri, 29 anni, è uno studente d'ingegneria marocchino che, dopo la laurea triennale al Politecnico di Torino, sta frequentando il biennio della specialistica che dovrebbe concludere quest'anno con una tesi sul grafene (il super-materiale resistente ed elastico). Rachid è arrivato a Torino quando aveva 11 anni e, per molto tempo, con i suoi fratelli ha sbarcato il lunario[1] vendendo accendini[2] (cosa che spesso, per campare,[3] ancora fa). Tre anni fa ha ricevuto la cittadinanza italiana. «Sono molte le persone a cui devo molto», racconta, «in particolare le donne. La principale è Chie Wada, una signora giapponese sposata con un italiano, nostra vicina di casa, che per me è stata una seconda mamma. È lei che, quando avevo dodici anni e marinavo la scuola, mi ha preso per le orecchie e costretto a studiare. E importante è stata anche la supplente[4] delle medie che mi ha incoraggiato a proseguire verso il diploma». Nato nel 1987 a Kouribga, un villaggio tra Casablanca e Marrakech, Rachid ha otto fratelli, quattro dei quali vivevano già a Torino quando lui è arrivato. «Ho fatto l'ambulante[5] per non pesare troppo sulla famiglia, e grazie alla strada ho imparato rapidamente l'italiano. Qui mi sono sempre trovato bene: nessuno mi ha mai fatto sentire un cittadino di serie B». Dopo le medie, l'istituto professionale: e anche qui ha trovato un'altra insegnante, che lo ha spinto[6] a iscriversi all'università. Rachid è un giovane musulmano che «detesta gli estremismi» e ha fatto propri i valori della libertà. Ama Torino perché è un «giusto compromesso» tra piccola e grande città e pensa che la forte presenza di stranieri (anche al Politecnico) ne abbia fortemente sprovincializzato la mentalità.[7]

[1]ha... *barely made ends meet* [2]*lighters* [3]*make a living* [4]*substitute teacher* [5]*street vendor* [6]ha... *pushed* [7]abbia... *broadened people's minds*

C. Discutiamo!

Parte prima. Conosci una storia di successo di un immigrato / un'immigrata? Condividila con la classe.

Parte seconda. Rachid dice di dover molto a tre persone. Racconta chi nella tua vita ti ha aiutato in modo particolare.

Scriviamo!

Io a ottant'anni

Immagina di avere ottant'anni. Scrivi un testo in cui ti descrivi.

- Nel primo paragrafo descrivi come sei fisicamente.
- Nel secondo paragrafo descrivi com'è il tuo stato familiare (sposato/a, divorziato/a, vedovo/a, numero di figli...).
- Nel terzo paragrafo descrivi le tue condizioni economiche.
- Nell'ultimo paragrafo fai un breve riassunto della tua vita.

Quando hai finito il testo, rileggilo e poi scrivi un titolo appropriato.

 **Parliamo!**

A che cosa tieni di più?

Leggi la lista qui sotto e scegli le dieci cose che pensi siano più importanti nella tua vita. Puoi aggiungere una cosa alla lista, ma devi scegliere un massimo di dieci cose.

gli amici	**un animale domestico**	**la salute**
i soldi	**l'autosufficienza**	**un hobby**
il marito / la moglie	**la bellezza**	**lo sport**
il lavoro	**la casa**	**altro:** ___?___
la patente di guida	**la famiglia**	

Immagina di avere cinquant'anni. Devi eliminare due cose dalla lista. Quali elimini?

Immagina di avere sessant'anni. Devi eliminare altre due cose.

A settant'anni, altre due.

A ottant'anni, altre due.

A novant'anni cosa ti è rimasto?

Discuti le tue scelte con la classe. Ci sono cose a cui molti tengono? Cose a cui non tiene nessuno?

 Scopriamo il cinema!

FILM: *Pranzo di Ferragosto*

(Commedia. Italia. 2009. Gianni Di Gregorio, Regista. 75 min.)

> **RIASSUNTO:** Middle-aged, unemployed and single, Gianni lives with his 93-year old mother, whom he takes care of full-time. It's August and the administrator of the condominium in which they live makes Gianni a deal: if Gianni will take care of the administrator's mother, too, during the **Ferragosto** holiday, the administrator will cover the condo fees that Gianni and his mother haven't paid in months. Gianni accepts, but when the administrator's mother arrives, she's not alone: his aunt has come along as well. Then the mother of Gianni's doctor-friend drops off his mother, too. How will Gianni manage the holiday with four elderly ladies under his care?
>
> **SCENA:** (DVD 12:33–17:57) Gianni explains the deal to his mother. Alfonso, the administrator, arrives with his mother and his aunt.

A. Anteprima. Leggi il riassunto del film e pensa a quello che hai imparato di questi quattro elementi della cultura italiana: la madre, gli anziani, il pranzo e il Ferragosto. Secondo te, quali problemi incontrerà Gianni in questa storia? Scrivi un possibile problema per ciascun elemento.

1. la madre
2. gli anziani
3. il pranzo
4. il Ferragosto

B. Ciak, si gira!

Parte prima. I primi incontri sono spesso pieni di complimenti. Abbina la cosa al complimento appropriato.

1. il dolce
2. il panorama
3. il divano-letto
4. i piatti di Gianni e i ciambelloni della mamma
5. le signore ospiti
6. la salute della zia
7. il carattere della zia

a. bellissimo
b. care
c. comodo
d. docile
e. grazioso
f. straordinari
g. una roccia

Parte seconda. Mentre guardi la scena, controlla le tue risposte della **Parte prima.** Hai sentito tutti i complimenti? Quali altre espressioni comuni a un primo incontro hai notato?

C. È fatto! Dopo aver visto la scena, riconsidera i problemi che hai menzionato in **Anteprima.** Avevi ragione? Le tue idee sono state confermate? Perché?

Retro

In Italia i reality show sono popolari come negli Stati Uniti. Il film *Ladri di Biciclette* (De Sica, 1948) è un esempio di reality *ante litteram* (*before it was called that / before there was a name for it*) chiamato **Neorealismo** (1943–1952). Il Neorealismo è stato un importante movimento del cinema italiano caratterizzato dall'attenzione rivolta alla vita dei più poveri e della classe operaia (*working class*).

Continua a leggere nel **Capitolo 14, Retro** su *Connect.*

connect

www.mhhe.com/connect

Padre (Lamberto Maggiorani) e figlio (Enzo Staiola) in *Ladri di Biciclette* (1948)

© Moviestore collection Ltd/Alamy

Scopriamo le belle arti!

Tutto (1988), Alighiero Boetti

 **LINGUA**

A. Come si fa un'opera del genere? L'arazzo (*tapestry*) dell'artista Alighiero Boetti non è opera di una sola persona. Metti in ordine cronologico (1–4) i diversi passi della sua costruzione.

_____ Infine, si mettono insieme tutti i pezzi (*pieces*) realizzati per creare un'opera unica.

_____ Si idea un arazzo colorato che include diversi oggetti e simboli.

_____ Si dà a ciascuna persona la stessa quantità di filo (*thread*) per ciascun colore.

_____ Si raggruppano delle persone di diverse nazionalità per creare l'opera.

B. Che bello! Hai imparato almeno tre modi per esprimere la tua opinione: **che** + *aggettivo*, **Secondo me,** + *verbo all'indicativo* e **Penso che** + *verbo al congiuntivo*. Completa le seguenti frasi in cui si esprime la stessa opinione usando una struttura diversa. Per ogni frase poi indica se sei d'accordo con l'opinione o no.

	Sono. d'accordo	Non sono d'accordo.
1. Secondo me, l'arte ha un ruolo importante nella vita. / Penso che l'arte _____ un ruolo importante nella vita.	☐	☐
2. Che bravi! Secondo me, gli artisti contemporanei _____ più bravi degli artisti rinascimentali.	☐	☐
3. Penso che gli artisti come Alighiero Boetti vedano il mondo diversamente dalle altre persone. / Secondo me, gli artisti come Alighiero Boetti _____ il mondo diversamente dalle altre persone.	☐	☐
4. Secondo me, l'arte astratta richiede allo spettatore un maggiore sforzo rispetto all'arte realistica. / Penso che l'arte astratta _____ allo spettatore un maggiore sforzo rispetto all'arte realistica.	☐	☐
5. Che interessante! Penso che *Tutto* _____ un'opera interessante.	☐	☐

ARTE

Alighiero Fabrizio Boetti è stato un rappresentante del movimento artistico concettuale **Arte povera** (anni 60–). (Vedi **Capitolo 6.**) Intorno al 1988 ha iniziato un ciclo di grandi arazzi **ricamati** (*embroidered*) chiamati *Tutto*. L'idea di Boetti era di occupare l'intera superficie (*surface*) della tela con elementi ricamati messi uno accanto all'altro, vicinissimi.

Alighiero Boetti ha limitato il proprio intervento nelle opere; di fatto, non ha nemmeno scelto i colori. Ha lasciato scegliere i colori e le immagini stesse alle ricamatrici (*embroiderers*) provenienti da tutte le parti del mondo, dando loro solo alcune regole da seguire.

Source: http://boettiealighiero.virtuale.org/opere_anni_80.htm

A. L'Arte povera. *Tutto* è un esempio di Arte povera, come anche *Venere degli stracci* nel **Capitolo 6**. Cos'hanno in comune le due opere?

B. I colori. Quanti colori riesci a identificare nell'opera *Tutto*? Hai notato che non c'è nessun colore che predomina? In effetti, c'è la stessa quantità di filo per ciascun colore. Secondo te, perché?

Vocabolario

Domande ed espressioni

bisogna che...	it is necesary that . . .
Come si fa?	How is it done? / How do people do it?
Cosa si fa?	What do people do?
è bene che...	it's good that . . .
è essenziale che...	it's essential that . . .
è importante che...	it's important that . . .
è (im)possible che...	it's (im)possible that . . .
è necessario che...	it's necessary that . . .
è strano che...	it's strange that . . .
sembra/pare che...	it seems that . . .
si vede che...	you can tell / it's clear that . . .

Verbi

andare in pensione	to retire
aumentare	to increase
calare	to drop; to fall; to reduce
credere (a/in)	to believe (in)
credere (che)	to believe (that)
crescere	to grow; to increase
desiderare	to desire, to want
drogarsi	to take drugs
dubitare (che)	to doubt (that)
emigrare	to emigrate
immaginare (che)	to imagine (that)
immigrare	to immigrate
invecchiare	to get old
pensare (a)	to think (about)
sbarcare	to disembark (*boat, plane*)
sognare	to dream
sperare (che)	to hope (that)
temere (che)	to fear (that)
trasformarsi	to transform

Sostantivi

l'anziano / l'anziana	elderly man/woman
l'asilo	asylum
l'aumento	increase
il calo	drop, reduction
il cittadino / la cittadina	city dweller; citizen
la crescita	growth; increase
la delinquenza	crime (*in general*)
la disoccupazione	unemployment

il divorzio	divorce
la droga	drugs
l'emigrato / l'emigrata	refugee; exile
l'emigrazione	emigration
la fame	hunger
il fenomeno	phenomenon
la gestione	management
il giornale	newspaper
il governo	government
la guerra	war
l'immigrato / l'immigrata, il/la migrante	immigrant
l'immigrazione (*f.*)	immigration
l'industria	industry
l'invecchiamento	aging
il mestiere	trade; occupation
la morte	death
la nascita	birth
la noia	boredom
il pensionato / la pensionata	retiree
la pensione	pension
la percentuale	percentage
la popolazione	population
la povertà	poverty
il/la presidente della Repubblica	president
il primo ministro	prime minister
il quotidiano	daily newspaper
il razzismo	racism
il rifugiato / la rifugiata	refugee
la rivista	magazine
lo sciopero	strike
la solitudine	loneliness, isolation
la tassa	tax; fee
il tasso	level, rate
il tasso di disoccupazione	unemployment rate
la terza età	"golden years"
la trasformazione	transformation
la vecchiaia	old age
la violenza	violence
il volontariato	volunteer work

Aggettivi

quotidiano	daily
sicuro	safe, sure

Manifestazione interventista (1914), Carlo Carrà (Collezione Mattioli, Milano, collage su cartone)

SCOPI

IN THIS CHAPTER YOU WILL LEARN:

- to ask and verify whether someone can do something
- to recognize regional varieties of Italian
- about other varieties of language spoken in Italy
- to recognize opinions, doubts, and desires in the past
- the difference between expressions of fact and statements of opinion, doubt, and desire
- to talk about imaginary situations
- about the history of the Italian language

Sai/Sa l'inglese?
Puoi/Può dire qualcosa?

Asking and verifying whether someone can do something

- In **Strutture 4.3** you learned that **sapere** + a noun is used to talk about knowing a fact and that **sapere** + a verb in the infinitive is used to talk about knowing how to do something or to be capable of doing something.

So dove abitano.	*I know where they live.*
So sciare.	*I know how to ski. I can ski.*

- In English the verb *can* may be used in the second instance, but not in Italian. In Italian, **potere** conveys a willingness to do something, whereas **sapere** expresses capability.

Sai cantare?	*Do you know how to sing? Can you sing?*
Puoi cantare qualcosa?	*Can (Will) you sing something?*

 A. Osserva e ascolta.

Parte prima. Osserva e ascolta questi italiani che rispondono alla domanda «Sai/Sa l'inglese?» Segna ✓ chi dice di sì.

1. Elisabetta   sì ☐ no ☐

2. Anna Maria   sì ☐ no ☐

3. Giacinto   sì ☐ no ☐

4. Giorgio   sì ☐ no ☐

5. Lorenzo sì ☐ no ☐

6. Lucia sì ☐ no ☐

7. Stefano sì ☐ no ☐

8. Iolanda sì ☐ no ☐

9. Paolo sì ☐ no ☐

Photos 1–9: McGraw-Hill Education/TruthFunction

Parte seconda. Ora osserva e ascolta Giorgio, Lorenzo e Iolanda della **Parte prima**, insieme a Laura, Francesca e Paolo (di Amalfi), che rispondono alla domanda «È importante sapere l'inglese?». Segna ✔ chi ha dato le seguenti spiegazioni.

	Giorgio	Lorenzo	Iolanda	Paolo	Laura	Francesca
1. Soprattutto nel campo dell'informatica, i materiali sono in inglese.	☐	☐	☐	☐	☐	☐
2. Chi sa un'altra lingua ha un vantaggio nel mondo lavorativo.	☐	☐	☐	☐	☐	☐
3. Sapere un'altra lingua è un segno di apertura mentale (*open-mindedness*) e di cultura.	☐	☐	☐	☐	☐	☐

B. Culture a confronto: E tu, quali lingue parli?

Parte prima. Fai un sondaggio in classe per sapere quali lingue parlano gli altri studenti. Chiedi anche se le hanno imparate a scuola o a casa. Secondo te, è importante saper parlare un'altra lingua?

Parte seconda. Guarda i dati nella sezione **In Italia** e paragona le risposte della classe alle risposte degli italiani. Sono simili o diverse?

> **Oltre all'italiano, quali altre lingue parlano gli italiani tra i 15 e 34 anni?**
>
> inglese 19,43%
>
> francese 11,83%
>
> spagnolo 8,9%
>
> tedesco 2,35%

Source: languageknowledge.eu

C. Conosci il linguaggio dei giovani? Riesci a tradurlo?

Parte prima. I giovani italiani, come i giovani di tutto il mondo, usano un linguaggio particolare: **il linguaggio dei giovani.** Lo usano con i coetanei (*peers*), in situazioni informali, per scherzare, per parlare di scuola, di sport e della loro vita sentimentale. La caratteristica più saliente del linguaggio dei giovani è la continua formazione di parole nuove e l'uso nuovo di parole già esistenti. Queste parole ed espressioni cambiano rapidamente. Riesci a indovinare cosa significano queste abbreviazioni ed espressioni?

1. tranqui / scialla   a. sei pazzo/a
2. sei fuori   b. sei simpatico/a
3. sei simpa   c. ragazzi
4. raga   d. tranquillo/a / stai sereno/a

Parte seconda. Tra i giovani, lo smartphone sembra essere lo strumento più importante per comunicare, fare amicizie e superare la timidezza. Per risparmiare soldi e tempo, nei messaggi si usa un linguaggio «breve». Riesci a decifrare queste parole ed espressioni?

1. x
2. Xk
3. tvb
4. tvtb
5. lol

Di dove sei? / Di dov'è? Si sente!

Recognizing regional varieties of Italian

A. Osserva e ascolta.
Osserva e ascolta come parlano questi italiani. Parlano tutti l'italiano, ma non esattamente nello stesso modo. Ci sono piccole variazioni regionali. Riesci a identificare alcune differenze tra le persone o tra una delle persone e il tuo / la tua insegnante?

1. Italia Settentrionale (Emilia-Romagna): Stefano
2. Toscana: il maestro Dondoli
3. Italia Meridionale (Campania): Anna Maria

B. Regioni d'Italia: Come lo dici? L'uso di alcune parole varia da regione a regione. La stessa cosa succede (*happens*) in inglese americano: per esempio, c'è chi dice «soda» e chi dice «pop» o «cola»; c'è chi dice «pail» e chi dice «bucket».

Parte prima. Segna ✓ la parola che riconosci in ogni gruppo.

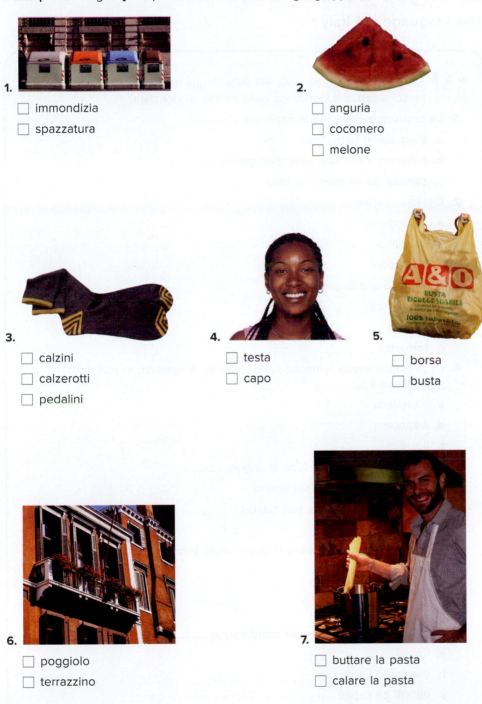

1.
- ☐ immondizia
- ☐ spazzatura

2.
- ☐ anguria
- ☐ cocomero
- ☐ melone

3.
- ☐ calzini
- ☐ calzerotti
- ☐ pedalini

4.
- ☐ testa
- ☐ capo

5.
- ☐ borsa
- ☐ busta

6.
- ☐ poggiolo
- ☐ terrazzino

7.
- ☐ buttare la pasta
- ☐ calare la pasta

Photos 1, 3, and 7: Courtesy of Diane Musumeci; 2: © Comtock/Jupiter Images RF; 4: © Digital Vision/Getty Images RF; 5: Courtesy of Arrigo Carlan; 6: © Royalty-Free/Corbis.

Parte seconda. Calcola il punteggio: quante volte hai scelto la prima parola del gruppo (settentrionale) o la seconda/terza parola (centro-meridionale)? Di quale varietà regionale conosci più parole? Sai perché?

Lessico

Le lingue d'Italia
The languages of Italy

▶ 🇮🇹 **Un piccolo test.** Che cosa sai della lingua italiana? Scegli la risposta giusta. Riesci a capire il significato delle parole evidenziate?

1. **La pronuncia** della lingua nazionale _____.

   a. è uguale in tutta l'Italia

   b. è diversa a seconda della zona geografica

   c. **cambia** da un giorno all'altro

2. L'italiano **deriva** _____.

   a. dall'inglese

   b. dal latino

   c. dal greco

3. L'italiano è una lingua _____.

   a. germanica

   b. asiatica

   c. **romanza**

4. Le principali lingue romanze sono l'italiano, **il rumeno,** lo spagnolo, il portoghese e _____.

   a. il tedesco

   b. il francese

   c. il greco

5. La lingua italiana, come tutte le lingue, _____.

   a. continua a **evolversi** nel tempo

   b. rimane sempre uguale, non cambia

   c. cambia velocemente

6. Nell'italiano **contemporaneo** si usano molti **termini** (parole) _____.

   a. inglesi

   b. spagnoli

   c. greci

7. **La lingua parlata** e **la lingua scritta** sono _____.

   a. uguali

   b. diverse

   c. difficili da capire

8. La lingua italiana ha una lunga **tradizione letteraria** che **risale al** _____.

    a. Duecento

    b. Cinquecento

    c. Novecento

9. Poiché sempre meno giovani italiani imparano il dialetto, i dialetti _____.

    a. potrebbero **scomparire** (*disappear*)

    b. potrebbero **diffondersi** (*spread*)

10. **Il fiorentino** è il dialetto di _____.

    a. Bologna

    b. Milano

    c. Firenze

11. **Il napoletano** è un dialetto dell'Italia _____.

    a. Settentrionale

    b. Centrale

    c. Meridionale

12. Circa 66 milioni di persone parlano italiano nel mondo. Anche se l'italiano è meno **diffuso** dello spagnolo e del francese, lo si parla in tanti paesi diversi. Si parla italiano negli Stati Uniti, in Svizzera, Argentina, Australia, Canada, Tunisia, Eritrea, Libia, Albania, Somalia e _____.

    a. Russia

    b. Brasile

    c. Tailandia

▶ Answers to the activities in this section are in the **Appendix** at the back of the book.

Retro

I dialetti italiani sono lingue distinte l'una dall'altra. Tuttavia, la differenza fra i dialetti dipende dalla distanza geografica: i dialetti di zone vicine tendono a somigliarsi (essere simili). Per esempio, un milanese riesce probabilmente a capire una persona che parla un altro dialetto settentrionale (come il dialetto di Torino), ma non capisce quasi nulla del dialetto di Lecce o di Napoli.

Continua a leggere nel **Capitolo 15, Retro** su *Connect*.

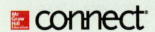

www.mhhe.com/connect

▶ **Regioni d'Italia: Il dialetto e quando si usa.** Solo il 30% degli italiani è monolingue, cioè parla solo **l'italiano standard.** Molti italiani sono bilingui: parlano sia la lingua nazionale che il dialetto del loro paese o provincia. Ma non è sempre stato così. Nel 1951, per esempio, il 60% degli italiani parlava solo **dialetto.**

I dialetti sono lingue, usate in contesti diversi dall'italiano standard. Quali sono le occasioni in cui vengono usati? Segna ✓ i contesti in cui tendono a essere usati.

| ☐ a casa | ☐ in campagna | ☐ in contesti informali |
| ☐ fuori casa | ☐ in città | ☐ in contesti formali |

▶ 🇮🇹 **Regioni d'Italia: Le minoranze linguistiche in Italia.** L'italiano e i dialetti non sono le uniche lingue che si parlano in Italia. Ci sono, infatti, varie **minoranze linguistiche,** cioè comunità che parlano una lingua diversa dalla lingua standard. La legge riconosce 12 minoranze linguistiche: il tedesco, il ladino, il francese, il friulano, lo sloveno, il sardo, il catalano, l'albanese, il greco, il croato, l'occitano, il francoprovenzale. Riesci a identificare in quali regioni si trovano questi cartelli stradali? Sei hai bisogno di aiuto, consulta la carta geografica in fondo al libro.

1.

2.

3.

4.

I cartelli stradali

Top left: © Tim E. White/Alamy; top right: © Vito Arcomano/Alamy; bottom left: © In Picutres Ltd./Getty Images; bottom right: © Giulio Andreini/agefotostock.

▶ Answers to the activities in this section are in the **Appendix** at the back of the book.

a. _____ in Valle d'Aosta (il francese)

b. _____ in Sardegna (il sardo)

c. _____ in Friuli–Venezia Giulia (il croato)

d. _____ in Trentino–Alto Adige (il tedesco)

🎧 **A. Ascolta.** Ascolta le affermazioni e decidi se sono **vere** o **false**. Correggi le frasi false.

	vero	falso			vero	falso
1.	☐	☐		5.	☐	☐
2.	☐	☐		6.	☐	☐
3.	☐	☐		7.	☐	☐
4.	☐	☐		8.	☐	☐

B. Regioni d'Italia: Un po' di geografia.

Parte prima. Controlla la cartina geografica in fondo al libro e fai una lista di tre città dell'Italia Settentrionale, tre dell'Italia Centrale e tre dell'Italia Meridionale.

Parte seconda. Di' una città a un compagno / una compagna e lui/lei deve dire se si trova nell'Italia Settentrionale, Centrale o Meridionale senza consultare la cartina. Chi è riuscito a dare più risposte corrette?

C. Un po' di cultura: L'inglese e l'italiano.
Mentre alcune lingue, come il francese, evitano il più possibile l'uso di parole straniere, l'italiano tende ad accettare parole da altre lingue, soprattutto dall'inglese. Leggi l'articolo e fai una lista delle parole inglesi che si usano nell'italiano contemporaneo nel campo della tecnologia, della moda e del fitness.

SEI TRENDY O UNA FASHION VICTIM? TI PIACE CHATTARE? E COME TI RILASSI? CON LO SPINNING O FACENDO CLUBBING? MA QUANTO INGLESE «MASTICHI» SENZA ACCORGERTENE?[1]

di Marina Fantini

Il campo della tecnologia è ormai[2] del tutto inglesizzato, basta pensare al mondo di internet: alla homepage (la pagina principale) di un sito si accede digitando[3] www e poi il nome. www non è altro che una world wide web, ovvero[4] la rete stesa a coprire tutto il mondo! Poi ti serve uno username (un nome utente) e sicuramente una password (una chiave di accesso), ma anche un nickname (un tuo soprannome con cui farti riconoscere), altrimenti come chatti? Chattare è un verbo che in italiano non esiste, è un calco dall'inglese to chat! Così come cliccare viene da to click e customizzare (cioè personalizzare) da to customize!

Fashion & style
Anche il mondo della moda e del beauty sono stati contaminati dall'inglese: i termini fashion e style hanno preso sempre più piede, così come aggettivi come trendy, cool, hip, funky... E scommettiamo che tra qualche anno si dirà solo catwalk e non più passerella? Certo un conto è essere trendy (cioè essere al passo con la moda e conoscere tutti i trend, gli stili del momento), un conto diventare una fashion victim, una schiava, una vittima della moda. E il trucco? Ovvero il make up? Intanto va tenuto in ordine in un bel beauty-case, dove ci possono entrare tutti i rossetti, sia gloss (lucidi) che matte (opachi), per non parlare poi di ombretti per dare al viso un tocco di glitter (ovvero con un effetto brillante).

Questione di feeling e di carriera!
Se per vivere un bel flirt ci vuole feeling, per essere un VIP (una very important person), ci vuole fisico e tanto fitness! Ci può aiutare sicuramente un personal trainer (un allenatore tutto per noi) e qualche ora di sport passata a fare aquagym (ginnastica in acqua), step (la tipica ginnastica aerobica) o anche spinning (una bella pedalata). Per rilassarsi, poi, del training autogeno e sicuramente un po' di stretching (allungamento dei muscoli). E se una volta c'era tanto tempo per dedicarsi ai propri hobby (che suonano meglio di passatempi), ora tutte le professioni richiedono un impegno full time (cioè a tempo pieno.)

[1]«MASTICHI»... *"Chew"* (here: *say without realizing it*)   [2]*by now*   [3]*si... get access by typing*
[4]*or rather*

In italiano

Here are some verbs related to talking and speaking. You already know some of them.*

chiacchierare (fare due chiacchiere) *to chat, to gossip*

chiedere (p.p. **chiesto**) *to ask*

dire (p.p. **detto**) *to say, to tell*

discutere (p.p. *discusso*) *to discuss*

litigare *to argue*

parlare *to talk*

raccontare *to tell (a story)*

raccontare una barzelletta *to tell a joke*

rispondere (p.p. **risposto**) *to respond*

scherzare *to joke, to kid*

◖ D. Un po' di cultura: Le barzellette. Completa le barzellette con le seguenti parole.

chiede	**dice**
si dice	**risponde**
dico	**sta scherzando**

Un tipo va dallo psicanalista. Si sdraia sul lettino, poi dice: «Dottore, nessuno mi prende **sul serio** (*seriously*).»

Lo psicanalista risponde: «_____?»

Due carabinieri entrano in un bar. Il primo _____ al compagno: «Cosa prendi?»

Il compagno risponde: «Prendo quello che prendi tu.»

Il primo dice al barista: «Due caffè, per favore.»

Il compagno _____ al barista: «Due caffè anche per me.»

Alla scuola elementare, una maestra corregge i temi dei bambini. Nel tema Pierino ha scritto: «Ieri, ho caduto per terra. (*Yesterday I fell down.*)»

La maestra gli dice: «Attenzione, Pierino. Non si dice *ho caduto*. _____ *sono caduto*.»

Pierino _____: «Ma maestra, che importanza ha se _____ *ho caduto* o *sono caduto*, sempre per terra ho andato.»

---
*All of these verbs take **avere** as their auxiliary in the **passato prossimo**.

E. Dici bugie?

Parte prima. Completa le frasi in modo che siano vere per te. Usa una di queste espressioni o completa le frasi liberamente.

raramente	sempre
spesso	una volta al mese
una volta alla settimana	

1. Litigo con i miei genitori...
2. Discuto di politica con gli amici...
3. Racconto barzellette...
4. Dico bugie...
5. Faccio due chiacchiere con il mio migliore amico / la mia migliore amica...

Parte seconda. Formate gruppi di quattro o cinque studenti. Confrontate le vostre risposte e poi decidete chi del gruppo è...

1. il figlio / la figlia migliore
2. più interessato/a alla politica
3. più spiritoso/a
4. più onesto/a
5. l'amico/a migliore

Parte terza. Presentate i risultati ai compagni.

ESEMPIO: Maria è l'amica migliore perché parla sempre con i suoi amici.

F. Mini-dialoghi.

Parte prima. Completa i mini-dialoghi con la forma corretta del verbo giusto. **Attenzione!** Non si usano tutte le parole.

chiacchierare	litigare	scherzare
dire	raccontare (2)	
discutere	rispondere	

1. —Perché ti piace tanto Jamaal?

   —Perché è un tipo molto spiritoso; gli piace _____ barzellette e mi fa ridere (*laugh*).

2. —Gianna, ti va di andare al cinema con me domani sera?

   —Francesco, quante volte te lo devo _____?! Non voglio uscire con te!

3. —Ho sentito che vostro nonno è un tipo molto interessante.

   —Infatti! Ci _____ sempre delle sue esperienze durante la Seconda Guerra Mondiale.

4. —Perché sei sempre al telefono?

   —Mi piace _____ con mia sorella.

Parte seconda. Lavora con un compagno / una compagna. Inventate altri mini-dialoghi usando le parole che non avete utilizzato nella **Parte prima**.

Strutture

15.1 Penso che sia andata in vacanza

The past subjunctive

▶ Durante le vacanze a Salerno con la sua famiglia, Alessia ha telefonato al suo migliore amico, Daniele, per sapere tutti i pettegolezzi sui loro amici. Abbina le domande di Alessia (insieme A) alle risposte di Daniele (insieme B).

© Stockbyte/PunchStock RF

© Photodisc/Getty Images RF

A

1. Paola e Marco sono ancora insieme?

2. Taden parte per Bologna la settimana prossima?

3. Marina ha comprato una macchina nuova?

4. Alberto e Francesca hanno trovato un appartamento?

5. Sara è uscita con Francesco?

6. Marina e Stefano hanno litigato di nuovo?

7. Samira lavora ancora in ufficio?

B

a. No. Penso che **abbiano deciso** di vivere con i genitori di lui.

b. Sì. Credo che **siano andati** a mangiare una pizza insieme.

c. No. Non litigano più. Sembra che **abbiano fatto** pace.

d. No. Credo che **si siano lasciati.**

e. No. Pare che **si sia licenziata ieri.**

f. Penso che **sia partito la settimana scorsa.**

g. Sì. Credo che **abbia preso una Fiat.**

▶ I verbi evidenziati sono al congiuntivo passato. Scrivi l'infinito di ogni verbo. Riesci a capire come si forma il congiuntivo passato?

> abbiano deciso _____   siano andati _____
>
> abbiano fatto _____   si siano lasciati _____
>
> abbia preso _____   si sia licenziata _____
>
> sia partito _____

▶ Answers to these activities are in the **Appendix** at the back of your book.

1 **Il congiuntivo passato** is the equivalent of the **passato prossimo,** but in the subjunctive mood. It is formed with the present subjunctive of **avere** or **essere** and the past participle of the verb.

▶ Do you remember the present subjunctive of **avere** and **essere**? Write the forms here. (If you need help, see **Strutture 14.2.**)

	avere	essere
io		
tu		
lui, lei; Lei		
noi		
voi		
loro		

▶ Conjugate the following verbs in the congiuntivo passato. Attenzione! First decide which of the following verbs take **essere** as their auxiliary and which take **avere.**

	litigare	partire	divertirsi
io			
tu			
lui, lei; Lei			
noi			
voi			
loro			

▶ Answers to these activities are in the **Appendix** at the back of your book.

2 The past subjunctive is used primarily after verbs and/or expressions that indicate doubt, opinion, desire, emotions, and impersonal statements + **che.** (See **Strutture 14.3** for a list of expressions followed by the subjunctive.)

Credo che Mirella **sia partita** per l'Italia.
I think that Mirella has left for Italy.

Temo che Marco **abbia** già **letto** quel libro.
I'm afraid that Marco has already read that book.

In Italia

L'Accademia della Crusca

Fondata a Firenze intorno al 1580, l'Accademia della Crusca è la più antica accademia linguistica del mondo e la principale istituzione di ricerca del paese che si dedica specificamente alla lingua italiana e alla filologia italiana (disciplina che studia i testi letterari italiani per ricostruire la loro forma originaria). Il suo *Vocabolario,* apparso in prima edizione nel 1612 (e ampliato in molte successive), ha fornito il modello agli altri vocabolari delle lingue europee.

© Accademia della Crusca

L'Accademia della Crusca, la più antica accademia linguistica del mondo

© Alex Ramsay/Alamy

A. Gli indizi.
Sei andato/a via per una settimana. Torni lunedì mattina alle 7.30 e trovi l'appartamento in disordine. Osserva bene e cerca degli indizi per capire cosa ha fatto il tuo compagno / la tua compagna di casa durante la tua assenza (*absence*).

1. È probabile che il mio compagno / la mia compagna di casa abbia fatto _____.

2. Pare che abbia mangiato _____.

3. Sembra che abbia suonato _____.

4. Credo che abbia guardato _____.

5. Penso che abbia studiato _____.

B. I pettegolezzi.
È venerdì. Alessia è tornata dalle vacanze e parla con Daniele della loro amica Paola. Paola e il suo ragazzo, Marco, si sono lasciati ed è da circa una settimana che non si vede Paola in giro. Daniele racconta delle chiacchiere (*rumors*) su Paola che sono del tutto false. Fai la parte di Alessia, che conosce bene Paola, e dai le informazioni giuste a Daniele. **Attenzione!** Alessia parla con certezza, quindi nelle sue risposte usa l'indicativo.

ESEMPIO: DANIELE: Penso che Marco l'abbia chiamata venerdì scorso. Hanno parlato per delle ore!

ALESSIA: Guarda che ti sbagli. Non l'ha chiamata Marco! Le ha telefonato Roger, un ragazzo irlandese che ha conosciuto in biblioteca la settimana scorsa.

1. Sembra che sia andata dalla parrucchiera e abbia comprato un vestito nuovo per tirarsi su di morale (*raise her spirits*).

2. Credo che sia rimasta sempre a casa il weekend scorso. Dicono che abbia pianto (*cried*) tanto.

3. Penso che abbia marinato la scuola lunedì perché aveva paura di vedere Marco.

4. Non è venuta a lezione nemmeno martedì e mercoledì. Sembra che sia andata a casa a trovare la sua famiglia e stare un po' tranquilla.

5. Sembra che sia uscita ieri sera, ma non so dove sia andata o con chi.

C. Vero o falso?

Parte prima. Scrivi tre frasi che descrivono le attività che hai fatto ieri. **Attenzione!** Una delle tre frasi deve essere falsa.

ESEMPIO: 1. Ho nuotato in piscina.
2. Sono andato al cinema.
3. Ho mangiato la pizza.

Parte seconda. Formate gruppi di quattro o cinque. Leggi le frasi ai compagni del tuo gruppo. Ognuno deve indovinare quale frase è falsa e scrivere: **Dubito che...** Le persone che indovinano, vincono un punto.

ESEMPIO: S2: Dubito che tu abbia nuotato in piscina.
S3: Dubito che tu sia andato al cinema.
S4: Dubito che tu abbia mangiato la pizza.
S1: Ha indovinato lo studente / la studentessa 3: non sono andato al cinema.

D. Chi sa perché?

Parte prima. Giuseppe è ingegnere presso una ditta di Bologna. Lunedì mattina arriva tardi in ufficio e i suoi colleghi fanno ipotesi sul suo comportamento insolito (*odd*). Lavora insieme a un compagno / una compagna. Scegliete la forma appropriata di **essere** o **avere**.

Sembra che Giuseppe non si <u>abbia / sia</u> raso oggi e poi ha la faccia molto stanca. Chi sa perché?

1. Chiara ha paura che Giuseppe <u>abbia / sia</u> lasciato la sua ragazza, Irene.

2. Anna immagina che ieri Giuseppe <u>abbia / sia</u> uscito con gli amici e che stamattina si <u>abbia / sia</u> alzato tardi.

3. Luca pensa che ieri Giuseppe <u>abbia / sia</u> lavorato fino a tardi. Ha un progetto che deve consegnare entro (*turn in by*) venerdì.

Parte seconda. Irene, la ragazza di Giuseppe, lavora nella stessa ditta, e lunedì mattina non si presenta in ufficio. I suoi colleghi si chiedono perché e fanno delle ipotesi. Completate le frasi.

1. Chiara ha paura che...

2. Anna immagina che...

3. Luca pensa che...

Parte terza. Lavorate insieme a una o due altre coppie e confrontate le vostre ipotesi sul comportamento di Giuseppe e Irene. A quali conclusioni arrivate? Perché Giuseppe non si è raso e ha la faccia stanca? Perché Irene non è andata in ufficio oggi? **Attenzione!** Se cominciate con **Secondo noi... ,** usate l'indicativo; se cominciate con **Pensiamo che... ,** usate il congiuntivo.

15.2 Sono sicura che è partita per le vacanze

The subjunctive versus the indicative

▶ Leggi le affermazioni. Indica quali frasi hanno il verbo evidenziato all'indicativo e quali hanno il verbo al congiuntivo. (Due sono già state inserite.) Riesci a capire quando si usa l'indicativo e quando si usa il congiuntivo?

	indicativo	congiuntivo
1. Preferisco che mia madre **prepari** una torta al cioccolato.	☐	☑
2. So che i ragazzi **arrivano** stasera alle 8.00.	☑	☐
3. Non credo che Tina **sia andata** alla festa ieri sera.	☐	☐
4. Sono sicura che Rita e Elena **sono andate** alla festa ieri.	☐	☐
5. È importante che i linguisti **studino** i dialetti.	☐	☐
6. È vero che sempre meno giovani **parlano** il dialetto.	☐	☐
7. Penso che Gianni **parli** il dialetto.	☐	☐

▶ Answers to this activity are in the **Appendix** at the back of your book.

Scopriamo la struttura!

For more on the subjunctive versus the indicative, watch the corresponding *Grammar Tutorial* in the eBook. A practice activity is available in **Connect**.

www.mhhe.com/connect

▶ To review the expressions followed by the subjunctive, see **Strutture 14.3.**

▶ To learn about conjunctions that are followed by the subjunctive, see **Per saperne di più** at the back of your book.

As you know, expressions followed by **che** that indicate opinion, doubt, desire, emotions, or impersonal statements or judgments are followed by a verb in the subjunctive. In contrast, expressions that indicate certainty and objectivity are followed by a verb in the indicative. Here are some expressions that denote certainty and therefore take the indicative.

è chiaro (*clear*) che...	so che...
è ovvio (*obvious*) che...	sono certo/a che...
è un fatto che...	sono sicuro/a che...
è vero che...	vedo che...
si sa che...	

🇮🇹 A. Un po' di cultura: La risposta precisa. Completa la risposta appropriata secondo le tue conoscenze. Chi sa tutto con certezza?

1. Chi ha dipinto *Primavera* (**Capitolo 1**, pagina 1)?
   a. Sono certo/a che _____ ha dipinto *Primavera*.
   b. Mi sembra che _____ abbia dipinto *Primavera*.
   c. Non ne ho la minima idea.

2. Chi ha inventato il telescopio?
   a. Sono certo/a che _____ ha inventato il telescopio.
   b. Mi sembra che _____ abbia inventato il telescopio.
   c. Non ne ho la minima idea.

3. Quante persone nel mondo parlano italiano?
   a. Sono certo/a che circa _____ persone nel mondo parlano italiano.
   b. Mi sembra che circa _____ persone nel mondo parlino italiano.
   c. Non ne ho la minima idea.

4. Sai elencare cinque paesi dove si parla italiano?
   a. Sono certo/a che si parla italiano in _____.
   b. Mi sembra che si parli italiano in _____.
   c. Non ne ho la minima idea.

5. Quali sono le due principali isole italiane?
   a. Sono certo/a che le due principali isole italiane sono _____.
   b. Mi sembra che le due principali isole italiane siano _____.
   c. Non ne ho la minima idea.

🎧 B. Ascolta. L'insegnante leggerà delle frasi incomplete. Scegli la fine giusta.

1. a. parlano italiano.   b. parlino italiano.

2. a. ha dovuto lavorare oggi.   b. abbia dovuto lavorare oggi.

3. a. i suoi amici le fanno una festa per il compleanno.   b. i suoi amici le facciano una festa per il compleanno.

4. a. non hanno imparato il dialetto.   b. non abbiano imparato il dialetto.

5. a. Ettore si è trasferito a Milano per motivi di lavoro.   b. Ettore si sia trasferito a Milano per motivi di lavoro.

C. So che... Dubito che...

Parte prima. Lavorate tutti insieme. Fate due liste: una lista di sette espressioni che sono seguite dall'indicativo e una lista di sette espressioni che sono seguite dal congiuntivo.

Parte seconda. Con un compagno / una compagna, completa queste affermazioni con una delle espressioni della **Parte prima.**

1. _____ Fausto si sia licenziato ieri.

2. _____ il padre di Lorenzo sia andato in pensione l'anno scorso.

3. _____ ci sono 365 giorni in un anno.

4. _____ Sergio ha preso 30 e lode (*A+*) all'esame di chimica.

5. _____ c'è molta povertà nel mondo di oggi.

6. _____ Fatima abbia cambiato casa.

7. _____ ci sono molti studenti che vogliono imparare l'italiano.

D. Mini-dialoghi. Completa i mini-dialoghi con la forma appropriata del verbo.

Dialogo 1

CRISTINA: Hai visto Mohamed?

GIACOMO: No, perché?

CRISTINA: Sembra / Sembri[1] molto scontento.

GIACOMO: In effetti so che non gli piace / piaccia[2] il suo lavoro. Lavora / Lavori[3] 50 ore alla settimana e il capo non gli dà / dia[4] le ferie quando le vorrebbe. Credo che cerca / cerchi[5] un altro lavoro.

CRISTINA: Beh, farebbe bene.

Dialogo 2

MICHELE: Dove vai oggi pomeriggio?

SANDRA: Vado / Vada[6] a trovare una mia amica. Penso che si sente / si senta[7] un po' triste.

MICHELE: Perché?

SANDRA: Perché lei e il suo ragazzo si sono lasciati / si siano lasciati[8] ieri.

Dialogo 3

GIANNI: È vero che Clara e Cinzia partono / partano[9] per una vacanza avventurosa?

RICCARDO: Sì. Credo che fanno / facciano[10] paracadutismo in Australia.

GIANNI: Non è possibile. Clara ha / abbia[11] paura di volare.

Dialogo 4

RAFFAELLA: Hai sentito che Gianni e Marcella hanno comprato casa?

TONINO: Sì. E so che hanno comprato / abbiano comprato[12] molti mobili pregiati (*high quality*). Stanno spendendo un sacco di soldi!

RAFFAELLA: Ma dove trovano / trovino[13] tutti quei soldi?

TONINO: Sono sicuro che i genitori di Gianni sono / siano[14] ricchi. Penso che hanno / abbiano[15] una ditta di computer.

Dialogo 5

ALESSANDRO: Beatrice parla il dialetto del suo paese?

ROBERTA: No. Ma sua nonna pensa che lei lo sa / sappia[16] molto bene. Ogni volta che va / vada[17] a trovarla, la nonna le parla in dialetto. Beatrice capisce / capisca[18] un po', ma non sa / sappia[19] rispondere.

E. Il segreto.

Parte prima. Angela e Antonio hanno un segreto. Lavora insieme a un compagno / una compagna. Leggete i commenti degli amici di Angela e Antonio. Prima decidete se il verbo deve essere al presente indicativo o al presente congiuntivo, poi scrivete la forma giusta del verbo fra parentesi.

	indicativo	congiuntivo	
1.	☐	☐	So che Angela _____ (parlare) tre lingue: l'italiano, l'inglese e il russo.
2.	☐	☐	Penso che Antonio _____ (sapere) solo l'italiano.
3.	☐	☐	È ovvio che Antonio e Angela _____ (essere) brave persone. Lavorano molto e sono sempre gentili con tutti.
4.	☐	☐	Mi dispiace che Angela e Antonio non _____ (venire) a pranzo con noi venerdì. Purtroppo _____ (avere) un appuntamento con l'avvocato.

Parte seconda. Leggete altri commenti dei loro amici. Prima decidete se il verbo deve essere al passato prossimo o al passato del congiuntivo, poi scrivete la forma giusta del verbo fra parentesi.

	indicativo	congiuntivo	
1.	☐	☐	Sono andata al bancomat con Antonio ieri. So che _____ (prelevare [to withdraw]) un sacco di soldi dal suo conto.
2.	☐	☐	Sono sicuro che Angela _____ (fare) shopping la settimana scorsa. Ero insieme a lei quando ha comprato tanti vestiti e molte scarpe.
3.	☐	☐	Sembra che Angela e Antonio _____ (andare) in un'agenzia di viaggi sabato scorso.
4.	☐	☐	È strano che Antonio _____ (vendere) il suo appartamento in centro. Era tanto carino e gli piaceva tanto.

Parte terza. Come si spiega il comportamento di Angela e Antonio? Completate la frase seguente, poi leggete la vostra conclusione ai compagni di classe. Chi ha la soluzione più probabile? **Attenzione!** Si usa l'indicativo o il congiuntivo dopo **Secondo noi... ?**

Secondo noi, Angela e Antonio...

Grammatica dal vivo: Il congiuntivo e l'infinito

Guarda un'intervista con Enrica che parla della sua famiglia e dei suoi desideri per il futuro.

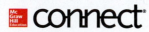

www.mhhe.com/connect

15.3 Se vincessi un viaggio...

Hypotheticals of possibility

▶ Alessia e Daniele spiegano quello che farebbero se vincessero (*if they won*) un viaggio di un mese in un qualsiasi paese del mondo. Secondo te, chi farebbe un viaggio in Svizzera? Chi farebbe un viaggio in Cina?

Alessia: Se vincessi un viaggio, andrei in un paese dove conosco bene la cultura e c'è gente che parla italiano. Visiterei tutti i musei e mangerei solo nei ristoranti italiani. Se rimanessi in questo paese per un mese, scriverei tante cartoline perché avrei molta nostalgia di casa.	**Daniele:** Se vincessi un viaggio, andrei in un paese dove non conosco né la cultura né la lingua. Passerei ore a osservare la gente ed eviterei i ristoranti italiani. Se rimanessi in questo paese per un mese, uscirei con la gente del luogo. Mi divertirei e dimenticherei di telefonare a casa.

1 In **Strutture 10.3,** you learned hypotheticals of probability, or statements that predict what will most likely happen if and only if another event occurs.

if (**se**) clause	*then* clause (**conseguenza**)
Se avrò tempo, *If I (will) have time,*	uscirò con gli amici. *I will go out with my friends.*

It is also possible to talk about imaginary situations, or what *would* happen if another event occurred.

if (**se**) clause	*then* clause (**conseguenza**)
Se vincessi un viaggio, *If I won a trip,*	andrei in Italia. *I would go to Italy.*

▶ Alessia and Daniele described the choices that they would make if they won a trip anywhere in the world. Fill in the clauses from Alessia's hypothetical statements in this chart.

if (**se**) clause	*then* clause (**conseguenza**)
Se vincessi un viaggio,	
	scriverei tante cartoline perché avrei molta nostalgia di casa.

2 You have already been introduced to the form of the verb used in the *then* clause. It is the present conditional. (To review the present conditional, go to **Strutture 13.1.**) The form of the verb in the *if* clause is a new conjugation. It is the imperfect subjunctive (**l'imperfetto del congiuntivo**). The **imperfetto del congiuntivo** is easy to form. Drop the **-re** from the infinitive and add the same endings to all three conjugations: **-ssi, -ssi, -sse.**

▶ Answers to this activity are in the **Appendix** at the back of your book.

▶ Fill in the missing forms.

	mangia(re)	prende(re)	dormi(re)
io	mangia**ssi**		dormi**ssi**
tu	mangia**ssi**	prende**ssi**	
lui, lei; Lei	mangia**sse**		

3 The verb **avere** is regular in the imperfect subjunctive.

▶ Fill in the forms in the chart below.

avere	
io	
tu	
lui, lei; Lei	

▶ Answers to these activities are in the **Appendix** at the back of your book.

▶ To learn the full conjugation and more irregular verbs in the imperfect subjunctive, see **Per saperne di più** at the back of your book.

4 The verb **essere** is irregular.

essere	
io	fossi
tu	fossi
lui, lei; Lei	fosse

A. Conosci bene il tuo compagno / la tua compagna?

Parte prima. Completa queste affermazioni personali.

1. Se avessi 10.000 euro, comprerei _____.

2. Se potessi imparare una nuova lingua, imparerei _____.

3. Se avessi un aereo privato, andrei _____.

4. Se potessi passare una serata con qualsiasi (*any*) persona, uscirei con _____.

5. Se adesso non fossi a lezione, vorrei _____.

Parte seconda. Lavora con un compagno / una compagna. Secondo te, cosa farebbe lui/lei in queste situazioni? Completa le frasi in modo che siano vere per lui/lei.

Parte terza. Verifica la validità delle tue ipotesi facendo domande al compagno / alla compagna. Vi conoscete bene?

ESEMPIO: S1: Se avessi 10.000 euro, compreresti una barca a vela.
S2: Sì, è vero! (No, non è vero. Viaggerei per tutto il mondo.)

In Italia

Contrariamente a quanto molti credono, per **il linguaggio dei segni** (*sign language*) non c'è uno standard internazionale. Come le lingue parlate, la lingua dei segni varia da stato a stato, da regione a regione. Se si conosce la Lingua Italiana dei Segni, si può in parte capire la Lingua Francese dei Segni ma non la Lingua Americana dei Segni.

In Italia inoltre ci sono differenze regionali; gli italiani che usano la lingua dei segni, però, riescono a comunicare efficacemente anche se sono di regioni diverse.

B. Sei romantico/a?

Parte prima. Lavora con un compagno / una compagna. Abbinate le ipotesi dell'insieme A alle conseguenze dell'insieme B. Poi decidete chi è la persona più romantica.

A	B
1. Se Giovanni andasse a Roma con la sua ragazza,	**a.** la porterebbe in una pizzeria dove si spende poco.
2. A Jamaal piace molto la natura. Se lui portasse la sua ragazza a fare un viaggio,	**b.** sceglierebbe un documentario.
3. Se Giulia avesse molti soldi,	**c.** andrebbero a vedere il Colosseo al tramonto (*sunset*).
4. Se Filippo invitasse la sua ragazza a cena fuori,	**d.** la porterebbe a fare campeggio (*go camping*) in Alaska.
5. Se Daniela noleggiasse un film da vedere stasera con il suo ragazzo,	**e.** farebbe molti regali al suo ragazzo.

Parte seconda. E tu, sei romantico/a? Completa le frasi e poi confronta le risposte con quelle dei compagni. Chi è più romantico/a?

1. Se andassi a Roma con il mio ragazzo / la mia ragazza, ...

2. Se portassi il mio ragazzo / la mia ragazza a fare un viaggio, ...

3. Se avessi molti soldi, ...

4. Se portassi il mio ragazzo / la mia ragazza a cena fuori, ...

5. Se noleggiassi un film da vedere con il mio ragazzo / la mia ragazza, ...

C. Un'indagine.

Parte prima. Completa queste affermazioni personali.

1. Se fossi ricco/a, ...

2. Se potessi vivere in qualsiasi paese del mondo, ...

3. Se potessi risolvere un problema nel mondo, ...

4. Se potessi fare qualsiasi carriera, ...

5. Se potessi mangiare qualsiasi cosa a cena stasera, ...

6. Se potessi comprare qualsiasi cosa, ...

Parte seconda. Fate un sondaggio fra gli studenti. Quali sono le risposte più frequenti?

D. Se potessi essere un animale... Se potessi essere un animale, quale animale vorresti essere? Perché?

il cane	il leone
il cavallo	la mosca (*fly*)
l'elefante	il pesce
il gatto	il pinguino
la giraffa	l'uccello (*bird*)

ESEMPIO: Se potessi essere qualsiasi animale, vorrei essere un gatto perché il gatto dorme sempre!

In italiano

The equivalent of *If I were you . . .* in Italian is **Se fossi in te...**

Completa il consiglio che Michele dà al suo amico Gianni: «**Gianni, se fossi in te, ...** »

E. Un po' di cultura: L'italiano neostandard. Spesso l'italiano che si studia in classe (**l'italiano standard**) non corrisponde alla lingua parlata attualmente in Italia. (La stessa cosa succede in inglese. Per esempio, la risposta giusta alla domanda «How are you?» è «Well», ma spesso si risponde «Good».) Questa forma parlata ormai accettata da tutti, ma non corretta secondo i libri di grammatica, si chiama **italiano neostandard** o **italiano dell'uso medio.** Ecco quattro frasi in italiano neostandard. Cambia l'elemento sottolineato per formare la frase corretta in italiano standard.

1. Dubito che Giovanni <u>viene</u> alla festa.
2. Ho visto Maria e <u>gli</u> ho detto di venire alla festa.
3. Molta gente <u>vengono</u> alla festa.
4. <u>C'ho</u> molti amici.

▶ Ascoltiamo!

Una breve storia della lingua italiana

«Quaeso, puella, ubi cauponam reperire possum?»

«Di grazia, madamigella, in qual sito invenir potrei una taberna?»

«Mi scusi, signorina, dove potrei trovare un bar?»

L'impero romano

A. Osserva e ascolta. Osserva e ascolta Federico che ti parla della storia della lingua italiana.

B. Completa. Completa le seguenti frasi inserendo la parola appropriata della lista. Usa ogni parola *una sola volta*. **Attenzione!** La lista contiene dodici parole; devi usarne solamente nove.

dialetti	Duecento	fiorentino	mille
parlato	popoli	Questione	romanza
scritto	settantacinque	Trecento	volgari

1. La lingua italiana deriva dal latino _____.

2. Il _____ per cento delle parole italiane viene dal latino.

3. L'italiano, come il francese, il portoghese, il rumeno e lo spagnolo, è una lingua _____.

4. Il primo documento che testimonia l'esistenza di una lingua italiana diversa dal latino risale a _____ anni fa.

5. Dopo la caduta dell'Impero romano, le lingue parlate nel territorio italiano erano chiamati i _____ italiani perché erano parlati dal popolo.

6. Il grande dibattito, avvenuto nel Cinquecento, sulla ricerca di uno standard della lingua scritta viene detto «la _____ della lingua».

7. Il _____ scritto fu scelto come «l'italiano» grazie all'influenza di tre grandi autori del _____: Dante, Petrarca e Boccaccio.

8. Anche se esisteva una lingua letteraria «italiana», la gente ha continuato a parlare i _____ fino a tempi recenti.

C. Tocca a te! È importante avere una lingua nazionale uguale per tutti, o no? Completa la frase.

Secondo me, avere una lingua nazionale (non) è importante perché...

Leggiamo!

«Il Cantico delle creature», Francesco d'Assisi (sec. XIII)

A. Prima di leggere.

Parte prima. Quanto sai di San Francesco d'Assisi? Segna ✓ tutte le frasi vere.

☐ È il santo patrono d'Italia.

☐ È il santo protettore degli animali.

☐ È il santo protettore degi ecologisti.

☐ È il santo più popolare del mondo.

☐ È il fondatore dell'ordine religioso dei francescani.

Parte seconda. San Francesco compose *Il Cantico delle creature* come preghiera. È il primo testo letterario scritto in italiano ma presenta ancora alcune caratteristiche del latino. Riesci a identificare l'evoluzione dal latino all'italiano? Scrivi le parole equivalenti in italiano moderno e completa le regole.

latino	italiano	evoluzione	
1. altissimu, bellu	_____	u (finale) →	_____
2. honore, herba	_____	h (iniziale) →	_____
3. flori	_____	fl →	_____

B. Al testo!

Parte prima. Leggi il testo e poi rispondi alle domande.

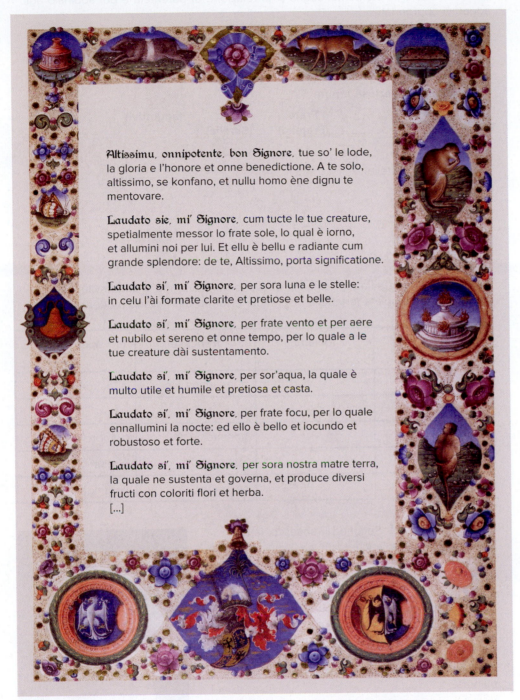

Altissimu, onnipotente, bon Signore, tue so' le lode,
la gloria e l'honore et onne benedictione. A te solo,
altissimo, se konfano, et nullu homo ène dignu te
mentovare.

Laudato sie, mi' Signore, cum tucte le tue creature,
spetialmente messor lo frate sole, lo qual è iorno,
et allumini noi per lui. Et ellu è bellu e radiante cum
grande splendore: de te, Altissimo, porta significatione.

Laudato si', mi' Signore, per sora luna e le stelle:
in celu l'ài formate clarite et pretiose et belle.

Laudato si', mi' Signore, per frate vento et per aere
et nubilo et sereno et onne tempo, per lo quale a le
tue creature dài sustentamento.

Laudato si', mi' Signore, per sor'aqua, la quale è
multo utile et humile et pretiosa et casta.

Laudato si', mi' Signore, per frate focu, per lo quale
ennallumini la nocte: ed ello è bello et iocundo et
robustoso et forte.

Laudato si', mi' Signore, per sora nostra matre terra,
la quale ne sustenta et governa, et produce diversi
fructi con coloriti flori et herba.
[...]

Text: Source "Il Cantico delle creature" by Francesco d'Assisi (sec XIII); photo: © De Agostini/A. Dagli Orti/Getty Images

Parte seconda. Nel testo, Francesco nomina gli elementi della creazione come fossero membri di una famiglia universale. Secondo lui, sono i nostri «fratelli» e «sorelle». Per ogni elemento, segna ✓ la relazione di parentela e poi abbinalo agli aggettivi appropriati.

bello, giocondo (*happy*)**, robusto e forte**

bello e raggiante (*radiant*)

chiare, preziose e belle

utile, umile, preziosa e pura

	Frate (Fratello)	Sora (Sorella)	(aggettivi)
1. il sole	☐	☐	_____
2. la luna (e le stelle)	☐	☐	_____
3. il vento	☐	☐	
4. l'acqua	☐	☐	_____
5. il fuoco	☐	☐	_____
6. la terra*	☐	☐	

Parte terza. Tutte le lingue romanze derivano dal latino ma si sono sviluppate in modi diversi. Completa la tabella inserendo le forme dell'italiano moderno.

italiano (XIII sec.)	italiano	francese	spagnolo
a le, ne le		à les, dans les	a las, en las
et		et	y
homo		homme	hombre
nocte		nuit	noche
secunda		seconde	segunda

C. Discutiamo! Secondo Francesco, la creazione sostiene la vita spirituale e anche la vita fisica. Nel suo poema, gli elementi della creazione funzionano come una scala (*staircase*) che ci connette all'Altissimo (lontanissimo) e attraverso i quali possiamo comunicare con lui. Nota come Francesco ci porta gradualmente dal punto più alto fino alla terra, come scendere gradino per gradino (*step by step*) da una scala. Secondo te, cosa penserebbe Francesco dell'inquinamento del pianeta?

Francesco, il santo protettore degli animali

---

*Secondo Francesco, la terra non è solo «sorella», ma anche un altro parente. Quale? Perché?

Scriviamo!

Io e l'italiano

Scrivi un tema in cui racconti la tua esperienza con la lingua italiana.

- Nel primo paragrafo scrivi quello che hai imparato.
- Nel secondo paragrafo scrivi quello che hai trovato facile e quello che hai trovato difficile.
- Nel terzo paragrafo scrivi quello che hai trovato sorprendente.
- In conclusione, valuta la tua esperienza.
- Infine, dai un titolo al tema.

Parliamo!

Quale italiano bisogna studiare?

Non esiste un'unica lingua italiana. Ci sono molte lingue italiane: la lingua nazionale, le varietà regionali, il linguaggio dei giovani e altri linguaggi speciali e, in più, i dialetti. Secondo te, quale lingua dovrebbero studiare gli stranieri che vogliono imparare «l'italiano»? Secondo te, uno studente dovrebbe imparare una specifica varietà regionale o un dialetto? Secondo te, la scuola dovrebbe insegnare il linguaggio dei giovani? Discuti l'argomento prima con un compagno / una compagna e poi con la classe.

 ## Scopriamo la musica!

«Se telefonando», Mina (1966), interpretata da Nek (2015)

I CANTANTI E LA CANZONE

Il cantautore Filippo Neviani (nome d'arte, Nek) è nato a Sassuolo il 6 gennaio 1972. Canta in italiano e in spagnolo, e la sua musica è conosciuta in Italia e in tutto il mondo ispanico. Nel 2015 ha reinterpretato una famosa canzone di Mina, «Se telefonando».

Nek al Teatro Augusteo (Napoli)
© Pacific Press/Getty Images

Mina è una celebre cantante italiana. Con 71 album in studio, 145 singoli e una carriera che dura da oltre cinquant'anni, è un personaggio leggendario della musica italiana. «Se telefonando» è una delle sue canzoni più conosciute; è stata pubblicata nel maggio 1966 con musica e arrangiamento di Ennio Morricone, compositore, musicista e vincitore di due premi Oscar (Oscar alla carriera nel 2007 e alla migliore colonna sonora nel 2016).

iTunes Playlist: The two versions of this song are available for purchase at the iTunes store. The songs are not provided by the publisher.

YouTube Link: The two videos for this song are available on YouTube.

In italiano

Addio is another way to say good-bye. It is used less commonly than **arrivederci** because it refers to a more definitive good-bye. Literally, it means **a** (*until*) **dio** (*god*) which presupposes a long separation, perhaps even final.

A. Prepariamoci! Le storie d'amore portano con sé tante possibilità ma alle volte anche delle situazioni impossibili.

Parte prima. In questa canzone sentirai le seguenti parole ed espressioni: **dire addio, soffrire, dire basta.** Secondo te, sarà una storia felice o triste?

 Parte seconda. Completa il testo, abbinando le clausole ipotetiche **se** alle conclusioni appropriate.

1. Se telefonando io potessi dirti addio...
2. Se io rivedendoti fossi certa che non soffri...
3. Se guardandoti negli occhi sapessi dirti basta...

a. ti guarderei...
b. ti chiamerei...
c. ti rivedrei...

B. Ascoltiamo! Ascolta la canzone reinterpretata da Nek o guarda il video su YouTube. Hai indovinato gli abbinamenti?

C. Verifichiamo! Nella canzone, chi canta dice che non sa spiegare una cosa. Cosa non sa spiegare?

1. ☐ che il nostro amore è appena nato
2. ☐ che il nostro amore è tremendo
3. ☐ che il nostro amore è già finito

D. E tu?

1. Paragona il remake di Nek e l'originale di Mina. In che cosa sono diversi? Quale ti piace di più? Perché?
2. Quali altri remake di canzoni di successo conosci? Preferisci il remake o l'originale?

 ## Scopriamo le belle arti!

Manifestazione interventista (1914), Carlo Carrà

🌀 LINGUA

A. So l'italiano! Osserva bene l'opera e trova almeno dieci parole che hai imparato nell'*Avanti!* Poi scrivi le parole nelle categorie giuste.

Sostantivi	Aggettivi	Verbi	Articoli	Preposizioni (articolate)	Altro

B. Patatràc!

Parte prima. Alcune parole di quest'opera, come quelle qui sotto, sono scritte in modo strano. Trovale nell'opera e poi completa la frase.

1. eevviiivaaa il rèèè

2. echi echi echi echi echi

3. sirene HU HU HU HU sirene HU HU HU

4. ssìii ssìissìi ssìissssìii

Scritte in questo modo le parole imitano _____.

a. uno spelling straniero

b. l'entusiasmo dell'artista

c. il suono delle parole ed espressioni

Parte seconda. Usa la tua conoscenza della pronuncia italiana per abbinare questi altri suoni agli oggetti corrispondenti.

1. _____ drin   a. un uccello

2. _____ bau   b. una risata (*laugh*)

3. _____ cip   c. un'esplosione

4. _____ bum   d. il campanello (*doorbell*) o il telefono

5. _____ ahah   e. un cane

ARTE

Carrà, come Severini, è stato un rappresentante del **movimento futurista** (inizio del Novecento) (vedi **Capitolo 3** e **Capitolo 13**), ma era anche amico di de Chirico e si è appassionato alla sua pittura metafisica, tanto che è diventato un artista metafisico anche lui.

A. Opere a confronto. Paragona *Manifesto interventista* e *Ballerina blu* (**Capitolo 3**). Quali elementi hanno in comune? Poi paragona *Manifesto interventista* e *Sulla spiaggia* (**Capitolo 13**). Quali elementi hanno in comune? Secondo te, con *Manifesto interventista* Carrà si dimostra più artista futurista o più artista metafisico?

B. Futurista o metafisica? Fai una ricerca su Internet per trovare altre opere di Carrà. Riesci a identificare quali sono più futuriste e quali, invece, più metafisiche? Quali ti piacciono di più?

Vocabolario

Domande ed espressioni

addio	good-bye, farewell
è chiaro che...	it's clear that . . .
è un fatto che...	it's a fact that . . .
è ovvio che...	it's obvious that . . .
non c'è dubbio che...	there's no doubt that . . .
Puoi/Può dire qualcosa?	Can you say something? (inform./form.)
Sai/Sa (l'inglese)?	Do you know (inform./form.) (English)?
se fossi in te...	if I were you . . .
si sa che...	everyone knows that . . .
sono certo/a che...	I'm certain that . . .
sono sicuro/a che...	I'm certain that . . .

Verbi

cambiare	to change
chiacchierare / fare due chiacchiere	to chat, to gossip
chiedere	to ask
derivare	to derive
diffondersi	to spread
discutere	to discuss
evolversi	to evolve
litigare	to argue
raccontare (una storia / una barzelletta)	to tell (a story/joke)
risalire a	to date back to
scherzare	to joke, to kid
scomparire	to disappear

Sostantivi

la barzelletta	joke
il dialetto	dialect
il fiorentino	Florentine dialect
l'italiano regionale	regional variation of standard Italian
l'italiano standard	standard Italian
la lingua nazionale	official language (of a country)
la lingua romanza	Romance language
la lingua scritta/parlata	written/spoken language
il napoletano	Neapolitan dialect
la pronuncia	pronunciation
il rumeno	Romanian (language)
il termine	word
il toscano	Tuscan dialect
la tradizione letteraria	literary tradition

Aggettivi

centrale	central
centro-meridionale	central-southern
contemporaneo	contemporary
diffuso	widespread
meridionale	southern
settentrionale	northern
toscano	Tuscan

16 Sono famosi

Il bacio (1859), Francesco Hayez (Pinacoteca di Brera, Milano, olio su tela)
© Scala/Art Resource, NY

RIPASSO

IN THIS CHAPTER YOU WILL REVIEW:

- how to talk about activities in the present
- how to talk about past activities
- how to use object pronouns

SCOPI

IN THIS CHAPTER YOU WILL LEARN:

- about famous historical figures and important dates
- about the history of Italian art

www.mhhe.com/connect

Hai/Ha qualcosa da dire?

Making recommendations

▶ **A. Osserva e ascolta.** Gli italiani che abbiamo intervistato hanno dato dei consigli agli studenti nordamericani. Osserva e ascolta cosa dicono questi italiani. Per ogni persona, segna ✓ il consiglio o i consigli che senti. Qual è il consiglio più comune?

	studiare l'italiano	venire in Italia	provare la cucina italiana	imparare altre culture	viaggiare
1. Anna Maria					
2. Antonella					
3. Annalisa e Claudia					
4. Chiara					
5. Lucia					
6. Stefano					
7. Iolanda					

B. E tu, che dici? Lavora con un compagno / una compagna. Immagina di essere italiano/a e dai al tuo compagno / alla tua compagna uno dei consigli dell'**Attività A.** Lui/Lei risponde come nell'esempio. Poi scambiatevi i ruoli.

ESEMPIO: (studiare l'italiano)

S1: Ti consiglio di studiare l'italiano.

S2: Grazie. È un buon consiglio. Continuerò a studiare l'italiano perché anche secondo me è importante sapere un'altra lingua. (Grazie. È un buon consiglio, ma è difficile imparare un'altra lingua e devo studiare altre cose per laurearmi.)

🇮🇹 **C. Culture a confronto: Tutto sommato.** Usando tutto ciò che hai imparato nel corso d'italiano, cosa consiglieresti tu agli studenti italiani? Con un compagno / una compagna, fai una lista di tre consigli che gli vorreste dare.

Lessico

Personaggi storici

Talking about historical people and events

▶ Associa le parole date alle seguenti professioni.

1. l'artista
2. il compositore / la compositrice
3. l'inventore / l'inventrice
4. il politico* / il politico donna

5. il religioso / la religiosa
6. lo scrittore / la scrittrice
7. il soldato / la soldatessa

l'affresco	l'indipendenza	il Parlamento	il romanzo
la chiesa	l'invenzione	la patria (*homeland*)	la scultura
la Costituzione	la medicina	la poesia	il sonetto
i diritti (*rights*)	il militare	il quadro	il Vaticano
il dittatore	la musica	il re	la vittoria
il generale	l'orchestra	la regina (*queen*)	
la guerra	il papa (*pope*)	la Repubblica	

▶ Abbina i sequenti personaggi famosi al quadro giusto: **Galileo Galilei, Leonardo da Vinci, Artemisia Gentileschi, Cristoforo Colombo, Francesco d'Assisi.**

▶ Answers to the activities in this section are the **Appendix** at the back of your book.

1.

2.

3.

4.

5.

Photo 1: © Palazzo Chigi Siena/Gianni Dagli Orti/The Art Archive; 2: © McGraw-Hill Eduation; 3: © Alinari/Regione Umbria/Art Resource, NY; 4: © Scala/Art Resource, NY; 5: The Royal Collection © 2011 Her Majesty Queen Elizabeth II/Bridgeman Images.

*In most cases specific terms are used for the feminine forms, such as **il politico donna, la deputata, la senatrice, la candidata,** and **la rappresentante della Camera.**

Un po' di cultura: Personaggi illustri.

▶ **Parte prima.** In un sondaggio è stato chiesto agli italiani chi è stato il personaggio italiano più illustre del secondo millennio (dall'anno 1000 al 2000). I dieci personaggi più nominati sono presentati nella colonna A in nessun ordine particolare. Abbina questi personaggi ai motivi per cui sono famosi (colonna B).

A

1. Alessandro Manzoni (1785–1873) scrittore
2. Alessandro Volta (1745–1827) inventore/scienziato
3. Enrico Fermi (1901–1954) inventore/scienziato
4. Francesco d'Assisi (1181–1226) religioso
5. Guglielmo Marconi (1874–1937) inventore/scienziato
6. Dante Alighieri (1265–1321) scrittore
7. Leonardo da Vinci (1452–1519) artista
8. Giuseppe Garibaldi (1807–1882) generale
9. Cristoforo Colombo (1451–1506) navigatore
10. Galileo Galilei (1564–1642) inventore/scienziato

B

a. la prova (*proof*) che la Terra (*Earth*) gira intorno al Sole
b. l'energia nucleare
c. la Spedizione dei Mille e l'unificazione d'Italia
d. *La Divina Commedia*
e. la pila (*battery*) elettrica
f. *La Gioconda* (*Mona Lisa*) e *L'ultima cena*
g. *I promessi sposi* (*The Betrothed*)
h. la scoperta dell'America da parte degli europei nel 1492
i. la rinuncia ai beni terreni e la predicazione della povertà e dell'amore per tutti, anche per gli animali
j. la comunicazione senza fili (*wireless*) e la radio

▶ Answers to the activities in this section are in the **Appendix** at the back of your book.

Parte seconda. Insieme ai compagni, metti questi personaggi in ordine da 1 a 10 partendo dalla persona che considerate la più illustre. Confrontate le vostre classifiche con quella italiana che vi darà l'insegnante.

I fondatori di Roma secondo il mito: Romolo e Remo con la lupa (*wolf*)

Courtesy of Marzena Poniatowska at marzenasphotography.com

Parte terza. Molte donne hanno avuto ruoli importanti nei secoli; eccone sette. Abbina le donne e il periodo in cui vissero (colonna A) ai motivi per cui sono famose (colonna B).

A	B
1. Santa Caterina da Siena (1347–1380)	**a.** Fu una fisica e la prima donna a ricevere un dottorato all'Università degli Studi di Bologna e a diventare professoressa universitaria.
2. Gaspara Stampa (1523–1554)	**b.** Fu tra i teologi più riconosciuti del periodo, anche se non ricevette nessuna preparazione scolastica formale. Fu canonizzata nel 1461 ed è tra santi patroni d'Italia. L'altro è San Francesco d'Assisi.
3. Artemisia Gentileschi (1593–1652/3)	**c.** Fu tra le prime artiste a essere riconosciute nel mondo dell'arte barocca, dominato dagli uomini.
4. Laura Bassi (1711–1778)	**d.** È considerata una delle maggiori poetesse del Rinascimento italiano. Dopo la sua morte, la sorella ha pubblicato la sua raccolta di poesie con il titolo *Rime*.
5. Alfonsina Strada (1891–1959)	**e.** È stata la prima astronauta italiana a entrare nell'Agenzia Spaziale Europea. Detiene il record per il viaggio nello spazio più lungo fatto da una donna.
6. Rosina Ferrario (1888–1957)	**f.** È stata la prima e unica ciclista italiana ad aver partecipato al Giro d'Italia del 1924. I giornali la chiamarono «il diavolo in gonnella (*skirt*)».
7. Samantha Cristoforetti (1977–)	**g.** Fu un'aviatrice italiana e la prima donna a ottenere il brevetto di volo (*pilot's license*).

Source: http://27esimaora.corriere.it/articolo/storiedidonne-twitter-social-ebook/#more-67770

Parte quarta. Ecco alcuni verbi che si associano alle attività di molti personaggi famosi. Alcuni li conosci già e altri sono simili all'inglese. Riesci a capire il significato di tutti i verbi? Quali verbi assoceresti ai personaggi famosi della **Parte prima** e della **Parte terza**? Perché?

	PASSATO PROSSIMO	PASSATO REMOTO
combattere	ha combattuto	combatté
comporre	ha composto	compose
dimostrare	ha dimostrato	dimostrò
fondare	ha fondato	fondò
governare	ha governato	governò
inventare	ha inventato	inventò
liberare	ha liberato	liberò
proteggere	ha protetto	protesse
realizzare*	ha realizzato	realizzò
rischiare	ha rischiato	rischiò
risolvere	ha risolto	risolse
scoprire	ha scoperto	scoprì
trasformare	ha trasformato	trasformò

***Realizzare** has two meanings: *to realize* and *to carry out, to bring about*.

A. Ascolta. L'insegnante dirà delle frasi. Decidi se sono vere o false.

	vero	falso			vero	falso
1.	☐	☐		5.	☐	☐
2.	☐	☐		6.	☐	☐
3.	☐	☐		7.	☐	☐
4.	☐	☐				

B. Un po' di cultura: Personaggi storici.

Parte prima. Completa le affermazioni con il verbo appropriato.

combatté	dipinse	inventò
compose	fece	realizzò
dimostrò	governò	scrisse

1. Raffaello Sanzio fu l'artista rinascimentale che _____ la *Madonna «della Seggiola»* (**Capitolo 4,** page 94).

2. Giuseppe Verdi fu il compositore dell'Ottocento che _____ *Aida, Falstaff* e *Rigoletto.*

3. Nel Settecento Anna Morandi Manzolini _____ dei modelli degli organi umani che furono studiati dagli studenti dell'Università degli Studi di Bologna.

4. Francesco Petrarca fu lo scrittore del Trecento che _____ il *Canzoniere,* una raccolta di poesie dedicate al suo grande amore, Laura.

5. Giuseppe Garibaldi fu un generale coraggioso che _____ molte battaglie (*battles*) per l'unificazione d'Italia.

6. Benito Mussolini fu un dittatore che _____ per vent'anni la società italiana.

7. Maria Gaetana Agnesi fu una matematica che _____ il suo capolavoro, *Istituzioni analitiche,* quando aveva solo 20 anni.

8. Galileo Galilei fu lo scienziato del Seicento che _____ che la terra gira intorno al sole.

9. Guglielmo Marconi _____ la radio e la comunicazione senza fili.

Parte seconda. Lavora con un compagno / una compagna. A turno, uno/a di voi chiude il libro mentre l'altro/a sceglie una frase della **Parte prima** e sostituisce il nome del personaggio famoso con l'interrogativo **chi** per formare una domanda. Il compagno / La compagna deve dire il nome della persona famosa.

> ESEMPIO: **S1:** Chi fu l'artista rinascimentale che dipinse la *Madonna «della Seggiola»*?
> **S2:** Raffaello Sanzio.
> **S1:** Giusto!

C. Quando vissero (*did they live*)**?**

Parte prima. Con i compagni, elencate tutti i personaggi italiani che conoscete che vissero durante questi periodi.

1. il Medioevo
2. il Rinascimento
3. il Seicento
4. il Settecento
5. l'Ottocento
6. il Novecento

Parte seconda. Lavora con un compagno / una compagna. Scegliete cinque personaggi e fate una lista dei capolavori o delle attività per cui sono famosi. Poi leggete le vostre liste ad un'altra coppia e loro devono indovinare i nomi dei personaggi.

D. Rischio.

Parte prima. Lavora con un compagno / una compagna. Scegliete cinque delle seguenti parole e scrivete una definizione per ogni parola.

> **ESEMPIO:** (il papa)
> È il capo della chiesa cattolica.

il compositore	il militare	il quadro
la Costituzione	il navigatore	la regina
il dittatore	l'orchestra	il romanzo
la guerra	la patria	il santo
l'indipendenza	la poesia	la vittoria
l'invenzione		

Parte seconda. Leggete le definizioni a un'altra coppia. Loro devono indovinare chi o cosa è.

> **ESEMPIO:** È il capo della chiesa cattolica. → È il papa.

Strutture

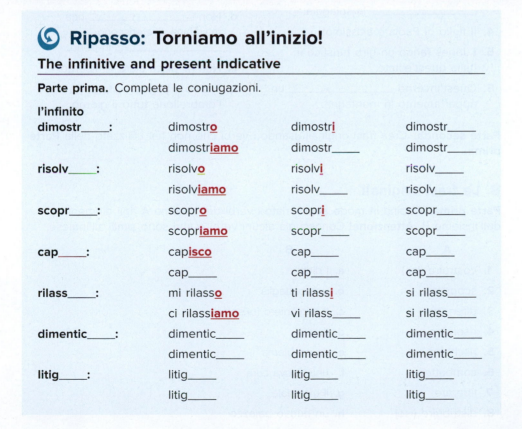

🔄 Ripasso: Torniamo all'inizio!

The infinitive and present indicative

Parte prima. Completa le coniugazioni.

l'infinito

dimostr____:

dimostr**o**	dimostr**i**	dimostr____
dimostr**iamo**	dimostr____	dimostr____

risolv____:

risolv**o**	risolv**i**	risolv____
risolv**iamo**	risolv____	risolv____

scopr____:

scopr**o**	scopr**i**	scopr____
scopr**iamo**	scopr____	scopr____

cap____:

cap**isco**	cap____	cap____
cap____	cap____	cap____

rilass____:

mi rilass**o**	ti rilass**i**	si rilass____
ci rilass**iamo**	vi rilass____	si rilass____

dimentic____:

dimentic____	dimentic____	dimentic____
dimentic____	dimentic____	dimentic____

litig____:

litig____	litig____	litig____
litig____	litig____	litig____

► Answers to this activity are in the **Appendix** at the back of your book.

► To review the present indicative and the infinitive, see **Strutture 3.1, 3.2,** and **3.4.**

Parte seconda. Coniuga questi verbi irregolari nella forma indicata.

ESEMPIO: dire (io) → dico

1. volere (io)
2. andare (loro)
3. uscire (tu)
4. dovere (lui/lei)
5. dare (voi)
6. stare (noi)

7. potere (tu)
8. bere (noi)
9. essere (voi)
10. sapere (loro)
11. avere (lui/lei)
12. fare (io)

A. Cosa fanno?

Parte prima. Completa le frasi con la forma giusta dei verbi della lista. Poi abbina le frasi della colonna A alle affermazioni della colonna B.

affittare	viaggiare	rischiare	crescere	cominciare
smettere	litigare	godersi	proteggere	noleggiare

A

1. Gianni, perché _____ sempre con tua sorella?
2. Finalmente Franco _____ di fumare.
3. Quando vado al mare _____ la spiaggia.
4. Il figlio di Paola è altissimo!
5. I Jones fanno un giro turistico in Italia quest'estate.
6. Quest'inverno _____ un appartamento in montagna.

B

a. Ha promesso che da domani non comprerà più sigarette.
b. I bambini _____ così velocemente.
c. Dovete cercare di andare d'accordo.
d. Non _____ una macchina. Preferiscono _____ in treno.
e. Non mi piace stare in albergo.
f. Faccio il bagno e sto sotto l'ombrellone tutto il giorno.

Parte seconda. Crea frasi originali usando i verbi che non hai utilizzato nella **Parte prima.**

B. Le frasi originali.

Parte prima. Abbina in modo appropriato i verbi dell'insieme A agli elementi dell'insieme B. **Attenzione!** Conosci già alcuni verbi e altri sono simili all'inglese.

A

1. costruire (isc)
2. scoprire
3. difendere
4. risolvere
5. rischiare
6. combattere
7. liberare
8. distribuire (isc)

B

a. i diritti
b. una battaglia
c. il prigioniero (*prisoner*)
d. la vita
e. un problema
f. una nuova cura
g. il materiale
h. un nuovo palazzo

Parte seconda. Lavora con un compagno / una compagna. Scrivete insieme una frase completa per ogni combinazione della **Parte prima,** usando i soggetti seguenti. Poi confrontate le vostre frasi con quelle dei compagni. Chi ha scritto le frasi più lunghe e interessanti?

> ESEMPIO: I volontari costruiscono un nuovo palazzo nel quartiere più povero della città.

1. I volontari...

2. Lo scienziato...

3. La Costituzione...

4. Il presidente...

5. I carabinieri...

6. I soldati...

7. Il generale...

8. L'assistente...

C. Un po' di cultura: Qui si parla italiano.

Parte prima. L'insegnante leggerà un breve testo due volte. La prima volta, ascolta soltanto. La seconda volta, prendi appunti mentre l'insegnante legge.

Parte seconda. Lavora con un compagno / una compagna. Usando i vostri appunti, cercate di riscrivere in modo preciso il testo che avete sentito.

D. Racconta una storia!
Lavora con un compagno / una compagna. Scegliete una delle seguenti opzioni e create una breve storia usando le tre parole indicate e verbi al presente indicativo. Quando avete finito, cambia compagno/a e raccontagli/le la storia senza guardare gli appunti. Chi ha creato la storia più carina?

a. il divano
il bicchiere
il salotto

d. il cucchiaio
il primo piatto
il vino

g. i pantaloni
le scarpe
la gonna

j. il soldato /
la soldatessa
la guerra
la patria

b. il biglietto
il concerto
gli amici

e. il sole
la spiaggia
l'estero

h. Natale
il regalo
la sorpresa

c. il viaggio
la prenotazione
l'albergo

f. i genitori
i parenti
il futuro

i. l'immigrato/a
l'alloggio
la famiglia

> ▶ To review verb + infinitive constructions, see **Strutture 5.2.**

E. Le attività preferite.

Parte prima. Completa le frasi con le tue attività preferite. (**Attenzione! Dormire** non è un'attività!)

1. Nel weekend di solito mi piace...

2. La sera preferisco...

3. Questa settimana vorrei...

4. D'estate amo...

Parte seconda. Intervista i tuoi compagni. Quando trovi qualcuno che desidera fare la tua stessa attività, organizzatevi per farla insieme.

> ESEMPIO: **S1:** Cosa ti piace fare di solito nel weekend?
> **S2:** Mi piace andare al cinema.
> **S1:** Anche a me. Andiamo insieme?
> **S2:** Va bene! Quale film vuoi vedere?
> **S1:** ...

🔵 Ripasso: L'abbiamo già studiato!

The present perfect

Parte prima. Scrivi **E** (**essere**) o **A** (**avere**) accanto a ogni verbo secondo il suo ausiliare al passato prossimo.

1. ____ festeggiare		**7.** ____ nascere		**13.** ____ essere
2. ____ risolvere		**8.** ____ seguire		**14.** ____ scoprire
3. ____ partire		**9.** ____ rimanere		**15.** ____ dipingere
4. ____ fermarsi		**10.** ____ proteggere		**16.** ____ combattere
5. ____ vincere		**11.** ____ venire		**17.** ____ aprire
6. ____ rompere		**12.** ____ bere		**18.** ____ fare

Parte seconda. Su un foglio, scrivi il passato prossimo (alla prima persona singolare [**io**]) dei verbi elencati sopra.

▶ Answers to this activity are in the **Appendix** at the back of your book.

▶ To review the present perfect, see **Strutture 7.1** and **7.2.**

A. La mia verità.

Parte prima. Completa le frasi in modo che siano vere per te.

1. Sono nato/a a/in...
2. L'ultima volta che sono andato/a in vacanza, mi sono goduto/a...
3. Non ho mai creduto a...
4. Sono cresciuto/a in una casa...
5. Ieri ho discusso di... con...
6. Una volta ho rotto...

Parte seconda. Lavora con un compagno / una compagna. A turno, uno/a di voi legge le sue frasi, mentre l'altro fa domande per avere più informazioni e prende appunti.

> ESEMPIO: **S1:** Sono nata a Miami.
> **S2:** Quando?
> **S1:** Il nove marzo 1991.

Parte terza. Racconta alla classe o a un'altra coppia la cosa più interessante che hai imparato del tuo compagno / della tua compagna.

B. I contrari.

Parte prima. Completa le frasi con il contrario del verbo evidenziato.

1. Andrea _____ il portafoglio (*wallet*), ma Maria **ha trovato** le sue carte di credito.
2. Elisa **ha chiuso** la porta e Silvia _____ la finestra.
3. Hussein ha dormito poco la notte scorsa. **È andato a letto** alle 3.00 e _____ alle 7.00 per andare a lezione.
4. Quando è uscita, Marina _____ le chiavi ma **ha lasciato** lo zaino a casa.
5. Oggi la mia squadra di calcio **ha vinto** 3–0, ma la settimana scorsa _____ 0–3.
6. Cristiano **è entrato** in ufficio alle 8.00, ma _____ di nuovo alle 8.30.
7. Gianni e Riccardo _____ all'aeroporto di Milano alle 19.00 e **sono partiti** per Parigi alle 20.00.

Parte seconda. Lavora con un compagno / una compagna. Scrivete frasi usando le coppie di verbi indicate qui sotto. Seguite il modello della **Parte prima.**

1. nascere / morire
2. rompere / riparare
3. amare / odiare
4. crescere / calare
5. uscire / (re)stare

C. Cos'hanno fatto?

Parte prima. Immagina la vita di questi personaggi. Descrivi tre o quattro esperienze che, secondo te, hanno avuto durante la loro vita. Cos'hanno fatto? Chi hanno conosciuto? Dove sono stati?

Lorena Roberti

35 anni
single
attrice

Massimo Caruso

50 anni
sposato con due figli
esploratore, navigatore

Ottavio Giovannini

99 anni
vedovo con otto figli
ex-politico

Parte seconda. Collabora con un compagno / una compagna. Scegliete uno dei tre personaggi. Scrivete un paragrafo per raccontare la storia della vita del vostro personaggio. Poi cambia compagno/a e raccontagli/le la storia senza guardare gli appunti.

D. Dove siete andati in vacanza?

Parte prima. Tu e un compagno / una compagna avete fatto una vacanza di una settimana in Italia. Collaborate per rispondere alle domande.

1. Dove siete andati/e?
2. Quali monumenti avete visitato?
3. Cosa avete visto?
4. Cosa avete fatto?

Parte seconda. Scrivete ai vostri compagni un'e-mail in cui raccontate la vacanza che avete fatto.

Parte terza. Scambiate le e-mail con un altro gruppo e modificate il messaggio dei vostri compagni aggiungendo tre frasi nuove. Quando avete finito, riconsegnate l'e-mail. Nella nuova versione, come sono andate le vacanze? Meglio o peggio?

E. Un po' di cultura: Due poeti famosi. Leggi i brevi testi su Dante Alighieri e Vittoria Colonna. Trova tutti i verbi al passato remoto e scrivi le forme equivalenti al passato prossimo. (**Un aiuto:** ci sono undici verbi nel testo su Dante e sette nel testo su Vittoria Colonna.)

> ▶ To review the **passato remoto**, see **Strutture 12.1.**

DANTE

Ritratto di Dante Alighieri, la città di Firenze e l'allegoria della Divina Commedia (1465), Domenico di Michelino (Chiesa di Santa Maria del Fiore, Firenze, tempera su tela)

Dante Alighieri nacque a Firenze nel 1265. Sua madre, Bella, morì presto, e suo padre intorno al 1283. Il suo matrimonio con Gemma di Manetto Donati fu combinato[1] dalla famiglia quando Dante aveva solo 12 anni e i due si sposarono verso il 1285. Da giovanissimo, però, Dante si era innamorato di un'altra donna, Beatrice. Benché[2] fu un amore mai realizzato, Beatrice divenne una figura importante in molte delle opere di Dante, inclusa quella più famosa nonché massimo capolavoro della letterature italiana, la *Divina Commedia*. La *Commedia* è divisa in tre cantiche,[3] Inferno, Purgatorio e Paradiso, in cui Dante racconta il suo viaggio fantastico attraverso il mondo dell'aldilà[4] prima con il poeta romano Virgilio, sua guida nell'Inferno e nel Purgatorio, e poi con Beatrice, nel Paradiso. Nella vita politica del suo tempo Dante trovò molta ipocrisia, incompetenza e corruzione, e nella *Commedia* ideò punizioni per papi e politici secondo lui colpevoli.[5] Il Comune di Firenze, per motivi politici, accusò Dante stesso di corruzione e lo condannò all'esilio perpetuo dalla sua amata città. Per commemorare il 750° anniversario della nascita del Sommo Poeta, nel 2015 venne emessa una moneta da due euro con il suo profilo.

_____

[1]*fu... was arranged* [2]*Even though* [3]*cantos* (the three books of the *Divine Comedy*) [4]*afterlife* [5]*guilty*

VITTORIA COLONNA

Figura di donna (*Ritratto di Vittoria Colonna?*) (1525), Michelangelo Buonarroti (British Museum, Londra, inchiostro e gesso su carta [*ink and chalk on paper*])

Vittoria Colonna (1490?–1547) fu una delle prime grandi poetesse italiane. Nel 1509 sposò Ferrante d'Avalos, marchese di Pescara. Dopo la morte del marito nel 1525, Vittoria, intelligente, ricca e senza figli, trascorse[1] quasi tutta la vita in monastero dove cominciò a scrivere sonetti, prima «amorosi», in memoria di suo marito, e più tardi spirituali, per celebrare l'amore divino. Vittoria fu una figura molto rispettata ai suoi tempi non solo per la sua poesia ma anche come figura pubblica: devotissima alla memoria del marito, casta nel comportamento,[2] generosa nella carità[3] e intensamente religiosa. Ebbe molte amicizie con scrittori e artisti importanti tra cui Michelangelo Buonarroti, con cui scambiò lettere e sonetti.

_____

[1]*spent* (*time*) [2]*casta... chaste in her behavior* [3]*charity*

🔄 Ripasso: Era così bello!

The imperfect

🎧 **Parte prima.** L'imperfetto è un altro tempo passato. Ti ricordi come si forma? L'insegnante dice 15 verbi. Scrivi i verbi su un foglio e poi segna ✓ i verbi all'imperfetto.

Parte seconda. Abbina le frasi a uno dei motivi per cui si usa l'imperfetto.

Si usa l'imperfetto per...

a. descrivere le persone, i luoghi, le cose o il tempo nel passato;

b. descrivere quello che stava succedendo;

c. dare la data, l'ora o l'età nel passato;

d. parlare di avvenimenti ripetuti nel passato.

_____ **1.** Quando Giulio **aveva** 20 anni, ha fatto un viaggio in Africa.

_____ **2.** Quando Luca è entrato, Michele **suonava** la chitarra.

_____ **3.** Da giovane, ogni anno Roberta **festeggiava** il compleanno con la sua migliore amica.

_____ **4.** **Erano** le 5.00 di mattina quando Alessandro è rientrato dal suo viaggio.

_____ **5.** Il signor Bentivoglio **era** molto bello e affascinante.

_____ **6.** Quel giorno il tempo **era** bruttissimo: **nevicava** (it was snowing) e **tirava** (was blowing) vento.

▶ Answers to this activity are in the **Appendix** at the back of your book.

▶ To review the imperfect, see **Strutture 9.1** and **9.2.**

🛵 Scopriamo la struttura!

To review verb tenses and moods from earlier chapters, watch the corresponding *Grammar Tutorial* in the eBook. A practice activity is available in **Connect**.

www.mhhe.com/connect.com

A. Casa tua.

Parte prima. La tua casa era ordinata o disordinata quando sei uscito/a stamattina? Segna ✓ tutte le frasi vere. Poi aggiungi due frasi in più.

_____ **1.** In cucina c'erano bicchieri e piatti sul tavolo.

_____ **2.** C'erano piatti da lavare nel lavandino.

_____ **3.** Tutti i vestiti erano appesi (hanging) nell'armadio.

_____ **4.** Il pavimento del bagno era sporco e bagnato.

_____ **5.** Il letto era fatto.

_____ **6.** La scrivania era ordinata.

_____ **7.** ?

_____ **8.** ?

Parte seconda. Confronta le tue risposte con quelle di altri tre compagni. Chi ha la casa più ordinata/disordinata?

B. Quando avevo 15 anni.

Parte prima. Confronta come sei adesso e com'eri a 15 anni. Completa le frasi in modo che siano vere per te.

Quando avevo 15 anni...		Adesso...	
1. _____ raramente.		6. _____ raramente.	
2. _____ spesso.		7. _____ spesso.	
3. _____ sempre.		8. _____ sempre.	
4. _____ la domenica.		9. _____ la domenica.	
5. _____ a Capodanno.		10. _____ a Capodanno.	

Parte seconda. Racconta le tue abitudini a un compagno / una compagna. Lui/Lei prenderà appunti e poi racconterà alla classe come sei cambiato/a.

ESEMPIO: Quando Giovanni aveva 15 anni, giocava sempre a calcio. Adesso, invece, gli piace recitare a teatro.

C. Giulio.

Parte prima. Ora Giulio ha 65 anni. Com'era da giovane? Insieme ai compagni guarda quest'immagine e fai una lista di aggettivi per descrivere Giulio quando aveva 20 anni e frequentava l'università.

Parte seconda. Con un compagno / una compagna, decidi come o con quale frequenza Giulio faceva queste attività quando aveva 20 anni. Abbinate i verbi dell'insieme A agli avverbi appropriati dell'insieme B. **Attenzione!** Dovete usare tutti gli avverbi; potete usare alcuni avverbi più di una volta.

A		B	
andare a lezione	guidare	bene	puntualmente
ballare	lavarsi	in ritardo	raramente
cucinare	studiare	lentamente	sempre
fare delle feste	uscire con gli amici	male	spesso
fare i compiti	vestirsi	non... mai	velocemente

Parte terza. Usate le parole della **Parte prima** e le frasi che avete creato nella **Parte seconda** per scrivere una descrizione di Giulio quando era giovane. Quando avete finito, leggete la descrizione ad altre due coppie. In cosa sono simili o diverse le vostre descrizioni?

ESEMPIO: Quando aveva 20 anni, Giulio...

D. La storia di Giulio.
Ecco la vera storia di Giulio: completala con il passato prossimo o l'imperfetto dei verbi tra parentesi.

Quando Giulio _____[1] (avere) 20 anni, _____[2] (essere) un ragazzo molto serio. _____[3] (studiare) fino a tardi, non _____[4] (fare) mai feste e _____[5] (andare) sempre a lezione. Per rilassarsi, gli _____[6] (piacere) leggere romanzi e suonare la chitarra. Poi, il giorno del suo ventunesimo compleanno, ha conosciuto (*met*) Alessandro. Alessandro _____[7] (avere) 25 anni. Non _____[8] (avere) un lavoro e _____[9] (suonare) la chitarra per strada per guadagnarsi da vivere. Giulio _____[10] (essere) molto affascinato da Alessandro perché la sua vita _____[11] (essere) completamente diversa dalla sua. Giulio _____[12] (cominciare) a studiare di meno perché tutte le sere _____[13] (suonare) la chitarra con Alessandro (Loro) _____[14] (suonare) dappertutto: per strada, alle feste universitarie e nei locali e tutti li _____[15] (conoscere). Un giorno poi _____[16] (fare) un CD insieme e sono diventati famosi. Oggi sono ricchissimi e hanno case a Roma, Los Angeles e New York.

▶ To review the difference between the imperfect and present perfect, see **Strutture 9.2.**

🔄 Ripasso: Lo vedo e gli parlo

Object pronouns

Decidi se i pronomi evidenziati hanno funzione di complemento oggetto diretto o indiretto.

	complemento oggetto diretto	complemento oggetto indiretto
1. **Gli** do il suo libro.	☐	☐
2. **Le** compro dei fiori.	☐	☐
3. Non **le** mangia mai.	☐	☐
4. **Li** vedo domani.	☐	☐
5. **Vi** offro un gelato.	☐	☐
6. **La** prepara per la festa.	☐	☐
7. Ecco**lo**!	☐	☐
8. **Ti** telefono domani.	☐	☐

▶ Answers to this activity are in the **Appendix** at the back of your book.

▶ To review direct and indirect object pronouns, see **Strutture 11.1**.

▶ To learn about stressed pronouns and pronominal verbs, see **Per saperne di più** at the back of your book.

In Italia

Maria Montessori (1870–1952) fu una delle prime donne a ricevere una laurea in medicina. Si dedicò alla cura dei bambini con problemi psicologici, convinta che il trattamento basato su principi pedagogici avrebbe portato a risultati migliori delle medicine tradizionali. Nel 1906 fondò la Casa dei Bambini e iniziò le sue attività educative con i figli degli operai del quartiere di San Lorenzo, a Roma. A causa della sua opposizione al fascismo, lasciò l'Italia nel 1936 e fondò **le scuole Montessori** in vari paesi del mondo. Prima dell'adozione dell'euro, la sua immagine era stampata sulle banconote da 1.000 lire.

Maria Montessori
(1870–1952)
© Giraudon/Bridgeman Images

A. Ascolta. Ascolta le domande dell'insegnante e scegli le risposte giuste.

1. **a.** Lo metto in cucina.   **b.** Li metto in. cucina   **c.** Le metto in. cucina

2. **a.** Sì, lo guardo ogni giovedì.   **b.** Sì, la guardo ogni giovedì.   **c.** Sì, li guardo ogni giovedì.

3. **a.** Certo! Vi scriverò tutti i giorni.   **b.** Certo! Ti scriverò tutti i giorni.   **c.** Certo! Ci scriverò tutti i giorni.

4. **a.** No, ti telefono. domani   **b.** No, vi telefono domani   **c.** No, gli telefono domani

5. **a.** Sì, mi piace molto.   **b.** Sì, mi piacciono molto.   **c.** Sì, ci piacciono molto.

6. **a.** Sì, ti compro dei fiori.   **b.** Sì, gli compro dei fiori.   **c.** Sì, le compro dei fiori.

B. Domanda e risposta.

Parte prima. Scrivi la forma appropriata del verbo in queste risposte.

1. I documenti sono pronti?   Non ancora. Li _____ questa settimana.

2. Mi telefoni stasera?   No, ti _____ domani pomeriggio.

3. I bambini guardano la TV?   Sì, la _____ da tre ore!

4. Lasciate il vostro fratellino a casa con vostra madre?   No, lo _____ dai nonni.

5. Scrivete un'e-mail al signor Rossi?   No, gli _____ una lettera.

Parte seconda. Scrivi le domande per queste risposte. **Attenzione!** Non usare pronomi.

1. _____?   No, le parliamo domani.

2. _____?   Sì, voglio vederlo domani.

3. _____?   No, le compriamo per Giovanna.

4. _____?   Sì, lo prendo ogni mattina.

5. _____?   Sì, gli telefono domani.

C. Intervista.

Parte prima. Abbina un interrogativo dell'insieme A a un verbo dell'insieme B. Poi aggiungi altri elementi per formare domande da fare a un compagno / una compagna.

    ESEMPIO: Dove fai la lavatrice?

A		B	
a che ora		ascoltare	guardare
chi		bere	leggere
con		cominciare	mangiare
dove		fare	scrivere
perché		finire	telefonare
quando			

Parte seconda. Fai le domande a un compagno / una compagna. Quando lui/lei risponde, deve usare un pronome.

    ESEMPIO: **S1:** Dove fai la lavatrice?
                  S2: La faccio a casa mia.

D. L'Italia, gli italiani e l'italiano.
In questo corso hai imparato molte cose sull'Italia, sugli italiani e sulla lingua italiana. Completa le seguenti frasi secondo la tua opinione. Poi parlane con i tuoi compagni.

1. Se andassi in vacanza dieci giorni in Italia, visiterei… perché…

2. Se vivessi in Italia, abiterei… perché…

3. Se potessi passare una festa (Natale, San Silvestro, eccetera) insieme a una famiglia italiana, sceglierei… perché…

4. Se potessi conoscere un italiano famoso (vivo o morto), vorrei conoscere… perché…

5. Se potessi fare qualsiasi domanda a un italiano / un'italiana, gli/le chiederei…

▶ Ascoltiamo!

L'arte italiana attraverso i secoli

Hai notato che quasi tutti i capitoli di *Avanti!* iniziano con un capolavoro dell'arte italiana? Con un compagno / una compagna, abbina le opere d'arte ai rispettivi artisti, poi mettile in ordine cronologico (1–16). **Attenzione!** Puoi trovare tutte le informazioni richieste nelle didascalie (*captions*) che accompagnano le opere.

Opera	Artista
Capitolo 1: *Primavera*	**a.** Renato Guttuso
Capitolo 2: *Amore e Psiche stanti*	**b.** Lorenzo Pizzanelli
Capitolo 3: *Ballerina blu*	**c.** Giotto di Bondone
Capitolo 4: *Madonna «della Seggiola»*	**d.** Michelangelo Pistoletto
Capitolo 5: *La Vucciria*	**e.** Antonio Canova
Capitolo 6: *Venere degli stracci*	**f.** Michelangelo Buonarroti
Capitolo 7: *I bari*	**g.** Giorgio De Chirico
Capitolo 8: *Bacco e Arianna*	**h.** Sandro Botticelli
Capitolo 9: *Iconoclast Game: Opera videogioco sulla storia dell'arte*	**i.** Giovanni Antonio Canaletto
	j. Carlo Carrà
Capitolo 10: *David*	**k.** Gino Severini
Capitolo 11: *Visitazione*	**l.** Francesco Hayez
Capitolo 12: *Palazzo Ducale e Piazza San Marco*	**m.** Raffaello Sanzio
	n. Michelangelo Merisi da Caravaggio
Capitolo 13: *Sulla spiaggia*	
Capitolo 14: *Tutto*	**o.** Tiziano Vecellio
Capitolo 15: *Manifestazione interventista*	**p.** Alighiero Boetti
Capitolo 16: *Il bacio*	

A. Osserva e ascolta. Osserva e ascolta Federico che ti parla della storia dell'arte in Italia.

B. Completa. Completa le seguenti frasi inserendo la parola o l'espressione appropriata della lista. Usa ogni parola o espressione *una sola volta*. **Attenzione!** La lista contiene dodici parole o espressioni; devi usarne solamente nove.

Amore e Psiche	barocco	Canaletto	Caravaggio
il *David*	Futurismo	Giotto	medievale
moderno	neoclassico	il Rinascimento	romantico

Retro

«Amore, baciami!»

Il famoso quadro di Francesco Hayez, *Il bacio,* è il simbolo nazionale dell'unificazione d'Italia, ma non tutti sanno che Hayez ha creato altre tre versioni di questa scena.

Continua a leggere nel **Capitolo 16, Retro** su *Connect.*

Courtesy of Diane Musumeci

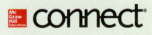

www.mhhe.com/connect

1. _____ fu uno dei vedutisti (*landscape artists*) più famosi per la rappresentazione dei paesaggi (*landscapes*) urbani creata soprattutto per gli europei che facevano il Gran Tour.

2. Il movimento chiamato _____ è caratterizzato da un forte dinamismo—che si esprime un intenso senso del movimento, nell'importanza data alla tecnologia e nell'originalità—e dall'opposizione al passato e alla tradizione.

3. Il periodo _____ privilegiava (*favored*) il controllo perfetto delle forme canoniche (*established*). Un bellissimo esempio del periodo è _____ di Canova.

4. Il periodo artistico per cui l'Italia è più famosa, _____, cominciò in Toscana.

5. Caratterizzato da mosaici e affreschi che servirono da decorazione e raffigurano (*depict*) temi religiosi, il periodo _____ ebbe grandi artisti come _____.

6. Il periodo _____ si distingue per l'esuberanza fantasiosa e l'uso drammatico della luce. Un artista rappresentativo del periodo fu _____.

C. Tocca a te! Se potessi visitare una mostra di uno degli artisti sopranominati, quale vorresti vedere? Perché?

Di tutti questi artisti, vorrei vedere una mostra di _____ perché...

Leggiamo!

Va' dove ti porta il cuore

A. Prima di leggere.

Parte prima. Pensa a una decisione che hai preso, non importa se grande o piccola. Poi spiega a un compagno / una compagna come sei arrivato/a a quella decisione.

Parte seconda. Quanti studenti hanno chiesto consiglio di qualcuno prima di prendere la decisione definitiva? A chi hanno chiesto aiuto? Come hanno scelto quelle persone?

B. Al testo! *Va' dove ti porta il cuore* (Susanna Tamaro, 1994) è un bestseller italiano che ha venduto più di 15 milioni di copie in tutto il mondo e da cui è stato tratto anche un film. È un romanzo in cui Olga, una nonna ottantenne, racconta la sua vita alla giovane nipote che è andata a vivere in America.

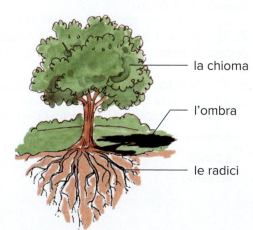

la chioma

l'ombra

le radici

Parte prima. Leggi questo brano tratto dal libro per sapere quale consiglio la nonna dà alla nipote. (**Un aiuto:** la nonna usa l'albero come metafora. Ecco del lessico utile.)

Va' dove ti porta il cuore

Ogni volta che ti sentirai smarrita,[1] confusa, pensa agli alberi, ricordati del loro modo di crescere. Ricordati che un albero con molta chioma e poche radici viene sradicato[2] al primo colpo di vento,[3] mentre in un albero con molte radici e poca chioma la linfa[4] scorre a stento.[5] Radici e chioma devono crescere in egual misura, devi stare nelle cose e starci sopra,[6] solo così portrai offrire ombra e riparo,[7] solo così alla stagione giusta potrai coprirti di fiori e di frutti. E quando poi davanti a te si apriranno tante strade e non saprai quale prendere, non imboccarne[8] una a caso, ma siediti e aspetta. Respira con la profondità fiduciosa[9] con cui hai respirato il giorno in cui sei venuta al mondo, senza farti distrarre da nulla, aspetta e aspetta ancora. Stai ferma, in silenzio, e ascolta il tuo cuore. Quando poi ti parla, alzati e va' dove lui ti porta.

[1]lost [2]uprooted [3]colpo... gust of wind [4]sap [5]scorre... flows slowly [6]starci... stay on top of them [7]respite [8]prenderne. [9]confident

Tamaro, Susanna, *Va' dove ti porta il cuore*. Copyright © 2000 RCS Mediagroup S.p.a. All rights reserved. Used with permission.

Parte seconda. Ora rispondi alle domande.

1. La nonna dice che bisogna essere come un albero, con radici e chioma in egual misura. Perché?

2. Secondo la nonna, cosa si deve fare quando ci si trova davanti a delle scelte?

C. Discutiamo! Rispondi alle domande.

1. Secondo te, quanto è valido il consiglio della nonna? Che cosa può succedere quando si segue il cuore? E quando non lo si segue?

2. Come si diventa famosi? Descrivi almeno tre modi in cui una persona diventa famosa. L'idea di seguire il cuore e quella di diventare famosi sono compatibili?

3. Come scrittrice, Susanna Tamaro adesso è famosa, ma lo sarà anche nel futuro? Secondo te, cosa deve fare una persona per rimanere famosa nel tempo?

 ## Scriviamo!

Arrivederci!

Scrivi a un compagno / una compagna di classe (o all'insegnante) una lettera in cui ricordi il tempo trascorso insieme durante il corso d'italiano.

- Inizia con un saluto.
- Nel primo paragrafo descrivi l'inizio del corso.
- Nel secondo paragrafo descrivi una lezione (o un momento) che ti ricordi particolarmente bene.
- Nel terzo paragrafo spiega come la lezione (o il momento) che hai descritto ha influito sull'andamento del corso per te.
- Infine, dai un consiglio e fai un augurio al compagno / alla compagna (o all'insegnante).

 ## Parliamo!

La tua intervista

Ecco alcune delle domande che sono state rivolte alle persone che hai visto nel video. Intervista un compagno / una compagna, facendo a lui/lei queste domande. Poi scambiatevi i ruoli.

1. Ti puoi presentare, dire il tuo nome, l'età, di dove sei e cosa fai?
2. Ti piace il cinema italiano? Chi sono i tuoi attori preferiti? (Ti piace la musica italiana? Che genere di musica preferisci?)
3. Com'è la tua giornata tipica? (A che ora... ?)
4. Cosa ti piace fare nel tempo libero?
5. Puoi descrivere la tua famiglia? (Com'è... ?)
6. Ti piacerebbe visitare l'Italia? Cosa ti piacerebbe vedere? (Sei stato/a in Italia? Dove sei stato/a? Cosa hai visto?)
7. Sai l'italiano?
8. Hai un sogno nel cassetto? Quale?

 ## Scopriamo il cinema!

FILM: *Nuovo Cinema Paradiso*

(Commedia. Italia. 1990. Giuseppe Tornatore, Regista. 124 min.)

> **RIASSUNTO:** A famous Italian filmmaker, Salvatore (Salvatore Cascio) returns to his hometown in Sicily after an absence of 30 years. While at home, he remembers the events that shaped his life, especially his friendship with Alfredo (Philippe Noiret) who first introduced him to movies.
>
> **SCENA:** (DVD Chapter 26) In this scene a young Salvatore (Totò) leaves his hometown, Giancaldo, to pursue a career in the film business. His mother, sister, and Alfredo accompany him to the train station to see him off.

A. Anteprima. Quando si parte per un viaggio e si salutano la famiglia e gli amici, loro spesso danno consigli vari. Con un compagno / una compagna fai una lista di cinque consigli che hai ricevuto prima di partire (o che hai dato a qualcuno in partenza). Condividi le risposte con la classe. Quali sono i consigli più comuni? Chi ha ricevuto (o dato) il consiglio più sorprendente?

B. Ciak, si gira! In questa scena Alfredo dà diversi consigli a Totò prima della sua partenza per Roma. Guarda la scena e scrivi almeno tre consigli che senti.

C. È fatto! Totò parte da un paese in Sicilia per andare a Roma. In quali altri film che hai visto in *Avanti!* il protagonista lascia il proprio paese? Sono persone simili o diverse? In che senso? Secondo te, perché gli italiani affrontano spesso questo tema?

Scopriamo le belle arti!

Il bacio (1859), Francesco Hayez

 **LINGUA**

A. Ripasso verbale.

Parte prima. Descrivi la scena scrivendo quello che fanno i personaggi. Usa il presente indicativo.

1. Il ragazzo _____.
2. La ragazza _____.
3. I due ragazzi _____.

Parte seconda. Ora scrivi quello che faranno i personaggi dopo il bacio. Usa il futuro semplice.

1. Il ragazzo _____.
2. La ragazza _____.
3. I due ragazzi _____.

Parte terza. Infine scrivi quello che sperano i personaggi. Usa il presente del congiuntivo.

1. Il ragazzo spera che la ragazza _____.
2. La ragazza spera che il ragazzo _____.
3. I genitori dei ragazzi sperano che i due ragazzi _____.

B. Chi lo fa? Per ogni frase, identifica l'interpretazione giusta. Attenzione ai pronomi di complemento oggetto, diretto o indiretto.

1. Lo saluta.
   a. Il ragazzo saluta la ragazza.
   b. La ragazza saluta il ragazzo.
2. La bacia.
   a. Il ragazzo bacia la ragazza.
   b. La ragazza bacia il ragazzo.

3. Le dice «Addio!»

    a. Il ragazzo dice «Addio!» alla ragazza.

    b. La ragazza dice «Addio!» al ragazzo.

4. Gli vuole molto bene.

    a. Il ragazzo vuole bene alla ragazza.

    b. La ragazza vuole bene al ragazzo.

5. Non la vuole lasciare.

    a. Il ragazzo non vuole lasciare la ragazza.

    b. La ragazza non vuole lasciare il ragazzo.

ARTE

> *Il bacio* di Francesco Hayez è forse l'esempio migliore dell'**arte romantica** italiana. Il **Romanticismo** è un movimento artistico-letterario dell'Ottocento che si contrappone agli (*was a reaction against*) Ideali razionali del Neoclassicismo ispirandosi invece alla passione, all'irrazionalità e al sentimento. In Italia il fenomeno romantico coincide con il Risorgimento (1820–1860), il periodo storico che culmina con l'Unificazione nel 1861. Il sentimento civile e politico di questo periodo unifica tutte le arti, dalla letteratura alla pittura alla musica.

Amore romantico o amore patriottico? Osserva bene i seguenti particolari dell'opera. Poi usali per rispondere a *una sola* delle domande seguenti.

- **il ragazzo** ha un coltello infilato nella cintura. Ha un piede sullo scalino come se dovesse scappare (*as if he's about to escape*).
- **la ragazza** è in una posa di completo abbandono
- sotto l'arco del corridoio c'è **l'ombra** di un'altra persona

1. Un'interpretazione di *Il bacio* è quella dell'amore romantico. Secondo te, chi sono i due personaggi e perché si baciano così appassionatamente? Di chi è l'ombra? Scrivi un breve paragrafo in cui racconti la loro storia d'amore.

2. Un'altra interpretazione di *Il bacio* è quella dell'amore patriottico in cui c'è il saluto simbolico di un soldato che parte per la battaglia. Di chi è l'ombra? Scrivi la storia dei due ragazzi dal punto di vista patriottico.

Il blog di Enrica—Napoli

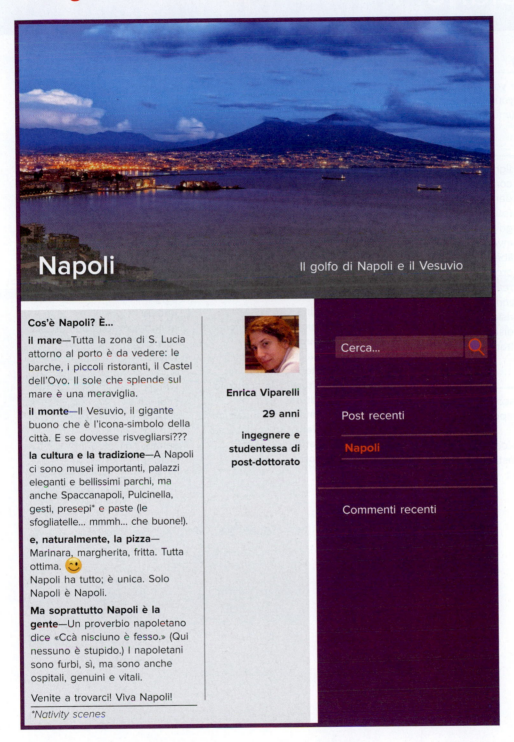

Napoli

Il golfo di Napoli e il Vesuvio

Cos'è Napoli? È...

il mare—Tutta la zona di S. Lucia attorno al porto è da vedere: le barche, i piccoli ristoranti, il Castel dell'Ovo. Il sole che splende sul mare è una meraviglia.

il monte—Il Vesuvio, il gigante buono che è l'icona-simbolo della città. E se dovesse risvegliarsi???

la cultura e la tradizione—A Napoli ci sono musei importanti, palazzi eleganti e bellissimi parchi, ma anche Spaccanapoli, Pulcinella, gesti, presepi* e paste (le sfogliatelle... mmmh... che buone!).

e, naturalmente, la pizza— Marinara, margherita, fritta. Tutta ottima. 😊
Napoli ha tutto; è unica. Solo Napoli è Napoli.

Ma soprattutto Napoli è la gente—Un proverbio napoletano dice «Ccà nisciuno è fesso.» (Qui nessuno è stupido.) I napoletani sono furbi, sì, ma sono anche ospitali, genuini e vitali.

Venite a trovarci! Viva Napoli!

Nativity scenes

Enrica Viparelli

29 anni

ingegnere e studentessa di post-dottorato

Cerca...

Post recenti

Napoli

Commenti recenti

Video Connection

Per vedere Napoli e i posti preferiti di Enrica, guarda **Il blog di Enrica** sul video di *Avanti!*

McGraw Hill Education

connect

www.mhhe.com/connect

Vocabolario

Domande ed espressioni

Hai/Ha qualcosa da dire?	Do you have something you'd like to say? (*inform./form.*)

Verbi

combattere	to fight
comporre	to compose
dimostrare	to demonstrate
fondare	to found
governare	to govern
inventare	to invent
liberare	to liberate, to free
proteggere	to protect
realizzare	to realize; to carry out, to bring about
rischiare	to risk
scoprire	to discover
trasformare	to transform, to change

Sostantivi

l'affresco	fresco
il compositore / la compositrice	composer
il consiglio	advice
la Costituzione	Constitution
il diritto	right
il dittatore / la dittatrice	dictator
il generale	general
l'indipendenza	independence
l'inventore / l'inventrice	inventor
l'invenzione	(*f.*) invention
la medicina	medicine
il militare	military
il navigatore / la navigatrice	navigator
l'orchestra	orchestra
il papa	pope
il Parlamento	Parliament
la patria	homeland
la pila	battery
la poesia	poetry
la politica	politics
il politico / il politico donna	politician
il re	king
la regina	queen
il religioso / la religiosa	member of religious order
la repubblica	republic
il romanzo	novel
il santo / la santa	saint
lo scrittore / la scrittrice	writer
la scultura	sculpture
il senatore / la senatrice	senator
il soldato / la soldatessa	soldier
il sonetto	sonnet
la vittoria	victory

Per saperne di più

CAPITOLO 1

▶ Interactive explanations and additional practice activities for this topic may be assigned in **Connect**. There are also practice activities at the back of the print *Workbook / Laboratory Manual*.

1.1 Gender

Some words have a different suffix to indicate the gender. The suffix **-tore** is masculine and the suffixes **-trice** and **-essa** are feminine.

actor	**l'attore**	**l'attrice**
painter	**il pittore**	**la pittrice**
doctor	**il dottore**	**la dottoressa**
professor	**il professore**	**la professoressa**
student	**lo studente**	**la studentessa**

1.3 Number

1 Nouns do not change in the plural if their singular form ends in **-i**:

una crisi (*crisis*)	→	**due crisi**
un brindisi (*toast*)	→	**due brindisi**
una tesi (*thesis*)	→	**due tesi**

2 Some nouns have irregular plurals:

l'uomo (*man*) → **gli uomini**

3 Nouns that end in **-ca** and **-ga** in the singular add an **-h-** before the **-e** in the plural form in order to preserve the hard sound of the consonant.

	SINGOLARE	PLURALE
-ca → -che	ami**ca**	ami**che**
-ga → -ghe	tar**ga** (*license plate*)	tar**ghe**

4 Nouns ending in **-go** in the singular generally form their plural by adding an **-h-**.

	SINGOLARE	PLURALE
-go → -ghi	la**go** (*lake*)	la**ghi**

Note that:

- The plural of **asparago** (*asparagus*) is **asparagi**.
- Nouns that end in **-logo** form their plural by adding an **-h-** when the noun refers to things: **dialogo / dialoghi, catalogo / cataloghi**. The **-h-** is not added in the plural for nouns referring to people: **biologo** (*biologist*) / **biologi, astrologo** (*astrologist*) / **astrologi**.

5 Nouns that end in **-co** in the singular form don't always have an **-h-** in the plural to preserve the hard sound. The form of the plural depends on the location of the stress in the word. An **-h-** is added only if the stress falls on the second-to-last syllable (the syllable before **-co**). Compare the following examples.

		SINGOLARE	PLURALE
Stress on second-to-last syllable	**-co** → **-chi**	<u>par</u>-**co** (*park*)	par-**chi**
Stress on third-to-last syllable	**-co** → **-ci**	<u>me</u>-di-**co** (*doctor*)	me-di-**ci**

One common exception to this rule is:

a-<u>mi</u>-co (*sing.*) → **a-<u>mi</u>-ci** (*pl.*)

6 If a masculine singular noun ends in **-io** and the **-i-** is stressed, the plural is formed normally (by changing **-o** to **-i**). If the **-i-** is unstressed, the **-o** is dropped and the plural has one **-i.**

		SINGOLARE	PLURALE
Stressed **-i-**	**-io** → **ii**	<u>zi</u>-**o** (*uncle*)	zi-**i**
Unstressed **-i-**	**-io** → **i**	o-ro-<u>lo</u>-gio	o-ro-lo-g**i**

7 In the plural, nouns ending in **-cia** or **-gia** omit the **-i-** when it is not stressed or pronounced, and when **c** or **g** are preceded by another consonant.

arancia (*orange*)	→	**arance**
spiaggia (*beach*)	→	**spiagge**

Note that the **-i-** is retained when it is stressed or if a vowel precedes **c** or **g.**

farma<u>cia</u> (*pharmacy*)	→	**farmacie**
camicia (*shirt*)	→	**camicie**
ciliegia (*cherry*)	→	**ciliegie**

CAPITOLO 2

▶ Interactive explanations and additional practice activities for this topic may be assigned in **Connect.** There are also practice activities at the back of the print *Workbook / Laboratory Manual.*

2.1 Adjectives

Irregular plural adjectives

1 Adjectives that end in **-ca, -co,** and **-ga** form the plural just like nouns with the same endings. (For a review of the plurals of nouns, see **Strutture 1.1.**)

un'amica simpati**ca**	due amiche simpati**che**
una porta lar**ga** (*wide*)	due porte lar**ghe**

Remember, the plural of adjectives ending in **-co** depends on the location of the stress in the word. An **-h-** is inserted before the **-i** only if the stress falls on the second-to-last syllable (the syllable before **-co**).

un quaderno bian**co**	due quaderni bian**chi**
un ragazzo simpa<u>ti</u>**co**	due ragazzi simpati**ci**

2 All adjectives ending in **-go** form the plural by adding an **-h-** before the **-i.**

    un tavolo lar**go**   due tavoli lar**ghi**

The demonstrative pronouns *questo* and *quello*

When you are pointing out someone or something, the appropriate forms of **questo** and **quello** can also be used alone to mean *this one / that one* in the singular or *these/those* in the plural. When **questo** and **quello** are used as pronouns, they both have four forms and agree in gender and number with the object or person you are pointing out.

	SINGOLARE	PLURALE	SINGOLARE	PLURALE
MASCHILE	questo	questi	quello	quelli
FEMMINILE	questa	queste	quella	quelle

(*pointing to your mother in a photo*)	**Questa** è mia madre. *This is my mother.*
(*pointing to your books*)	**Questi** sono i miei libri. *These are my books.*
(*pointing to your car down the street*)	**Quella** è la mia macchina. *That is my car.*
(*pointing to your dog in the park*)	**Quello** è il mio cane. *That is my dog.*
(*pointing to your female friends across the street*)	**Quelle** sono le mie amiche. *Those are my (female) friends.*

Other adjectives that precede the noun

1 The adjectives **buono** and **bello** usually precede the noun, but they have special forms. The singular forms of **buono** resemble the indefinite article. (See **Strutture 1.2** for a review of the indefinite article.)

SINGOLARE		PLURALE		
(uno) il **buono** zaino	**(una)** la **buona** scuola		zaini	scuole
(un) il **buon** libro	**(una)** la **buona** penna	i **buoni** { libri	le **buone** {	penne
(un) il **buon** amico	**(un')** la **buon'**università		amici	università

2 The forms of **bello** are similar to the definite article and the demonstrative adjective **quello**. (See **Strutture 1.4** for a review of the definite article.)

SINGOLARE		PLURALE		
(lo) il **bello** zaino	**(la)** la **bella** scuola	**(gli)** i **begli** zaini		scuole
(il) il **bel** libro	**(la)** la **bella** penna	**(i)** i **bei** libri	**(le)** le **belle** {	penne
(l') il **bell'**amico	**(l')** la **bell'**università	**(gli)** i **begli** amici		università

CAPITOLO 3

▶ Interactive explanations and additional practice activities for this topic may be assigned in **Connect.** There are also practice activities at the back of the print *Workbook / Laboratory Manual.*

3.4 Irregular verbs

The verbs *rimanere* (*to remain*) **and** *scegliere* (*to choose*)

Here are two more irregular verbs that follow the same pattern as the verb **venire.** (Note that **-gl-** in **scegliere** becomes **-lg-** in **scelgo** and **scelgono.**)

venire	rimanere	scegliere
vengo	rimango	scelgo
vieni	rimani	scegli
viene	rimane	sceglie
veniamo	rimaniamo	scegliamo
venite	rimanete	scegliete
vengono	rimangono	scelgono

Mario **rimane** a casa stasera.   *Mario is staying home tonight.*

Gina **sceglie** il vestito blu.   *Gina chooses the blue dress.*

CAPITOLO 4

▶ Interactive explanations and additional practice activities for this topic may be assigned in **Connect.** There are also practice activities at the back of the print *Workbook / Laboratory Manual.*

Lessico

Suffixes

1 Adding certain suffixes to nouns (and even names) can modify their meaning. The suffix **-accio** (**a/i/e**) expresses badness or ugliness.

la parola	→	**la parolaccia**	*dirty word*
il tempo	→	**il tempaccio**	*bad weather*

2 The suffix **-ino** (**a/i/e**) expresses smallness or endearment and is often used when speaking with children.

la ragazza	→	**la ragazzina**	*little girl*
la mano	→	**la manina**	*(cute) little hand*
il naso	→	**il nasino**	*(cute) little nose*

3 The suffix **-one** (**a/i/e**) suggests largeness.

la macchina	→	**la macchinona**	*big car*
il ragazzo	→	**il ragazzone**	*big boy*
il libro	→	**il librone**	*big book*

Attenzione! None of the suffixes should be used indiscriminately because they can change the meaning (and the gender) of the noun. Compare:

il mulo	*mule*	**il mulino**	*windmill*
la finestra	*window*	**il finestrino**	*window (of a train, bus, or car)*
la bocca	*mouth*	**il boccone**	*mouthful*
la porta	*door*	**il portone**	*main entrance, front door*
la foca	*seal*	**la focaccia**	*flatbread*

4.4 The comparative

Comparatives of inequality with *che*

1 **Di** is used when comparing two nouns with a particular quality.

Il cane è più <u>intelligente</u> del **gatto.**	*The dog is more intelligent than the cat.*
Gianna è più <u>simpatica</u> di **Marco.**	*Gianna is nicer than Marco.*

2 **Che** is used when comparing two parts of speech or two of the same construction: two adjectives, two nouns, two verbs, or two nouns preceded by a preposition.

(two adjectives) L'atleta è più **agile** che **veloce.**	*The athlete is more agile than fast.*
(two nouns) Ho meno **penne** che **matite.**	*I have fewer pens than pencils.*
(two verbs) Mi piace più **correre** che **nuotare.**	*I like running more than swimming.*
(two nouns preceded by a preposition) Vado più spesso **in montagna** che **al mare.**	*I go more often to the mountains than to the sea.*

Comparatives of equality

1 As you already know, when you want to talk about the differences between two people or things, you use **più... di** or **meno... di.** If you want to say that a person or thing is the same as another, place **così** before the adjective, and **come** after it. Note that **così** is often omitted.

Rita è (**così**) simpatica **come** Gina.	*Rita is as nice as Gina.*

2 An alternative construction is **tanto... quanto.** Like **così, tanto** is often omitted.

Salvatore è (**tanto**) bello **quanto** Riccardo.	*Salvatore is as handsome as Riccardo*

CAPITOLO 5

▶ Interactive explanations and additional practice activities for this topic may be assigned in **Connect.** There are also practice activities at the back of the print *Workbook / Laboratory Manual.*

5.3 Prepositions

The preposition *da*

1 The preposition **da** means *from* in English.

Sono partita **da** Roma.	*I left from Rome.*
Ho ricevuto un regalo **da** mia madre.	*I received a gift from my mother.*
Abito a dieci chilometri **da** Napoli.	*I live 10 kilometers from Naples.*

Attenzione! To say where you are from, you use **di.**

Sono **di** Milano.	*I'm from Milan.*

2 **Da** is frequently used with the verb **uscire** to mean *to leave/exit (from)* a place.

Esco **dall'**uffico.	*I leave/exit (from) the office.*

3 When **da** is used with a pronoun or proper name, it means *at the house/office/ business of.*

Vado **da** Mirella.	*I'm going to Mirella's house.*
Vado **dal** dentista oggi.	*I'm going to the dentist today.*

The pronoun *ci*

1 In order to avoid repetition, you can use the pronoun **ci** (*there*) to replace nouns or phrases referring to places. These phrases are often introduced by the prepositions **a** or **in.** Note that **ci** precedes the conjugated verb.

—Vai **a casa**?	*Are you going home?*
—Sì, **ci** vado fra un minuto.	*Yes, I'm going (there) in a minute.*
—Vai **in centro** oggi pomeriggio?	*Are you going downtown this afternoon?*
—No, oggi non **ci** vado.	*No, I'm not going there today.*

Note: Although the word *there* is not always expressed in English, **ci** must be used in Italian.

2 **Ci** can also replace **a** + infinitive after verbs such as **andare.**

—Vai **a ballare** stasera?	*Are you going dancing tonight?*
—No, non **ci** vado.	*No, I'm not going (dancing).*

3 As you have seen, **ci** always precedes the conjugated verb, but when using verb + infinitive constructions, it may be attached to the infinitive. The infinitive drops the final **-e.**

—Vuoi andare **al cinema** stasera?	*Do you want to go to the movies tonight?*
—No, non **ci** voglio andare. (No, non voglio **andarci.**)	*No, I don't want to go (there).*

CAPITOLO 6

▶ Interactive explanations and additional practice activities for this topic may be assigned in **Connect.** There are also practice activities at the back of the print *Workbook / Laboratory Manual.*

6.4 Adverbs

Molto and *poco*

1 Adjectives describe nouns. Their endings change to agree in gender and number with the noun they describe. As you learned in **Strutture 2.1,** when **molto** and **poco** are adjectives, they precede the noun and the definite article is omitted.

Abbiamo molti libri.	*We have many books.*
Bevo poca birra.	*I drink little beer. (I don't drink much beer.)*

2 Adverbs can modify verbs, adjectives, or other adverbs. Their endings never change. When describing a verb, **molto** means *a lot / frequently* and **poco** means *little/rarely*. They both follow the verb.

Tu e Marianna studiate **molto**.   *You and Marianna study a lot.*

Silvia parla **poco** al telefono.   *Silvia rarely talks / doesn't talk long on the phone.*

3 As you learned in **Strutture 2.1,** when modifying an adjective or adverb, the adverb **molto** means *very* and **poco** means *not very*. They both come before the adjective or adverb and their endings do not change.

Quella ragazza è **molto** simpatica.   *That girl is very nice.*

I ragazzi sono **poco** simpatici.   *The guys are not very nice.*

Gianni esce **molto** spesso.   *Gianni goes out very often.*

Oggi mi sento **poco** bene.   *Today I don't feel very well.*

Buono/cattivo versus bene/male

1 As you learned in **Capitolo 2, Lessico, buono** and **cattivo** are adjectives. They indicate how *good* or *bad* something or someone is, so they agree in gender and number with the noun they modify.

Questa **torta** è box{**buona.**}   *This cake is good.*

Questi bambini sono boxed{**cattivi.**}   *These children are badly behaved.*

2 The adverbs **bene** and **male** modify verbs. They indicate how *well* or *badly* something is done, so they appear after the verb and their forms are invariable.

Giacomo gioca **bene** a calcio.   *Giacomo plays soccer well.*

Mariella suona **male** il clarinetto.   *Mariella plays the clarinet badly.*

CAPITOLO 7

▶ Interactive explanations and additional practice activities for this topic may be assigned in **Connect.** There are also practice activities at the back of the print *Workbook / Laboratory Manual.*

7.1 The present perfect

Piacere

1 **Piacere** is conjugated with **essere** in the **passato prossimo,** so the past participle agrees in gender and number with the subject. **Attenzione!** Remember that the subject is the person, place, or thing that is liked and it often follows **piacere.**

Mi piace la musica.

I like the music.

Mi è piaciut**a** boxed{**la musica.**}

I liked the music.

Ti piacciono gli spettacoli.

You like the shows.

Ti sono piaciut**i** boxed{**gli spettacoli.**}

You liked the shows.

2 When the subject is an action (an infinitive verb), **piacere** is in the third person singular and the participle ends in **-o.**

A Gianna è piaciut**o** boxed{**sciare.**}

Gianna liked skiing.

A Luigi e Massimo è piaciut**o** boxed{**cucinare.**}

Luigi and Massimo liked cooking.

7.3 Negative expressions

Other negative expressions

1 Two other negative expressions are:

non... né... né	*neither . . . nor*
non... ancora	*not . . . yet*

Non mangio **né** la carne **né** il pesce.	*I eat neither meat nor fish.*
Non ho studiato **né** l'italiano **né** lo spagnolo.	*I've studied neither Italian nor Spanish.*
Non ho **ancora** un lavoro.	*I don't have a job yet.*
Non ho **ancora** fatto il letto.	*I haven't made my bed yet.*

Attenzione! Non ancora means *not . . . yet* but **ancora** by itself means *still.*

Devo **ancora** scrivere il tema.	*I still have to write the composition.*
Non ho **ancora** scritto il tema.	*I haven't written the composition yet.*

CAPITOLO 8

▶ Interactive explanations and additional practice activities for this topic may be assigned in **Connect.** There are also practice activities at the back of the print *Workbook / Laboratory Manual.*

The present perfect

The present perfect of *dovere, potere,* and *volere*

The choice of the auxiliary of **dovere, potere,** and **volere** in the **passato prossimo** depends on whether the infinitive following these verbs takes **avere** or **essere.**

I ragazzi...

sono voluti <u>andare</u> a casa.	**sono** potuti <u>uscire</u>.	**sono** dovuti <u>stare</u> a casa.
hanno voluto <u>mangiare</u>.	**hanno** potuto <u>cucinare</u>.	**hanno** dovuto <u>dormire</u>.

Prepositions

The pronoun *ne*

1 The pronoun **ne** replaces nouns preceded by **di** + *article* (**partitivo**), a number, or by an expression of quantity, such as **molto.** It literally means *of it, of them* and is usually not expressed in English.

Mangio **della pasta.**	→	**Ne** mangio un po'.	*I eat some (of it).*
Ho due **fratelli.**	→	**Ne** ho due.	*I have two (of them).*
Ho molti album.	→	**Ne** ho molti.	*I have many (of them).*

2 **Ne** is often used in response to questions with **quanto** (*how many*).

—Quante sorelle hai?	*How many sisters do you have?*
—**Ne** ho due.	*I have two (of them).*

3 **Ne** also replaces phrases introduced with the preposition **di.** The equivalent in English is often *of* or *about it/them*. It may be optional in English, but it is required in Italian.

—Parli spesso **di politica**?	*Do you talk about politics often?*
—Sì, **ne** parlo spesso.	*Yes, I often talk about it.*
—Hai paura **dei cani**?	*Are you afraid of dogs?*
—No, non **ne** ho paura.	*No, I'm not afraid of them.*
—Hai voglia **di un panino**?	*Do you feel like [having] a sandwich?*
—Sì, **ne** ho voglia.	*Yes, I feel like [having] one.*

4 The pronoun **ne** may precede a conjugated verb or it may be attached to the infinitive. The infinitive drops the final **-e.**

—Vuoi prendere un caffè?	*Do you want to have a coffee?*
—**Ne** voglio prendere due! / Voglio prender**ne** due!	*I want to have two [of them]!*

5 **Ne** is also used to express the date.

—Quanti **ne** abbiamo oggi?	*What is today's date? (Literally, How many of them do we have today?)*
—**Ne** abbiamo 23.	*It's the 23rd.*

▶ See **Strutture 2.2** to review idiomatic expressions with **avere.**

CAPITOLO 9

▶ Interactive explanations and additional practice activities for this topic may be assigned in *Connect*. There are also practice activities at the back of the print *Workbook / Laboratory Manual*.

9.2 The imperfect versus the present perfect

da/per + expressions of time

1 To talk about how long you have been doing an activity that began in the past and that you are still doing today, you use the following expression:

PRESENT TENSE VERB + **da** + LENGTH OF TIME

Studio l'italiano **da** tre anni.	*I have been studying Italian for three years. (I began three years ago and I am still studying Italian today.)*

2 To talk about how long you did an activity in the past that you are no longer doing now, use this expression:

PAST TENSE VERB + **per** + LENGTH OF TIME

Ho studiato l'italiano **per** tre anni.	*I studied Italian for three years. (I did it for three years and now I am no longer studying Italian.)*

Sapere and *conoscere*

Sapere and *conoscere* have different meanings in the **imperfetto** and the **passato prossimo**.

	IMPERFETTO	PASSATO PROSSIMO
sapere	• to have known a fact **Sapevo** perché Irene era arrabbiata. *I knew* why Irene was mad. • to have known how to do something Quando ero giovane **sapevo** sciare. *When I was young, I knew how to ski.*	• to find out something (*a fact*) **Ho saputo** perché Irene era arrabbiata. *I found out* why Irene was mad.
conoscere	• to have been familiar with a person, place, or thing Quando ero giovane **conoscevo** molte persone. *When I was young, I knew many people.*	• to have met a person for the first time **Ho conosciuto** Martino alla festa. *I met Martino (for the first time)* at the party.

CAPITOLO 10

▶ Interactive explanations and additional practice activities for this topic may be assigned in **Connect.** There are also practice activities at the back of the print *Workbook / Laboratory Manual.*

10.2 The future

The future of probability

The future tense has an additional function that is unrelated to future time; it can be used to speculate about a present situation. It expresses ideas that in English are introduced by *probably* or *must*. Here are some examples.

Gianni went out late last night and didn't come to his 8:30 class today, so the students speculate about where he must be and what he must be doing.

Sarà a casa.	*He's probably at home.*
Vorrà dormire.	*He probably wants to sleep.*

Milena and Virginia are out shopping and neither has a watch.

MILENA: Che ore **saranno**?	*What time must it be?*
VIRGINIA: **Saranno** le tre.	*It's probably about 3:00.*

CAPITOLO 11

▶ Interactive explanations and additional practice activities for this topic may be assigned in **Connect.** There are also practice activities at the back of the print *Workbook / Laboratory Manual.*

11.1 Object pronouns

Object pronouns and the present perfect

1 When the direct object pronouns, **lo, la, li, le,** precede a verb in the **passato prossimo,** the past participle must agree in gender and number with the pronoun.

Ho visto **l'amico** di Giorgio.	→	**L'**ho vist**o.**
Ho visto **l'amica** di Anna.	→	**L'**ho vist**a.**
Ho visto **gli amici** di Simona.	→	**Li** ho vist**i.**
Ho visto **le tue amiche.**	→	**Le** ho vist**e.**

Agreement with **mi, ti, ci,** and **vi** is optional.

Mi hai visto/**a.**

Ti ho visto/**a.**

Ci hai visto/**i/e.**

Vi ho visto/**i/e.**

2 The past participle *never* agrees with indirect object pronouns.

Ho parlato **a Gianni.**	→	**Gli** ho parlat**o.**
Ho parlato **a Maria.**	→	**Le** ho parlat**o.**
Ho parlato **a Maria e Gianni.**	→	**Gli** ho parlat**o.**
Ho parlato **a Maria e Irene.**	→	**Gli** ho parlat**o.**

11.2 Indefinite pronouns

Indefinite adjectives

1 Like indefinite pronouns, indefinite adjectives do not refer to a particular person or thing. Unlike most adjectives, however, indefinite adjectives are placed before the noun. You have already learned the indefinite adjective that means *every.*

Studio l'italiano **ogni** giorno.	*I study Italian every day.*

2 Two indefinite adjectives mean *some* and can be used interchangeably.

a. Qualche is invariable and always precedes a singular noun.

Qualche ragazzo della classe è venuto alla festa.	*Some guys from the class came to the party.*
Qualche ragazza della classe è venuta alla festa.	*Some girls from the class came to the party.*

Attenzione! In English the noun is plural (*guys/girls*), but in Italian it is singular (**ragazzo/ragazza**).

b. Alcuni/alcune always precede a plural noun, and agree in gender and number with the noun.

Alcuni ragazzi della classe sono venuti alla festa.	*Some guys from the class came to the party.*
Alcune ragazze della classe sono venute alla festa.	*Some girls from the class came to the party.*

Some is also expressed with the partitive. See **Strutture 5.4.**

11.3 The relative pronoun *che*

The relative pronoun *cui* (whom/which)

1 In informal, spoken English prepositions are often left dangling at the end of a sentence. Italian, however, follows the structure of formal, written English, in which prepositions are not allowed to dangle.

INFORMAL	FORMAL
I like the student I gave the book **to.**	*I like the student* **to whom** *I gave the book.*
Gianni saw the film you are talking **about.**	*Gianni saw the film* **about which** *you are talking.*
This is the girl I'm going to the party **with.**	*This is the girl* **with whom** *I am going to the party.*

2 The relative pronoun **cui** is an alternative form of **che** that is used with prepositions. Compare the following sentences.

Gianni è quello studente **che** parla tre lingue.	*Gianni is the student who speaks three languages.*
Il libro **che** ho letto è interessante.	*The book that I read is interesting.*
Mi piace la studentessa **a cui** ho dato il libro.	*I like the student to whom I gave the book.*
Gianni ha visto il film **di cui** parlate.	*Gianni saw the film about which you are talking.*
Questa è la ragazza **con cui** vado alla festa.	*This is the girl with whom I am going to the party.*

CAPITOLO 12

▶ Interactive explanations and additional practice activities for this topic may be assigned in **Connect**. There are also practice activities at the back of the print *Workbook / Laboratory Manual*.

ⓖ Object pronouns

Double object pronouns

1 You have already learned how to substitute either direct objects or indirect objects with pronouns. It is also possible to replace both at the same time using a double object pronoun (**un pronome doppio**).

	Scrivo la lettera a Maria.	*I write the letter to Maria.*
COMPLEMENTO OGGETTO DIRETTO:	**La** scrivo a Maria.	*I write it to Maria.*
COMPLEMENTO OGGETTO INDIRETTO:	**Le** scrivo la lettera.	*I write the letter to her.*
PRONOME DOPPIO:	**Gliela** scrivo.	*I write it to her.*

2 Here are all the combinations.

	lo	la	li	le
mi	me lo	me la	me li	me le
ti	te lo	te la	te li	te le
ci	ce lo	ce la	ce li	ce le
vi	ve lo	ve la	ve li	ve le
gli / le / Le	glielo	gliela	glieli	gliele

Note that:

   a. the indirect object pronoun always comes first.

   b. the indirect object pronouns **mi, ti, ci,** and **vi** change to **me, te, ce,** and **ve** and are separated from the direct object pronoun.

   c. **gli, le,** and **Le** all have the same form, **glie-,** when they are combined with the direct object pronoun.

3 Double object pronouns are placed in the same positions as single object pronouns. They usually appear before the conjugated verb, but they may also be attached to an infinitive, which drops the final **-e.**

Io e Roberto vogliamo dare **la bicicletta a Antonella.**	Roberto ed io **gliela** vogliamo dare. Roberto ed io vogliamo dar**gliela.**

4 When a double object pronoun precedes a verb in the **passato prossimo,** the past participle agrees in gender and number with the direct object pronoun.

Mi hai preparato i biscotti?	**Me li** hai preparat**i**?
Ti ho preparato le lasagne.	**Te le** ho preparat**e.**

CAPITOLO 13

▶ Interactive explanations and additional practice activities for this topic may be assigned in *Connect*. There are also practice activities at the back of the print *Workbook / Laboratory Manual.*

13.1 The present conditional

The past conditional

1 The present conditional is used to talk about what you *would* do today or in the future. The past conditional is used to talk about what you *would have* done in a past moment (but did not do). It is formed with the conditional of the auxiliary verb **avere** or **essere** and the past participle.

	comprare	andare
io	avrei comprato	sarei andato/a
tu	avresti comprato	saresti andato/a
lui, lei; Lei	avrebbe comprato	sarebbe andato/a
noi	avremmo comprato	saremmo andati/e
voi	avreste comprato	sareste andati/e
loro	avrebbero comprato	sarebbero andati/e

Ieri **avrei comprato** il libro, ma non avevo soldi.	*Yesterday I would have bought the book, but I didn't have any money.*
Sarei andata in vacanza con Giuseppe l'anno scorso, ma ho dovuto lavorare.	*I would have gone on vacation with Giuseppe last year, but I had to work.*

2 Notice the meanings of **dovere, potere,** and **volere** in the past conditional. **Attenzione!** The use of **avere** or **essere** as the auxiliary depends on the following verb. (See **Per saperne di più, Capitolo 8.**)

Avrei dovuto farei compiti ma ho deciso di uscire con i miei amici.

I should have done my homework, but I decided to go out with my friends.

Sarei potuta andare alla partita perché Gianni aveva due biglietti.

I could have gone to the game because Gianni had two tickets.

Sarei voluta rimanere a casa, ma mio marito voleva uscire.

I would have liked to stay home, but my husband wanted to go out.

CAPITOLO 14

▶ Interactive explanations and additional practice activities for this topic may be assigned in **Connect.** There are also practice activities at the back of the print *Workbook / Laboratory Manual.*

14.2 The present subjunctive

More irregular verbs in the subjunctive

1 An easy way to remember the present subjunctive of many irregular verbs is to drop the **-o** from the first-person present indicative (**io**) form and add the present subjunctive endings.

PRESENT INDICATIVE (io)					
andare	vado	→	vad-	→	vada
bere	bevo	→	bev-	→	beva
uscire	esco	→	esc-	→	esca

bere (bevo)	dire (dico)	fare (faccio)	piacere (piaccio)	potere (posso)	volere (voglio)
beva	dica	faccia		possa	voglia
beva	dica	faccia		possa	voglia
beva	dica	faccia	piaccia	possa	voglia
beviamo	diciamo	facciamo		possiamo	vogliamo
beviate	diciate	facciate		possiate	vogliate
bevano	dicano	facciano	piacciano	possano	vogliano

Note: Verbs that have stem changes in the **noi** and **voi** forms of the present indicative, such as **dovere, uscire,** and **venire,** also have stem changes in these forms in the present subjunctive.

dovere (devo)	uscire (esco)	venire (vengo)
deva/debba	esca	venga
deva/debba	esca	venga
deva/debba	esca	venga
dobbiamo	usciamo	veniamo
dobbiate	usciate	veniate
devano/debbano	escano	vengano

2 Some common verbs that do not follow this pattern are **avere, dare, essere, sapere,** and **stare.**

avere	dare	essere	sapere	stare
abbia	dia	sia	sappia	stia
abbia	dia	sia	sappia	stia
abbia	dia	sia	sappia	stia
abbiamo	diamo	siamo	sappiamo	stiamo
abbiate	diate	siate	sappiate	stiate
abbiano	diano	siano	sappiano	stiano

14.3 Verbs and expressions followed by the subjunctive

a/di + infinitive

1 In **Strutture 3.1, Strutture 4.3,** and **Strutture 5.2,** you learned that the infinitive may directly follow certain verbs.

> amare   odiare   potere   sapere
> dovere   piacere   preferire   volere

Amo **mangiare!**   Gianni odia **ballare.**   Preferisci **uscire** stasera?

However, many verbs require the preposition **a** or **di** between the verb and the infinitive.

Gianni impara **a ballare.**   *Gianni learns to dance.*
Mirella ha deciso **di licenziarsi.**   *Mirella decided to quit (her job).*

2 Here are some common verbs that are followed by **a** or **di** before an infinitive.

verbo + *a* + infinito	verbo + *di* + infinito
andare	accettare
cominciare	cercare
continuare	chiedere
fermarsi (*to stop*)	credere
imparare	decidere
insegnare	dimenticarsi / dimenticare
prepararsi	finire
riuscire	promettere (*to promise*)
venire	ricordarsi
	smettere
	sperare

Mi fermo a guardare la vetrina.   *I stop to look in the shop window.*
Riesco a finire il lavoro entro   *I am able to finish the job by 5:00.*
  le 5.00.
Spero di uscire.   *I hope to go out.*
Cerco di fare del mio meglio.   *I try to do my best.*

3 Do you remember these idiomatic expressions with **avere** + the preposition **di**?

Ho bisogno di dormire.	*I need to sleep.*
Simona **ha paura di** volare.	*Simona is afraid to fly.*
Abbiamo voglia di bere qualcosa.	*We want to drink something.*

CAPITOLO 15

▶ Interactive explanations and additional practice activities for this topic may be assigned in *Connect.* There are also practice activities at the back of the print *Workbook / Laboratory Manual.*

15.2 The subjunctive versus the indicative

Conjunctions followed by the subjunctive

1 A conjunction (such as *and, but, because, while*) connects words and phrases. The conjunctions that you have learned so far are followed by phrases with indicative verbs.

Raffaella va a studiare **e** Simone **prepara** la cena.

Rita ha studiato molto **ma ha preso** un brutto voto.

Oggi mia madre non va al supermercato **perché ha fatto** la spesa ieri.

Ettore faceva il bucato **mentre** il suo compagno **puliva** la casa.

2 Here are several conjunctions that are always followed by verbs in the subjunctive. Note that the first three (**a condizione che, benché,** and **affinché**) each have a synonym (another form with the same meaning) that is also followed by the subjunctive.

a condizione che / purché	*on the condition that / as long as*
affinché / perché	*so that*
benché / sebbene	*even though*
prima che	*before*
senza che	*without*

   a. **a condizione che / purché**

Ti do la macchina **a condizione che** me la **riporti** entro le cinque.	I'll give you the car *on the condition that* (*as long as*) you bring it back to me by five o'clock.
La mia mamma mi presta dei soldi **purché** glieli **restituisca** entro una settimana.	My mom will lend me some money *on the condition that* (*as long as*) I pay it back within a week.

   b. **affinché / perché**

Pulisco **affinché** la casa **sia** pulita per la visita dei tuoi genitori.	I'll clean *so that* the house is clean for your parents' visit.
Compro il biglietto **perché** tu **possa** andare al concerto.	I'll buy the ticket *so that* you can go to the concert.

Attenzione! Note that **perché** has two meanings: *because,* which is followed by a verb in the indicative, and *so that,* which is followed by a verb in the subjunctive.

   c. **benché / sebbene**

Benché non **abbiano finito** il lavoro, partiranno lo stesso.	*Even though* they haven't finished the job, they will leave anyway.
Sebbene non **abbia** tanti soldi, Marco compra una macchina nuova.	*Even though* he doesn't have a lot of money, Marco is going to buy a new car.

d. senza che

Parlerò con il direttore **senza che** Roberto me lo **chieda.**

I will talk with the director *without* Robert asking me to do it.

e. prima che

Parto **prima che** gli altri **arrivino.**

I'm going to leave *before* the others arrive.

3 When the subjects of both phrases are the same, **senza che** and **prima che** become **senza** and **prima di** and are followed by the infinitive.

Stasera esco **senza chiedere** il permesso ai miei.

I'm going out tonight *without* asking my parents' permission.

Faccio la spesa **prima di tornare** a casa.

I'm going shopping *before* returning home.

15.3 Hypotheticals of possibility

The imperfect subjunctive

1 Here are all of the endings of the imperfect subjunctive.

io	**-ssi**
tu	**-ssi**
lui/lei/Lei	**-sse**
noi	**-ssimo**
voi	**-ste**
loro	**-ssero**

mangiare	credere	dormire
mangiassi	credessi	dormissi
mangiassi	credessi	dormissi
mangiasse	credesse	dormisse
mangiassimo	credessimo	dormissimo
mangiaste	credeste	dormiste
mangiassero	credessero	dormissero

2 The verbs **bere, dare, dire, essere, fare,** and **stare** are irregular.

bere	dare	dire	essere	fare	stare
bevessi	dessi	dicessi	fossi	facessi	stessi
bevessi	dessi	dicessi	fossi	facessi	stessi
bevesse	desse	dicesse	fosse	facesse	stesse
bevessimo	dessimo	dicessimo	fossimo	facessimo	stessimo
beveste	deste	diceste	foste	faceste	steste
bevessero	dessero	dicessero	fossero	facessero	stessero

Se **stessi** a casa, guarderei la TV.	If I stayed home, I would watch TV.
Se mi **deste** i soldi, vi comprerei i panini.	If you gave me the money, I would buy you the sandwiches.
Se gli studenti **facessero** i compiti, supererebbero l'esame senza problemi.	If the students did their homework, they would pass the exam without a problem.

CAPITOLO 16

▶ Interactive explanations and additional practice activities for this topic may be assigned in *Connect*. There are also practice activities at the back of the print *Workbook / Laboratory Manual*.

Object pronouns

Stressed pronouns

1 Stressed pronouns (**pronomi tonici**) are used after a verb or a preposition.

me	*me*	**noi**	*us*
te	*you*	**voi**	*you (pl.)*
Lei	*you (form.)*	**Loro**	*you (form.)*
lui, lei	*him, her*	**loro**	*them*
sé	*oneself, him-/herself*	**sé**	*themselves*

Vedo **lui** tutti i giorni.	I see him every day.
Voglio parlare con **lei**.	I want to talk with her.
Secondo **te**, la torta è buona?	In your opinion, is the cake good?

2 Stressed pronouns are often used to create a contrast or to give greater emphasis to the noun to which they refer.

Compro il regalo per **voi**, non per **loro**.	I'm buying the gift for you all, not for them!
Vado alla festa con **lei**, non con **lui**!	I'm going to the party with her, not with him!
Chiamo **lei**, non **lui**.	I'm calling her, not him.

3 You have already learned the expression **meglio di me** (*better than me*) in **Strutture 12.3.** Stressed pronouns are also used in comparisons.

| Mio fratello è più alto di **me**. | My brother is taller than me. |
| Franca è meno stressata di **te**. | Franca is less stressed than you. |

Pronominal verbs and the idiomatic expressions *andarsene, farcela,* and *avercela con qualcuno*

Pronouns are added to certain verbs to form idiomatic expressions. Three of the most common are **andarsene, farcela,** and **avercela con qualcuno.**

a. The verb **andarsene** means *to go away, to leave, to get out*. It is formed with the reflexive pronoun + **ne** + **andare. Ne** is invariable, but the reflexive pronoun agrees with the subject of the verb.

| **Me ne vado** subito. | I'm leaving right away. |
| Perché **te ne vai** così presto? | Why are you leaving so early? |

Attenzione! The imperative **Vattene!** means *Get out of here!*

b. Farcela means *to manage* or *to cope* and **avercela con qualcuno** *means to hold a grudge against someone* or *to be angry with someone.* Unlike **andarsene,** both pronouns are invariable.

Non **ce la faccio** a finire i compiti.	*I can't manage to finish my homework.*
Non **ce la facciamo** più!	*We can't take it anymore!*
Marco **ce l'ha** con me perché sono uscito con sua sorella.	*Marco is angry with me because I went out with his sister.*
Ce l'ho con mio fratello perché ha rotto il mio computer.	*I'm holding a grudge against my brother because he broke my computer*

Appendix

Answer Key to the Inductive Activities

This appendix contains the answers to the inductive activities (marked with a teal arrow) in the **Strategie di comunicazione, Lessico,** and **Strutture** presentations that require students to write their responses. Answers are also included for the **Ripasso** activities in **Capitoli 4, 8, 12,** and **16.**

CAPITOLO 1

Lessico (p. 10): 1. marzo, aprile, maggio 2. giugno, luglio, agosto 3. settembre, ottobre, novembre 4. dicembre, gennaio, febbraio

Strutture 1.1 (p. 13): Question 1: Nouns ending in **-o** are masculine. Nouns ending in **-a** are feminine. **Question 2:** Nouns ending in **-e** can either be masculine or feminine.

Strutture 1.1 (p. 14): -o (m.): banco, dizionario, gatto, inverno, libro, numero, orologio, quaderno, voto, zaino; **-a (f.):** aula, festa, macchina, penna, residenza, università; **-e (m. o f.):** cane (m.), esame (m.), studente (m.), televisione (f.)

Strutture 1.2 (p. 15), Maschile: before s + consonant, z: uno; **before all other consonants and all vowels:** un; **Femminile: before all consonants:** una; **before a vowel:** un'

Strutture 1.3 (p. 16): (-a) -e, (-o) -i, -e, -i

Strutture 1.4 (p. 18): (l'), lo, il, l', la, gli, i, le

Strutture 1.5 (p. 19): you use **piace** when it is followed by a singular noun and **piacciono** when it is followed by a plural noun.

CAPITOLO 2

Lessico (pp. 35–36): allegro ≠ triste, grasso ≠ magro, giovane ≠ anziano, alto ≠ basso, attivo ≠ pigro, debole ≠ forte, veloce ≠ lento, ricco ≠ povero

Strutture 2.1 (p. 39), l'acqua minerale: è leggera, è fresca, è autentica, è sana, è pura, è buona, è digeribile, è naturale, è rilassante, è equilibrata, è dissetante, è economica, è completa; **le bevande:** sono leggere, sono fresche, sono sportive, sono energiche, sono buone, sono digeribili, sono rilassanti, sono dissetanti, sono economiche; **i vini:** sono leggeri, sono freschi, sono autentici, sono sani, sono bianchi, sono puri, sono buoni, sono digeribili, sono naturali, sono rilassanti, sono dissetanti, sono economici

Strutture 2.1, 1. (p. 39): le ragazze attive, i quaderni gialli, il bambino tranquillo, gli zaini neri, la segretaria impegnata, le studentesse alte

Strutture 2.1, 2. (p. 40): le informazioni importanti, lo studente intelligente, la bambina triste, il ragazzo veloce, i mesi difficili, il corso divertente

Strutture 2.1, 4. (p. 41): quei, quegli, quegli, quella, quell', quelle, quelle

Strutture 2.3 (p. 48): 1. giallo 2. rosso 3. giallo 4. verde

Strutture 2.4, 1. (p. 50): la mia, il tuo, le tue, la sua, il nostro, i nostri, la vostra, le vostre

CAPITOLO 3

Lessico (pp. 68–69): Cognome: DiStefano, Cognome: DiStefano, Età: 20 anni, Età: 20 anni, Professione: Studente, Professione: Cameriere, Hobby: lo sport, Hobby: i libri e la musica

1. d 2. l 3. f 4. c 5. b 6. m 7. a 8. g 9. h 10. j 11. k
12. e 13. i

Lessico (p. 70), Salvatore: Guardo la TV con la mia ragazza. La mattina faccio colazione con cappuccino e biscotti. Gioco a carte con la mia ragazza. Vado al cinema. Parlo al telefono. Faccio sport. **Riccardo:** Servo la pizza. Lavoro tutte le sere fino alle due. La mattina faccio colazione con cappuccino e biscotti. Leggo molti libri. Lavo i piatti. Torno a casa molto tardi. Ascolto la musica. Parlo al telefono.

Salvatore: Frequento le lezioni tutte le mattine. Bevo un'aranciata. Mangio alla mensa. Prendo un caffè. Dormo fino a tardi. Prendo l'autobus per andare all'università. Esco con gli amici. Studio in biblioteca. Scarico informazioni da Internet. **Riccardo:** Pulisco la pizzeria. Bevo un'aranciata. Prendo un caffè. Dormo fino a tardi. Scarico informazioni da Internet.

Strutture 3.1, 1. (p. 72): arrivo-arrivare, scarico-scaricare, frequento-frequentare, ceno-cenare, prendo-prendere, gioco-giocare, ballo-ballare, guardo-guardare, ascolto-ascoltare, (dormo-dormire), lavo-lavare, lavoro-lavorare, inizio-iniziare, scrivo-scrivere, parlo-parlare, mangio-mangiare, studio-studiare, chiudo-chiudere, pranzo-pranzare, leggo-leggere, controllo-controllare, servo-servire, torno-tornare, suono-suonare, apro-aprire

Strutture 3.1, 2. (p. 73): -are: cenare, frequentare, giocare, ascoltare, guardare, lavorare, iniziare, ballare, mangiare, scaricare, pranzare, studiare, suonare, tornare, parlare, lavare, arrivare, controllare; -ere: prendere, leggere, chiudere, scrivere; -ire: dormire, servire, aprire

Strutture 3.1, 3. (p. 73): sono-essere, faccio-fare, vado-andare, esco-uscire, ho-avere, bevo-bere, vengo-venire

Strutture 3.2, 3. (p. 77), parlare: parli, parla, parliamo, parlano; **scrivere:** scrive, scrivete, scrivono; **aprire:** apri, apriamo, aprite

Strutture 3.3 (p. 80): io: gioco, capisco, pago, spiego; **tu:** capisci, mangi, giochi, pulisci, paghi, finisci, preferisci, pratichi, spieghi; **-are** verbs add an **h** to maintain the same sound throughout the conjugation; **-ire** verbs have the same spelling but are pronounced differently.

Strutture 3.3 (p. 80): 1. Pratichi 2. Mangi 3. Preferisci 4. finisci 5. Capisci 6. Spieghi

Strutture 3.3, 1. (pp. 80–81), mangiare: mangio, mangia, mangiate, mangiano; **studiare:** studio, studia, studiate, studiano; **giocare:** gioco, gioca, giocate, giocano; **pagare:** pago, paga, pagate, pagano

Strutture 3.3, 3. (p. 81), finire: finisco, finisci, finisce, finiamo, finite, finiscono; **preferire:** preferisco, preferisci, preferisce, preferiamo, preferite, preferiscono; **pulire:** pulisco, pulisci, pulisce, puliamo, pulite, puliscono; **spedire:** spedisco, spedisci, spedisce, spediamo, spedite, spediscono

Strutture 3.4, 1. (p. 84), andare: vado, vai, va; **bere:** bevo, bevi, beve; **fare:** faccio, fai, fa; **uscire:** esco, esci, esce

Strutture 3.4, 2. (p. 84), 1. c 2. a 3. b 4. a

CAPITOLO 4

Lessico (p. 98): 1. Riccardo 2. 65 anni 3. Maria 4. 42 anni 5. Ahmed 6. Maria 7. Maria, Aurelia 8. 13 anni 9. tre

Lessico (p. 99): 1. zio, Salvatore 2. nonno, Riccardo 3. cugino, Silvio 4. zia, Aurelia 5. nonna, Sara

Ripasso (p. 100): 1. i 2. mie 3. il 4. mia

Ripasso (p. 103): 1. Che (cosa) 2. Quando, Perché 3. Dove, Quando 4. Quando, Perché 5. Come 6. Dove 7. chi

Ripasso (pp. 106–107), -are, guardare: guardo, guardi, guarda, guardiamo, guardare, guardano; **-are, sciare:** scio, scii, scia, sciamo, sciate, sciano; **-ere, prendere:** prendo, prendi, prende, prendiamo, prendete, prendono; **-ere, dipingere:** dipingo, dipingi, dipinge, dipingiamo, dipingete, dipingono; **-ere, correre:** corro, corri, corre, corriamo, correte, corrono; **-are, nuotare:** nuoto, nuoti, nuota, nuotiamo, nuotate, nuotano; **-are, cucinare:** cucino, cucini, cucina, cuciniamo, cucinate, cucinano; **-are, viaggiare:** viaggio, viaggi, viaggia, viaggiamo, viaggiate, viaggiano

Strutture 4.3 (p. 107): fare: fai, fa, fate, fanno; **avere:** ho, hai, ha, hanno

Ripasso (p. 111): 1. anziani 2. sportivo 3. creativa 4. generoso 5. magro 6. agitata 7. estroversa 8. avventurosi

CAPITOLO 5

Lessico (p. 128): 1. prima del primo (piatto) 2. Il primo (piatto) è pasta o riso o zuppa e il secondo (piatto) è carne o pesce. (*Answers may vary.*) 3. Il contorno si mangia con il secondo (piatto). / il secondo (piatto) 4. prima del dolce

Lessico, Un po' di cultura (p. 129): 1. d 2. a. 3. e 4. c 5. b

Lessico (p. 130): la bistecca: il coltello, la forchetta; il brodo: il cucchiaio; il gelato: il cucchiaio; le lasagne: la forchetta; i piselli: la forchetta, cucchiaio; il tiramisù: la forchetta, il cucchiaio; la torta al cioccolato: la forchetta

Strutture 5.1 (pp. 134–135): 1. piccolo 2. antichi 3. famoso, affermati 4. autentica

Strutture 5.2 (p. 138): dovere: devo, dobbiamo; **potere:** posso, possiamo; **volere:** vuoi

Strutture 5.3 (p. 142): (1), 4, 8, 7, 5, 6, 2, 9, 3, (10)

Strutture 5.3, 1. (p. 143) circled: (con), a, a, di, per, in, a, a, a, con; **underlined:** (al), alle, dalla, del, sul

Strutture 5.3, 1. (p. 144): a: allo, all', agli; **da:** dal, dalla, dai, dalle; **su:** sullo, sulla, sull', sui, sulle; **di:** del, dell', degli; **in:** nello, negli; **con:** con lo, con la, con i, con gli; **per:** per il, per l', per i, per le

Strutture 5.4 (p. 147): del latte, dell'insalata, delle banane, dell'olio di oliva, del tonno, del pane, del formaggio, dei pomodorini; *some* = del, della, dell', dei, delle, degli

Strutture 5.4, 1. (p. 147): di: dello, della, dei, delle

CAPITOLO 6

Lessico (pp. 161–162): *Answers may vary. Some items appear in more than one category.* **1. azzurro:** le scarpe da ginnastica, i sandali, i jeans, i calzini, i pantaloncini **2. blu:** la cravatta **3. nero:** l'ombrello, le scarpe, la cintura, il giubbotto **4. bianco:** la camicia, i calzini, la camicetta **5. grigio:** i sandali, la gonna, il vestito (da uomo) **6. giallo:** la sciarpa, l'impermeabile **7. rosso:** le scarpe con i tacchi alti, il costume da bagno, gli stivali, gli occhiali da sole **8. verde:** il maglione, il vestito (da donna), il berretto / il cappellino **9. marrone:** la borsa

Strutture 6.2 (p. 169): 1. b 2. c 3. a

Strutture 6.2, 1. (p. 170): stai, stiamo, stanno

Strutture 6.3, 3. (p. 173): lavarsi: si lava, si lavano; **mettersi:** ti metti, ci mettiamo, si mettono; **vestirsi:** mi vesto, si veste, vi vestite

Strutture 6.4, 2. (p. 177): generosamente, difficilmente, fortemente

CAPITOLO 7

Strategie di comunicazione (p. 189): 1. Hey! 2. Ahi! 3. Oddio! 4. Come on! 5. Macché! 6. Geez! 7. Boh! 8. I wish! 9. Too bad!

Lessico (p. 191): Il weekend di Gessica, sabato: 6 (pomeriggio); **domenica:** 1 (mattina), 4 (pomeriggio), 5 (sera); **Il weekend di Luigi, sabato:** 5 (sera); **domenica:** 6 (mattina), 1 (pomeriggio), 4 (sera)

Strutture 7.1 (p. 195): Gessica: ho comprato, ho fatto, ho festeggiato, ho letto, ho scritto, ho visto, sono tornata; **Luigi:** ho avuto, ho dormito, ho guardato, ho preso, sono tornato

Strutture 7.1, 1. (p. 196): avere/essere

Strutture 7.1, 2. (p. 196): compr**ato**, dorm**ito**; av**uto**

Strutture 7.1, 4. (p. 196): avere: ha mangiat**o**, hanno mangiat**o**; **essere:** sono andat**e**, è tornat**o**

Strutture 7.1, 5. (p. 197): (Green) **comprare:** ho comprato, ha comprato, abbiamo comprato, hanno comprato; **credere:** hai creduto, ha creduto, abbiamo creduto, avete creduto; **dormire:** ho dormito, hai dormito, avete dormito, hanno dormito; (Blue) **andare:** sono andato/a, è andato/a, siamo andati/e, sono andati/e; **uscire:** sono uscito/a, sei uscito/a, siamo usciti/e, siete usciti/e

Strutture 7.2 (p. 201): ho letto, ho preso, ho scritto, ho visto

Strutture 7.2 (p. 201), -ere: ho chiuso, ho corso, ho dipinto, ho perso, ho rotto, ho scelto, ho vinto, sono nato/a, sono rimasto/a; **-ire:** ho detto, ho offerto, sono venuto/a, sono morto/a

---

CAPITOLO 8

Lessico (pp. 219–220): 1. b 2. a 3. b, e 4. e 5. f 6. d 7. c 8. g

Strutture 8.1, 3. (p. 223): ci baciamo, vi baciate

Strutture 8.1, 4. (p. 224): 1. b 2. a

Ripasso (p. 226): 1. sono 2. hanno 3. hanno 4. hanno 5. sono 6. hanno 7. ha 8. è 9. è 10. ha

Strutture 8.2 (p. 227): guardarsi: mi sono guardato/a, ti sei guardato/a, ci siamo guardati/e, vi siete guardati/e, si sono guardati/e; **incontrarsi:** ci siamo incontrati/e, vi siete incontrati/e

Ripasso (p. 230), Parte prima: alla, per il, nel, con i, dei, sui, alla, degli, dai; **Parte seconda:** 1. con i 2. nel 3. alla 4. per il 5. degli 6. sui 7. dei 8. dai 9. alla; **Parte terza:** *Answers will vary.*

CAPITOLO 9

Lessico (p. 249): 1. c 2. b 3. f 4. d 5. a 6. e

Lessico (p. 250): -o/-a: lo scienziato / la scienziata; l'architetto / l'architetta; l'avvocato / l'avvocatessa; il commesso / la commessa; il fotografo / la fotografa; l'impiegato / l'impiegata; il maestro / la maestra; l'operaio / l'operaia; il poliziotto / la poliziotta; lo psicologo / la psicologa; il veterinario / la veterinaria; **-iere/-iera:** (il cameriere / la cameriera); l'infermiere / l'infermiera; il parrucchiere / la parrucchiera; **-e, -ista, parole inglesi:** (l'artista / l'artista); l'assistente sociale / l'assistente sociale; il cantante / la cantante; il dentista / la dentista; il dirigente / la dirigente; il farmacista / la farmacista; il giornalista / la giornalista; l'insegnante / l'insegnante; il manager / la manager; il musicista / la musicista; lo stilista / la stilista

Lessico (p. 250): 1. f 2. e 3. g 4. b 5. d 6. a 7. c

Strutture 9.1 (p. 252): 1. malat**a** 2. bell**a** 3. lung**hi** 4. castan**i** 5. magr**a** 6. alt**a** 7. lung**he** 8. tu**o** 9. bellissim**o** 10. ner**i** 11. verd**i** 12. simpatic**o** 13. intelligent**e** 14. timid**o** 15. mi**a** 16. mi**o**

Strutture 9.1 (p. 252), io: ero, ero, Soffrivo, avevo, dovevo, avevo, ero, Avevo, Ero, accettavo; **lui:** piaceva, era, Aveva, portava, Era, era, chiedeva, veniva; **loro:** chiedevano

Strutture 9.1, 1. (p. 253), a: molti ragazzi mi chiedevano di uscire; b: veniva a casa mia tutti i giorni; c: aveva i capelli neri, ero magra e alta; d: avevo 18 anni

Strutture 9.1, 2. (p. 253), accettare: accettavi, accettava, accettavamo, accettavate, accettavano; **prendere:** prendevo, prendevi, prendevamo, prendevate, prendevano; **venire:** venivo, venivi, veniva, venivamo, venivano

Strutture 9.1, 4. (p. 254), bere: bevevi, beveva, bevevamo, bevevano; **fare:** facevo, facevi, facevamo, facevate

Strutture 9.1, 5. (p. 254), essere: ero, eri, era, eravamo, eravate, erano

Strutture 9.1, 6. (p. 254): c'erano, c'era

Strutture 9.2 (p. 257), Underline: (era), parlava, parlavo, conoscevo, Era, portava, Aveva, mangiavo, guardavo, ero, piaceva

Strutture 9.2, 3. (p. 257): 1. era alto, magro e portava una giacca nera; 2. aveva circa 25 o 26 anni, ero bambino; 3. mi piaceva guardare la TV in pigiama

Strutture 9.3 (pp. 262–263): 1. stavo facendo 2. stavo guardando 3. stavo dormendo 4. stavamo facendo

Strutture 9.3, 2. (p. 263), stare: stava, stavamo, stavate, stavano; stavo guard**endo**; stavo prend**endo**; stavo dorm**endo**

CAPITOLO 10

Lessico (p. 277): 1. d   2. c   3. b   4. a

Strutture 10.1 (p. 281): nel futuro

Strutture 10.2 (p. 284): 1. lavorare 2. fumare 3. (trovare) 4. sentirsi 5. fare / studiare 6. (essere) 7. esistere 8. avere 9. guidare / avere

Strutture 10.2, 1. (p. 285), lavorare: lavorerò, lavorerai, lavoreremo, lavorerete, lavoreranno; **risolvere:** risolverò, risolverai, risolverà, risolverete, risolveranno; **pulire:** pulirò, pulirai, pulirà, puliremo, pulirete

Strutture 10.2, 3. (p. 285), avere: avrò, avrai, avrà, avremo, avrete, avranno; **essere:** sarò, sarai, sarà, saremo, sarete, saranno

Strutture 10.2, 4. (p. 286), dare: darai, darà, darete, daranno; **fare:** farai, farà, faremo, faranno; **stare:** starai, starà, staremo, staranno

CAPITOLO 11

Lessico (p. 302): Condominio: esterno: 1. marciapiede 2. strada 3. giardino 4. bidone; **Appartamento: interno:** 5. balcone 6. cucina 7. camera (da letto) 8. bagno 9. soggiorno 10. sala da pranzo

Strutture 11.1, 2c. (p. 307): Complemento oggetto diretto: 2. La mangio. 3. Li compro. 4. Le vedo. **Complemento oggetto indiretto:** 2. Le parlo. 3. Gli scrivo. 4. Gli scrivo.

Strutture 11.2, 1. (p. 312): le persone: tutti, qualcuno; **le cose:** tutto, qualcosa

Strutture 11.3 (p. 314): 1. that/who 2. that/which 3. that/whom

CAPITOLO 12

Lessico (pp. 329–330): Il centro urbano: i parchi pubblici, le banche, le librerie, le scuole superiori, molti abitanti; **Il paese:** poco caos, poco inquinamento, poco rumore, poco smog; **Il centro storico:** gli affitti alti, gli edifici antichi, il Duomo, il palazzo comunale, i mezzi pubblici, le strade strette; **La periferia:** gli affitti bassi, gli edifici moderni, meno prestigiosa

Lessico (p. 331): 1. in salumeria 2. in pescheria 3. nel negozio di frutta e verdura 4. al panificio / al forno 5. in gioielleria 6. in macelleria

Lessico, Regioni d'Italia (p. 331): 1. Marche 2. Valle d'Aosta 3. Abruzzo 4. Puglia 5. Emilia-Romagna 6. Sardegna 7. Molise 8. Calabria 9. Toscana 10. Liguria 11. Lombardia 12. Campania 13. Sicilia 14. Umbria 15. Basilicata 16. Lazio 17. Trentino–Alto Adige 18. Piemonte 19. Friuli–Venezia Giulia 20. Veneto

Lessico, Regioni d'Italia (p. 331): 1. a. il Tevere b. l'Adige c. l'Arno d. il Po 2. Ancona, Bari, Cagliari, Genova, Napoli, Palermo, Trieste, Venezia

Ripasso (p. 335): 1. sono nato/a 2. sono rimasto/a 3. ho vinto 4. ho perso 5. ho letto 6. ho visto 7. sono stato/a 8. ho preso 9. ho scritto 10. sono cresciuto/a; **Parte seconda / Parte terza.** *Answers will vary.*

Ripasso (p. 339): 1. ha preso 2. è arrivata 3. è andata 4. ha preso 5. ha deciso 6. guardava 7. ha visto 8. aveva 9. erano 10. era 11. aveva 12. andava 13. si è fermata 14. ha mangiato 15. guardava 16. era 17. è andata

Strutture 12.2 (p. 340), Parte seconda: 1. La crescita economica grazie al commercio 2. I guelfi e i ghibellini 3. Santa Maria Novella e Santa Croce; **Parte terza, Verbi al passato remoto:** ebbe, diventò, si trasferì, cominciò, si crearono, continuò, predominò; **Verbi all'imperfetto:** era, era, era; *Answers will vary.*

Ripasso (p. 343): 1. indiretto, diretto 2. diretto 3. indiretto 4. diretto 5. indiretto, diretto 6. diretto, indiretto

Strutture 12.4, 3. (p. 344): 1. vivere in città 2. i negozi del nostro quartiere 3. i biscotti 4. il cane di Maria 5. la nuova macchina

CAPITOLO 13

Strutture 13.1, 2. (p. 364): prenotare: prenoteresti, prenoterebbe, prenoteremmo, prenotereste, prenoterebbero; **prendere:** prenderei, prenderebbe, prenderemmo, prendereste, prenderebbero; **dormire:** dormirei, dormiresti, dormiremmo, dormireste, dormirebbero

Strutture 13.1, 3. (p. 364): andrei, dovrei, potrei, darei, farei, starei; pagherei, comincerei

Strutture 13.3, (page 372): Si accomodi. = *Make yourself comfortable.* It is used when you want to offer a seat to someone.

CAPITOLO 14

Lessico (pp. 385–386): 1. b 2. a 3. e 4. c 5. d

Strutture 14.2 (p. 393): sia/essere; faccia/fare; abbia/avere; sia/essere

Strutture 14.2, 3. (p. 394): lavorare: lavori, lavori, lavoriamo, lavoriate, lavorino; **prendere:** prenda, prenda, prendiamo, prendiate, prendano; **dormire:** dorma, dorma, dorma, dormiamo, dormiate; **capire:** capisca, capisca, capiate, capiscano

Strutture 14.2, 4. (p. 395), a. cercare: cerchi, cerchi, cerchiamo, cerchiate, cerchino; **pagare:** paghi, paghi, paghiamo, paghiate, paghino; **b. cominciare:** cominci, cominci, cominciamo, cominciate, comincino; **mangiare:** mangi, mangi, mangi, mangiamo, mangino

Strutture 14.3 (p. 399): 1. b 2. e 3. a 4. c 5. f 6. d

CAPITOLO 15

Lessico (pp. 414–415): 1. b 2. b 3. c 4. b 5. a 6. a 7. b 8. a 9. a 10. c 11. c 12. b

Lessico, Regioni d'Italia (p. 415): L'italiano nazionale: fuori casa, in città in contesti formali; **Il dialetto:** a casa, in campagna, in contesti informali

Lessico, Regioni d'Italia (p. 416): 1. b 2. c 3. d 4. a

Strutture 15.1 (p. 420): 1. d 2. f 3. g 4. a 5. b 6. c 7. e

Strutture 15.1 (p. 420): decidere, fare, prendere, andare, lasciarsi, licenziarsi, partire

Strutture 15.1, 1. (p. 421): avere: abbia, abbia, abbia, abbiamo, abbiate, abbiano; **essere:** sia, sia, sia, siamo, siate, siano

Strutture 15.1, 1. (p. 421): litigare: abbia litigato, abbia litigato, abbia litigato, abbiamo litigato, abbiate litigato, abbiano litigato; **partire:** sia partito/a, sia partito/a, sia partito/a, siamo partiti/e, siate partiti/e, siano partiti/e; **divertirsi:** mi sia divertito/a, ti sia divertito/a, si sia divertito/a, ci siamo divertiti/e, vi siate divertiti/e, si siano divertiti/e

Strutture 15.2 (p. 423): 1. (congiuntivo) 2. (indicativo) 3. congiuntivo 4. indicativo 5. congiuntivo 6. indicativo 7. congiuntivo

Strutture 15.3, 1. (p. 427): Se io vincessi un viaggio, **andrei in un paese dove conosco bene la cultura. Se rimanessi in questo paese per un mese,** scriverei tante cartoline perché avrei molta nostalgia di casa.

Strutture 15.3, 2. (p. 428): prendere: prendessi, prendesse; **dormire:** dormissi, dormisse

Strutture 15.3, 3. (p. 428): avessi, avessi, avesse

....

CAPITOLO 16

....

Lessico (p. 441): (*Answers may vary.*) 1. l'affresco, la chiesa, l'invenzione, la musica, la poesia, il quadro, la scultura 2. la musica, l'orchestra 3. l'invenzione 4. la Costituzione, i diritti, il dittatore, l'indipendenza, il Parlamento, la patria, la Repubblica 5. la chiesa, la musica, il papa, il Vaticano 6. l'invenzione, la poesia, il romanzo, il sonetto 7. il dittatore, il generale, la guerra, l'indipendenza, il militare, la patria, la Repubblica, la vittoria

Lessico (p. 441): 1. Leonardo da Vinci 2. Cristoforo Colombo 3. Francesco d'Assisi 4. Galileo Galilei 5. Artemisia Gentileschi

Lessico, Un po' di cultura, (p. 442): Parte prima: 1. g   2. e   3. b   4. i   5. j   6. d   7. f   8. c   9. h   10. a

Lessico, Un po' di cultura, (p. 443): Parte terza: 1. b   2. d   3. c   4. a   5. f   6. g   7. e

Lessico, Un po' di cultura (p. 443): Parte quarta: *Answers will vary but may include:* **combattere:** Garibaldi; **comporre:** Dante Alighieri, Alessandro Manzoni; **dimostrare:** Laura Bassi; **inventare:** Enrico Fermi, Guglielmo Marconi, Alessandro Volta; **liberare:** Giuseppe Garibaldi; **proteggere:** Francesco d'Assisi; **realizzare:** Leonardo da Vinci, Artemisia Gentileschi; **rischiare:** Cristoforo Colombo, Francesco d'Assisi; Galileo Galilei **scoprire:** Cristoforo Colombo, Galileo Galilei

Ripasso (pp. 445–446): Parte prima: dimos**trare:** dimostra, dimostrate, dimostrano; risol**vere:** risolve, risolvete, risolvono; scop**rire:** scopre, scoprite, scoprono; cap**ire:** capisci, capisce, capiamo, capite, capiscono; rilass**arsi:** si rilassa, vi rilassate, si rilassano; dimentic**are:** dimentico, dimentichi, dimentica, dimentichiamo, dimenticate, dimenticano; litig**are:** litigo, litighi, litiga, litighiamo, litigate, litigano; **Parte seconda:** 1. voglio 2. vanno 3. esci 4. deve 5. date 6. stiamo 7. puoi 8. beviamo 9. siete 10. sanno 11. ha 12. faccio

Ripasso (p. 448): Parte prima: 1. A 2. A 3. E 4. E 5. A 6. A 7. E 8. A 9. E 10. A 11. E 12. A 13. E 14. A 15. A 16. A 17. A 18. A; **Parte seconda:** 1. ho festeggiato 2. ho risolto 3. sono partito/a 4. mi sono fermato/a 5. ho vinto 6. ho rotto 7. sono nato/a 8. ho seguito 9. sono rimasto/a 10. ho protetto 11. sono venuto/a 12. ho bevuto 13. sono stato/a 14. ho scoperto 15. ho dipinto 16. ho combattuto 17. ho aperto 18. ho fatto

Ripasso (p. 451): 1. c   2. b   3. d   4. c   5. a   6. a

Ripasso (p. 453): 1. indiretto 2. indiretto 3. diretto 4. diretto 5. indiretto 6. diretto 7. diretto 8. indiretto

Glossario

The Italian–English vocabulary contains contextual meanings of most words used in this book. Active vocabulary is indicated by the number of the chapter in which the word first appears (the designation **PSP** refers to **Per saperne di più,** the supplemental grammar section following Chapter 16). Geographical names are not included in this list. Exact cognates do not appear unless they have an irregular plural or irregular stress.

The gender of nouns is indicated by the form of the definite article, or by the abbreviation *m.* or *f.* if neither the article nor the final vowel reveals the gender. Adjectives are listed by their masculine form. Irregular stress is indicated by a dot under the stressed letter. Idiomatic expressions are listed under the major word(s) in the phrase, usually a noun or a verb. An asterisk (*) before a verb indicates that the verb requires **essere** in compound tenses. Verbs ending in **-si** always require **essere** in compound tenses and therefore are not marked. Verbs preceded by a dagger (†) usually take **essere** in compound tenses unless followed by a direct object, in which case, they require **avere**. Verbs followed by (**isc**) are third-conjugation verbs that insert **-isc-** in the present indicative, present subjunctive, and in the imperative. The following abbreviations have been used:

abbr.	**abbreviation**	*inform.*	**informal**
adj.	**adjective**	*interj.*	**interjection**
adv.	**adverb**	*inv.*	**invariable**
art.	**article**	*lit.*	**literally**
coll.	**colloquial**	*m.*	**masculine**
conj.	**conjunction**	*n.*	**noun**
def.	**definite article**	*p.p.*	**past participle**
dial.	**dialect**	*pl.*	**plural**
f.	**feminine**	*prep.*	**preposition**
form.	**formal**	*pron.*	**pronoun**
gram.	**grammar**	*s.*	**singular**
inf.	**infinitive**	*subj.*	**subjunctive**

Glossario italiano–inglese

A

a at (5); to (5); in

a caso by chance; haphazardly

a condizione che on the condition that, as long as (PSP-15)

a destra di to the right of (11)

a mio parere in my opinion (12)

A più tardi! See you later! (3)

A presto! See you soon! (3)

a sinistra di to the left of (11)

a.C. (avanti Cristo) B.C. (before Christ) (12)

abbandonare to abandon; to leave behind

l'abbandono abandon; abandonment; neglect (*of duty or responsibility*)

abbassare to lower

abbastanza *inv.* enough

l'abbigliamento clothing

abbinare to match

l'abbinamento match

abbondante abundant, plentiful

l'abbondanza abundance, plenty

abbracciare to hug; **abbracciarsi** to hug (*each other*) (8)

l'abbreviazione *f.* abbreviation

abile capable

l'abilità skill, ability

l'abilitazione *f.* qualifying examination

l'abitante *m./f.* inhabitant; **gli abitanti** inhabitants (12)

abitare to live **Dove ạbiti? / Dove ạbita?** Where do you live? (*inform./form.*) (1); **ạbito a** I live in (*name of city*) (1); **abitare in** to live on (*name of street*) (1)

abitato inhabited, populated

l'abitazione *f.* home, dwelling

l'ạbito outfit; item of clothing; **gli ạbiti** clothes (6)

abitualmente regularly, habitually

l'abitụdine *f.* habit

abolire to abolish

l'abolizione *f.* abolition

aborrire to abhor

l'accademia academy, institute

accanto a next to (11)

accẹndere (*p.p.* **acceso**) to turn on

l'accendino (cigarette) lighter

l'accento accent

l'accessorio (*pl.* **gli accessori**) accessory (6)

accettare to accept; **accettare di** (+ *inf.*) to accept to (*do something*) (PSP-14)

accomodarsi to make oneself comfortable (13); to have a seat

accompagnare to accompany

l'accordo agreement; OK; **d'accordo** agreed, o.k.; **in accordo con** in accordance with

l'accumulo accumulation

l'accusa accusation, charge

l'aceto vinegar (5); **l'aceto balsamico** balsamic vinegar

l'acqua water (1); **l'acqua minerale (naturale/ frizzante/gassata)** (still/sparkling) mineral water (5)

acquatico aquatic, seaside

acquisire to acquire

acquisito by marriage, in law; **la sorella acquisita / il fratello acquisito** stepsister/ stepbrother

l'acronimo acronym

ad = a (before a word beginning with "a")

adagio slowly

adattato adapted

adatto a suited to, appropriate for

l'addetto agent, representative

addio good-bye, farewell (15)

addirsi to suit; to fit

l'addobbo decoration, ornament

adesso now

l'adolescente *m./f.* adolescent; **adolescente** *adj.* adolescent, teen-age

l'adolescenza adolescence

adoperare to use; to adopt

adorare to adore; to love

adottare to adopt

l'adozione *f.* adoption

adriatico *adj.* Adriatic

l'adulto adult; **adulto** *adj.* adult

l'aereo airplane, plane; ***andare in aereo** to fly, to go by plane (8)

l'aerobica aerobics; **fare aerobica** to do aerobics

l'aeroporto airport

l'affare *m.* business; matter; **l'uomo d'affari** businessman

affascinante charming

affascinato fascinated

affermato successful, well-established

l'affermazione *f.* statement, claim

gli affettati misti (*m. pl.*) assortment of sliced meats and sausages (5)

affinché so that (PSP-15)

affittare to rent (*apartments, houses*) (13); **affittasi** for rent

l'affitto rent (12); **in affitto** to rent

affollato crowded; **affollatissimo** terribly crowded

l'affresco (*pl.* **gli affreschi**) fresco (16)

affrontare to confront

affumicato smoked (5)

africano *adj.* African; **l'africano / l'africana** African (*person*)

l'agenda agenda, appointment book

l'agente *m./f.* police officer

l'agenzia (di viaggi) (travel) agency (13)

l'aggettivo adjective

aggiungere (*p.p.* **aggiunto**) to add

aggressivo aggressive

agile agile (PSP-4)

agitato agitated, restless, anxious, upset

l'aglio garlic

agosto August (1)

agricolo agricultural

l'agricoltore/l'agricoltrice farmer

l'agricoltura agriculture

l'agriturismo farm vacation

agrituristico pertaining to a farm vacation

ahi! ow!, ouch! (7)

ahimè! alas! dear me!

aiutare to help (9)

l'aiuto help

l'ala wing

alato winged, with wings

albanese *adj.* Albanian; **l'albanese** *m.* Albanian (language)

l'albergo (*pl.* **gli alberghi**) hotel (13); **l'albergo a quattro stelle** four-star hotel

l'albero tree (8); **l'albero di Natale** Christmas tree

l'album *m.* album (7)

l'alcol *m.* alcohol

l'alcolico (*pl.* **gli alcolici**) alcoholic drink; **alcolico** *adj.* alcoholic

alcuni/alcune some

l'aldilà *m.* afterlife, hereafter

l'alfabeto alphabet

l'alibi alibi

l'alieno alien

alimentare *adj.* food

l'alimentazione *f.* nutrition; food

gli alimenti foods

l'allarme *m.* alarm

allearsi to join forces, ally

l'allegoria allegory

allegorico (*m. pl.* **allegorici**) allegoric

allegro happy, cheerful (2)

l'allenamento training, workout; **fare allenamento** to work out; to train

l'allergia allergy (10)

allergico (*m. pl.* **allergici**) allergic

alloggiare to stay; to live

l'alloggio (*pl.* **gli alloggi**) lodging(s) (13)

allora so; then

allungare to extend, to lengthen

almeno at least

l'alpinismo mountain climbing

alquanto quite, rather; somewhat

alternarsi to take turns

l'alternativa alternative

alternativo alternate, alternative

l'altezza height

altissimo very tall; **Altissimo** Almighty, Most High

alto tall (2); high; **l'alta stagione** high season (13)

altrettanto same to you (8); likewise

altro other (2); **ci mancherebbe altro** not a problem, no big deal (5); **un altro** another; **l'uno dell'altro** one another, each other; **qualcun altro** someone else

altrove elsewhere

altruista altruistic, unselfish

l'altura high ground, uplands

alzarsi to get up (6)

amalfitano *adj.* from Amalfi

l'amante (di) *m./f.* lover; fan (of)

amare to love (5); **amarsi** to love (*each other*) (8)

amaro *adj.* bitter

amato loved; beloved; **amatissimo** much loved

l'amatriciana pasta sauce made of cured pork, pecorino cheese, and tomato

ambedue *inv.* both

ambientato situated, set

l'ambiente *m.* environment

ambulante *adj.* itinerant, roving; **fare l'ambulante** to go from place to place

americano *adj.* American (2)

l'amicizia friendship

l'amico/l'amica (*pl.* **gli amici / le amiche**) friend (1)

ammalarsi to get sick (10)

ammalato ill, sick (2)

ammazzare to kill, murder

amministrativo administrative

l'amministratore/l'amministratrice manager; administrator

ammirare to admire

l'amore *m.* love; **l'amore a prima vista** love at first sight

ampliare to increase, expand

l'analisi *f.* analysis

analitico (*pl.* **analitici**) analytical

analizzare to analyze

anche also; **anch'io** me too; **anche se** even if

ancora still (PSP-6); yet; again

*andare to go (3); ***andare a** (+ *inf.*) to go (*to do something*) (3); ***andare d'accordo** to get along; ***andare in aereo** to fly, to go by plane (8); ***andare avanti e indietro** to go back and forth; ***andare in bagno** to go into the bathroom (8); ***andare in banca** to go to the bank (8); ***andare bene** to go well; to be ok; ***andare in bicicletta** to go by bicycle (8); ***andare in camera da letto** to go in the bedroom (8); ***andare a casa** to go home (PSP-5); ***andare a cavallo** to go horseback riding (10); ***andare in centro** to go downtown (8); ***andare in chiesa** to go to church (8); ***andare al cinema** to go to the movies (7); ***andare a un concerto** to go to a concert; ***andare in cucina** to go in the kitchen (8); ***andare da** (*name of a person*) to go to (*person's*) house (PSP-5); ***andare da** (+ *name of professional*) to go to (*professional's office/place of business*) (PSP-5); ***andare dal dentista** to go to the dentist's (office) (PSP-5); ***andare diritto** to go straight; ***andare in discoteca** to go to the club; ***andare a dormire** to go to sleep; ***andare in ferie** to go on vacation; ***andare a una festa** to go to a party; ***andare in giro (a piedi)** to go around, go for a walk; ***andare a letto** to go to bed (3); ***andare a lezione** to go to class; ***andare al mare** to go to the seaside; ***andare in macchina** to go by car (8); ***andare dal medico** to go to the doctor's (office); ***andare di moda** to be in style (6); ***andare in montagna** to go to the mountains (4); ***andare in palestra** to go to the gym (10); ***andare dal parrucchiere / dalla parrucchiera** to go to the hairdresser; ***andare in pensione** to retire (14); ***andare in piazza** to go to the town square (8); ***andare in piscina** to go to the (swimming) pool; *andare a piedi to walk, go on foot (8); *andare in una pizzeria to go to a pizza parlor; *andare al ristorante to go to the restaurant; *andare a scuola to go to school; *andare da solo/a to go alone; *andare in spiaggia to go to the beach; *andare a teatro to go to the theater (7); *andare in treno to go by train (8); *andare a trovare to visit (*people*) (7); *andare in ufficio to go to the office (8); *andare all'università to go to college; *andare in vacanza to go on vacation (PSP-13); *andare via to go away; andarsene to go away; to leave; to get out (PSP-16); Come va? How's it going? (2); va bene okay (3); Vai! Go!

l'andamento walk, gait; trend, style

l'anello ring (6)

l'anfiteatro amphitheater

l'anguilla eel

l'anguria watermelon

l'anima soul; life; person

l'animale *m.* animal; l'animale domestico domesticated animal; pet

l'animazione *f.* organized activities

annaffiare to water (plants)

l'anniversario (di nozze) (*pl.* gli anniversari) (wedding) anniversary (8); Buon anniversario! Happy Anniversary! (8)

l'anno year (1); all'anno each year; per year; l'anno di nascita birth year; l'anno prossimo next year (10); l'anno scorso last year (PSP-13); avere ____ anni to be ____ years old; Buon anno! Happy New Year! (8); compiere gli anni to have a birthday (8); Ho ____ anni. I am ____ years old.; nuovo anno New Year; ogni anno every year; Quanti anni ha? How old are you? (*form.*) (2); Quanti anni hai? How old are you? (*inform.*) (2)

annoiare to bore; annoiarsi to get bored (6)

annunciare to announce

annunciato announced, advertised; the Annunciation

l'annuncio announcement, notice

anonimo anonymous

l'ansia anxiety; in ansia anxious, worried

ansioso anxious, worried

l'antenna antenna

l'anteprima film preview

l'antibiotico (*pl.* gli antibiotici) antibiotic

antichissimo extremely old, ancient

l'anticipo advance, anticipation; in anticipo early; in advance

l'antichità (*pl.* le antichità) antiquity; antique

antico (*m. pl.* antichi) ancient, old

l'antipasto antipasto (5); appetizer; l'antipasto misto platter of cheeses, salamis, and cured meats

l'antipatia antipathy, dislike

antipatico unpleasant (2)

l'antologia anthology

l'antropologia anthropology (1)

anzi or rather

l'anziano/l'anziana elderly man/woman (14); anziano old, elderly (2)

anziché instead of

aperto open; all'aperto outdoors; in the open

l'apertura opening; l'apertura mentale open-mindedness

apparecchiare la tavola to set the table (5)

apparentemente apparently

*apparire (*p.p.* apparso) to appear

l'appartamento apartment

†appartenere (a) to belong (to)

appassionatamente passionately

appassionato passionate, enthusiastic

appena as soon as; just

appendere (*p.p.* appeso) to hang

l'appassionato fan

l'appetito appetite; Buon appetito! Enjoy your meal! (8)

appoggiare to lay (something) down, to rest, to place

apportare to bring about

l'apporto contribution

apprendere (*p.p.* appreso) to learn

l'apprezzamento appreciation

apprezzare to appreciate

apprezzato appreciated, valued

l'approccio approach

appropriato *adj.* appropriate

l'appuntamento appointment; date; l'appuntamento al buio blind date

l'appunto note; prendere appunti to take notes

aprile April (1)

aprire (*p.p.* aperto) to open (3)

l'arabo Arabic (*language*)

l'aragosta lobster

l'arancia (*pl.* le arance) orange (*fruit*) (PSP-1); il succo d'arancia orange juice (1)

l'aranciata orange soda

arancione *adj. inv.* orange (*color*) (2)

l'arazzo tapestry

l'archeologo/l'archeologa (*pl.* gli archeologi / le archeologhe) archeologist

archeologico *adj.* archeological

l'architetto *m./f.* architect (9)

architettonico architectural

l'architettura architecture

l'archivio archive

l'arcipelago archipelago

l'arco arch; span

l'area area

l'argento silver

l'argomento topic

l'aria air; aria; l'aria condizionata air-conditioning

aristocratico aristocratic

l'armadio (*pl.* gli armadi) armoire (11); wardrobe, closet

l'armonia harmony

armonioso harmonious

arrabbiarsi to get angry (6)

arrabbiato angry (2)

l'arrampicata rock climbing; l'arrampicata libera free-climbing (10)

l'arrangiamento arrangement (*music*); agreement

l'arredamento furniture, decor

arrestare to arrest

*arrivare to arrive (3); arrivarci to get there (13)

arrivederci good-bye (1)

l'arrivo arrival

arrosto *inv.* roast, roasted; il pollo arrosto roast chicken (5)

l'arte *f.* art; le belle arti beaux-arts

articolato jointed, compound; la preposizione articolata compound preposition (*gram.*)

l'articolo article

l'artificio artifice; skill; i fuochi d'artificio (*pl.*) fireworks

artigianale artisanal

l'artigiano/l'artigiana artisan

l'artista (*pl.* gli artisti / le artiste) artist (9)

artistico artistic

l'ascensore *m.* elevator (11)

l'asciugamano towel

†asciugare to dry

ascoltare to listen to (3)

asiatico (*pl.* asiatici) *adj.* Asian

l'asilo asylum (14); l'asilo nido nursery school, pre-school

l'asma asthma (10)

l'asparago (*pl.* gli asparagi) asparagus (PSP-1)

aspettare to wait for (6); aspettare un attimo to wait a moment (13)

l'aspettativa expectation, anticipation; leave (*from work*)

l'aspetto appearance; look; aspect

l'aspirina aspirin

assaggiare to taste

assegnare to give out, assign

assegnato awarded, bestowed

assentarsi to be absent, excuse oneself

l'assenza absence

assicurare to assure

assieme together; assieme a together with

l'assistente *m./f.* assistant; l'assistente sociale social worker

l'assistenza medica di emergenza emergency medical assistance

associare to associate

l'associazione *f.* association; club

assolutamente absolutely

assomigliare to resemble; to look like

assurdo absurd, ridiculous

l'astemio (*m. pl.* astemi) *adj.* teetotal(ing) (abstaining from alcohol)

l'astensione *f.* abstention; leave

l'asterisco asterisk

astratto abstract

l'astrologo/l'astrologa (*pl.* gli astrologi / le astrologhe) astrologist (PSP-1)

l'astronauta *m./f.* (*pl.* gli astronauti / le astronaute) astronaut

astuto astute, smart

l'atleta *m./f.* (*pl.* gli atleti / le atlete) athlete (PSP-4)

l'atletica leggera track and field (10)

atletico (*pl.* atletici) athletic

l'atmosfera atmosphere; environment

l'atrio foyer, entrance hall

attentamente carefully, attentively

attento careful

l'attenzione *f.* attention; Attenzione! Attention! Careful! Watch out!; fare attenzione a to pay attention to

l'**attimo** moment; **Un attimo!** Just a moment! Hold on! (3); **aspetta / aspetti un attimo** wait a moment (*form./inform.*) (13)

attirare to attract

l'**attività** activity; l'**attività sportiva** sports activity

l'**atto** act

attivo active (2)

l'**attore**/l'**attrice** actor/actress (9)

attraente attractive

attrarre (*p.p.* **tratto**) to attract, draw

attraversare to cross

attraverso through; across; by way of

l'**attualità** current events

attualmente currently

attuare to put into effect

l'**audioguida** audioguide

l'**augurio** (*pl.* **gli auguri**) wish; **Auguri!** Best wishes! (8); **farsi gli auguri** to exchange good wishes (8)

l'**aula** classroom (1)

****aumentare** to increase; **aumentare di peso** to gain weight (10)

l'**aumento** increase, raise (14); **in aumento** increasing

l'**aureola** halo

gli **auricolari** earphones (7)

l'**ausiliare** *m.* auxiliary verb

australiano *adj.* Australian (2)

austriaco (*m. pl.* **austriaci**) *adj.* Austrian (2)

autentico authentic

l'**auto** *f.* (*pl.* **le auto**) car, auto

l'**autobus** *m.* bus (3); **in autobus** in/by bus

l'**automobile** *f.* car (PSP-1)

automobilistico *adj.* car

l'**autore**/l'**autrice** author

autorevole *adj.* authoritative; influential

l'**autoscatto** automatic shutter release (*camera*)

l'**autostrada** highway, freeway

autosufficiente self-sufficient

l'**autosufficienza** self-sufficiency

l'**autunno** autumn (1), fall

avanti before; ahead; *****andare avanti e indietro** to go back and forth; **Avanti!** Come in! Go ahead! Keep moving! (11); **avanti Cristo (a.C.)** before Christ (B.C.) (12)

avere (*p.p.* **avuto**) to have (2); **avere un altro impegno** to have something else to do (5); **avere… anni** to be … years old (PSP-12); **avere bisogno di** to need; **avere caldo** to be hot (2); **avere fame** to be hungry (2); **avere una fame da lupo** to be ravenously hungry; to be starving (*coll.*); **avere freddo** to be cold (2); **avere un incidente** to be in an accident; **avere intenzione di** (+ *inf.*) to intend to (*do something*); **avere luogo** to take place; **avere mal di gola** to have a sore throat (2); **avere mal di pancia** to have a stomachache (2); **avere mal di testa** to have a headache (2); **avere paura di** to be afraid (of) (2); **avere il raffreddore** to have a cold (10); **avere ragione** to be right (2); **avere sete** to be thirsty (2); **avere un sogno nel cassetto** to have a secret wish (*lit.* to have a dream in the drawer) (13); **avere successo** to succeed; **avere tempo** to have time; **avere torto** to be wrong (2); **avercela con qualcuno** to hold a grudge against someone (PSP-16); to be angry with someone (PSP-16); **Abbi pazienza!** Have patience!, Be patient!; **Quanti anni ha?** How old are you? (*form.*) (2); **Quanti anni hai?** How old are you? (*inform.*) (2)

l'**aviatore** / l'**aviatrice** aviator

l'**avvenimento** event

*****avvenire** (*p.p.* **avvenuto**) to take place; to happen

l'**avvento** beginning, arrival; advent

l'**avventura** adventure

avventuroso adventurous

avvenuto happened

l'**avverbio** (*pl.* **gli avverbi**) adverb

avviarsi to start (up)

avvicinarsi to draw near, to move closer

l'**avvio** (*pl.* **gli avvii**) start, beginning, launch

l'**avvocato**/l'**avvocatessa** lawyer (*rare*) (9)

l'**azienda** firm, business, company (9)

l'**azione** *f.* action

azzurro (sky) blue (2); **gli Azzurri** an Italian national sports team

B

il **babbo** dad (4); **Babbo Natale** Santa Claus (8)

il **baccalà** dried and salted cod

il **baccanale** Bacchanal, revelry

baciare to kiss; **baciarsi** to kiss (*each other*) (8)

il **bacio** (*pl.* **i baci**) kiss

badare a to look after; to take care of

i **baffi** (*pl.*) moustache; smudge

bagnato wet

il **bagnino** / la **bagnina** lifeguard

il **bagno** bathroom (11); *****andare in bagno** to go to the bathroom (8); **con (senza) bagno** with (without) a bath; **il costume (da bagno)** bathing suit (6); **fare il bagno** to take a bath; to go swimming; **la vasca da bagno** bathtub (11)

il **balcone** balcony (11)

ballare to dance (3)

la **ballerina** dancer

il **balletto** ballet

il **ballo** dance; **la lezione di ballo** dance lesson

balneare *adj.* seaside, beach; **lo stabilimento balneare** beach club

il **balocco** (*pl.* **i balocchi**) toy

balsamico (*m. pl.* **balsamici**) *adj.* balsamic; **l'aceto balsamico** balsamic vinegar

il **bambino** / la **bambina** child, little boy / little girl; **da bambino/a** as a child (9); **fin da bambino/a** since he/she was a child

il **bamboccione** *coll.* big baby, spoiled young adult

la **bambola** doll

la **banalità** triviality, insignificance

la **banana** banana

la **banca** (*pl.* **le banche**) bank (12); *****andare in banca** to go to the bank (8)

la **bancarella** (market) stall

il **banco** (school) desk (1)

il **bancomat** ATM

la **banconota** bill (*money*)

la **bandiera** flag

il **bando** competitive exam

il **bar** bar; café

il **barbiere** barber

la **barca** (*pl.* **le barche**) boat; **la barca a vela** sail boat (13)

il/la **barista** bartender; café worker

il **barocco** Baroque period (17th–18th centuries) (12); **barocco** *adj.* Baroque

la **barzelletta** joke (15); **raccontare una barzelletta** to tell a joke (15)

basare su to base on

basato based

la **base** base; basis; **a base di** based on; **alla base** at the bottom; **in base a** according to, based on; **sulla base di** based on

il **baseball** baseball

la **basilica** church, cathedral

Basilicata region in Southern Italy; Lucania

il **basilico** basil

il **basket** basketball (10); **giocare a basket** to play basketball (10)

bassissimo extremely low

basso short (2); low; **la bassa stagione** low season (13); **la lineetta bassa** underscore

basta enough, stop!; **basta con** enough of

il **bastone** cane, walking stick; (selfie) stick

la **battaglia** battle, fight

battere to beat (*heart*); to fight, struggle; **battersi contro/per** to fight against/for

la **batteria** drums (7)

il **battesimo** baptism

la **battuta** joke; **fare una battuta su** to make fun of

beato happy; blessed

la **Befana** Befana (*Catholic feast of the Epiphany, January 6; the kindly old woman who brings gifts to children on Epiphany eve*) (8)

beh *interj.* well, so

beige *inv.* beige (2)

la **bellezza** beauty

bellissimo very beautiful, handsome

bello beautiful (PSP-2); good, nice (*thing*); **le belle arti** beaux-arts; **fare bello, fare bel tempo** to be beautiful weather (2); **Che bello(a/i/e)!** How beautiful! (4); **Cosa fai di bello?** What fun (interesting) thing do you have planned? (*inform.*) (3); **fare bella figura** to make a good impression (6)

ben *adv.* well; **Ben arrivato/a/i/e!** Welcome!

benché even though (PSP-15)

bene *adv.* well, fine (2); *****andare bene** to go well; to be ok; **benissimo** great (2); **molto bene** very good; *****stare bene** to be well (2); *****stare benissimo** to be great (2); *****stare molto bene** to be very well (2); **Va bene** O.K. (3); **volere bene a** to love; **volersi bene** to love each other (8)

benedire (*p.p.* **benedetto**) to bless

la **benedizione** benediction

beneducato well-mannered, well-brought-up

il **beneficio** benefit

il **benessere** *m. inv.* wellness, well-being (10)

i **beni** goods, commodities, property; **i beni culturali** cultural assets (archeological, historical, artistic, environmental, or archival treasures)

benissimo terrific; great (3)

la **benzina** gasoline

bere (*p.p.* **bevuto**) to drink (3); **qualcosa (niente) da bere** something (nothing) to drink

il **berretto** (baseball) cap (6)

la **bestia** beast, animal

la **bevanda** drink, beverage (5)

Biancaneve Snow White

la **biancheria** linen; underwear

bianco (*m. pl.* **bianchi**) white (2); **la Casa Bianca** White House

la **Bibbia** the Bible

la **bibita** soft drink

biblico *adj.* biblical, Bible

la **biblioteca** (*pl.* **le biblioteche**) library (3); ***andare in biblioteca** to go to the library; **studiare in biblioteca** to study in the library

il **bicchiere** glass (1)

la **bicicletta** bicycle (1); **la bici** (*pl.* **le bici**) *coll.* bike (1); ***andare in bicicletta** to go by bicycle (8); **fare un giro in bici** to go for a bike ride (7)

il **bidè** bidet (11)

il **bidone** trash bin, garbage can (11)

il **biennio** two-year period; two-year course of study

il **biglietto** ticket (7); card (*greeting card, written note*)

bilingue *adj.* bilingual

il **bimbo** / la **bimba** baby boy / girl; toddler

la **biografia** biography

la **biologia** biology (1)

il **biologo** / la **biologa** (*pl.* **i biologi** / **le biologhe**) biologist (PSP-1)

biondo blond; **i capelli biondi** blond hair (2)

il **birichino** / la **birichina** *coll.* rascal

la **birra** beer (1)

il **biscotto** cookie (PSP-12); **il biscottino** small cookie

i **bisi** peas (*dial.*)

bisognare (che) to be necessary (that) (14); **bisogna** (+ *inf.*) one needs to (*do something*) (3); **non bisogna** (+ *inf.*) one should not (*do something*)

il **bisogno** need; **avere bisogno di** to need

la **bistecca** (*pl.* **le bistecche**) (beef) steak (5)

il **blog** blog

blu *inv.* blue (2)

la **bocca** (*pl.* **le bocche**) mouth (6); **aprire bocca** to say a word; **In bocca al lupo!** Good luck!; Break a leg! (*lit.* In the mouth of the wolf!) (8); **parlare a bocca piena** to talk with one's mouth full

il **boccone** mouthful; bite (to eat) (PSP-10)

boh! *interj.* I dunno! (7)

il **bollitore** tea kettle

bolognese *adj.* Bolognese; **alla bolognese** with meat sauce (5)

la **bomboniera** party favor

il **boom** popularity, uptick

il **bordo** side, edge; **a bordo di** on board

la **borsa** purse (6); bag; **la borsa di studio** scholarship (9)

botanico botanical

la **bottega** (*pl.* **le botteghe**) shop, store

il **botteghino** box office

la **bottiglia** bottle (1)

il **braccialetto** bracelet

il **braccio** (*pl.* **le braccia**) arm (6)

alla brace charcoal grilled (5)

la **braciola** cutlet (5)

il **brano** excerpt; piece

il **Brasile** Brazil

bravo good, capable; ***essere bravo in** to be good at

breve brief, short

il **brevetto** license, permit

brillante brilliant, splendid

brindare to make (drink) a toast

il **brindisi** (*pl.* **i brindisi**) toast (PSP-1)

la **brioche** (*pl.* **le brioche**) sweet roll, danish

i **broccoli** broccoli

il **brodo** broth (5)

bruno *adj.* dark-haired

la **bruschetta** toasted bread with chopped tomato, onion, and garlic topping

brutto ugly; **fare brutto** to be bad weather (2); **bruttissimo** very ugly

il **bucato** laundry; **fare il bucato** to do the laundry (7)

buffo funny (2)

la **bugia** lie, falsehood

il **buio** darkness; **l'appuntamento al buio** blind date

buono good (2); **Buon anniversario!** Happy Anniversary! (8); **Buon anno!** Happy New Year! (8); **Buon appetito!** Enjoy your meal! (8); **Buon compleanno!** Happy Birthday! (8); **Buon giorno** good morning, good day (1); **Buon lavoro!** Work well! (8); **Buon Natale!** Merry Christmas! (8); **Buon onomastico!** Happy Saint's Day / name day!; **Buon proseguimento!** Keep on going!; **Buon viaggio!** Have a good trip! (8); **Buona giornata!** Have a nice day!; **Buona notte** good night (1); **Buona Pasqua!** Happy Easter! (8); **Buona sera** good evening (1); **Buone feste!** Happy Holidays! (8); **Buone vacanze!** Have a good vacation! (8)

il **burattino** puppet

il **burro** butter (5)

la **bussola** compass

la **busta** envelope; bag

buttare to throw; **buttare via** to throw away

C

la **caccia** hunting

*cadere to fall

la **caduta** fall; downfall

il **caffè** coffee (1); **prendere un caffè** to have a coffee (3)

calabrese *adj.* from Calabria

il **calamaro** squid

calare to drop (14); to lower; to fall, to reduce; ***calare di peso** to lose weight (10)

il **calcetto** fussball; **giocare a calcetto** to play fussball

il **calciatore** / la **calciatrice** soccer player

il **calcio** soccer; **giocare a calcio** to play soccer (3); **la partita di calcio** soccer game

calcolare to calculate

caldo hot; **avere caldo** to be hot (2); **fare caldo** to be hot weather (2); **la tavola calda** cafeteria (*lit.* hot table); **caldissimo** very hot

il **caldo** heat

il **calendario** calendar

calmo calm

il **calo** drop, reduction (14); **in calo** falling

il **calore** warmth, enthusiasm

le **calze** stockings (8)

i **calzerotti** socks; anklets

i **calzini** socks (6)

il **calzone** stuffed pizza

il **cambiamento** change, alteration

†cambiare to change (15); **†cambiare casa** to move (*to a different residence*) (12); **†cambiare idea** to change one's mind;

la **camera** bedroom (8); room; **la Camera** chamber, house (of government); **la camera singola/doppia** single/double room (13); ***andare in camera da letto** to go in ones bedroom (8); **prenotare una camera** to reserve a room

la **camerata** dormitory

il **cameriere** / la **cameriera** waiter/waitress; server (5)

il **camerone** hall, large room

la **camicetta** blouse, womans shirt (6)

la **camicia** (*pl.* **le camicie**) shirt (6)

il/la **camionista** *m./f.* truck driver

il **cammello** camel

camminare to walk (10)

la **camminata** walk

il **cammino** path, way; walk

la **campagna** country; campaign; **in campagna** in the country

la **campana** bell

il **campanello** doorbell, buzzer

il **campanile** bell tower

comparire (*p.p.* **comparso**) to appear; to participate

il **campeggio** camping; **fare campeggio** to camp; **la tenda (da campeggio)** camping tent

il **campionato** championship

il **campo** field; **il campo di studi** field of studies; **il campo da tennis** tennis court

il **Canada** Canada

canadese *adj.* Canadian (2)

il **canale** (TV) channel

cancellare to delete, remove

il **cancello** gate; fence

il **cancro** cancer

la **candela** candle

la **candelina** small candle

il **candidato** / la **candidata** candidate

il **cane** dog (1)

il **canestro** basket

il **cannolo** cream horn (*Sicilian dessert*)

canonizzare to canonize

il/la **cantante** singer (9)

cantare to sing

il **cantatore** / la **cantatrice** (*rare*) singer

il cantautore / la cantautrice singer-songwriter (7)

il cantico (Christmas) carol; canticle

il cantiere construction site (9)

il canto song, chant

la canzone song (7)

il caos chaos (12)

caotico (*m. pl.* **caotici**) chaotic

capace (di) able, capable (of)

la capacità skill, ability

i capelli hair (2); **i capelli biondi (castani, rossi)** blond (brown, red) hair (2); **i capelli lisci** straight hair (2); **lavarsi i capelli** to wash one's hair (6)

capire (isc) to understand (3)

la capitale capital

il capitolo chapter

il capo head; boss; top; **da capo** from the beginning

il Capodanno New Year's Day (8)

il capolavoro masterpiece

il capoluogo (*pl.* **i capoluoghi**) administrative center (12)

la caponata Sicilian eggplant dish

capoverdiano *adj.* from Cape Verde

la cappa cape, cloak; scallop

la cappella chapel

i cappelletti ring-shaped, meat-filled ravioli

il cappellino cap, little hat (6)

il cappello hat

il cappotto coat

il cappuccino cappuccino (*coffee*) (1); **il cappuccino** Capuchin (*monk*)

il carabiniere/la carabiniera military police officer

il carattere personality

la caratteristica (*pl.* **le caratteristiche**) characteristic

caratteristico typical

caratterizzare to characterize

caratterizzato characterized

i carboidrati carbohydrates

il carbone coal (8)

il carciofo artichoke

cardiaco cardiac

il cardigan cardigan (button down) sweater (6)

caricare to load, fill; **caricare la lavastoviglie** to load the dishwasher (11)

carino cute; **carinissimo** very cute

la carnagione skin tone (4); **la carnagione chiara/scura** light/dark skin tone

la carne meat (5)

il Carnevale Carnival, Mardi Gras

caro dear, sweetie; expensive

la carota carrot

il carrello shopping cart

la carriera career

la carrozza carriage

la carrozzina baby carriage

la carta paper; **la carta di credito** credit card; **la carta didentità** identity card; **la carta igienica** toilet paper; **il foglio** sheet of paper

le carte (*playing*) cards; **le carte da gioco** playing cards; **giocare a carte** to play cards (3)

il cartello placard, sign

la cartina map

la cartoleria stationery store; office supply store

la cartolina postcard

il cartone cardboard

la casa house, home (1); dynasty; **andare a casa** to go home (PSP-5); **la Casa Bianca** the White House; †**cambiare casa** to move (11); ***tornare a casa** to go home; **il vicino / la vicina di casa** neighbor

casalingo *adj.* homemade; homeloving; **il casalingo / la casalinga** homemaker (4); **essere casalingo/a** to be a homemaker

il casco helmet

il caso case; **a caso** by chance; uphazardly; **in caso di** in case of; **per caso** by chance

la cassa checkout, cash register

il cassetto drawer; **avere un sogno nel cassetto** to have a wish (*lit.* to have a dream in the drawer) (13)

il cassiere / la cassiera cashier

il cassonetto garbage bin; dumpster

la castagna chestnut; **la farina di castagne** chestnut flour

castano brown (*color*); **i capelli castani** brown hair (2)

il castello castle

la catacomba catacomb

catalano *adj.* Catalan; **il catalano** Catalan (*language*)

il catalogo (*pl.* **i cataloghi**) catalogue (PSP-1)

la categoria category

la catena chain; range (*mountains*)

la cattedrale cathedral

cattivo bad, naughty, mean (2); **di cattivo umore** in a bad mood

cattolico (*m. pl.* **cattolici**) Catholic

la causa cause; **a causa di** due to, because of

causato caused

il cavallo horse; **andare a cavallo** to go horseback riding (10); **la corsa di cavalli** horse race

il cavatappi (*pl.* **i cavatappi**) corkscrew; corkscrew-shaped pasta

ce *adv.* there; here; (to) us

c'è there is (2); **c'era una volta...** once upon a time ... (9)

celebrare to celebrate; to honor

la celebrazione celebration

celebre famous

celeste celestial, heavenly; light blue

il cellulare cell phone

la cena dinner

cenare to have dinner, to eat dinner (3)

il cenone large, important dinner (such as New Year's Eve)

il centenario / la centenaria centenarian

il centesimo cent

il centinaio hundred

cento hundred; **per cento** percent

centomila hundred thousand

centrale central (15)

il centro town center (6); **il centro amministrazione** central administration; **il centro commerciale** shopping center, mall (6); **il centro storico** historical center; old town (12); **il centro urbano** city (12);

andare in centro to go downtown (8); **in cerca di** in search of

cercare to look for (3); **cercare casa** to look for a home; **cercare di** (+ *inf.*) to try to (*do something*) (PSP-14); **cercare lavoro** to look for work (9); **cercasi** wanted; looking for

il cerchio circle

i cereali cereal

il cero candle

la certezza certainty; **con certezza** with certainty

certo certain; **Certo!** Of course! (6); **essere certo che** to be certain that (15)

il cespuglio (*pl.* **i cespugli**) shrub, bush

Chanukkà Hanukkah

chattare to chat (online) (3)

che what (4); **che cosa** what (4); **Che bello(a/i/e)!** How beautiful! (4); **Che disastro!** What a disaster! (4); **Che furbo!** How clever! (4); **Che genio/geni!** What a genius/geniuses! (4); **Che mattone!** What a bore! (4); **Che ora è? / Che ore sono?** What time is it? (3); **A che ora... ?** At what time . . .? (3); **Che ore saranno?** What time must it be? (PSP-13); **Che peccato!** What a pity / a shame!; **Che scemo(a/i/e)!** What a moron/idiot! (4); **Che schifo!** How gross/disgusting! (4); **Che tempo fa?** Whats the weather like?

lo chef chef

chi who; whom (4); **Chi è?** Who is it? (4)

la chiacchiera chit-chat; **fare due chiacchiere** to chat (15); **chiacchierare** to chat, to gossip (15)

chiacchierone/a talkative

chiamare to call; **chiamarsi** to call oneself, to be named; **Come si chiama?** What's your name? (*form.*) (1); **Come ti chiami?** What's your name? (*inform.*) (1); **Mi chiamo...** My name is ... (1)

chiamato called; named

chiaro clear; light; **essere chiaro che** to be clear that (15); **la carnagione chiara** light skin tone (4)

la chiave key

chiedere (*p.p.* **chiesto**) to ask (15); **chiedere di** (+ *inf.*) to ask to (*do something*) (PSP-14)

la chiesa church (8); **andare in chiesa** to go to church (8)

il chilo kilogram

il chilometro kilometer (PSP-5)

la chimica chemistry (1)

chimico *adj.* chemical; **il chimico / la chimica** chemist

la chiocciola snail

la chioma foliage; hair

il chirurgo surgeon

chissà who knows?

la chitarra guitar (3)

chiudere (*p.p.* **chiuso**) to close (3)

la chiusura closing

ci *pron.* us; there (PSP-5); **ci mancherebbe altro** not a problem, no big deal (5); **ci sono** there are (2); **Ci vediamo!** See you later! (8)

il ciak clapperboard (*film*); **Ciak, si gira!** Action, rolling!

il ciambellone sponge cake, pound cake

ciao hi; bye (1)

ciascuno each, every

il cibo food

il ciclismo cycling (10); **fare ciclismo** to bike ride (10)

il/la ciclista bike rider, cyclist

il ciclo series; cycle

il cielo sky

la cifra figure (*number*)

la ciliegia (*pl.* **le ciliegie**) cherry (PSP-1)

la cima top, summit; **in cima a** at the peak of

il cimitero cemetery

il cinema (*pl.* **i cinema**) movie theater (1); film (*industry*) (3); *andare al cinema** to go to the movies (7)

il cinematografo movie theater (*rare*) (PSP-1)

cinese *adj.* Chinese (2); **il cinese** Chinese (*language*)

cinquanta fifty

cinque five

il Cinquecento the 1500s

la cintura belt (6); **la cintura di sicurezza** seatbelt, safety belt

ciò *pron.* this; that

il cioccolatino chocolate (candy)

il cioccolato chocolate (5); **al cioccolato** chocolate (*flavored*)

cioè that is to say

la cipolla onion (5)

circa about, approximately

circolante circulating, in circulation

circondare to surround

circondato enclosed, surrounded

la circonferenza circumference

la circostanza circumstance

citato mentioned; cited

la citazione quote; summons

il citofono speakerphone (11)

la città city (1); **la città di origine** hometown

la cittadinanza citizenship

il cittadino / la cittadina city dweller (14); citizen

civico civic (12)

civile civil; **i paesi civili** civilized countries; **lo stato civile** marital status

il clacson (car) horn

il clarinetto clarinet (PSP-7)

la classe group (*of students*) (1); classroom (1)

classico classic, classical; **il liceo classico** high school with a focus on literature (humanities); **la musica classica** classical music

la classifica rating, rank; placement

classificare to classify; to rank, rate

la clausola clause, provision

cliccare to click; **clicca qui** click, press here

il/la cliente client; customer

il clima climate

la clinica clinic, hospital

il cocomero watermelon

la coda tail (end); queue, line

il codice code

il coetaneo / la coetanea peer

il cognato / la cognata brother-in-law / sister-in-law

il cognome last name

coincidere to coincide

il coinquilino / la coinquilina housemate

la colazione breakfast; **fare colazione** to eat breakfast (3)

collaborare (con) to work (with)

la collaborazione collaboration; cooperation

la collana necklace (6)

il/la collega (*pl.* **i colleghi / le colleghe**) colleague

collegare to link, to connect

collegato linked, combined

collettivo *adj.* collective

la collezione collection

la collina hill

il collo neck; **il collo a "v"** v-neck

collocato placed; situated

la colomba dove (8); traditional Easter cake (*in the shape of a dove*) (8)

la colonia colony

la colonna column; **la colonna sonora** sound track

colorato colored

il colore color (2); **una persona di colore** person of color (4)

il Colosseo the Colosseum

il coltello knife (5)

coltivare to cultivate, to farm

la coltivazione cultivation; farm

il coma coma

combattere to fight (16)

combinare to combine; to do; to be up to

la combinazione combination

come how (4); like; **Come ti chiami? / Come si chiama?** (*inform./form.*) What is your name?; **Com'è... ?** What is she/he/it like? (2); **Com'era... ?** What was he/she/it like? (9); **Come no!** Of course!; **Come si dice... in italiano?** How do you say ... in Italian?; **Come si fa?** How is it done? How do people do it? (14); **Come si scrive... ?** How do you write ... ?; **Come sono... ?** What are they like? (2); **Come sta?** How are you? (*form.*) (2); **Come stai?** How are you? (*inform.*) (2); **Come va?** How's it going? (2)

la cometa comet

comico (*m. pl.* **comici**) comic, funny

†cominciare to begin; **†cominciare a** (+ *inf.*) to start to (*do something*) (PSP-14)

la commedia comedy; theater

la commemorazione commemoration

commentare to comment

il commento comment; commentary

commerciale *adj.* commercial, trade; **il centro commerciale** shopping center, mall (6)

il/la commerciante shopkeeper

il commercio (*pl.* **i commerci**) commerce; business; **l'economia e commercio** business administration

il commesso / la commessa store clerk (9)

la comodità comfort, amenity

comodo comfortable; **fare comodo** to be convenient

la compagnia company; firm; **fare compagnia a** to keep someone company

il compagno / la compagna (di classe) classmate

il comparativo comparative

il compasso compass

compatibile compatible

compiere (*p.p.* **compiuto**) to complete; **compiere gli anni** to have a birthday (8)

il compito homework assignment; **fare i compiti** to do homework (3)

il compleanno birthday (7); **Buon compleanno!** Happy Birthday! (8); **la festa di compleanno** birthday party

complementare *adj.* complementary

il complemento complement; addition

complessivo *adj.* total

completamente completely

completare to complete

completo complete; **la pensione completa** accommodation with all meals included (13)

complicato complicated, complex

il complimento compliment; **fare i complimenti** to pay compliments; to send regards

il componimento composition (PSP-6)

comporre (*p.p.* **composto**) to compose (16)

il comportamento behavior; conduct; **le regole di comportamento** rules of etiquette, manners

comportarsi to behave

il compositore / la compositrice composer (16)

la composizione composition

composto di composed of, made up of

comprare to buy (PSP-13)

comprendere (*p.p.* **compreso**) to include; to comprise

la comprensione comprehension

compreso di composed of, made up of; **tutto compreso** all-inclusive

il compromesso compromise

il computer computer (1); **giocare al computer** to play on the computer

comunale *adj.* city, community

comune *adj.* common; normal; **il Comune** city government; **in comune** in common; **il palazzo del comune** city hall (12)

comunemente commonly, ordinarily

comunicare to communicate

comunicativo communicative

il comunicatore / la comunicatrice communicator

la comunicazione communication

la comunione communion; **la prima comunione** first communion

la comunità community

comunque anyway, anyhow

con with (5)

concentrarsi to concentrate

il concerto concert (7); *andare a un concerto** to go to a concert

il concetto concept

concettuale conceptual

le conchiglie (pasta) shells

concludere (*p.p.* **concluso**) to end

la conclusione end, ending

la concordanza agreement

il concorso contest, competition

concreto *adj.* concrete, tangible

la condanna penalty

il condimento condiment; seasoning

condividere (*p.p.* **condiviso**) to share

il condizionale conditional (*gram.*)

condizionato conditioned; **l'aria condizionata** air conditioning (13)

la condizione condition; **a condizione che** on the condition that

il condominio apartment building (11)

il condottiero soldier of fortune; captain

condotto conducted, led

condurre (*p.p.* **condotto**) to conduct; to lead, to guide; to anchor

la conduzione direction; management

confermare to confirm

confermato confirmed

i confetti sugared almonds

confezionato packaged, wrapped

il confine border, boundary; **ai confini** at the borders

il conflitto conflict, disagreement

confrontare to confront; to compare

il confronto comparison; **nei confronti di** in regard to

la confusione confusion

il congedo leave (from work), furlough

congestionato congested

il congiuntivo subjunctive (*gram.*)

congratulazioni! *interj.* congratulations

coniugare to conjugate

la coniugazione conjugation (*gram.*)

la connessione connection, relationship

connettere (*p.p.* **connesso**) to connect

la conoscenza knowledge

conoscere (*p.p.* **conosciuto**) to know, to be familiar with (*a person, place or thing*) (4); to meet for the first time (*passato prossimo*) (7)

conosciuto *adj.* known; well-known

conquistare to attain, to achieve

consegnare to deliver; to turn in

la conseguenza conclusion; consequence

consentito permitted, allowed

conservare to save, to keep

conservato preserved; **ben conservato** well-preserved

considerare to consider

considerato considered

consigliare to recommend; to give advice

il consiglio (*pl.* **i consigli**) (*piece of*) advice (16); **dare consigli** to give advice; **il Presidente del Consiglio** Prime Minister

***consistere di** to consist of

consultare to consult

consumare to consume, use

il consumo consumption, use; **il mercato dei consumi** consumer market

contagioso contagious

contattare to contact

il contatto contact; **in contatto con** in contact with; **le lenti a contatto** contact lenses (2); **mettersi in contatto** to contact, to get into contact

contemporaneo contemporary (15)

contenere to contain

contento happy (2); ***essere contento di** to be happy about

il contesto context

†**continuare** to continue; †**continuare a** (+ *inf.*) to continue to (*do something*); to keep on (*doing something*)

continuativo *adj.* continuous

la continuazione continuation; **in continuazione** in continuation

continuo continuous

il conto bill (5); count

il contorno side dish (5)

contraddittorio contradictory; inconsistent

contrapporre (*p.p.* **contrapposto**) to counterpose; to compare

contrariamente contrary to; on the other hand

contrario (*m. pl.* **contrari**) *adj.* opposite; **il contrario** (*pl.* **i contrari**) opposite

il contrasto contrast, difference

contribuire (**a**) (**isc**) to contribute (to)

contro against

controllare to control; to check (3)

il controllo control; checkpoint; checkup

convalidare to validate

la conversazione conversation

convincere (*p.p.* **convinto**) to convince; **convincersi** to convince oneself

convincente convincing, persuasive

convinto *adj.* certain, sure; staunch, committed

la convulsione convulsion

coordinare to coordinate

coordinato coordinated

la coperta blanket

la copertina book cover

coperto *adj.* covered; **il coperto** cover charge (*in a restaurant*) (5)

la copia copy

la coppia couple, pair

il coprifuoco curfew

coprire (*p.p.* **coperto**) to cover

il coraggio courage; **Su, coraggio!** Cheer up!

coraggioso courageous, brave

il coro chorus; choir

il corpo body (6)

corporale *adj.* corporal (of the body)

corporeo *adj.* body, physical

corpulento burly

correggere (*p.p.* **corretto**) to correct

†**correre** (*p.p.* **corso**) to run (4)

corretto *adj.* correct

la correzione correction

il corridoio hallway, corridor

il corriere messenger, courier

il/la corrispondente correspondent; **corrispondente** *adj.* corresponding.

corrispondere a to correspond to

la corruzione corruption

la corsa run; race; **la corsa di cavalli** horse race

corsivo *adj.* italicized

il corso course (*of study*) (1); avenue; **lo studente fuori corso** student who does not graduate on time (9)

la corte (judicial) court

il cortile courtyard

corto short

il corvo crow; raven

cosa what; **Cosa c'è?** What's the matter? (2); **Cos'è?** What is it? (4); **Cosa fai di bello?** What fun (interesting) thing do you have planned? (*inform.*) (3); **Cosa vuol dire?** What does it mean?; **Cosa vuoi fare?** (*inform.*) / **Cosa vuole fare?** (*form.*) What do you want to do in the future? (9)

la cosa thing (1); **qualsiasi cosa** anything

così so (PSP-16); **così così** so-so (2); **così... come** as ... as (PSP-4)

la costa coast

la costanza perseverance, constancy

***costare** to cost; **Quanto costa?** How much does it cost?; **Quanto costano?** How much do they cost?

la costiera coast, coastline

la Costituzione Constitution (16)

il costo cost; **il costo della vita** cost of living

costoso expensive, costly (12)

costretto *adj.* forced, compelled

costruire (**isc**) (*p.p.* **costruito**) to construct (12); to amount to

la costruzione construction; building

il costume costume; outfit; habit; custom; **il costume (da bagno)** bathing suit (6)

la cottura cooking; **l'angolo cottura** kitchenette

la cravatta tie (6)

creare to create

creativo creative

la creatività creativity

creato created

la creatura creature; being

la creazione creation

credere to believe (14); to think; **credere a/in** to believe in (*something/someone*) (14); **credere che** to believe that (14); **credere di** (+ *inf.*) to believe or think about (*doing something*) (PSP-15)

il credito credit; **la carta di credito** credit card

la crema cream; lotion; **la crema solare** suntan lotion

***crepare** (*coll.*) to die; **Crepi!** Thanks! (*lit.* May the wolf die!) (8)

crescente *adj.* increasing

†**crescere** (*p.p.* **cresciuto**) to grow (up) (12); to increase (14)

la crescita growth (14), increase; **in crescita** growing, on the rise

la cresima (religious) confirmation

la criminalità crime

il crisantemo chrysanthemum

la crisi (*pl.* **le crisi**) crisis (PSP-1)

cristallino *adj.* clar, crystal clear

il cristallo glass

il cristiano / la cristiana Christian; **cristiano** *adj.* Christian

Cristo Christ; **avanti Cristo, a.C.** before Christ, B.C. (12); **dopo Cristo, d.C.** anno domini, A.D. (12)

i criteri criteria

la critica (*pl.* **le critiche**) criticism

il croato Croatian (*language*); **il croato / la croata** Croation (*person*)

la croce cross

cronologico (*m. pl.* **cronologici**) chronological; **l'ordine cronologico** chronological order

crudele *adj.* cruel, harsh

cubano *adj.* Cuban (2); **il cubano / la cubana** Cuban (*person*)

la cuccagna earthly paradise

il cucchiaio (*pl.* **i cucchiai**) spoon (5)

la cucina kitchen (11); stove (11); cuisine, cooking; ***andare in cucina** to go in the kitchen (8); **la cucina a gas** gas stove; **la cucina italiana** Italian cuisine, Italian cooking

cucinare to cook (4)

le cuffie headphones (7)

il cugino / la cugina cousin (4)

cui whom; which (PSP-9)

la culla cradle; birthplace

culminare con to culminate with

la cultura culture

culturale cultural; **i beni culturali** cultural assets (archeological, historical, artistic, environmental, or archival treasures)

il culturismo bodybuilding (10); **fare culturismo** to bodybuild (10)

il cuoco / la cuoca (*pl.* **i cuochi / le cuoche**) cook; chef

il cuore heart

la cura treatment, care; cure; doctor's instructions for care

curativo healing, curative

la curiosità curiosity

curioso curious (2)

la curva curve

curvato curved, rounded

curvo curved; bent over, hunched

il cuscino pillow, cushion

custodire (*p.p.* **custodito**) to guard, keep

D

d.C. (dopo Cristo) A.D (anno domini) (12)

da from (5); to (*a place*); at (PSP-5); since; **da bambino/a** as a child, since childhood (9); **da giovane** since his/her youth; **da leggere** "must read" (5); **da matti** crazy, like crazy (5); **da re** awesome; **da (5) solo**/a alone, (all) by it/his/her self; **da vedere** "must see" (5); ***andare da** (*name of a person*) to go to (*person's*) house (PSP-5); ***andare da** (+ *name of professional*) to go to (*professional's office/place of business*) (PSP-5); ***andare dal dentista** to go to the dentist's (office) (PSP-5); ***andare dal medico** to go to the doctor's (office); ***andare dal parrucchiere / dalla parrucchiera** to go to the hairdresser's; **dal vivo** live

d'accordo in agreement; **essere d'accordo** to agree

dai! come on! (7)

la danza dance (10); **fare danza** to dance (10)

danzante *adj.* dancing

dappertutto everywhere

dapprima at first

dare to give (4); **dare consigli** to give advice; **dare fastidio** to bother (10); **dare ordine** to give orders; **dare vita a** to originate, give birth to

la data date

il dato datum, information

davanti a in front of (11)

davvero really

il debito debt; **pagare i debiti** to pay one's debts

debole weak (2)

debuttare to debut, appear for the first time

decidere (*p.p.* **deciso**) to decide (12); **decidere di** (+ *inf.*) to decide to (*do something*) (PSP-14)

decifrare to decipher; to decode

decimo tenth (1)

la decina (set of) ten

la decisione decision; **prendere una decisione** to make a decision

decorare to decorate

decorativo decorative

la decorazione decoration

dedicare to dedicate (PSP-12); **dedicarsi (a)** to dedicate oneself (to)

definire (isc) to define

definitivo final

definito well-defined, clear

la definizione definition

i defunti dead, deceased (*persons*); **la Commemorazione dei Defunti** Commemoration of the Dead

degno worthy, deserving

la degradazione degradation, corruption

delicato delicate

la delinquenza crime (*in general*) (14)

democratico (*m. pl.* **democratici**) democratic

la demografia demography

demografico *adj.* demographic, population

il dente tooth (2); **lavarsi i denti** to brush one's teeth (6); **lo spazzolino da denti** toothbrush

il/la dentista dentist (9); ***andare dal dentista** to go to the dentist's (office); **dal dentista** at the dentist's (office)

dentistico *adj.* (*m. pl.* **dentistici**) dental

dentro inside

il deputato / la deputata representative (*in government*); member of Parliament

*derivare (da) to derive (from) (15)

dermopatico dermopathic (relating to skin disease)

derubare to rob

descrittivo descriptive

descritto described

descrivere (*p.p.* **descritto**) to describe

la descrizione description

deserto deserted; desert; **l'isola deserta** desert island

desiderare to want, to desire; to wish

il desiderio (*pl.* **i desideri**) desire; wish

la desinenza suffix, ending

la destinazione destination (13)

destra right (*direction*); **a destra di** to the right of (11); **girare a destra** to turn right (13); **sulla destra** on the right (13)

detenere to hold

determinare to determine

determinato particular, certain

il deterrente deterrent

il detersivo detergent

detestare to detest

il dettaglio (*pl.* **i dettagli**) detail; **in dettaglio** in detail

di of (5); about (5); ***essere di** to be from

diagonale diagonal

il dialetto dialect (15)

il dialogo (*pl.* **i dialoghi**) dialogue (PSP-1)

il diario (*pl.* **i diari**) diary, journal

i diavolini elbow-shaped pasta

il diavolo devil

il dibattito debate

dicembre December (1)

dichiarare to declare; to state

diciannove nineteen

diciannovesimo nineteenth

diciassette seventeen

diciassettesimo seventeenth

diciottesimo eighteenth

diciotto eighteen

didattico educational

dieci ten

la dieta diet; **la dieta mediterranea** Mediterranean diet; **essere a dieta / fare la dieta** to be on a diet (10)

dietro behind (11)

difendere (*p.p.* **difeso**) to defend

la difesa defense

difettoso *adj.* defective

differente different

la differenza difference

differenziarsi da to be different from; to distinguish oneself from

difficile difficult (2)

la difficoltà difficulty

diffondersi (*p.p.* **diffuso**) to spread (15)

la diffusione circulation (*of books and papers*)

diffuso *adj.* widespread; common (15)

digitare to key (in), press

*dimagrire (isc) to lose weight (10)

la dimensione dimension

dimenticare to forget (3); **dimenticarsi** to forget

†diminuire (isc) to reduce, to decrease; to lessen

dimostrare to demonstrate (16)

dinamico dynamic, active

il dinamismo dynamism

i dintorni surroundings

il dio (*pl.* **gli dei**) god

*dipendere (*p.p.* **dipeso**) **da** to depend on

dipingere (*p.p.* **dipinto**) to paint (4); to depict

dipinto *adj.* painted; **il dipinto** painting; picture; **lo stendardo dipinto** colored / painted banner

il diploma diploma (9)

diplomarsi to graduate (*from high school*)

diplomatico diplomatic

dire (*p.p.* **detto**) to say, to tell (3); **Come si dice... in italiano?** How do you say . . . in Italian?; **dire di no** to say no; **dire di sì** to say yes; **voler dire** to mean; **Cosa vuol dire... ?** What does . . . mean?

direttamente directly

il direttore / la direttrice director (PSP-15); manager

il/la dirigente executive, manager (9)

dirigere (*p.p.* **diretto**) to manage, to run (9); **dirigere a** to direct to

i diritti rights (*legal*) (16)

diritto straight; ***andare diritto** to go straight (13)

il disastro disaster; **Che disastro!** What a disaster! (4)

la disciplina discipline, field of study

disciplinare to discipline

il disco record, recording; disco music

il discopub pub with dancing

la discoteca (*pl.* **le discoteche**) disco, discotheque (3)

la discussione discussion

discutere (*p.p.* **discusso**) to discuss (15)

disegnare to draw (9); to design

il disegno design; drawing

la disgrazia bad luck; misfortune

disinteressato disinterested, indifferent

disoccupato unemployed

la disoccupazione unemployment (14); **il tasso di disoccupazione** unemployment rate (14)

al disopra above; upstairs

disordinato messy, untidy; disorganized (2)

il disordine disorder, mess, untidiness; **in disordine** in disorder, in a mess, untidy

disorientato disoriented

dispari odd (*number*)

il dispendio consumption; waste

dispensare to dispense; to hand out

disperatamente desperately

***dispiacere** (*p.p.* dispiaciuto) to be sorry; **Mi dispiace** I'm sorry (5); **Ti/Le dispiace… ?** Do you mind . . . ? (*inform./form.*) (11); **ti/ Le dispiacerebbe** (+ *inf.*) would you mind (*doing something*)? (inform./form.)

disponibile *adj.* available

il dispositivo apparatus, device

la disposizione arrangement, position; **a disposizione** available

distante distant

la distanza distance

distinguere (*p.p.* distinto) to distinguish; **distinguersi** to distinguish oneself

distintivo *adj.* distinctive

distinto distinct, separate

la distinzione distinction

***distrarsi** (*p.p.* distratto) to distract oneself; to be distracted

distribuire (**isc**) to distribute; to hand out

la distribuzione distribution

distruggere (*p.p.* distrutto) to destroy

distrutto destroyed

disturbare to bother; to disturb

disturbato bothered, disturbed

il dito (*pl.* **le dita**) finger (6)

la ditta company, firm (9)

il dittatore / la dittatrice dictator (16)

il divano couch (11); **il divano letto** sofa-bed

***diventare** to become (9)

diversamente differently

diverso different

divertente *adj.* fun, amusing

il divertimento fun; good time

divertire to entertain; **divertirsi** to have fun (6); to have a good time; to enjoy oneself

dividere, dividersi (*p.p.* diviso) to divide; to split up

divino divine

diviso divided

divorziare to divorce

divorziato divorced (4)

il divorzio (*pl.* **i divorzi**) divorce (14)

il dizionario (*pl.* **i dizionari**) dictionary (1)

la doccia (*pl.* **le docce**) shower (11); **fare la doccia** to take a shower (8)

docile *adj.* docile

documentare to document

il documentario (*pl.* **i documentari**) documentary (*film*)

documentato documented

il documento document; paper

dodicesimo twelfth; **il dodicesimo secolo** the 12th century

dodici twelve

la dogana (border) customs

il dolce dessert (5); *adj.* sweet; **il mais dolce** sweet corn

il dolcetto pastry, sweet; **dolcetto o scherzetto** trick-or-treat

il dolciume candy

il dollaro dollar

il dolore pain; ache; sorrow

la domanda question; **fare domanda** to apply (9); **fare una domanda** to ask a question (3)

domandare (a) to ask (*someone*)

domani tomorrow (1); **Ci vediamo domani!** See you tomorrow!

domenica Sunday (1)

domestico (*m. pl.* **domestici**) domestic; **l'animale domestico** domestic animal; pet; **il lavoro domestico** housework; **le faccende domestiche** household chores

dominato dominated

la dominazione domination, rule

la donna woman (1); **il politico donna** female politician

dopo after (7); **dopo aver mangiato** after having eaten; **dopo Cristo (d.C.);** anno domini (A.D.) (12); **dopo di che** after (7); **dopo pranzo/cena** after lunch/dinner

dopodomani the day after tomorrow (10)

doppio (*m. pl.* **doppi**) double; **la camera doppia** double room (13)

dormire to sleep (3)

dotto learned

il dottorando / la dottoranda graduate student; doctoral candidate

il dottorato PhD (*degree*), doctorate

il dottore / la dottoressa doctor (PSP-1); holder of a university degree

dove where (4); **Di dove sei?** Where are you from? (*inform.*) (1); **Di dov'è?** Where are you from? (*form.*) (1)

†**dovere** to have to, must (5); to be supposed to (*in the imperfect*)

il drago dragon

il dramma drama

la drammaticità dramatic nature

drammatico (*m. pl.* **drammatici**) dramatic

la droga drugs (14)

drogarsi to take drugs (14)

il dubbio (*pl.* **i dubbi**) doubt; **non c'è dubbio che** there's no doubt that (15)

dubitare (che) to doubt (that) (14)

due two

il Duecento the 1200s (12)

duemila two thousand; **duemilasedici** two thousand sixteen

dunque so; therefore

il duomo cathedral (12)

duramente hard; **lavorare duramente** to work hard (9)

durante during

durare to last

E

e, ed (*before words begininng with e*)

eccedere to exceed, go beyond

l'eccellenza excellence

eccessivamente excessively

eccessivo excessive

eccetera etcetera

eccezionale exceptional

l'eccezione *f.* exception

ecco here is, here are (6); here it is, here they are; **eccolo/la/li/le** Here it is / they are (11)

l'ecologia ecology

l'ecologista *m./f.* ecologist, environmentalist

l'economia economy, economics (1); **l'economia e commercio** business administration

economicamente economically

economico *adj.* (*m. pl.* **economici**) economic; inexpensive; **il liceo economico** high school with a focus on economics

l'ecoturismo ecotourism, environmental travel

l'edicola news-stand, kiosk

l'edificio (*pl.* **gli edifici**) building

l'edizione *f.* edition

educare to bring up, to rear

educativo educational

educato well brought up; polite

l'effetto effect; **in effetti** rather, indeed

efficacemente efficiently; effectively

efficiente *adj.* efficient

egli he

egoista selfish

eguale *adj.* equal

l'elefante *m.* elephant

elegante elegant

elementare elementary; **la scuola elementare** elementary school (9)

l'elemento element; item

elencare to list

elencato listed

eletto chosen; elected

elettrico (*m. pl.* **elettrici**) electrical; **la torcia elettrica** flashlight

elettronico *adj.* electronic

eliminare to eliminate

l'elisir *m.* elixir (*medicinal drink*)

elogiare to praise

l'eloquenza eloquence

l'e-mail *f.* e-mail (3)

l'emergenza emergency

†**emigrare** to emigrate (14)

l'emigrato/l'emigrata refugee; exile

l'emigrazione *f.* emigration (14)

emozionante exciting, thrilling

l'emozione *f.* emotion

endocrino *adj.* endocrine

energetico *adj.* energy; energetic

l'energia energy

enigmatico enigmatic

enorme enormous

entrambi/e both

***entrare** to enter (7)

l'entrata entrance (3)

entro within, by (*a certain time*) (PSP-14)

entusiasmante thrilling

l'epifania sudden realization; epiphany; **l'Epifania** Epiphany (January 6th Catholic holiday)

l'epoca epoch, era

l'equilibrio equilibrium, balance

l'equitazione *f.* horseback riding; **fare equitazione** to go horseback riding (10)

l'equiturismo vacation at a dude ranch

equivalente equivalent, equal; **l'equivalente** *m.* (the) equivalent

l'erba grass

eritreo *adj.* Eritrean; **l'eritreo / l'eritrea** Eritrean (*person*)

l'errore *m.* error, mistake (1)

l'eruzione *f.* eruption

esagerato exaggerated

l'esame *m.* exam (1), test; **fare un esame** to take an exam; **superare un esame** to pass an exam

esaminare to examine

esattamente exactly

esatto exact

esaurito sold out; used up; exhausted

esclusivamente exclusively

l'escursione *f.* excursion (13)

l'esempio (*pl.* **gli esempi**) example; **per esempio** for example

l'esemplare *m.* example; sample; **esemplare** *adj.* exemplary

l'esercito practice, custom; army

l'esercizio (*pl.* **gli esercizi**) exercise

esibire to show; to exhibit

l'esigenza need

l'esilio exile

esistente existing

l'esistenza existence

*esistere (*p.p.* **esistito**) to exist

l'esodo exodus, departure

esotico (*m. pl.* **esotici**) exotic

espandersi to expand

l'esperienza experience

l'esperimento experiment

l'esperto/l'esperta expert, authority

esplodere to explode, blow up

l'esploratore/l'esploratrice explorer

l'esplosione *f.* explosion

explosivo explosive

l'esportazione *f.* export

l'esposizione *f.* exposition; worlds fair

l'espressione *f.* expression

espressivo expressive

l'espresso espresso (*coffee*); **l'Espresso** Italian weekly magazine

esprimere (*p.p.* **espresso**) to express

essa *f.* it

esse *f.* they

essenziale essential; ***essere essenziale che** to be essential that (14)

*essere (*p.p.* **stato**) to be (2); ***essere** (+ *nationality*) to be (*nationality*) (2); **essere d'accordo** to agree (13); ***essere bravo in** to be good at; ***essere di** (+ *city*) to be from (*city*) (2); ***essere a dieta** to be on a diet (10); ***essere raffreddato** to have a cold; ***essere in ritardo** to be late; ***essere ricoverato all'ospedale** to be admitted to the hospital (10); ***essere in vacanza** to be on vacation; **Che ora è? / Che ore sono?** What time is it? (3); **Che ore saranno? Saranno le tre.** What time must it be? It's probably about 3:00 (PSP-13); **Com'è... ?** What is (he/she/it) like? (2); **Come sono... ?** What are (they) like? (2); **è mezzogiorno** it's noon (3); **è mezzanotte** it's midnight (3); **è presto** it's early (3); **è tardi** it's late (3); **se fossi in te** if I were you (15)

essi *m.* they

esso *m.* it

l'Est East; **il Nord-Est** Northeast

l'estate *f.* summer (1); **in estate** in the summer, during the summer

l'esterno *n.* exterior; *adj.* exterior

l'estero abroad; **all'estero** abroad

estetico (*m. pl.* **estetici**) aesthetic

l'estinzione *f.* extinction; **in via d'estinzione** dying-out; endangered

estivo *adj.* summer; **le vacanze estive** summer vacation

l'estremità extremity, far end

estremo extreme

estroverso outgoing; extroverted (2)

esuberante exuberant, lively

l'esuberanza exuberance

l'età *f.* age; **la terza età** the "golden years" (14)

l'euro euro (currency of the European Union)

europeo European; **l'Unione** (*f.*) **Europea** European Union

evangelista *adj. or m.* evangelist

l'evento event

evidente evident

evidenziato highlighted; indicated

evitare to avoid (10)

evoluto evolved

l'evoluzione *f.* evolution; development

evolversi (*p.p.* **evoluto**) to evolve (15)

F

fa ago (7)

la fabbrica (*pl.* **le fabbriche**) factory

la faccenda chore; **le faccende di casa** housework

la faccia (*pl.* **le facce**) face

facile easy

facilmente easily

il factotum jack of all trades; personal assistant

il fagiolino green bean (5)

fai-da-te do-it-yourself, DIY

il falegname carpenter; woodworker

falso false

la fama fame

la fame hunger (14); **avere fame** to be hungry; **avere una fame da lupo** to be ravenously hungry

la famiglia family (4); **mettere su famiglia** to start a family

familiare familiar; *adj.* family; **lo stato familiare** marital status

famosissimo very famous

famoso famous

la fantasia imagination; fantasy

fantasioso imaginative, creative

il fantasma phantom

fantastico (*m. pl.* **fantastici**) imaginary; fantastic

fare (*p.p.* **fatto**) to do (3); to make (3); to do for a living (4); to study (*a subject*); **fare allenamento** to train, work out; **fare amicizia** to make friends; **fare atletica leggera** to do track and field (10); **fare attenzione a** to pay attention to; **fare attività all'aperto** to do outdoor activities; **fare il bagno** to take a bath; **fare una battuta su** to make fun of; **fare bel tempo** to be good weather; **fare bella figura** to make a good impression (6); **fare bello** to be beautiful weather (2); **fare brutto** to be bad weather (2); **fare il bucato** to do the laundry (7, 11); **fare buona impressione** to make a good impression; **fare caldo** to be hot (weather) (2); **fare campeggio** to camp; **fare due chiacchiere** to chat; to gossip; (15); **fare ciclismo** to ride a bike (10); **fare colazione** to eat breakfast (3); **fare i compiti** to do homework (3); **fare i complimenti** to pay compliments; to send regards; **fare il conto di** to tally, count (up); **fare conversazione** to have a conversation; **fare culturismo / fare bodybuilding** to bodybuild (10); **fare danza** to dance (10); **fare la dieta** to be on a diet (10); **fare la doccia** to take a shower (8); **fare domanda** to apply (9); **fare una domanda** to ask a question (3); **fare equitazione** to go horseback riding (10); **fare equiturismo** to vacation at a dude ranch (10); **fare un esame** to take an exam; **fare un favore** to do a favor; **fare una festa in casa** to put on a party at home; **fare una foto(grafia)** to take a photo (3); **fare foto** to take photos; **fare freddo** to be cold (weather) (2); **fare ginnastica** to do gymnastics (10); **fare un giro in bici** to go for a bike ride (6); **fare un giro in macchina** to go for a car ride (7); **fare il giro del mondo** to travel around the world; **fare un giro in moto** to go for a motorcycle ride (7); **fare giurisprudenza** to study law; **fare informatica** to study computer science; **fare la lavatrice** to do laundry; **fare il letto** to make the bed (PSP-6) **fare il liceo** to attend high school; **fare male** to hurt (*a body part*) (10); **fare un master / un dottorato** to do ones masters (degree) / doctorate; **fare medicina** to study medicine; **fare del proprio meglio** to do one's best; **fare movimento** to exercise (3); **fare una multa** to give a parking/traffic ticket (9); **fare nuoto** to swim (10); **fare le ore piccole** to stay up late (3); **fare paracadutismo** to go parachuting/ skydiving; **fare un paragone** to make a comparison; **fare una passeggiata** to take a walk (3); **fare pattinaggio** to skate (10); **fare la parte di** to play the role of; **fare il pendolare** to commute; **fare pesi in palestra** to lift weights at the gym; **fare il ponte** to take an extra day off (8); **fare una prenotazione** to make a reservation (13); **fare un regalo** to give a present; **fare alla romana** to split the bill; to pay one's share of the bill (5); **fare un salto** to stop by (12); **fare le scale** to take the stairs; **fare shopping** to go shopping; **fare skate** to skateboard (10); **fare la spesa** to go grocery shopping (7); **fare spese/shopping** to go shopping, to shop (12); **fare sport** to play sports (3); **fare uno spuntino** to have a snack (3); **fare una telefonata** to make a phone call; **fare in tempo a** to have enough time to; **fare il tifo per** to be a fan of; **fare trekking** to go hiking (13); **fare l'università** to attend college; **fare una vacanza / le vacanze** to take a vacation; **fare vedere** to show; **fare un viaggio** to take a trip; **fare volontariato** to volunteer; **fare yoga** to do yoga (10); **farsi gli auguri** to exchange good wishes (8); **farcela** to manage, to cope (PSP-16); **Che fa?** What does he/she do?; **Che tempo fa?** What's the weather like?; **Cosa fai di bello?** What fun (interesting) thing do you have planned? (*inform.*) (3); **Cosa vuoi fare?** (*inform.*) / **Cosa vuole fare?** (*form.*) What do you want to do in the future? (9); **mi fa male...** my (body part, *sing.*) hurts (3); **mi fanno male...** my (body part, *pl.*) hurt (3); **niente da fare** nothing to do; **qualcosa da fare** something to do

la farfalla butterfly

la farina flour

la farmacia (*pl.* **le farmacie**) pharmacy (10)

il/la farmacista pharmacist (9)

il farmaco medicine, drug

il fascismo fascism

il fastidio bother; **dare fastidio** to bother (10)

fatto *adj.* made of; **fatto a mano** handmade

il fatto fact; *****essere un fatto che** to be a fact that (15)

il fattore factor, cause

il favore favor; **a favore di** in favor of; **per favore** please (1)

favorevole *adj.* favorable

favorire (isc) to favor

la fazione faction

febbraio February (1)

la febbre fever (10)

il fegato liver (5)

felice happy (2)

la felicità happiness

la felpa sweatshirt (6)

la femmina female; girl

femminile feminine

il fenomeno phenomenon (14)

le ferie *f. pl.* vacation, off work; **in ferie** on vacation, off work

ferito wounded; injured

il fermaglio (*pl.* **i fermagli**) hair clip

fermarsi to stop oneself (*from moving*); **fermarsi a** (+ *inf.*) to stop to (*do something*) (PSP-14)

fermo *adj.* still, motionless; *****stare fermo** to stay still

il Ferragosto Catholic feast of the Assumption (August 15)

fertile fertile

la fertilità fertility

la festa party (1); holiday (1); **Buone feste!** Happy Holidays! (8); **fare una festa** to have a party; **la festa di compleanno** birthday party; **la festa di San Silvestro** feast of San Silvestro (New Year's Eve) (8)

il festeggiamento celebration

festeggiare to celebrate (7)

il festival festival

la fiaba fairy tale

i fiammiferi matches

il fidanzato / la fidanzata fiancé/fiancée

il figlio / la figlia (*pl.* **i figli / le figlie**) son / daughter (4); *m. pl.* children; **la figlia unica** only daughter; **il figlio unico** only son

la figura image, illustration; figure; character; **fare bella figura** to make a good impression (6)

figurarsi to imagine; **Figurati!** Imagine that!, Would you believe it?!

la fila line, queue

i Filistei the Philistines

il film film, movie (1); **un film da vedere** a "must-see" film; **un film dell'orrore** horror film

il filo thread; wire; **senza fili** wireless

la filologia philology

la filosofia philosophy

filosofico philosophical

il filosofo / la filosofa philosopher (1)

il filtro filter

finalmente finally

il fine goal, objective; **la fine** end; **alla fine di** at the end of; **il fine settimana** weekend (7); **infine** finally

la finestra window (11)

il finestrino window (*train, bus, car*) (PSP-4)

†**finire (isc)** to finish, to end; to end up; †**finire di** (+ *inf.*) to finish (*doing something*) (PSP-14)

fino a until

finora till now

il fiore flower (1); **il mazzo di fiori** bouquet of flowers

fiorentino *adj.* Florentine; **il fiorentino** Florentine dialect (15)

la firma signature

firmare to sign

le fisarmoniche accordion-shaped pasta

la fisica physics (1)

fisicamente physically

fisico (*m. pl.* **fisici**) physical; **l'aspetto fisico** physical appearance; **l'attività fisica** physical activity

fissare to set (up); to arrange

fisso fixed; regular

la fitoterapia therapy using medicinal plants

il fiume river (12)

il flamenco traditional dance of Spain

floreale floral

la foca seal (marine mammal)

la focaccia focaccia (Italian seasoned flat bread)

il foglio (*pl.* **i fogli**) sheet; **il foglio** sheet of paper

folclorico *adj.* folk, folkloric

folcloristico folkloristic, colorful

fondamentale fundamental

fondare to found (16)

il fondatore / la fondatrice founder

la fondazione foundation

il fondo bottom; end; **in fondo a** at the back / the end of

la fontana fountain

la fonte source; well

la fontina fontina (semi-soft Italian cheese made of cows milk)

il football (*anglicism for* **il calcio**) football, soccer

la forchetta fork (5)

la forma form; shape; **mantenersi in forma** to stay in shape (10)

il formaggio (*pl.* **i formaggi**) cheese (5)

formale formal

formare to form, to create

il formato format; shape; size

la formazione formation; training; **la formazione professionale** vocational training

la formula formula; form

il fornello (stove) burner; flame

fornire (isc) to provide

il forno oven (11); bread shop, bakery (12); **il forno a microonde** microwave oven (11)

il foro forum

forse maybe; perhaps (4)

forte strong (2)

fortemente strongly

la fortuna fortune; luck; **per fortuna** luckily

fortunato lucky; fortunate

la forza force; **Forza!** Go! (in sports)

la foto photo

fotografare to take a picture, to photograph

fotografato photographed

la fotografia photograph (1); **la foto** photo (PSP-1); photography; **fare una foto** to take a photo (3); **fare foto** to take photos

fotografico (*m. pl.* **fotografici**) photographic; **la macchina fotografica** camera

il fotografo / la fotografa photographer (9)

il/la fotoreporter press photographer, photojournalist

fra between (5); within; among; **fra due giorni** in two days (10); **fra un mese** in a month (10); **fra un'ora** in an hour (10)

fragile fragile

la fragola strawberry; **la macchia di fragola** beauty mark (*lit.* strawberry spot)

il francescano monk of the Franciscan order

francese *adj.* French (2); **il francese** French (*language*)

il franco-provenzale Provençal (*language*)

il francobollo postage stamp

la frase sentence; phrase

il frate friar, monk

il fratellastro half-brother

il fratellino little brother

il fratello brother (4)

frattempo meantime; meanwhile; **nel frattempo** in the meantime

la freccia arrow; **la Frecciabianca, la Frecciargento, la Frecciarossa** Italian high-speed train lines

freddo *adj.* cold, cool; **il sangue freddo** sang-froid; **il tè freddo** iced tea

il freddo cold; **avere freddo** to be cold (2); **fare freddo** to be cold weather (2)

frenetico (*m. pl.* **frenetici**) hectic

frequentare to attend (3); to frequent; **frequentare l'università** to attend college

frequente frequent

frequentemente frequently (6)

la **frequenza** frequency

fresco (*m. pl.* **freschi**) fresh

la **fretta** hurry; haste; **avere fretta** to be in a hurry; **in/di fretta** in a hurry

il **frigo** fridge

il **frigorifero** refrigerator (11);

la **frittella** pancake, doughnut

fritto fried; **le patate fritte** French fries (5)

il **friulano** Friulian (language of the Friuli region); **il friulano / la friulana** person from Friuli

frizzante: **l'acqua frizzante** sparkling water (5)

il **fronte** front; **di fronte a** facing; la **fronte** forehead

fruire to enjoy (the use of)

la **frutta** fruit (5); **il negozio di frutta e verdura** fruit and vegetable shop (12); **un succo di frutta** fruit juice

il **frutto** result, outcome; la **frutta** fruit

fumare to smoke

il **fumatore / la fumatrice** smoker

il **fumo** smoke

il **funerale** funeral

il **fungo, i funghi** (*m. pl.*) mushroom (5)

funzionare to work, to function

la **funzione** function; **avere funzione di** to function as

il **fuoco** (*pl.* **i fuochi**) fire; **i fuochi d'artificio** fireworks (8)

fuorché except

fuori out; outside; **lo studente fuori corso** student who did not graduate on time

il **furbacchione** sly person

furbo sly; **Che furbo!** How clever! (4)

furtivo furtive, stealthy

il **furto** robbery

i **fusilli** long, corkscrew-shaped pasta

il **Futurismo** Futurism (early twentieth-century Italian art movement)

futurista *adj.* (*pl.* **futuristi/futuriste**) Futurist

futuristico futuristic

il **futuro** future

G

il **galateo** etiquette; **le regole del galateo** rules of etiquette

Il **galeotto** galley slave

la **galleria** gallery; arcade

la **gamba** leg (3); **rompersi una gamba** to break a leg (10)

il **garage** garage

garantire (isc) to guarantee

garantito guaranteed

il **gas** gas; **la cucina a gas** gas stove

la **gastronomia** gastronomy

gastronomico gastronomic

gassato sparkling; **l'acqua gassata** sparkling water

il **gattino** kitten

il **gatto** cat (1)

la **gazzetta** newspaper, gazette

la **gelateria** ice cream parlor

il **gelato** ice cream (1, 5); **prendere un gelato** to get an ice cream

gemello *adj.* twin; **il fratello gemello** twin brother

il **gemello / la gemella** twin brother / twin sister; **i gemelli** twins

generale *adj.* general

il **generale** general (16)

generalmente generally

il **genere** kind, type; **in genere** in general, generally

generoso generous (2)

geniale *adj.* brilliant, gifted

il **genio** (*pl.* **i geni**) genius; **Che genio!** What a genius!

il **genitore** parent; **i genitori** parents (4)

gennaio January (1)

la **gente** people (9)

gentile kind, nice

gentilmente nicely, kindly (6)

genuino genuine, authentic

la **geografia** geography

geografico (*m. pl.* **geografici**) geographic

germanico Germanic

il **gesso** gesso (artwork on plaster)

gesticolare to gesture

la **gestione** management, care; **la gestione domestica** home management

il **gesto** gesture

il **ghiaccio** (*pl.* **i ghiacci**) ice

la **ghianda** acorn

i **ghibellini** Ghibellines (medieval political faction supporting the Emperor)

già already

la **giacca** (*pl.* **le giacche**) jacket (6)

giallo yellow (2); **il giallo** detective story, mystery novel

giapponese *adj.* Japanese (2); **il giapponese** Japanese (*language*)

il **giardino** garden (11)

il/la gigante giant

la **ginnastica** exercise; gymnastics; **fare ginnastica** to do gymnastics (10); **le scarpe da ginnastica** sneakers; **la tuta da ginnastica** sweats, sweatsuit

il **ginocchio** (*pl.* **le ginocchia / i ginocchi**) knee (6)

giocare to play (*game, sport*) (3); **giocare a calcio / a pallone** to play soccer (10); **giocare a calcetto** to play fussball; **giocare a carte** to play cards (3); **giocare a golf** to play golf (3); **giocare alla lotteria** to play the lottery; **giocare a pallacanestro** to play basketball (10); **giocare a pallavolo** to play volleyball (10); **giocare a tennis** to play tennis (3); **giocare al computer** to play on the computer; **giocare ai videogiochi** to play videogames

il **giocatore / la giocatrice** player (*game, sport*)

il **giocattolo** toy

il **gioco** (*pl.* **i giochi**) game; **le carte da gioco** playing cards

giocondo *adj.* carefree; delightful

la **gioia** joy

la **gioielleria** jewelry store (12)

il **gioiello** piece of jewelry; jewel

il **giornale** newspaper (14)

il/la giornalista journalist (9)

la **giornata** day, the whole day; **Buona giornata!** Have a nice day! (8)

il **giorno** day (PSP-9); **al giorno** each day, per day; **Buon giorno** Good morning, Good day (1); **da un giorno allaltro** from one day to the next; **di giorno** during the day; **fra due giorni** in two days (10); **il giorno lavorativo** workday; **un giorno** one day; **ogni giorno** every day (3); **tutti i giorni** every day (3); **tutto il giorno** all day

giovane *adj.* young (2); **il/la giovane** youth; young person; **da giovane** during/from my (his, her, etc.) youth

giovanile *adj.* youth; young, juvenile; **la disoccupazione giovanile** youth unemployment

giovanissimo *adj.* very young; **i giovanissimi** *n.* the very young

giovedì Thursday (1)

la **gioventù** youth

il **giovincello** young man

la **giovinezza** youth

la **giraffa** giraffe

girare to turn (13); to film (a movie); **girare a destra** to turn right (13); **girare a sinistra** to turn left (13)

il **giro** tour; trip; cycling competition; ***andare in giro** to go around; **fare un giro in bici** to go for a bike ride (7); **fare un giro in macchina** to go for a car ride (7); **fare un giro in moto** to go for a motorcycle ride (7); **in giro** (all) around; **un giro turistico** a (travel) tour

la **gita** trip; day trip, outing; **la gita scolastica** school trip

la **giubba** jacket, coat

il **giubbotto** winter jacket (6)

il **giudice** judge, magistrate

il **giudizio** (*pl.* **i giudizi**) judgment; opinion

giugno June (1)

la **giurisprudenza** law

giustificare to justify, explain

giusto *adj.* right, correct; **l'ora giusta** the right time; **Giusto!** That's right!; **Non è giusto!** It is not fair!; **la risposta giusta** the right answer

il **gladiatore** gladiator

globale global

la **gloria** glory

il **glossario** (*pl.* **i glossari**) glossary

lo **gnocco** (*pl.* **gli gnocchi**) gnocchi (potato dumplings) (5)

lo **gnomo** (*pl.* **gli gnomi**) gnome

godere to enjoy; **godersi** to enjoy (13)

la **gola** throat; **avere mal di gola** to have a sore throat (2)

il **golf** golf; **giocare a golf** to play golf (3)

il **golfo** gulf (*geography*)

il **gomito** elbow

la **gomma** gum; **la gomma da masticare** chewing gum

la **gondola** gondola

la **gonna** skirt (*clothing*) (6)

il **gorgonzola** (*pl.* **i gorgonzola**) Gorgonzola (blue cheese)

gotico Gothic

governare to govern (16)

governato governed

il **governo** government (14)

il **gradino** step, stair, rung

il grado degree, level
gradualmente gradually
la graduatoria ranking
il grafico graphic designer
la grammatica grammar
grande big, large; great (2)
grandioso grand, majestic
grandissimo very large
il grano grain; wheat; **il campo di grano** wheat field
grasso *adj.* fat (2); **il grasso** *n.* fat
gratis free of charge
gratuitamente free of charge
gratuito free of charge
grave *adj.* serious
grazie thank you (1); **grazie a** thanks to; **Grazie, altrettanto!** Thanks, same to you! (8); **le tre Grazie** the three Graces
grazioso gracious, charming; pretty
greco (*m. pl.* **greci**) *adj.* Greek; **il greco** Greek (*language*); **il greco / la greca** *n.* Greek (*person*)
il grembiule apron; smock
il grembo lap; **in grembo** in his/her lap
gridare to shout
grigio (*m. pl.* **grigi**) gray (2)
la griglia grill; grid; **alla griglia** grilled
il gruppo group (7); **il gruppo musicale** musical group, band
guadagnare to earn money, to make money (9); **guadagnarsi da vivere** to earn a living
guai *interj.* woe to you
guardare to look at (3); to watch; **guardare la televisione** to watch television; **guardare la TV** to watch TV; **guardare le vetrine** to window-shop (12); **guardarsi** to look at oneself
la guardia guard
guarire (isc) to cure; to recover; **Guarisci presto!** Get well soon! (10)
i guelfi Guelphs (*medieval political faction supporting the Pope*)
la guerra war (14); **la Seconda Guerra Mondiale** Second World War (WWII)
il guerriero / la guerriera warrior, fighter
la guida guide; driving; **l'esame di guida** driving test; **la patente di guida** driver's license
guidare to drive (a car)
guidato guided; **la visita guidata** guided tour
il gusto taste
gustoso tasty

H

l'hamburger *m.* (*pl.* **gli hamburger**) hamburger (1)
l'hip hop *m.* hip-hop (music)
l'hobby *m.* (*pl.* **gli hobby**) hobby (10)
l'hotel *m.* (*pl.* **gli hotel**) hotel
l'hydrospeed *m.* riverboarding; hydrospeed

I

iconico *adj.* (*m. pl.* **iconici**) iconic
l'idea idea; **non ho la minima idea** I don't have the slightest idea; **sarebbe una buon'idea** it would be a good idea (13)

ideale ideal, perfect; **l'ideale** *m.* (the) ideal, model
idealizzato idealized
l'idealizzazione *f.* idealization
identificare to identify
identificativo identifying, distinctive
l'identificazione *f.* identification
l'identikit *m.* identikit (composite sketch used by police)
l'identità identity; **la carta d'identità** identity card
l'idraulico plumber
l'idromassaggio (*pl.* **gli idromassaggi**) hydromassage; whirlpool tub
ieri yesterday (7); **ieri mattina** yesterday morning; **ieri pomeriggio** yesterday afternoon; **ieri sera** yesterday evening, last night
igienico (*m. pl.* **igienici**) hygienic, sanitary; **la carta igienica** toilet paper
ignorare to ignore, overlook
illogico (*m. pl.* **illogici**) illogical
l'illuminazione *f.* illumination, lighting
l'illustratore/l'illustratrice illustrator
l'illustrazione *f.* illustration
illustre *adj.* renowned, famous
imbarazzato embarrassed
l'imbarcazione *f.* boat, ship, craft; **l'imbarcazione di fortuna** makeshift boat
imitare to imitate, mimic
immacolato immaculate, unblemished
immaginare to imagine; **immaginare che** to imagine that (14)
immaginario (*m. pl.* **immaginari**) imaginary
l'immaginazione *f.* imagination
l'immagine *f.* image
immediatamente immediately (6)
***immigrare** to immigrate (14)
l'immigrato/l'immigrata immigrant (14)
l'immigrazione *f.* immigration (14)
l'immondizia trash, garbage (11)
immortale *adj.* immortal, eternal
imparare to learn (PSP-14); **imparare a** (+ *inf.*) to learn to (*do something*) (PSP-14)
impazzire (isc) to go crazy; to go ballistic
impegnativo demanding
impegnato busy (2)
l'impegno task, obligation; **avere un altro impegno** to have something else to do (5)
impensabile *adj.* unthinkable
l'imperativo imperative (*gram.*); **imperativo** *adj.* imperative
l'imperatore/l'imperatrice emperor/empress
l'imperfetto (the) imperfect (*gram.*)
imperiale *adj.* imperial
l'impermeabile *m.* raincoat (6)
l'impero empire
impersonale impersonal
l'impianto installation; set-up
l'impiegato/l'impiegata employee (9)
imponente imposing, grand, stately
importante important; ***essere importante che** to be important that (14)
l'importanza importance
importare to matter; to import **non importa** it does not matter
impossibile impossible
impostare to set up

impreciso imprecise
l'imprenditore/l'imprenditrice entrepreneur
l'impressione *f.* impression; **fare buona impressione** to make a good impression
l'imprevisto (*pl.* **gli imprevisti**) accident; glitch, hitch
imprigionare to imprison, incarcerate
improvvisato improvised, impromptu
improvviso sudden; **all'improvviso** suddenly (9)
in in (5); to (5); at (5)
inalare to inhale
l'inattività inactivity
incantevole enchanting, fascinating
inchinato bent, curved
l'inchiostro ink
l'incidente *m.* accident; **avere un incidente** to have an accident
incinta pregnant
l'inclinazione *f.* inclination
includere (*p.p.* **incluso**) to include
incluso included; including
incompleto incomplete
incontrare to meet; to meet with; to run into; **incontrare per strada** to meet, to run into on the street; **incontrarsi** to meet (*each other*) (8)
l'incontro meeting, encounter
incoraggiare to encourage
incoronato crowned
incorporare to incorporate; to combine
l'incremento increase
l'indagine *f.* survey, poll
indefinito indefinite
indeterminativo indefinite
indicare to indicate
l'indicativo indicative (*gram.*)
indicato indicated, designated
l'indicazione *f.* indication; direction; sign
indietro backward; ***andare avanti e indietro** to go back and forth
indifferente indifferent
indipendente independent
l'indipendenza independence
indirizzare to address; to call upon
l'indirizzo (street) address
l'indizio (*pl.* **gli indizi**) clue; evidence
indossare to wear (6)
indovinare to guess
l'indumento article of clothing
l'industria industry (14)
industriale *adj.* industrial; **l'industriale** *m./f.* industrialist, manufacturer
inesistente *adj.* nonexistent
inevitabile *adj.* inevitable
l'infanzia infancy; childhood
infatti in fact
l'infermiere/l'infermiera (hospital) nurse
infilato inserted
infine finally
l'infinito infinitive (*gram.*)
l'inflazione *f.* inflation
l'influenza flu (10); influence
influenzare to influence
influire (isc) (*p.p.* **influito**) to influence
informale informal
l'informatica computer science
l'informazione *f.* information; knowledge

l'infradito (*pl.* **gli infradito / le infradito**)
flip-flops, thongs (*shoes*)
ingannare to cheat, deceive
l'ingegnere *m./f.* engineer (9)
l'ingegneria engineering (1)
inglese *adj.* English (2); **la zuppa inglese**
English trifle (sponge cake soaked in
liqueur with custard); **l'inglese** *m.*
English (*language*); **l'inglese** English
(*person*)
***ingrassare** to gain weight (10)
l'ingrediente *m.* ingredient
l'ingresso foyer (11); entry; **l'ingresso gratuito**
free admission
l'inimicizia animosity, hostility
l'iniziale *f.* initial, initials
†**iniziare** to begin (3)
l'iniziativa initiative; venture
l'iniziazione *f.* initiation
l'inizio (*pl.* **gli inizi**) beginning
innamorarsi to fall in love (8)
innamorato in love (2); **innamorato di** in
love with
l'inno hymn, chant
innovare to renew
innovativo *adj.* innovative
innumerevole *adj.* countless
l'inquietudine *f.* apprehension, concern
l'inquilino/l'inquilina tenant
l'inquinamento pollution (12)
l'insalata salad
l'insegnante *m./f.* teacher; instructor (9)
insegnare to teach (9); **insegnare a** (+ *inf.*) to
teach to (*do something*) (PSP-14)
inseguire to chase, to run after
inserire (isc) to insert
l'insetto insect
insieme together; **insieme a** together with;
mettersi insieme to be a couple
(8); **l'insieme** *m.* the whole; the ensemble
insignificante insignificant
insistere (*p.p.* **insistito**) to insist
insomma not very well (2); well . . . (10)
insopportabile intolerable
instabile unstable
insulare *adj.* insular
intellettuale intellectual
intelligente intelligent (2)
intendere (*p.p.* **inteso**) to intend
intenso intense
l'intenzione *f.* intention; **avere intenzione di**
(+ *inf.*) to intend to (*do something*)
interamente entirely
interessante interesting (2)
interessare to interest
interessato (a) interested (in)
l'interesse *m.* interest
l'interiezione *f.* interjection (*gram.*)
internazionale international
internazionalmente internationally
l'internet *f.* the internet; **navigare in/su**
internet to surf the web
l'interno *adj., n.* interior (11)
intero entire; **il costume (da bagno) intero**
one-piece bathing suit
interpretare to interpret
l'interpretazione *f.* interpretation
l'interrogativo interrogative
l'interrogazione *f.* interrogation

interrotto interrupted
l'interruzione *f.* interruption
l'interscambio interchange
interventista *adj., m./f.* (*pl.* **gli interventisti /
le interventiste**) interventionist
l'intervento intervention
l'intervista interview
intervistare to interview
intervistato interviewed
intimo intimate, close
intitolare to entitle, title
intitolato entitled, titled
intonarsi con to harmonize with
l'intonazione *f.* intonation
intorno a around; approximately
intrapreso undertaken, launched
l'intrattenimento entertainment
l'intrigo trick, con; (literary) plot
intristire (isc) to sadden
introdurre (*p.p.* **introdotto**) to introduce
introvabile scarce, extremely rare
introverso introverted (2)
intuitivo intuitive
l'intuizione *f.* intuition
inutile useless
invaso invaded
l'invecchiamento aging (14)
***invecchiare** to get old (14)
invece instead; on the other hand; **invece di**
instead of
inventare to invent (16)
l'inventore/l'inventrice inventor (16)
l'invenzione *f.* invention (16)
invernale *adj.* winter; **lo sport invernale**
winter sport
l'inverno winter (1); **in inverno** in the winter
invisibile invisible
invitare to invite
l'invitato/l'invitata (*pl.* **gli invitati / le
invitate**) guest; **invitato** *adj.* invited
l'invito invitation
io I
ipercalorico high in calories
l'ipotesi (*pl.* **le ipotesi**) *f.* hypothesis
ipotetico hypothetical
irlandese *adj.* Irish; **l'irlandese** *m./f.* Irish
(*person*)
l'irrazionalità irrationality
irregolare irregular
irritato irritated; annoyed
iscritto enrolled
iscrivere to register; **iscriversi** to enroll,
register (oneself)
l'iscrizione *f.* enrollment; membership
l'isola island (13); **l'isola deserta** desert
island
ispanico *adj.* Hispanic, Latin; **l'ispanico /
l'ispanica** (*pl.* **gli ispanici / le
ispaniche**) Hispanic, Latin (*person*)
ispirare to inspire
ispirato inspired
l'israelita *m./f.* (*pl.* **gli israeliti / le israelite**)
Israelite; Jew
l'istante *m.* instant, moment
l'ISTAT *m.* Italian National Institute of
Statistics
istintivamente instinctively
istituire (isc) to institute, establish
l'istituto institute

l'istituzione *f.* institution
l'istruzione *f.* direction, instruction; education;
dare istruzioni to give directions/
instructions
italiano *adj.* Italian (2); **l'italiano** Italian
(*language*) (1);
l'italiano/l'italiana Italian (*person*); **l'italiano
regionale** regional variation of standard
Italian (15); **l'italiano standard** standard
Italian (15)
l'itinerario itinerary

L

il labbro (*pl.* **le labbra**) lip (2)
il labirinto labyrinth
il laboratorio laboratory
la lacrima tear (from weeping)
il ladino Ladino (*language*)
il ladro / la ladra thief
il lago (*pl.* **i laghi**) lake (13)
la laguna lagoon
lamentarsi to complain (13)
la lampada lamp (11)
la lana wool; **il maglione di lana** wool
sweater
lanciare to throw; to launch; to set
off; **lanciare i fuochi d'artificio** to set
off fireworks; **lanciare una carriera** to
launch a career
lanciato launched
la larghezza width
largo (*m. pl.* **larghi**) wide, broad
le lasagne (*f. pl.*) lasagna (PSP-12)
lasciare to leave; **lasciarsi** to break up (8)
il latino Latin (*language*)
il lato side; **a lato** from the side
il latte milk (5)
la laurea degree (*college*) (9); graduation; **la
laurea triennale** three-year college
degree
il laureato / la laureata college graduate
laurearsi to graduate (*college*) (9)
la lavagna (black)board
il lavandino sink (11)
lavare to wash (3); **lavarsi** to wash oneself (6);
lavarsi i denti to brush one's teeth (6);
lavarsi i capelli to wash one's hair (6)
la lavastoviglie dishwasher (11)
la lavatrice washing machine; **fare la
lavatrice** to do laundry
lavorare to work (3); **lavorare a tempo pieno /
full-time** to work full-time (9); **lavorare
part-time** to work part-time (9); **lavorare
sodo** to work hard (9); **lavorare
duramente** to work hard; **smettere di
lavorare** to stop working (9)
lavorativo *adj.* work; **il giorno lavorativo**
workday
il lavoratore / la lavoratrice worker
il lavoro job (PSP-15); work (PSP-15); **Buon
lavoro!** Work well! (8); **cercare lavoro** to
look for work (9); **trovare lavoro** to find a
job
leale *adj.* loyal
legale *adj.* legal; **lo studio legale** law firm
legare to link, to connect; to tie
legato a tied to, connected to
la legge law

leggendario legendary

leggere (*p.p.* **letto**) to read (3); **un libro da leggere** a "must-read" book (5)

leggero light; **fare atletica leggera** to do track and field

la legione legion (military)

il legislatore / la legislatrice legislator

il legno wood

lei she; her; **Lei** you (*form.*) (1, PSP-16)

lentamente slowly (6)

la lente lens; **le lenti a contatto** contact lenses (2)

lento slow (2)

il leone lion

il leopardo leopard

il lessico (*pl.* **i lessici**) vocabulary

la lettera letter; character (1); **le lettere** letters, humanities

letteralmente literally

letterario (*m. pl.* **letterari**) literary; **la tradizione letteraria** literary tradition (15)

la letteratura literature; **la letteratura inglese** English literature (1)

il lettino beach lounge chair; crib; cot

il letto bed (11); **la camera da letto** bedroom (11); *andare in camera da letto** to go into the bedroom (8); *andare a letto** to go to bed (3); **fare il letto** to make the bed; **il letto a castello** bunk bed

il lettore / la lettrice reader

la lettura reading

la levatura prestige, calibre

la lezione lesson, individual class period (1); *andare (venire) a lezione** to go (come) to class; **prendere lezioni di** to take lessons in (4)

liberamente freely

liberare to liberate, to free (16)

libero free (2); available; not busy; **il tempo libero** free time; **l'arrampicata libera** free-climbing

la libertà freedom; liberty

la libreria bookstore (12)

il/la librettista author of a libretto (*opera*)

il libretto libretto (dialogue of an opera)

il libro book (1); **un libro da leggere** a "must read" book

il librone big book (PSP-10)

licenziare to fire; to lay off (9)

licenziarsi to quit a job (9)

licenziato fired, laid off

il liceo high school (9); **il liceo classico** high school with a focus on literature (humanities); **il liceo economico** high school with a focus on economics; **il liceo linguistico** high school with a focus on foreign languages; **il liceo scientifico** high school with a focus on the sciences

lieto happy, content

ligure *adj.* from Liguria (*Mediterranean coast*)

limitare to limit

limitato limited

il limite limit

la limonata lemonade

il limone lemon

la linea line

la lineetta hyphen, dash (-); **la lineetta bassa** underscore (_)

la lingua language (1); **la Lingua Italiana dei Segni** Italian Sign Language; **la lingua nazionale** official language (of a country) (15); **la lingua romanza** Romance language (15); **la lingua parlata** spoken language (15); **la lingua scritta** written language (15); **la lingua straniera** foreign language

il linguaggio (*pl.* **i linguaggi**) language; jargon; specialized language

linguistico linguistic; **il liceo linguistico** high school with a focus on foreign languages

il liquido liquid

la lira lira (*former Italian currency*)

lirico (*m. pl.* **lirici**) operatic, lyrical; **l'opera lirica** opera

liscio (*m. pl.* **lisci**) smooth (6); straight (*hair*); **i capelli lisci** straight hair (2)

la lista list

litigare to argue (15)

il litro liter (5); **il mezzo litro** half liter (5)

liturgico liturgical

il livello level

il locale place, spot; (night) venue; **locale** *adj.* local

la località place; **la località di villeggiatura** vacation resort

la locandina film poster

lodare to praise, extol

lodato praised

la lode honor honors

la longevità longevity

la loggia (*pl.* **le logge**) loggia; lodge

logico (*m. pl.* **logici**) logical

lontanissimo very far

lontano far, distant (2)

loro they; their (2); them (PSP-16); **Loro** you (*pl. form.*) (PSP-16); your (*pl. form.*) (2)

la lotteria lottery

lucano *adj.* Lucanian, from Basilicata (region of southern Italy)

la luce light; **accendere le luci** to turn on the lights; **spegnere le luci** to turn off the lights

il lucro profit(s); **senza scopo di lucro** non-profit

luglio July (1)

lui he (PSP-16); him

luminoso bright

la luna moon

il lunario almanac; **sbarcare il lunario** to get by; to make ends meet

lunedì Monday (1)

la lunghezza length; duration

lunghissimo extremely long

lungo (*m. pl.* **lunghi**) long; **a lungo** for a long time, for a while

il luogo (*pl.* **i luoghi**) place; **avere luogo** to take place

il lupo / la lupa wolf; **avere una fame da lupo** to be ravenously hungry, to be starving (*coll.*); **In bocca al lupo!** Good luck! (*lit.* In the mouth of the wolf!) (8)

il lusso luxury; **di lusso** luxury, deluxe

M

ma but (PSP-13)

macché! no way! (7)

la macchia trace; **la macchia di fragola** beauty mark (*lit.* spot of strawberry)

la macchina car (1); *andare in macchina** to go by car (8); **fare un giro in macchina** to go for a car ride (6); **la macchina fotografica** camera; **noleggiare una macchina** to rent a car

la macchinona big car (PSP-10)

la macelleria butcher shop (12)

la Madonna the Madonna

la madre mother (4)

il/la madrelingua native speaker

la maestà majesty

maestoso majestic

il maestro / la maestra elementary school teacher (9)

magari! *interj.* I wish! (7)

maggio May (1)

la maggioranza majority

maggiore *adj.* older (4); greater, larger; **il/la maggiore** greatest, largest; **il maggior numero di** the majority of; **la maggior parte di** the majority of; **la sorella maggiore / il fratello maggiore** older sister/brother

magico (*m. pl.* **magici**) magical

magistrale *adj.* teachers

la maglia shirt

la maglietta t-shirt (6)

il maglione sweater (6); **il maglione di lana** wool sweater

magro thin (2)

mai ever (7), never (3); **non... mai** never (3, 7)

la maionese mayonnaise

il mais corn; **il mais dolce** sweet corn

la malaria malaria

malato ill, sick

la malattia illness, disease

il male harm; pain; **il mal di pancia** stomachache; **il mal di testa** headache; **avere mal di gola** to have a sore throat (2); **avere mal di pancia** to have a stomachache (2); **avere mal di testa** to have a headache (2); **non c'è male** not bad (2)

male *adv.* badly (6); **fare male** to hurt (*a body part*) (3); **mi fa male...** my (body part, *sing.*) hurts (3); **mi fanno male...** my (body part, *pl.*) hurt (3); *stare male** to not feel well, to feel unwell

maleducato ill-mannered

malissimo very badly

la mamma mom (4)

mamma mia! omigosh! (7)

il/la manager executive, manager (9)

†mancare to not have, to be missing; **ci mancherebbe altro** not a problem, no big deal (5)

la mancia (*pl.* **le mance**) tip (for server)

mandare to send (e-mail/letter)

mangiare to eat (3); **mangiare sano** to eat healthy food (10); **niente da mangiare** nothing to eat; **qualcosa da mangiare** something to eat

la maniera way; **le buone maniere** *pl.* good manners

la manifestazione event; demonstration, protest

la manina (cute) little hand (PSP-10)

la mano (*pl.* **le mani**) hand (6); **dare una mano** to help

il mantello cloak

mantenere to maintain; **mantenersi in forma** to stay in shape (10)

la mappa map

il marchese / la marchesa marquis/ marquesa

il marciapiede sidewalk (11)

il marchio (*pl.* **i marchi**) brand; stigma

il mare sea (13); *andare al mare to go to the seaside; **il telo da mare** beach towel

margherita: una pizza margherita pizza with basil, mozzarella, and tomatoes

la marina navy; marina

il marinaio (*pl.* **i marinai**) sailor, seaman

(risotto) alla marinara (rice dish) with seafood (5)

marinare la scuola to play hooky, cut school (6)

marinato marinated

marino *adj.* seaside; **la località marina** seaside resort

il marito husband (4)

la marmellata jam (5)

il marmo marble

marocchino *adj.* Moroccan; **il marocchino / la marocchina** Moroccan (*person*)

marrone brown (2)

martedì Tuesday (1)

marzo March (1)

la maschera mask; masquerade (*costume or party*); masquerade character

il maschietto baby boy

maschile *adj.* masculine, men's

il maschio (*pl.* **i maschi**) male

la massa mass; **di massa** *adj.* mass

il massimo maximum; **il massimo dei voti** top grade

il master master's degree

masticare to chew; **masticare la gomma** to chew gum

la matematica mathematics (1)

il materasso mattress

la materia (di studio) subject (matter) (1); topic

il materiale material

la maternità maternity; **il congedo di maternità** maternity leave

la matita pencil (PSP-4)

il matrimonio (*pl.* **i matrimoni**) marriage; wedding

la mattina morning; **di mattina** in the morning (3)

matto crazy; **da matti** crazy, like crazy (5); **una cosa da matti** a crazy thing/situation

il mattone brick; **Che mattone!** What a bore! (*lit.* What a brick!) (4)

la maturità high school diploma; **l'esame** (*m.*) **di maturità** high school exit exam

il mazzo bunch; **il mazzo di fiori** bouquet of flowers

me me (PSP-16); **secondo me** in my opinion

il meccanico mechanic

la media average; **in media** on average

mediatico *adj.* media; **l'evento mediatico** media event

la medicina medicine (16)

medicinale healing

medico (*m. pl.* **medici**) *adj.* medical; **l'assistenza medica di emergenza** emergency medical assistance

il medico (*pl.* **i medici**) *m./f.* doctor (9); *andare dal medico to go to the doctor's (office)

medio *adj.* (*m. pl.* **medi**) average; middle; medium; **la città media** medium-sized city; **la scuola media** middle school (9); **la media di vita** average life span

medioevale *or* **medievale** *adj.* medieval

il Medioevo the Middle Ages (12)

mediterraneo Mediterranean; **la dieta mediterranea** Mediterranean diet

meglio *adv.* better; **meglio di** better than (12); **fare il mio meglio** to do my best (PSP-14)

la mela apple

melodico melodic

il melone melon (5)

il membro member

la memoria memory; **in memoria di** in memory of; **dire/recitare a memoria** to tell by heart

meno less, fewer; minus; **il/la meno** least, fewest; **meno... che** less . . . than (PSP-4); **meno... di** less . . . than (PSP-4); **meno + adj. + di** less . . . than (4)

la mensa cafeteria (3)

mensile *adj.* monthly; **il mensile** monthly (publication)

mentale mental; **l'apertura mentale** open-mindedness

la mentalità mentality

la mente mind; **venire in mente** to come to mind

mentre while (9)

il menu menu

menzionare to mention

meraviglioso wonderful

il/la mercante shopkeeper, merchant

il mercato market; **il mercato dei consumi** consumer market

mercoledì Wednesday (1)

meridionale *adj.* Southern (15); **centro-meridionale** Central-Southern (15)

meritare to deserve

il mese month; **fra un mese** in a month (10); **fra due mesi** in two months

il messaggero / la messaggera messenger

il messaggio (*pl.* **i messaggi**) message; text message

messicano *adj.* Mexican (2); **il messicano / la messicana** Mexican (*person*)

il mestiere trade (14); occupation (14)

la meta destination

la metà half; **a metà** halfway; in half

metabolico metabolic

metafisico metaphysical

la metafora metaphor

meteo *adj.* weather; **il meteo** weather forecast

il metodo method

il metro meter; **il metro quadrato** square meter

la metropoli big city (12)

la metropolitana subway (12)

mettere (*p.p.* **messo**) to put; (6) **mettere su famiglia** to start a family (9); **mettere in ordine** to arrange; **mettersi** to put on (*clothes*) (6); **mettersi d'accordo** to come to an agreement; **mettersi insieme** to become a couple (8)

mezzanotte midnight; **è mezzanotte** it's midnight (3)

mezzo *adj.* half; **alle sette e mezzo** at seven thirty; **mezz'ora** half an hour; **la mezza pensione** accommodation with breakfast and lunch or dinner included (13); **il mezzo litro** half liter (5)

il mezzo means; middle; **i mezzi pubblici** public transportation (12); **i mezzi di trasporto** means of transportation (12); **in mezzo a** among, in the midst of

mezzogiorno noon; **a mezzogiorno** at noon; **è mezzogiorno** it's noon (3)

mi to/for me

la microonda microwave; **il forno a microonde** microwave oven (11)

i miei my parents (*coll.*) (PSP-15)

il miele honey (5)

migliore *adj.* better; **migliore di** better than (12); **il/la migliore** best

il/la migrante immigrant (14)

mila thousand(s)

milanese *adj.* Milanese; **il/la milanese** Milanese (person)

il milione million

militare *adj.* military; **l'ora militare** twenty-four hour clock; **il militare** soldier, trooper (16)

mille (*pl.* **mila**) a thousand

il millennio (*pl.* **i millenni**) millennium

mimare to mime

la mimosa mimosa (flower)

minerale mineral; **l'acqua minerale (naturale/frizzante)** (still/sparkling) mineral water (5)

la minestra soup

il minestrone vegetable soup

minimo smallest, least; **non ne ho la minima idea** I don't have the slightest idea; **il minimo** (the) minimum

il ministero ministry

il ministro *m./f.* minister (*government*); **il Primo Ministro** prime minister (14)

la minoranza minority

minore *adj.* younger (4); smaller, lesser; **il mio fratello minore** my younger brother

il minuto minute

mio my (2); **a mio parere** in my opinion

il miracolo miracle

misterioso mysterious

misto mixed; assorted; **gli affettati misti** assortment of sliced meats and sausages (5); **l'antipasto misto** assorted appetizer; **l'insalata mista** mixed salad

la misura measure; **a misura duomo** to the measure of man; **in egual misura** equally; **su misura** customized

misurare to measure

mite mild

il mito myth

la mitologia mythology

mobile fickle; movable

i mobili furniture

i mocassini loafers, mocassins

la moda fashion (6); style; **alla moda / di moda** fashionable, in style; *****andare di moda** to be in style (6); **l'ultima moda** latest trend

la modalità procedure

il modello / la modella model

moderato moderate

moderno modern (12)

modificato modified

il modo way; **in modo che** in a way that, so that; **in qualunque modo** whatever way

la moglie wife (4)

la moka stovetop espresso maker

molisano *adj.* from Molise (south-eastern Italy)

moltissimo *adj.* very many; *adv.* a great deal

molto *adj.* many, a lot of (2); *adv.* very (6); a lot, frequently (6); **molto bene** very good; *****stare molto bene** to be very well (2)

il momento moment (1)

mondiale global, worldwide; **la Seconda Guerra Mondiale** Second World War (WWII)

il mondo world; **del mondo** in the world; **in tutto il mondo** all over the world

la moneta coin

la monetina small coin

monocromatico monochromatic

monolingue monolingual

il monologo monologue

il monopolio monopoly

monotono dull, tedious

la montagna mountain (13); *****andare in montagna** to go to the mountains (4)

il monte mountain; **il Monte Bianco** Mont Blanc

montuoso mountainous

la monumentalità monumentality

il monumento monument

la moquette carpet, carpeting

la morale morale, spirits; **tirarsi su di morale** to raise one's spirits

morbido soft (6)

*****morire** (*p.p.* **morto**) to die (7)

la mortadella bologna

mortale *adj.* mortal

la morte death (14)

morto dead

il morto / la morta dead person

il mosaico (*pl.* **i mosaici**) mosaic

la mosca fly

la mostra exhibit, exhibition, show

mostrare to show

il mostro monster

motivare to motivate

la motivazione motivation

motivato motivated

il motivo reason

la motocicletta motorcycle (PSP-1); **la moto** motorcycle (PSP-1); **fare un giro in moto** to go for a motorcycle ride (7)

il motore motor

movimentato *adj.* lively, animated

il movimento movement; **fare movimento** (3) to exercise

la mozzarella mozzarella (cheese) (5)

il mucchio (*pl.* **mucchi**) heap, pile

il mulino windmill (PSP-10)

il mulo mule (PSP-10)

la multa fine; **fare una multa** to give a parking/traffic ticket (9)

multietnico multiethnic

multimediale *adj.* multimedia

la multinazionale multinational (business)

muovere (*p.p.* **mosso**) to move; **muoversi** to exercise; to move (*oneself*), to get around (12)

le mura *pl.* walls (*of a city*)

il muro wall

il muscolo muscle

il museo museum (12)

la musica (*pl.* **le musiche**) music (7) (16); **la musica classica** classical music; **la musica (hip-hop / indie rock / jazz / pop / rap / rock)** (hip-hop / indie rock / jazz / pop / rap / rock) music (7)

il musical musical; musical comedy

musicale musical; **il gruppo musicale** musical group, band; **la commedia musicale** musical comedy

il/la musicista musician (7, 9)

musulmano *adj.* Muslim; **il musulmano / la musulmana** Muslim (*person*)

N

il nano dwarf

napoletano *adj.* Neapolitan (*from Naples*)

il napoletano Neapolitan dialect (15); **il napoletano / la napoletana** Neapolitan (*person from Naples*)

*****nascere** (*p.p.* **nato**) to be born (7); **Sono nato/a a...** I was born in (*name of city*) (2)

la nascita birth (14); **l'anno di nascita** birth year

nascondersi (*p.p.* **nascosto**) to hide oneself

nascosto hidden

il nasino (cute) little nose (PSP-10)

il naso nose (2)

il Natale Christmas (8); **l'albero di Natale** Christmas tree (8); **Babbo Natale** Santa Claus (8); **Buon Natale!** Merry Christmas! (8)

natalizio *adj.* Christmas

la natura nature

naturale natural; **l'acqua minerale naturale** still mineral water (5)

la nausea nausea

navigare to navigate; **navigare in / su Internet** to surf the web

il navigatore / la navigatrice navigator (16)

nazionale national; **l'inno nazionale** national anthem; **la lingua nazionale** official language (of a country) (15)

la nazionalità nationality

la nazione nation

ne of it, of them (PSP-8); about it, about them (PSP-8)

né... né neither . . . nor; **non... né** or

necessario (*m. pl.* **necessari**) necessary; *****essere necessario che** to be necessary that (14)

la necessità necessity

negativo negative

il negozio (*pl.* **i negozi**) store, shop (9); **il negozio di frutta e verdura** fruit and vegetable shop (12)

nemmeno not even

neoclassico neoclassic

il neoclassicismo neoclassicism

il neolaureato / la neolaureata recent graduate

il neon neon

neonato *adj.* newborn

il neorealismo neorealism

neostandard: l'italiano neostandard Italian as currently spoken

il neretto boldface

nero black (2)

nervoso nervous (2)

nessuno, non... nessuno no one, nobody (7, 11)

le neuroscienze neurosciences

la neve snow

nevicare to snow

il nido nest; **l'asilo nido** nursery school

niente nothing; anyway . . . , that's all (11) **(non...) niente** nothing (7); **niente da + *inf.*** nothing to + *inf.* (11); **niente da bere** nothing to drink; **niente da fare** nothing to do (11); **niente da mangiare** nothing to eat; **(Di) niente.** It's nothing. No problem! (11)

il/la nipote grandchild, grandson/granddaughter (4); nephew/niece (4)

il nipotino / la nipotina little nephew/niece; little grandson/granddaughter

no no, not

nobile noble

nobiliare *adj.* noble, aristocratic

il nobiluomo nobleman

la nocciola hazelnut

noi we; us (PSP-16)

la noia boredom (14)

noialtri we (others)

noioso boring

noleggiare to rent (*bikes, cars, videos*) (13)

il noleggio (*pl.* **i noleggi**) rental; **prendere a noleggio** to rent (*cars, bikes, videos*)

il nome noun; name

nominare to name

nominato named

non no, not; **non... ancora** not yet (PSP-6); **non c'è male** not bad (2); **non... mai** never (3, 7); **non... né... né** neither . . . nor (PSP-6); **(non...) nessuno** no one, nobody (7); **(non...) niente** nothing (6); **non... più** not anymore, no longer (7); **non si deve...** you shouldn't, one must not

non fumatori nonsmoking; **il non-fumatore / la non-fumatrice** non-smoker

il nonno / la nonna grandfather/grandmother (4); **i nonni** grandparents

nono ninth (1)

nonostante despite

il Nord North; **il Polo Nord** the North Pole

nordamericano North American

nord-est northeast

nordico Nordic; Northern

normale normal

normalmente normally

i Normanni the Normans

la nostalgia nostalgia; **la nostalgia di casa** homesickness

nostalgico nostalgic

nostro our (2)

il **notaio** *m./f.* notary
notare to note; to notice
la **notorietà** notoriety
notevole notable, noteworthy
notificare to notify; to serve (*legal*)
la **notizia** piece of news
noto known; well-known
la **notorietà** notoriety; celebrity
il **nottambulo** / la **nottambula** night owl
la **notte** night; **Buona notte!** Good night!
(1); **di notte** at night, during the
night; **tutta la notte** all night (long)
novanta ninety
nove nine
il **Novecento** the 1900s
novembre November (1)
la **novità** (*pl.* le **novità**) news (item);
originality, latest fashions
le **nozze** wedding (8); marriage; l'anniversario
di nozze wedding anniversary; **le nozze
d'argento / d'oro** silver/golden
anniversary (8)
nucleare nuclear; **l'energia nucleare** nuclear
energy
nulla nothing
il **numero** number (1); issue (1); **il maggior
numero di** the majority of; **il numero di
telefono** phone number (1); **il numero
verde** toll-free number; **Che numero
porta?** What size (*shoe*) do you wear?
(*form.*) (6)
numeroso numerous
nuotare to swim (4); **nuotare in piscina** to
swim in the pool (4)
il **nuoto** swimming (10); **fare nuoto / nuotare**
to swim (10)
nuovamente again
nuovo new (2); **di nuovo** again
nutriente nutritious
il **nutrimento** nourishment; food
la **nutrizione** nutrition
la **nuvola** cloud
nuvoloso cloudy

O

o or
l'**obbligo** obligation; l'**obbligo
scolastico** compulsory education
obbligatorio mandatory
l'**obesità** *f.* obesity
l'**occasione** *f.* occasion; **in occasione di** on
the occasion of
l'**occhio** (*pl.* gli **occhi**) eye (2); **gli occhi
azzurri** blue eyes (2); **gli occhi castani /
marroni** brown eyes; **gli occhi verdi**
green eyes (2); **sognare a occhi aperti** to
daydream
gli **occhiali** eyeglasses (2); **gli occhiali da
sole** sunglasses (6)
occidentale Western
l'**occitano** Occitan (*language*)
occupare to take up (*time*); **occuparsi** to be
in charge of; to take care of
oddio! omigosh! (7)
odiare to hate (5)
l'**odore** *m.* smell; odor
offendersi (*p.p.* **offeso**) to take offense
l'**offerta** sale, bargain, discount (13); offer

offrire (*p.p.* **offerto**) to offer (7)
l'**oggetto** object, thing; subject; **gli
oggetti-ricordo** souvenirs
oggi today (1)
ogni *inv.* each, every (PSP-9); **ogni giorno
(mattina, sera, weekend)** every day
(morning, evening, weekend) (3); **ogni
tanto** sometimes (3); every now and then
ognuno *adj.* each one; *pron.* everyone,
each one
le **Olimpiadi** the Olympics
l'**olio** (*pl.* gli **oli**) oil; oil paint; **l'olio di mais**
corn oil; **l'olio (d') di oliva** olive oil
l'**oliva** olive; **l'olio d' (di) oliva** olive oil
oltre more than; **oltre che** besides, in
addition to, as well as
omaggio *adj. inv.* complimentary; free;
l'**omaggio** homage; gift, present
l'**ombelico** (*pl.* gli **ombelichi**) navel;
l'**ombelico del mondo** center of the
world
l'**ombra** shadow; shade
l'**ombrello** umbrella (6)
l'**ombrellone** *m.* beach umbrella (13)
omeopatico homeopathic
l'**omologazione** *f.* approval, recognition
l'**onda** wave
onesto honest
onnipotente omnipotent
l'**onomastico** (*pl.* gli **onomastici**) name day;
saint's day; **Buon onomastico!** Happy
Name Day!; **onomastico** *adj.* pertaining
to one's name day; **il calendario
onomastico** saint's day calendar
l'**onore** *m.* honor; **in onore di** in honor of
l'**opera** opera; work (*artistic, literary, musical,
etc.*); **l'opera d'arte** work of art
l'**operaio/l'operaia** (*pl.* gli **operai** / le
operaie) blue-collar worker (9)
operativo operative, operational
l'**opinione** *f.* opinion
opinionista *m./f.* opinionated
l'**opportunità** *f.* opportunity, occasion, chance
l'**oppositore/l'oppositrice** opponent
l'**opposizione** *f.* opposition
opposto *adj.* opposite; **l'opposto** the
opposite
l'**oppresso/l'oppressa** oppressed person
oppure or
l'**opulenza** opulence
l'**opzione** *f.* option
ora now
l'**ora** hour; time (1); **fare le ore piccole** to
stay up late (3); **A che ora... ?** At what
time . . . ? (3); **Che ora è? / Che ore
sono?** What time is it? (3); **Che ore
saranno?** What time must it be? (PSP-
13); **fra un'ora** in an hour (10); **mezz'ora**
half an hour; **non vedere l'ora di**
(+ *inf.*) to not be able to wait (to do
something)
orale oral; **l'esame orale** oral exam
l'**orario** (*pl.* gli **orari**) schedule; **l'orario dei
treni** train schedule; **l'orario militare**
24-hour clock
l'**orchestra** orchestra (16)
orchestrale orchestral
l'**orchestrante** *m./f.* orchestra musician
ordinale ordinal

l'**ordinamento** set of rules; system
ordinare to order; to order in a restaurant; to
organize; to put in order
ordinato neat, tidy (2); orderly
l'**ordine** *m.* order; religious order; **dare ordini**
to give orders; **mettere in ordine** to
arrange; to organize; **l'ordine cronologico**
chronological order
le **orecchiette** ear-shaped pasta
gli **orecchini** earrings (6)
l'**orecchio** (*pl.* gli **orecchi** *or* le **orecchie**)
ear (2)
l'**orefice** goldsmith
organizzare to organize (13)
l'**organizzazione** *f.* organization; agency
organizzativo *adj.* organizing
organizzato organized
l'**organo** organ
l'**Oriente** *m.* the Orient, the East
l'**origano** oregano
originale *adj.* original; authentic; **l'originale**
m. the original (version)
l'**originalità** *f.* originality; creativity
originariamente formerly, originally
originario original; previous; hailing from
l'**origine** *f.* origin; nationality; **la città di
origine** hometown
orizzontale horizontal
ormai by now
l'**oro** gold; **d'oro** gold, golden; **le nozze
d'oro** golden anniversary; **le regole d'oro**
golden rules
l'**orologio** (*pl.* gli **orologi**) clock, watch (1)
l'**oroscopo** horoscope
orribile horrible
l'**orrore** *m.* horror; **il film dell'orrore**
horror film
l'**orso** bear
l'**ospedale** *m.* hospital (9); *essere ricoverato
in ospedale** to be admitted to the
hospital (10)
ospitare to host
l'**ospite** *m./f.* (*pl.* gli **ospiti** / le **ospiti**) guest;
host
osservare to observe; to pay attention
l'**osservatorio** observatory
l'**ostacolo** obstacle
l'**ostello** hostel
ottanta eighty
ottantasette eighty-seven
l'**ottantenne** *m./f.* eighty-year old
ottavo eighth (1)
ottenere to obtain, to get
ottimista optimistic
ottimo excellent
otto eight
ottobre October (1)
l'**Ottocento** the 1800s
l'**Ovest** *m.* West
ovvero or, or rather
ovviamente obviously, evidently
ovvio (*m. pl.* **ovvi**) obvious; *essere ovvio
che** to be obvious that (15)

P

il **pacco** package (12)
la **pace** peace
il/la **pacifista** pacifist
il **padre** father (4)

il **padrone** / la **padrona** owner, boss; **il padrone** / la **padrona di casa** head of household; landlord / landlady

il **paesaggio** landscape

il **paese** town (12); land, country; **il Paese dei Balocchi** the Land of Toys; **i paesi civili** civilized countries; **il paese di provincia** town (12)

pagare to pay (3); **pagare in nero** to pay illegally

la **paghetta** allowance

la **pagina** page

il **pagliaccio** (*pl.* **i pagliacci**) clown, jester

il **paio** (*pl.* **le paia**) pair (6)

la **pala** shovel

il **palazzo** building; apartment building (11); palace; **il palazzo del comune; il palazzo comunale** city hall (12)

la **palestra** gym; *andare in palestra to go to the gym (10)

la **palla** ball (10); **la** / **pallina da tennis** tennis ball

la **pallacanestro** basketball (game) (10); **giocare a pallacanestro** to play basketball (10)

la **pallavolo** volleyball (game) (10); **giocare a pallavolo** to play volleyball (10)

la **pallina** (small) ball (10)

il **pallone** soccer ball; **giocare a pallone** to play soccer (10)

la **pancetta** bacon

la **pancia** stomach (10); **avere mal di pancia** to have a stomachache (2)

il **pandoro** traditional Italian Christmas cake

il **pane** bread (5)

il **panettone** traditional Italian Christmas cake (8)

il **panificio** (*pl.* **i panifici**) bread shop, bakery (12)

il **panino** sandwich (1)

il **panorama** panorama

panoramico panoramic

i **pantaloncini** shorts (6)

i **pantaloni** pants (6)

il **papa** pope (16); **il papà** father, dad (4)

i **paparazzi** paparazzi, celebrity photographers

il **paracadutismo** parachuting, skydiving; **fare paracadutismo** to go parachuting/skydiving

il **paradiso** paradise; heaven

paragonare to compare

il **paragone** comparison; **fare un paragone** to make a comparison

il **paragrafo** paragraph

il **parapendio** paragliding (10)

il **parassita** parasite

la **parcella** fee; bill

parcheggiare to park (12)

parcheggiato parked

il **parcheggio** (*pl.* **i parcheggi**) parking; parking lot/space (12)

il **parco** (*pl.* **i parchi**) park (12)

parecchio (*m. pl.* **parecchi**) quite a lot of

il/la **parente** relative; **i parenti** relatives (4)

la **parentesi** parenthesis; **tra parentesi** in parentheses

*parere (*p.p.* **parso**) **(che)** to seem (that) (14)

il **parere** opinion; **a mio parere** in my opinion (12)

la **parete** wall

pari equal; **di pari passo** at the same rate/pace; **pari a** equal to

il **Parlamento** Parliament (16)

parlare to talk (3); to speak (3); **parlare a bocca piena** to talk with one's mouth full; **parlare di** to talk about; **parlare con** to talk to

parlato spoken; **la lingua parlata** spoken language (15)

il **Parmigiano** Parmesan cheese (5)

la **parola** word (PSP-10); **la parola simile** cognate

la **parolaccia** (*pl.* **le parolacce**) dirty word (PSP-10)

il **parrucchiere** / la **parrucchiera** hairdresser (9); *andare dal parrucchiere / dalla parrucchiera to go to the hairdresser's

la **parte** part; role; **fare la parte di** to play the part/role of; **la maggior parte di** the majority of; **le parti del corpo** parts of the body

partecipare a to participate in, to take part in

la **partecipazione** participation; wedding, birth, funeral announcement

la **partenza** departure

la **particella** particle

il **participio** (*pl.* **i participi**) participle; **il participio passato** past participle

particolare particular; **in particolare** in particular

la **particolarità** particularity

particolarmente particularly

*partire to leave (7); to depart; **a partire da** starting with

la **partita** game, match (7)

il **partitivo** partitive (*gram.*)

il **partito** political party

part-time: lavorare part-time to work part-time (9)

la **Pasqua** Easter (8); **Buona Pasqua!** Happy Easter! (8); **l'uovo di Pasqua** Easter egg (8)

la **Pasquetta** Easter Monday, the day after Easter

il **passaporto** passport

*passare to stop by; to pass; **passare davanti a** to cut in front of; **passare il tempo** to spend time

il **passaggio** ride; passage; **dare un passaggio** to offer a ride

il **passato** past; **il passato prossimo** present perfect (*gram.*); **il passato progressivo** past progressive (*gram.*); **il passato remoto** past absolute (*gram.*)

il **passeggero** / la **passeggera** passenger

passeggiare to walk; to stroll

la **passeggiata** walk, stroll; **fare una passeggiata** to take a walk (3)

la **passione** passion

passivo passive

il **passo** (foot)step; pace; **a pochi passi da** close to; **di pari passo** at the same rate/pace

la **pasta** pasta; pastry (5)

la **pastella** batter (*cooking*)

la **pasticceria** pastry shop

il **pasticcino** pastry; cookie

il **pasticcio** pie; pudding; mess

il **pasto** meal (5)

la **patata** potato; **le patate/patatine fritte** French fries (5)

la **patatina** (small) potato; potato chip

il **paté** pâté (5)

la **patente di guida** driver's licence

paterno paternal

la **patria** homeland (16)

il **patrimonio** (*pl.* **i patrimoni**) heritage

patrio *adj.* native; of one's country

patriottico patriotic

il **patrono** / la **patrona** patron; **il santo patrono** / la **santa patrona** patron saint

il **pattinaggio** skating (10); **fare pattinaggio** to skate (10)

pattinare to skate (10)

i **pattini** (ice) skates paddle boats

il **patto** pact, agreement

la **paura** fear; **avere paura (di)** to be afraid (of) (2)

la **pausa** break

il **pavimento** floor

il/la **paziente** patient

la **pazienza** patience; **avere pazienza** to be patient; **Abbi pazienza!** Be patient!; **perdere la pazienza** to lose patience

pazzamente madly, crazily

pazzesco crazy

pazzo crazy (2); **essere pazzo** to be crazy

peccato! too bad! (7); **Che peccato!** That's too bad!

pedagogico pedagogical

il **pedalino** sock (*clothing*)

il **pedalò** paddle boat

peggio *adv.* worse; **peggio di** worse than (12)

peggiore *adj.* worse; **peggiore di** worse than (12)

la **pelle** skin; leather (6)

la **pelliccia** fur; fur coat

il **pelo** fur; wool

il/la **pendolare** commuter; **fare il pendolare** to commute

la **penicillina** penicillin

la **penisola** peninsula

la **penna** pen (1); **le penne** short, pointed pasta

pensare to think; **pensare (a)** to think (about) (14); **pensare di** (+ *inf.*) to think about (*doing something*) (10)

il **pensionato** / la **pensionata** retiree (14)

la **pensione** small hotel (13); pension, bed-and-breakfast (13); retirement; **la mezza pensione** accommodation with breakfast and lunch or dinner (13); **la pensione completa** accommodation with meals (13); *andare in pensione to retire (14)

pentirsi to regret

il **pentito** informer

la **pentola** cooking pot

penultimo next-to-last

il **pepe** pepper

il **peperone** bell pepper (5)

per for (5); **per favore / per piacere** please (1)

la pera pear

la percentuale percentage (14)

perché why (4); because (4); so that (PSP-15)

perciò therefore

perdere (*p.p.* **perso** or **perduto**) to lose (7)

perfetto perfect

perfezionato perfected

perfino even

pericoloso dangerous

la periferia periphery (12); outskirts

periferico *adj.* peripheral

periodico (*m. pl.* **periodici**) recurring

il periodo period

il peristilio (*pl.* **i peristili**) internal courtyard or garden in ancient Pompeii

la perla pearl

permanente permanent

la permanenza stay, visit

permeare to permeate

il permesso permission (PSP-15); **Permesso?** Can I come in? (11)

permettere (*p.p.* **permesso**) to allow; **permettersi** to allow oneself; to afford

permissivo permissive

però but

la persecuzione persecution

la persona person; **a persona** per person; **una persona di colore** person of color (4)

il personaggio (*pl.* **i personaggi**) character

personale personal

la personalità personality

pesante heavy

†pesare (*p.p.* **peso**) to weigh

la pesca (*pl.* **pesche**) peach; fishing

il pesce fish (5)

il pescespada swordfish

la pescheria fish shop (12)

il peso weight; **aumentare di peso** to gain weight (10); **calare di peso** to lose weight (10); **sollevare pesi** to lift weights

petrarchesco in the style of Petrarch

il pettegolezzo piece of gossip

il petto chest

*piacere (*p.p.* **piaciuto**) to like (PSP-14); **mi piace** (+ *inf.*) I like (*to do something*) (3); **ti piace** (+ *inf.*) you (*inform.*) like (*to do something*) (3); **le/gli piace** (+ *inf.*) she/he likes to (*do something*) (3); **(Non) ti/Le piace/piacciono... ?** Do (Don't) you like . . . ? (*inform./form.*) (1)

il piacere pleasure; **Piacere!** Pleased to meet you! (1); **mi fa piacere** I am glad; **per piacere** please (1)

piacevole pleasing

il pianeta (*pl.* **i pianeti**) planet; world

piangere (*p.p.* **pianto**) to cry

pianificare to plan

piano slow; **il piano** plan; piano; floor (*of a building*) (11); **piano piano** very slowly; **il primo piano** the first floor; **il secondo piano** the second floor; **il terzo piano** the third floor; **al primo piano** on the first floor; **al secondo piano** on the second floor; **al terzo piano** on the third floor

il pianoforte piano (3)

la pianta city map; plant

il pianterreno ground floor (*U.S. first floor*) (11); **a pianterreno** on the ground floor

piastrellato tiled

il piatto plate, dish (3); **il primo piatto** first course (5); **il secondo piatto** second course (5)

la piazza town square (1); ***andare in piazza** to go to the town square (8)

piccolissimo very small

piccolo small, little (2); **fare le ore piccole** to stay up late (3)

i pici long, thick noodles, typical of Tuscany

il piede foot (3); **a piedi** on foot; ***andare a piedi** to walk, to go on foot (8)

il piedino small foot

pienamente fully, completely

pieno full; **lavorare a tempo pieno** to work full-time (9); **parlare a bocca piena** to talk with one's mouth full

la pietra stone

il pigiama pajamas

pigliare to take; to grab

pigro lazy (2)

la pila battery (16)

la pillola pill; tablet

il pinguino penguin

la pioggia (*pl.* **le piogge**) rain

piovere (*p.p.* **piovuto**) to rain

la piramide pyramid

la piscina swimming pool; ***andare in piscina** to go to the pool; **nuotare in piscina** to swim in the pool (4)

i piselli peas (5)

la pista track; ski trail

la pistola pistol, handgun

il pittore / la pittrice painter (PSP-1)

la pittura picture; painting

piuttosto rather, instead

più more; **di più** more; **il/la più** the most; **più... che** more . . . than (PSP-4); **più... di** more . . . than (PSP-4); **più + *adj.* + di** more . . . than (4); **non... più** not anymore, no longer (7)

la pizza pizza; **la pizza al taglio** pizza by the slice

la pizzeria pizzeria

il pizzo lace

la plastica plastic

plastico *adj.* plastic

il plurale plural

poco (*m. pl.* **pochi**) *adj.* few, not much (2); *adj.* not very (7); *adv.* little, rarely (6); **un po' di** a bit of, a little (5)

il podio pedestal; podium

il poema poem

la poesia poetry (16); poem (PSP-12)

il poeta / la poetessa poet (PSP-12)

poetico (*m. pl.* **poetici**) poetic

il poggiolo balcony (*rare*)

poi then (7)

la polenta polenta, cornmeal dish

policromatico polchrome, multicolored

il politecnico engineering school, technical institute

la politica politics (16)

politico (*m. pl.* **politici**) political; **le scienze politiche** political science

il politico (*pl.* **i politici**) / **la donna in politica** politician (16)

la polizia police

il poliziotto / la poliziotta police officer (9)

poliziesco *adj.* police; **il romanzo poliziesco** detective story

il pollo chicken; **il pollo arrosto** roast chicken (5)

il polo pole; **il Polo Nord** the North Pole

la poltrona armchair (11)

il pomeriggio (*pl.* **i pomeriggi**) afternoon; **di pomeriggio** in the afternoon; **nel pomeriggio** in the afternoon (3)

il pomodorino cherry tomato (5)

il pomodoro tomato

pompeiano of or from ancient Pompeii; **il pompeiano / la pompeiana** inhabitant of Pompeii

il ponte bridge; **fare il ponte** to take an extra day off (8)

popolare popular; **la casa popolare** public housing

la popolarità popularity

popolato populated

la popolazione population (14)

il popolo people

il porcello / la porcella piglet

porgere (*p.p.* **porto**) to hand

porre (*p.p.* **posto**) to put; **porre una domanda** to ask a question

la porta door (1)

il portafoglio (*pl.* **i portafogli**) wallet

il portale gate; portal

portare to bring, to carry (6); to take; to wear (6); to give a ride to; **Che taglia/ numero porta?** What size (*clothing/shoe*) do you wear? (*form.*) (6); **portare a** to lead to

la portata dish; course (*of a meal*)

il porto port (12), harbor

portoghese *adj.* Portuguese (2); **il/la portoghese** Portugese (*person*)

il portone front door, main entrance (*literally, big door*) (11)

la posa pose; posture

posare to place

le posate silverware; tablewhere

positivo positive

la posizione position

possessivo *adj.* possessive

possibile possible; ***essere possibile che** to be possible that (14)

la possibilità possibility

la posta post office (12)

postale postal; **l'ufficio postale** post office (12)

postato posted; mailed

il postino mail carrier

il posto place; position (*employment*); **il posto di lavoro** job; position; **il posto (a sedere)** seat (*in a theater*)

potente powerful

la potenza power

†potere (*p.p.* **potuto**) to be able, can, may (5); **potere** (+ *inf.*) to be able to (*do something*) (6)

il potere power

il poverino / la poverina poor soul

povero poor (2); **Povero/a/i/e!** Poor (thing/ you)!; **i poveri** the poor

la povertà poverty (14)

pranzare to eat lunch (3)

il pranzo lunch (7); **a pranzo** at/to lunch; **dopo pranzo** after lunch; **l'ora di pranzo** lunchtime, lunch hour; **la sala da pranzo** dining room (11)

la pratica practice

praticare to practice (3); **praticare uno sport** to play a sport (3)

praticato practiced

precedente previous

precipitare to precipitate

precisamente precisely

preciso precise; meticulous

la predicazione preaching

predominare to prevail

la preferenza preference

preferibile preferable

preferire (isc) to prefer (3)

preferito favorite (2)

pregare to pray (3); to ask, request

la preghiera prayer; request; plea

prego you're welcome; come in; please sit down; make yourself comfortable; after you / you first; go ahead; help yourself; by all means; **prego?** may I help you? (1)

preistorico (*m. pl.* **preistorici**) prehistoric

prelevare (soldi) to withdraw (money)

preliminare preliminary

premere to press

il premio (*pl.* **i premi**) prize; **il Gran Premio** Grand Prix, Grand Prize

prendere (*p.p.* **preso**) to take (4); to have (*food or drink*); **andare a prendere* to pick up (in a car); **prendere l'abilitazione** to earn a teaching certificate; **prendere l'aereo** to travel by plane (4); **prendere appunti** to take notes; **prendere l'autobus (il treno, la metropolitana)** to take the bus (the train, the subway) (3); **prendere una decisione** to make a decision; **prendere lezioni di** to take lessons in (4); **prendere a noleggio** to rent (*cars, bikes, videos*); **prendere il sole** to sunbathe (4); **prendere le vitamine** to take vitamins (10)

prenotare to reserve (13); **prenotare una camera** to reserve a room

la prenotazione reservation (13); **fare una prenotazione** to make a reservation (13)

preoccupare to worry

preoccupato worried; preoccupied

la preoccupazione worry

preparare to prepare; **preparare la cena** to prepare dinner, to get dinner ready; **preparare un esame** to study for a test; **prepararsi** to prepare oneself, to get oneself ready (PSP-12); **prepararsi a** (+ *inf.*) to prepare to (*do something*) (PSP-14)

preparato prepared

la preparazione preparation

la preposizione preposition

prescrivere (*p.p.* **prescritto**) to prescribe

presentare to present; to introduce; **presentarsi al lavoro** to show up at work

la presentazione presentation

il presente present tense (*gram.*); **il presente indicativo** present indicative (*gram.*); **il presente progressivo** present progressive (*gram.*)

la presenza presence

il/la presidente *m./f.* president (14)

presso near; at

prestare to loan, to lend (PSP-15); **prestare attenzione a** to pay attention to

prestigioso prestigious (12)

presto early (6); **A presto!** See you soon! (3); **è presto** it's early (3); **troppo presto** too early (3)

presumibilmente presumably

prevalentemente chiefly, mainly

prevedere (*p.p.* **previsto** or **preveduto**) to predict

prevenibile preventable

prevenire (*p.p.* **prevenuto**) to prevent

la previsione prediction; **le previsioni del tempo** weather forecast

previsto foreseen; anticipated; **il previsto** the expected (result)

prezioso precious

il prezzo price (13)

la prigione prison; **andare in prigione* to go to prison

il prigioniero / la prigioniera prisoner

prima before (7); first; **prima che** before (PSP-15); **prima di** before

primario primary

la primavera spring (1); **in primavera** in the spring

primitivo primitive

primo first (1); first of the month; **la prima colazione** breakfast; **il primo ministro** *m./f.* prime minister (14); **il primo piano** first floor (*second floor of an Italian building*); **al primo piano** on the first floor (*second floor of an Italian building*); **il primo (piatto)** first course (5)

principale main, principal

principalmente mainly, largely

principe *adj.* main, principal

il principe / la principessa prince/princess

il principio (*pl.* **i principi**) principle

privato private

il pro positive aspect, pro; **i pro e i contro** the pros and cons

probabile probable

probabilmente probably

il problema (*pl.* **i problemi**) problem (PSP-1)

problematico problematic

il processo process, procedure

prodotto produced; **il prodotto** product

produrre (*p.p.* **prodotto**) to produce

la produzione production

professionale professional

la professione profession; **di professione** as a profession, professionally

professionistico professional

il professore / la professoressa professor (1); **il/la prof** prof

profondamente profoundly

la profondità depth

profondo deep

profumato scented, perfumed

il profumo perfume

il/la progettista designer

il progetto project; **i progetti** plans

il programma program (*pl.* **i programmi**) (PSP-1); **il programma alla TV** TV program; **i programmi** plans

programmato planned

la programmazione programming

progressivo progressive; **il passato progressivo** past progressive (*gram.*); **il presente progressivo** present progressive (*gram.*)

il proiettile projectile

prolungare to extend, prolong

promesso promised; **la Terra Promessa** the Promised Land; **i promessi sposi** betrothed

promettere (*p.p.* **promesso**) (**di** + *inf.*) to promise (*to do something*) (PSP-14)

promozionale promotional

la promozione promotion; advertising; offer

promuovere (*p.p.* **promosso**) to promote

il pronome pronoun

pronto *adj.* ready; hello (*on the telephone*) (3); **il pronto soccorso** emergency room

la pronuncia (*pl.* **le pronunce**) pronunciation (15)

pronunciare to pronounce

la propaganda propaganda

proporre (*p.p.* **proposto**) to propose, to suggest; **proporsi** to intend

la proporzione proportion

il proposito purpose; intention; topic; **a proposito di** with regard to

la proposta proposition, suggestion; proposal

la proprietà property

il proprietario / la proprietaria owner

proprio (*adj.*) (*m. pl.* **propri**) one's own; proper; peculiar; **proprio** (*adv.*) really

la prosa prose

il prosciutto ham (5); **il prosciutto crudo** smoked/cured ham

il proseguimento continuation; **Buon proseguimento!** Keep on going!

proseguire (*p.p.* **proseguito**) to continue; to proceed

prospero prosperous

la prospettiva perspective

prossimo next; **l'anno prossimo** next year (10); **il passato prossimo** present perfect (*gram.*); **la settimana prossima** next week (10)

il/la protagonista protagonist

proteggere (*p.p.* **protetto**) to protect (16)

la proteina protein

protestare to protest; to complain

protettivo protective

il protettore / la protettrice protector

la prova proof

provare to try; to try on (6); to feel; **provare a** to try to

proveniente (da) originating (from), coming (from)

il proverbio (*pl.* **i proverbi**) proverb

la provincia (*pl.* **le province**) province; **il paese di provincia** town (12)

provocare to bring on, to provoke
prudente careful
la prudenza carefulness; **con prudenza** carefully (6)
lo/la psicanalista psychoanalyst
la psiche psyche
lo/la psichiatra psychiatrist
la psicologia psychology (1)
psicologico psychological
lo psicologo / la psicologa (pl. **gli psicologi / le psicologhe**) psychologist (9)
pubblicare to publish
pubblicato published
la pubblicità ad
pubblico (m. pl. **pubblici**) public; **i mezzi pubblici** public transportation (12); **l'istruzione pubblica** public education
il pubblico audience, public (7)
pugliese adj. of/from Puglia; **il/la pugliese** person from Puglia
pulire (isc) to clean (3)
pulito adj. clean (PSP-15)
il pullman bus, tour bus (13)
il pullover pullover (6)
la punizione punishment
la punta top; **l'ora di punta** rush hour
puntare to aim
il punteggio score
il punto period (gram.) (.); point; **il punto di vista** point of view
puntuale punctual
puntualmente punctually (6)
purché on the condition that, as long as (PSP-15)
pure even; by all means (with imperatives) (13)
la purezza purity
puro pure
purtroppo unfortunately (10)
la puzza stink, bad smell; **Che puzza!** What a stink!

Q

il quaderno notebook (1)
il quadro picture (11), painting (individual piece) (16)
il quadruplo four times as much
qualche some (PSP-9); **qualche volta** sometimes
qualcosa something (11); **qualcosa da** + inf. something to + inf. (11); **qualcosa da bere** something to drink; **qualcosa da fare** something to do (11); **qualcosa da mangiare** something to eat; **qualcos'altro** some other thing
qualcuno someone (11)
quale which (4); **qual è... ?** what is . . . ? (4)
la qualità quality; **la qualità della vita** quality of life
qualsiasi any; **qualsiasi cosa** anything
qualunque any
quando when (3); **fin quando** until
la quantità quantity
quanto how much (4); how many (4); **Quant'è?** How much is it? (1) **Quanti anni ha?** How old are you? (form.) (2); **Quanti anni hai?** How old are you? (inform.) (2); **Quanti ne abbiamo oggi?** What is

today's date? (lit. How many of them do we have today?) (1, PSP-8); **Quanto costa?** How much does it cost?; **Quanto costano?** How much do they cost?; **ogni quanto** how often; **Quanti/Quante...!** So many (what) . . . !
quaranta forty
quarantacinque forty-five
quarantacinquemila forty-five thousand
il quartiere neighborhood (12)
quarto fourth (1); **il quarto** one quarter; **Sono le sette e un quarto.** It's 7:15. / It's a quarter past 7:00.; **Sono le sette e tre quarti.** It's 7:45. / It's a quarter to 8:00.
quasi almost
quattordicesimo fourteenth
quattordici fourteen
quattro four; **alle quattro del pomeriggio** at 4 P.M.
il Quattrocento the 1400s
quello that (2); **quello che** what; that which
la questione question; issue
questo this (2)
qui here; **clicca qui** click here; **qui vicino** nearby, near here
quindi therefore
quindicesimo fifteenth
quindici fifteen
quinto fifth (1)
la quota fee; amount, level
quotidianamente adv. daily, on a daily basis
quotidiano adj. daily, everyday; **il quotidiano** daily newspaper (14)

R

la rabbia anger; **mi fa rabbia** it makes me angry
la racchetta racket
raccogliere (p.p. **raccolto**) to collect, to gather
la raccolta collection
la raccomandazione recommendation
raccontare to tell (15); **raccontare di** to tell about; **raccontare una storia** to tell a story (15); **raccontare una barzelletta** to tell a joke (15)
il racconto short story; **il racconto rosa** romantic story
radersi to shave (6)
la radice root
radio adj. inv. radio; **la stazione radio** radio station; **la radio** (pl. **le radio**) radio (PSP-1)
raffreddato: *essere raffreddato to have a cold (10)
il raffreddore cold (illness); **avere il raffreddore** to have a cold (10)
il ragazzo / la ragazzina little boy/girl, kid (PSP-10)
il ragazzo / la ragazza boy/girl, guy/girl (1); boyfriend/girlfriend (PSP-15)
il ragazzone big boy (PSP-10)
raggiante radiant, glowing
raggiungere (p.p. **raggiunto**) to reach; to arrive at
raggiunto reached
raggruppare to gather, assemble
la ragione reason (14); **avere ragione** to be right (2)

il ragno spider
il ragù meat sauce
rapidamente quickly, fast
il rapporto relationship; report
il/la rappresentante representative
rappresentare to represent; to perform (play, opera, etc.)
rappresentativo di adj. representative of
rappresentato represented, shown
la rappresentazione performance; representation
raramente rarely (6)
raro rare
la rassegna festival; fair
i ravioli ravioli
razionale rational
il razzismo racism (14)
il re (pl. **i re**) king (16); **i Re Magi** the Wise Men
***reagire (isc)** to react
reale royal; real
realistico (m. pl. **realistici**) realistic
realizzare to realize (16); to carry out, to bring about (16)
la realtà reality; **in realtà** really, actually
la reazione reaction
recente recent
recitare to act, to perform
recuperare recuperate
la redenzione redemption
il referente reference
regalare to give as a gift
il regalo gift (7)
la regina queen (16)
regionale regional; **l'italiano regionale** regional variation of standard Italian (15); **il treno regionale** local, regional train line
la regione region (1)
il/la regista film director
registrare to record
registrato recorded; noted down
il regno kingdom; realm
la regola rule; **le regole di comportamento** rules of conduct
regolare regular
regolare to regulate
regolato regulated
regolarmente regularly (6)
reinterpretare to reinterpret
reinterpretato reinterpreted
relativamente relatively
relativo respective; relative
la religione religion (1)
religioso religious (12)
il religioso / la religiosa member of a religious order (16)
remoto remote; **il passato remoto** past absolute (gram.)
rendere (p.p. **reso**) to make, cause to be; **rendere noto** to make known
il reparto section; department
la replica copy, replica
la repubblica (pl. **le repubbliche**) republic (16)
la residenza residence (1)
resistere to resist
resistente adj. resistant
il/la responsabile person in charge
la responsabilità responsibility

*restare to stay, to remain

restituire (isc) to give back (PSP-15)

il resto rest, remainder

la rete net; the Web; radio/TV channel

il retro back, reverse

la revisione revision; review

riascoltare to listen again

riassumere (*p.p.* **riassunto**) to summarize

il riassunto synopsis, summary

ricamare to embroider

ricamato embroidered, embellished

la ricchezza wealth

ricchissimo very rich

riccio (*m. pl.* **ricci**) curly; **i capelli ricci** curly hair

ricco (*m. pl.* **ricchi**) rich (2)

la ricerca (*pl.* **le ricerche**) research; **fare ricerca** to do research

il ricercatore / la ricercatrice researcher

la ricetta prescription; recipe

ricevere to receive (PSP-5)

il ricevimento reception

la ricezione reception

richiamare to call back

richiedere (*p.p.* **richiesto**) to require; to ask again

la richiesta request

†ricominciare to start over, to start again

riconoscere (*p.p.* **riconosciuto**) to recognize

riconosciuto recognized

riconsegnare to give back

riconsiderare to reconsider

ricordare to remember; to remind; **ricordarsi di** (+ *inf.*) to remember to (*do something*)

*ricorrere (*p.p.* **ricorso**) **a** to turn to; to recur, repeat

il ricorso recourse

ricostruire to reconstruct

la ricotta ricotta (cheese)

ricoverato hospitalized; **ricoverato in ospedale** admitted to the hospital

ricreare to recreate

ricreativo recreational

ridere (*p.p.* **riso**) to laugh

ridotto *adj.* reduced

ridurre (*p.p.* **ridotto**) to reduce

*rientrare to come home (3)

riferire (isc) to report; to refer to

rifiutare to refuse

riflessivo reflexive

riflettere to reflect

la riforma reform

il rifugiato / la rifugiata refugee (14)

il rifugio (*pl.* **i rifugi**) refuge

la riga (*pl.* **le righe**) line; stripe

rigido rigid, strict; stiff

riguardare to concern

rilassarsi to relax (13)

rilassato relaxed

rileggere to reread

rilevare to emphasize; **rilevare dei dati** to obtain data

rimandare to postpone; to put off until later

*rimanere (*p.p.* **rimasto**) to stay (7); to remain (7); ***rimanere a casa** to stay home (PSP-3)

rimettere (*p.p.* **rimesso**) to get well, recover; **Rimettiti presto!** Get well soon! (10)

rimuovere (*p.p.* **rimosso**) to remove

rinascere (*p.p.* **rinato**) to be reborn

rinascimentale *adj.* (of the) Renaissance

il Rinascimento Renaissance (12)

il ringraziamento thanks; **il giorno del Ringraziamento** Thanksgiving Day

ringraziare to thank

rinnovare to renew

la rinuncia (*pl.* **le rinunce**) renunciation, giving up

rinunciare to give up

riparare to repair

ripartire to leave again; to distribute

il ripasso revie

ripetere to repeat

la ripetizione repitition

ripetuto repeated

riportare to bring back (PSP-15); to report

riposarsi to rest; **Riposati!** Rest! (10)

il riposo rest

riprendere (*p.p.* **ripreso**) to take again; to shoot (a film)

risalire (a) to date back (to) (15)

la risata burst of laughter

rischiare to risk (16)

il rischio (*pl.* **i rischi**) risk; **a rischio** at risk

riscrivere (*p.p.* **riscritto**) to rewrite

riscuotere (*p.p.* **riscosso**) to obtain

risolvere (*p.p.* **risolto**) to resolve (*an issue*), to solve a problem (9)

il Risorgimento 19th-century movement for Italian unification

la risorsa resource

il risotto rice dish (5)

risparmiare to save (*money*) (9)

rispettabile respectable

rispettare to respect; to follow (rules)

rispettato respected

rispettivo respective

rispetto a compared to, respective to

il rispetto respect; **rispetto a** compared with

rispondere (*p.p.* **risposto**) to respond (7); to answer; **rispondere a una domanda** to answer a question

la risposta response; answer

il ristorante restaurant (1)

il ristoratore / la ristoratrice restaurateur

risultare to result; to prove

il risultato result

il ritardo delay; ***essere in ritardo** to be late; **in ritardo** late (6)

ritenere (*p.p.* **ritenuto**) to believe; to hold; to maintain

il ritmo rhythm (7); pace; **il ritmo della vita** rhythm of life (12); pace of life

*ritornare to return

il ritornello refrain, chorus

il ritorno return

il ritratto portrait

ritrovare to discover, to find

ritrovato found; discovered

la riunione meeting

*riuscire to succeed; ***riuscire a** (+ *inf.*) to succeed in (*doing something*) (PSP-14); to be able (*to do something*)

rivedere (*p.p.* **rivisto** or **riveduto**) to see again

rivelare to reveal

la rivista magazine (3)

rivolgere to turn (to), to direct; **rivolgersi** (*p.p.* **rivolto**) **(a)** to turn (to), to address (oneself) (to); to consult

rivoltare to turn again, turn back

robusto strong, sturdy; robust

la roccia rock

il romancio Romansh (a *Romance language of Switzerland*)

romano *adj.* Roman; **il romano / la romana** Roman (*person from Rome*); **fare alla romana** to split the bill; to pay one's share of the bill (5)

romantico (*m. pl.* **romantici**) romantic

il Romanticismo Romanticism

romanzo *adj.* Romance; **la lingua romanza** Romance language (15)

il romanzo novel (16)

rompere (*p.p.* **rotto**) to break (7); **rompersi la gamba / il braccio** to break a leg/arm (10)

rosa *inv.* pink (2); **il film rosa** romantic movie; **il racconto rosa** romantic story

il rosmarino rosemary

rosso red (2); **i capelli rossi** red hair; **la Croce Rossa** Red Cross

rotto broken

la routine routine, daily life

le rovine ruins

rubare to rob, to steal

il rumeno Romanian (*language*) (15)

il rumore noise (12)

rumoroso noisy

il ruolo role

rurale rural

russo *adj.* Russian; **il russo** Russian (*language*); **il russo / la russa** Russian (*person*)

rustico rustic; simple

ruvido coarse, rough

S

sabato Saturday (1); on Saturday; **il sabato** every Saturday

il sacchetto bag

il sacco (*pl.* **i sacchi**) bag; **il sacco a pelo** sleeping bag; **un sacco di** a whole lot of

il/la saggista essayist, non-fiction writer

la sala hall; **la sala da pranzo** dining room (11)

il sale salt (5)

saliente salient, important

*salire (*p.p.* **salito**) to climb (up); to get in

il salmone salmon (5)

il salotto living room, sitting room

la salsa sauce; gravy

saltare to skip (*something*); **saltare la scuola** to skip school

il salto hop, jump; **fare un salto** to stop by

saltuario occasional

la salumeria delicatessen (12)

i salumi *pl.* cold cuts

salutare to greet; **salutarsi** to greet (*each other*) (8)

la salute health (10); **Salute!** Bless you! / *Gesundheit!* (10)

il saluto greeting

la salvaguardia protection; **la salvaguardia dell'ambiente** protection of the environment

la salvia sage, white sage

i sandali sandals (6)

il sangue blood

la sanità health

sanitario (*m. pl.* **sanitari**) *adj.* health; **gli articoli sanitari** health-related products; **il sistema sanitario** healthcare system

sano healthful; **mangiare sano** to eat healthy food

il santo / la santa saint (16) **il santo patrono / la santa patrona** patron saint

sapere to know (*a fact*) (4); to find out about (*passato prossimo*) (7); **sapere** + *inf.* to know how to (*do something*) (4); **non si sa mai** one never knows; **si sa che** everyone knows that (15)

la sapienza knowledge, wisdom

il sapone soap

la sarda sardine

il sardo Sardinian (*language*); **il sardo / la sarda** Sardinian (*person*)

satellitare *adj.* satellite

i Saturnali Saturnalia, ancient Roman festival in December

sbagliarsi to be wrong (6)

sbarcare to disembark (*boat, plane*) (14); **sbarcare il lunario** to get by, make ends meet

lo sbarco disembarkation

sbucare to appear; to pop out

la scacchiera chessboard; **lo sciopero a scacchiera** strike affecting alternating groups of workers

la scadenza deadline

lo scaffale bookcase (11)

scaglionare to stagger; to space out

la scala staircase; ladder; **il Teatro alla Scala** Milan opera house; **le scale** stairs; **fare le scale** to take the stairs

lo scalino rung; small step

scambiare to exchange

gli scampi prawns

lo scandalo scandal

***scappare** to run away; to escape

scaricare to download (3)

le scarpe shoes (6); **le scarpe da ginnastica** sneakers (6)

la scarpina baby's bootie

lo scarpone boot, hiking boot

lo scarto discard, waste

scatenarsi to let loose (*lit.* to unchain oneself)

scattare to take a photo

lo scavo excavation site, dig

scegliere (*p.p.* **scelto**) to choose (7)

la scelta choice

lo scemo / la scema moron; **Che scemo/ scema!** What a moron/idiot!

la scena scene

***scendere** (*p.p.* **sceso**) to go down, to descend

la scenografia cinematography; scenic design

scenografico (*m. pl.* **scenografici**) *adj.* stage; spectacular

lo sceriffo sheriff

lo scheletro skeleton

scherzare to joke (15); to kid (15)

lo scherzetto trick, prank; **dolcetto o scherzetto** Trick or Treat

lo schiavo / la schiava slave

la schiena back; spine

lo schifo disgust; **Che schifo!** How gross! (4)

lo sci (*pl.* **gli sci**) ski; skis (PSP-1); **lo sci alpinismo** backcountry skiing (10)

lo scialle shawl

sciare to ski (4)

la sciarpa scarf (6)

scientifico (*m. pl.* **scientifici**) scientific; **il liceo scientifico** high school with a focus on the sciences

la scienza science; **le scienze della comunicazione** communications (*subject matter*) (1); **le scienze politiche** political science (1)

lo scienziato / la scienziata scientist (9)

la scimmia monkey

lo scimpanzé chimpanzee

sciocco (*m. pl.* **sciocchi**) foolish

lo sciopero strike (14); **lo sciopero a scacchiera** strike affecting alternating groups of workers; **lo sciopero selvaggio** wildcat (unannounced) strike; **lo sciopero a singhiozzo** strike scheduled for various periods during the day (i.e., morning and evening rush hour)

la scogliera cliff, reef

scolastico (*m. pl.* **scolastici**) *adj.* school; **l'anno scolastico** school year; **l'obbligo scolastico** compulsory education; **il sistema scolastico** school system

***scomparire** (*p.p.* **scomparso**) to disappear (15)

lo sconosciuto stranger

scontento unhappy

lo scooter motorscooter

la scoperta discovery

lo scopo purpose; goal; **un'associazione senza scopo di lucro** a non-profit organization

scoprire (*p.p.* **scoperto**) to discover; to find out (16)

scordare to forget

scorretto bad, incorrect

scorso last (7); **la settimana scorsa** last week

scritto written; **l'esame scritto** written exam; **la lingua scritta** written language (15)

lo scrittore / la scrittrice writer (16)

la scrivania desk (11)

scrivere (*p.p.* **scritto**) to write (3); **Come si scrive... ?** How do you write . . . ?

lo scrupolo (*pl.* **gli scrupoli**) scruple(s)

lo scudetto Italian Soccer Cup

il scultore / la scultrice sculptor

la scultura sculpture (16)

la scuola school (9); **a scuola** in/at school; **frequentare la scuola** to go to school; **marinare la scuola** to play hooky, cut school (6); **la scuola elementare** elementary school (9); **la scuola media** middle school (9); **la scuola superiore** secondary school (9)

scuro dark; **la carnagione scura** dark skin tone (4)

scusa (*inform.*) excuse me (3); sorry (10)

la scusa excuse

scusi (*form.*) excuse me (3); sorry (10)

sdraiarsi to lie down

se if; **anche se** even if; **se fossi in te** if I were you

sé oneself (PSP-16); herself, himself (PSP-16); themselves (PSP-16)

sebbene even though (PSP-15)

il secchione / la secchiona bookworm, nerd

il secolo century; **l'undicesimo secolo** the 11th century (12); **il dodicesimo secolo** the 12th century (12)

a seconda di according to; depending on

secondario secondary; **la scuola secondaria** secondary school

secondo *adj.* second (1); **la Seconda Guerra Mondiale** Second World War (WWII); **il secondo piano** second floor (*third floor of an Italian building*); **al secondo piano** on the second floor (*third floor of an Italian building*); **il secondo (piatto)** second course (5)

secondo *prep.* according to; **secondo me** in my opinion (12); **secondo te/Lei** in your opinion (*inform./form.*) (12)

il secondo second (*unit of time*)

la sede residence; seat, headquarters; **lo studente fuori sede** student attending a university not in his/her hometown

sedentario (*m. pl.* **sedentari**) sedentary (10)

sedersi to sit (11)

la sedia chair (11)

sedicesimo sixteenth

sedici sixteen

la seduta session, sitting; photo shoot

seduto seated

la seggiola chair

il segmento segment

segnalare to indicate; to point out

la segnaletica stradale road signs, signage

segnare to mark; to make a note of

il segno sign; **la Lingua Italiana dei Segni** Italian Sign Language

la segreteria telefonica answering machine, voicemail

il segretario / la segretaria (*pl.* **i segretari / le segretarie**) secretary, assistant

segreto *adj.* secret; **il segreto** secret

seguente following

seguire to follow; to take (a course) (1); to supervise

il seguito continuation, wake; **in seguito** as a result, then

il Seicento the 1600s

selezionare to select, choose

la selezione selection

selvaggio (*m. pl.* **selvaggi**) wild; **lo sciopero selvaggio** wildcat (unannounced) strike

***sembrare** to seem; **sembrare che** to seem that (14)

il semestre semester

semplice simple

semplicemente simply

sempre always (3)

la senape mustard
il Senato Senate
il senatore / la senatrice senator (16)
senese Sienese, from Siena
il senso way; direction; sense; **a senso unico** *adj.* one-way; **il senso unico** one way
senta (*form.*) listen (3)
senti (*inform.*) listen (3)
sentimentale *adj.* sentimental, love
il sentimento feeling
sentire to hear, to listen; to smell; **Mi senti?** Do you hear me? (3); **Non ti sento.** I don't hear you. (3) **sentirsi** to feel (6)
senza without; **senza che** without (PSP-15); **senza fili** wireless
separarsi to separate (*from each other*) (8)
separato separated (4)
seppia sepia (*color*)
la sera evening; **alla/di sera** in the evening (3); **Buona sera** good evening (1); **da sera** *adj.* evening; **ieri sera** yesterday evening, last night; **le scarpe da sera** evening shoes; **il vestito da sera** evening dress
la serata evening, the whole evening
la serenata serenade, love song
serenissimo most calm, most peaceful
sereno serene, calm
seriamente seriously
la serie series
serio (*m. pl.* **seri**) serious (2); **prendere sul serio** to take seriously
il serpente snake, serpent
serrare to close in
servire to serve (3); to help; to be useful, to be of use; to need; **A cosa servono?** What are they used for?
servito served
il servizio (*pl.* **i servizi**) service charge; service; **i servizi** service industry; bathroom facilities
sessanta sixty
il sesso sex
sesto sixth (1)
la seta silk
la sete thirst; **avere sete** to be thirsty
settanta seventy
settantacinque seventy-five
settantanove seventy-nine
sette seven
il Settecento the 1700s
settembre September (1)
settentrionale Northern (15); **il Settentrione** the North
la settimana week; **il fine settimana** weekend (7); **la settimana bianca** a week-long skiing vacation; **la settimana prossima** next week (9); **la settimana scorsa** last week
settimanale *adj.* weekly (*publication*)
settimo seventh (1)
il settore sector
la sezione section
la sfida challenge
la sfilata fashion show (6)
lo sfondo background, backdrop
lo sforzo effort; concentration
lo shopping shopping (3); **fare shopping** to go shopping (3)

gli shorts shorts (6)
si *pron.* himself, herself, oneself; yourself, themselves
sì yes
siciliano *adj.* Sicilian; **il siciliano / la siciliana** Sicilian (*person*)
sicuramente surely, certainly
la sicurezza safety; security; **la cintura di sicurezza** seat belt
sicuro safe (14); sure (5); **di sicuro** certainly; *essere sicuro che to be sure that (15); **Sicuro? / Sicura?** Are you sure?
la sigaretta cigarette
significare to mean; **Che significa... ?** What does . . . mean?
significativo significant
il significato meaning
il signore / la signora gentleman/lady; sir / madam, ma'am; Mr. / Mrs., Ms.
signorile *adj.* noble, aristocratic
la signorina Miss; young woman
il silenzio silence
silenzioso quiet
simboleggiare to symbolize
il simbolo symbol
simbolico (*m. pl.* **simbolici**) symbol
simile similar
simpatico / simpatica (*pl.* **simpatici / simpatiche**) nice, likeable (PSP-2)
sinceramente sincerely, honestly (6)
sincero sincere, honest (2)
il sindaco mayor
il singhiozzo hiccup; **lo sciopero a singhiozzo** strike scheduled for various periods during the day (i.e., morning and evening rush hour)
single *adj.* single, unmarried
singolare singular; **il singolare** the singular (*gram.*)
singolo single; **il singolo** single (*song*) (7); **la camera singola** single room (13)
la sinistra left (*direction*); **a sinistra** on the left; **a sinistra di** to the left of (11); **di sinistra** leftist, left-wing; **girare a sinistra** to turn left (13); **sulla sinistra** on the left (13)
sinistro *adj.* left
la sintassi syntax
il sintomo symptom
la sirena siren
il sistema system (PSP-1); **il sistema sanitario** healthcare system; **il sistema scolastico** school system
il sito web Web site
la sistemazione arrangement
il sito Internet Web site
la situazione situation
lo skate skateboarding (10); **fare skate** to skateboard (10)
sloveno *adj.* Slovenian; **lo sloveno / la slovena** Slovenian (*person*)
lo smartphone smartphone
smettere (*p.p.* **smesso**) (**di** + *inf.*) to quit (*doing something*), to stop (*doing something*) (PSP-14); **smettere di fumare** to quit smoking; **smettere di lavorare** to stop working (9)
lo smog smog (12)

l'SMS *m.* text message
il soccorso emergency care; **il pronto soccorso** emergency room (10)
sociale social; **l'assistente sociale** *m./f.* social worker
la socializzazione socialization
la società society
la sociologia sociology (1)
il sociologo / la sociologa (*pl.* **i sociologi / le sociologhe**) sociologist
soddisfacente satisfying
la soddisfazione satisfaction; **provare soddisfazione** to be happy, to feel happy
sodo hard; **lavorare sodo** to work hard (9)
la sofferenza suffering, pain
sofferto suffered, experienced
soffiare to blow
soffice soft; fluffy
soffrire (*p.p.* **sofferto**) to suffer; **soffrire di** to suffer from (*an illness*) (10)
il soggetto subject
il soggiorno living room (11); *andare in soggiorno to go into the living room (8); stay (*period of time*) (13)
sognare to dream; **sognare di** (+ *inf.*) to dream of (*doing something*) (10)
il sogno dream; **avere un sogno nel cassetto** to have a secret wish (*lit.* to have a dream in the drawer) (13)
solamente only
solare sun, solar; **la crema solare** sunscreen
il soldato / la soldatessa soldier (16)
i soldi *m. pl.* money (3); **prelevare soldi** to withdraw money
il sole sun; **gli occhiali da sole** sunglasses (6); **prendere il sole** to sunbathe (4)
solito usual, same; **di solito** usually
la solitudine loneliness, isolation (14)
sollevare to lift; **sollevare pesi** to lift weights
solo *adj.* sole, only, alone; *adv.* only, alone; **da solo / da sola** *adj./adv.* alone; **una sola volta** just one time, just once
soltanto only, just
la soluzione answer, solution
somigliare a to resemble; to look like
la somiglianza similarity
la somma sum
sommare to add up; to total
sommato added up, totaled; **tutto sommato** all things considered, all in all
il sondaggio (*pl.* **i sondaggi**) poll, survey
il sonetto sonnet (16)
il sonno sleep; **avere sonno** to be sleepy (2)
sonoro *adj.* sound; **la colonna sonora** soundtrack
sopportare to tolerate
sopra above; on top
il sopracciglio (*pl.* **le sopracciglia**) eyebrow
il soprannome nickname
soprannominato nicknamed
soprattutto above all; especially
sopravanzare to surpass; to exceed
la sorella sister (4)
la sorellastra half-sister; step-sister
la sorellina little sister
sorgere (*p.p.* **sorto**) to rise; to appear
sorpassare to surpass

sorprendente surprising

sorprendere (*p.p.* **sorpreso**) to surprise

la sorpresa surprise

il sorriso smile

sospeso suspended; hung up

il sostantivo noun

sostenere to support, sustain

il sostenitore / la sostenitrice supporter

il sostentamento food; sustenance

sostituire (isc) to substitute

sotto under, below; **qui sotto** here below

sottolineare to underline

sottolineato underlined

il sottotitolo subtitle

sottovoce quietly, under one's breath

gli spaghetti spaghetti (5)

spagnolo *adj.* Spanish (2); **lo spagnolo / la spagnola** Spanish (person); **lo spagnolo** Spanish (*language*) (PSP-6)

la spalla shoulder (6)

spalmabile spreadable

sparire (*p.p.* **sparito**) to disappear

sparito disappeared

sparso *adj.* scattered

lo spasso amusement, entertainment; **portare il cane a spasso** to take the dog for a walk

spaziale *adj.* (outer) space

lo spazio (*pl.* **gli spazi**) space

la spazzatura garbage, trash

lo spazzolino small brush; **lo spazzolino da denti** toothbrush

lo specchio (*pl.* **gli specchi**) mirror (11); **allo specchio** in the mirror; **guardarsi allo specchio** to look at oneself in the mirror

speciale special

lo/la specialista specialist

specialistico specialized

la specialità specialty

specializzato specialized

la specializzazione specialisation, specialty

specialmente specially, especially

specificamente specifically

specifico (*m. pl.* **specifici**) specific

spedire (isc) to send (12)

la spedizione shipping

spegnere (*p.p.* **spento**) to turn off; **spegnere le luci** to turn off the lights

spendere (*p.p.* **speso**) to spend money

la speranza hope

sperare to hope (14); **sperare che** to hope that (14); **sperare di** (+ *inf.*) to hope to (*do something*) (10)

spericolato fearless, daring

la spesa grocery shopping; **fare la spesa** to go grocery shopping, to grocery shop (7)

le spese costs; **fare spese** to go shopping (3)

spesso often (3); **spesso e volentieri** quite often (13)

lo spettacolo show (7)

spezzato broken

la spiaggia (*pl.* **le spiagge**) beach (13); **la spiaggia libera** free/public beach *andare in spiaggia** to go to the beach

lo spicchio slice, wedge

spiegare to explain (3)

la spiegazione explanation

gli spinaci spinach

spingere (*p.p.* **spinto**) to push; to drive

la spirale spiral; **a spirale** *adj.* spiral

lo spirito ghost; spirit

spiritoso witty, clever (2)

spirituale *adj.* spiritual

splendido splendid, magnificent

lo splendore splendor

spontaneo spontaneous

sporco (*m. pl.* **sporchi**) dirty

lo sport sport (1); **fare sport** to play sports (3); **gli sport estremi** extreme sports; **praticare uno sport** to play a sport (3)

sportivo *adj.* sports; athletic; **l'attività sportiva** sports activity

sposarsi to marry (8)

sposato married (4)

lo sposo / la sposa spouse; **i promessi sposi** betrothed; **gli sposi** newlyweds

spostare to move (something); **spostarsi** to move

sprecare to waste

sprovincializzato *adj.* broad-minded

lo spumante sparkling wine

lo spuntino snack; **fare uno spuntino** to have a snack (3)

la squadra team

†**squillare** to ring (*bell*)

sradicare to uproot

stabile steady, stable

lo stabilimento establishment; **lo stabilimento balneare** beach club

stabilire to establish

stabilirsi (isc) to settle (oneself)

staccare to take a break

lo stadio (*pl.* **gli stadi**) stadium

la stagione season; **l'alta stagione** high season (13); **la bassa stagione** low season (13)

lo/la stagista intern

stamattina this morning

stampare to print

stampato printed

stanchissimo very tired

stanco (*m. pl.* **stanchi**) tired (2)

lo standard standard; *adj.* standard

stantio (*m. pl.* **stanti**) stale, outdated

la stanza room

*****stare** (*p.p.* **stato**) to be (4); to stay (4); to remain (4); *****stare bene** to be well (2); *****stare benissimo** to be great (2); *****stare così così** to be so-so (2); *****stare molto bene** to be very well (2); **Come sta?** How are you? (*form.*) (2); **Come stai?** How are you? (*inform.*) (2)

starnutire (isc) to sneeze

stasera tonight (PSP-3), this evening

statale *adj.* state

statico *adj.* static

la statistica (*pl.* **le statistiche**) statistic; statistics course

statistico (*m. pl.* **statistici**) statistical

lo stato state; **lo stato civile** marital status

la statua statue

statunitense American, of or from the U.S.

la stazione station; train station

la stella star; **a tre (a quattro) stelle** *adj.* three (four) star

stellato starry

lo stendardo banner; **lo stendardo dipinto** colored/painted banner

lo stereo stero

lo stereotipo stereotype

stesso *adj.* same (2); -self; **noi stessi** ourselves; **me stesso** myself; **te stesso** yourself

lo stile style

lo/la stilista designer (9); stylist

stimolante stimulating

lo stipendio (*pl.* **gli stipendi**) salary (9)

stirare to iron (*clothing*)

gli stivali boots (6)

la storia story; history (1); **raccontare una storia** to tell a story (15)

storico (*m. pl.* **storici**) historical; **il centro storico** historical center (of a city), old town (12)

lo straccio rag

la strada street (11); **per (la) strada** on the street

stradale *adj.* road, street; **il cartello stradale** traffic sign

stranamente strangely

straniero *adj.* foreign; **lo straniero / la straniera** foreigner

strano strange; *****essere strano che** to be strange that

straordinario extraordinary

la strategia strategy

stressante stressful

stressato stressed (2)

stretto narrow

strillare to scream; to yell

lo strumento instrument; **suonare uno strumento** to play a musical instrument

la struttura structure

lo studente / la studentessa student (1)

studiare to study (3); **studiare in biblioteca** to study in the library

lo studio (*pl.* **gli studi**) study; study, office; practice; **la borsa di studio** scholarship (9); **il campo di studi** field of studies; **il corso di studi** curriculum; **finire gli studi** to complete one's studies; **la materia di studio** subject matter (1); **gli studi** studies; **gli studi internazionali** international studies (1)

studioso studious, diligent (2); **lo studioso / la studiosa** scholar, researcher

stupendo wonderful, marvelous

stupido stupid (2)

su on (5); out of; **20 su 30** 20 out of 30; **Su, coraggio!** Cheer up!; **su misura** customized; **sul serio** seriously; **sulla destra** on the right; **sulla sinistra** on the left

Subito! Right away! (6); *****tornare subito** to be right back, to come right back

*****succedere** (*p.p.* **successo**) to happen; **Cos'è successo?** What happened?

successivo following

il successo success

il succo (*pl.* **i succhi**) juice; **il succo d'arancia** orange juice (1); **il succo di frutta** fruit juice

il Sud South

sufficiente sufficient

il suffisso suffix

il suggerimento suggestion

suggerire to suggest

il sugo (*pl.* **i sughi**) sauce (5)

suo her/his/one's (2); its (2); **Suo** your (*sing. form.*) (2)

il suocero / la suocera sister-in-law; **i suoceri** in-laws

la suola sole (of shoe)

suonare to play (an instrument) (3); *suonare **l'allarme** to sound the alarm

il suono sound

la suora nun

superare to pass; to overcome; **superare un esame** to pass an exam (PSP-15)

superiore higher; better; **la scuola superiore** secondary school (9)

il superlativo superlative (*gram.*)

il supermercato supermarket (PSP-15)

il supplemento supplement

il/la supplente substitute

il supporto support

lo svantaggio disadvantage

svegliare to wake up; **svegliarsi** to wake (oneself) up (6)

lo sviluppo development

svizzero Swiss

svolgere (*p.p.* **svolto**) to carry out, to do; **svolgersi** to take place

T

il tabaccaio (*pl.* **i tabaccai**) tobacco shop (12), tobacconist

la tabaccheria tobacco store

il tabacco tabacco

la tabella table; chart

il tacco (*pl.* **i tacchi**) heel; **i tacchi alti** high heels (6)

taggare to tag (*Internet*)

la taglia size (*clothing*); **Che taglia porta?** What size do you take? (*form.*) (6)

tagliare to cut, slice, carve

le tagliatelle flat, wide noodles

il taglio cut; **la pizza al taglio** pizza by the slice

il tamburello tambourine

il tango (*pl.* **i tanghi**) tango

tanto *adj.* many, a lot (PSP-15); *adv.* very; **ogni tanto** sometimes (3); every now and then; **tanto... quanto** as . . . as (PSP-4)

il tappeto rug (11)

la tarantella tarantella (*traditional dance*)

la tarantola tarantula

tardi late (6); **è tardi** it's late (3); **fino a tardi** (until) late; **A più tardi!** See you later! (3); **presto o tardi** sooner or later; **troppo tardi** too late (3)

la targa license plate (PSP-1)

la tasca (*pl.* **le tasche**) pocket

la tassa tax (14); fee (14); **le tasse universitarie** university fees

il/la tassista taxi driver

il tasso rate (14); **il tasso di disoccupazione** unemployment rate (14)

la tastiera keyboard (*piano, computer*) (7)

il tatuaggio tattoo (6)

tatuare to tattoo

la taverna tavern, pub

la tavola table; board, plank; **apparecchiare la tavola** to set the table (5); **il galateo a tavola** table manners; **la tavola calda** bistro, luncheonette (*lit.* hot table)

il tavolino small table

il tavolo table (11)

la tazza cup

te you (PSP-16)

il tè tea (1)

teatrale *adj.* theater

il teatro theater (7); *andare a teatro to go to the theater (7)

la tecnica (*pl.* **le tecniche**) technology; technique

tecnico *adj.* technical

la tecnologia (*pl.* **le tecnologie**) technology

tecnologico technological

tedesco (*m. pl.* **tedeschi**) *adj.* German (2); **il tedesco** German (*language*); **il tedesco / la tedesca** German (*person*)

la tela cloth; canvas

il telecomando (TV) remote

telefonare (a) to call, to telephone

la telefonata phone call; **fare una telefonata** to make a phone call

telefonico (*m. pl.* **telefonici**) *adj.* telephone; **un numero telefonico** telephone number; **la segreteria telefonica** answering machine

il telefonino cellular phone (3)

il telefono telephone (3); **il numero di telefono** phone number (1); **al telefono** on the phone

il telegiornale TV news

il telegrafo telegraph

la guida TV TV program guide

il telescopio telescope

la televisione television (1); **alla/in televisione** on television; **guardare la televisione** to watch television; **lavorare alla/in televisione** to work in television

televisivo *adj.* television; **il programma televisivo** television program

il televisore television set (11)

il telo da mare beach towel

il tema (*pl.* **i temi**) theme; essay

temere (che) to fear (that) (14)

il tempaccio bad weather (PSP-10)

la tempera tempera painting

la temperatura temperature

il tempo time; weather; era (PSP-10); **allo stesso tempo** at the same time; **Che tempo fa?** What's the weather like? (2); **in tempo** in time; **lavorare a tempo pieno / full-time** to work full-time (9); **passare tempo** to spend time; **il tempo libero** free time

temporaneamente temporarily

la tenda tent; **la tenda (da campeggio)** camping tent

tendere (*p.p.* **teso**) **a** to tend to

tenere to have; to keep (10); to hold; **tenere a** to care about

il tennis tennis; **giocare a tennis** to play tennis (3); **la palla/la pallina palline da tennis** tennis ball

la tensione tension

tentare di to attempt to

tenuto *adj.* be held

il teologo / la teologa theologian

la teoria theory

termale *adj.* spa; thermal

il termine word, term (15)

la terra earth; ground; land; **per terra** on the ground; **la madre terrra** Mother Earth; **la Terra Promessa** the Promised Land

la terrazza terrace

il terrazzino small terrace, patio

terreno earthly; **i beni terreni** worldly goods

terrestre *adj.* earth; **il paradiso terrestre** earthly paradise

terrificante terrifying

il territorio (*pl.* **i territori**) territory

il terrorismo terrorism

terrorizzato *adj.* terrified, frightened

terzo third (1); **la terza età** the "golden years" (14); **il terzo piano** third floor (*fourth floor of an Italian building*); **al terzo piano** on the third floor (*fourth floor of an Italian building*); **il terzo** a third

la tesi (*pl.* **le tesi**) *inv.* thesis (PSP-1)

teso *adj.* tense, anxious; intense

il tesoro tresure; **tesoro** honey (*term of endearment*)

il tessuto fabric, cloth, textile

la testa head (2); **avere mal di testa** to have a headache (2)

il testamento will; testament

la testata heading

la testimonianza evidence

testimoniare to attest

testimoniato proven, attested

il testo lyrics (7); text, writing

la tettoia canopy, awning

ti *pron.* you (*inform.*)

il tifo support; **fare il tifo per** to be a fan of

il tifoso / la tifosa fan, supporter

la timidezza shyness

timido shy

tingere (*p.p.* **tinto**) to dye, color

tipico (*m. pl.* **tipici**) typical

il tipo type, kind; **il tipo / la tipa** (*coll.*) guy/girl

la tipologia type, variety

il tiramisù dessert of ladyfingers soaked in espresso, with mascarpone cheese, whipped cream, and cocoa

tirare to pull; to blow (*wind*)

il tirocinio internship; apprenticeship; **fare un tirocinio** to do one's training

il titolo title

toccare to touch; **toccare a** to be the turn of; **Tocca a te!** It's your turn!

tollerare to tolerate, to (be able to) stand

la tomba tomb, grave

il tonno tuna

il tono tone

la torcia (*pl.* **le torce**) torch; **la torcia elettrica** flashlight

*tornare to return (3); *tornare a casa to go home; *tornare subito to be right back

la torre tower

il torrone nougat

la torta cake (5); **la torta al cioccolato** chocolate cake

i tortellini tortellini (*filled pasta*) (5)

il torto wrong, error; **avere torto** to be wrong (2)

tosare l'erba to cut the grass (11)

toscano *adj.* Tuscan (15); **il toscano** Tuscan dialect (15); **il toscano / la toscana** Tuscan (*person*)

totale total

il tour tour (*tourism, music*); concert (7); **fare un tour** to take/make a tour

il tovagliolo napkin (5)

tra between (5); **tra parentesi** in parentheses

la traccia trace, evidence

tracciare to trace, sketch

la tracolla shoulder bag

il tradimento betrayal

tradizionale traditional

tradizionalmente traditionally

la tradizione tradition; **la tradizione letteraria** literary tradition (15)

tradurre (*p.p.* **tradotto**) to translate

il traffico (*pl.* **i traffici**) traffic (12)

il tramezzino tramezzino ("tea") sandwich

tramite through

tranne except

tranquillamente calmly

la tranquillità calm

tranquillo *adj.* calm (2)

la transizione transition

***trascorrere** (*p.p.* **trascorso**) to spend time

trascorso *adj.* (time) spent

trascurabile unimportant, irrelevant

trasferirsi (isc) to relocate (11); to move

trasformare to transform (16); **trasformarsi** to transform (14); **trasformarsi in** to change into

la trasformazione change, transformation

il trasporto transport; **i mezzi di trasporto** means of transportation

il trattamento treatment

trattarsi di to be a matter of

il trattato treatise; treaty

il trattino dash, hyphen (-)

tratto da taken from

la trattoria casual restaurant

il travestimento disguise, costume

tre three

il Trecento the 1300s (12)

tredicesimo thirteenth

tredici thirteen

il trekking hiking; **fare trekking** to hike

tremendo awful, terrible

tremila three thousand

il trench raincoat, trench coat (6)

il treno train; ***andare in treno** to go by train (8); **prendere il treno** to take the train; **viaggiare in treno** to travel by train

trenta thirty; **luna e trenta** one-thirty

tribale tribal

il tribunale courtroom (9)

il triclinio (*pl.* **i triclini**) chaise longue used by ancient Pompeians while eating

triennale three-year; **la laurea triennale** three-year university degree

il trionfo triumph

il triplo triple, three times

triste sad (2)

il triumvirato group of three magistrates, highest governing body in ancient Rome

il triumviro member of the triumvirate

il trofeo trophy

il trombone trombone

tropicale tropical

troppo *adj.* too much; too many; **troppo presto** too early (3); **troppo tardi** too late (3)

trovare to find (12); to be (found); **trovare lavoro** to find a job **trovarsi** to find oneself (*in a place*); ***andare a trovare** to visit (*people*) (7)

truccarsi to put on makeup (6)

il trucco makeup; trick; effect (6); **i trucchi del mestiere** tricks of the trade (6)

il trullo trullo (cylindrical building with a conical roof, typical of Puglia)

la t-shirt t-shirt (6)

tu *pron.* you (*inform. after prep.*)

il tuffo dive, plunge; leap

tuo your (*s. inform.*) (2)

i tuoi your parents; your family, relatives (*coll.*) (4)

il turchese turquoise (*stone*)

turco (*m. pl.* **turchi**) *adj.* Turkish; **il turco** Turkish (*language*); **il turco / la turca** Turk (*person*)

il turismo tourism

il/la turista tourist

turistico (*m. pl.* **turistici**) *adj.* tourist

il turno turn; shift; **a turno** in turn, by turns

la tuta tracksuit; **la tuta da ginnastica** sweats, sweatsuit

tuttavia nevertheless

tutti everyone (11)

tutto everything (11); all; **tutta la notte** all night; **tutta la sera** all evening; **tutti e due** (*m.*) / **tutte e due** (*f.*) both (5); **tutti i giorni** every day (3); **tutto il giorno** all day; **in tutto il mondo** all over the world; **tutto sommato** all things considered, all in all

la TV TV; **alla / in TV** on TV; **guardare la TV** to watch TV

twittare to tweet; to send tweets (3), (6)

U

ubriacarsi to get drunk

l'uccello bird

(l'Unione Europea) EU (European Union); in nell'Unione Europea the EU

uffa! oh man!, geez! (7)

ufficiale *adj.* official

l'ufficio (*pl.* **gli uffici**) office (9); ***andare in ufficio** to go to the office (8); **l'ufficio postale** post office (12); **in ufficio** in/at the office

l'UFO *inv.* UFO

uguale equal, (the) same

ulteriore additional, further

ultimo last

l'umanesimo humanism

umanistico *adj.* liberal arts, humanistic

umano *adj.* human; **il corpo umano** human body; **l'essere umano** human being

umiltà humility

l'umore *m.* mood; **di cattivo umore** in a bad mood

umoristico comic

l'un l'altro each other, one another

un po' di a bit of (5)

l'una one o'clock; **l'una e mezzo** one thirty

undicesimo eleventh

undici eleven

unico (*m. pl.* **unici**) sole, only (4); **la figlia unica** only daughter; **il figlio unico** only son; **a senso unico** *adj.* one-way; **il senso unico** one way

unifamiliare *adj.* one-family

unificare to unify

uniformare to make uniform, to spread evenly

l'unione *f.* union; **l'Unione Europea** the European Union

unire (isc) to join; to unite

unito united, linked

universale universal; **l'Esposizione Universale** World's Fair

l'università university (1)

universitario (*m. pl.* **universitari**) *adj.* university; **l'esame universitario** university exam; **la laurea universitaria** university degree; **lo studente universitario** college student; **le tasse universitarie** university fees

uno one; a/an

l'uomo (1) (*pl.* **gli uomini**) man (PSP-1)

l'uovo (*pl.* **le uova**) egg (5); **l'uovo di Pasqua** Easter egg (8)

urbanistico *adj.* urban; city planning

l'urbanizzazione *f.* urbanization

urbano *adj.* city, urban; **il centro urbano** city (12)

l'urlo shout; scream; roar

usare to use

usato used

***uscire** to leave (a place) (3); to exit (3); ***uscire (con)** to go out (with others) (3)

l'uscita exit (3)

l'uso use; practice, custom

usufruire (*p.p.* **usufruito**) to enjoy, benefit from

utile useful

l'utilità *f.* usefulness

utilizzare to utilize, make use of

utilizzato used, utilized

l'utilizzo use; application

l'uva grapes

V

la vacanza vacation (13); ***andare in vacanza** to go on vacation; ***essere in vacanza** to be on vacation; **fare una vacanza** to take a vacation

le vacanze vacation (3); **Buone vacanze!** Have a good vacation! (8); **passare le vacanze** to spend one's vacation

***valere** (*p.p.* **valso**) to be worth

la validità validity; effectiveness

valido effective, valid

la valigia (*pl.* **le valigie**) suitcase

il valore value

valorizzare to enhance; to promote

la valorizzazione development

valutare to evaluate

la valutazione evaluation

il vantaggio (*pl.* **i vantaggi**) advantage, benefit; **col vantaggio di** with the added advantage of

il vapore gas, vapor; steam

variare to vary

la variazione variation

la varietà variety

vario (*m. pl.* **vari**) various

variopinto *adj.* colorful

la vasca tub; **la vasca da bagno** bathtub (11)

il vasetto small jar

il vaso vase

la vecchiaia old age (14)

vecchio (*m. pl.* **vecchi**) old (2); **il vecchio / la vecchia** (*pl.* **i vecchi / le vecchie**) old man/woman

vecchissimo very old

vedere (*p.p.* **visto** or **veduto**) to see (7); **Ci vediamo!** See you! (8); **da vedere** "must see" (5); **far vedere** to show; **un film da vedere** a "must see" film; **non vedere l'ora (di** + *inf.*) to not be able to wait (*to do something*) (3); **si vede che** you can tell that / it's clear that (14); **vedersi** to see each other (8)

la veduta view, vista

il Vedutismo 17th-century Italian landscape painting

il vedutista painter practicing **Vedutismo**

vegetariano vegetarian

la vela sail; **la barca a vela** sailboat (13)

il veleno venom, poison; hate

veloce fast (2)

velocemente quickly, fast (6)

la velocità speed

la vendemmia grape harvest

vendere to sell

vendesi for sale

il venditore / la venditrice vendor

venduto sold

venerdì Friday (3)

Venere Venus

***venire** (*p.p.* **venuto**) to come (3); ***venire a** (+ *inf.*) to come to (*do something*) (PSP-14)

ventesimo twentieth

venti twenty

venticinque twenty-five

ventidue twenty-two

ventinove twenty-nine

ventiquattro twenty-four

ventisei twenty-six

ventisette twenty-seven

ventitré twenty-three

il vento wind

ventotto twenty-eight

ventunesimo twenty-first

ventuno twenty-one

veramente really, actually (10); truly

il verbo verb

verde green (2); **la Croce Verde** Green Cross; **il numero verde** toll-free number

la verdura vegetable (5); vegetables; **il negozio di frutta e verdura** fruit and vegetable shop (12)

verificare to check; **verificarsi** to occur

la verità truth

vero true; real; **vero?** right?

veronese *adj.* from Verona; **il/la veronese** Veronese (*person from Verona*)

versare to pour; to spill

la versione version

verso toward; around, about

verticale vertical

il vertice top

il vescovo bishop

il vestiario clothes, clothing; wardrobe

vestire to dress; **vestirsi** to get dressed (6); **vestire alla moda** to dress fashionably

i vestiti clothes (6)

il vestito dress (6); suit (6)

il veterinario / la veterinaria (*pl.* **i veterinari / le veterinarie**) veterinarian (9)

il vetraio (*pl.* **i vetrai**) glass blower

la vetrina shop window (PSP-14); **guardare le vetrine** to window-shop

il vetro glass

vi *pron.* you; there

via away; ***andare via** to go away

la via street (1)

viaggiare to travel (4); **viaggiare in treno** to travel by train

il viaggiatore / la viaggiatrice traveler

il viaggio (*pl.* **i viaggi**) trip; **l'agenzia di viaggi** travel agency; **Buon viaggio!** Have a good trip! (8); **fare un viaggio** to take a trip

il viale avenue, boulevard

vicinissimo very close

vicino (a) *adj., adv.* near; **da vicino** closely; **qui vicino** nearby, near here; **il vicino / la vicina di casa** neighbor

il vicolo alley

il video (*pl.* **i video**) video

il videogioco (*pl.* **i videogiochi**) videogame

vietato prohibited

il vigile / la vigilessa *m./f.* traffic cop (12)

la vigilia eve; evening before (8)

la vignetta cartoon

la villa (detached) house; villa

il villaggio village

la villeggiatura vacation; **la località di villeggiatura** resort

vincere (*p.p.* **vinto**) to win (7)

il vincitore / la vincitrice winner

il vino wine (5)

viola *inv.* violet, purple (2)

la viola viola (*instrument*)

violento violent

la violenza violence (14)

il violino violin (3)

il violoncello cello

la virgola comma

virtualmente virtually

virtuoso *adj.* able, expert; honest

la visione vision; concept; sight

la visita visit (PSP-15); **la visita guidata** guided tour; **la visita medica** medical examination

visitare to visit (*places*) (7)

visitato visited, frequented

il visitatore / la visitatrice visitor

la vista view; eyesight; **l'amore a prima vista** love at first sight; **il punto di vista** point of view

la vita life (10); life span, lifetime; **il costo della vita** cost of living; **la doppia vita** double life; **le esperienze di vita** life experiences; **la qualità della vita** quality of life; **il ritmo della vita** rhythm of life (12); pace of life

(*pl.* **le vitacce**) crazy, hectic life; hard life

la vitamina vitamin (10)

il vitello veal (5)

vitruviano *adj.* Vitruvian (refers to Da Vinci's drawing, *The Proportions of Man*)

la vittoria victory

Viva... ! Long live . . . !

vivace lively

vivente living

***vivere** (*p.p.* **vissuto**) to live (10); **guadagnarsi da vivere** to earn a living

vivo living, live; **dal vivo** live

il vizio (*pl.* **i vizi**) vice; bad habit

il vocabolario (*pl.* **i vocabolari**) vocabulary

la vocale vowel

la voce voice; **parlare a voce alta** to talk in a loud voice

la voga vogue, style; **in voga** in style

la voglia desire, wish; **avere voglia di** to want

voi you (*pl. inform.*), you all (PSP-16)

†volare to fly (10)

volentieri willingly, gladly (5); **spesso e volentieri** quite often (13)

†volere (*p.p.* **voluto**) to want (5); **volersi bene** to love (*each other*) (8); **Vorrei...** I would like . . . (2); **Cosa vuol dire... ?** What does . . . mean?; **Cosa vuoi fare?** What do you want to be?

volgare vulgar

il volley volleyball

il volo flight; flying

la volontà will; **la buona volontà** goodwill

il volontario / la volontaria volunteer

il volontariato volunteer work (14)

il volontario / la volontaria (*pl.* **i volontari / le volontarie**) volunteer

il volpe fox

la volta time (*occasion*); **a volte** sometimes; **c'era una volta...** once upon a time . . . (9); **la prima (l'ultima) volta** the first (last) time; **qualche volta** sometimes; **una volta** once; **un'altra volta** another time (5)

voltarsi to turn, turn around

il volume volume, loudness

vorrei I would like (9)

vostro your (*pl. inform.*) (2)

votare to vote

il voto vote (1); grade; **il màssimo dei voti** top grades

la Vucciria open-air market in Palermo

vulcànico volcanic

il vulcano volcano

vuoto empty

W

Il water toilet (11)

il Web the Web

il weekend weekend (7)

Y

lo yoga yoga (10); **fare yoga** to do yoga (10)

lo yogurt yogurt

Z

lo zaino (*pl.* **gli zaini**) backpack (1)

la zebra zebra

lo zero zero

lo zio (*pl.* **gli zii**) uncle (4); **la zia** aunt (4)

a zig zag zig-zag shape

la zona area, zone

lo zoo (*pl.* **gli zoo**) zoo

lo zùcchero sugar (5)

la zucchina zucchini (5)

la zuppa soup; **la zuppa inglese** English trifle (sponge cake soaked in liqueur with custard)

This glossary contains the translations of all of the words and expressions from the end-of-chapter vocabularies.

A

a lot **tanto** *adj.* (PSP-15)
A.D. (anno domini) **d.C. (dopo Cristo)** (12)
to be able, can, may †**potere** (5); to be able to (*do something*) †**potere** (+ *inf.*) (6)
about **di** (5); about it **ne** (PSP-8); about them **ne** (PSP-8)
abroad **all'estero** (13)
to accept **accettare** (10); to accept to (*do something*) **accettare di** (+ *inf.*) (PSP-14)
accessory **l'accessorio** (*pl.* **gli accessori**) (6)
active **attivo** (1)
actor/actress **l'attore/l'attrice** (9)
actually **veramente** (10)
administrative center **il capoluogo** (12)
adventurous **avventuroso** (4)
advice (*piece of*) **il consiglio** (16)
to be afraid of **avere paura di** (2)
after **dopo** (7); **dopo di che** (7)
in the afternoon **nel pomeriggio** (3)
agile **agile** (PSP-4)
aging **l'invecchiamento** (14)
ago **fa** (7)
to agree ***essere d'accordo** (13)
air conditioning **l'aria condizionata** (13)
airplane **l'aereo** (1)
all: that's all . . . **niente...** (11)
allergy **l'allergia** (10)
always **sempre** (3)
American (*nationality*) **americano** (2)
angry **arrabbiato** (2)
to get angry **arrabbiarsi** (6); to be angry with someone **avercela con qualcuno** (PSP-16)
anniversary **l'anniversario** (8); Happy Anniversary! **Buon anniversario!** (8); silver/golden anniversary **le nozze d'argento/d'oro** (8)
anthropology **l'antropologia** (1)
antipasto **l'antipasto** (5)
not anymore **non... più** (7)
anyway . . . **niente...** (11)
apartment **l'appartamento** (11)
apartment building **il condominio, il palazzo** (11)
appetizer **l'antipasto** (5)
to apply **fare domanda** (9)
April **aprile** (1)
architect **l'architetto** *m./f.* (9)
to argue **litigare** (15)
arm **il braccio** (6); arms *pl.* **le braccia** (6)
armchair **la poltrona** (11)
armoire **l'armadio** (11)
to arrive ***arrivare** (13)
artist **l'artista** *m./f.* (9)

as . . . as **così... come** (PSP-4); **tanto... quanto** (PSP-4); as long as **a condizione che** (PSP-15); **purché** (PSP-15)
to ask **chiedere** (15); to ask to (*do something*) **chiedere di** (+ *inf.*) (PSP-14); to ask a question **fare una domanda** (3)
asparagus **l'asparago** (PSP-1)
aspirin **l'aspirina** *f.* (10)
assortment of sliced meats and sausages **gli affettati misti** (5)
asthma **l'asma** (10)
astrologist **l'astrologo/l'astrologa** (PSP-1)
asylum **l'asilo** (14)
at **a** (5); **da** (PSP-5)
athlete **l'atleta** *m./f.* (PSP-4)
to attend **frequentare** (3)
audience **il pubblico** (7)
August **agosto** (1)
aunt **la zia** (4)
Australia **l'Australia** (2)
Australian (*nationality*) **australiano** (2)
Austria **l'Austria** (2)
Austrian (*nationality*) **austriaco** (2)
autumn **l'autunno** (1)
to avoid **evitare** (10)
to go away ***andarsene** (PSP-16)
awesome (*n.*) **da re** (5)

B

B.C. (before Christ) a.C. **(avanti Cristo)** (12)
backpack **lo zaino** (1)
bad **cattivo** (2); to be bad weather **fare brutto** (2); not bad **non c'è male** (2); too bad! **peccato!** (7)
badly **male** *adv.* (6)
bakery **il forno** (12); **il panificio** (12)
balcony **il balcone** (11)
ball **la pallina** (10); **la palla** (10)
band **il gruppo musicale** (7)
bank **la banca** (12); to go to the bank ***andare in banca** (8)
bargain **l'offerta** (13)
Baroque period **il Barocco** (12)
baseball cap **il berretto; il cappellino** (6)
basketball (*game, ball*) **il basket** (10); to play basketball **giocare a pallacanestro** (10)
bathing suit **il costume (da bagno)** (6)
bathroom **il bagno** (11); to go in the bathroom ***andare in bagno** (8)
bathtub **la vasca (da bagno)** (11)
battery **la pila** (16)
to be ***essere** (2); ***stare** (4); to be (*nationality*) ***essere** (+ *nationality*) (2); to be from (*city*) ***essere di** (+ *city*) (2); to be great ***stare benissimo** (2); to be so-so

*stare così così (2); to be very well ***stare molto bene** (2); to be well ***stare bene** (2)
beach **la spiaggia** (13)
beautiful **bello** (PSP-2); to be beautiful weather **fare bello** (2); How beautiful! **Che bello/a/i/e!** (4)
because **perché** (4)
to become ***diventare** (9)
bed **il letto** (11); to go to bed ***andare a letto** (3); to make the bed **fare il letto** (PSP-6)
bed-and-breakfast **la pensione** (13); accommodation with breakfast and lunch or dinner included **la mezza pensione** (13); accommodation with breakfast, lunch, and dinner included **la pensione completa** (13)
bedroom **la camera da letto** (11); to go into the bedroom ***andare in camera da letto** (8)
beer **la birra** (1)
Befana (*celebration of the Catholic feast of the Epiphany, January 6; the kindly old woman who brings gifts to children on Epiphany eve*) **la Befana** (8)
before **prima** (6); **prima che** (PSP-15); before Christ (B.C.) **avanti Cristo (a.C.)** (12)
to begin **cominciare;** †**iniziare** (3)
behind **dietro** (11)
beige **beige** *inv.* (2)
to believe **credere** (14); to believe in (*something/someone*) **credere a/in** (14); to believe in (*doing something*) **credere di** (+ *inf.*) (PSP-15); to believe that **credere che** (14)
belt **la cintura** (6)
my best **il mio meglio** (PSP-14)
better than *adv.* **meglio di** (12); *adj.* **migliore di** (12)
between **fra** (5); **tra** (5)
bicycle **la bicicletta** (1); to go by bicycle ***andare in bicicletta** (8)
bidet **il bidè** (11)
big **grande** (2)
bike **la bici** (1); to bike ride **fare ciclismo** (10); to go for a bike ride **fare un giro in bici** (7)
bill **il conto** (5); to split the bill **fare alla romana** (5)
biologist **il biologo / la biologa** (PSP-1)
biology **la biologia** (1)
birth **la nascita** (14)
birthday **il compleanno** (6); Happy Birthday! **Buon compleanno!** (8); to have a birthday **compiere gli anni** (7)

a bit of **un po' di** (5)

black **nero** (2)

Bless you! **Salute!** (10)

blond **biondo/a;** blond hair **i capelli biondi** (2)

blouse **la camicetta** (6)

blue **blu** *inv.* (2); (sky) blue **azzurro** (2); blue-collar worker **l'operaio/l'operaia** (9)

boat **l'imbarcazione (di fortuna)** (makeshift) boat

body **il corpo** (6)

bodybuilding **il culturismo** (10); to bodybuild **fare culturismo** (10)

book **il libro** (1); big book **il librone** (PSP-10)

bookcase **lo scaffale** (11)

bookstore **la libreria** (12)

boots **gli stivali** (6)

What a bore! **Che mattone!** (4)

to get bored **annoiarsi** (6)

boredom **la noia** (14)

boring **noioso** (2)

to be born ***nascere** (7); I was born in (*name of city*) **Sono nato/a a...** (2)

to bother **dare fastidio** (10)

bottle **la bottiglia** (1)

boy **il ragazzo** (PSP-2); big boy **il ragazzone** (PSP-10); little boy **il ragazzino** (PSP-10)

bread **il pane** (5); bread shop **il forno** (12); **il panificio** (12)

Break a leg! **In bocca al lupo!** (8)

to break **rompere** (6); to break one's leg/arm **rompersi la gamba / il braccio** (10); to break up **lasciarsi** (8)

to eat breakfast **fare colazione** (3)

to bring **portare** (6); to bring about **realizzare** (16); to bring back **riportare** (PSP-15)

broth **il brodo** (5)

brother **il fratello** (4)

brown **marrone** (2); brown hair **i capelli castani/marroni** (2)

to brush one's teeth **lavarsi i denti** (6)

bus **l'autobus** *m.* (3); (tour) bus **il pullman** (13); to take the bus **prendere l'autobus** (4)

business **l'occupazione** *f.* (14)

busy **impegnato** (2)

but **ma** (PSP-13)

butcher shop **la macelleria** (12)

butter **il burro** (5)

to buy **comprare** (PSP-13)

by (*a certain time*) **entro** (PSP-14); by all means **pure** (*with imperatives*) (13)

bye **ciao** (1)

C

cafeteria **la mensa** (3)

cake **la torta** (5); traditional Easter cake (*in the shape of a dove*) **la colomba** (8); traditional Christmas cake **il panettone** (8)

calm **tranquillo** (2)

can, may, to be able to **†potere** (5)

Canada **il Canada** (2)

Canadian (*nationality*) **canadese** (2)

cap **il berretto, il cappellino** (6)

cappuccino **il cappuccino** (1)

car **l'automobile, l'auto** (PSP-1); **la macchina** (1); big car **la macchinona** (PSP-10); to go by car ***andare in macchina** (8); to go for a car ride **fare un giro in macchina** (7)

card: to play cards **giocare a carte** (3)

cardigan (button down) sweater **il cardigan** (6)

care **la gestione** (14)

carefully **con prudenza** (6)

to carry **portare** (6); to carry out **realizzare** (16)

cat **il gatto** (1)

catalogue **il catalogo** (PSP-1)

cathedral **il duomo** (12)

CD **il CD** (PSP-8)

to celebrate **festeggiare** (7)

cell phone **il telefonino** (3)

(town) center, downtown **il centro** (6); administrative center **il capoluogo** (*pl.* **i capoluoghi**) (12); to go downtown ***andare in centro** (8); historical center (of a city) **il centro storico** (12); shopping center, mall **il centro commerciale** (7)

central **centrale** (15); Central-Southern **centro-meridionale** (15)

century: **il secolo**; the 11th century **l'undicesimo secolo** (12); the 12th century **il dodicesimo secolo** (12); the 1200s **il Duecento** (12); the 1300s **il Trecento** (12)

to be certain that ***essere certo che** (15)

chair **la sedia** (11)

to change **†cambiare** (15)

chaos **il caos** (12)

charcoal grilled **alla brace** (5)

to chat **chiacchierare** (15), **fare due chiacchiere** (15); to chat (online) **chattare** (3)

to check **controllare** (3)

cheese **il formaggio** (5)

chemistry **la chimica** (1)

cherry **la ciliegia** (PSP-1); cherry tomato **il pomodorino** (5)

(roast) chicken **il pollo (arrosto)** (5)

as a child **da bambino/a** (9)

China **la Cina** (2)

chocolate **il cioccolato** (5)

to choose **scegliere** (7)

Christmas **il Natale** (8); Christmas tree **l'albero di Natale** (8); Merry Christmas! **Buon Natale!** (8); traditional Christmas cake **il panettone** (8)

church **la chiesa** (8); to go to church ***andare in chiesa** (8)

city **la città** (1); **il centro urbano** (12); big city **la metropoli** (12); city dweller **il cittadino / la cittadina** (14); city hall **il palazzo del comune** (12)

civic **civico** (12)

clarinet **il clarinetto** (PSP-7)

class (*group of students*) **la classe** (1)

class period **la lezione** (1)

classroom **l'aula** (1)

clean **pulito** (PSP-15)

to clean **pulire** (6)

to be clear that ***essere chiaro che** (15); it's clear that **si vede che** (14)

clerk (*in a store*) **il commesso / la commessa** (9)

How clever! **Che furbo!** (4)

clock **l'orologio** (1)

to close **chiudere** (3)

closet **l'armadio** (*pl.* **gli armadi**) (11)

clothes **gli abiti, i vestiti** (6)

coal **il carbone** (8)

coffee **il caffè** (1); to have a coffee **prendere un caffè** (3)

cold (virus) **il raffreddore** (10); to be cold **avere freddo** (2); to be cold weather **fare freddo** (2)

color **il colore** (2)

to come ***venire** (PSP-3); Can I come in? **Permesso?** (11); come here **vieni/venga qui** (*inform./form.*) (13); Come in! **Prego!** (1), **Avanti!** (11); to come to (*do something*) ***venire a** (+ *inf.*) (PSP-14); come on! **dai!** (6)

to make oneself comfortable **accomodarsi** (13)

company **l'azienda** (*f.*), **la ditta** (9)

to complain **lamentarsi** (13)

to compose **comporre** (16)

composer **il compositore / la compositrice** (16)

composition **il componimento** (PSP-6)

computer **il computer** (1)

concert **il concerto** (7)

Constitution **la Costituzione** (16)

to construct **costruire** (12)

construction site **il cantiere** (9)

contact lenses **le lenti a contatto** (2)

contemporary **contemporaneo** (15)

content **contento** (2)

to cook **cucinare** (4)

cookie **il biscotto** (PSP-12)

to cope **farcela** (PSP-16)

in the corner **nell'angolo** (11)

couch **il divano** (11)

to be a couple **mettersi insieme** (8)

course (*of study*) **il corso** (1); first course (*meal*) **il primo (piatto)** (5); second course **il secondo (piatto)** (5); to take a course **seguire un corso** (1); Of course! **Certo!** (6)

courtroom **il tribunale** (9)

cousin **il cugino / la cugina** (4)

cover charge **il coperto** (5)

crazy **pazzo** (2); like crazy **da matti** (5)

creative **creativo** (4)

crime (*in general*) **la delinquenza** (14)

crisis **la crisi** (PSP-1)

Cuba **Cuba** (2)

Cuban (*nationality*) **cubano** (2)

curious **curioso** (2)

to cut school **marinare la scuola** (6); to cut the grass **tosare l'erba** (11)

What a cute girl! **Che bella ragazza!** (4); What a cute guy! **Che bel ragazzo!** (4)

cutlet **la braciola** (5)

cycling **il ciclismo** (10)

D

dad **il babbo, il papà** (4)

daily **quotidiano** (14)

dance **la danza** (10); to dance **fare danza** (10), **ballare** (3)

to date back (to) **risalire (a)** (15); What is today's date? **Quanti ne abbiamo oggi?** (1)

daughter **la figlia** (4)

day **il giorno** (PSP-9); everyday **ogni giorno** (3); **tutti i giorni** (3); good day **buon** giorno (1); Have a nice day! **Buona giornata!** (8); in two days **fra due giorni** (10); New Year's Day **il Capodanno** (8); to take an extra day off **fare il ponte** (8)

no big deal **ci mancherebbe altro** (5)

death **la morte** (14)

December **dicembre** (1)

to decide **decidere** (12); to decide to (do something) **decidere di** (+ inf.) (PSP-14)

to dedicate **dedicare** (PSP-12)

degree (college) **la laurea** (9)

delicatessen **la salumeria** (12)

to demonstrate **dimostrare** (16)

dentist **il/la dentista** (9); to go to the dentist's (office) ***andare dal dentista** (PSP-5)

to derive ***derivare** (15)

to design **disegnare** (9)

designer **lo/la stilista** (9)

desk (student) **il banco** (at school) (1), **la scrivania** (at home, office) (11)

dessert **il dolce** (5)

destination **la destinazione** (13)

dialect **il dialetto** (15)

dialogue **il dialogo** (PSP-1)

dictator **il dittatore / la dittatrice** (16)

dictionary **il dizionario** (1)

to die ***morire** (7)

to be on a diet ***essere a dieta / fare la dieta** (10)

difficult **difficile** (2)

dining room **la sala da pranzo** (11)

dinner **la cena** (3)

diploma **il diploma** (9)

director **il direttore / la direttrice** (PSP-15)

to disappear ***scomparire** (15)

What a disaster! **Che disastro!** (4)

discotheque **la discoteca** (3)

discount **l'offerta** (13)

to discover **scoprire** (16)

to discuss **discutere** (15)

to disembark (boat, plane) **sbarcare** (14)

dish **il piatto** (3); side dish **il contorno** (5)

dishwasher **la lavastoviglie** (11); to load the dishwasher **caricare la lavastoviglie**

disorganized **disordinato** (2)

divorce **il divorzio** (14)

divorced **divorziato** (4)

to do **fare** (3); to do for a living **fare** (4); How are things done? **Come si fa?** (14); What do people do? **Cosa si fa?** (14); What do you want to do (in the future)? (9) **Cosa vuoi fare?** (inform.) / **Cosa vuole fare?** (form.); to do the laundry **fare il bucato** (7, 11)

doctor **il dottore / la dottoressa** (PSP-1); **il medico** m./f. (9); doctor's instructions for care **la cura** (10)

dog **il cane** (1)

door **la porta** (1); front door **il portone** (11)

double room **la camera doppia** (13)

to doubt (that) **dubitare (che)** (14); there's no doubt that **non c'è dubbio che** (15)

dove **la colomba** (8)

to download **scaricare** (3)

to go downtown ***andare in centro** (8)

to draw **disegnare** (9)

to dream **sognare** (14); to dream of (doing something) **sognare di** (+ inf.) (10)

dress **il vestito** (6)

to get dressed **vestirsi** (6)

drink **la bevanda** (5)

to drink **bere** (3)

drop **il calo** (14)

to drop **calare** (14)

drug addict **il/la tossicodipendente** (14)

drugs **la droga** (14); to take drugs **drogarsi** (14)

I dunno! **boh!** (7)

E

each **ogni** inv. (PSP-9)

ear **l'orecchio** (2); ears pl. **le orecchie** (2)

earphones **gli auricolari** (7)

early **presto** (6); it's early **è presto** (3); too early **troppo presto** (3)

to earn money **guadagnare** (9)

earrings **gli orecchini** (6)

Easter **la Pasqua** (8); Easter egg **l'uovo di Pasqua** (8); Happy Easter! **Buona Pasqua!** (8)

to eat **mangiare** (3); to eat breakfast **fare colazione** (3); to eat dinner **cenare** (3); to eat healthy food **mangiare sano** (10); to eat lunch **pranzare** (3)

economics **l'economia** (1)

economy **l'economia** (1)

effect **il trucco** (6)

egg **l'uovo** (8); Easter egg **l'uovo di Pasqua** (8)

eighth **ottavo** (1)

elderly **anziano** (2)

elderly man/woman **l'anziano/l'anziana** (14)

elementary school **la scuola elementare** (9); elementary school teacher **il maestro / la maestra** (9)

elevator **l'ascensore** m. (11)

e-mail **l'e-mail** f. (3)

emigrant **l'emigrato/l'emigrata** (14)

to emigrate †**emigrare** (14)

emigration **l'emigrazione** f. (14)

employee **l'impiegato / l'impiegata** (9)

employment **l'occupazione** f. (14)

enemy **il nemico / la nemica** (PSP-12)

engineer **l'ingegnere** m./f. (9)

engineering **l'ingegneria** (1)

England **l'Inghilterra** (2)

English (nationality) **inglese** (2)

to enjoy **godersi** (13); Enjoy your meal! **Buon appetito!** (8)

to enter ***entrare** (7)

entrance **l'entrata** (3); main entrance **portone** (11)

error **l'errore** m. (1)

to be essential that ***essere essenziale che** (14)

eve **la vigilia** (8); New Year's Eve (feast of San Silvestro) **(la festa di) San Silvestro** (8)

even though **benché** (PSP-15); **sebbene** (PSP-15)

in the evening **di sera** (3); good evening **buona sera** (1)

ever **mai** (7)

every **ogni** inv. (PSP-9); every day **ogni giorno** (3); **tutti i giorni** (3)

everyone **tutti** (11); everyone knows that **si sa che** (15)

everything **tutto** (11)

to evolve **evolversi** (15)

exam **un esame** m. (1); to pass an exam **superare un esame** (PSP-15)

to exchange good wishes **farsi gli auguri** (8)

excited **agitato** (4)

excursion **l'escursione** f. (13)

excuse me **scusa** (inform.) (3); **scusi** (form.) (3)

executive **il/la dirigente** (9); **il/la manager** (9)

to exercise **fare movimento** (3); **muoversi** (12)

exile (person) **l'emigrato/l'emigrata** (14)

to exit ***uscire** (3); exit **l'uscita** (3)

expensive **costoso** (12)

to explain **spiegare** (3)

exterior **esterno** (11)

extroverted **estroverso** (2)

eye **l'occhio** (2); eyes pl. **gli occhi** (2); blue eyes **gli occhi azzurri** (2); green eyes **gli occhi verdi** (2)

eyeglasses **gli occhiali** (2)

F

to be a fact that ***essere un fatto che** (15)

to be familiar with (person, place, or thing) **conoscere** (PSP-6)

family **la famiglia** (4); to start a family **mettere su famiglia** (9)

to be a fan of **fare il tifo per** (4)

far **lontano** (2)

farewell **addio** (15)

fashion **la moda** (6); fashion show **la sfilata** (6)

fast **veloce** adj. (2); **velocemente** adv. (6)

fat **grasso** (2)

father **il padre** (4)

favorite **preferito** (2)

to fear (that) **temere (che)** (14)

feast of San Silvestro (New Year's Eve) **(la festa di) San Silvestro** (8)

February **febbraio** (1)

fee **la tassa** (14)

to feel **sentirsi** (6); Do you feel like (doing something)? **Ti va di** (+ inf.)? (3)

fever **la febbre** (10)

few **poco** (2)

fifth **quinto** (1)

to fight **combattere** (16)

film **il film** (1); film (industry) **il cinema** (3)

to find out about (passato prossimo) **sapere** (p.p. **saputo**) (7)

fine adv. **bene** (2)

finger **il dito** (6); fingers pl. **le dita** (6)

to finish **finire (isc)** (3); to finish (doing something) †**finire di** (+ inf.) (PSP-14)

to fire **licenziare** (9)

fireworks **i fuochi d'artificio** (8)

first **primo** (1); first course **il primo (piatto)** (5)

fish **il pesce** (5); fish shop **la pescheria** (12)

floor (of a building) **il piano** (11); ground floor **il pianterreno** (11)

Florentine dialect **il fiorentino** (15)

flower **il fiore** (1)

flu **l'influenza** (10); to have the flu **avere l'influenza** (10)

to fly **volare** (10); to fly, take a flight **andare in aereo** (8)

foot **il piede** (3); feet (3); to go on foot ***andare a piedi** (8)

for **per** (5)
to forget **dimenticare** (3)
fork **la forchetta** (5)
to found **fondare** (16)
fourth **quarto** (1)
foyer **l'ingresso** (11)
France **la Francia** (2)
free **libero** (2)
to free **liberare** (16)
French (*nationality*) **francese** (2)
French fries **le patate/patatine fritte** (5)
frequently **frequentemente** (6); **molto** (6)
fresco **l'affresco** (16)
Friday **venerdì** (1)
friend **l'amico/l'amica** (1)
from **da** (5)
in front of **davanti a** (11)
fruit **la frutta** (5); fruit and vegetable shop **il negozio di frutta e verdura** (12)
to work full-time **lavorare a tempo pieno / full-time** (9)
fun **divertente** (2); to have fun **divertirsi** (6); What fun thing do you have planned? **Cosa fai di bello?** (*inform.*) (3)

G

to gain weight *****aumentare di peso,** *****ingrassare** (10)
game **il gioco; la partita** (6)
garbage **l'immondizia** (11)
garden **il giardino** (11)
geez! **uffa!** (7)
general **il generale** (16)
generous **generoso** (4)
What a genius/geniuses! **Che genio/geni!** (4)
German (*nationality*) **tedesco** (1)
Germany **la Germania** (2)
Get outta here! **Macché!** (7)
Get well soon! **Guarisci/Rimettiti presto!**
to get around **muoversi** (12)
to get there *****arrivarci** (13)
gift **il regalo** (7)
girl **la ragazza** (PSP-2); little girl **la ragazzina** (PSP-10); What a cute girl! **Che bella ragazza!** (4)
to give **dare** (4); to give back **restituire** (PSP-15); give me **dammi / mi dia** (*inform./form.*) (13); to give a parking/ traffic ticket **fare una multa** (9)
gladly **volentieri** (5)
glass **il bicchiere** (1)
gnocchi (potato dumplings) **gli gnocchi** (5)
to go *****andare** (3); to go (*to do something*) *****andare (a** + *inf.*) (3); to go to (*professional's office / place of business*) *****andare da** (*name of professional*) (PSP-5); to go away *****andarsene** (PSP-16); to go to the bank *****andare in banca** (8); to go into the bathroom *****andare in bagno** (8); to go to bed *****andare a letto** (3); to go into the bedroom *****andare in camera da letto** (8); to go by bicycle *****andare in bicicletta** (8); to go for a bike ride **fare un giro in bici** (7); to go by car *****andare in macchina** (8); to go to church *****andare in chiesa** (8); to go to the dentist's (office) *****andare dal dentista** (PSP-5); to go downtown *****andare in centro** (8); to go

on foot *****andare a piedi** (8); to go grocery shopping **fare la spesa** (7); to go to the gym *****andare in palestra** (10); to go home *****andare a casa** (PSP-5); to go horseback riding *****andare a cavallo** (10), **fare equitazione** (10); to go to (*person's*) house *****andare da** (*name of person*) (PSP-5); to go into the kitchen *****andare in cucina** (8); to go into the living room *****andare in salotto** (8); to go to the movies *****andare al cinema** (7); to go to the mountains *****andare in montagna** (4); to go to the office *****andare in ufficio** (8); to go out (with others) **uscire (con)** (3); to go by plane *****andare in aereo** (8); to go to the (town) square *****andare in piazza** (8); to go straight *****andare diritto** (13); to be in style *****andare di moda** (6); to go to the theater *****andare a teatro** (7); to go by train *****andare in treno** (8); to go on vacation *****andare in vacanza** (PSP-13); How's it going? **Come va?** (2)
"golden years" **la terza età** (14)
golf **il golf** (10); to play golf **giocare a golf** (3)
good **buono** (2); good day **buon giorno** (1); good evening **buona sera** (1); Good luck! **In bocca al lupo!** (8); good morning **buon giorno** (1); good night **buona notte** (1); Have a good trip! **Buon viaggio!** (8); Have a good vacation! **Buone vacanze!** (8); it's good that **è bene che** (14)
good-bye **arrivederci** (1), **addio** (15)
to govern **governare** (16)
government **il governo** (14)
grade **il voto** (1)
to graduate (*college*) **laurearsi** (9)
grandchild **il/la nipote** (4)
grandfather **il nonno** (4)
grandmother **la nonna** (4)
to cut the grass **tosare l'erba** (11)
gray **grigio** (2)
great **grande** (2); to be great *****stare benissimo** (2)
green **verde** (2)
green bean **il fagiolino** (5)
grilled **alla brace** (5)
to greet (*each other*) **salutarsi** (8)
to go grocery shopping **fare la spesa** (7)
How gross! **Che schifo/a!** (4)
ground floor **il pianterreno** (11)
group **il gruppo** (7) musical group, band **il gruppo musicale** (7)
to grow **†crescere** (12)
growth **la crescita** (14)
to hold a grudge against someone **avercela con qualcuno** (PSP-16)
guitar **la chitarra** (5)
guy **il ragazzo** (PSP-2); What a cute guy! **Che bel ragazzo!** (4)
gymnastics **la ginnastica** (10); to do gymnastics **fare ginnastica** (10)

H

hair **i capelli** (2); blond/red hair **i capelli biondi/rossi** (2); brown hair **i capelli castani** (2); straight hair **i capelli lisci** (2); to wash one's hair **lavarsi i capelli** (6)
hairdresser **il parrucchiere / la parrucchiera**

half liter **il mezzo litro** (5)
ham **il prosciutto** (5)
hamburger **l'hamburger** (1)
hand **la mano** (6); hands *pl.* **le mani** (6); (cute) little hand **la manina** (PSP-10)
handsome **bello** (2)
happy **felice; allegro** (2); Happy Anniversary! **Buon anniversario!** (8); Happy Birthday! **Buon compleanno!** (8); Happy Easter! **Buona Pasqua!** (8); Happy Holidays! **Buone feste!** (8); Happy New Year! **Buon anno!** (8)
hard: to work hard **lavorare sodo (duramente)** (9)
little hat, cap: **il cappellino, il berretto** (6)
to hate **odiare** (5)
to have **avere** (2); to have to, must **†dovere** (5); to have a cold **avere il raffreddore** (10); to have the flu **avere l'influenza** (10); to have a headache **avere mal di testa** (10); to have a secret wish **avere un sogno nel cassetto** (*lit.* to have a dream in the drawer) (13); to have a stomachache **avere mal di pancia** (10); to have surgery **avere un intervento chirurgico** (10)
he **lui** (PSP-16)
head **la testa** (10); to have a headache **avere mal di testa** (10)
headphones **le cuffie** (7)
health **la salute** (10)
to eat healthy food **mangiare sano** (10)
Do you hear me? **Mi senti?** (3); I don't hear you. **Non ti sento.** (3)
hello (*on the telephone*) **pronto!** (3)
to help **aiutare** (9)
her **lei** (PSP-16); **suo** (2)
here is **ecco** (6); here are **ecco** (6); Here it is / they are. **Eccolo/la/li/le.** (11)
herself **sé** (PSP-16)
hey! **ehilà!** (7)
hi **ciao** (1)
high heels **i tacchi alti** (6)
high school **il liceo** (9); **la scuola superiore**
high season **l'alta stagione** (13)
to go hiking **fare trekking** (13)
himself **sé** (PSP-16)
his **suo** (2)
history **la storia** (1)
hobby **l'hobby** (*m.*) (10)
to hold a grudge against someone **avercela con qualcuno** (PSP-16)
holiday **la festa** (1); Happy Holidays! **Buone feste!** (8)
home **la casa** (1); to come home *****rientrare** (3); to go home *****andare a casa** (PSP-5); to stay home *****rimanere a casa** (PSP-3)
homeland **la patria** (16)
to do homework **fare i compiti** (3)
honey **il miele** (5); (term of endearment) **caro, tesoro**
to play hooky (*cut school*) **marinare la scuola** (6)
to hope **sperare** (14); to hope that **sperare che** (14); to hope to (*do something*) **sperare di** (+ *inf.*) (10)
horseback riding **l'equitazione** (10); to go horseback riding *****andare a cavallo** (10)

hospital **l'ospedale** m.
to be hot **avere caldo** (2); to be hot weather **fare caldo** (2)
hotel **l'albergo** (13); hotel stay with breakfast and lunch/dinner included **la mezza pensione** (13); hotel stay with breakfast, lunch, and dinner included **la pensione completa** (13); small hotel **la pensione** (13)
in an hour **fra un'ora** (10)
house **la casa** (1); housemate **il compagno / la compagna di casa** (PSP-15); housewife **la casalinga** (4)
how **come** (4); How are you? **Come sta? / Come stai?** (form./inform.) (2); How's it going? **Come va?** (2); how much **quanto** (4); How is it done? / How do people do it? **Come si fa?** (14); How much is it? **Quant'è?** (1); how many **quanto** (4); How old are you? **Quanti anni ha? / Quanti anni hai?** (form./inform.) (2); How was it? **Com'era?** (9)
to hug (each other) **abbracciarsi** (8)
hunger **la fame** (14)
to be hungry **avere fame** (2)
to hurt (a body part) **fare male** (10); My feet/legs hurt. **Mi fanno male (i piedi / le gambe).** (pl.); My foot/leg hurts. **Mi fa male (il piede / la gamba).** (sing.)
husband **il marito** (4)

I

if I were you **se fossi in te** (15)
ice cream **il gelato** (1, 5)
it would be a good idea **sarebbe una buon'idea** (13); Would (Wouldn't) it be a better idea . . . ? **(Non) sarebbe meglio... ?** (13)
What an idiot! **Che scemo! / Che scema!** (4)
ill **ammalato** (2); to get ill **ammalarsi** (10)
to imagine that **immaginare che** (14)
immediately **immediatamente** (6); **subito** (6)
immigrant **l'immigrato/l'immigrata, il/la migrante** (14)
to immigrate ***immigrare** (14)
immigration **l'immigrazione** f. (14)
to be important that ***essere importante che** (14)
to be impossible that ***essere impossibile che** (14)
to make a good impression **fare bella figura** (7)
in **in, a** (5)
increase **l'aumento** (14)
to increase **aumentare** (14)
independence **l'indipendenza** (16)
industry **l'industria** (14)
information **l'informazione** (f.) (1)
inhabitants **gli abitanti** (12)
intelligent **intelligente** (PSP-4)
interesting **interessante** (PSP-9); What interesting thing do you have planned? **Cosa fai di bello?** (inform.) (3)
interior **interno** (11)
international studies **gli studi internazionali** (1)

introverted **introverso** (2)
to invent **inventare** (16)
invention **l'invenzione** f. (16)
inventor **l'inventore/l'inventrice** (16)
Ireland **l'Irlanda** (2)
Irish (nationality) **irlandese** (2)
island **l'isola** (13)
isolation **la solitudine** (14)
issue **il numero** (1)
Italian (nationality) **italiano** (1); (language) **l'italiano** (1); regional variation of standard Italian **l'italiano regionale** (15); standard Italian **la lingua nazionale** (15)
Italy **l'Italia** (2)
its **suo** (2)

J

jacket **la giacca** (6); winter jacket **il giubbotto** (6)
jam **la marmellata** (5)
January **gennaio** (1)
Japan **il Giappone** (2)
Japanese (nationality) **giapponese** (12)
jeans **i jeans** (6)
jewelry store **la gioielleria** (2)
job **il lavoro** (PSP-15); to quit a job **licenziarsi** (9)
joke **la barzelletta** (15); to tell a joke **raccontare una barzelletta** (15)
to joke **scherzare** (15)
journalist **il/la giornalista** (9)
July **luglio** (1)
June **giugno** (1)

K

to keep **tenere** (10)
keyboard (piano, computer) **la tastiera** (7)
to kid **scherzare** (15)
kilometer **il chilometro** (PSP-5)
kindly **gentilmente** (6)
king **il re** (16)
to kiss (each other) **baciarsi** (8)
kitchen **la cucina** (11); to go into the kitchen ***andare in cucina** (8)
knee **il ginocchio** (6); knees pl. **le ginocchia / i ginocchi** (6)
knife **il coltello** (5)
to know (a fact) **sapere** (4); Do you know (English)? **Sai/Sa** (inform./form.) **(l'inglese)?** (15); to know (a person or place) **conoscere** (4); to know how to do something **sapere** + inf. (4); everyone knows that . . . **si sa che...** (15); I dunno! **boh!** (7)

L

lake **il lago** (13)
lamp **la lampada** (11)
language **la lingua** (1); Romance language **la lingua romanza** (15); spoken language **la lingua parlata** (15); written language **la lingua scritta** (15)
lasagna **le lasagne** (PSP-12)
last **scorso** (7)
late adv. **tardi** (6); **in ritardo** (6); it's late **è tardi** (3); to stay up late **fare le ore piccole** (3); too late **troppo tardi** (3)

to do the laundry **fare il bucato** (7, 11)
lawyer **l'avvocato / l'avvocatessa** (9)
lazy **pigro** (2)
to learn **imparare** (PSP-14); imparare a (+ inf.) to learn to (do something) (PSP-14)
leather **la pelle** (6)
to leave ***partire** (6); ***andarsene** (PSP-16); to leave (a place) ***uscire** (3)
on the left **sulla sinistra** (13); to the left of **a sinistra di** (11); to turn left **girare a sinistra** (13)
leg **la gamba** (10); to break a leg **rompersi una gamba** (10)
to lend **prestare** (PSP-15)
less . . . than **meno... che** (PSP-4); **meno... di** (PSP-4); **meno + adj. + di** (4)
lesson **la lezione** (1); to take lessons in **prendere lezioni di** (4)
letter **la lettera** (1)
to liberate **liberare** (16)
library **la biblioteca** (3)
license plate **la targa** (PSP-1)
life **la vita** (10); rhythm of life **il ritmo della vita** (12)
to like ***piacere** (PSP-14); Do (Don't) you like . . . ? **(Non) ti/Le piace/piacciono... ?** (inform./form.) (1); I like (to do something) **mi piace** (+ inf.) (3); I would like **vorrei** (9); I would like to (do something) **mi piacerebbe** (+ inf.) (13); s/he likes to (do something) **le/gli piace** (+ inf.) (3); you (inform.) like (to do something) **ti piace** (+ inf.) (3)
What is (she/he/it) like? **Com'è... ?** (2); What are (they) like? **Come sono... ?** (2)
likeable **simpatico** (PSP-2)
lip **il labbro** (2); lips pl. **le labbra** (2)
to listen to **ascoltare** (3); listen **senti/senta** (inform/form.) (3)
liter **il litro** (5); half liter **il mezzo litro** (5)
literary tradition **la tradizione letteraria** (15)
(English) literature **la letteratura (inglese)** (1)
little **piccolo** (2); adv. **poco** (7)
to live ***vivere** (10); to live in (name of city) **abitare a** (1); to live on (name of street) **abitare in** (1); I live in (name of city) **abito a...** (1); Where do you live? (inform./form.) **Dove abiti? / Dove abita?** (1)
liver **il fegato** (5)
living room **il soggiorno** (11); to go into the living room ***andare in soggiorno** (8)
to loan **prestare** (PSP-15)
lodging **l'alloggio** (13)
loneliness **la solitudine** (14)
no longer **non... più** (7)
to look at **guardare** (3); to look for **cercare** (3); to look for work **cercare lavoro** (9)
to lose **perdere** (7); to lose weight ***calare di peso**, ***dimagrire** (10)
a lot adv. **molto** (6); a lot of **molto** (2)
to love **amare** (5); to love (each other) **amarsi** (8); **volersi bene** (8); to fall in love **innamorarsi** (8); in love **innamorato** (2)
low season **la bassa stagione** (13)
Good luck! **In bocca al lupo!** (lit. In the mouth of the wolf!) (8)
lunch **il pranzo** (7); to eat lunch **pranzare** (3)

M

magazine **la rivista** (3)

to make **fare** (3); to make the bed **fare il letto** (PSP-6); to make a good impression **fare bella figura** (6); to make money **guadagnare** (9)

makeup **il trucco** (6); to put on makeup **truccarsi** (6)

man **l'uomo** (PSP-1); oh man! **uffa!** (7)

to manage **dirigere** (9); to manage (to do something) **farcela** (PSP-16)

manager **il/la dirigente** (9); **il/la manager** (9)

many **molto** (2); **tanto** (PSP-15)

March **marzo** (1)

married **sposato** (4)

to marry **sposarsi** (8)

match **la partita** (7)

mathematics **la matematica** (1)

May **maggio** (1)

may, to be able to, can **†potere** (5)

maybe **forse** (4)

me **me** (PSP-16)

Enjoy your meal! **Buon appetito!** (8)

mean **cattivo** (2)

by all means **pure** (with imperatives)

meat **la carne** (5); assortment of sliced meats and sausages **gli affettati misti** (5); with meat sauce **alla bolognese** (5)

medicine **la medicina** (16)

to meet (each other) **incontrarsi** (8); to meet for the first time (passato prossimo) **conoscere** (p.p. **conosciuto**) (7); Pleased to meet you! **Piacere!** (1)

melon **il melone** (5)

member of a religious order **il religioso / la religiosa** (16)

Merry Christmas! **Buon Natale!** (8)

Mexican (nationality) **messicano** (2)

Mexico **il Messico** (2)

microwave oven **il forno a microonde** (11)

Middle Ages **il Medioevo** (12)

middle school **la scuola media** (9); middle school teacher **il maestro / la maestra** (9)

it's midnight **è mezzanotte** (3)

military **il militare** (16)

milk **il latte** (5)

Do you mind . . . ? **Ti/Le dispiace... ?** (inform./form.) (11); **ti/Le dispiacerebbe** (+ inf.) would you mind (doing something)? (inform./form.) (11)

(sparkling/still) mineral water **l'acqua minerale (frizzante/naturale)** (5)

mirror **lo specchio** (11)

mistake **l'errore** m. (1)

modern **moderno** (12)

mom **la mamma** (4)

wait a moment **aspetta/aspetti un attimo** (inform./form.) (13); Just a moment! Hold on! **Un attimo!** (3)

Monday **lunedì** (1)

money **i soldi** (3); to earn money **guadagnare** (9); to make money **guadagnare** (9)

monk **il religioso** (16)

in a month **fra un mese** (10)

more . . . than **più... che** (PSP-4); **più... di** (PSP-4); **più +** adj. **+ di** (4)

in the morning **di mattina** (3); good morning **buon giorno** (1)

What a moron! **Che scemo! / Che scema!** (4)

mother **la madre** (4)

motorcycle **la motocicletta** (PSP-1); **la moto** (PSP-1); to go for a motorcycle ride **fare un giro in moto** (6)

mountain **la montagna** (13); to go to the mountains *andare in montagna (4)

mouth **la bocca** (6)

mouthful **il boccone** (PSP-10)

to move (to a different residence) †cambiare casa (12); to move (oneself) **muoversi** (12)

movie **il film** (1); movie theater **il cinema** (1); **il cinematografo** (rare) (PSP-1); to go to the movies *andare al cinema (7)

mozzarella **la mozzarella** (5)

not much **poco** (2)

mule **il mulo** (PSP-10)

museum **il museo** (12)

mushroom **il fungo, i funghi** (m. pl.) (5)

(hip-hop / indie rock / jazz / pop / rap / rock) music **la musica (hip-hop / indie rock / jazz / pop / rap / rock)** (7)

musician **il/la musicista** (7, 9)

must, to have to †dovere (5)

my **mio** (2); my parents **i miei** (coll.) (PSP-15); **i tuoi** (coll.) your parents (4)

N

My name is . . . **Mi chiamo...** (1); What's your name? **Come si chiama? / Come ti chiami?** (form./inform.) (1)

napkin **il tovagliolo** (5)

naughty **cattivo** (2)

navigator **il navigatore / la navigatrice** (16)

Neapolitan dialect **il napoletano** (15)

near **vicino** (2)

to be necessary (that) **bisognare (che)** (14); *essere necessario (che) (14)

neck **il collo** (10)

necklace **la collana** (6)

to need **avere bisogno di** (PSP-2); one needs to (do something) **bisogna (+** inf.) (3)

neighborhood **il quartiere** (12)

neither . . . nor **non... né... né** (PSP-6)

nephew **il nipote** (4)

nervous **nervoso** (2)

never **non... mai** (3)

new **nuovo** (2)

newspaper **il giornale** (14); daily newspaper **il quotidiano** (14)

newsstand **l'edicola** (12)

next to **accanto a** (11)

next week **la settimana prossima** (10); next year **l'anno prossimo** (10)

nice **simpatico** (2)

nicely **gentilmente** (6)

niece **la nipote** (4)

good night **buona notte** (1)

ninth **nono** (1)

no one **nessuno, non... nessuno** (7, 11)

no way! **macché!** (7)

nobody **nessuno, non... nessuno** (7, 11)

noise **il rumore** (12)

it's noon **è mezzogiorno** (3)

Northern **settentrionale** (15)

nose **il naso** (2); (cute) little nose **il nasino** (PSP-10)

not anymore **non... più** (7); not bad **non c'è male** (2); no longer **non... più** (7); not yet **non... ancora** (PSP-6)

not bad **non c'è male** (2)

notebook **il quaderno** (1)

nothing **(non...) niente** (7); It's nothing **(Di) niente** (11); nothing to + inf. **niente da +** inf. (9); nothing to do **niente da fare** (9)

novel **il romanzo** (16)

November **novembre** (1)

number **il numero** (1); phone number **il numero di telefono** (1)

nun **la religiosa** (16)

nurse **l'infermiere/l'infermiera** (9)

O

to be obvious that *essere ovvio che (15)

occupation **il mestiere** (9)

October **ottobre** (1)

of **di** (5); of it **ne** (PSP-8); of them **ne** (PSP-8)

to offer **offrire** (7)

office **l'ufficio** (9); to go to the office *andare in ufficio (8); post office **l'ufficio postale** (12)

often **spesso** (3); **spesso e volentieri** quite often (13)

old **anziano** (2); **vecchio** (2); older **maggiore** (4); How old are you? **Quanti anni ha? / Quanti anni hai?** (form./ inform.) (2)

to get old *invecchiare (14)

old age **la vecchiaia** (14)

older **maggiore** (4)

omigosh! **mamma mia!** (7); **oddio!** (7)

on **su** (5); on the condition that **a condizione che** (PSP-15); **purché** (PSP-15)

Once upon a time . . . **C'era una volta...** (9)

oneself **sé** (PSP-16)

onion **la cipolla** (5)

only **unico** (4)

to open **aprire** (3)

in my opinion **a mio parere; secondo me** (12)

orange (fruit) **l'arancia** (PSP-1); orange juice **il succo d'arancia** (1)

orange adj. **arancione** (2)

orchestra **l'orchestra** (16)

orderly, organized **ordinato** (2)

to organize **organizzare** (13)

other **altro** (2)

ouch! **ahi!** (7)

our **nostro** (2)

to get out *andarsene (PSP-16); Get out of here! **Vattene!** (PSP-16)

oven **il forno** (11); microwave oven **il forno a microonde** (11)

ow! **ahi!** (7)

P

package **il pacco** (12)

to paint **dipingere** (4)

painter **il pittore / la pittrice** (PSP-1)

painting **il quadro** (individual piece) (11)

pair **il paio** (6)

pants **i pantaloni** (6)

parents **i genitori** (4); my parents **i miei** (*coll.*) (PSP-15)

park **il parco** (12)

to park **parcheggiare** (12)

parking lot/space **il parcheggio** (12)

Parliament **il Parlamento** (16)

Parmesan cheese (5) **il parmigiano**

to work part-time **lavorare part-time** (9)

party **la festa** (1)

to pass an exam **superare un esame** (PSP-15)

pastry **la pasta** (5)

to pay **pagare** (2); to pay one's share of the bill **fare alla romana** (5)

peas **i piselli** (5)

pen **la penna** (1)

pencil **la matita** (PSP-4)

pension **la pensione** (13)

people **la gente** (9)

pepper **il pepe** (5); (bell) pepper **il peperone** (5)

percentage **la percentuale** (14)

perhaps **forse** (4)

periphery **la periferia** (12)

permission **il permesso** (PSP-15)

pharmacist **il/la farmacista** (9)

pharmacy **la farmacia** (10)

phenomenon **il fenomeno** (14)

philosophy **la filosofia** (1)

phone number **il numero di telefono** (1)

photograph **la fotografia** (1); photo **la foto** (PSP-1); to take a photo **fare una foto** (3)

photographer **il fotografo / la fotografa** (9)

physics **la fisica** (1)

piano **il pianoforte** (3)

picture **il quadro** (11)

pink **rosa** *inv.* (2)

plane **l'aereo** (1); to fly, to go by plane ***andare in aereo** (8); to travel by plane **prendere l'aereo** (4)

plate **il piatto** (3)

to play (*game, sport*) **giocare** (3), to play (*an instrument*) **suonare** (3); to play basketball **giocare a pallacanestro** (10); to play cards **giocare a carte** (3); to play golf **giocare a golf** (3); to play hooky **marinare la scuola** (6); to play soccer **giocare a calcio/pallone** (10); to play a sport **praticare uno sport** (3); to play sports **fare sport** (3); to play tennis **giocare a tennis** (3); to play volleyball **giocare a pallavolo** (10)

please **per favore** (1); **per piacere** (1)

Pleased to meet you! **Piacere!** (1)

poem **la poesia** (PSP-12)

poet **il poeta / la poetessa** (PSP-12)

poetry **la poesia** (16)

police officer **il poliziotto / la poliziotta** (9)

political science **le scienze politiche** (1)

politician **il politico / il politico donna** (16)

politics **la politica** (16)

pollution **l'inquinamento** (12)

poor **povero** (2)

pope **il papa** (16)

population **la popolazione** (14)

port **il porto** (12)

Portugal **il Portogallo** (2)

Portuguese **portoghese** (2)

to be possible that *** essere possibile che** (14)

post office **la posta** (12); **l'ufficio postale** (12)

poverty **la povertà** (14)

to practice **praticare** (3)

to pray **pregare** (3)

to prefer **preferire** (3)

to prepare (*something*) for oneself **prepararsi** (PSP-12)

president **il/la presidente** (14)

prestigious **prestigioso** (12)

price **il prezzo** (13)

prime minister **il primo ministro** (*m./f.*) (14)

problem **il problema** (PSP-1); No problem! **(Di) niente!** (11); not a problem **ci mancherebbe altro** (5)

professor **il professore / la professoressa** (1)

program **il programma** (PSP-1)

to promise (*to do something*) **promettere** (**di** + *inf.*) (PSP-14)

pronunciation **la pronuncia** (15)

to protect **proteggere** (16)

psychologist **lo psicologo / la psicologa** (9)

psychology **la psicologia** (1)

public transportation **i mezzi pubblici** (12)

pull-over **il pullover** (6)

punctually **puntualmente** (6)

purse **la borsa** (6)

to put **mettere** (6); to put on (*clothes*) **mettersi** (6)

Q

queen **la regina** (16)

to ask a question **fare una domanda** (3)

quickly **velocemente** (6)

to quit (*doing something*) **smettere** (**di** + *inf.*) (PSP-14); to quit a job **licenziarsi** (9)

R

racism **il razzismo** (14)

radio **la radio** (PSP-1)

raincoat **l'impermeabile** *m.* (6); **il trench** (6)

rarely **poco** (6); **raramente** (6)

rate **il tasso** (14)

to read **leggere** (3); "must read" book **un libro da leggere** (5)

to realize **realizzare** (16)

really **veramente** (10)

reason **la ragione** (14)

to receive **ricevere** (PSP-5)

red **rosso** (2)

reduction **il calo** (14)

refrigerator **il frigorifero** (11)

refugee **il rifugiato / la rifugiata** (14)

region **la regione** (1)

regularly **regolarmente** (6)

relatives **i parenti** (4); your relatives **i tuoi** (*coll.*) (4)

to relax **rilassarsi** (13)

religion **la religione** (1)

religious **religioso** (12); member of religious order **il religioso / la religiosa** (16)

to relocate **trasferirsi** (11)

to remain *** rimanere** (7); *** stare** (4)

Renaissance **il Rinascimento** (12)

rent **l'affitto** (12)

to rent (*apartments, houses*) **affittare** (13); to rent (*bikes, cars, videos*) **noleggiare** (13)

republic **la repubblica** (16)

reservation **la prenotazione** (13); to make a reservation **fare una prenotazione** (13)

to reserve **prenotare** (13)

residence **la residenza** (1)

to resolve **risolvere** (9)

to respond **rispondere** (1)

Rest! **Riposati!** (10)

restaurant **il ristorante** (1)

to retire *** andare in pensione** (14)

retiree **il pensionato / la pensionata** (14)

to return *** tornare** (3)

rhythm **il ritmo** (12); rhythm of life **il ritmo della vita** (12)

rice dish **il risotto** (5)

rich **ricco** (2)

to go for a bike ride **fare un giro in bici** (7); to go for a car ride **fare un giro in macchina** (7); to go for a motorcycle ride **fare un giro in moto** (7)

right away **subito** (6)

on the right **sulla destra** (13); to the right of **a destra di** (11); to turn right **girare a destra** (13)

to be right **avere ragione** (PSP-2)

rights (*legal*) **i diritti** (16)

ring **l'anello** (6)

to risk **rischiare** (16)

river **il fiume** (12)

roast chicken **il pollo arrosto** (5)

Romance language **la lingua romanza** (15)

Romanian (*language*) **il rumeno** (15)

room **la camera** (13); double room **la camera doppia** (13); single room **la camera singola** (13)

rug **il tappeto** (11)

to run **correre** (4); (*manage*) **dirigere** (9)

S

sad **triste** (2)

safe **sicuro** (14)

sailboat **la barca a vela** (13)

saint **il santo / la santa** (16)

salad **l'insalata** (5)

salary **lo stipendio** (9)

sale **l'offerta** (13)

salmon **il salmone** (5)

salt **il sale** (5)

same **stesso** (2); same to you **altrettanto** (8)

sandals **i sandali** (6)

sandwich **il panino** (1)

Santa Claus **Babbo Natale** (8)

Saturday **sabato** (1)

sauce **il sugo, la salsa** (5); with meat sauce **alla bolognese** (5)

to save (*money*) **risparmiare** (9)

to say **dire** (PSP-15); Can you say something? **Puoi/Può dire qualcosa?** (*inform./form.*) (15)

scarf **la sciarpa** (6)

scholarship **la borsa di studio** (9)

school **la scuola** (9); elementary school **la scuola elementare** (9); middle school **la scuola media** (9); secondary school **la scuola superiore** (9)

scientist **lo scienziato / la scienziata** (9)

sculpture **la scultura** (16)

sea **il mare** (13)

high season **l'alta stagione** (13); low season **la bassa stagione** (13)

to have a seat **accomodarsi** (13)

second **secondo** (1); second course **il secondo (piatto)** (5)

secondary school **la scuola superiore, il liceo** (9)

to have a wish **avere un sogno nel cassetto** (*lit.* to have a dream in the drawer) (13)

sedentary **sedentario** (10)

to see **vedere** (7); "must see" **da vedere** (5); to see each other **vedersi** (8); See you later! (3), **Ci vediamo!** (8); See you soon! **A presto!** (3), **A più tardi!** (3)

to seem (that) ***parere (che)** (14); ***sembrare (che)** (14)

senator **il senatore / la senatrice** (16)

to send **mandare, spedire**

to separate (*from each other*) **separarsi** (8)

separated **separato** (4)

September **settembre** (1)

serious **serio** (2)

to serve **servire** (3)

server **il cameriere / la cameriera** (5, 9)

to set the table **apparecchiare la tavola** (5)

seventh **settimo** (1)

to shave **radersi** (6)

shirt **la camicia** (6)

shoes **le scarpe** (6)

shop **il negozio** (9)

shopping **lo shopping** (3); to shop **fare shopping/spese** (3); to go grocery shopping **fare la spesa** (12)

short **basso** (2)

shorts **i pantaloncini** (6); **gli shorts** (6)

one should not (*do something*) **non bisogna** (+ *inf.*) (3)

shoulder **la spalla** (6)

show **lo spettacolo** (7)

shower **la doccia** (11); to take a shower **fare la doccia** (8)

sick **ammalato** (10); to get sick **ammalarsi** (10)

side dish **il contorno** (5)

sidewalk **il marciapiede** (11)

sincere **sincero** (2)

sincerely **sinceramente** (6)

singer **il/la cantante** (9); singer-songwriter **il cantautore / la cantautrice** (7)

single (*unmarried*) **celibe** (*m.*) (4); **nubile** (*f.*) (4); **il singolo** single (*song*) (7); single room **la camera singola** (13)

sink **il lavandino** (11)

sister **la sorella** (4)

to sit **sedersi** (11)

sixth **sesto** (1)

What size (*clothing/shoe*) do you wear? **Che taglia/numero porti/porta?** (*inform./form.*) (6)

to skate **fare pattinaggio / pattinare** (10)

to skateboard **fare skate** (10)

skateboarding **lo skate** (10)

skating **il pattinaggio** (10)

ski **lo sci** (PSP-1); back country skiing **lo sci alpinismo** (10)

to ski **sciare** (4)

skin **la pelle** (6); skin tone **la carnagione** (4); light/dark skin tone **la carnagione chiara/ scura**

skirt **la gonna** (6)

to sleep **dormire** (3)

to be sleepy **avere sonno** (2)

slow **lento** (2)

slowly **lentamente** (6)

small **piccolo** (2)

smog **lo smog** (12)

smoked **affumicato** (5)

smooth **liscio** (*pl.* lisci) (6)

to have a snack **fare uno spuntino** (3)

sneakers **le scarpe da ginnastica** (6)

so **così** (PSP-16); so-so **così così** (2); **insomma** (2); so that **affinché** (PSP-15); **perché** (PSP-15)

soccer (*game, ball*) **il pallone, il calcio** (10); to play soccer **giocare a calcio/pallone** (3)

social worker **l'assistente sociale** *m./f.* (9)

sociology **la sociologia** (1)

socks **i calzini** (6)

soft **morbido** (6)

soldier **il soldato / la soldatessa** (16)

sole **unico** (4)

some **qualche** (PSP-9)

someone **qualcuno** (11)

something **qualcosa** (11); something to + *inf.* **qualcosa da** + *inf.* (11); something to do **qualcosa da fare** (9)

sometimes **ogni tanto** (3)

son **il figlio** (4)

song **la canzone** (7)

sonnet **il sonetto** (16)

sorry **scusa** (*inform.*) (10); **scusi** (*form.*) (10); I'm sorry **Mi dispiace** (5)

Southern **meridionale** (15); Central-Southern **centro-meridionale** (15)

spaghetti **gli spaghetti** (5)

Spain **la Spagna** (2)

Spanish (*nationality*) **spagnolo** (1); (*language*) **lo spagnolo** (PSP-6)

to speak **parlare** (3)

speakerphone **il citofono** (11)

spoken language **la lingua parlata** (15)

spoon **il cucchiaio** (5)

sport **lo sport** (1); to play sports **fare sport** (3)

to spread **diffondersi** (15)

spring **la primavera** (1)

(town) square **la piazza** (1); to go to the (town) square ***andare in piazza** (8)

stamp (*postage*) **il francobollo** (12)

to start to (*do something*) **†cominciare a** (+ *inf.*) (PSP-14); to start a family **mettere su famiglia** (9)

stay (*period of time*) **il soggiorno** (13); to stay ***rimanere** (7); ***stare** (2); to stay home ***rimanere a casa** (PSP-3); to stay up late **fare le ore piccole** (3); to stay in shape **mantenersi in forma** (10)

steak **la bistecca** (5)

still **ancora** (PSP-6)

stockings **le calze** (8)

stomach **la pancia** (10)

to have a stomachache **avere mal di pancia** (10)

to stop (*doing something*) **smettere (di** + *inf.*) (PSP-14); to stop by **fare un salto** (12); to stop to (*do something*) **fermarsi a** (+ *inf.*) (PSP-14); to stop working **smettere di lavorare** (9)

store **il negozio** (9)

stove **la cucina** (11)

straight hair **i capelli lisci** (2)

to go straight ***andare diritto** (13)

it's strange that **è strano che** (14)

street **la strada** (11); **la via** (1)

stressed **stressato** (2)

strike **lo sciopero** (14)

strong **forte** (2)

student **lo studente / la studentessa** (1)

studious **studioso** (2)

to study **studiare** (3)

stupid **stupido** (2)

to be in style ***andare di moda** (6)

subject matter **la materia (di studio)** (1)

subway **la metropolitana** (12)

to succeed in (*doing something*) ***riuscire a** (+ *inf.*) (PSP-14)

suddenly **all'improvviso** (9)

to suffer from (*an illness*) **soffrire di** + (*noun*) (10)

suit **il vestito** (6)

sugar **lo zucchero** (5)

summer **l'estate** *f.* (1)

to sunbathe **prendere il sole** (4)

Sunday **domenica** (1)

sunglasses **gli occhiali da sole** (7)

supermarket **il supermercato** (PSP-15)

sure **sicuro** (5); to be sure that ***essere sicuro che** (15)

to have surgery **avere un intervento chirurgico** (10)

sweater **il maglione** (6); cardigan (button down) sweater **il cardigan** (6)

sweatshirt **la felpa** (6)

to swim **nuotare, fare nuoto** (10); to swim in the pool **nuotare in piscina** (4)

swimming **il nuoto** (10)

swordfish **il pesce spada** (5)

system **il sistema** (PSP-1)

T

to set the table **apparecchiare la tavola** (5); dining table **il tavolo** (11)

to take **prendere** (4); to take vitamins / an aspirin **prendere le vitamine / un'aspirina** (10); to take an extra day off **fare il ponte** (8)

to talk **parlare** (3)

tall **alto** (2)

tattoo **il tatuaggio** (6)

tax **la tassa** (14)

tea **il tè** (1)

to teach **insegnare** (9); to teach to (*do something*) **insegnare a** (+ *inf.*) (PSP-14)

teacher **l'insegnante** *m./f.* (9); elementary/ middle school teacher **il maestro / la maestra** (9)

telephone **il telefono** (3); phone number **il numero di telefono** (1)

television **la televisione** (1); television set **il televisore** (11)

to tell **dire** (PSP-15); **raccontare** (15); to tell a joke **raccontare una barzelletta** (15); to tell a story **raccontare una storia** (15); tell me **dimmi / mi dica** (*inform./form.*) (13); you can tell that **si vede che** (14)

tennis **il tennis** (10); to play tennis **giocare a tennis** (3) tenth **decimo** (1)

term **il termine** (15)

thank you **grazie** (1); Thanks! **Crepi!** (*in response to* **In bocca al lupo!**) (8); Thanks, but I can't, I have something else I have to do. **Grazie, ma non posso, ho un altro impegno.** (5); Thanks, same to you! **Grazie, altrettanto!** (8)

that **quello** (2)

theater **il teatro** (7); to go to the theater *****andare a teatro** (7)

their **loro** (2)

them **loro** (PSP-16)

themselves **sé** (PSP-16)

then **poi** (7)

there **ci** *pron.* (PSP-5); there is **c'è** (2); there are **ci sono** (2)

thesis **la tesi** *inv.* (PSP-1)

thin **magro** (2)

to think **pensare** (14); to think about (*doing something*) **pensare di** (+ *inf.*) (10); **pensare a** (14)

third **terzo** (1)

to be thirsty **avere sete** (2)

this **questo** (2)

to have a sore throat **avere mal di gola** (2)

Thursday **giovedì** (1)

ticket **il biglietto** (7); to give a parking/ traffic ticket **fare la multa** (9)

tie **la cravatta** (6)

At what time? **A che ora... ?** (3); another time (*occasion*) **un'altra volta** (4); What do you like to do in your free time? **Nel tempo libero cosa ti/Le piace fare?** (*inform./ form.*) (3); What time is it? **Che ora è? / Che ore sono?** (3); What time must it be? **Che ore saranno?** (PSP-13); it's probably about 3:00 **saranno le tre** (PSP-13)

tired **stanco** (2)

to **a** (5); **in** (5)

toast **il brindisi** (PSP-1)

tobacco shop **il tabaccaio** (12)

today **oggi** (1); What is today's date? **Quanti ne abbiamo oggi?** (1)

toilet **il water** (11)

tomato: cherry tomato **il pomodorino** (5)

tomorrow **domani** (1); the day after tomorrow **dopodomani** (10)

tonight **stasera** (PSP-3)

too bad! **peccato!** (7); too early **troppo presto** (3); too late **troppo tardi** (3)

tooth **il dente** (2); teeth *pl.* **i denti** (2); to brush one's teeth **lavarsi i denti** (6)

tortellini **i tortellini** (5)

town **il paese** (12); town square **la piazza** (1); town **il paese (di provincia)** (12)

track and field **l'atletica leggera** (10); to do track and field **fare atletica leggera** (10)

trade **il mestiere** (14)

literary tradition **la tradizione letteraria** (15)

traffic **il traffico** (12)

to go by train *****andare in treno** (8)

to transform **trasformare** (16); **trasformarsi** (14)

transformation **la trasformazione** (14)

means of transportation **i mezzi di trasporto** (12); public transportation **i mezzi pubblici** (12)

trash **l'immondizia** (11); trash bin **il bidone** (11)

to travel **viaggiare** (4)

travel agency **l'agenzia di viaggi** (13)

tree **l'albero** (8); Christmas tree **l'albero di Natale** (8)

trick **il trucco** (6); tricks of the trade **i trucchi del mestiere** (6)

Have a good trip! **Buon viaggio!** (8)

to try to (*do something*) **cercare di** (+ *inf.*) (PSP-14); to try on **provare** (6)

t-shirt **la maglietta** (6); **la t-shirt** (6)

Tuesday **martedì** (1)

Turkey **la Turchia** (2)

Turkish (*nationality*) **turco/a** (2)

to turn **girare** (13); to turn left **girare a sinistra** (13); to turn right **girare a destra** (13)

Tuscan **toscano** (15)

Tuscan dialect **il toscano** (15)

to tweet **twittare** (3) (6)

U

ugly **brutto** (2)

umbrella **l'ombrello** (6)

uncle **lo zio** (4)

to understand **capire** (3)

unemployment **la disoccupazione** (14); unemployment rate **il tasso di disoccupazione** (14)

unfortunately **purtroppo** (10)

unification **l'unificazione** *f.* (16)

United States **gli Stati Uniti** (2)

university **l'università** (1)

unpleasant **antipatico** (2)

unmarried **celibe** (*m.*) (4); **nubile** (*f.*) (4)

to get up **alzarsi** (6)

us **ci** *pron.* (PSP-5); **noi** (PSP-16)

V

vacation **la vacanza** (13); **le vacanze** (3); to go on vacation *****andare in vacanza** (PSP-13); Have a good vacation! **Buone vacanze!** (8); to vacation at a dude ranch **fare equiturismo** (10)

veal **il vitello** (5)

vegetable **la verdura** (5); fruit and vegetable shop **il negozio di frutta e verdura** (12)

very *adv.* **molto** (6); not very *adj.* **poco** (6)

veterinarian **il veterinario / la veterinaria** (9)

victory **la vittoria** (16)

vinegar **l'aceto** (5)

violence **la violenza** (14)

violet **viola** *inv.* (2)

violin **il violino** (3)

visit **la visita** (PSP-15)

to visit (*people*) *****andare a trovare** (7); to visit (*places*) **visitare** (7)

volleyball (*game*) **la pallavolo** (10); to play volleyball **giocare a pallavolo** (10)

volunteer work **il volontariato** (14)

W

to wait for **aspettare** (6); wait a moment **aspetta/aspetti un attimo** (*inform./form.*)

(13); to not be able to wait (*to do something*) **non vedere l'ora (di** + *inf.*) (3)

waiter **il cameriere** (5)

waitress **la cameriera** (5)

to wake (oneself) up **svegliarsi** (6)

to walk *****andare a piedi** (8) / **camminare** (10); to take a walk **fare una passeggiata** (3)

to want **avere voglia di** (PSP-2); †**volere** (5); I would like . . . **vorrei...** (2)

war **la guerra** (14)

to wash **lavare** (3); to wash oneself **lavarsi** (6); to wash one's hair **lavarsi i capelli** (6)

watch **l'orologio** (1)

water **l'acqua** (1); (still/sparkling) mineral water **l'acqua minerale (naturale/ frizzante)** (5)

weak **debole** (2)

to wear **indossare** (6); **portare** (6)

weather **il tempo** (PSP-10); bad weather **il tempaccio** (PSP-10); to be bad weather **fare brutto** (2); to be beautiful weather **fare bello** (2); to be cold weather **fare freddo** (2); to be hot weather **fare caldo** (2); What's the weather like? **Che tempo fa?** (2)

wedding **le nozze, il matrimonio** (8)

Wednesday **mercoledì** (1)

next week **la settimana prossima** (9)

weekend **il fine settimana** (6); **il weekend** (7)

to gain weight *****aumentare di peso / *****ingrassare** (10); to lose weight *****calare di peso / *****dimagrire (-isc)** (10)

You're welcome. **Prego.** (1)

well *adv.* **bene** (2); to be well *****stare bene** (2); to be very well *****stare molto bene** (2); well-being **il benessere** (10)

well . . . **insomma** (10)

what **che** (4); (**che**) **cosa** (4); What do people do? **Cosa si fa?** (14); What do you do (for a living)? **Cosa fai? / Cosa fa?** (*inform./form.*) (4); What is . . . ? **Qual è... ?** (4); What is it? **Cos'è?** (4); What's the matter? **Cosa c'è?** (2); What is today's date? **Quanti ne abbiamo oggi?** (1); What size (*clothing/shoe*) do you wear? **Che taglia/numero porti/porta?** (*inform./form.*) (6); What was he/she/it like? **Com'era... ?** (9)

when **quando** (3)

where **dove** (4); Where are you from? **Di dov'è?** (*form.*) (1); **Di dove sei?** (*inform.*) (1); Where do you live? **Dove abiti? / Dove abita?** (*inform./form.*) (1)

which **cui** (PSP-9); **quale** (4)

while **mentre** (9)

white **bianco** (2)

who **chi** (4); Who are you? **Chi sei? / Chi è?** (*inform./form.*) (4); Who is it? **Chi è?** (4)

why **perché** (4); Why not (+ *verb*) . . .? **Perché non** (+ *verb*) ... ? (4)

widespread **diffuso** (15)

wife **la moglie** (4)

willingly **volentieri** (5)

to win **vincere** (6)

windmill **il mulino** (PSP-10)

window **la finestra** (11); (*train, bus, car*) **il finestrino** (PSP-4); *window (of a train, bus, or car)* **la finestrella** la **vetrina** (PSP-14); to window-shop **guardare le vetrine** (12)

wine **il vino** (5)

winter **l'inverno** (1); winter jacket **il giubbotto** (6)

to have a wish **avere un sogno nel cassetto** (*lit.* to have a dream in the drawer) (13); Best wishes! **Auguri!** (8); to exchange good wishes **farsi gli auguri** (8); I wish! **magari!** (7)

with **con** (5)

within (*a certain time*) **entro** (PSP-14)

without **senza che** (PSP-15)

witty **spiritoso** (2)

woman **la donna** (PSP-12)

word **la parola** (PSP-10); **il termine** (15); dirty word **la parolaccia** (PSP-10)

work **il lavoro** (PSP-15); to look for work **cercare lavoro** (9); Work well! **Buon lavoro!** (8)

to work **lavorare** (3); to stop working **smettere di lavorare** (9); to work full-time **lavorare a tempo pieno / full-time** (9); to work hard **lavorare sodo (duramente)** (9); to work part-time **lavorare part-time** (9)

blue-collar worker **l'operaio/l'operaia** (9)

don't worry **non ti preoccupare / non si preoccupi** (*inform./form.*) (13)

worse than *adv.* **peggio di** (12); *adj.* **peggiore di** (12)

to write **scrivere** (3)

writer **lo scrittore / la scrittrice** (16)

written language **la lingua scritta** (15)

to be wrong **avere torto** (PSP-2); **sbagliarsi** (6)

Y

year **l'anno** (1); to be . . . years old **avere... anni** (PSP-12); Happy New Year! **Buon anno!** (8); the "golden years" **la terza età** (14); last year **l'anno scorso** (PSP-13); next year **l'anno prossimo** (10); New Year's Day **il Capodanno** (8)

yellow **giallo** (2)

yesterday **ieri** (7)

not yet **non... ancora** (PSP-6)

yoga **lo yoga** (10); to do yoga **fare yoga** (10)

you **Lei** (*form.*) (PSP-16); **Loro** (*pl. form.*) (PSP-16); **te** (PSP-16); **voi** (*pl. inform.*) (PSP-16); you all **voi** (PSP-16)

young **giovane** (2)

younger **minore** (4)

your **Loro** (*pl. form.*) (2); **Suo** (*sing. form.*) (2); **tuo** (*sing. inform.*) (2); **vostro** (*pl. form./ inform.*) (2)

Z

zucchini **la zucchina** (5)

Indice

Note: page numbers italics indicate illustrations.

CULTURE

GRAMMAR

Note: PSP refers to the **Per saperne di
più** section.

VOCABULARY